OS PRINCÍPIOS FILOSÓFICOS DO DIREITO POLÍTICO MODERNO

OS PRINCÍPIOS FILOSÓFICOS DO DIREITO POLÍTICO MODERNO

Simone Goyard-Fabre

Tradução
IRENE A. PATERNOT

Esta obra foi publicada originalmente em francês com o título
LES PRINCIPES PHILOSOPHIQUES DU DROIT POLITIQUE MODERNE
por Presses Universitaires de France, Paris.
Copyright © Presses Universitaires de France, 1997.
Copyright © 1999, Livraria Martins Fontes Editora Ltda.,
São Paulo, para a presente edição.

1ª edição *1999*
2ª edição *2021*

Tradução
IRENE A. PATERNOT

Revisão da tradução
Maria Ermantina Galvão
Revisões
Ivete Batista dos Santos
Ana Maria de Oliveira Mendes Barbosa
Produção gráfica
Geraldo Alves
Paginação
Studio 3 Desenvolvimento Editorial
Capa
Katia Harumi Terasaka Aniya

Dados Internacionais de Catalogação na Publicação (CIP)
(Câmara Brasileira do Livro, SP, Brasil)

Goyard-Fabre, Simone.
Os princípios filosóficos do direito político moderno / Simone Goyard-Fabre ; tradução Irene A. Paternot. – 2ª ed. – São Paulo : Editora WMF Martins Fontes, 2021. – (Biblioteca jurídica WMF).

Título original: Les principes philosophiques du droit politique moderne.
Bibliografia.
ISBN 978-65-86016-50-5

1. Direito 2. Ciência política – Filosofia 3. Direito – Filosofia 4. O Estado I. Título. II. Série.

21-56063   CDU-340.12

Índices para catálogo sistemático:
1. Direito : Filosofia   340.12

Cibele Maria Dias - Bibliotecária - CRB-8/9427

Todos os direitos desta edição reservados à
Editora WMF Martins Fontes Ltda.
Rua Prof. Laerte Ramos de Carvalho, 133 01325-030 São Paulo SP Brasil
Tel. (11) 3293.8150 e-mail: info@wmfmartinsfontes.com.br
http://www.wmfmartinsfontes.com.br

Índice

Considerações preliminares.................................. 1

1. O "direito político" 2

2. A "modernidade" do direito político 4

   A) As primícias da *via moderna* 5
   B) Os difíceis caminhos de acesso à modernidade jurídico-política 12
      O momento maquiavélico 14
      Na transição de duas eras: o direito da República de Jean Bodin 21
   C) O passo decisivo da modernidade: o Estado-Leviatã 27
      O moderno Minotauro 28
      A essência do moderno na catedral racional do direito político 34
      O desmoronamento da catedral moderna 40

3. Questões de método 42

   A) As estradas da história 43
   B) Os caminhos "científicos" 44
   C) A via filosófica 48

PRIMEIRA PARTE

A NATUREZA E OS PRINCÍPIOS DO PODER
NO ESPAÇO JURÍDICO-POLÍTICO MODERNO

Capítulo I – **A centralização do Poder e o princípio de unidade do Estado moderno** 55

1. O princípio da ordem pública *no Estado segundo Maquiavel* 59

A) Serviço público e normatividade do Poder no Estado 60

B) Os imperativos organizacionais do Estado moderno 66

2. O princípio de autoridade *no Estado-Leviatã de Hobbes* 71

A) A problematização teórica do Estado 72
 O humanismo 76
 O individualismo 77
 O igualitarismo 81
 O racionalismo 85

B) O princípio da autoridade do Estado e a representação 89

3. O princípio de constitucionalidade *da ordem jurídica moderna* 95

A) O humanismo jurídico 96
B) O constitucionalismo moderno 102
 O estatuto orgânico do Estado 104
 A hierarquia das normas 106
 O estatuto normativo do Estado moderno 110

Capítulo II – **A soberania, princípio de independência e de onicompetência do Estado moderno** 115

1. O arquétipo naturalista da soberania sobre a "Nave-República" 118

A) A renovação do conceito em *Methodus* e em *La République* 121
B) Natureza e função da soberania 130
C) A fundação metajurídica do direito de soberania .. 137
D) Soberania e harmonias naturais 143

2. *O modelo racionalista da soberania no Estado-Leviatã* 149
   A) Grotius e Hobbes, depreciadores do naturalismo jurídico 150
   B) As perspectivas conflituosas do direito político moderno 156

3. *As controvérsias doutrinárias e a mudança do conceito da soberania* 158
   A) A questão da *origem* da soberania 160
   B) A questão da *extensão* da soberania 163
   C) A questão dos *titulares* da soberania 170

4. *A soberania do povo* 179
   A) A soberania do "povo como corpo" segundo Rousseau 180
   B) A "soberania nacional" segundo Sieyès 183

5. *A limitação constitucional da soberania* 187
   A) Ilimitação ou limitação da soberania? 187
   B) Monismo ou pluralismo do poder soberano? 192

SEGUNDA PARTE

AS DUAS FIGURAS DO DIREITO POLÍTICO
NO ESTADO MODERNO

Capítulo I – **O Estado DO direito, expressão dos princípios de legalidade e de legitimidade** 207

1. *Das máximas da "arte de governar" aos axiomas reguladores do governo* 210
   A) Da metáfora ao conceito 210
   B) Dificuldades da análise conceitual 215
   C) O que quer dizer "governar": a contribuição de Rousseau 219

2. Os cânones do sistema institucional no Estado DO direito 233
   A) A tipologia dos regimes.. 233
      A desclassificação das classificações tradicionais. 234
      Montesquieu e o princípio de moderação............ 237
      "Todo governo legítimo é republicano"................ 246
   B) Uma hermenêutica da normatividade institucional.. 251
      A inseparabilidade do Estado e do direito............ 252
      Carl Schmitt, adversário de Kelsen 265
      O ponto de vista de H. Hart: o espectro do totalitarismo 271

3. A questão da legitimidade no direito político moderno.. 273
   A) Dos modelos antigos às primeiras modificações modernas... 275
   B) A equação da legitimidade racional e da legalidade segundo Max Weber..................................... 281
   C) A irredutibilidade da legitimidade à legalidade segundo G. Ferrero.. 284
   D) Legitimidade e legitimação................................. 292

Capítulo II – **O Estado DE direito, síntese dos princípios de ordem e de liberdade**................................. 307

1. A idéia de Estado DE direito: de sua genealogia à sua problematização 311
   A) O aparecimento do conceito de *Rechtsstaat*....... 312
   B) A teoria de Carré de Malberg 315
   C) Um conceito repleto de equivocidade................ 319

2. Da defesa das liberdades à embriaguez dos "direitos do homem".. 322
   A) A defesa liberal das liberdades individuais......... 324
   B) Os "direitos do homem" no Estado DE direito ... 328

O sentido das *Declarações* dos direitos 329
As mutações do conceito dos direitos do homem 332
C) Do caráter problemático do Estado DE direito ... 338

3. *Simbologia republicana e democracia* 341
A) O ideal republicano 341
B) As ambigüidades do entusiasmo democrático 343

TERCEIRA PARTE

A CRISE DO DIREITO POLÍTICO MODERNO
E SEUS ENSINAMENTOS

Capítulo I – **Da crítica à crise do direito político moderno: o princípio de racionalidade em questão** 363

1. *Os acentos polêmicos da ideologia contra-revolucionária* 364
A) A oposição ante-revolucionária ao direito político moderno 365
A discussão entre Boulainvilliers e Dubos 365
O anti-racionalismo de Hume e de Herder 367
B) A "reação" contra-revolucionária 371
As *Reflexões* de Burke 371
A crítica da Constituição francesa: Brandès, Rehberg e Gentz 375
C) A escola do historicismo 379
A obra de Savigny 379
As ressalvas de Chateaubriand 385

2. *A crise do direito político: da efervescência ao paroxismo* 388
A) A demolição do direito do Estado burguês 389
Marx, crítico de Hegel 389
As dúvidas que pesam sobre o programa comunista 395

B) Da descoberta da nação ao despertar das nacionalidades e aos nacionalismos.................... 400
A nação no horizonte da história..................... 400
As duas lógicas da nação na época moderna...... 405
A vontade geral e o Estado-nação: o exemplo de Sieyès.. 405
O despertar "nacionalitário": Fichte e Hegel.... 410
Rumo à independência da nação..................... 419
C) A exacerbação nacionalista................................. 421
O exemplo do pangermanismo......................... 422

3. *O acme da crise: Nietzsche e sua descendência*....... 425
A) A filosofia a "marteladas" de Nietzsche............ 426
O monstro Estado, novo ídolo do "demasiado humano"... 426
Um processo metafísico................................... 429
B) O pensamento do declínio................................. 431
Os *Holzwege* do Estado moderno segundo Heidegger... 432
O antimodernismo da corrente inspirada em Nietzsche e Heidegger...................................... 435

Capítulo II – **A metamorfose do direito estatal e seu significado filosófico**... 439

1. *A renovação da idéia de contrato social*................. 440
A) A *crítica* da idéia de contrato social................. 441
B) O *remanejamento* do conceito de contrato social.. 443

2. *A ampliação do direito político e o mal-estar da soberania estatal*.. 447
A) A construção de um direito público internacional.. 449
B) Os modelos "federalistas"................................. 452
As tentativas de aprimoramento do conceito de "federação": o exemplo de Kant........................ 452
Confederação e federação................................ 459

3. *A rejeição dos princípios do direito político moderno*...... 465
   A) O retorno aos horizontes *antemodernos* do direito: a tese de Leo Strauss...... 466
   Os erros do historicismo...... 466
   As lições de Xenofonte e de Tucídides...... 470
   Uma filosofia na contramão: a volta à normatividade natural...... 474
   B) As perspectivas *pós-modernas* do direito político: as proposições de J. Habermas...... 480
   O paradigma da comunicação...... 480
   Os riscos de uma pós-modernidade consensual.. 485

CONCLUSÃO – **O espírito do direito político moderno: as exigências transcendentais da razão jurídica**...... 491

Referências bibliográficas...... 501
   1. Fontes doutrinárias...... 501
   2. Estudos...... 505
   3. Trabalhos coletivos...... 511

Bibliografia em língua portuguesa e espanhola...... 513
   1. Clássicos do pensamento político...... 513
   2. Seleção de obras de filosofia política...... 514

Índice onomástico...... 517

A Pierre

Considerações preliminares

A marca da política está impressa com tanta força nas múltiplas figuras do mundo em que vivemos que o apolitismo se configura impossível. Ora, o nascimento da política remonta à aurora do mundo, assim que se manifestaram o comando dos chefes e a organização da vida comum. Se atualmente, como no tempo de Platão, a tarefa da filosofia continua sendo a busca, *sub specie aeternitatis*, da essência do político, no mundo "moderno" ela exige uma reflexão crítica sobre a constituição da ordem jurídica que governa, ao mesmo tempo, a vida de cada povo e as relações entre os diversos povos. O espaço público, interno e internacional, não pode prescindir das estruturas de direito que fixam seus contextos e constituem seu arcabouço, formando assim o que chamamos de "ordem jurídica". Para designar essas estruturas reguladoras que compõem o que Bodin denominava, no século XVI, o "direito da república" (*res publica*), os autores do século XVII, como Hobbes e Locke, e depois do século XVIII, como Burlamaqui e Rousseau, recorreram alternadamente às expressões "direito civil" (*jus civile*) e "direito político", às quais atualmente preferimos a expressão "direito público".

Antes de empreender qualquer reflexão sobre os princípios filosóficos do direito político moderno, é necessário, neste capítulo preliminar, precisar o que é o *direito político*, destacar sua especificidade no mundo *moderno* e indicar as *regras metodológicas* que seguiremos a fim de apreender suas bases fundamentais e seus princípios reguladores.

1. O "direito político"

O direito "político" ou "público" é o conjunto de regras que estrutura o aparelho da potência dos Estados, tanto no plano interno como no trato jurídico internacional. A existência do direito político significa que a política não se reduz a simples relações de forças e que "potência" não é "poder". A potência é apenas um dado factual que se expressa de maneira empírica e contingente. O Poder político – *Potestas* e não *potentia* – é uma construção jurídica, tanto é que seu exercício obedece a princípios e a regras que lhe impõem restrições e limites. Se a potência é força e, às vezes, violência, o Poder político implica a ordem de direito erigida por um conjunto de vínculos institucionais. O "direito político" é precisamente constituído pelas normas que regem a organização institucional da política e seu funcionamento no âmbito por ela determinado e delimitado.

O problema aqui não é dirimir a questão de saber se os fundamentos da política são naturais ou artificiais, mas sim tomar consciência e dar conta da necessidade, em qualquer realidade política, das estruturas de direito que, instituidoras, organizadoras e funcionais, comandam seu estabelecimento, sua ordem e seu movimento. Desse modo, quando a vida política se manifesta pela votação de uma lei, pelo recurso ao imposto, por decisões de ordem monetária, por procedimentos internacionais em matéria de comércio ou de trabalho, por acordos militares entre vários Estados etc., é sempre com base em regras jurídicas. Elas são a trama complexa, ainda que elaborada de forma lógica, a partir da qual se tecem os acontecimentos da vida política dos povos e através da qual eles adquirem sentido na substância do mundo; elas orientam os comportamentos e as decisões dos Estados, impondo uma disciplina, linhas de força e uma ordem às diversas representações e manifestações da existência política. Não há política que não requeira sua organização jurídica por meio de um *corpus* de regras cuja vocação é, a um só tempo, a de uma ordem-ordenamento que fixa as relações formais entre as normas constitutivas do sistema e uma ordem-comando que expressa a autoridade de que está investida essa instância política. Sistematicidade e normatividade são as duas características conjuntas e indissociáveis da ordem jurídica que estrutura o estofo da vida pública, dando forma e validade a seus conteúdos substanciais.

Na existência das sociedades humanas há evidentemente outros imperativos além dos do direito: assim, as regras da moral, os mandamentos da religião ou, simplesmente, os preceitos do decoro não são de forma alguma negligenciáveis. Contudo, enquanto essas máximas não podem ser pensadas independentemente tanto do seu conteúdo como da sua fixação no grupo social, a especificidade do direito político está em não residir apenas na sua matéria e em proceder da normatividade de que é portador[1]. É por isso que sua vocação é, em primeiro lugar, organizacional: confere à diversidade dos fenômenos do mundo político um arranjo lógico e coerente que acompanha a organização racional dos poderes públicos consoante valores e exigências homogêneas. Conseqüentemente, o poder político, longe de se manifestar como uma simples potência que se exerce em circunstâncias particulares e contingenciais, em meio a tensões inevitáveis, é, ao mesmo tempo, condicionado formalmente pelo direito e limitado por ele, já que é nele que encontra seus critérios de validade. Entretanto, o ordenamento jurídico da política não poderia significar nem seu formalismo exclusivo – isto é, a ausência de substância, portanto, a vacuidade – nem seu imobilismo rígido – isto é, a institucionalização estática, portanto, o caráter definitivo. O direito político evolui – e deve evoluir – de acordo com os problemas criados pela movimentação histórica e pelo progresso das sociedades.

A dupla exigência de *ordem* e de *movimento* que o direito político acarreta explica que possa ser considerado na perspectiva de uma periodização histórica, reveladora tanto de suas constâncias como de suas variações. O direito político, que é incumbido de estabelecer a organização do Estado, de definir

---

[1]. "Graças à regra, a partir de uma certa época, a humanidade teve a possibilidade inédita de armazenar o direito", escreve J. Carbonnier, Sur le caractère primitif de la règle de droit, in *Mélanges Roubier*, Paris, 1961, p. 114.

seu regime político, de fixar sua estrutura governamental, de regulamentar suas relações com os outros Estados, etc., é um sistema orgânico que contém algo vivo. Como tal, o direito político acrescenta, à sua capacidade essencial de ordem, uma dinâmica intrínseca graças à qual a sociedade política não só se mantém mas também fica aberta ao progresso por intermediação de suas instituições. Pela hierarquia que instaura entre os valores que pretende fazer respeitar, bem como pelos procedimentos que põe em ação a fim de assegurar a autoridade do Poder, o direito político tem a função não só de sistematizar a vida política, mas também de trabalhar permanentemente para seu equilíbrio geral que, ao longo do tempo, sempre tem de ser reajustado, até mesmo refeito.

Não será descabido dizer que o conceito de "instituição política" conotado pelo direito político tem uma amplitude tão grande que sua compreensão não pode ser muito precisa. Não obstante, essa noção se reporta sempre à organização do Poder político e à disposição do seu exercício. Por isso as leis, os regulamentos administrativos, as próprias Constituições, inserindo-se no campo sócio-histórico em que evolui a política, evoluem com ela. O sistema jurídico da Roma imperial não é o das senhorias feudais; o da época "moderna" é discutido atualmente, às vezes até mesmo acusado por certos contemporâneos que se declaram "pós-modernos". Sob a aparência de um truísmo, essa observação é fundamentalmente problemática. Assim, para se estudar os princípios filosóficos do direito político moderno, é necessário precisar com o maior rigor possível qual é a acepção da "modernidade" política.

2. A "modernidade" do direito político

Desenhar os contornos do mundo moderno é, tanto para o filósofo como para o historiador, uma tarefa incômoda. Se os historiadores geralmente estão de acordo em situar na primeira década do século XVII, até mesmo com o assassinato de Henrique IV em 1610, o nascimento dos "Tempos modernos", os filósofos são muito mais indecisos. É verdade que são menos ciosos do que os historiadores de uma datação precisa e que buscam sobretudo os *sinais* que, iniciando uma ruptura com o cosmologismo do pensamento antigo e o teologismo do pensamento medieval, anunciam preocupações ou uma sensibilidade intelectual novas. Esses sinais só se deixam decifrar ao longo de uma progressão histórico-filosófica cujo percurso devemos refazer em etapas sucessivas.

A) As primícias da via moderna

Os primeiros sinais da modernidade política[2], esparsos e parcimoniosos, podem ser descobertos já no final do século XIII na desconfiança com que alguns leigos, aliás isolados, cercaram a filosofia de Santo Tomás. Mas foi no século XIV que as obras de Duns Scot (1266-1308), de Marsílio de Pádua (1275-1343) e de Guilherme de Occam (1290-1349 ou 1350) colocaram em novas vias a filosofia e, em particular, o pensamento político.

O franciscano Duns Scot, marcado, nas próprias ousadias de sua especulação metafísica, pelo platonismo[3] e pelo agostinianismo político[4], continuava a fazer da Cidade de Deus o modelo puro e transcendente da Cidade dos homens e, afinal de contas, dispensava pouca atenção à política, a não ser situando-a na sua relação com a teologia. Em compensação, Guilherme de Occam[5] e

---

2. A respeito deste ponto pode-se consultar a obra de Joseph R. Strayer, *On the Medieval Origins of the Modern State* (Princeton, 1970), trad. fr., Payot, 1979.
3. Cf. E. Gilson, *Jean Duns Scot, Introduction à ses positions fondamentales*, Paris, 1952.
4. Cf. Arquillière, *L'augustianisme politique*, Paris, 1934.
5. Cf. L. Baudry, Le philosophe et le politique dans Guillaume de Occam, *Archives d'histoire doctrinale et littéraire du Moyen Âge*, 1939, XIV; *Guillaume de Occam, sa vie, ses oeuvres, ses idées*, Paris, 1949-1950; C. Bayley, The Pivotal Concepts in the Political Philosophy of William of Ockham, *The Journal of History of Ideas*, 1949; P. Alferi, *Guillaume de Occam, le singulier*, Paris, 1989; C. Panaccio, *Les mots, les concepts et les choses: la sémantique de Guillaume de Occam et le nominalisme d'aujourd'hui*, Paris, Montreal, 1991.

Marsílio de Pádua[6] insistiram na independência da Cidade em relação à Igreja e na autonomia do princípio temporal, que contrapunham francamente à autoridade espiritual. Esse é, sem dúvida alguma, o primeiro sinal daquilo que seus contemporâneos denominaram a *via moderna*. Contudo, embora fosse o primeiro, esse sinal tem um significado flagrante, destinado, tanto por seu princípio como por seus prolongamentos, a modificar daí em diante a direção de qualquer meditação sobre a política e sobre a organização jurídica de que ela necessita.

Disseram de Occam, esse franciscano de Oxford apelidado de *Venerabilis Inceptor*, que "ele pode ser compreendido como o teólogo que substituiu a metafísica pela lógica"[7]. Entretanto, sua obra não se atém a isso, pois, não hesitando em se juntar ao Imperador Luís da Baviera, tomou o partido dele no conflito que o opunha ao papa de Avignon a respeito da questão de saber a quem – à Igreja ou ao Império – pertencia a *plenitudo potestatis*. A existência de um vínculo entre a teoria nominalista desenvolvida pela lógica de Occam e seu pensamento político constitui um ponto de controvérsia entre os exegetas. Não se trata aqui de solucionar esse problema. Entretanto, está claro que, para Occam, falar de experiência vivida e, em particular, vivida como experiência política, só é possível segundo a lógica abstrata dos conceitos[8]; o que importa de fato é encontrar na comunidade dos homens a realidade concreta dos indivíduos[9]. Ora, por um lado, como esta não pede nada à transcendência da

---

6. Cf. G. de Lagarde, *La naissance de l'esprit laïque au déclin du Moyen Âge*, Louvain, Paris, Nauwelaerts, 1946 (3ª ed.); A. Passerin d'Entrèves, *The Medieval Contribution to Political Thought*, Nova York, 1959; J. Quillet, *La philosophie politique de Marsile de Padoue*, Vrin, 1970.

7. M. Bastit, *Naissance de la loi moderne*, PUF, 1990, p. 242.

8. A "navalha de Occam" se aplica principalmente às "entidades de Duns Scot", isto é, a uma linguagem conceitual com uma função meramente operatória.

9. "O nominalismo tem uma solidariedade estreita com uma filosofia política e social que afirma que as preferências individuais devem contar." (J. Largeault, *Enquête sur le nominalisme*, Paris, Louvain, Nauwelaerts, 1971; cf. M. Villey, La genèse du droit subjectif chez Guillaume de Occam, *Archives de philosophie du droit*, Sirey, 1964, t. XI, pp. 97-127.)

Natureza nem à transcendência de Deus como autor do mundo, poderá abrir-se a via pela qual se efetuará, depois de Grotius, a politização do conceito teológico do Poder. Por outro lado, os homens, por suas vontades singulares, se revelam opostos uns aos outros e, nessa perspectiva em que se delineia a eventualidade dos conflitos fratricidas dos quais Hobbes fará a própria substância da condição natural dos homens, o individualismo começa sua carreira.

Quando Guilherme de Occam ensinava que a linguagem, não podendo expressar essências universais, é feita de sinais ligados a representações individuais, tinha por objetivo mostrar que só existem seres singulares. Sem dúvida, seu pensamento, mesmo em seus pontos mais críticos, ainda não se havia livrado inteiramente dos hábitos mentais instaurados por Aristóteles e Santo Tomás. Entretanto, isso não privava seu pensamento de coerência nem alterava sua força inovadora. Assim, Occam se recusava a reconhecer qualquer naturalidade e qualquer teleologia providencial na cidade dos homens: dizia que os homens deviam, eles próprios, instaurá-la e construí-la. Na medida em que é o produto da ação e da história dos homens, ela não pode ser pensada como um bem soberano. Numa perspectiva artificialista, na qual se pode perceber o poder dos indivíduos que presidirão à construção convencional do Estado moderno, a Cidade se mostra, como indica o caráter autoritário do Império, mesmo quando ela não elude a sacralidade do Poder, como um mal inevitável. De fato, como o poder do príncipe não era, na comunidade política, nada mais do que um poder mais forte do que o dos indivíduos que a edificaram, a Cidade, privada de qualquer ordem, transcendente ou imanente, é palco de oposições e de conflitos tanto entre os indivíduos e o príncipe como entre os próprios indivíduos. Em todo caso, o importante é que a livre decisão da vontade dos indivíduos seja o princípio de emergência da Cidade[10].

Esse voluntarismo individualista quase exclusivo que, segundo Occam, na Cidade sobrepuja qualquer referência onto-

---

10. O nascimento da Cidade provém *non ex speciali praecepto divino, sed voluntate humana*, sublinha Occam na *Opus nonaginta dierum*, cap. 88.

lógica, iria encontrar em Marsílio de Pádua um eco profundo no qual – ainda que o paduano jamais tenha aprovado seu "colega ocasional" – se pode ver acentuar-se a tendência para a *via moderna*.

No *Defensor Pacis*, que foi publicado em Paris em 1324[11], o paduano Marsílio não escondia sua hostilidade ao papado. Sem dificuldade, condenava qualquer ascendência do poder eclesiástico sobre o poder temporal da comunidade civil e opunha, de maneira categórica, à autoridade de obediência teocrática, o monismo de um poder essencialmente leigo. Marsílio se situava assim, deliberadamente, no extremo oposto do agostinianismo político, cujos representantes, do século VI ao XII – os papas Gregório Magno (papa de 590 a 604), Gregório VII (papa de 1073 a 1085) e Inocêncio III (papa de 1198 a 1216) –, por uma distorção radical do pensamento de Santo Agostinho[12], haviam requerido a submissão do poder temporal dos príncipes ao poder espiritual dos papas. A teoria das "duas espadas", exposta nos séculos VI e VII pelos papas Gelásio e Gregório Magno, era clara: a *plenitudo potestatis* pertence unicamente a Deus; mas Deus dá aos dois poderes distintos do Pontífice – a *auctoritas* – e do rei – a *potestas* – a missão de fazer a ordem divina triunfar neste mundo. Contudo, na história, as rivalidades entre os príncipes, depois de Carlos Magno, enfraqueceram os poderes temporais, enquanto aumentava o poder da Igreja. O episódio de Canossa, em 1077, constituiu a mais profunda humilhação que o papa Gregório VII podia infligir ao imperador da Alemanha, Henrique IV, e a teoria das duas espadas foi modificada de modo que o papado, com a *auctoritas*, detivesse a *potestas*. Todavia, a resistência dos príncipes, em

---

11. Marsílio de Pádua, *Defensor Pacis*, tradução, introdução e comentários de J. Quillet, Vrin, 1968.
12. A *Civitas Dei*, escrita entre 413 e 427 pelo bispo de Hipona, Santo Agostinho (354-430), é uma resposta aos pagãos que imputavam ao Cristianismo a responsabilidade da decadência do Império Romano. A Cidade terrestre, dizia Santo Agostinho, devia olhar para o Céu e se elevar para a Cidade de Deus.

meio às oposições conjugadas da Igreja e dos senhores feudais, ensejava práticas jurídico-administrativas que favoreciam a tendência de se construir um "poder real" no qual se esboçavam os primeiros traços da soberania[13]. Nesse contexto complicado, Marsílio de Pádua, a fim de defender a paz, denunciava os abusos do sacerdócio cristão e atacava as pretensões desmedidas dos "bispos de Roma", o que o levava não só a pleitear *o poderio do imperador da Alemanha contra* a teocracia romana, mas também a delinear, no próprio seio do Cristianismo, o perfil de um Estado leigo.

Agindo assim, Marsílio de Pádua, que, em sua argumentação *pro et contra*, utilizava amplamente *A política* de Aristóteles e a teoria tomista, certamente ainda não era um "moderno". Mas, embora considerasse que uma sociedade política é uma comunidade natural, na qual compete a uma *pars principans* (um príncipe, individual ou coletivo) legislar, administrar e julgar, mesmo assim ele declarava que a *plenitudo potestatis* devia ser reconhecida ao rei (e não ao papa). O reconhecimento de uma ordem sociopolítica independente da ordem eclesiástica abria, assim, o caminho para a concepção do Estado moderno, cuja soberania logo será apresentada como a "forma" ou a "essência". Contudo, será preciso que se passem mais de dois séculos para Jean Bodin elaborar uma teorização desse conceito capital da modernidade política. Além disso, será preciso, de um lado, distinguir sua obra doutrinária da realidade política e, do outro, situar sua doutrina em seu contexto filosófico próprio, no

---

13. A respeito desse período complexo, cf. O. von Gierke, *Les théories politiques du Moyen Âge*, trad. J. Pange, Paris, Tenin, 1914: "A la recherche de la souveraineté", pp. 113-20; Marcel David, *La souveraineté et les limites juridiques du pouvoir monarchique du IXe au XVe siècle*, Paris, Dalloz, 1954; H. Quaritsch, *Staat und Souveränität*, Frankfurt, Athenäum, 1970; *Souveränität-Entstehung und Entwicklung des Begriffs in Frankreich und Deutschland vom XIII Jh. Bis 1806*, Berlim, Duncker und Humboldt, 1986; E. Kantorowicz, *Les deux corps du roi*, trad. fr., Paris, Gallimard, 1989; Olivier Beaud, *La puissance de l'État*, Paris, PUF, 1994; primeira parte, capítulo preliminar: "La souveraineté ante-étatique ou la notion médiévale de souveraineté", pp. 35-46.

qual se mesclam a sólida tradição naturalista e a visão jurídica nova de um Estado administrativo de caráter centralizador.

É por isso que os "sinais" da *via moderna*, que se deixam decifrar em seu traçado ainda num pontilhado muito tênue, só devem ser apreendidos e interpretados com infinita prudência. É verdade que as concepções mais tradicionais ficam divididas com o "golpe da crítica occamista"[14] e trincadas pelo sentido do laicismo do paduano, de modo que se exerce uma enorme força abaladora sobre o edifício teológico-político do pensamento medieval. Mas seria particularmente temerário isolar de seu contexto doutrinário os argumentos polêmicos utilizados por Guilherme de Occam e Marsílio de Pádua, bem como separá-los da realidade política dos séculos atormentados a que pertencem. Seu enraizamento nas filosofias de Aristóteles e de Santo Tomás e, mais ainda, a marca do direito romano e do direito germânico são tão fortes nas análises e argumentações, nas quais se podem descobrir os indícios prenunciadores da modernidade, que é preciso renunciar a uma decifração anacrônica na qual se desenharia o "desencanto com o mundo": o Príncipe civil continua sendo, mesmo nos textos de Marsílio de Pádua, "ministro de Deus"; o Estado é apresentado como cristão e os cidadãos são seus "fiéis". Portanto, ainda que a teocracia esteja abalada, ainda não chegou a hora em que a política poderá prescindir de um horizonte teológico. O "mito da Igreja primitiva" continua muito forte nesses séculos em que se percebem os primeiros movimentos de uma mutação filosófica da instituição política. Por conseguinte, é mais "o esboço de uma doutrina conciliar" que se encontra na obra do paduano, aliás concebida explicitamente para "resolver os problemas do tempo presente".

Se, nos anos que se seguiram, pesquisarmos, por exemplo, em John Wycliff, encontraremos nele a mesma ambivalência: na mesma época em que São Gregório Magno defendia a doutrina universalista da obediência passiva ao rei, saudado como "vigário de Deus", Wycliff pregava, justamente contra o uni-

---

14. Lagarde, *op. cit.*, V, p. 86.

versalismo do poder da Igreja, o particularismo "nacional" do poder do rei. Nesse duplo movimento, em que a *respublica christiana* iniciava seu declínio, enquanto a soberania dos reis tendia a se afirmar em suas nações, encontram-se as justaposições, a sedimentação, até mesmo a mescla de idéias tradicionais e de intuições inovadoras. Portanto, não se deve exagerar a "modernidade" dessas visões políticas em que subsistem os parâmetros do pensamento político medieval. Encontramos nelas, mesmo no século XIV, apenas algumas primícias da *via moderna*; ainda assim, só as encontramos escavando a espessa camada de noções teológicas no meio das quais estão enterradas. Além disso, elas estão impregnadas de reminiscências romanistas, através das quais as expressões *res publica* ou *jus publicum* não se reportam ao Estado, pela boa e simples razão de que a sociedade política de então não é um Estado[15]. Nessa época, os termos "político" e "estatal" não são sinônimos, como ocorre com os "modernos" e, sob muitos aspectos, ainda conosco. Assim, poder-se-ia dizer dos doutrinadores e dos legistas do século XIV, descartando-se todos os matizes, o que se disse de Guilherme de Occam. Em suas obras, propunham um "emaranhado" complexo de elementos dispersos cuja significação ambivalente – Occam é "escolástico atrasado para uns, pré-reformador para outros"[16] – não deixa de ter algo de enigmático.

Assim, parece-nos bem difícil afirmar de modo peremptório que, "já no início do século XIV, ficara evidente que o Estado soberano seria a estrutura preponderante na Europa ocidental"[17]. Embora seja exato que a emergência da política moderna coincide com o reconhecimento da soberania estatal, é preciso lembrar que ela só se deu ao longo de um encaminhamento difícil e se efetuou em nascimentos sucessivos.

---

15. Cf. Jhering, *L'esprit du droit romain*, trad. fr., reimpressão Forni, Bolonha, 1969, t. I, pp. 209-10.
16. Jean Gaudemet, *Bulletin critique*, in *Revue de droit canonique*, Université de Strasbourg, 1964, pp. 277 ss.
17. Joseph R. Strayer, *Les origines médiévales de l'État moderne* (1970), trad. citada, p. 85.

B) Os difíceis caminhos de acesso
à modernidade jurídico-política

No Ocidente político, os séculos XIV e XV correspondem aos períodos agitados da Guerra dos Cem Anos (1337-1453), que não foram muito propícios à elaboração de novas teorias político-jurídicas. Sem dúvida, pode-se observar que na França, desde Filipe, o Belo, e seus legistas, a potência real tendia a se tornar absoluta; também que, logo depois da derrota de Poitiers, em 1356, a *"Grande ordonnance"*, pela qual Robert Lecocq apresentou ao delfim Carlos as queixas e petições dos deputados aos Estados Gerais, tratava, sob a influência de Étienne Marcel, da administração do reino, do papel dos Estados, da resistência aos abusos do Poder etc., o que, se essa ordenação tivesse sido aplicada, teria aproximado o modelo governamental francês daquele que a *Magna Carta* de João Sem Terra havia estabelecido na Inglaterra em 1215: assim como o Parlamento representava a nação inglesa, também os Estados Gerais teriam, perante o rei, representado a nação francesa. Mas as intrigas entremeadas de assassinatos, a guerra civil, a insurreição camponesa, os banditismos de todo tipo e logo, após o fracasso de Étienne Marcel, o reinado desastroso de Carlos VI, não eram muito convidativos, em meio às ruínas causadas pela Guerra dos Cem Anos, a uma reflexão filosófica sobre a política e sobre o direito que estrutura suas instituições e rege seu funcionamento. As coisas não iam muito melhor na Inglaterra, onde o reino ia de crise em crise: crise social, Peste Negra em 1348, insurreição popular em 1381, deposição do rei Ricardo II em 1399, derrota final na Guerra dos Cem Anos... Ainda por cima, o mundo ocidental era então, em seu conjunto, vítima de epidemias que dizimavam as populações e implantavam o medo; a Igreja era sacudida por inúmeros escândalos e a cristandade se desmembrava; os conflitos entre os príncipes se multiplicavam; a crise econômica provocava uma recessão catastrófica... É verdade que, na França, os reis Carlos VII (que reinou de 1422 a 1461) e Luís XI (que reinou de 1461 a 1483) deram início a uma reorganização institucional e a uma reforma financeira que constituíram um passo decisivo para a unidade do reino e, ao mesmo tempo, para o absolutismo do Poder; na Inglaterra, os primeiros Tudores e, na Espanha, Fernando e Isabel consagraram a autoridade dos monarcas; na Itália do século XV deu-se um reerguimento econômico. Em todo caso, no reino da França o sentimento nacional, que fora despertado pela vitória de Bouvines, em 1214, se fortaleceu com firmeza, e a idéia de pátria (que poderia ser simbolizada pelo heroísmo exemplar de Joana d'Arc) logo correspondeu ao ideal de uma unidade nacional sobre o qual se começava a pensar que era engrandecedor servir de forma quase religiosa: *pro patria mori*. A criação de exércitos permanentes e a multiplicação dos oficiais reais traduziram a orientação cada vez mais nítida para um governo centralizador. Entretanto, embora o mundo ocidental fosse, inegavelmente, nessa época palco de transformações, era então bem difícil extrair da prática política uma "doutrina" coerente do direito político, quer porque ela se apoiava na realidade histórica para ressaltar as linhas diretrizes dela, quer porque, ao contrário, elaborava um programa de idéias que deveria ser transcrito para os fatos. Em conseqüência, os primeiros sinais da "modernidade", que despontam, como vimos, nas teorias políticas do século XIII, não parecem, por volta do século XV, nem se intensificar nem ser tematizados. A filosofia política e a doutrina jurídica estão adormecidas.

Em compensação, o desenvolvimento delas no século XVI será imenso e, embora ele não fosse suficiente para um desabrochar de uma teoria "moderna" do direito político, marcou seu aparecimento ou primeiro nascimento[18]. Esse primeiro nascimento, que é uma vitória, ao mesmo tempo, contra o teologismo medieval e contra a mentalidade feudal, foi, como veremos, difícil. Ele se efetuou em várias fases, dominadas sucessivamente pelas vozes, no século XVI, de Maquiavel e de Bodin, depois, no século XVII, pela de Hobbes. Suas obras examinam o problema do direito político com ênfases muito

---

18. Não achamos que, ao dizer isso, estamos traindo o pensamento de Pierre Manent, em sua obra *Naissances de la politique moderne*, Paris, Payot, 1977.

diferenciadas. Não obstante, elas se completam para abrir, muitas vezes em meio a hesitações filosóficas perturbadoras, os caminhos da modernidade jurídico-política.

O momento maquiavélico[19]

É sob esse pórtico maquiavélico[20] que se manifestam as primícias da modernidade política surgidas timidamente no século XIII. "O fundador da filosofia política moderna é Maquiavel", escreveu Leo Strauss. "Ele tentou efetuar, e de fato efetuou, uma ruptura com a tradição da filosofia política em seu conjunto."[21] Comparável a Cristóvão Colombo avistando o "Novo Mundo", o que descobriu foi, para a moral e para a política, um "novo continente". Arribando não sem dificuldades a essas margens novas, de fato Maquiavel contribui mesmo para cinzelar a essência da modernidade. Esse "trabalho da obra" não deixa de ter pontos obscuros. Mas, no final das contas, a especificidade do "moderno" encontra suas primeiras marcas na ruptura consumada por Maquiavel, dessa vez para valer,

---

19. Utilizamos aqui a expressão de J. G. A. Pocock sem com isso adotar a tese, brilhante mas altamente discutível, que defende em seu livro *Le moment machiavélien* (1975), trad. fr., PUF, 1997.

20. Nicolo Macchiavelli (1469-1527) foi secretário dos Borgia em Florença de 1498 a 1512. Nesse ano foi despedido pelos Médicis, que retornaram ao trono. Na sua aposentadoria forçada em San Casciano, escreveu em 1513 o *De principatibus* (O Príncipe) e, paralelamente, sem publicá-los, os *Discursos sobre a primeira década de Tito Lívio*, concluídos em 1519. A pedido dos Médicis, compôs igualmente em 1519 um *Discurso sobre a reforma do Estado de Florença*. Não poderíamos tampouco deixar passar em silêncio *A arte da guerra*, as *Histórias florentinas* e a *Vida de Castruccio Castracani*.

A respeito de Maquiavel, cf. Ch. Benoist, *Le machiavélisme*, 3 vol., Paris, Plon, 1907-36; Georges Mounin, *Machiavel, sa vie, son oeuvre, avec un exposé de sa philosophie*, Paris, Club Français du Livre, 1957; Claude Lefort, *Le travail de l'oeuvre. Machiavel*, Gallimard, 1972; Pierre Manent, *Naissances de la philosophie politique moderne*, cap. I, Payot, 1977; J.-G. Fichte, *Machiavel*, trad. fr., Payot, 1977; Leo Strauss, ver a nota seguinte.

21. Leo Strauss, *Qu'est-ce que la philosophie politique?* (1959), trad. fr., PUF, 1992, p. 44; cf. igualmente Leo Strauss, *Thoughts on Macchiavelli*, Glencoe, Illinois, 1958.

com o universalismo teológico que caracterizava o pensamento político medieval. Nem por isso seria exato concluir que Maquiavel é o filósofo do direito político moderno. Todavia, nele há mais do que os sinais precursores da modernidade jurídico-política[22]: o secretário florentino abre corajosamente a passagem entre O político, cuja essência era buscada pela filosofia clássica, na via traçada por Platão e Aristóteles, e A política, cuja existência ele escruta no Estado em via de nascer e de organizar suas próprias instituições. Nessa passagem se efetua o primeiro nascimento da filosofia política moderna.

Esse primeiro nascimento não é nada menos do que uma revolução. Maquiavel não pede mais nada à tradição clássica, nem à filosofia eternitária dos Antigos, já que é a política em seu devir que ele disseca; nem ao horizonte teológico-político da escolástica medieval, já que, em seu realismo, ele se prende à maneira pela qual os homens cumprem a tarefa que lhes cabe de governar o Estado e de fazer a história. O que J. G. A. Pocock denomina "o momento maquiavélico" marca, contrariamente à tese que defende, o despertar de uma visão nova na história do direito político.

Discutiu-se muito sobre a questão de saber em que obra de Maquiavel reside a verdade da palavra maquiavélica e como se deve entender essa verdade: assim, Rousseau, que meditou muito sobre as lições de Maquiavel nos *Discursos sobre a primeira década de Tito Lívio*, se perguntava, segundo A. Gentili e Spinoza[23], se não conviria ler *O príncipe*[24] como "o livro dos republicanos"[25]. No fundo, isso não tem muita importância. Que Maquiavel tenha sido ou não tenha sido "republicano", e

---

22. Cf. Maurice Merleau-Ponty, em *Signes*, Nota sobre Maquiavel, Gallimard, 1960, p. 267.
23. Spinoza, *Tractatus politicus* (1677), V, § 7; segundo Pierre Bayle, *Dictionnaire historique et critique*, art. "Machiavel", n. 1, essa mesma interpretação era dada por Alberico Gentili no *De legationibus*, Lib. III, cap. 9.
24. É útil recordar que o título da obra é *De principatibus*: *Os principados*.
25 Rousseau, *Le contrat social*, liv. III, cap. VI, in Bibliothèque de la Pléiade, t. III, p. 409: "Fingindo dar lições aos reis, ele deu grandes lições aos povos. *O príncipe* de Maquiavel é o livro dos republicanos." No *Manuscrit de*

ainda que tenha sido um admirador fervoroso da república romana, o importante é que ele não deita as raízes da sua filosofia dos "principados" e do "Estado" – a palavra aparece pela primeira vez em sua pena com o sentido moderno que lhe atribuímos – nem em um universalismo cosmológico nem no ecumenismo da cristandade. O conhecimento que tem das antigas repúblicas e dos principados do seu tempo ensina-lhe a independência, até a autonomia da esfera política, em sua organização e em seu funcionamento. Entendamos nisso, de maneira estrita, que a unidade dessa sociedade política que ele chama de "Estado" resulta de um ato *instituinte* pelo qual o *legislador* define os *princípios* do exercício do Poder. A secularização do pensamento político, muito mais radical segundo Maquiavel do que em precursores como Marsílio de Pádua, estabelece uma cisão total entre a Cidade dos homens e a Cidade de Deus. Considerando que a política pertence a esta terra, ele não procura, a exemplo do idealismo platônico, os fundamentos metapolíticos da política; tampouco lhe atribui, a exemplo de Santo Tomás, uma fonte divina. Ao recusar qualquer fundação transcendental da organização e da vida políticas, ele já envereda pela via que conduz ao "fim da metafísica" e prepara o advento de uma "ciência política"[26]. Se não é irreligioso, é sem dúvida anticristão: sem jamais falar do pecado original ou de uma natureza humana que carrega os estigmas da Queda, ele vê no cristianismo a religião que comete o erro de confundir bondade e fraqueza, virtude e humildade. Ele supõe, ao contrário, que existe

---

Neuchâtel 7842, fólio 52, pode-se ler: "Maquiavel era um homem de bem e um bom cidadão; mas, ligado à casa dos Médicis, era obrigado, na opressão de sua pátria, a disfarçar seu amor pela liberdade..." (esse texto foi acrescentado à edição de 1782 do *Contrat social*). No mesmo sentido, cf. Diderot, artigo Maquiavelismo da *Encyclopédie*, t. IX.

Esse julgamento é retomado por Leo Strauss em *Thoughts ou Macchiavelli*, 1958, p. 382: "O livro de Maquiavel sobre os principados e seu livro sobre as repúblicas são ambos republicanos: o elogio das repúblicas que se exprime no livro sobre elas nunca é contrariado por um elogio dos principados em qualquer um dos dois livros"; cf. também G. Mounin, *op. cit.*, sobretudo 5.ª parte.

26. Alexandre Passerin d'Entrèves, *La notion de l'État* (1967), trad. fr., Sirey, 1969, p. 53.

no homem uma força viva e agressiva que se chama *virtù* e que é totalmente estranha à retidão bíblica. Contrariamente ao catolicismo medieval, louva a força e a audácia das "grandes feras" que carregam em si o sobre-humano. Considera portanto, como assinalará Fichte, que "os homens são maus" – ou, pelo menos, que há neles suficiente maldade para que recorram aos estratagemas, aos ardis e às mentiras – e, sobre essa base antropológica em que o perfil do homem comum, sempre medíocre, não é muito elogioso, pode exaltar a tendência natural que possuem aqueles que governam a se fazerem antes temer do que amar pelo povo dentro do Estado e a querer, no exterior, apesar da oposição geral, ampliar o Estado. Num mundo sem ideais e sem valores parecido com uma selva, esses são os meios mais seguros para que um príncipe ou, da mesma maneira, uma República, firme cada vez mais sua potência não sem se erguer, num gesto tão belo quanto dramático, contra a *Fortuna*, senhora do destino. No caso, o importante é ter êxito – é preciso preservar o Estado, fazê-lo perdurar aumentando-lhe a grandeza.

Em conseqüência, é total a ruptura entre a política e a moral consumada por Maquiavel. Nem Fichte nem Hegel se enganaram quando viram em sua obra o princípio de uma política de potência que prefigura a lei de concorrência vital que regeu a *Realpolitik*[27]. Hegel, em *Constituição da Alemanha*, sublinhou de modo muito especial que a arte política maquiavélica, longe de se fundar num ideal e de ensinar o que deve ser, tem como referência principal – no entanto sem qualquer cinismo – o direito do mais forte tal como ele se exprime na própria realidade da História. De fato, segundo Maquiavel, a relação da política com a guerra é inevitável – a guerra é o meio de tomar o poder e a arte de conservá-lo. Segundo ele, a guerra nem sequer é, como será segundo Clausewitz, "o prosseguimento da política por outros meios"; está inserida, expressa ou latente, na própria realidade política. Faz parte, de maneira substancial, do direito político e, como tal, é a trama da história – de uma história para a qual o secretário florentino sabe muito bem

---

27. Cf. o artigo de A. Elkan, "O descobrimento de Maquiavel na Alemanha no início do século XIX", *Historische Zeitschrift*, 1919, pp. 427-58.

que, durante quatorze anos, contribuiu com suas instruções, suas missões e suas legações, de uma história que ele também sabe que, no andamento dos assuntos públicos, significa o próprio destino de um povo. Dessa maneira, segundo Maquiavel, o espírito do direito político e o sentido da história são essencialmente deste mundo. É por essa razão que não hesita em extrair de Políbio a idéia de um ciclo eterno – "o eterno retorno"? – em que as diversas formas de governo se sucedem e vão se repetindo. Isso não quer dizer que Maquiavel retorne aos Antigos, mas que a política sempre apresentou, apresenta em seu tempo e apresentará incessantemente aos homens os mesmos problemas concretos; que, portanto, a arte política tem – e tem apenas – de parte a parte, uma vocação prática que compete ao direito inserir em seu dispositivo normativo. A evidência dessa vocação prática culminará, pensa ele, quando os príncipes da Itália, depois de expulsar os bárbaros, se unirem para formar uma grande pátria[28]. Por isso não é de espantar que *O príncipe*, longe de conter longas tiradas metafísicas ou profissões de fé ideológica, se limite, com uma tonalidade absolutamente técnica, a enunciar regras para o êxito político.

Na autonomia da ordem política assim proclamada, na dimensão realista atribuída ao Poder, na preeminência da arte de governar, bem como na concepção praxiológica da política e de suas instituições, aloja-se a indiscutível novidade do olhar que Maquiavel lança sobre a coisa pública. Essa novidade se concentra na invenção da palavra *Estado* e na conotação que logo lhe é atribuída num registro que, rejeitando qualquer ideal contemplativo, situa o seu conceito no pólo oposto, conjuntamente, do idealismo antigo, do Cristianismo, do estoicismo e, de maneira mais geral, de qualquer moralismo. De fato, sob a pena de Maquiavel, ainda que sem uma perfeita constância, a palavra *Estado* assume uma conotação verdadeiramente "moderna". A. Passerin d'Entrèves recorda de modo judicioso[29] que

---

28. "A salvação da pátria é o objetivo e a justificação do Estado", escreve A. Passerin d'Entrèves, *op. cit.*, p. 220. Cf. também G. Mounin, *op. cit.*, p. 205.

29. A. Passerin d'Entrèves, *op. cit.*, p. 40.

essa palavra já não tem apenas o sentido do latim vulgar empregado por Justiniano na expressão *statum reipublicae sustentamus*; nem sequer o que encontramos no *Digesto*, em que o *jus publicum* é definido como *quod ad statum rei romanae spectat*. Desde a primeira frase do *Príncipe*, o termo *Estado*, sem ser definido de modo rigoroso, designa uma configuração política que implica a organização da relação de forças entre o comando e a obediência: ele caracteriza, na sua "verdade efetiva", o "novo principado" que Maquiavel sonda. O surgimento dessa conotação, até então inédita, do conceito de Estado marca, na esfera política, o advento do espírito "moderno". "Maquiavel", escreve Leo Strauss, "modificou radicalmente não só a substância do ensino político, mas também seu estilo."[30] Por essa transformação profunda, ele é um "descobridor". Iniciando uma "mudança radical" na maneira de pensar a política e suas regras, ele seria, continua L. Strauss, "o primeiro filósofo a tentar forçar o acaso a fim de dominar o futuro, engajando-se numa campanha de propaganda". Com essa "propaganda", que não se destina, como a propaganda de hoje, a captar auditórios fascinados, Maquiavel desejava "convencer, e não apenas persuadir ou intimidar. Foi o primeiro de uma longa série de pensadores modernos a esperar provocar novos modos de vida e novas ordens políticas (*nuovi modi e ordini*) por meio da extensão das luzes. As luzes – *lucus a non lucendo* – começam com Maquiavel"[31].

A luz maquiavélica, contudo, só ilumina a primeira das "ondas da modernidade". Mesmo assim ela fez que se formassem espessas nuvens sobre a Itália "armada", "despojada de padres" e "unificada". Não tardaram a desabar tempestades carregadas de críticas e de protestos. O pensamento do século XVI não estava pronto para acolher bem o primeiro nascimento da modernidade jurídico-política. Ele não compreendia bem a dessacralização da política e, se bem que as perspectivas de antropologização que se desenhavam não fossem inteiramente

---

30. L. Strauss, *Qu'est-ce que la philosophie politique?*, trad. citada, p. 48.
31. *Ibid.*, p. 50.

recusadas numa época em que se formulavam indagações sobre "a humana natureza", muitos autores, tão diferentes como Erasmo ou Gentillet, Thomas More ou La Boétie[32], sentiram então como um opróbrio o vácuo moral da política e de sua ordem jurídica. No mínimo continuariam muito reticentes diante do realismo da vontade de poder, que julgavam desonrosa. Poucos pensadores ousaram seguir Maquiavel pelo novo continente ao qual havia arribado. Mesmo que se admita a existência de um "maquiavelismo de Montaigne"[33], as novas idéias estavam longe de ter causa ganha no pensamento do direito e da arte políticos. Num século em que os grandes descobrimentos e os tumultos religiosos preparavam mudanças profundas, as inovações em matéria de política e de direito ficaram muito limitadas. O humanismo cristão, mesmo abalado pela Reforma, ainda dominava amplamente o mundo ocidental, de modo que a primeira onda da modernidade parece ter tido, em seu tempo, pouca amplitude. De modo muito especial, os legistas e os jurisconsultos não estavam muito inclinados a fazer eco às regras dessa política que declaravam, de modo geral, "de ferro e de sangue". É verdade que tendiam a refutar, cada vez com mais vigor, as práticas do feudalismo, e podem-se discernir em seus textos as pequenas mudanças prenunciadoras da concepção absolutista e centralizadora do Poder real que logo vão contrapor a elas[34]. Mas, impregnadas por múltiplas influências, suas idéias nem sempre eram muito claras: o direito romano ainda estava muito vivo, a herança escolástica não estava morta, o humanismo cristão estava em plena atividade, a religião reformada ganhava terreno; às esperanças que se depositavam

---

32. Erasmo, *A instituição do príncipe cristão*, 1516; Thomas More, *A utopia*, 1516; La Boétie, *Discursos sobre a servidão voluntária*, 1548; Innocenti Gentillet, *O anti-Maquiavel*, 1576.
33. Anna Maria Battista, *Alle origine del pensiero politico libertino: Montaigne e Charron*, Milão, Giuffrè, 1966.
34. Citemos, por exemplo, na própria época de Maquiavel, Jean Ferrault, *Insigna peculiaria Christianissimi Francorum regni*, 1520; Charles de Grassaille, *Regalium Franciae libri duo*, 1538; Barthélemi de Chasseneux, *Catalogus gloriae mundi*, 1546.

num poder real centralizador, cujos símbolos eram Carlos V e Francisco I, se mesclavam, além dos remanescentes feudais, impulsos laicizantes, particularismos tradicionais e provincianos e até, por vezes, esforços "nacionalitários". Portanto, na primeira metade do século XVI, em que o pensamento, pouco "filósofo", não se inclinava para a abstração e a teoria, é muito difícil encontrar uma problemática jurídico-política unitária e, menos ainda, uma doutrina que manifeste nitidamente a renovação da concepção do Poder[35]. As perspectivas deviam modificar-se de maneira sensível na obra de Jean Bodin.

Na transição de duas eras: o direito da República de Jean Bodin

A obra de Jean Bodin (1529-1596)[36], sobre a qual costumamos repetir que ela propõe, em 1576, nos *Seis livros da Repú-*

---

35. A maioria dos autores têm então a preocupação de glorificar o rei da França. Então, sobre um fundo doutrinário que não tem nenhuma pretensão filosófica e sobre o qual acumulam referências ao direito romano e ao direito canônico, compõem o inventário das prerrogativas reais; sobretudo juntamlhes comentários prolixos, que salientam, como entre os autores da Idade Média, que o príncipe, "imperador em seu reino", é a imagem de Deus na terra.

Pode-se, evidentemente, assinalar que, na mesma época, Claude de Seyssel e Charles Du Moulin dão uma tonalidade política mais matizada quando insistem sobre a necessidade de "freios" e de "moderações" para a monarquia. Em *La Grand' Monarchie de France* (1519), Claude de Seyssel, extraindo lições dos reinados de Luís XII e depois de Francisco I e Henrique II, esboça uma sistematização institucional da monarquia moderada, na qual a religião, a justiça e a polícia devem "regular e refrear o poder". – Quatro décadas mais tarde, Charles Du Moulin, em *Traité de l'origine, des progrès et excellence du royaume et monarchie des François*, sublinha a importância, no reino, das leis fundamentais e dos regulamentos e sustenta que o poder real é "mais moderado do que absoluto".

Entretanto, se essas obras são o prelúdio do futuro "galicismo", conservam mesmo assim muitas idéias provenientes, através dos glosadores, do direito romano e da escolástica. Os sintomas de modernidade são, portanto, muito tênues entre os legistas da tradição jurídica francesa que, basicamente, constroem sua concepção da monarquia com base no modelo divino. A respeito desse ponto, cf. O. Beaud, *La puissance de l'État, op. cit.*, p. 41.

36. A respeito de Jean Bodin, cf. Henri Baudrillart, *Jean Bodin et son temps. Tableau des théories politiques et des idées économiques au XVIe siè-*

blica, a primeira teoria da soberania, pode parecer constituir uma exceção, na medida em que formula uma verdadeira problematização do direito da República. Assim como Maquiavel na Itália, Bodin, de fato, percebeu na França os defeitos que fragilizavam dramaticamente os reinos do seu tempo: ter por horizonte, no século XVI, ou o império de Roma ou a *Res publica*[37] *christiana* lhe parecia muito insólito, pois essas duas formas políticas haviam desaparecido. Então, Jean Bodin, "político" antes de ser filósofo da política, quis criar a doutrina que permitiria à monarquia da França consolidar suas bases e promover a ordem e a justiça. Nesse empreendimento, sente uma verdadeira admiração pela obra do florentino, ainda que, em diversos pontos, não oculte sua discordância. Recusa-se a buscar no "constitucionalismo" medieval os elementos suscetíveis de assentar solidamente a *Res publica*. Na nova problemática que enuncia, indaga-se sobre a origem do Poder e as formas do "melhor regime", questões tradicionais desde Platão. Apaixonado por história e utilizando de bom grado uma conduta comparatista[38], constatou que, numa sociedade que não seja a sociedade doméstica, a existência de um *poder público* é uma necessidade de fato. A interrogação que formula quando busca a especificidade desse poder é verdadeiramente inédita até ele. Enfim, para responder a essa pergunta, cria um apara-

---

cle, Paris, 1853, Aalen, 1964; Roger Chauviré, *Jean Bodin, auteur de La République*, Paris, 1914; Jean Moreau-Reibel, *Jean Bodin et le droit public comparé dans ses rapports avec la philosophie de l'histoire*, Vrin, 1933; Helmut Quaritsch, *Staat und Souveränität*, t. I: *Die Grundlagen*, Frankfurt, 1970, pp. 243-394; Simone Goyard-Fabre, *Jean Bodin et le droit de la République*, PUF, 1989; Julian H. Franklin, *Jean Bodin et la naissance de la théorie absolutiste* (1973), trad. fr., PUF, 1993. – Obras coletivas: *Actes du Colloque international Jean Bodin à Münich*, Munique, 1973; *Actes du Colloque interdisciplinaire d'Angers*, Angers, 1985; *Jean Bodin: nature, histoire, droit et politique* (ed. Y. Ch. Zarka), PUF, 1996. – Para uma bibliografia mais completa, indicamos nossa obra consagrada a Jean Bodin.

37. Cf. J. Franklin, *op. cit.*, pp. 12 ss.

38. Cf., além da obra clássica de Moreau-Reibel, J. Franklin, *Jean Bodin and the XVIth Century Revolution in the Methodology of Law and History*, Columbia University Press, 1963.

to conceitual que dá a um vocabulário já usual um alcance semântico novo e, precisamente, "moderno".

Seus talentos de jurista levaram Bodin[39] a elaborar, primeiro em 1566, no *Methodus ad facilem historiarum cognitionem*, depois, dez anos mais tarde, nos *Les six livres de la République* (*Os seis livros da República*), uma teoria da "potência soberana". Esta é, diz ele, a "forma" ou a "essência" da República. Como tal, é tão diferente da soberania medieval que, repelindo o feudalismo e o sacerdocismo, acaba por se opor a ela. Essa mutação profunda da idéia de soberania não é, evidentemente, alheia nem ao movimento político que, no curso dos séculos XIV e XV, provocou a centralização do poder real e determinou a autoridade deste sobre as instituições do reino, nem às guerras civis e religiosas da época. Mas a força e a originalidade da teoria de Bodin não resultam apenas da consciência que ele toma da insuficiência, na hora da crise, das "prerrogativas jurídicas de que dispõe o rei pós-feudal"[40]; ela se deve sobretudo à ousadia intelectual com que passa do fato, particular e contingente, ao conceito geral e necessário: "República", escreve Bodin já na primeira frase dos *Seis livros da República*, "é um governo reto de várias famílias e do que lhes é comum, com potência soberana"[41]. Talvez seja, aliás, devido a essa teorização de alcance geral que Bodin foi pouco compreendido pelo monarca, acima de tudo atento à singularidade da situação. Seja como for, é com Bodin que, pela primeira vez na história da doutrina política, o conceito de soberania conota a *essência* da república: esse conceito não só define sua especificidade, distinguindo-a de qualquer outra comunidade, mas a designa como *Estado* no sentido moderno da palavra, o que quer dizer que faz dela uma entidade política cuja prerrogativa já não é, como para os reis da Idade Média, jurisdicional, mas legisladora. Nesse ponto não há dúvida alguma de que Bodin

---

39. Bodin estudou direito em Toulouse, onde predominava a influência de Alciat, Du Moulin e Cujas.
40. O. Beaud, *op. cit.*, p. 49.
41. J. Bodin, *Les six livres de la République*, Édition Du Puys, 1591, p. 1.

deu um grande passo na *via moderna* tipicamente francesa: na encruzilhada da prática e da teoria, todas as suas análises – as fundamentais da lei, da magistratura, da cidadania, das quais decorrem todas as outras – convergem para a racionalização jurídica do Poder na República. Esse procedimento, que lhe permite sublinhar a indefectível unidade da soberania que caracteriza juridicamente o Estado moderno, é inteiramente novo. A esse respeito, pode-se então dizer que o espírito que preside ao trabalho jurídico de Bodin é análogo ao espírito que anima o trabalho político de Maquiavel. A partir daí, o Estado moderno encontrou sua forma e sua matéria ao mesmo tempo.

Contudo, o Bodin filósofo é, sem dúvida alguma, menos "moderno" do que Maquiavel. Evitemos ver nisso uma regressão intelectual. A diferença entre os dois autores decorre sobretudo da textura própria do direito de que fala Bodin: a ordem jurídica é, de fato, mais rebelde às mutações revolucionárias do que o tecido político que Maquiavel examinava reconhecendo nele o lugar por excelência, devido a seu caráter conflituoso, das rupturas e das mudanças radicais. Bodin, por sua vez, fica dependente, sob muitos aspectos, do pensamento dos legistas, apegado à idéia romana da *majestas* imperial, e sua argumentação densa em geral é impregnada de reminiscências da retórica clássica. Maquiavel, que não tinha muita preocupação com a especulação teórica, extraía com maior facilidade da carne da história os embriões de uma possível renovação política. Mas sobretudo, enquanto o cinismo de Maquiavel empurrava arrojadamente seu pensamento político, como observarão Fichte e Hegel, para o princípio positivo de um mundo novo ávido de pragmatismo, Bodin, na virada de duas eras, mantém-se o filósofo da ambivalência: se, com sua teoria da soberania, Bodin coloca, como jurista, a pedra angular do *Estado moderno*, centralizador e administrativo, ele conjuga, não sem paradoxos, essa renovação da problemática fundamental das repúblicas com temas metajurídicos e metapolíticos que pertencem à *philosophia perennis*. Assim, "o governo de direito" da República não é concebível, segundo ele, sem a obediência às "leis de Deus e da natureza", que constituem o pano de fundo de sua construção doutrinária. Nesse ponto ele não padece de dúvida alguma. Ao contrário, sua certeza é total: Deus, em sua onipotência e sua bondade, fez da Natureza o modelo das Repúblicas. Portanto, quando participa da corrente inovadora do humanismo renascentista, Bodin conjuga, no direito político, a preocupação humanista que o orienta para o pensamento moderno com um naturalismo profundo que colhe seu alento na metafísica tradicional na qual ele próprio é pautado pelo teologismo. No centro da obra, o moderno conceito jurídico que Bodin tem da soberania rege uma teoria da justiça que, inserida na suntuosa e universal harmonia cósmica, não deixa de recordar os temas musicológicos do *Timeu*. Quando, numa "monarquia régia", um "rei sábio" encarna a soberania, esta é comparável à dominante de uma escala diatônica à qual o Número, por sua magia secreta, dá força e beleza. Assim, a "justiça harmônica", como o canto do mundo, reina no reino em que as dissonâncias se entremeiam para compor os mais perfeitos acordes. A política, por suas estruturas jurídicas, é, como a música por suas estruturas harmônicas, um hino à Natureza.

Não será difícil convir que tais perspectivas são estranhas aos horizontes da modernidade. A política, tal como a pensa Bodin, permanece muito afastada, apesar da teorização da idéia moderna de soberania, dos artifícios racionalistas que, nos séculos que se seguirão, farão a glória da filosofia moderna. É verdade que, ao pôr fim à taumaturgia que enchia o reino de símbolos e de mistérios impenetráveis, Bodin orienta o Estado para uma nova concepção. Mas, segundo ele, o direito da República, que é uma ressonância da harmonia das esferas, não está ainda separado, em razão de seus fundamentos metapolíticos, do cosmologismo governado, como quer a tradição, pela "grande lei de Deus e da Natureza".

Aquilata-se assim o quanto, no século XVI, é difícil consumar-se a ruptura mental que conduz ao direito político moderno. É certo que Maquiavel e Bodin, reconhecendo a secularização e a nacionalização do Estado, insistindo naquilo que, na República, é necessariamente público, salientando a diferença entre a forma do Estado e a forma do Governo, enfatizando o império da lei, exterior ao direito natural etc., encaminham a doutrina política para a concepção do Estado moderno. Mas, se Maquiavel permanecia no limiar da modernidade jurídico-política deixando o movimento da História marcar com suas vicissitudes o exercício da potência do príncipe, Bodin, por sua vez, ainda não consegue pensar o direito político independentemente dos valores da tradição moral e não o concebe sem uma referência fundamental de natureza metapolítica, o que priva o Estado soberano de uma auto-suficiência autêntica e, portanto, da independência de seu conceito. Mesmo que a república reta já não se desenhe no horizonte da *respublica christiana*, ela continua tal que, para além da obediência dos súditos ao monarca, a obediência do monarca às leis da Natureza desejadas por Deus conserva o valor de uma norma fundamental. Nem um instante Bodin se pergunta o que aconteceria com a potência soberana se Deus não existisse.

Poder-se-ia pensar que cabe a Hugo Grotius (1583-1645)[42] transpor o limiar da modernidade quando, em 1625, escreve o famoso preceito *etiamsi daremus Deum non esse*[43], que provocou tempestades tão violentas. Entretanto, apesar da obstinação com que tantos autores repetem que Grotius abriu a carreira do "direito natural moderno", sua "modernidade" só poderia ser considerada com muita circunspeção. Seguramente, não se deve desconsiderar nem a ambição epistemológica de sistematicidade nem a força racional das regras metodológicas que Grotius exprime com clareza no começo de seu tratado *Direito da guerra e da paz*. As potências da racionalidade demonstrativa e construtora que ele põe em ação antecipam o domínio especulativo da razão, tal como o conceberão um pouco mais

---

42. A bibliografia relativa a Grotius é imensa. O essencial está reunido *in* Peter Haggenmacher, *Grotius et la doctrine de la guerre juste*, Paris, PUF, 1983.

43. H. Grotius, *De jure belli ac pacis*, Prolegomena, § 11; cf. em especial: John Saint Léger, *The "etiamsi daremus" of Hugo Grotius*, Roma, 1962; *Grotius et l'ordre juridique international* (Colóquio de Genebra, 1983), Lausanne, Payot, 1985.

tarde Descartes, Hobbes e Spinoza. O rigor analítico e sintético de sua lógica dedutiva, que ele extrai da matemática, provém sem dúvida de um pensamento liberado da retórica do discurso e, por essa razão, já "moderno". Em conformidade com sua postulação metodológica e seus paradigmas operacionais, Grotius elabora uma defesa da independência racional do direito. Além disso, o jurisconsulto holandês encontra o fundamento do direito não mais na natureza das coisas, mas na natureza racional do homem: o direito natural, diz ele, pertence, a título de *dictamen rationis*, à "natureza humana"[44]. Dito isso, Grotius não cuida de elaborar uma filosofia do direito político moderno. Ele está, aliás, tão próximo dos pensadores escolásticos[45], que costuma citar que a sociedade política – mesmo que, para realizá-la, os homens tivessem de recorrer a um acordo de tipo contratual que implica individualismo, voluntarismo e consensualismo – funda-se, segundo ele, na sociabilidade, que é um *habitus* natural. Portanto, embora o sistema jurídico de Grotius participe mesmo do monismo racionalista de sua concepção do mundo, traçando assim a via que conduzirá a Wolff e a Vattel, ele estabelece apenas de maneira ainda incerta tanto o âmbito estatal como os filosofemas portadores de um direito público cuja "modernidade" dará categoricamente as costas à escolástica.

Não obstante, era na obra de Grotius que Hobbes, seu contemporâneo, iria encontrar a consagração jurídica do individualismo do qual faz a pedra angular de uma *outra* política, que ele quer decididamente moderna.

C) O passo decisivo da modernidade: o Estado-Leviatã

Na filosofia de Thomas Hobbes (1588-1679) dá-se o "segundo nascimento" da política moderna: a obra do pensador de Malmesbury marca de fato o surgimento de um direito político

---

44. *Ibid.*, Prolegomena, § 9.
45. A esse respeito, cf. o estudo magistral de Peter Haggenmacher, *op. cit.*, PUF, 1983.

que, na República ou Estado (*Commonwealth*), é concebido de maneira nova por um Poder unitário tão poderoso que parece ser o "moderno Minotauro". Mas o Estado-Leviatã edificado pela "arte e indústria", cujo princípio é a razão dos homens, é também um gigante com pés de barro, cuja força é também sua vulnerabilidade.

O moderno Minotauro

Hobbes não só efetua na sua obra[46] a cristalização dos filosofemas políticos preparados laboriosamente no século XVI mas apóia a arquitetônica do Estado-Leviatã numa postulação que abala deliberadamente "a vã filosofia" dos autores antigos e, mesmo que a ruptura com o passado ainda lhe seja às vezes difícil, formula os axiomas básicos de um pensamento do direito político que se encaminha, dessa vez de verdade, para o horizonte da modernidade.

Neste capítulo preliminar, destinado a delinear o contexto no qual se inserirão os desenvolvimentos do direito político moderno, não teria cabimento expor de maneira exaustiva a filosofia de Hobbes, à qual, aliás, teremos de retornar muitas vezes no prosseguimento deste estudo. Limitar-nos-emos, por-

---

46. Da imensa massa de comentários relativos a Hobbes, retenhamos especialmente: Ferdinand Tönnies, *Thomas Hobbes: der Mann und der Denker*, Leipzig, 1912; Leo Strauss, *The political philosophy of Thomas Hobbes*, 1936, reeditado 1952 e 1961; Raymond Polin, *Politique et philosophie chez Thomas Hobbes*, PUF, 1953, reeditado 1977; David P. Gauthier, *The Logic of Leviathan*, Oxford, 1969; Bernard Wilms, *Die Antwort der Leviathan: Thomas Hobbes politische Theorie*, Berlim, 1970; Simone Goyard-Fabre, *Le droit et la loi dans la philosophie de Thomas Hobbes*, Klincksieck, 1975; Raymond Polin, *Hobbes, Dieu et les hommes*, PUF, 1981; Michel Malherbe, *Thomas Hobbes*, Vrin, 1984; Y. Charles Zarka, *La décision métaphysique de Hobbes*, Vrin, 1987.

Mencionemos igualmente as seguintes obras coletivas: *Hobbes, philosophie politique* (editado por Simone Goyard-Fabre), *Cahiers de philosophie politique et juridique*, Caen, 1983, n.º 3; *Thomas Hobbes: de la métaphysique à la politique* (editado por M. Bertman e M. Malherbe), Vrin, 1989; *Thomas Hobbes: La Ragione del Moderno tra teologia e politica* (editado por G. Borelli), Nápoles, 1990; *Le Pouvoir et le droit* (editado por F. Tricaud), Saint-Étienne, 1992; *Politica e diritto* (editado por G. Sorgi), Milão, 1995.

tanto, a indicar o que é, nela, o sinal, deliberado e flagrante, do surgimento de um estilo de pensamento "moderno". Precisamos contudo assinalar que, em que pese o papel histórico que Hobbes desempenha na "segunda onda da modernidade" e, o que é bastante surpreendente, apesar do esforço sintético e sistemático de sua filosofia, ele não acaba a mutação jurídico-política do Estado moderno, assim como, aliás, não determina plenamente a essência do "moderno". Seu papel é, porém, capital na marcha filosófica que deixa para trás as temáticas de uma tradição que suas "fábulas", diz ele, tornam politicamente inoperante e historicamente caduca.

Como Hobbes considerava que as doutrinas políticas enunciadas anteriormente não passavam de "sonhos", declarava-se o fundador da "ciência política", que assimilava à "filosofia política"[47]. Para apreciar essa pretensão em sua justa medida, é preciso apreender a novidade dos eixos em torno dos quais ele edifica sua teoria do Estado-Leviatã.

Em seu enorme *corpus* filosófico, Hobbes atribui, de maneira explícita, um lugar de primeiro plano à sua teorização do direito político. A concepção de Estado exposta sucessivamente em *Elements of Law* (1640), em *De Cive* (1642) e em *Leviatã* (1651), não resulta, como afirmaram certos comentaristas, do medo que o filósofo teria sentido diante dos ímpetos do parlamentarismo inglês. No fundo, pouco importa, aliás, que a insegurança de Hobbes fosse real ou imaginária. A questão do poder político o atormentava desde o ano de 1629, quando traduziu *A Guerra do Peloponeso*, de Tucídides. Se é incontestável que os acontecimentos na Inglaterra aguçaram sua tomada de consciência do problema, a originalidade de Hobbes não está em julgar a política de um ponto de vista prático e numa perspectiva crítica. Ele inseriu sua problemática, de maneira essencialmente teórica, em sua filosofia geral, cientemente unitária

---

47. "Se a Física é uma coisa inteiramente nova, a filosofia política o é ainda mais. Ela não é mais antiga do que minha obra *Do cidadão*", *De Corpore*, Epístola dedicatória, trad. fr. de Destutt de Tracy; cf. *Léviathan*, cap. IX, quadro a pp. 80, trad. fr. F. Tricaud, Sirey, 1971.

e sistemática. Mesmo que "Foi Maquiavel, maior do que Cristóvão Colombo, que descobriu o continente sobre o qual Hobbes pôde edificar sua doutrina"[48], diferentemente de Maquiavel, Hobbes não foi um filósofo "engajado"; mesmo que tenha, em 1651, oferecido ao jovem Carlos II um manuscrito de *Leviatã* (que, de resto, o rei recusou), o que quis elaborar foi uma teoria explicativa e especulativa da política, uma obra de "ciência"[49].

Se o vínculo que une num sistema sua concepção filosófica do direito político é antes de tudo um vínculo de método, o caráter lógico-dedutivo do procedimento seguido tem um alcance muito maior do que metodológico; comporta uma opção fundamental, pela qual se mede a novidade do olhar lançado sobre a instituição e a organização jurídica da coisa política. A postulação mecanicista do sistema revela logo seu caráter antiescolástico: não só a "ciência política" se pretende, como a física ou a antropologia, racional, analítica e sintética, mas também substitui a linguagem da qualidade utilizada até então pelas doutrinas políticas que se situavam, de maneira mais ou menos consciente, na esteira de Aristóteles, pela linguagem precisa e rigorosa da quantidade, como os esquemas da física mecanicista de Mersenne e de Galileu. Em conseqüência, enfatizando o elementar – a partir do qual tudo no mecanismo universal pode ser composto –, Hobbes atribui ao *indivíduo* o estatuto epistemológico do que é principal. E o indivíduo é, acima de tudo, potência (*potentia*), no que é declarado igual a qualquer outro em seus fins, bem como nos meios de que dispõe para atingi-los.

---

48. Leo Strauss, *Droit naturel et histoire*, V, *a*, Plon, 1954, p. 192.

49. No prefácio do *De Cive*, Hobbes confessa de maneira muito clara que seu vasto desígnio filosófico comportava originariamente três partes, que iam do geral para o particular: um estudo dos corpos naturais, um estudo da natureza humana e um estudo da sociedade civil. Foram as "conflagrações" da guerra civil na Inglaterra que o levaram a publicar em primeiro lugar as reflexões políticas com as quais previra concluir seu sistema. A verdade é que, para além da prioridade editorial que Hobbes atribuiu a sua filosofia política, não é possível separá-la de sua primeira filosofia; cf. Simone Goyard-Fabre, De la philosophie première à la philosophie politique dans la pensée de Thomas Hobbes, *in Politica e Diritto*, Milão, Giuffrè, 1995, pp. 75-95.

Por conseguinte, a coexistência natural dos indivíduos é comparável à dos lobos: *homo homini lupus*; não pode ser mais do que uma relação de forças. Sua concorrência universal é "a guerra de todos contra todos".

À luz do epistema mecanicista adotado por Hobbes, o esboço traçado por Bodin de um direito político, no qual repercutia o canto divino do mundo, assume uma feição "fabulosa" e, de qualquer modo, obsoleta. Hobbes considera que não se chega às verdades do direito político ouvindo a música das esferas que "os sineiros do mundo" fazem soar. Para compreender as estruturas do Estado, é preciso elevar-se ao conhecimento lógico e aos encadeamentos necessários dos elementos que nele "compõem". O cientificismo pretendido pela teoria hobbesiana abre à evidência um registro novo para a filosofia do direito político. Nesse registro escrevem-se, com uma nitidez incisiva, no passo geométrico do mecanismo, os paradigmas da modernidade jurídica e política.

Em primeiro lugar, a relação entre antropologia e política adquire uma força fundamental. Maquiavel entrevira o vínculo entre os caracteres do homem – sua perversidade e sua *virtù* – e os jogos da política. Hobbes vai infinitamente mais longe: não se pode dizer, como Leo Strauss, que ele "retifica" Maquiavel mediante "uma obra-prima de prestidigitação"[50]; de maneira muito mais radical, ele detecta na "natureza humana" a fonte em que nascem todas as estruturas de direito da política. Mais do que isso: a mecânica humana é o cadinho da máquina política. Essa linguagem mecanicista jamais havia sido usada com a amplitude e a autoridade que lhe dá Hobbes. Longe das metafísicas naturalistas por que se pautavam as teorias escolásticas e ainda Bodin, ele extrai da natureza humana, examinando-a pela via "resolutiva" no âmago da hipotética "condição natural dos homens"[51], todos os elementos cujas articulações "compositi-

---

50. Leo Strauss, *Qu'est-ce que la politique?*, trad. citada, p. 51.
51. A primeira parte dos *Elements of Law*, intitulada *Human Nature*, e o *Léviathan*, caps. 1 a 4, mostram que tudo no homem – a sensação, a imagi-

vas" contribuirão para o artificialismo construtor dos conceitos jurídico-políticos modernos. Por conseguinte, a razão, à qual Hobbes, como Descartes, confere o estatuto de um privilégio propriamente humano, não é um poder ou uma faculdade inata, mas sim um exercício ou uma operação de *cálculo* (*computatio*): ela é o método, arte ou indústria[52], cujo emprego é indispensável à edificação e à organização estrutural e funcional da sociedade política.

Sobre as bases de sua antropologia mecanicista, individualista e racionalista, Hobbes reconstitui, no nível da reflexão, as formas do político que os homens constituíram no nível da experiência: deplorando "as trevas"[53] em que os filósofos se deleitaram séculos a fio, ele deseja, diz, graças a uma "reflexão industriosa", expor à luz "os fundamentos" e os "princípios racionais" do poder civil[54]. Está mais do que na hora de a "filosofia civil", enquanto "ciência política", mostrar que os fundamentos e os princípios do mundo político não são postulados formulados *a priori*, mas as linhas de força significativas que se encontram em qualquer instituição sociopolítica. Em conseqüência, ele se pergunta sobre o Poder "no abstrato"[55] e fala em termos *gerais* da natureza das leis sem jamais discorrer "em particular sobre as leis de nenhum Estado do mundo"[56] nem "disputar a favor de qualquer seita". Se não ignora que a ciência, para além da inteligibilidade dos princípios, pode trazer, quando

---

nação, a paixão, os encadeamentos de pensamentos etc. – é efeito de *conatus* e se manifesta no movimento. Esse procedimento é prova da dupla rejeição da ontologia tradicional e da visão dualista do corpo e da alma. O estado de natureza que um artifício metodológico permite considerar (*Léviathan*, cap. XIII) revela que o homem é, como um relógio ou um autômato, uma mecânica complexa na qual tudo se explica segundo o processo da causalidade. O próprio pensamento se exprime, como tudo no mundo, como a consecução de causas e de seus efeitos, mas o caráter específico dessa consecução é ser uma conexão necessária.

52. *Léviathan*, cap. V.
53. *Ibid.*, cap. XLVI, pp. 678 ss.
54. *Ibid.*, cap. XXX, pp. 358-9.
55. *Ibid.*, cap. Epístola dedicatória, p. 5.
56. *De Cive*, Prefácio, xxxix, xl.

for o caso, vantagens práticas, ele pretende não obstante afastar-se de qualquer forma de praxiologia e de proselitismo. Os arcanos do mundo político se revelam assim na artificialidade da máquina política cuja figura filosófico-matemática é o Estado-Leviatã. Elabora-se a filosofia do poder civil, até nas suas conseqüências, recorrendo aos conceitos, às categorias e aos esquemas da jovem ciência mecanicista. Nesse procedimento que instala solidamente o direito político no continente da modernidade, Hobbes não se contenta em transportar as formas operacionais e as exigências mentais do mecanismo do campo da física para a esfera do político aplicando-as, com maior ou menor acerto, à realidade humana. Na "consciência galileana" que Hobbes tem do mundo político, simbolizado pela figura artificial e sintética do Leviatã, condensa-se o espírito da modernidade.

Entretanto, apesar dos pontos inovadores do gesto filosófico próprio do racionalismo hobbesiano, a modernidade jurídico-política não encontra sua realização: Hobbes pensa o "deus mortal" que a República é sob o "Deus imortal". O direito político, cujo esquema racional ele traça, deita suas raízes nas "leis naturais" e na normatividade da obrigação que elas envolvem em conformidade com a vontade divina. De fato, Hobbes explica que a dedução dessas "leis" depende, ela também, das potências da razão, para a qual tudo funciona segundo o esquema da causalidade produtiva e se traduz de acordo com as figuras puras da geometria. Mas as duas leis naturais fundamentais – esforçar-se pela paz e saber se privar, se os outros também o consentem, do direito que se tem sobre todas as coisas na medida em que isso seja necessário para a paz – e todas as que delas decorrem[57] não deixam de criar um embaraço por sua origem, sua finalidade, sua obrigatoriedade, pois elas contêm um evidente resquício de metafísica. Há nisso, sem dúvida alguma, o indício eloqüente da dificuldade encontrada por qualquer tentativa inovadora para se livrar da tradição.

---

57. *Léviathan*, caps. XIV e XV, pp. 128 ss.

Em meados do século XVII, quaisquer que sejam, na realidade política, o desaparecimento do aparato senhorial e, na doutrina, a afirmação das poderosas temáticas descobertas e desenvolvidas a partir de Maquiavel, o triunfo da modernidade ainda não está assegurado. Os novos filosofemas tropeçam em fortes resistências que demonstram a sobrevivência da teoria do direito divino dos reis na política teológica de Filmer, de Bossuet ou de Fénelon[58] e mostram que jurisconsultos como Cumberland ou Pufendorf e filósofos como Locke e Barbeyrac estão longe de aprovar os axiomas do racionalismo mecanicista de Hobbes. A essência da modernidade só pertencerá de maneira decisiva à problemática do direito político no final do século XVIII, quando a filosofia do Iluminismo, desteologizada, buscar a idéia do Poder e a exigência organizacional do espaço público *a parte hominis* somente nas capacidades arquitetônicas da razão.

A essência do moderno na catedral
racional do direito político

Neste capítulo preliminar, não poderíamos retraçar todos os caminhos acidentados seguidos pelos filósofos do século XVIII em meio a polêmicas inflamadas e combates militantes. É acompanhando o olhar lançado por Hegel[59] sobre a arquite-

---

58. O primeiro *Tratado do governo civil*, de Locke, responde, ponto por ponto, ao *Patriarcha* de Sir Robert Filmer. Bossuet escreveu, entre 1659 e 1670, *La Politique tirée des propres paroles de l'Écriture sainte*, destinado à educação do Delfim, de quem era então preceptor. Fénelon escreveu para seu aluno, o duque de Borgonha, neto de Luís XIV, seu célebre *Telêmaco*, publicado contra sua vontade em 1699 e que lhe valeu cair em desgraça.

59. Do enorme conjunto bibliográfico consagrado à filosofia de Hegel, destaquemos, relativas a seu pensamento político, as seguintes obras: Théodore Adorno, *Trois études sur Hegel*, trad. fr., Payot, 1979; K. Löwith, *De Hegel à Nietzsche* (1941), trad. fr., Gallimard, 1969; Éric Weil, *Hegel et l'État*, Vrin, 1950; Eugène Fleischmann, *La philosophie de Hegel*, Plon, 1964; Bernard Bourgeois, *La pensée politique de Hegel*, PUF, 1969; J. Ritter, *Hegel et la Révolution française*, Beauchesne, 1970; Denis Rosenfeld, *Politique et liberté*, Aubier, 1984; André Stanguennec, *Hegel, critique de Kant*, PUF, 1985;

tura intelectual do direito político que, ao fio de sua crítica, apreenderemos "a essência da modernidade". A catedral racional do direito político, edificada pela filosofia do Iluminismo, é na verdade, pensa ele, cheia de sombras amedrontadoras. Um amor radioso de juventude prendera Hegel à "bela totalidade grega". Na Cidade antiga, em que a harmonia da vida significava a plenitude da comunidade, Hegel ficava fascinado pela forma da Polis que lhe parecia, na época de Stuttgart e de Tübingen, ser o *outro* da alma alemã do tempo de crise que via espalhar-se à sua volta e o *outro* do Estado alemão a cujo respeito disse que, na virada dos séculos XVIII e XIX, "já nem sequer é um Estado"[60]. Ao contrário da Alemanha em decadência, a *Politeia* helênica estava impregnada da beleza alegre e da religiosidade profunda que pertencem, pensava ele, a tudo o que está vivo. Ora, esquadrinhando os dramas que, através do destino do judaísmo e do cristianismo, envolveram a consciência histórica e acabaram por culminar na França no Terror jacobino, Hegel compreendeu que Espírito e Destino são antagônicos; mais precisamente, que toda unidade de significado histórico possui uma face positiva – é o *Espírito* – e uma face negativa – é o *Destino*. Então, diante do mundo que o rodeia, descobre "a infelicidade da consciência", cujo dilaceramento cresce com o progresso da modernidade. Em *A fenomenologia do espírito*, Hegel considerará até a modernidade uma doença. Mas, já nas obras de sua mocidade, procura seus sintomas e os descobre muito especialmente no mundo político, onde a decadência do Estado lhe parece paroxística. A política moderna por ele descrita em *A Constituição da Alemanha* se parece muito, na in-

---

Bernard Bourgeois, *Le droit naturel de Hegel (1802-1803), Commentaire*, Vrin, 1986; Jean-François Kervégan, Le citoyen contre le bourgeois, in *Rousseau, die Revolution und der junge Hegel*, ed. por H. F. Fulda e R. P. Hortsmann, Klette-Cotta, 1991; Bernard Bourgeois, *Études hégéliennes*, PUF, 1992; Jean-François Kervégan, *Hegel, Carl Schmitt. Le politique entre spéculation et positivité*, PUF, 1992; Paul Dubouchet, *La philosophie du droit de Hegel*, L'Hermès, 1995. Obras coletivas: *Hegel et le siècle des Lumières* (ed. por J. D'Hondt), PUF, 1974; *Hegel et la philosophie du droit*, PUF, 1979.
   60. Cf. Hegel, *A Constituição da Alemanha*, 1801.

quietação que a corrói, com a crise da democracia ateniense do século IV a.C. Nela o direito público se dissolveu no direito privado; a realidade política, doente de individualismo e de burguesia, se encaminha para seu destino de morte: "A comunidade está desagregada. O Estado já não existe."[61] O direito político moderno é paradoxalmente minado pelo próprio triunfo daquilo de que tanto se orgulha a modernidade: a promoção do indivíduo, o triunfo da subjetividade. Ela reflete, assim, a infelicidade da consciência, já que, como cada um só se preocupa consigo, a comunidade está partida: a separação introduziu o negativo na plenitude do universal e, infiltrando a contradição na via pública, nela introduziu um germe de dissolução. O espírito, mutilado pelo advento da particularidade e da subjetividade, que nele insinuam a diferença dissolvente, entrou em decadência. O declínio, começado pelo cristianismo e acentuado pelo feudalismo, apagou o "espírito do povo" e, no Estado moderno, efetuou a cisão do povo (*Volk*) e da pluralidade dos indivíduos. Ainda por cima, o progresso da burguesia, fazendo prevalecer os interesses privados sobre o interesse público, instalou o reinado do dinheiro e glorificou a vocação econômica da "sociedade civil", como atestam os negócios florescentes dos comerciantes alemães que se preocupam acima de tudo com a produção e o intercâmbio.

Tal como no declínio da Grécia antiga, os desvios do Estado na época moderna provocaram a ruína da "moralidade objetiva" (*Sittlichkeit*) e, enquanto progride a interiorização da vida que conduz à "moralidade subjetiva" (*Moralität*), perde-se o senso da ordem pública e do bem comum. A proclamação dos "direitos do homem" é, pensa Hegel, o ato mais significativo das vitórias individualistas da modernidade. Comprova a teimosia que, diz ele, persegue até a loucura a afirmação da singularidade[62], de modo que, no Terror, lê-se como num espelho a negatividade do destino. Ela manifesta a mais alta contradição: de fato, a Revolução foi "um nascer do sol", pois a espe-

---

61. *Ibid.*, trad. fr., Champ libre, p. 30.
62. *Ibid.*, p. 167.

rança de um mundo novo dava a todos (portanto, à comunidade da vida pública), depois dos ímpetos individualistas do século XVIII, sua verdadeira vocação; mas ela conduziu, por etapas, à destruição das esperanças que fizera nascer e, conseqüência de uma política da virtude, à morte termidoriana. Foi uma queda. Do mesmo modo, Napoleão pareceu ser "a alma do mundo", o espírito universal; na realidade, não passou de um indivíduo e, em nome das certezas de sua própria razão, fracassou. Na sua majestade e, conjuntamente, por seu fracasso, ele encarna "a essência da modernidade". Com ele, a política se tornou o que é: um "paraíso perdido"[63]. Os filósofos modernos, como Hobbes e Fichte, não souberam pensar a verdade do direito e da política: o Estado de que falam, moderno por excelência, é apenas "um Estado de entendimento [que] não é uma organização, mas uma máquina" construída não pelo povo, mas por "uma pluralidade atomística e sem vida"[64]. Nem sequer conseguiram determinar o estatuto do cidadão moderno, pela simples razão de que o confundiram com o burguês, cuja substância, na medida em que é um simples átomo do tecido social, é a subjetividade livre que se deseja e se exprime como tal.

Portanto, a crítica do direito político moderno é feita sem reservas da parte de Hegel. Já em suas primeiras obras, explicou que o indivíduo, esse átomo que os filósofos modernos postaram no limiar da sociedade, nada é: ele não pode viver em autarquia; nem biológica nem economicamente, pode bastar a si mesmo; a autonomia não tem sentido concreto. Como o indivíduo não é uma dimensão real da vida ética, os imperativos que ele eventualmente pode atribuir a si mesmo são necessariamente pobres, quando não formais e vazios. Em conseqüência, o Estado moderno tem excessiva tendência a legislar sobre problemas particulares; dessa maneira, só obtém resultados incoerentes, às vezes até tão discordantes que, forçado a uma legislação minuciosa, cede à inflação dos textos e à multiplicação

---

63. E. Cassirer, *Der Erkenntnis Problem*, 1923, t. III, p. 292.
64. Hegel, *Différence des systèmes philosophiques de Fichte et de Schelling*, in *Premières publications*, trad. M. Méry, Ophrys, 1952, p. 133.

dos tribunais. Essa dispersão, refletindo o reinado da multiplicidade das pessoas privadas, carece da verdade da "unidade ética absoluta"[65]. Então, nessa existência ético-política alterada pelas rupturas e cisões, o individualismo é apenas uma figura de cera: falta-lhe a vida; tudo o que era harmonia e beleza na aurora grega desapareceu. É isso que, segundo Hegel, faz a infelicidade da modernidade política. Esta tem suas raízes na "interioridade abstrata"; vai de par com o ensimesmamento dos indivíduos e com o igualitarismo teórico; atola-se na arbitrariedade das singularidades de tal maneira que se diz que o governo dos homens procede, louvando-se no consentimento voluntário de cada um, da convenção e do contrato. Na política, na cultura e na história assim concebidas, o espírito é alienado de si mesmo, o que equivale, na "orgia da subjetividade"[66], a negar sua imediatez.

Desse modo, para Hegel, o direito político moderno desmorona sob o peso da "cruz do presente". Em meio às guerras em que, sob a figura do destino, a alteridade se manifesta como hostilidade na contingência e na violência de ações particulares sem direito (*Rechtlos*)[67], o Estado moderno se revela incapaz de se elevar ao universal. Cada Estado se proclama soberano sob a forma de uma subjetividade certa de si mesma[68] e, na sua singularidade, diferencia-se de todos os outros; então, para afirmar sua diferença, só mantém com eles relações de exclusão. A guerra – basta olhar a Prússia de Frederico Guilherme IV e a França revolucionária para se convencer disso – está inserida na sua negatividade negadora[69]. Eis, para Hegel, o drama no qual, pela dialética da finitude, se afundam o direito e a política dos tempos modernos: eles assumem a postura do destino destrui-

---

65. Hegel, *Des manières de traiter scientifiquement du droit naturel*, trad. B. Bourgeois, Vrin, 1972, p. 71.
66. E. Fleischmann, *La philosophie politique de Hegel*, Plon, 1964, p. 6.
67. Hegel, *Encyclopédie*, § 545; *Principes de la philosophie du droit*, §§ 321 e 338.
68. *Principes de la philosophie du droit*, § 281.
69. *Ibid.*, § 324 R. e § 331.

dor e, na gesta histórica da decadência, o direito político tem a feição do negativo.

Hegel certamente não atribui à modernidade política a imutabilidade de uma realidade definitiva. Ao contrário, insere-a, em toda a sua complexidade, no seio de um processo dialético que, ainda que à custa do "calvário do Absoluto", conduz ao Espírito objetivo. Ocorre que, sendo a modernidade do direito uma das produções mais pungentes do próprio Espírito, Hegel combate-a continuamente: por ser apenas o momento da particularidade, ela constitui, como tal, um entrave cuja relatividade é preciso ultrapassar a fim de atingir, por sobre-sunção, a necessidade racional do *Weltsgeist*[70]. Quando, portanto, quiséssemos considerar os valores da modernidade em si mesmos, seria preciso, no dizer de Hegel, denunciar neles, em nome de sua insuficiência substancial, as ilusões que não deixam de engendrar.

No fundo, o pecado da modernidade que o direito político revela é o do *Aufklärung* inteiro: em razão de sua abstração, ele não sabe recusar a subordinação do direito público à moral[71]; acredita que o direito público e a vida política repousam em princípios puros, o que o incita a fazer prevalecer a subjetividade do querer e a pensar a exigência de autonomia como princípio efetivo da liberdade (ao passo que eles não exibem mais do que uma condição formalmente universal sua). Claro, no processo dialético que leva à efetividade e à racionalidade da moralidade objetiva, o direito da vontade subjetiva permanece inarredável. Mas o erro do pensamento moderno está em haver erigido o sujeito individual em princípio real concreto, quando ele não pode, por si só, constituir a trama do direito político, já que se ignora como momento da Totalidade. A filosofia do direito dos modernos simbolizada, segundo Hegel, pelo "momento kantiano" em que se exprimem o individualismo, a geração contratualista do Estado, o moralismo abstrato que conduz às duas figuras, ética e econômica, do liberalismo está repleta de enganos: de um lado, o formalismo abstrato do moralismo gerou a

---

70. *Ibid.*, § 344.
71. *Ibid.*, § 337 R.

ficção sistemática e teórica da universalidade dos direitos do homem; do outro, preparou a defesa, na sociedade civil burguesa, da propriedade individual e, assim, subordinou a ordem pública às reivindicações privadas. Isso é admitir a primazia do direito sobre a lei, a prevalência da racionalidade interior sobre a positividade efetiva das instituições. A modernidade, conclui Hegel, se enraíza num racionalismo errado, incapaz de ver no universal outra coisa que não um momento particular da vida ética.

O desmoronamento da catedral moderna

A crítica pouco amena feita por Hegel da "essência do moderno" é ainda mais perturbadora porque, algumas décadas mais tarde, Nietzsche[72], num outro registro, ampliará seu eco. Denunciando o perfil monstruoso da modernidade, ele enxergará nela uma doença que corrói a sociedade do Ocidente, inconsciente de que já está exangue e moribunda. Numa semiótica terrificante, ele fará do Estado "o mais frio de todos os monstros frios", o sinal paroxístico dessa doença.

Na sua visão profética e pela palavra de fogo de seus aforismos, Nietzsche leva ao extremo, no crescendo que vai das *Intempestivas* ao poema de *Zaratustra* e aos textos terríveis do ano de 1888, o significado de suas amargas constatações. Depois de ter fustigado os "filisteus da cultura" que, na Alemanha bismarckiana, são, por sua modernidade, "pensadores às avessas", ele denuncia "a comédia do político", na qual, por sua "debilidade senil", os modernos pensam, em nome das "idéias novas" – justiça, igualdade, liberdade – abrir "a grande estrada

---

72. A respeito do pensamento político de Nietzsche, relativamente pouco estudado, cf. Heidegger, *Nietzsche* (1961), trad. fr. Gallimard, 1971; Pierre Klossowski, *Nietzsche et le cercle vicieux*, Mercure de France, 1969; Olivier Reboul, *Nietzsche, critique de Kant*, PUF, 1974; Leo Strauss, The Three Waves of Modernity in Political Philosophy, *Political Philosophy*, Nova York, 1975; Simone Goyard-Fabre, *Nietzsche et la question politique*, Sirey, 1977; Jean-François Mattéi, *L'ordre du monde. Platon, Nietzsche et Heidegger*, PUF, 1989; Alexis Philonenko, *Nietzsche*, 1995.

do futuro"[73]. Fora das fronteiras da Alemanha, ocorre o mesmo fenômeno: enquanto o cientificismo e o historicismo se apresentam como a marca do "moderno", a vida está muda; o niilismo se instala; a Europa é "um mundo que desmorona". A modernidade faz, portanto, da Europa uma "sociedade de esgotados": o dinheiro se tornou seu deus e, numa algaravia vulgar, o mundo moderno perdeu o senso da alteridade e da diferença. A uniformidade, que é impotência para a originalidade, é o sinal dessa "casa dos mortos". Num crepúsculo fúnebre, a política é esvaziada de toda energia criadora[74] e o Estado moderno se pulveriza numa algazarra grotesca de impotentes. Segundo Nietzsche, o *homo politicus* dos tempos modernos se parece com o *homo religiosus* da cristandade: sob a máscara do humanitarismo e dos ideais, ele trai a vida. Depois da "morte de Deus", o político substituiu o teológico e o Estado se tornou "o novo ídolo"[75], odioso em sua monstruosidade: no direito político do "humano, demasiado humano", tudo é mentira – uma mentira extramoral na qual Nietzsche descobre a negatividade do homem decaído. Com seus hábitos políticos estereotipados, suas categorias jurídicas e administrativas capciosas, suas leis com pretensão de serem gerais e formais, o Estado moderno, ídolo democrático, por sua maquinaria demente e com uma boa consciência estonteante, é um empecilho ao bom funcionamento: possuído pelo "espírito da lerdeza", ele não passa de um empreendimento de embrutecimento que favorece o instinto do rebanho. Em todos os pontos, opõe-se ao "sentido da Terra". O Estado, como a Igreja, é o mundo dos "moedeiros falsos"[76]. Nietzsche declara que sente apenas um "grande desprezo" e um "grande asco" por essa "doença de pele" da terra que é a modernidade política, cujo símbolo é, na esteira mortífera de Rousseau, a Revolução Francesa[77].

---

73. Nietzsche, *Première Intempestive*, trad. fr., Aubier, p. 53.
74. Nietzsche, *Gaia ciência*, § 23; *Humano, demasiado humano*, cap. VIII.
75. Nietzsche, *Assim falou Zaratustra*, livro I: "Do novo ídolo".
76. Nietzsche, *Genealogia da moral,* Primeira dissertação, § 14.
77. Nietzsche, *Assim falou Zaratustra*, livro III: "Da visão e do enigma".

A palavra nietzschiana apresenta assim a última onda da modernidade como um abastardamento, como um desmoronamento. Atualmente, uma crítica virulenta da modernidade mergulha na esteira deixada por Nietzsche, reforçada por temas extraídos de Heidegger. O Estado moderno é acusado de mil males e, em contextos ideológicos diferentes, é questionado por M. Foucault, G. Deleuze, J.-F. Lyotard e outros, em nome de uma "pós-modernidade" da qual esses autores, aliás, não apontam os critérios nem as características essenciais.

Não entrará em nosso objetivo expor, por si mesmas, essas teorias da "morte do direito". Precisaremos, contudo, mencionar sua existência porque ela significa que a "modernidade" designa o *espírito* de uma época, que, com seus próprios limites, pertence à história e à história das idéias. Através das filosofias às vezes delirantes da "morte do homem", que se empenham na demolição do direito político moderno, podemos ler o significado dos princípios filosóficos que a animam; e, como neste fim de século somos, digam o que disserem a respeito os advogados da nebulosa pós-moderna, os herdeiros das idéias modernas, a reflexão que trata dos princípios filosóficos do direito político do Estado moderno não só conserva sua pertinência, mas se prende a uma forte atualidade.

Como, nesta obra, consagramos nosso objetivo à análise crítica dos princípios filosóficos do direito político moderno, temos de especificar o aparelho metodológico que empregamos.

3. Questões de método

A pesquisa dos princípios do direito político moderno parece poder ser empreendida tomando-se as vias diferenciadas da história, da ciência e da filosofia. Tomemos, um de cada vez, esses caminhos diversos.

A) As estradas da história

O direito político tem, certamente, uma história não só porque seus conteúdos normativos se transformaram ao longo do tempo, mas porque a historicidade pertence às formas revestidas pelo direito desde sua emergência. As grandes figuras do direito do Império romano, as estruturas jurídico-políticas do feudalismo, do absolutismo monárquico ou do constitucionalismo contemporâneo simbolizam a dimensão histórica do direito político.

Caso se considere que o século XVI constitui na história o advento, embora ainda tímido, da modernidade, observa-se logo o impulso tomado, a partir dessa época, pelo pensamento político e pelas formas do direito que o apóiam. É particularmente instrutivo retraçar esse percurso em seus meandros, em suas dificuldades e em suas sombras, sobretudo se praticamos, além da exposição da "sucessão cronológica" – a exemplo de Jean Bodin em *Methodus ad facilem historiarum cognitionem* –, um procedimento comparativo[78] destinado a formar um "juízo crítico". O historiador e, mais ainda, o historiador das idéias que, estudando, ao longo do tempo, num contexto concreto, o que foram, *hic et nunc*, a potência dos governantes, a submissão dos cidadãos à autoridade, as relações da política com a economia, as reformas ou as revoluções, o peso das guerras etc., reúnem um material rico ao qual o direito político, enquanto província da cultura, não é indiferente nem na sua instituição nem na sua evolução.

Todavia, o acúmulo desses parâmetros, ainda por cima entremeados com fatores sociológicos e psicológicos, não basta para a compreensão do direito político. Mesmo quando doutrinas e teorias organizam e sistematizam os dados da História, tentando esclarecê-los mediante o movimento das idéias, elas não conseguem, em razão de seu método de trabalho, evidenciar a especificidade do direito político, nem seus fundamen-

---

78. Cf. J. Bodin, *Methodus ad facilem historiarum cognitionem*, trecho sobre os filósofos franceses, PUF, 1951, p. 281.

tos, suas linhas de força ou as condições de sua validade. Como a história, quaisquer que sejam sua forma e grau de refinamento, não fornece critério para distinguir o que, na esfera da cultura, caracteriza o direito político e o distingue de outras produções culturais, ela é incapaz de exibir suas determinações internas. Leo Strauss assinalou[79] com pertinência que, embora a "historização" do problema da política e do direito que a estrutura seja um procedimento envolto de "uma certa sedução", nem por isso ela deixa de ser deploravelmente redutora: ela é, diz ele, um "disfarce dogmático" que carece de especificidade e, *a fortiori*, de autonomia do campo jurídico-político. A bem dizer, historicizar o direito equivale a negá-lo[80].

O filósofo, não encontrando no procedimento historizador referência nem ponto fixo para pensar o direito político, fica insatisfeito por não poder problematizá-lo nem julgá-lo. Quer dizer que ele deixa de seguir pela via da ciência ou da epistemologia para apreender, com todo rigor, a natureza e os princípios do direito público do estado moderno?

B) Os caminhos "científicos"

Desde o advento, no século XIX, das "ciências humanas"[81], a disciplina que chamamos de "ciência política" desenvolveu-se[82] de maneira considerável e, nas suas margens, instalaram-se outras disciplinas como a "ciência do direito" e a epistemologia jurídica, a sociologia e a antropologia do direito. Não seria o caso de traçar aqui o esboço metodológico desses setores do conhecimento, pois cada um deles adquiriu ou está em via de adquirir sua independência epistemológica. Em nossa busca

---

79. L. Strauss, *Droit naturel et histoire*, cap. I, *passim*.
80. Cf. igualmente Karl Popper, *Misère de l'historicisme*, trad. fr., 1956.
81. Cf. Dilthey, *Introduction à l'étude des sciences humaines*, 1883, trad. fr., 1942.
82. Assinalemos, a título de exemplo, os trabalhos, hoje clássicos, de G. Burdeau, M. Duverger, J. Ellul, L. Hamon, G. Lavau, M. Prélot, etc.

dos princípios filosóficos do direito político moderno, perguntamo-nos somente se as vias heurísticas tomadas por essas diversas "ciências" são as que convém tomar.

Sem dúvida, as ciências humanas constituem para o direito político um processo de conhecimento, de compreensão e de interpretação cujo caráter heurístico é inegável. Seu projeto consiste em analisar o próprio fato da organização institucional das sociedades políticas a fim de determinar as constâncias que, assimiláveis a leis de construção, o caracterizam de maneira geral. Assim, a "ciência política", que tem por objeto "o conhecimento do universo político polarizado pelo fenômeno político do Poder"[83], parece mais bem indicada para um estudo "fundamental" do direito político por ser uma "ciência de encruzilhada"[84], fértil pela convergência e pela complementaridade das abordagens jurídica, econômica, sociológica, psicológica etc. do direito político[85].

Entretanto, essa vontade de síntese metodológica predispõe a ciência política ou a um vasto sincretismo que tem pouco interesse científico ou, como é mais freqüente, a inflexões categoriais e teóricas diferenciadas, que a fazem fragmentar-se, à medida que se desenvolve, em disciplinas distintas como a sociologia política, a antropologia ou etnologia políticas. Convém igualmente assinalar que, no progresso obtido no decurso do século XX, a ciência política, a exemplo da *political science* praticada nos países anglo-saxões, se transformou ao se autonomizar: tornou-se o conhecimento dos dados da atividade política; simultaneamente, aperfeiçoou suas técnicas de pesquisa para analisar principalmente a tomada de decisões pelos atores políticos.

Se formos capazes de apreciar o interesse de tais procedimentos, também veremos rapidamente seus limites. Por se vincularem à corrente das ciências positivas, eles seguramente

---

83. G. Burdeau, *Traité de science politique*, LGDJ, ed. 1966, t. I, p. 6.
84. M. Duverger, *Méthodes de la science politique*, PUF, 1959, p. 21.
85. "Se a ciência política apresenta uma originalidade, ela reside na síntese que se esforça por realizar entre as contribuições de diversas procedências" (M. Merle, *Revue du droit public*, 1955, p. 1136).

possuem um interesse cognitivo apreciável: os métodos de trabalho empregados – análise, estatística, sondagem, matematização, formalização e informatização dos dados – conferem à "ciência" do direito e da política uma inegável fecundidade heurística. Mas não é possível isolar os princípios do direito político na configuração do saber assim edificado, segundo esquemas apresentados como estabelecendo, segundo a expressão de Max Weber, uma "explicação compreensiva"[86] que visa a "apreender por interpretação" o sentido de um conjunto histórico, sociológico ou político[87]. Esses princípios são antes pressupostos pela ciência política do que estabelecidos por ela. Além disso, o imenso campo operacional que essa disciplina investiga não tem fronteiras bem nítidas, de sorte que, como esse fato torna a extensão do direito bastante instável, sua base e sua função permanecem indecisas. Será preciso acrescentar que, atualmente, há certo ceticismo em torno do caráter científico da ciência política[88] (como, de maneira geral, o caráter científico das ciências humanas), ao mesmo tempo porque ela tem dificuldade para definir seu objeto próprio e, sobretudo, porque está mais orientada para a aplicação do que para a explicação? As carências teóricas da ciência política a predispõem mal para a compreensão do direito político e, pior ainda, para a pesquisa de seus princípios fundamentais ou diretores.

Contudo, a objetividade obriga a reconhecer que, no âmbito geral das ciências humanas, a ciência do direito – que os alemães chamam de *Rechtswissenschaft* e os anglo-saxões de

---

86. Geralmente colocamos em oposição as duas noções de explicação e de compreensão. Na realidade, em suas obras, M. Weber fala comumente de explicação compreensiva (*verstehende Erklärung*) e de compreensão explicativa (*erklärendes Verstehen*), as duas expressões correspondendo a um mesmo processo intelectual.

87. Max Weber, *Économie et société*, trad. fr., Plon, 1971, t. I, p. 8.

88. Não é por acaso que a segunda edição do volumoso *Traité de science politique* de G. Burdeau (LGDJ, 1966) se abre na seguinte confidência: "Devo confessar que os resultados aos quais levaram os esforços da ciência política não me convenceram da possibilidade de fazer um corte no tecido das sociedades para reservá-la à sagacidade dos politólogos", t. I, p. 2.

Legal Science – se caracteriza sobretudo, diferentemente da ciência política, por seu projeto teórico. Ela procura estabelecer um *corpus* cognitivo mais ou menos sistemático que, pela racionalização dos fenômenos estudados, discerne neles regularidades tendenciais ordenadas e as reporta às idéias, aos valores e aos interesses dominantes de uma época ou de uma sociedade. O direito político deveria, portanto, ser um dos objetos privilegiados da ciência do direito.

Não obstante, surgiu uma dificuldade, proveniente da pluralidade de abordagens possíveis. Se, para certos autores, a ciência do direito, sob o nome de "dogmática jurídica", consiste numa sistematização das regras cuja finalidade é ora conhecimento, ora criação, ela se torna, para outros autores, uma hermenêutica cujas regras operacionais, empíricas ou lógico-formais, são muito diversificadas. A variedade dos procedimentos lançou suspeita sobre a "ciência do direito", que às vezes é acusada de ser desprovida seja de cientificidade, seja de juridicidade. Sem chegar a uma crítica tão radical, devemos observar que, no que diz respeito sobretudo ao estudo do direito político pela ciência do direito, esta esbarra na multiplicidade de fatores que tem que levar em conta e na necessidade de escolher, entre eles, os paradigmas aos quais recorrerá preferencialmente. Por um lado, como o direito político mantém múltiplas relações com a história, a economia, a diplomacia, a sociologia e a psicologia – o que é ainda mais patente quando se trata do direito político moderno –, possui uma textura complexa e sua compreensão global precisa recorrer às disciplinas especializadas que estudam esses diferentes domínios, o que tende a lhe dar uma feição sincrética que carece de clareza. Por outro lado, como o recurso a essa multidisciplinaridade não pode visar à justaposição ou à soma dos conhecimentos, a ciência do direito, confrontada com a pluralidade das racionalidades possíveis, deve determinar de maneira seletiva as perspectivas e os cânones que são seus, o que acarreta o risco de introduzir nela um elemento de parcialidade. De acordo com os critérios escolhidos, a capacidade de elucidação que uma ciência assim possui é seletiva; em conseqüência, é necessariamente limitada, já que é, no fundo, dependente de pressupostos, axiológicos ou ideológicos por exemplo, que puderam determinar a escolha de seus critérios e de seus modelos operacionais. Nessas condições, pode-se indagar se uma ciência do direito político não está condenada a tropeçar em "obstáculos epistemológicos" intransponíveis, que afastam os resultados por ela obtidos do conhecimento teórico aprofundado que buscava. Avaliamos, portanto, a ambigüidade com que ela se arrisca a cercar o próprio pensamento do direito político: ou ela se arrisca, por preocupação com objetividade, a reduzir o direito político à descrição – ou seja, à simples representação – das normas que ele enuncia *hic et nunc*, ou amplia o domínio específico integrando-lhe sua postulação criteriológica e se refugia numa metalinguagem que a priva da autonomia científica que pretendia[89].

Não se trata de subestimar os elementos de verdade trazidos pontualmente pela ciência política e pela ciência do direito. Entretanto, de maneira geral, as "ciências humanas" quase não permitem conduzir o conhecimento do direito político até seus *princípios* fundamentais. Em compensação, a conduta filosófica que, em vez de estar em busca de saber, responde a uma intenção hermenêutica e a uma reflexão crítica, deve permitir desvendar as condições de inteligibilidade do direito político e, por conseguinte, elucidar os princípios sobre os quais ele se apóia para instituir a realidade do mundo político moderno e dar-lhe vida.

C) A via filosófica

A tarefa do filósofo não é descrever uma ordem de direito positivo existente aqui e agora, nem sequer explicar a forma e o conteúdo do ordenamento jurídico de certo Estado ou de certo organismo internacional. A filosofia não é um trabalho de conhecimento, mas um exercício infindável de reflexão com-

---

89. A respeito desses problemas, cf. Christian Atias, *Épistémologie juridique*, PUF, 1986.

preensiva e crítica. Perguntando-se sobre o direito político tal como se manifestou desde o advento da "modernidade", isto é, sobre o conjunto das regras do direito positivo que formam a base institucional das sociedades políticas tal como existiram nos séculos da modernidade ocidental, o filósofo, hoje, se atribui como tarefa, não, como o filósofo clássico, julgá-las pela medida da idealidade pura de um arquétipo inteligível, mas aprofundar o significado dessas regras a fim de descobrir nelas as *raízes* desse sentido e de sua legitimidade. Pelo gesto radicalizador da reflexão, o que busca compreender é a própria possibilidade da existência do direito público enquanto fato normativo essencial às sociedades políticas modernas.

*

A fim de atender ao projeto de pensar filosoficamente os princípios fundamentais e organizacionais que, no direito político moderno, tornam inteligíveis seu sentido, sua validade e sua eficiência, nós nos basearemos não apenas no direito público positivo tal como foi edificado a partir do século XVI, mas também na doutrina que, de J. Bodin a C. Schmitt, os jurisconsultos elaboraram, bem como nas obras dos filósofos que, de Maquiavel a J. Habermas ou a R. Dworkin, propuseram uma hermenêutica da ordem jurídico-política.

Depois de examinarmos, numa primeira parte, a questão da *natureza e dos princípios do Poder* tais como manifestados por sua emergência e seu exercício no espaço jurídico-político da modernidade, nós nos indagaremos, numa segunda parte, sobre *as figuras do direito político no Estado*, lugar por excelência da política moderna. Nossa terceira parte será consagrada à *crise do direito político moderno* no mundo contemporâneo e aos ensinamentos filosóficos que dela se podem extrair.

PRIMEIRA PARTE
A natureza e os princípios do Poder no espaço jurídico-político moderno

Todos os conceitos do direito político moderno têm suas raízes na idéia daquilo que é "público": assim, falamos da vida pública, do poder público, da responsabilidade pública do governo perante o Parlamento, das liberdades públicas etc., ou ainda da publicidade dos atos no *Diário Oficial*. É verdade que o direito romano não ignorava as *res publicae*, que mencionava[1] ao lado das *res communes*, comuns a todos, das *res universitatis*, próprias das corporações, das *res nullius*, que não pertenciam a ninguém, e das *res singulorum* que, pertencendo a particulares, estavam todas incluídas no trato jurídico. Mas, no direito francês, é preciso vincular a noção do que é "público" à de "domínio público". Ao contrário do direito da monarquia e, singularmente, do Edito de Moulins, de 1566, que, ao declarar inalienável o domínio da Coroa, referia-se à concepção puramente feudal do Rei como "senhor feudal soberano", a Revolução Francesa e, sobretudo, o pensamento jurídico pós-revolucionário iam atribuir à idéia do que é "público" uma conotação, se não inteiramente nova, pelo menos com uma força diferente: opondo-se dessa vez a tudo o que pudesse recordar o feudalismo, o pensamento revolucionário vinculou essencialmente a idéia daquilo que é público – poderes ou coisas – àquilo que pertence ao *povo* como corpo ou comunidade política. Abriu-se assim para o direito político um campo conceitual coberto hoje pela noção de "domínio público" e, cedendo a certa moda

---

1. *Institutes*, II, 1, 3ª divisão, seções 1, 2, 3 e 4.

lingüística, o termo freqüentemente utilizado atualmente de "espaço público".

Na verdade, se a noção de "domínio público" assumiu um sentido técnico para designar o que não é suscetível de apropriação privada, a expressão "espaço público" possui uma conotação bastante flutuante, devida sobretudo ao emprego que lhe deu Jürgen Habermas em 1961, na sua tese *Strukturwandel der Öffentlichkeit*; então ele estudava, de um ponto de vista sócio-histórico, a formação da opinião pública como dimensão constitutiva das sociedades burguesas; nessa perspectiva, a noção de "espaço público" a que se referia designava, principalmente nos sistemas neocapitalistas, o domínio em que, entre a sociedade civil[2] e o Estado, se forma e se formula a opinião pública. Jürgen Habermas afirmava e desenvolvia a idéia segundo a qual, sob as influências cruzadas do conhecimento, da política e dos interesses, a opinião pública obedece ao paradigma da comunicação.

Sem subestimar o valor que, de um ponto de vista mais prático do que teórico, se prende, nas sociedades democráticas contemporâneas, a essa compreensão do "espaço público" que renova a figura do mundo sociopolítico, nós nos ateremos a uma acepção mais clássica da esfera pública como lugar em que o Poder se organiza e se exerce como forma jurídica. Sieyès, às vésperas da Revolução Francesa, declarava que uma máxima do direito universal diz que "não há falta maior que a falta de poder"[3]; é por isso que, acrescentava, é imperativo que uma sociedade política possua uma Constituição estabelecida pela nação. Kant, no *Ensaio sobre a paz perpétua*, indicava em 1795, em termos mais filosóficos mas dentro do mesmo espírito, que a publicidade é "a fórmula transcendental do direito público". Entendamos que os povos só atingem a consciência

---

2. A partir de Hegel, a expressão "sociedade civil" não mais designa, como nos autores dos séculos XVII e XVIII, a sociedade política ou estatal. Ela significa essencialmente a dimensão econômica da sociedade. Cf. Hegel, *Princípios da filosofia do direito* (1821).
3. E. Sieyès, *Qu'est-ce que le tiers état?* (1789), reedição PUF, 1982, p. 80.

de si pela via pública, que se manifesta no espaço público por um *corpus* orgânico de normas de direito. A esfera do "público" é reconhecida por via de conseqüência de seu critério normativo-jurídico. As instituições que a organizam são, sob o conceito de "direito público", sua expressão manifesta; dirigem e estruturam os fenômenos políticos, permitindo a coexistência entre a ordem pública e a liberdade dos cidadãos.

Ora, se é verdade que as sociedades antigas – a Cidade antiga ou as sociedades medievais – já possuíam uma organização jurídica apurada em matéria de direito privado, é no Estado moderno que, pouco a pouco, o direito "público" se firmou como um conjunto de regras que formam, segundo a expressão de Marcel Prélot, "uma técnica da autoridade" essencial para a disposição do fenômeno político. De fato, o Poder só é possível dentro da ordem. Bertrand de Jouvenel escreveu mesmo que "A organização do Poder faz uma sociedade passar do caos para o ser"[4]. Por isso nós nos indagaremos nesta primeira parte sobre o que é a natureza do Poder e em que consiste o princípio da independência que, no espaço público da modernidade, exprime a essência do Estado.

Antes de qualquer análise, deixemos claro que, para nós, não se trata de pesquisar a origem ou a fonte de que emana o Poder, isto é, de nos perguntar se, de fato, o poder político nasceu de "força e violência", se é o fruto da vontade divina ou o resultado da vontade popular. Tais perspectivas, puramente doutrinárias, atendem a postulações metapolíticas cujos axiomas básicos já contêm em si próprios as respostas dos problemas levantados. Ao contrário, para nós se trata, independentemente de pressupostos metafísicos, de compreender os princípios que, inerentes ao Poder tal como se exerce juridicamente até nossa época, puderam, nas sociedades políticas do Ocidente moderno, dar-lhe autoridade e fazer com que fosse reconhecido como o critério essencial do Estado.

Examinaremos, portanto, num primeiro capítulo, as idéias mobilizadoras que, progressivamente postas em evidência pelos

---

4. Cf. Bertrand de Jouvenel, *Encyclopédie française*, t. X, pp. 10-62.

filósofos e imprimindo significativamente sua marca na modernidade jurídico-política, explicam a *centralização do Poder no Estado moderno*. Depois, num segundo capítulo, nós nos deteremos na questão da *soberania estatal* que, "essência" ou "forma" do Poder do Estado moderno, ao qual confere sua independência e sua onicompetência, continua, até hoje, no centro da reflexão filosófica sobre o direito político.

Capítulo I
A centralização do Poder e o princípio de unidade do Estado moderno

A noção de Poder político foi geralmente, na história, ligada à idéia do comando ditado por aquele ou aqueles que detêm a autoridade: "Uma multidão sem chefe nada pode fazer; e não se devem fazer ameaças antes de se apoderar da autoridade", escreveu Maquiavel com impressionante síntese[1]. Essa concepção, que assimila o Poder político a uma *libido dominandi*, certamente tem o privilégio da perenidade, mas tem também o defeito da equivocidade. De fato, se está claro que ela põe a política de todos os tempos sob o signo da dominação – o ato de dominar e o fato de ser dominado –, ater-se à imagem da "Cidade do comando" é deixar de lado a pluralidade das manifestações da autoridade dominante que, lógica e cronologicamente, assumiram formas tão diversificadas que dão à realidade do direito político significados totalmente heterogêneos. A fim de chegar à compreensão do poder nas sociedades modernas, convém, por conseguinte, delimitar, entre os inumeráveis fatos de dominação ou de comando, os princípios específicos pelos quais os filósofos buscaram esclarecer a natureza da autoridade exercida pelo Poder no Estado.

Aparentemente, essa pesquisa é banal. Muitos autores, mesmo antigos, a fizeram e a consideraram mesmo essencial. Limitemo-nos aqui a dois exemplos. Aristóteles, em *A política*, distinguia o poder que é exercido na Cidade daquele que é exercido na sociedade doméstica: o político não comanda nem exer-

---

1. Maquiavel, *Discours sur la première décade de Tite-Live*, I, XLIV, Pléiade, p. 476.

ce sua autoridade à maneira de um chefe de família ou de um patrão; seu poder consiste em administrar a justiça e, apoiando-se num conjunto de leis, em dar a cada um o que lhe cabe. Com base nisso, o Estagirita, mesmo quando se detinha no exame das "Constituições" do mundo antigo, sempre atribuía ao poder político uma finalidade ética. Em segundo lugar, recordemos a distinção estabelecida por Santo Agostinho entre a autoridade de que se prevalece o chefe de uma quadrilha de bandidos e a autoridade política do chefe de uma Cidade[2]: claro, um chefe de bandidos nem sempre recorre à violência, mas impõe a obediência por sua ascendência, seja ela força, competência ou carisma; já a autoridade do chefe político é, sem dúvida alguma, "a faculdade de carrear o consentimento alheio"[3], porém o importante é que obtenha esse consentimento em nome de sua legitimidade, seja ela teológica, tradicionalista ou jurídica.

Essas observações são bem conhecidas. Mas é preciso notar que, embora já permitissem a Aristóteles ou a Santo Agostinho sublinhar que a autoridade do Poder na Cidade política é irredutível às relações de influência exercidas por um indivíduo sobre outros indivíduos a fim de obter sua obediência – o que os psicólogos anglo-saxões de hoje denominam, com um termo intraduzível no francês, *leadership* –, elas não indicavam em que consiste a especificidade da autoridade política. Dada essa carência, o conceito de Poder permaneceu durante muito tempo cercado de um halo de incerteza e de ambigüidade. Em compensação, com a filosofia moderna, a imprecisão que velava a idéia do Poder se dissipou gradualmente graças a uma problematização e a uma investigação novas: em vez de considerar a autoridade do Poder no Estado através da relação de comando com a obediência, isto é, na relação interpessoal entre os governantes e os governados, a indagação incidiu sobre os *prin-*

---

2. Santo Agostinho, *A Cidade de Deus*, IV, 4. A respeito desse tema, ver A. Schütz, Saint Augustin, l'État et la bande de brigands, *Droits*, 1993, n.º 16, pp. 71-82. Assinalemos que Aristóteles, em *A política*, utilizava igualmente a imagem da quadrilha de ladrões e de malfeitores, IV, 4; VII, 2.

3. Bertrand de Jouvenel, *De la souveraineté*, Librairie de Médicis, 1955, p. 35.

cípios imanentes que permitiram sua emergência, determinaram sua natureza e regeram sua realização. De Maquiavel a Kelsen, as análises convergem para mostrar que, na esfera do Estado, o Poder não pode confundir-se, a não ser desnaturando-se, com o fato de poderes interpessoais. Ele é, no Estado, um fenômeno jurídico de organização e de regulação que se caracteriza, já em sua emergência, por sua capacidade normativa. Como tal, ele se coloca sob o signo do humanismo jurídico e encarna princípios ao mesmo tempo fundamentais e fundadores que são indispensáveis ao direito político moderno.

Dir-se-á, certamente com razão, que a capacidade normativa do Poder político não era ignorada pelos romanos. Aliás, é o que atesta amplamente a obra de Cícero. A *Res publica*, que implica um *consensus juris*, é em sua essência, assinalava Cícero, intimamente ligada ao direito; é mesmo inconcebível fora do estabelecimento das leis, o qual é sua marca distintiva: *lex est civilis societatis vinculum*[4]. Contudo, quando, em *De Republica*, Cipião explica em que consiste, na República, o *consensus juris*[5], ele se refere tanto a um horizonte moral como a uma perspectiva jurídica. Porque pensa, a exemplo dos estóicos, que "o mundo é a pátria comum dos homens e dos deuses"[6], a idéia do direito remete, segundo ele, à idéia, universal de justiça[7]. Ela encontra seu fundamento na natureza[8] que, precisamente, define a lei natural. Esta, entendida como a lei de ordem, eterna e imutável, que Deus colocou no mundo[9], "quer que nos aproximemos dos deuses com a alma pura"[10]. Do mesmo mo-

---

4. Cícero, *De Republica*, § XXXII.
5. *Ibid.*, § XXV.
6. Cícero, *De legibus*, I, § XXIII; *De finibus*, III, XIX, 64.
7. Cícero, *De legibus*, I, § VI.
8. *Ibid.* I, § X. A idéia não é original de Cícero, que adota (cf. *De finibus*, V, XXIII, 66) a concepção aristotélica de ἄνθρωπος φύσει πολιτιχον ξῶον e não hesita em comparar a sociabilidade humana à conduta gregária das abelhas. (*De officiis*, I, XCIV, 157). Isso, aliás, não exprime outra coisa senão a onipresença de Deus no mundo.
9. Cícero, *De legibus*, I, § VI.
10. *Ibid.*, II, § X.

do, quando considera, como os jurisconsultos da Roma antiga, que não há República sem um poder supremo (*summa potestas*)[11], do qual emanam as leis da comunidade e do qual depende a forma (*status*) da Cidade[12], Cícero não dissocia a capacidade normativa ou reguladora do Poder na República do pano de fundo metajurídico, marcado ao mesmo tempo por naturalismo e por teologismo, no qual se insere. É por essa razão que esse Poder da República, pertença ele ao príncipe ou ao povo, está, como tal, acima das leis por ele estabelecidas: ele é, como diz o *Digesto*, *solutus legibus*[13]. Quanto ao *status reipublicae* determinado pelo Poder, ele repousa na claríssima distinção enunciada pelo Digesto entre o que é "público" e o que é "privado": *Publicum jus est quod ad statum rei Romanae spectat, privatum quod ad singulorum utilitatem*[14]. Ele só se compreende, ademais, dentro de uma perspectiva teleológica na qual a lei natural e divina se revela como o imperativo de ordem que se impõe a "um povo organizado". A capacidade normativa do Poder é portanto muito real, segundo Cícero, na República. Mas está sempre subordinada à transcendência da lei natural que atribui aos magistrados detentores da potência pública o encargo, ou, com mais exatidão, a missão de realizar da melhor maneira possível o direito imutável e eterno do qual ela é o garante divino.

No direito público moderno, a capacidade normativa do Poder é concebida em outras bases: o *humanismo jurídico* transforma tão amplamente os horizontes teológico-metafísicos do pensamento dos clássicos romanos, geralmente seguidos pelos autores medievais, que chega a suplantá-los. Desde o século XVI o humanismo jurídico[15] firmou-se com variações, certamente

---

11. Cícero, *De Republica*, I, § XXXI.
12. Essa posição é, aliás, das mais clássicas entre os jurisconsultos romanos. Cf. Papiniano: *Lex est ... communis reipublicae sponsio, Digesto*, I.3.1, e Caio: *Lex est quod populus jubet atque constituit, Institutos*, I.2.27.
13. *Digesto*, I.3.31.
14. *Ibid.*, I.1.1.
15. Segundo Michel Villey, o "humanismo jurídico moderno" se define como "a tendência a colocar o homem no princípio e no fim de tudo". *Seize*

diferentes, mas cada vez mais densas. Reteremos aqui três momentos importantes na concepção da produção das normas jurídicas pelo Poder do Estado, três momentos em cujo decorrer se firmaram os princípios filosóficos que formam, desde então, a pedra angular do direito político moderno.

Marcada num primeiro momento pelo realismo pragmático de Maquiavel, a capacidade normativa do Poder, expressão do *princípio de ordem pública*, tornou-se, num segundo momento, inseparável, no sistema filosófico-político de Hobbes, de um racionalismo calculista destinado a caracterizar o Estado-Leviatã pela imanência de um *princípio de autoridade*. Por fim, num terceiro momento, a racionalidade política culminou, na época da Revolução Francesa, num humanismo jurídico que devia condensar o poder normativo do Estado num *princípio constitucionalista*, cuja eficiência continua, ainda hoje, indispensável.

1. O *princípio da ordem pública* no Estado segundo Maquiavel

Quando Maquiavel, "maior do que Cristóvão Colombo"[16], chega às margens do continente que será o da modernidade política, não concebe a normatividade do Poder do Estado – ou dos jovens principados – sobre as bases filosóficas da romanidade.

---

essais de philosophie du droit, Dalloz, 1969, pp. 60 ss. Mesmo que não sigamos M. Villey em todas as suas análises e conclusões, podemos adotar, provisoriamente, a definição que dá do humanismo jurídico moderno. Seria certamente mais judicioso, a fim de evitar qualquer equívoco sobre o sentido da palavra "humanismo", falar de *antropologismo* jurídico, a fim de contrapô-lo ao naturalismo e ao teologismo jurídicos dos séculos clássicos. Mas o termo não é feliz do ponto de vista fonético e corre o risco de ter um acento anacrônico, já que a antropologia jurídica pertence precipuamente às pesquisas das ciências humanas do século XX. Portanto, guardaremos a expressão humanismo jurídico, à qual, evidentemente, não damos o significado literário e moral que assumiu no século XVI.

16. Leo Strauss, *Droit naturel et histoire*, Plon, p. 192.

Se dermos crédito a Leo Strauss[17], Marlowe, que atribuiu ao florentino a frase taxativa "Sustento que não há outro pecado além da ignorância", teve uma ótima idéia: sua frase não só define a atitude intelectual de Maquiavel como permite situar em sua ordem própria sua concepção da política e do direito que a rege.

A) Serviço público e normatividade do Poder no Estado

A originalidade de Maquiavel transparece em *O príncipe*, em que é, acima de tudo, o pensador da *ação* política. A seu ver, o Poder não se define pela idéia, mas pelos procedimentos que levam a ele e permitem nele se manter. Considerado filosoficamente, o pensamento político de Maquiavel implica, desde o princípio, a rejeição da idéia do direito natural e, mais amplamente, a recusa da filosofia política tradicional. Seja esta a de Platão, de Aristóteles, de Cícero, ou a que encontramos nos pensadores medievais, ela cai, com todas as inspirações mescladas, na esparrela de um idealismo tão inútil quanto falacioso. O florentino, rico de sua experiência, opõe-lhe uma busca *realista*, que leva essencialmente em conta, no universo em que vivem os homens, não tanto as situações cotidianas, afinal banais e pouco significativas, mas "os casos extremos". Essas situações-limite funcionam como reveladoras daquilo que, numa humanidade em que rugem as paixões, é gerador de medo e de morte. Não tendo examinado os medos e os males que atormentam os homens, as filosofias clássicas se equivocaram ao associar a idéia da "lei natural" à perfeição humana. Por causa desse erro de postulação, as filosofias clássicas se extraviaram, pensa Maquiavel, em caminhos que não levam a lugar algum e que, de todo modo, só indicaram aos homens o senso dos deveres ou, o que vem a dar no mesmo, só lhes falaram dos direitos derivados desses deveres. É nisso que elas permaneceram, irredutivelmente, "pré-modernas". O projeto político de

---

17. *Ibid.*

Maquiavel é, portanto, embasado numa vontade de ruptura com os pressupostos idealistas e as especulações utópicas da filosofia clássica: é inútil dissertar sobre "o melhor regime", cujos contornos nunca farão compreender em que consiste a natureza do Poder político; essa natureza só se exprime através dos empreendimentos que o chamam e que ele provoca.

Assim, Maquiavel não concebe outra organização política além da que se preocupa em primeiro lugar com o "serviço público". Acima de tudo, não a pensa de acordo com a figura hipotética de seu dever-ser; encontra-a na realidade concreta do Poder e de suas manifestações, segundo "a verdade efetiva da coisa", mesmo que esta esteja oculta em recônditos complicados e por vezes cheios de sombras. É preciso insistir nisso. A natureza do Poder não se revela nas repúblicas imaginárias esculpidas pelo idealismo: o Poder não é o do filósofo, cuja sabedoria faria descer na Caverna dos homens a inteligibilidade diamantina do Céu das idéias. A natureza do Poder tampouco se revela numa política baseada no teologismo: o Poder não é na Cidade terrestre, mesmo quando se fala de "plenos poderes", à imagem da potência transcendental de Deus. Aos olhos de Maquiavel, o fracasso prático do "filósofo-rei" e o desmembramento da *Respublica christiana* significam que a idealidade do Poder do Estado é uma quimera de visionário. Em compensação, sua "efetividade" – a *verità effectuale* de sua maneira de existir – manifesta suas características e deixa perceber seus princípios. Pode-se, portanto, considerar o *De Principatibus* um "espelho dos príncipes", em conformidade com o sentido que então se dava a essa expressão. Mas parece sobretudo que Maquiavel "seguiu um caminho em que ninguém antes dele havia pisado. Compara o que conseguiu com o descobrimento dos mares e terras desconhecidos; apresenta-se como o Colombo do mundo moral e político"[18].

Entretanto, ainda que as perspectivas inovadoras do realismo de Maquiavel e a intenção praxiológica que guiam sua pes-

---

18. Leo Strauss e Joseph Cropsey, *Histoire de la philosophie politique* (1963), trad. fr., PUF, 1994, p. 331.

quisa constituam, mesmo como os comentadores têm assinalado, a base sobre a qual começará a se edificar, principalmente com Hobbes, o direito político moderno, não se pode calar a ambivalência que paira no discurso do florentino. Se é verdade que no "planeta" do qual Maquiavel é o teórico, o "Príncipe do Inferno"[19] é senhor da ação política, é preciso insistir de modo muito especial nos procedimentos do acesso ao Poder e nos meios práticos para nele se manter. No entanto – talvez contra qualquer expectativa, mas, "tal como o navegador em busca de águas e terras desconhecidas"[20], encontramo-nos numa rota inexplorada – há lugar nos interstícios do discurso maquiavélico para o esboço de uma concepção institucional na qual se alinhava a capacidade normativa do Poder.

A normatividade do Poder se exprime na maneira que o Estado tem – seja ele principado ou república – de adotar novas leis para atender às dificuldades da situação. A coisa é árdua, por vezes até impossível, em razão do peso dos costumes. A tarefa se mostra sempre problemática: ainda que a inovação inevitavelmente perturbe a tradição, ela deve não obstante consistir no estabelecimento de regras novas que não abalem demasiado as condições estabelecidas[21]. Como quer que seja, isso é necessário: "Um príncipe recém-estabelecido numa Cidade ou numa província conquistada deve renovar tudo."[22] Sem dúvida procederá mais por cálculo interessado do que por virtude generosa; ou ainda só avançará por tentativas e erros, sem buscar as razões suficientes das normas novas que estabelece. Mas o importante é que, no Estado do qual Maquiavel traça pela primeira vez um bosquejo que, sem ser nítido e unívoco,

---

19. Joël Cornette, "La planète Machiavel: le Prince d'Enfer", in *L'État baroque*, Vrin, 1985, pp. 44 ss.
20. Maquiavel, *Discours sur la première décade de Tite-Live*, Prefácio, p. 377.
21. *Ibid.*, liv. III, cap. XXXV, p. 696; *Le Prince*, VI, p. 305: "É preciso pensar que não há coisa mais penosa de se tratar, mais duvidosa de se conseguir, nem mais perigosa de se manejar do que se aventurar a introduzir novas instituições."
22. Maquiavel, *Discours...*, liv. I, cap. XXVI, p. 441.

possui características já modernas[23], as novas leis do príncipe formam uma estrutura jurídica que se parece muito com os elementos constitucionais pelos quais definimos hoje a ordem estatal. Já na primeira frase do *Príncipe*, Maquiavel declara que essas leis, por "seu comando sobre os homens", caracterizam "todos os Estados"[24]. Ao descrever a ação política na qual o uso calculado da força e da astúcia determina a estratégia do homem de Estado e determina seu êxito, ele pretende mostrar que o poder de Estado não é apenas expressão de potência e de oportunismo. Muito pelo contrário, para dado povo, em seu território e num tempo determinado, é preciso que o Poder se organize de tal modo, que seja canalizado e controlado. Maquiavel, seguramente, se limita a mencionar e a descrever, com o apoio de exemplos históricos, os meios pelos quais se manifesta a ação do Poder do Estado; não elabora uma teoria sistemática da prática política. Não obstante, os mecanismos do Poder aos quais recorre a práxis do chefe de um Estado para mantê-lo ou desenvolvê-lo, bem como para ganhar uma batalha contra a adversidade, contêm princípios gerais que Maquiavel considera, implicitamente, o eixo fundamental de uma *concepção institucional* da política. Que o "principado civil" venha "do povo ou dos grandes, segundo uma ou outra parte tenha ocasião para isso"[25], ele impõe a todos os cidadãos um corpo de regras

---

23. Convém aqui dar maior atenção ao vocabulário. Alexandre Passerin d'Entrèves observa com muita justeza que traduzir por *Estado* os termos *Polis, Res publica, Civitas* ou *Regnum*, utilizados pelos autores clássicos, é uma tradução complacente que não é pertinente (*La notion de l'État*, Oxford, 1967; trad. fr., Sirey, 1969, pp. 37-9). É preciso aguardar os meados do século XIII para que a filosofia política, pondo ênfase menos na unidade da comunidade cristã (a *respublica christiana*) do que na pluralidade das comunidades diferenciadas nascidas de sua fragmentação (as *civitates* e os *regna*), reconheça a cada uma delas a individualidade sociopolítica de uma *communitas perfecta et sibi sufficiens*, "aquela que", diz A. Passerin d'Entrèves, "mais se aproxima, na linguagem medieval, da noção moderna do Estado", já que se pode encontrar nela um princípio de unidade e de auto-suficiência. Contudo, somente com a Renascença é que aparece a palavra *Estado* "que fornece o âmbito conceitual para uma situação nova".
24. Maquiavel, *Le Prince*, I, p. 290.
25. *Ibid.*, IX, p. 317.

e de leis: não é dessa maneira, pergunta o florentino, que o reino de França "é um dos mais bem ordenados e governados de que se tenha conhecimento em nosso tempo. E nele se encontram infinitas boas instituições, das quais depende a liberdade e segurança do rei"[26]. Aliás, observa ele, a autoridade do Poder num Estado vem do fato de os estatutos e os regulamentos que ele ali estabeleceu terem preeminência sobre os usos e costumes existentes.

Contrariamente ao que afirmavam os pensadores medievais, sempre apegados à regra consuetudinária, Maquiavel considera que a força do Poder consiste menos no respeito dos costumes por que se pautam os povos do que no recurso à sua própria capacidade legisladora: o Estado é criador do direito da comunidade civil. O poder político é um poder normativo e o Estado se delineia como um fenômeno jurídico. É por isso que, ao passo que o pensamento político medieval, atento aos esquemas do regime feudal, confundia mais ou menos, entre o senhor e seus vassalos, o que é "público" e o que é "privado", Maquiavel reencontra e reativa a distinção feita por Aristóteles e Cícero entre a autoridade pública do príncipe e a autoridade doméstica do pai de família ou do dono da casa. Não se deixará de objetar aqui que Maquiavel fica a tal ponto reticente diante de uma eventual teorização das estruturas jurídicas do Poder estatal que nem sequer fala da soberania do Estado, embora a reconhecesse como *summa potestas*. É verdade que não cuida, mesmo que a idéia de regulação da vida pública esteja onipresente em sua obra, de escrever um novo *de legibus*. Mas reconhece que o "príncipe novo" encarna num Estado, *hic et nunc*, o poder de editar regras organizacionais e máximas de comando. A primazia da ordem assim estabelecida é tal que, sob um rei ou numa república, todos os súditos devem obediência às regras do direito assim "formulado". Portanto, não só Maquiavel avança por um caminho novo ao associar a noção de "poder público" ao seu conceito de Estado, mas também é-lhe impos-

---

26. *Ibid.*, XIX, p. 346.

sível pensar o Estado independentemente do sistema regulador que é a própria expressão do Poder. Contudo, no discurso maquiavélico, nada revela melhor a ambivalência da jovem noção de Estado do que a hesitação entre a ênfase dada explicitamente à *ação* política e a importância atribuída, ainda que implicitamente, à *institucionalização* do Poder. Sem dúvida, essa indecisão permanece no fundo oculto da obra. Entretanto, se uma teoria da instituição continua sendo o não-dito que o pensamento maquiavélico guarda em seu cerne, ela se deixa decifrar filosoficamente.

De fato, embora a obra política de Maquiavel, compreendida do ângulo filosófico, signifique a rejeição dos horizontes idealistas do pensamento político antigo, indica de modo muito particular a fragmentação do universalismo ligado ao ecumenismo unitário da *respublica christiana*. *O príncipe* e os *Discursos* ensinam, de modo uníssono, que o pluralismo e o relativismo se insinuam na esfera específica formada, daí por diante, pelos "principados" novos. Ademais, como o aparelho institucional elaborado em cada uma delas por um Poder cuja preocupação primordial é perdurar[27], a autoridade do Estado não poderia ser estabelecida de uma vez por todas; as regras de ação que ela estabelece seguem os contornos dos acontecimentos; adaptam-se e renovam-se ao sabor das "coisas humanas"[28] e dos antagonismos que ocorrem na realidade política. Em conseqüência, Maquiavel substitui o estatismo das instituições medievais, reputadas como formadas com quase-perfeição já que eram à imagem da Cidade de Deus, por uma dinâmica jurídico-política necessária dependente do movimento histórico. Nos primórdios da modernidade, uma das grandes idéias filosóficas de Maquiavel é que não é a transcendência das idéias que leva à realização do direito político; como o Poder é coisa humana, o Estado não tem de buscar suas raízes no "outro mun-

---

27. *Ibid.*, II, p. 290.
28. Maquiavel, *A mandrágora*, III ato, cena 2, e *Discours...*, liv. I, XI, *in fine*, p. 414.

do", inteligível ou divino; tem, aqui mesmo, a história como princípio, como cadinho e como horizonte[29].

Assim se desfazem, no próprio cerne do "trabalho da obra", todos os pontos de referência tradicionais que, no âmbito dualista do pensamento e do real, tinham servido até então para definir a política por sua relação com o céu inteligível ou com a ordem natural e divina do mundo. Portanto, temos boas razões para dizer que o florentino abre a via de uma compreensão moderna do direito político, na medida em que o humanismo que o conduz se reporta à experiência e à história. Não obstante, nos labirintos da obra, as coisas não são simples: ousado precursor das vias da modernidade, Maquiavel só avança, contudo, em seu novo "planeta" sob o manto da ambigüidade: tendo optado por expor os meios usados pelo Poder do Estado na ação, ele fica muito discreto – quase sigiloso – sobre a necessária regulação normativa cuja necessidade irreprimível ele captou.

B) Os imperativos organizacionais do Estado moderno

Apesar da imprecisão e das hesitações do discurso de Maquiavel, um fenômeno de maquiavelização do direito político iria marcar, como um ponto sem retorno, a marcha da compreensão do Poder. Para captar os princípios a partir dos quais a filosofia conceberá desde então o Poder no Estado moderno, façamos o balanço das grandes mudanças que Maquiavel introduziu nos conceitos e nos procedimentos políticos.

Separando os horizontes do jusnaturalismo cosmológico da filosofia aristotélica e estóica e dando um adeus definitivo ao idealismo metafísico e teológico, Maquiavel reconheceu as raízes seculares, antropológicas e históricas do Poder: *assim se abre, sobre um fundo de realismo, a carreira do humanismo jurídico-político*. No espaço público que será o do mundo mo-

---

29. Maquiavel, *Discours...*, liv. II, prefácio, p. 510. Evidentemente, isso não quer dizer que Maquiavel seja o prelúdio dos historicismos do século XIX. A noção de "senso da História" é inteiramente ignorada por ele.

derno, cabe ao homem e somente a ele construir e conduzir a política do Estado. É quase certo que, nessa revolução epistemológica, Maquiavel tenha sido influenciado pelo direito romano; seu conhecimento do *Digesto* e dos *Institutos*, sua familiaridade com Tito Lívio e com a história de Roma transparecem em numerosas páginas e ele próprio confessa que sua "longa experiência das coisas modernas" deve muito à sua "leitura contínua dos antigos"[30]. Mas quando declara que, no novo Estado, os que têm o encargo de governar devem imitar "a antiga virtude", isso quer dizer que devem *reinventá*-la e adaptá-la aos parâmetros exigidos por uma política dirigida pelas novas instituições. De fato, para além de sua erudição, Maquiavel compreendeu não apenas que o Poder nada tinha a pedir a Deus[31], mas que, na sua laicidade intrínseca, não podia ser assimilado nem ao carisma de um chefe, fosse ele Aníbal ou César Borgia, nem à força material de uma comunidade. Aliás, no humanismo jurídico-político que ele inaugura, o que lhe importa não é dirimir a questão de saber se o Poder é (ou deve ser) o de um monarca ou de um povo (*O príncipe* e os *Discursos* não se apresentam como os dois termos de uma alternativa entre os quais é preciso optar), mas fazer entender que jamais haverá Poder político sem um conjunto de regras destinadas a estabelecer suas estruturas básicas, fixar suas linhas organizacionais e até prever suas diversas modalidades de controle. O Príncipe, fundador de uma ordem inteiramente nova, tem a seu cargo fazer de seu "principado novo" um sistema jurídico, isto é, um corpo de ordenações e de leis sobre o qual se edificará sua prática política; assim também, uma República é impossível e inconcebível sem um corpo de regras de direito destinado a estabelecer e a manter a ordem pública. As *Histórias florentinas* revelam, como num espelho, os malefícios das carências orga-

---

30. Maquiavel, *Le Prince*, Dedicatória a Lourenço de Médicis, p. 289.
31. Se J. R. Strayer pode falar de uma Laïcization of French and English Society in the Thirteenth Century, *Speculum*, 1940, XV, pp. 76-86, trata-se aí apenas de sinais precursores ainda tímidos. Maquiavel foi quem deu corajosamente o passo.

nizacionais da vida pública e, portanto, o custo humano exorbitante e dramático da desordem num Estado.

Compreende-se, por conseguinte, a importância das considerações antropológicas na obra de Maquiavel. A maldade e a inveja dos homens, o delírio das paixões, o mal sempre presente na sombra do menor bem, as forças do desejo e do egoísmo, a inaptidão para fazer o bem sem ser forçado a isso etc. são elementos que esclarecem a natureza já política do ato que parece, contudo, ser somente o fundador da política: esse ato estabelece um *vinculum juris* cuja força obrigatória é altamente significativa do ponto de vista filosófico. É que, de fato, no Estado moderno, o domínio do Poder se exerce sobre a necessidade natural e sobre o acaso que regem a vida dos homens, sem o que a anomia é anarquia. Assim se explica que a astúcia seja o recurso cardeal dos que governam, não só porque torna a força invisível (foi esse o caso de Brutus fingindo a loucura)[32], mas sobretudo porque canaliza a força graças à coerção que doma a necessidade para encaminhar-se para a liberdade: foi assim, aliás, que Roma outrora cortou "as raízes de suas querelas"[33]. Desse modo, aqueles que governam estão em condições de enfrentar a imprevisibilidade veiculada pelo tempo da história. Conjurar a necessidade natural e o acaso histórico constitui um critério decisivo da modernidade do direito político *in statu nascendi*. É nisso que a *virtù* prepara sua capacidade normativa: impedindo que a *fortuna* empregue, "a cada volta do sol", toda a extensão de sua força, ela assegura o domínio sem o qual não existe o Poder do Estado. *A arte de governar é inconcebível sem recorrer ao princípio da ordem pública.*

Embora sublinhe a imanência do *princípio de ordem* no próprio âmago do Poder, Maquiavel ainda não sabe, entretanto, conferir-lhe a clareza de uma máxima de lógica jurídica. Segundo ele, esse princípio se exprime em dois níveis. Num primeiro nível, comanda a preocupação com o êxito que acompanha a ação do momento e, já que determina, como tal, uma es-

---

32. Maquiavel, *Discours...*, liv. III, II, p. 612.
33. *Ibid.*, liv. I, VI, p. 395.

tratégia colocada sob o signo da utilidade e da eficácia, não se eleva acima da oportunidade[34]. Entendamos que ele permite ao príncipe recorrer, se for preciso, a meios extraordinários a fim de manter a rédea curta a mediocridade humana. Num segundo nível, mais profundo, ensina (é essa, de modo todo especial, a lição magistral da República romana) que o sentido do direito político está, no Estado, para além da personalidade dos políticos que nele atuam: "Graças à excelência de sua Constituição e de suas leis, 'a Cidade' não tem necessidade de basear sua salvação na virtude de um homem só."[35] Se é verdade que o Poder se preocupa acima de tudo com as técnicas do êxito – em momento algum Maquiavel duvida que essa é a missão principal do "príncipe novo" na Itália agitada do *Cinquecento* – ele é, na sua natureza profunda, questão de instituição e de direito. Tudo se passa, portanto, como se, no entrecho da obra maquiavélica, se entremeassem dois discursos aparentemente desconexos. Um *primeiro discurso*, explícito, participa de seu realismo pessimista. Ensina a necessidade de domar os homens, mesmo que para isso os governantes devessem usar cinismo[36]. Contudo, Maquiavel não é o porta-voz de um cesarismo cruel, intransigente e cego. É o advogado da "ordem pública", que é importante fazer triunfar sobre os interesses e as paixões. Da mesma forma, um *segundo discurso*, implícito, está como que escrito nas margens de Tito Lívio. Contém a intuição forte, ainda que jamais conceitualizada e teorizada, segundo a qual a potência do Estado requer as estruturas de um direito público cujas normas sejam coercivas: as "boas leis" são tão importantes quanto as "boas armas"; o direito e a força devem cooperar e se compor, razão pela qual é necessário ao príncipe "saber bem lidar com a fera e o homem". Fichte e Cassirer serão sensíveis ao aspecto institucional puramente leigo que dá feição

---

34. M. Merleau-Ponty, *Signes*, p. 275.
35. Maquiavel, *Histoires florentines*, liv. IV, I, p. 1119.
36. Maquiavel, *Discours...*, liv. I, IX, p. 405. Leo Strauss até chama o florentino de *teacher of evil*, em *Thoughts on Macchiavelli*, Glencoe, Illinois, 1958, p. 9.

jurídica à política segundo Maquiavel – uma política da Terra que significa que compete aos homens atuar e que terão, em definitivo, o destino que merecem[37].

Certamente é sobre o horizonte sombrio dos primeiros albores da Renascença que se destaca a figura original de Maquiavel: o ferro e o veneno reinam na Itália do *Cinquecento*; a Reforma de Lutero e a "guerra dos camponeses" ensangüentam a Alemanha desde o começo do século XVI; na França de Francisco I é o tempo das guerras; na Inglaterra, grassa a miséria, diante da qual Thomas More protesta e reage... Mas, mesmo sendo sempre possível, com Rousseau ou com Leo Strauss, expor a questão de saber "como ler Maquiavel", é certo que uma compreensão histórica de sua obra permanece inteiramente insuficiente. Para além da aventura histórica dos homens, filosoficamente ele é, como diz E. Cassirer, "o primeiro pensador que teve uma representação completa do que significa o Estado"[38]. Julguemo-lo hermético ou esclarecedor, insolente ou fecundo, negro ou dourado, importa reconhecer que ele salienta com uma força extraordinária a *energia criadora do Poder* e que, abrindo com essa idéia iconoclasta os caminhos do humanismo jurídico-político, situa-se "à beira do mundo moderno"[39].

Maquiavel, compreendido ou incompreendido, suscitou numerosíssimas resistências e críticas virulentas[40]. Ocorre que, depois dele, não se podia pensar o direito político como antes dele. Sua doutrina serviu de breviário secreto aos condutores do Poder, mesmo àqueles que, oficialmente, a denunciavam. Será preciso evocar o implacável Cromwell, os "déspotas esclarecidos", o próprio Rousseau que via em *O príncipe* "o livro dos republicanos"? Napoleão e Mussolini não escondiam sua admi-

---

37. A respeito desse ponto, cf. Ernst Cassirer, *The myth of the State* (1946), caps. X e XI, em trad. fr., Gallimard, 1993, pp. 164-80 e 181-93.
38. Ernst Cassirer, *op. cit.*, p. 133.
39. *Ibid.*, p. 140.
40. Limitemo-nos a citar aqui *La Grant'monarchie de France,* do Arcebispo Claude de Seyssel (1519) e, sobretudo, o *Anti-Machiavel* ou *Discours sur les moyens de bien gouverner et de maintenir en bonne paix un royaume ou autre principauté*, de Innocent Gentillet (1576).

ração pelo florentino. Na verdade, para além do uso dado por certos chefes de Estado às teses, mais ou menos bem compreendidas, de Maquiavel, parece-nos muito mais interessante observar que autores como Manzoni e Clausewitz no século XIX, depois, mais perto de nós, James Burnham e Merleau-Ponty, souberam ver na obra do florentino, tão abundante quanto perturbadora, a idéia moderna da preeminência do Estado secular, de sua Constituição e de suas leis.

Contudo, coube a Thomas Hobbes edificar, peça por peça, dessa vez como filosofia sistemática, a estátua do Poder[41] como potência normativa num Estado cuja catedral impressionante o homem construiu racionalmente.

2. O *princípio de autoridade* no Estado-Leviatã de Hobbes

O historiador das idéias pode ficar espantado e irritado ao mesmo tempo quando lê, sob a pena de Thomas Hobbes, que a filosofia política nasceu com o *De Cive*[42]. Espanta-se com que, de Platão a Jean Bodin ou de Aristóteles a Maquiavel, nenhuma das obras filosóficas de Santo Agostinho, Santo Tomás ou Marsílio de Pádua, mereça, na opinião de Hobbes, ser considerada em sua dimensão política e com que nenhum dos glosadores, legistas ou jurisconsultos tenha sabido, nas escolas de direito de Bolonha, Pádua, Salamanca, Bourges ou Orléans, lançar a menor clareza sobre os princípios e as engrenagens da política. Assim, nenhum filósofo, nenhum jurista teria compreendido, até o século XVII, que a política não pode prescindir da postulação fundamental nem do horizonte conceitual da filosofia? A pretensão do filósofo de Malmesbury de inaugurar a "filosofia política" pode portanto irritar na medida em que tacha de in-

---

41. Leo Strauss qualifica mesmo Hobbes de "primeiro filósofo do Poder", *Droit naturel et histoire*, Plon, p. 208.
42. "Se a Física é uma coisa inteiramente nova, a filosofia política o é ainda bem mais. Ela não é mais antiga do que minha obra *Do cidadão*", *De Corpore*, Epístola dedicatória, trad. Destutt de Tracy; cf. igualmente *Léviathan*, cap. IX, trad. F. Tricaud, Sirey, 1971, p. 80.

fantilismo e considera vãs todas as obras, no entanto vigorosas, dos séculos passados. Não seria mais por um orgulho desmedido do que por heroísmo intelectual que Hobbes se arroga a qualidade de fundador em matéria de filosofia política? Só a leitura atenta do *corpus* filosófico hobbesiano permite dar adeus a esse espanto irritado. Hobbes, diferentemente de Maquiavel, não é embaixador nem jurista: é filósofo. Avançando com passo firme no terreno em que, desde Grotius e Descartes, firmam-se com nitidez cada vez maior as características distintivas do continente moderno do pensamento, cujas margens Maquiavel entrevira, Hobbes dirige a todos os autores que o precederam a crítica contundente de terem sempre considerado a política uma questão de arte e de prática. Ora, como, na lógica interna do sistema filosófico de Hobbes, a política não pode ser pensada independentemente da *philosophia prima*, o Poder, pedra angular da política como sempre foi reconhecido, deve ser encarado como uma questão teórica e de princípio. Em outras palavras, o que Hobbes inventa em seu procedimento filosófico é a *problematização teórica da política*.

A) A problematização teórica do Estado

Para Hobbes, erigir a estátua do Estado-Leviatã não é um empreendimento pragmático e sim especulativo. Além disso, quando Hobbes reconhece o poder do Estado como a fonte de todas as normas da experiência política, não é porque uma constatação empírica, e sim um raciocínio rigoroso o conduz a tal conclusão. A feição racionalista do pensamento de Hobbes aparenta-se assim mais com os esquemas discursivos da filosofia francesa do século XVII do que com as tendências empiristas da filosofia inglesa: não que Hobbes ignore a importância da *Common Law*[43] que, na Inglaterra, converte o direito, até e inclusive o direito político, no produto do costume e da juris-

---

43. *A Dialogue between a Philosopher and a Student of the Common Law of England*, publicado postumamente em 1681, foi sem dúvida redigido em 1664 ou 1665, cf. edição de Tullio Ascarelli, Dalloz, 1966.

prudência; mas, diante do modelo institucional da França de Richelieu, ele pensa que a força do Poder reside na arquitetura racional de sua legislação positiva. Entre os modelos inglês e francês, a epistemologia hobbesiana, em sua ambição teorista, não hesita: o legalismo centralizador da França exprime as potências do racional. Hobbes procurará portanto, explicando como elas estruturam o Poder, sistematizar seu significado conceitual e sua capacidade organizadora. Assim, a "filosofia política" será uma "ciência política".

Como a problemática do Poder consiste, desde então, em se perguntar quais são as razões de princípio, ao mesmo tempo fundamentais e organizacionais, da autoridade do Poder no Estado, Hobbes renova a indagação ciceroniana que se referia outrora à *ratio juris*, à *ratio legis* e à *ratio decidendi*. Abre o caminho para o trabalho de reflexão crítica que recua, segundo a via especulativa, às raízes primordiais do Poder. Por essa razão, bem melhor do que Maquiavel, ele enuncia o que Leo Strauss chama de uma "questão fundamental": esta não é nem a questão empírica da origem da ordem política nem a questão ontológica de sua essência. Hobbes formula a questão essencial que toca ao que há de mais profundo, portanto, de fundamental, na realidade política que o Estado é. No sentido mais forte do termo, é o princípio – o princípio primeiro – do Poder que sua nova filosofia política pretende pôr em evidência[44]. Hobbes mostra assim que, no espaço público em que os homens são chamados a evoluir se não querem se parecer com lobos, o Poder, simbolizado pelo Leviatã, é uma figura da *arte racional*. Isso, bem entendido, foi muitas vezes salientado pelos comentadores. Mas observou-se menos que, no mecanismo universal postulado pela filosofia de Hobbes, as propriedades normativas do Poder do Estado resultam da maneira pela

---

44. Como diz com muita clareza Robert Cummings em *Human Nature and History: A Study of the Development of Liberal Political Thought* (Chicago, 1969, vol. 2, p. 16), citado por Hannah Arendt em *Juger. Sur la philosophie politique de Kant*, trad. fr., Le Seuil, 1995, p. 43: "O objeto da filosofia política moderna, 'inaugurada por Hobbes', não é a Cidade ou sua política, mas a relação entre filosofia e política."

qual ele é gerado. Indo muito mais longe do que Maquiavel na via do humanismo jurídico-político e extraindo, ademais, a lição das capacidades epistemológicas de renovação intelectual contidas na obra de Bacon, Hobbes conduz a um ponto tão alto de desenvolvimento a temática do Poder produtor das normas da instituição política que ela permanecerá, até nossa época, o fio condutor de um direito público que conquistou sua autonomia: o Poder do Estado moderno tem o monopólio da criação do direito, a tal ponto que, onde não existe Poder, não há direito[45].

Diferentemente de Maquiavel, Hobbes não é um "político", é como espectador aterrorizado que assiste às vicissitudes que abalam a Inglaterra, dividida no seu tempo pela guerra civil. Diferentemente de Bodin e Grotius e ainda que, em inúmeros pontos, ele se aproxime de seus posicionamentos, e, muito atento tanto à *Common Law* quanto ao direito da monarquia francesa, ele trata do problema do Poder com as ferramentas conceituais e os gabaritos categoriais do filósofo. Além disso, diferentemente de Bacon, a quem, não obstante, parece dever muito (ainda que não indique suas fontes), ele quer escapar das miragens provocadas pela república imaginária que continua sendo, a seu ver, *A Nova Atlântida*, quaisquer que sejam as verdades que ela contém. Em conseqüência, a arte racional concebida por Hobbes determina, com uma lógica impecável, as competências institucionais que, presas ao Poder em razão de sua construção, conferem-lhe na vida pública sua força de comando e de regulação.

Hobbes aprofundou sob um duplo signo aquilo que, em Maquiavel, ainda não passava de uma intuição: de um lado, enquanto o humanismo de Maquiavel se limitava a afastar as tradições fabulosas da metafísica e da teologia, Hobbes precisa sua tendência *racionalista* e seu fundamento *individualista*; do outro lado, enquanto Bacon procurava a natureza do Poder numa Eupólis (isto é, onde ele não pode estar), Hobbes, apli-

---

45. É claro que o termo "direito" é entendido aqui no seu sentido jurídico. Isso deixa intacta a questão do "direito natural" que, segundo Hobbes, não tem nenhuma dimensão jurídica (nem mesmo moral).

cando o método resolutivo/compositivo da jovem ciência mecanicista, *analisa* seus elementos constitutivos a fim de aquilatar as capacidades produtivas resultantes de sua *síntese* e de sua colocação em *movimento*. Expõe assim, até suas últimas conseqüências, as premissas, até então demasiado tímidas, do humanismo jurídico-político – o que lhe permite construir "a primeira teoria moderna do Estado moderno". Digamos, em outras palavras, que o Poder tal como o concebe Hobbes *é* o do Estado moderno.

As diferentes facetas da teoria hobbesiana são, de fato, filosofemas em torno dos quais a política moderna, de uma ou de outra maneira, construirá sua representação do espaço público. Isso se explica pelo fato de Hobbes, que enfatiza o caráter teórico de sua investigação – "Eu não falo dos homens, mas, no abstrato, do centro do Poder"[46] –, não se preocupar em responder aos problemas que nascem da conjuntura política da hora e não levar em conta o realismo pragmático invocado por Maquiavel na Itália dos Bórgia e dos Médicis. Embora, quando apresenta o Estado-Leviatã como o lugar de um governo forte e centralizador, pareça repetir a lição do *Príncipe*, ele a eleva a um nível totalmente diferente: o do conceito e da teoria geral, na própria perspectiva em que, no século XX, R. Carré de Malberg, H. Kelsen e C. Schmitt ainda a estudarão. Quaisquer que sejam as censuras político-ideológicas tão freqüentemente formuladas – com ou sem razão – contra Hobbes, apresentado como o "horrendo" doutrinador do despotismo, o rigor da análise e o equacionamento lógico do poder descobrem as linhas mestras da teoria do Estado moderno: as capacidades de comando e de regulação do Poder procedem, no âmago do *humanismo* jurídico, de uma concepção *individualista* e *igualitarista* da existência pública, embasada num *racionalismo* estrito. Esses quatro filosofemas, que resumem a modernidade do pensamento hobbesiano, culminarão paradoxalmente, no século do

---

46. Hobbes, *Léviathan*, Epístola dedicatória a Francis Godolphin, trad. Tricaud, p. 2 e n. 5.

Iluminismo, num discurso que, contudo, se pretenderá hostil ao tom ideológico que se acredita então discernir nela. Seu significado é tão forte, por si só e em razão de seus prolongamentos, que merece ser examinado.

O humanismo

Sem a menor hesitação, Hobbes pensa a política no contexto *humanista* desenhado com traços sugestivos mas firmes pelos pensadores do século XVI. O Poder é, em seu princípio, edificado pelo homem; são os homens que asseguram seu funcionamento; em sua utilização, ele deve servir à segurança dos homens e à paz civil. O direito político, segundo Hobbes, se apóia na antropologia: as três obras que contêm a teoria do direito político – *Elements of Law*, *De Cive* e *Leviatã* – abrem-se com um estudo da natureza humana cuja análise ensina que, não sendo o homem inclinado por natureza a amar o homem, não há sociedade natural, como pensava Aristóteles, nem sequer sociabilidade natural, como pensa ainda Grotius. Considerado filosoficamente, o estudo da natureza humana está destinado a fornecer um desmentido total do naturalismo sociopolítico cuja herança, desde Aristóteles, a tradição recebeu. Ele implica igualmente um grande distanciamento do teologismo cristão que quis reforçar o cosmologismo, dando ênfase à obra do Deus-Providência. A dupla vontade de ruptura manifestada por Hobbes ao rejeitar o cosmologismo naturalista e ao se afastar do teologismo providencialista é tão forte que, opondo-se à idéia das harmonias naturais projetadas por Bodin em sua "República bem ordenada", Hobbes encontra o esquema do Estado na lógica da arquitetura artificial que o homem é capaz de conceber e edificar; do mesmo modo, o Poder, num universo que está sendo desteologizado pela afirmação já triunfante das aptidões racionais do homem, se delineia como um poder temporal exclusivamente secular. O procedimento é decisivo: quase todos os analistas do Estado moderno, Rousseau, Kant, Hegel, bem como Alain ou Merleau-Ponty, o seguirão nesse caminho. Com Hobbes começa, ao mesmo tempo que a desnaturalização da autoridade do Estado, aquilo que Max Weber chamará de "o desencantamento do mundo": para o Estado, os horizontes teológico-políticos recuam para a sombra. Deus, sem dúvida, ainda não desertou do mundo, mas o temporal e o espiritual pertencem a partir de então a duas repúblicas – a civil e a eclesiástica – cujas potências não devem interferir uma na outra. Claro, não se poderia deixar de falar que o pensamento iconoclasta de Hobbes tropeça em limites que não pode (ou não quer) transpor: as "leis civis" e as "leis naturais" se contêm mutuamente e o Leviatã permanece um "Deus mortal" sob um Deus imortal. Hobbes continua assim, apesar de suas características humanistas, um pensador entre dois mundos. Entretanto, na modernidade de sua obra, a Cidade terrestre é construída, para a tranqüilidade dos *homens*, pela invenção, pela arte e pela indústria dos *homens*.

O individualismo

Uma vez descartadas as tradições "fabulosas", Hobbes, a fim de conhecer cientificamente o homem, considera-o, na medida em que é sempre remetido a si mesmo, a seu amor-próprio e a sua glória, um indivíduo a quem o trato com os outros não interessa naturalmente. O *individualismo*, cuja importância Maquiavel, com suas observações realistas, havia pressentido sem jamais, contudo, tematizá-lo como um dos eixos de sua doutrina, constitui para Hobbes o apuramento necessário que o humanismo requer para ser a base sólida do direito político. Nada há de surpreendente nisso, já que os preceitos metodológicos do filósofo são, de maneira deliberada e expressa, os mesmos da ciência galileana[47]. Graças à audácia epistemológi-

---

47. Já o *Short Tract* (provavelmente escrito em 1630; cf. edição de J. Bernhardt, *Court traité des premiers principes,* PUF, 1988) não deixava dúvida alguma a esse respeito. Depois de descobrir, fascinado, os *Elementos* de Euclides, nos quais o elementar e suas composições constituem as bases do raciocínio científico, Hobbes expunha nesse fino opúsculo que todo objeto adquire para o conhecimento a figura geométrica: organização e rigor demonstrativo, lógica analítica e reconstrução dedutiva, clareza das definições e princípio de causalidade necessário e suficiente são as chaves metodológicas tanto da "ciência" como da "filosofia". Então Hobbes, cheio de admiração

ca do elementarismo, Hobbes é conduzido a uma antropologia de tipo puramente individualista: conhecer a natureza humana não é conhecer a espécie humana em sua globalidade nem a maneira pela qual ela se insere no Todo do mundo; é conhecer o homem enquanto indivíduo portador das forças com as quais comporá, mediante um trabalho de síntese, a província da sua existência, cuja administração incumbirá à pluralidade das individualidades. Antes da monadologia leibnitziana, o humanismo de Hobbes inaugura "a era do indivíduo"[48], bem sintomática do pensamento moderno[49].

Foi por não compreenderem o primado do indivíduo até no mundo político que as filosofias continuaram até então nas trevas de uma especulação dogmática, condenando assim ao fracasso o que nelas era "antes um sonho do que uma ciência"[50]. Entretanto, a rigor o individualismo, cujas metamorfoses Hobbes pretende descobrir, não é de forma alguma inédito no pensamento do direito público. Segundo von Gierke[51], a

---

pela jovem ciência mecanicista que Mersenne, Roberval, Fermat, Gassendi, Harvey, etc. constroem seguindo os passos de Galileu, adota o procedimento intelectual que suscitou, na expressão de R. Lenoble (*Mersenne ou la naissance du mécanisme*, 1942; reedição 1971), "o milagre dos anos 1620". Não apenas, como Mersenne, o renomado "secretário da Europa culta", ele repele o naturalismo e o pan-psiquismo que espalham na ciência uma tintura de sobrenatural, mas, como ele ainda, por uma mutação da sensibilidade intelectual que o opõe ao pensamento escolástico, forja uma nova *epistema*: esta, feita de procedimentos analíticos/sintéticos que recompõem o todo com o auxílio de seus elementos, confere ao elementar e ao individual um lugar de primeiro plano que lhe permite substituir a poética medieval da qualidade pela linguagem da quantidade e da medida.

48. Tiramos essa expressão do título do livro de Alain Renaut, *L'ère de l'individu*, Gallimard, 1989, que, todavia, não a emprega a propósito de Hobbes.

49. Sieyès, em *Qu'est-ce que le tiers état?* (1789), escreveu, como se fizesse eco a Hobbes (que, contudo, não formou suas idéias): "Nunca se compreenderá o mecanismo social se não se optar por analisar uma sociedade como uma máquina comum, considerar separadamente cada uma de suas partes e juntá-las de novo, na mente, todas, uma por uma, a fim de captar suas concordâncias e a harmonia geral que disso deve resultar", reedição PUF, p. 65.

50. Hobbes, *Léviathan*, cap. XLVI, p. 681.

51. Von Gierke, *Das deutsche Genossenschaftsrecht* (1868-1881), trad. fr. parcial sob o título *Théories politiques du Moyen Âge*, Sirey, 1914.

passagem da *universitas* para a *societas* constituiu, na história jurídico-política medieval, uma guinada capital. No nominalismo de Guilherme de Occam, que é sua transposição filosófica, a comunidade humana já não era pensada como um todo no qual os homens eram apenas partes indissociáveis; ela resultava, antes, de uma associação ou da soma de indivíduos e, em cada *societas* assim formada, as vontades individuais constituíam o ponto de partida e o princípio da ordem política que elas constroem. Hobbes adota manifestamente o esquema occamiano do individualismo como condição da instituição do Estado. E, ao passo que os publicistas da Idade Média eram reticentes à utilização da noção de *persona* que, no entanto, lhes fornecia o direito privado, Hobbes resolveu conferir à noção de indivíduo um estatuto conceitual surpreendentemente claro, ao qual, de todo modo, o exame do problema filosófico da individuação, clássico desde Aristóteles, jamais permitira chegar. Já em *Elements of Law*[52], o indivíduo aparece, graças à hipótese de trabalho do "estado da natureza" como estado antepolítico e antejurídico[53] como o ser que não tem outra preocupação além da sua própria vida (ou sobrevivência) e que, no caso, é auto-suficiente.

A partir dessa premissa individualista, a existência do Poder no Estado apresenta portanto um único problema: o da passagem de uma multidão de átomos individuais associais e apolíticos, para a unidade ordenada da sociedade "civil" ou "política". Para resolver esse problema, Hobbes propõe uma teoria do *contrato social* – cuja idéia ele não inventa mas cujo perfil, antes de Rousseau, renova de modo profundo e cuja teoria elabora[54]. Examinaremos mais adiante os mecanismos das doutrinas contratualistas que, depois de Hobbes e em meio a matizes que, de Pufendorf ou de Locke até Rousseau, Kant ou Fichte,

---

52. Hobbes, *Elements of Law*, §§ 5 e 6; *Léviathan*, cap. XIV.
53. Recordemos que o direito da natureza (*jus naturae*) é, no hipotético "estado de natureza", uma força (*potentia*) e que, como tal, não possui nenhuma dimensão jurídica.
54. Sobre o problema da formação da teoria do contrato social, indicamos nossa obra *L'interminable querelle du contrat social*, Ottawa, 1982. Cf. igualmente Patrick Riley, *The General Will Before Rousseau*, Princeton, 1986.

são sobretudo francas diferenças, traçam o caminho que leva à modernidade do direito político. Basta aqui sublinhar que o individualismo, ao postular a independência das vontades, é o pressuposto obrigatório das modernas teorias contratualistas do Poder. É verdade que, enraizado num voluntarismo individualista, o processo do contrato social não deixa de levantar tremendas questões filosóficas: como a pluralidade dos indivíduos pode formar a unidade do corpo público? Como sua independência pode converter-se em união? Hobbes – diferentemente de Rousseau e, sobretudo, de Kant, que tentaram resolver essas questões inserindo a Idéia racional do contrato no horizonte transcendental do pensamento – nem sequer entreviu a dificuldade, como atestam os frontispícios eloqüentes do *De corpore politico* e do *Leviatã*, que representam o corpo político como a soma de uma multidão de indivíduos *partes extra partes*. Como dirá Bergson, indagando-se sobre o velho problema do múltiplo e do uno que, vindo da metafísica ontológica, ressurge na área política, "com serragem não se faz uma árvore". A dificuldade em que esbarra Hobbes sem se dar conta é particularmente grave quando se trata do Poder da "sociedade civil" nascida do contrato: como conceber que, no Estado-Leviatã, a autoridade unitária do comando oriundo da capacidade normativa do Poder expresse a vontade una e homogênea do Soberano, quando ela procede da pluralidade heterogênea e multiforme das vontades independentes dos indivíduos? Hobbes não consegue elucidar esse problema porque não sabe distinguir, como fará Rousseau, entre a "vontade de todos" e a "vontade geral"; tampouco sabe salientar, como fará Kant, a diferença entre heteronomia e autonomia. Apesar dessas sérias carências, Hobbes, explicando *more geometrico* que a problemática do Poder deita suas raízes no individualismo, forneceu à modernidade do direito político uma de suas chaves mais notáveis. Assim Sieyès, em 1789, não hesitará em escrever que, embora a nação se caracterize pela "unidade da vontade comum", não se poderia esquecer que "o indivíduo é a origem de todo o poder"[55]. Essas palavras, que

---

55. E. Sieyès, *Qu'est-ce que le tiers état?*, pp. 65-6.

exprimem um estado de espírito, explicam, na época revolucionária, a reivindicação dos "direitos do homem" e, nas diversas correntes do liberalismo, os impulsos daquilo a que Benjamin Constant chama a "liberdade dos modernos". Assim entendidas e exacerbadas, elas são o ponto de partida, no mundo moderno, da "espiral individualista"[56] cujos primeiros fios Hobbes, que não imaginava seu destino, havia reunido num nó apertado.

Ele já poderia, porém, ter avaliado esse destino prodigioso: o individualismo que constitui a base sobre a qual se edifica o Poder do Estado-Leviatã vai de par, no seu sistema matemático-mecanicista, com um igualitarismo estrito – um dos temas mais obcecantes do pensamento do direito moderno. Mas, na verdade, a equação entre individualismo e igualitarismo é menos transparente e mais complexa do que pode parecer à primeira vista.

O igualitarismo

Em primeiro lugar, a tese mais nova e também a mais importante por suas conseqüências jurídicas é, em Hobbes, a da igualdade dos indivíduos. Certamente podem-se, também aí, encontrar antecedentes não desprezíveis para o igualitarismo: a patrística cristã considerava que os homens, sendo todos irmãos, são iguais perante Deus. Mas, na filosofia de Hobbes, a igualdade em questão não é a dos homens perante o tribunal divino. O estudo antropológico ensina que a igualdade é o correlato da postulação individualista do sistema e tem uma dimensão filosófica quase existencial – isso, precisamente, marcará de modo duradouro o pensamento moderno. "Todos os homens são naturalmente iguais"[57], declara Hobbes. A favor da ficção

---

56. A expressão é de G. Lipovetsky em *L'empire de l'éphémère. La mode et son destin dans les sociétés modernes*, Gallimard, 1987.
57. Hobbes, *De Cive*, § 3; no *Léviathan*, cap. XIII, p. 121, ele precisa: "A Natureza fez os homens tão iguais no que se refere às faculdades do corpo e da mente que, ainda que possamos às vezes encontrar um homem claramente mais forte, corporalmente, ou com uma mente mais perspicaz do que outro, mesmo assim, levando tudo em conta, a diferença de um homem para outro não é tão considerável que um homem possa, por essa razão, reclamar para si uma vantagem que outro não pudesse pretender tanto quanto ele."

metodológica da "condição natural dos homens", ele apresenta, inicialmente, uma prova físico-mecânica dessa igualdade: os homens têm uma capacidade igual de se matar uns aos outros e até mesmo o mais fraco sempre tem força suficiente para matar outro mais forte do que ele, seja porque recorre a "uma maquinação secreta" seja porque "se alia a outros que estejam correndo o mesmo perigo que ele". Hobbes apresenta a seguir um argumento de natureza psicointelectual: "Quanto às faculdades do espírito (...), nelas encontro, entre os homens, uma igualdade mais perfeita ainda do que sua igualdade de forças": não que Hobbes, a exemplo de Descartes, ache que "o bom senso é a coisa mais bem distribuída no mundo" e que todos o receberam igualmente do Criador, porém, segundo ele, a prudência "é dispensada igualmente a todos os homens para as coisas às quais se aplicam igualmente"[58]; mesmo que cada um tenha tendência a se considerar mais sensato do que os outros, isso prova, diz ele, antes a igualdade dos homens do que sua desigualdade, já que, nesse caso, cada um está satisfeito com a sua parte. Pode-se, sem dúvida, achar esse argumento estranho e contraditório, pois se supõe que é a relação entre o homem "mais forte" e o homem "mais fraco", ou entre a parcela maior ou menor de sabedoria de que cada um se crê portador, que prova a igualdade dos indivíduos. Entretanto, são dois os temas que se devem reter. O primeiro é que, do ponto de vista filosófico, Hobbes rompe a concepção tradicional de uma sociedade hierarquizada que necessita, como repetirá Montesquieu – nesse aspecto mais "antigo" do que "moderno" – de "categorias e diferenças". A esse respeito, como em tantos outros, Hobbes é profundamente antiaristotélico e, de maneira ainda mais radical, antigrego: a imagem da "bela totalidade", valorizada pelo antigo pensamento helênico, está a léguas de distância de sua própria visão da sociedade. Aos seus olhos, esta não é uma unidade que integra a multiplicidade, mas resulta da soma de individualidades iguais em "força" e em "mente". A analítica da condição humana feita por Hobbes está no pólo oposto do holismo sociopolítico des-

---

58. *Ibid.*, pp. 121-2.

crito por Aristóteles[59]: os homens, na sua constituição natural igual, têm não só aptidões iguais mas também necessidades iguais, os mesmos meios para satisfazê-las e as mesmas esperanças de atingir seus fins, tendendo todos esses parâmetros para sua preocupação igual de perseverar em suas vidas. Por conseguinte, não existem entre os indivíduos diferenças ou desigualdades que determinem a sua complementaridade: por isso, quando deixam o "estado da natureza" pelo "estado social", que é, ao mesmo tempo, o "estado civil ou político", sua contribuição para a convenção e para a instituição do Poder é a mesma para todos.

A moderna filosofia do direito, especialmente no século XVIII, se apoderará desse tema anti-hierárquico sem se preocupar com matizes. A igualdade, compreendida como um direito natural do indivíduo, se tornará – Hobbes, que atribuía ao *jus naturae* uma conotação[60] inteiramente diferente, jamais pensara nisso – o objeto de uma argumentação fervorosa e de um militantismo cuja esperança alimentará então e alimenta ainda as utopias socializantes.

Numa segunda abordagem, uma análise mais acurada do igualitarismo que acompanha, na filosofia de Hobbes, a axiomática individualista, conduz a uma segunda temática que é, exatamente, a da edificação do Poder político do Estado-Leviatã sobre o pano de fundo da dialética entre a razão e a paixão.

A igualdade natural dos indivíduos é tal que cada um dispõe de um "direito de natureza" (*jus naturae*), que não é nada menos do que a liberdade de fazer tudo que possa para preser-

---

59. Hobbes, *De Cive*, I, § 2. Hobbes substitui a imagem organicista da sociedade, na qual, segundo Aristóteles, as partes são determinadas pelo todo, por sua concepção mecanicista de uma sociedade construída por composição sintética dos elementos que os indivíduos são iguais por natureza. No mesmo movimento iconoclasta, Hobbes não hesita em abalar, como já fizera Giordano Bruno, a idéia dos ciclos, que embasa o retorno eterno das coisas. A ciência mecanicista ganha facilmente dessa visão metafísica "fabulosa" e, ainda por cima, indica uma via na qual se encaixa a experiência de uma marcha para a frente das coisas.

60. Cf. *supra*, n. 53, p. 79.

var sua vida⁶¹. Como, nessa condição, cada um tem direito a tudo de que necessita, essa igualdade predispõe os indivíduos à concorrência e à guerra: desconfiança, inimizade, rivalidade explicam de modo muito lógico que, segundo "a inferência extraída das paixões", o homem seja "um lobo para o homem" e o estado da natureza em que reina uma hostilidade universal ocasione a "guerra de todos contra todos". Entretanto, Hobbes acrescenta: "Penso que jamais foi assim de uma maneira geral no mundo inteiro."⁶² O estado pré-político é uma ficção metodológica: o gênero de vida que seu conceito envolve só prevaleceria "se não houvesse poder comum a se temer" (se ainda não houvesse ou se já não houvesse)⁶³. Desse modo, Hobbes remete à problemática *fundamental* do Poder que, assinala judiciosamente Leo Strauss, "torna-se pela primeira vez *eo nomine* um tema central da filosofia política"⁶⁴. Ora, nessa problemática do Poder, o individualismo e o igualitarismo, vigas mestras do sistema antropológico-político de Hobbes, culminam na dialética das paixões e da razão. A natureza humana é de fato o palco de paixões contraditórias: se umas levantam os homens uns contra os outros e geram a guerra, outras, como "o medo da morte, o desejo das coisas necessárias a uma vida agradável, a esperança de obtê-las pelo engenho deles" inclinam-nos para a paz, e "a razão sugere as cláusulas apropriadas de acordo pacífico, a partir das quais se pode levar os homens a se entenderem"⁶⁵. Mesmo quando a razão não tem, segundo Hobbes, a capacidade de domínio de que a dota Descartes, ela adquire, por sua lida com as paixões, um formidável poder criador que se mostra o motor da sociedade civil.

Essa tese, na antropologia que o século XVIII desenvolverá corajosamente, adquirirá uma força prodigiosa e, por causa

---

61. Hobbes, *Elements of Law*, primeira parte, XIV, § 6; *Léviathan*, cap. XXI.
62. Hobbes, *Léviathan*, cap. XIII, p. 125.
63. *Ibid.*
64. Leo Strauss, *Droit naturel et histoire*, p. 208.
65. Hobbes, *Léviathan*, cap. XIII, p. 127.

de suas considerações filosóficas, decidirá, em grande parte, a tonalidade que a reflexão política assumirá nas décadas vindouras. De fato, o aparelho conceitual ao qual Hobbes recorre encontra sua realização num *racionalismo* que, embora velado por matizes sutis no *corpus* da obra, nem por isso deixa de constituir sua viga mestra, da qual o pensamento moderno reterá mais a força explosiva do que os matizes.

O racionalismo

No sistema de Hobbes, as "leis de natureza" revelam a sutileza do racionalismo por ele exposto. Segundo a "lei de natureza fundamental", explica o filósofo, "é um preceito, uma regra geral da razão, que todo homem deve se esforçar pela paz, por todo o tempo que tiver a esperança de obtê-la"[66]. Uma "segunda lei de natureza"[67] deriva dessa máxima primordial da razão; ela indica o procedimento, também racional, pelo qual o constituinte (*covenant*), ao instituir a *Commonwealth*, ainda chamada de República ou Estado, será gerador do Poder. Não obstante, fica claro que a naturalidade da lei "fundamental" que rege a condição primordial dos homens não sufoca de forma alguma as capacidades da razão: muito pelo contrário, a racionalidade faz parte dessa naturalidade, o que basta para explicar a longa cadeia das "leis de natureza" que decorrem, mediante simples lógica, das duas primeiras leis naturais. Desde sua primeira expressão, a razão, por sua progressão dedutiva, manifesta portanto sua capacidade construtiva. Essa é a idéia mestra que leva Hobbes ao racionalismo construtivista de sua teorização do direito político: ele pretende, como Maquiavel ou Bacon, porém de modo mais filosófico e sistemático do que eles, mostrar a preeminência da "arte" humana na sociedade estatal. Para ele não seria questão de ver na sociedade civil, a exemplo de Aristóteles, a expressão de uma finalidade natural que a situaria no grande Todo cósmico nem, como os autores

---

66. *Ibid.*, cap. XIV, p. 129.
67. *Ibid.*, cap. XV.

medievais, o lugar de uma taumaturgia teológica que encheria o Estado de mistérios. Em sua sistematicidade científica, a filosofia de Hobbes é, portanto, a partir das leis fundamentais de natureza, a expressão de um racionalismo rigoroso cujos princípios simples são claramente definidos: de um lado, como vimos, todas as "leis naturais" que administram a condição dos homens resultam, por um procedimento dedutivo, da lei de natureza fundamental; do outro, o procedimento contratualista, que é gerador da sociedade civil e do Poder que lhe é inerente, é um "cálculo" racional de interesses, cujos termos e processos são ambos formulados pela segunda lei de natureza, derivada da lei de natureza fundamental: "Que se consinta, quando os outros também o consentem, em se desfazer, em toda a medida em que se pensa ser isso necessário para a paz e para sua própria defesa, do direito que se tem sobre todas as coisas; e que se contente com uma liberdade para com os outros igual à que se concederia aos outros para consigo mesmo."[68] A segurança do raciocínio de Hobbes faz o resto.

O construtivismo racional de Hobbes vai, portanto, mais longe do que o realismo pragmático de Maquiavel e do que o idealismo inventivo de Bacon: com um procedimento sedutor, ele erige a potência do Estado como o atributo essencial do *homo artificialis*, constituído pela "pessoa pública" edificada pelo próprio trabalho da razão. O pacto que neutraliza matematicamente a luta universal[69] e arranca os homens das angústias de sua condição natural, na qual ronda o medo da morte, é concebido como o artifício racional necessário que constrói a sociedade civil: a multidão reunida pelo contrato que cada um conclui com cada um e em virtude do qual todos consentem, porque isso é necessário para a paz, em não exercer o direito de natureza que têm sobre todas as coisas, forma – como mostra a iconografia que ilustra diversas edições dos tratados políticos de Hobbes – "uma só pessoa"[70], a saber, a pessoa pública (*per-*

---

68. *Ibid.*, cap. XIV, p. 129.
69. Éric Weil, *Essais et conférences*, Plon, 1971, t. II, p. 136.
70. Hobbes, *Léviathan*, cap. XVI, p. 166.

sona civilis) do Estado-Leviatã. Essa metáfora antropomórfica é rica de significado.

Assim, explica-se a instituição da República ou Estado segundo um esquema construtivista que, de parte a parte, é obra da razão dos homens. Dizendo isso, Hobbes confirma a hipótese pela qual, um quarto de século antes, Grotius tinha suscitado o escândalo: o direito, ele ousara escrever, seria o que é, mesmo que Deus não existisse[71]. Como a proposição *etiamsi daremus non Deum esse* era, na mente de Grotius, simplesmente hipotética – quando se pensou que fosse tética! –, o jurisconsulto pretendia explicar, com ênfases muito modernas, que o direito, em seu dispositivo político, bem como as regras que estabelece para o direito privado, se colocam sob o signo eminente do racionalismo que caracteriza o humanismo moderno. Por certo convém não esquecer que o construtivismo de Hobbes não é axiologicamente neutro e que se, fazendo do Poder o cadinho de onde sairão, como de um centro, todas as leis civis, indica o caminho daquilo que será o "positivismo jurídico"[72], ele não pode conceber as leis civis independentemente do significado teleológico da lei fundamental de natureza, a tal ponto, escreve ele, que "a lei de natureza e a lei civil se contêm uma na outra"[73]. A teleologia natural em que está impressa a marca do Criador não está portanto ausente da grande máquina política que legisla em todas as áreas de maneira imperativa; ela

---

71. Grotius, *Droit de la guerre et de la paix*, Prolegomena, § XI. A respeito das controvérsias em torno do célebre *etiamsi daremus non Deum esse*, cf. P. Haggenmacher, *Grotius et la doctrine de la guerre juste*, PUF, 1983, segunda parte, pp. 462 ss.

72. Henry Summer Maine, em *Lectures on the Early History of Institutions*, Londres, 1914, 7ª ed., p. 354, observa que os positivistas ingleses do século XIX e, principalmente, John Austin, apresentaram "um exame muito mais aprofundado" da concepção do Poder e da lei que a que Hobbes havia formulado inicialmente. Sobre essa questão do positivismo jurídico, cf. em *Le Pouvoir et le droit*, ed. de F. Tricaud e L. Roux, Saint-Étienne, 1992, Stanley L. Paulson, "Hobbes et le positivisme juridique classique", pp. 102-13, e Simone Goyard-Fabre, "L'intuition du positivisme juridique et ses limites dans la pensée de Hobbes", pp. 91-102.

73. Hobbes, *Léviathan*, cap. XXVI, p. 285.

relativiza e, no mínimo, orienta a onipotência normativa do Poder. As leis civis só cumprem sua função em conformidade com a máxima fundamental da grande lei de natureza: mas esta traz, indelével, a marca do racional e comanda a dedução, evidentemente ela também racional, de todas as outras leis naturais[74] no orbe por ela determinado. Mesmo que, de Hobbes a Locke – provavelmente sob a influência de Pufendorf e de Cumberland –, a razão se tenha tornado mais razoável do que racional, e mesmo que, segundo Kant, no racionalismo que caracteriza a esfera do direito político, a razão prática terá mais profundidade e verdade do que a razão especulativa, a verdade é que Hobbes, sem saber, abriu claramente a via de uma "positivização" racional do Poder: não só o definiu como o resultado de um cálculo racional de interesses, como também o caracterizou como "a maior potência" e, sobretudo, como "o único legislador" no Estado[75]. No mínimo, afirmou a certeza metodológica e filosófica do construtivismo[76]: como "só compreendemos aquilo que criamos", o Poder que os homens constroem já não tem mistérios para eles[77]. A capacidade normativa que a potência do Estado-Leviatã manifesta no grau supremo – "não se poderia imaginar", diz Hobbes, "que os homens edificassem um poder maior"[78] – resulta da convergência do humanismo leigo, do individualismo, do igualitarismo e do racionalismo, que são as pedras angulares da teoria do Estado elaborada por Hobbes.

É nesse bosquejo filosófico que se insere o princípio da *autoridade* própria do Poder no Estado. Com base nesse ponto, Hobbes construiu uma teoria da representação graças à qual assumiu, de maneira original e firme, o perfil de um pioneiro.

---

74. *Ibid.*, cap. XV.
75. Hobbes, *De Cive*, XIV, § 1; *Léviathan*, cap. XIV, p. 283.
76. Leo Strauss assinala de forma notável que, para Hobbes, "o mundo de nossas construções não tem equívoco algum porque somos a sua única causa e temos, portanto, um conhecimento perfeito de sua causa", *Droit naturel et histoire*, Plon, pp. 188-9.
77. *Ibid.*, p. 188.
78. Hobbes, *Léviathan*, cap. XX, pp. 219 e 260.

B) O princípio da autoridade do Estado e a representação

O extraordinário capítulo XVI do *Leviatã*, que não tem equivalente nos *Elements of Law* nem no *De Cive*, abre para a reflexão jurídica e política, apresentando uma análise lexicográfica completamente notável do termo "pessoa", um campo até então inexplorado, que a posteridade filosófica já não poderá ignorar. Hobbes escreve que: "É uma pessoa aquele cujas palavras ou ações são consideradas seja como lhe pertencendo, seja como representando as palavras ou ações de outro, ou de qualquer outra realidade à qual elas são atribuídas por uma atribuição verdadeira ou fictícia."[79] Hobbes explica que o termo "pessoa", cujos equivalentes latino e grego são, respectivamente, as palavras *persona* e πρόσωπον, designa o rosto e indica muito especialmente o disfarce, a aparência exterior que, no palco, um homem assume no teatro; mais precisamente ainda, ele designa a parte do disfarce que cobre o rosto, isto é, a máscara. Do teatro o uso da palavra passou para o tribunal, depois para a vida corrente; contudo, sua conotação permaneceu idêntica: uma pessoa é sobretudo e fundamentalmente um personagem, um ator que desempenha um papel. Dada a sua acepção original, toda pessoa é, portanto, *persona ficta*[80]. Em conseqüência, esse termo não pode ter aplicação alguma no estado de natureza: na condição natural imaginada por Hobbes, os homens seriam indivíduos, não pessoas. Em outras palavras, uma pessoa é um *artefactum* ou uma ficção que só toma sentido quando o homem se arrancou do estado de natureza ao selar o artifício contratual que institui a sociedade civil.

Essa análise léxica[81] levou Hobbes a aperfeiçoar a relação entre *ator* e *autor*, o que esclarece notavelmente seu conceito

---

79. *Ibid.*, cap. XVI, p. 161.
80. Hobbes, *De homine* (*Traité de l'homme*, Paris, Blanchard, 1974), cap. XV, p. 191.
81. A mutação que a idéia de pessoa implica em relação à noção de indivíduo natural não é de natureza psicológica; o caráter artificial e civil da pessoa revela sua dimensão jurídica. Aliás, é possível que Hobbes tenha encontrado no direito romano (*Digesto*, 3, 4, 7.1; 3, 4, 1.1 e 2; Caio, II, 11) ou em

do Poder no Estado. De fato, segundo o *Digesto* como segundo Cícero[82] (citado por Hobbes), a geração de uma pessoa como *artefactum* jurídico requer – é verdade que se trata, nos autores antigos, de direito privado – uma transferência de autoridade, já que ela exige uma espécie de dialética entre *auctores* e *actores*, sendo estes os representantes daqueles: é preciso que a pessoa tenha recebido, para agir, um mandato ou uma permissão, noutros termos, uma delegação de poderes. Tendo os direitos individuais dos "autores" dado ensejo à transferência em favor da pessoa, esta é obrigada a agir em seu nome e lugar: ela é "ator". Como tal, ela "assume a personalidade" dos autores, age "em seu nome" (*in the person of*). Em suma, só há pessoa em virtude de uma permissão ou de um mandato outorgado a outrem. Em qualquer área que seja – política, religiosa, militar, judiciária etc. – uma pessoa é *representativa* daqueles que lhe transferiram seus direitos: o tenente, o substituto, o vigário, o procurador etc. agem "em nome e no lugar" daqueles que lhe confiaram mandato. Assim, em virtude da relação entre autor e ator, uma pessoa só pode ser ator – e jamais autor – das ações que realiza: representante daquele ou daqueles que lhe transferiram seus direitos, ela age por ordem ou por procuração. No caso, o importante é que, por suas palavras, por seus atos, pelos pactos que conclui, ela liga, enquanto ator, o autor ou os autores que lhe conferiram autoridade. Dessa maneira, é a responsabilidade do mandante e não a do mandatário que se acha compromissada e que é compromissada nos mesmos termos e na exata medida fixados pelo mandato que lhe confere o direito (isto é, o poder) de agir.

Hobbes transpôs essa teoria da *representação* do direito privado para o direito público. Na República, a representação é o corolário do contrato, cuja função instituinte ela permite elu-

---

Grotius (*De jure belli ac pacis*, I, III, VII; I, III, X.2; II, XIV, I e II) a idéia de uma *persona civilis*, privada ou pública, que, enquanto ficção jurídica, é distinta de uma individualidade física.

82. *Digesto*, 3, 4, 1.2; Cícero, *De oratore*, I, II, XXIV, 102: *Unus sustineo tres personas, mei, adversarii et judicis.*

cidar: "Uma multidão de homens se torna *uma única pessoa* quando esses homens são *representados* por um só homem ou uma só pessoa"[83] – deve-se compreender, por um rei ou um conselho, sendo ambos uma "pessoa artificial" juridicamente definida. Hobbes acrescenta: "É a unidade daquele que representa, não a unidade do representado, que torna *una* a pessoa. E é aquele que representa que assume a personalidade e só assume uma única."[84] A multidão que, por natureza, não é una, mas múltipla, é portanto feita de "múltiplos autores" que, ao transferirem sua autoridade própria para "aquele que os representa a todos", se tornam o cadinho da pessoa fictícia ou artificial, una e indivisível, que é o Estado. O Leviatã, "em quem reside a essência da república", se define portanto "uma pessoa única tal como uma grande multidão de homens se fizeram (...) o autor de suas ações (...) com o fito de sua paz"[85]. Enquanto "pessoa única" ou *unum quid*, ele é uma *pessoa representativa*, um ser de razão cujo poder assume a personalidade da multidão reunida – o povo – que ele representa. Disso resulta que o povo ou "corpo público" é permanentemente o autor das ações de que o Estado é o ator. Por conseguinte, longe de simbolizar, como muitos leitores pretenderam, um Poder individualizado ou um monstro de tirania, o Leviatã sai, muito pelo contrário, de uma democracia originária. O Estado não é uma entidade separável do povo: no Poder do qual ele é a sede, a potência soberana, que pertence originariamente ao povo, é mediada pela representação. Assim se esclarece a expressão misteriosa: *Rex est populus*[86].

A teoria da representação esboçada por Hobbes foi, de modo geral, mal compreendida ou simplesmente ignorada, em

---

83. *Léviathan*, cap. XVI, p. 166.
84. *Ibid.*
85. *Ibid.*, cap. XVII, p. 178.
86. Spinoza dirá: *Rex est ipsa Civitas*. Essas frases mostram que o contrato instituidor da República não se conclui, de uma vez por todas, num instante histórico, com a participação mediata dos cidadãos, por intermédio da representação, na vida do Estado, como se, a cada dia, o pacto se renovasse tacitamente.

seu tempo, por seus leitores. Contudo, teve um alcance decisivo, a ponto de constituir, desde o século XVIII, com numerosas variantes, um dos temas essenciais da filosofia do direito político. Rousseau não se enganou a esse respeito: "A idéia dos representantes", escreve ele, "é moderna. (...). Nas antigas repúblicas e mesmo nas monarquias, jamais o povo teve representantes; não se conhecia essa palavra."[87] É verdade que Rousseau atribui a origem dessa idéia ao "governo feudal" e quase só pensa, no caso, na "idade de ouro" dos Estados Gerais da antiga França[88]. Sem se referir a Hobbes, cuja dialética do autor e do ator parece ignorar, nem sequer a Montesquieu que, observando a Constituição da Inglaterra, tinha compreendido que o Parlamento era o órgão representativo da nação e, como tal, tinha a incumbência de servir de obstáculo aos eventuais abusos de poder do monarca, Rousseau condena categoricamente a representação pelo fato de que ela romperia a unidade indivisível da soberania do povo. Mas, na mesma época, os filósofos do século XVIII falam muito desse problema[89]. Não estabelecem relação alguma entre representação e democracia[90] e fica-se impressionado com a hesitação que cerca esse conceito forte de representação. Caberá a Sieyès – que, no entanto, está bem afastado da tese de Hobbes – superar essa incerteza conceitual: estabelecerá um vínculo entre governo representativo e Estado-nação, não considerando, é verdade, os deputados como mandatários, já que eles têm incumbência de se exprimir em nome da nação toda. Posteriormente, em 3 de setembro de 1791, o legislador francês, em conformidade com a tese de Sieyès, escreverá: "A Constituição francesa é representativa."[91]

---

87. J.-J. Rousseau, *Le contrat social*, III, cap. XV.
88. Era aí que tinham assento os comissários daqueles que, localmente, em Vermandois ou em Berry, lhes haviam confiado um mandato, aliás perfeitamente revogável, conferindo-lhes no máximo um papel consultivo. Cf. F. Guizot, *Histoire des origines du gouvernement représentatif*, Paris, Didier, 1857, t. I, p. 322.
89. O t. XV da *Encyclopédie* contém o artigo "Representantes", devido à pena de Diderot e de D'Holbach.
90. Sobre esse ponto, cf. Hannah Pitkin, *The Concept of Representation*, Berkeley, 1967.
91. *Constitution de 1791*, art. 2, título III.

Daí em diante, na via aberta por Hobbes e na qual o século XVIII avançou sem saber realmente o que devia ao autor malquisto do *Leviatã* e modificando consideravelmente sua concepção, a representação devia aparecer como um processo de racionalização[92] e, com maior ou menor nitidez, de democratização do poder[93]: no mínimo, estava-se cada vez mais firmemente convencido de que o regime representativo constituía "uma garantia contra a aventura"[94], na medida em que, de um lado, diminuindo a distância entre governantes e governados, devia permitir temperar o exercício do Poder e em que, do outro, compensava a impossibilidade da democracia direta no mundo moderno em que a demografia começava a aumentar. A idéia de representação, na hora da Revolução Francesa, parecia ser o resultado de um processo de racionalização que, vinculando a participação dos indivíduos à generalidade das competências do Poder, fazia do Estado-nação o espaço no qual se manifesta a unidade jurídica primordial da esfera política.

Sobre essa matéria, os problemas estavam longe de estar todos resolvidos e deveriam surgir muitas dificuldades quando os defensores da representação liberal-democrática pretenderam acentuar o papel da deliberação e do acerto. Ocorre que o princípio de autoridade do Poder, a partir de Hobbes e graças a ele, apesar das variações distantes da literalidade de suas próprias teses, havia de alguma maneira mudado de campo: encontrava-se não na vontade "arbitrária e absoluta" do monarca, mas, a partir daí, pertencia ao corpo do povo, tornado o centro de gravidade da autoridade do poder estatal. A intuição dos monarcólatras do século XVI estava transportada para o contexto renovado da moderna filosofia do direito político, no qual ela

---

92. E. Sieyès vê na representação uma idéia que, correspondente à "marcha da razão", deve inserir-se no dispositivo jurídico do Estado moderno que é preciso construir. *Qu'est-ce que le tiers état?*, cap. VI, p. 91.

93. A representação do Antigo Regime, fundada essencialmente sobre o *mandato*, já não devia passar de uma recordação histórica; os privilégios de uns, que são as servidões dos outros, não deviam mais ressurgir, já que a *Nação toda*, em princípio, devia fazer ouvir sua voz.

94. G. Burdeau, *Traité de science politique*, LGDJ, 1970, t. V, p. 306.

se tornava uma certeza que muito poucos autores recusavam admitir: são os povos que fazem os reis e que, no mínimo, dão autoridade ao Poder.

Com uma fidelidade muitas vezes infiel ao espírito mecanicista que comanda o *corpus* filosófico hobbesiano, o pensamento do direito político moderno devia assim ficar marcado pelas ousadias epistemológicas e filosófico-jurídicas do autor do *Leviatã*. Foi à sombra do sucesso escandaloso que cercava a obra fascinante do filósofo que o direito político moderno verdadeiramente tomou impulso. Sem dúvida, o "hobbesianismo" foi mal compreendido durante muito tempo; por um curioso contra-senso, ele causava medo porque se assimilava a capacidade normativa do Poder à arbitrariedade do absolutismo. "O horrível Senhor Hobbes", mal entendido, foi, já no século XVIII, objeto de críticas pouco amenas, à semelhança das de Barbeyrac[95], Rousseau, Kant e Benjamin Constant. Não se compreendia em que sua filosofia iconoclasta – da qual só se retinham as virtualidades autoritárias, demonizando o perfil maciço do Leviatã – podia trazer em si a esperança, para os cidadãos, da autonomia do direito político. No entanto, não podemos nos contentar em sublinhar a hostilidade despertada por ela. Tampouco podemos dizer que Hobbes teve discípulos fervorosos. Seu legado é complexo. Os filósofos do Iluminismo o liam; pilhavam mesmo sua doutrina em pontos de detalhe; serviam-se dos princípios e dos filosofemas contidos na sua teoria do Estado. Mais tarde, após silenciar sobre aquele que B. Constant acusava de ser "protetor do despotismo", começou-se a desconfiar que a modernidade do Poder do Estado-Leviatã, não se limitando à destruição das idéias tradicionais, comportava para o direito político vetores-pilotos que lhe davam seu vigor teórico. Em grande parte, a doutrina constitucional, que começou

---

95. No prefácio da tradução francesa feito por Jean Barbeyrac ao *De jure naturae et gentium* de Pufendorf, Hobbes é julgado particularmente perigoso: "Pode-se dar aos livros desse inglês famoso o mesmo uso que se dá a alguns animais ou plantas venenosas."

a se consolidar no fim do século XVIII, traz, como que em filigrana e à sua revelia, a marca das idéias de Hobbes.

3. O *princípio de constitucionalidade* da ordem jurídica moderna

A erosão da filosofia tradicional do direito político foi acentuada, de maneira muito particular, pelo pensamento do Iluminismo, que ampliou os caminhos pelos quais Maquiavel e Hobbes haviam enveredado numa atmosfera de escândalo. Não acompanharemos aqui o curso dos debates, muitas vezes ásperos, que então opuseram os "modernos" aos "antigos"; esse procedimento cabe à história das idéias. Ficando no âmbito da filosofia política e jurídica, queremos muito mais aquilatar as conseqüências desse debate examinando a maneira pela qual, na época da Revolução Francesa, as idéias constitucionalistas puderam expressar, no âmago do humanismo jurídico, a capacidade normativa do Poder, destacada por Maquiavel e, sobretudo, por Hobbes. Em menos de dois séculos, a Constituição foi considerada a escritura necessária do Poder.

Seria evidentemente temerário e certamente errado deduzir disso que os homens da Revolução foram seguidores de Maquiavel ou discípulos de Hobbes. No entanto, mesmo que esses filósofos tenham sido então malquistos e com muito freqüência condenados por suas idéias políticas – aliás muito mal entendidas – que dão azo a interpretações deformantes, eles abriram caminhos e criaram perspectivas que o pensamento do século XVIII não pode ignorar. Enquanto Maquiavel, de modo geral, é amaldiçoado por ter louvado, afirma-se, com uma precipitação suspeita, as benesses do cinismo na política[96], Hobbes desencadeia a enxurrada da controvérsia (que, contudo, não poderíamos reduzir a um simples torneio entre seus adversários e

---

96. Os artigos de Diderot na *Encyclopédie* – "Política", "Maquiavel", "Maquiavelismo" – são, a esse respeito, muito significativos tanto pela brevidade como pelo tom peremptório do comentário.

seus partidários)[97]. A maneira pela qual são recebidas suas ousadias epistemológicas e o racionalismo radical de sua proposta política é reveladora da efervescência intelectual desencadeada então, entre os "filósofos" e, de modo mais geral, no meio da *intelligentsia* do momento, leiga ou religiosa, pela indagação sobre a "autoridade política"[98].

A) O humanismo jurídico

A indagação sobre a natureza da autoridade estatal se coloca inicialmente sob o signo fulgurante de um humanismo jurídico que varre quase totalmente os pontos de referência da filosofia tradicional do direito político.

Hobbes havia mostrado que o Estado-Leviatã é "o único legislador" ou, em outras palavras, que só ele, o Poder, está habilitado a decidir sobre as regras que determinam e mantêm a ordem pública. De fato, na hipótese de uma condição pré-política anterior à instituição da República, o choque competitivo dos desejos individuais faria nascer, num clima de temor, a instabilidade e a insegurança da guerra universal; em compensação, "quando uma República é instituída, há leis" e, especifica Hobbes, "a lei civil é, para cada súdito, o conjunto das regras que a República, oralmente, por escrito ou por qualquer outro sinal adequado de sua vontade, mandou-o utilizar para distinguir o certo e o errado, isto é, que é contrário à regra e que não lhe é contrário"[99]. Ainda que o tom novo de um discurso filosófico-jurídico como esse tenha sido, de modo geral, transposto pelos autores do século XVIII para um âmbito ideológico que não era o seu e no qual era entendido exclusivamente

---

97. Cf. Yves Glaziou, *Hobbes en France au XVIIIe siècle*, PUF, 1993.

98. Cf. o artigo "Autoridade política", da pena de Diderot no tomo I da *Encyclopédie*, em 1751. A respeito desse artigo, que reproduz sua gênese a partir do *De Cive* de Hobbes e relata o movimento de idéias por ele suscitado no *Journal de Trévoux* e no *Le moniteur*, cf. Jacques Proust, *Diderot et l'Encyclopédie*, A. Colin, 1967, pp. 350-6.

99. Hobbes, *Léviathan*, cap. XXVI, p. 282.

como o índice do absolutismo e da arbitrariedade monárquicos, ele teve repercussões consideráveis. Essas repercussões nem sempre foram conscientes nem sistemáticas: por exemplo, deixaram ouvir-se, de maneira amortecida, no artigo "Hobbesianismo", redigido por Diderot para a *Encyclopédie*[100] e, de maneira incisiva, nas análises da relação entre a legislação e a justiça que seriam feitas por Helvétius: "A Justiça", escreve ele, "pressupõe leis estabelecidas."[101] Em todo o caso, elas jamais foram suficientes para produzir a homogeneidade da doutrina jurídico-política do século XVIII, na qual subsiste, com variações diversificadas, a influência complexa do jusnaturalismo[102]. Apesar da hesitação doutrinária que, na sensibilidade intelec-

---

100. Esse artigo, que teria sido redigido por Diderot, ao que parece, antes de 1760, ainda que só tenha sido publicado em 1765, no t. VIII da *Encyclopédie*, é, nas dezenove colunas que o compõem, bastante substancial. Retomando quanto ao essencial o que Brücker havia exposto em sua *Historia critica philosophiae*, Diderot se demora muito mais na vida de Hobbes e na sua aversão pela escolástica do que, propriamente falando, na sua filosofia política. Não obstante, não a ignora e explica as idéias políticas contidas no *De Cive* e no *Leviatã* pela hostilidade visceral que Hobbes teria sentido, na conjuntura caótica da política inglesa, para com a resistência ao Poder e todas as formas de sedição. Do ponto de vista da reflexão política, sem dúvida o que há de mais interessante nesse longo artigo é a comparação das idéias de Hobbes e de Rousseau. O artigo, que contrapõe ponto por ponto os dois filósofos – em geral de maneira muito contestável, pois Diderot, na ocasião em que escreveu seu artigo, não conhecia *O contrato social* – parece haver tido por objetivo antes inserir-se nos acesos debates da atualidade intelectual do que indicar, diante da amplidão das opiniões de Rousseau (a rixa entre Diderot e Rousseau virá mais tarde), os limites do hobbesianismo; por isso, a fim de tentar atacar Hobbes, Diderot se abstém, a exemplo de Brücker, de enumerar os erros lógicos ou ideológicos pelos quais, sem dúvida alguma contudo, ele o critica. Nisso, porém, a preocupação da atualidade mundana e intelectual sobrepuja a análise e o raciocínio.
101. Cf. Helvétius, *De l'Homme*, in *Oeuvres complètes*, reimpressão da edição de 1795, G. Olms, Hildesheim, 1969, t. VIII, p. 258; cf. p. 254: "A injustiça não precede o estabelecimento de uma convenção, de uma lei e de um interesse comum." A aprovação de Hobbes e a oposição a Montesquieu estão evidentes em tais frases.
102. Foi assim que Domat e Barbeyrac e posteriormente, um pouco mais tarde, Montesquieu e Malby, invocaram a corrente jusnaturalista "clássica" tal como a exprimia Cícero; outros autores, como Diderot, Linguet e Vattel pretendem, por sua vez, adotar as tendências jusnaturalistas "modernas" de Grotius e de Ch. Wolff.

tual da época, traduzia o encontro de tendências múltiplas, as idéias mobilizadoras que fazem a modernidade do pensamento de Hobbes se impuseram e se desenvolveram, mesmo quando eram severamente criticadas. Mais do que nunca, sua aceitação tendeu a desacreditar os horizontes ontológicos e os ideais axiológicos do antigo direito político; levado por essa vontade de renovação, esse ímpeto, seguramente, ocasionava incoerências e ilusões. Não importa: graças a ele, ficava cada vez mais claro que o *homem* era reconhecido como o único centro de gravidade possível do Poder e que, no Estado, era a ele, somente a ele, que incumbia tomar a iniciativa das leis e das regras de direito. As referências heteronômicas em que se louvava a tradição filosófica para basear a autoridade política – a natureza das coisas, o poder divino dos reis, as crenças religiosas, a ordem estabelecida etc. – eram vistas como obstáculos epistemológicos para o conhecimento do direito público. Para além de rejeições e rupturas, mesmo que ainda cheias de ambigüidade por ser grande a dificuldade de se apagar um passado secular, não estava longe o tempo em que Kant, proclamando a capacidade essencial de autonomia do homem, o reconhece como produtor das normas pelas quais ele instaura, organiza e administra a vida pública.

Pode-se portanto dizer que a inflação humanista que atravessa o século do Iluminismo não só fazia do homem o condutor da vida política, como, mais precisamente, dava tamanho ímpeto ao indivíduo e à razão de que é portador que este, tornado o único agente da potência e da autoridade políticas, era saudado, em sua autonomia, como o criador das normas da ordem jurídica. Esse novo espírito do direito, que corresponde ao progresso geral da modernidade, havia de se expressar, por exemplo, nas inflamadas filípicas lançadas por Voltaire e Diderot contra a religião revelada, declarada totalmente alheia às estruturas e à vida do Estado. Havia chegado a hora de "lançar uma bomba na casa do Senhor" ou de "esmagar o Infame", já que o Poder só podia, daí por diante, ser concebido como um poder leigo. O humanismo racionalista e individualista preparado pela filosofia de Hobbes, que se costumava despojar de

seus matizes difíceis, triunfava sem dúvida alguma nessa nova visão do direito político fundado sobre a capacidade de autonomização do indivíduo humano...
Como o avanço das idéias nunca se efetua sem provocar sua evolução, convém observar que a racionalidade jurídica se viu rapidamente atribuir um estatuto mais construtivo do que iconoclasta. Expressando-se sobretudo por suas capacidades e por suas competências arquitetônicas, o racionalismo associou pouco a pouco à necessidade da ordem pública, colocando-as também sob o signo da razão e firmando-as como cada vez mais imperiosas, as reivindicações do progresso e da liberdade. Através delas revela-se a complementaridade entre a razão *racional*, pela qual se pautava a filosofia de Hobbes, e a razão *razoável*, da qual a filosofia de Locke tinha, por ocasião da segunda revolução na Inglaterra, revelado toda a importância. Portanto, a reflexão sobre o direito do Estado não podia permanecer puramente teórica e especulativa; aplicava-se igualmente, em múltiplas obras, a considerações práticas julgadas indispensáveis. Assim é que, de Vico a Portalis, multiplicaram-se, sob os nomes prestigiosos de Linguet e de Blackstone, de Mirabeau e de Filangieri, de Malby e de Bentham etc., volumosos tratados de legislação. Na segunda metade do século, a defesa das leis e das regras de governo não era exclusiva apenas dos filósofos, dos políticos e dos juristas; ganhara também os salões mundanos, os cenáculos jornalísticos e os clubes, onde às vezes dava azo a reações explosivas de reflexão teórica sobre os temas do contrato social, do progresso, dos direitos dos cidadãos etc., e de paixão político-legisladora. Na onda de nomofilia que se iniciou no século do Iluminismo, as considerações práticas rapidamente assumiram preeminência sobre as especulações teóricas, ainda mais porque a maioria dos autores se mostrava acima de tudo preocupada com o progresso da condição humana e com a promoção da liberdade dos cidadãos. Graças a essas transformações, o humanismo jurídico se modificou para expor plenamente a necessidade de um sistema das instituições estatais cujo edifício a razão sustentaria. Assim, paradoxalmente, a doutrina jurídico-política de Hobbes se viu

sublimada: na mesma época em que Montesquieu e Rousseau denunciavam, em registros filosóficos diferentes, os malefícios reais e possíveis desse "Leviatã sem correntes" concebido pelo "horrível Senhor Hobbes", o humanismo chegava a projetar a construção de uma catedral estatal cuja estrutura centralizadora produziria a *unidade* e a *indivisibilidade*.

Superando, não sem dificuldades, a equivocidade inerente ao termo "direito", a filosofia do direito orientou a reflexão sobre o Poder para uma concepção constitucionalista que realmente construiu o pórtico do estado moderno. De fato, no século XVIII, juristas e filósofos atribuíram expressamente ao "direito político", também chamado de "direito civil", a função de organizar o Poder do Estado em conformidade com normas racionais, cujo estatuto específico eles se dedicaram a modelar. Assim, por exemplo, J.-J. Burlamaqui buscava, numa obra publicada em Genebra em 1751, os "princípios" do direito político[103]; em 1762, *O contrato social* de J.-J. Rousseau trazia também, como subtítulo, "*Princípios do direito político*"; em 1796, E. Kant, em *Rechtslehre*, examinava, seguindo o exemplo de Achenwall, a dicotomia entre o "direito privado" e o "direito civil"[104]. Mas, para além dessa terminologia, adotada sem hesitação mesmo pelos autores apegados à idéia de direito natural, tendia a se afirmar de maneira cada vez mais categórica a exigência de reguladores que é inerente ao Poder.

Esses tempos de mutação do pensamento jurídico são muito complexos, não só porque a palavra "direito", em que se detém a reflexão dos filósofos, revela mais do que nunca a polissemia que Grotius e Burlamaqui destacam no início de seus tratados, mas porque a idéia do "direito natural", encontrada por todos os autores quando se indagam sobre os princípios do

---

103. Jean-Jacques Burlamaqui, *Principes du droit politique*, sem lugar nem data, na realidade, Genebra, Barillot, 1751; reedição 1754. Do mesmo autor, mencionemos também *Principes du droit naturel et politique*, Genebra, 1763 (que reúne os *Principes du droit naturel*, 1747, e os *Principes du droit politique*).

104. Remetemos a nosso estudo *La philosophie du droit de Kant*, Vrin, 1996.

"direito político", se inclina para sua acepção "moderna": enquanto a tradição clássica e medieval fundava sua concepção do direito natural na "natureza das coisas" e a inseria num poderoso cosmologismo que a teologia judaico-cristã sustentara com um teologismo providencialista, o jusnaturalismo "moderno" vê no direito natural um *dictamen rationis*. Como mostrou P. Haggenmacher, certamente é com uma leitura simplificadora, portanto tendenciosa, dos textos, que freqüentemente se imputa a Grotius, sem matizes, essa mutação semântica. Ocorre que o autor de *De jure belli ac pacis* tinha traçado a rota de uma filosofia da separação segundo a qual, depois dele e sob a influência de Hobbes, se devia pensar a noção do "direito natural": o homem está separado de Deus; a razão está separada da experiência; a ordem do conhecer está separada da ordem do ser; em conseqüência disso, o conhecimento do direito natural se tornava a celebração do *logos*. É claro que semelhante transformação não podia efetuar-se sem encontrar resistências, como mostra, por exemplo, o conflito que rebentou entre Leibnitz e Barbeyrac (sendo este último, na realidade, o porta-voz e o defensor de Pufendorf)[105]. Seja como for, ao adotar o itinerário indicado por Grotius, o racionalismo leibnitziano-wolffiano devia conduzir os príncipes esclarecidos do século XVIII, para quem o direito, assimilado à lei segundo a acepção que lhe havia reconhecido Grotius, devia corresponder à capacidade construtora da razão e expressar a *ordo ordinans* do Estado.

A idéia reguladora segundo a qual o direito procede dos *dictamina rectae rationis* não devia ser alheia ao pensamento jurídico-político do inclassificável Rousseau, que distinguirá com acuidade "o direito natural propriamente dito" e o "direito natural raciocinado"[106]. O primeiro corresponde – sobre esse ponto Rousseau está de acordo com Hobbes e Spinoza – à espontaneidade imediata da vida que, em todo indivíduo, quer

---

105. Cf. in Barbeyrac, *Écrits de droit et de morale: Jugement d'un Anonyme*, Thesaurus de philosophie du droit, Paris II, Duchemin, 1996.
106. J.-J. Rousseau, *Manuscrit de Genève*, in *Oeuvres complètes*, Pléiade, t. III, p. 329.

perseverar; como tal, ele não tem, evidentemente, nenhuma dimensão jurídica e, declara Rousseau, "não é um verdadeiro direito". O segundo procede da "arte aperfeiçoada" inventada pela razão para instalar uma ordem jurídica no trato dos homens; consistindo no estabelecimento de regras, de convenções, de pactos e de leis, ele é a base da legislação positiva das sociedades civis. Para Rousseau, a dificuldade está em pôr de acordo o naturalismo e o racionalismo; é por isso que ele atribui à lei não a tarefa de criar o direito (ele ignora o "positivismo jurídico"), mas sim a de "fixar" os direitos.

No âmbito da filosofia do direito, em que desde então se instalou a reflexão política, a conseqüência mais flagrante das mutações semânticas correlatas, no século XVIII, da evolução do racionalismo é a consagração do conceito de "Constituição" pelo direito político. Nesse conceito, a capacidade normativa fundamental do Poder do Estado conseguirá condensar-se de uma maneira tão forte que suas características dominantes sobrevivem ainda na teoria constitucional contemporânea.

B) O constitucionalismo moderno

A idéia de Constituição[107] não foi inventada pelos filósofos ou pelos jurisconsultos do século XVIII. Mas eles modificaram profundamente a conotação do termo *Politeia* (πολιτεία) empregado outrora por Péricles, Platão, Xenofonte e Aristóteles. Para a filosofia política antiga, quaisquer que fossem as divergências entre o platonismo e o aristotelismo, é a Constituição ou *Politeia* que, na Cidade ou *Polis*, determinava a articulação entre o fim visado pela política e os meios que tinham de ser empregados para realizá-la. A idéia de Constituição designava assim a finalidade política – o justo – enquanto as leis eram os meios pelos quais se buscava o estabelecimento da justiça. Portanto, a Constituição comandava o modo de organização do Poder, devendo este comportar, segundo Aris-

---

107. Cf. P. Bastid, *L'idée de Constitution*, Economica, 1985.

tóteles, "três partes": a "parte deliberativa", relativa aos interesses comuns; a parte relacionada com as administrações e magistraturas; a parte, enfim, encarregada de aplicar a justiça. No caso, o importante era que, na perspectiva teleológica em que se situava a filosofia política, as leis da Cidade, sob uma "Constituição direita", fossem "necessariamente justas" (o que acarretava, com toda a lógica, que, sob uma "Constituição transviada", as leis fossem "necessariamente injustas").

Ainda que essa acepção da idéia de Constituição tenha sido em geral acolhida pelo pensamento político da Idade Média, delineou-se uma oscilação semântica no século XIII quando a palavra "Constituição" foi empregada no sentido de "instituição", termo esse que se aplicava, por exemplo, às disposições adotadas pelas municipalidades. Posteriormente, no século XVI, a palavra "Constituição" foi utilizada conjuntamente com a metáfora do "corpo político" para designar sua organização; nesse uso, rapidamente passou a corresponder à noção de "lei fundamental", designando assim, no Estado cujos contornos modernos se delineavam, um corpo de normas que, superior a todas as regras, determinava, conforme elas lhe fossem conformes ou contrárias, sua regularidade ou sua irregularidade (sua constitucionalidade ou sua inconstitucionalidade) e, em conseqüência, sua validade ou sua invalidade jurídica. No Estado, a idéia de Constituição foi assim pensada como o *analogon* moderno do que haviam sido outrora a *Magna Carta* de João sem Terra no reino da Inglaterra e as "leis fundamentais" da monarquia francesa. Portanto, ela mostrou-se a palavra originária das competências normativas do Estado, que fixa para o princípio do direito público o âmbito no qual deve exercer-se e assume *ipso facto* um valor programático. Nessa maneira nova de compreender a Constituição, conjugaram-se duas idéias mestras e complementares, que a doutrina, desde então, firmou e aprimorou constantemente. Por um lado, a Constituição define o estatuto orgânico do Estado e é nela que reside a base da potência estatal. Por outro lado, o aparelho jurídico do Poder se delineia segundo o esquema da "hierarquia das normas".

O estatuto orgânico do Estado

A idéia do estatuto orgânico do Estado se formou sob a influência da prática política inglesa[108] e da filosofia política de Locke, tal como foi exposta em 1690 no *Tratado do governo civil*[109]. Ela é facilmente identificada no célebre capítulo que Montesquieu, em 1748, consagrou em *O espírito das leis* à Constituição da Inglaterra[110]. Essas páginas, redigidas por Montesquieu na sua primeira versão ao voltar de uma estada na Inglaterra, durante a qual pudera observar com vagar a vida política do outro lado do Canal da Mancha e ler as obras de Milton e de Locke, expõem num estilo normativo – "é preciso que...", "é necessário que...", "deve-se..." – como devem articular-se no Estado "a potência legislativa, a potência executiva das coisas que dependem do direito das gentes, e a potência executiva daquelas que dependem do direito civil"[111]. Decerto interpreta-se com demasiada pressa a análise feita por Montesquieu como a teoria da "separação dos poderes" quando se trata, como mostramos noutra obra, de sua não-confusão, o que implica ao mesmo tempo distinção orgânica e colaboração funcional deles. Esse não é, porém, o ponto em que queremos aqui insistir. O importante é sublinhar que, segundo Montesquieu, "cada Estado" encontra sua base jurídica na organização constitucional das competências pelas quais o Poder manifesta nele sua autoridade: essa é a condição *sine qua non* da estabilidade política. De fato, se a Constituição é deturpada, o Estado degenera e a liberdade dos cidadãos fica gravemente ameaçada. É por isso que a regra fun-

---

108. Cf. Olivier Lutaud, *Les deux révolutions d'Angleterre. Documents politiques, sociaux, religieux*, Aubier, 1978.

109. Reportamo-nos à apresentação que fizemos desse tratado político, Flammarion, 1984, 2ª ed., 1992. Cf. igualmente *Cahiers de philosophie politique et juridique*, nº V, Caen, 1984; S. Goyard-Fabre, *John Locke et la raison raisonnable*, Vrin, 1986.

110. Montesquieu, *L'esprit des lois*, liv. XI, cap. VI. Remetemos aqui a nossas duas obras *La philosophie du droit de Montesquieu*, Klincksieck, 1973; 2ª ed., 1979; *Montesquieu: la nature, les lois, la liberté*, PUF, 1993; cf. igualmente *Cahiers de philosophie politique et juridique*, nº VII, Caen, 1987.

111. Montesquieu, *L'esprit des lois*, liv. XI, cap. VI, in Pléiade, p. 396.

damental do pensamento constitucional se enuncia, para Montesquieu, como um imperativo: "Para que não se possa abusar do poder, é preciso que, pela disposição das coisas, o poder detenha o poder."[112] O sentido e a importância que Montesquieu atribui à normatividade do Poder se revelam em tal preceito: é preciso que, no Estado, o Poder, mediante *um texto fundador*, confira a si mesmo suas próprias regras.

A Constituição, ao definir as bases sobre as quais se estabelece o estatuto orgânico do Estado, é, portanto, a regra "fundamental" que a potência estatal impõe a si mesma. Ela é, segundo a justa expressão de Maurice Hauriou, "o regulamento da Cidade", cuja "ordem" profunda ela define: a indivisibilidade, a distribuição dos poderes, a repartição dos encargos e atributos administrativos e judiciários etc. Nisso se encontra realizada a mutação semântica do termo "Constituição": ela designa daí em diante o texto fundador no qual, em seus diversos campos de competência e de ação, se apóia a política estatal. Sieyès, às vésperas da Revolução Francesa, não se enganava: "Caso nos falte uma Constituição", desfecha ele, "é preciso fazer-se uma."[113] Explica que o Poder "nada é sem suas formas constitutivas; ele não age, não se dirige; não se comanda a não ser por elas"; e acrescenta: "O governo só exerce um poder real na medida em que é constitucional."[114] A idéia constitucional se imporá a todo o pensamento político do século XIX[115]. Ela examinará minuciosamente seus motivos a fim de lhe dar corpo nos textos que, na França, serão inscritos no frontão do Estado. Mais perto de nós, recordemos que, segundo Carré de Malberg, "o Estado deve sua existência antes de tudo ao fato de

---

112. *Ibid.*, liv. XI, cap. IV, p. 395.
113. Emmanuel Sieyès, *Qu'est-ce que le tiers état?*, 1789, reed. PUF, p. 64.
114. *Ibid.*, pp. 67-8.
115. Remetemos por exemplo à obra de Benjamin Constant e, num estilo mais técnico, às *Questions constitutionnelles* estudadas por Édouard Laboulaye (1872); reedição na Bibliothèque de philosophie politique et juridique, Caen, 1993.

possuir uma Constituição"[116]. "O nascimento do Estado", prossegue esse autor, "coincide com o estabelecimento de sua Constituição, escrita ou não, isto é, com o aparecimento do estatuto que, pela primeira vez, dá à coletividade, órgãos que asseguram a unidade de sua vontade e fazem dela uma pessoa estatal." Limitemo-nos aqui a mencionar o lugar eminente ocupado pela noção de Constituição nas obras de H. Kelsen e de C. Schmitt. No mínimo, parece, desde já, que a capacidade normativa do Poder se delineia, na perspectiva constitucionalista, não apenas como o princípio fundador do Estado, mas também como o princípio regulador de seu funcionamento.

A hierarquia das normas

A segunda idéia que as estruturas constitucionais do Estado moderno implicam é a da "hierarquia das normas". Só será denominada como tal, por H. Kelsen, na primeira metade do século XX; não obstante, ela pertence à lógica imanente do Poder que o racionalismo moderno vincula ao princípio da constitucionalidade.

No Estado, o direito se desdobra, sob a Constituição, em patamares sucessivos tais que, em cada um de seus respectivos níveis, as regras editadas são subordinadas às regras do nível superior e subordinam a elas as regras dos níveis inferiores. A coerência e a unidade do sistema do direito dependem dessa estrutura orgânica, simbolizada pela célebre imagem da "pirâmide jurídica" na qual o procedimento hipotético-dedutivo encontra seu lugar por excelência. Mas a lógica constitucional não é apenas organizadora; é também criadora, de modo que o processo dedutivo significa que há no Estado uma autogeração das normas do direito. Se esse esquema da criação do direito pelo direito, utilizado pela *Stufenbautheorie* no começo do século XX, é levado à sua maior nitidez pela *Teoria pura do direito* de Kelsen, na qual, aliás, valendo para a ordem jurídica intei-

---

116. Raymond Carré de Malberg, *Contribution à la théorie générale de l'État* (1920), reprodução CNRS, 1962, t. I, p. 65.

ra, tem uma extensão que vai muito além da questão do direito político, é interessante vê-lo delinear-se, a partir do fim do século XVIII, na obra de Sieyès. Observamos muitas vezes as ênfases inéditas do discurso político feito por Sieyès, em janeiro de 1789, no panfleto intitulado *Qu'est-ce que le tiers état?*, muito particularmente quando denuncia, nos privilégios e nas desigualdades que os acompanham, os inimigos reais do interesse comum. Foi menos notado que, nesse libelo que poderia passar por uma obra de circunstância, um dos maiores méritos de Sieyès está em esboçar uma resposta à problemática da fundação do Poder estatal. Numa obra recente, Olivier Beaud recorda com muita pertinência que "A ciência constitucional de Sieyès demonstra uma notável percepção da natureza e das implicações da noção moderna de Constituição"[117]. Compreendeu, como diz, que "os poderes públicos eram juridicamente ligados à Constituição". Esse vínculo jurídico decorre precisamente da hierarquia das regras pelas quais o Poder organiza os poderes. De fato, Sieyès – que assim lança o espírito do direito político moderno – não tem dúvida alguma de que a sociedade política é, como vira Hobbes e como repetiu magnificamente Rousseau, um "ser de razão" criado ou "instituído" pelo homem e obediente às leis de constituição que lhe são imanentes. É por isso que a "ciência política", que Hobbes e depois Rousseau se jactarão, ambos, de ter inaugurado, e que Sieyès, por sua vez, se gabará "de ter acabado", não pode, declara ele, prender-se àquilo que "deve ser". Ora, se é indispensável que, na nova ordem social que está prestes a advir, o "terceiro estado" seja visto, em virtude de sua indústria e de seu talento, como "o todo da nação", é preciso considerá-lo como depositário das exigências da razão, às quais devem em primeiro lugar atender os negócios públicos. Que o "terceiro", que é "somente ele a Nação", se constitua em Assembléia Nacional[118], que a sala que a sediar se chame "sala

---

117. O. Beaud, *La puissance de l'État*, PUF, 1994, p. 207.
118. E. Sieyès, *Qu'est-ce que le tiers état?*, p. 79. Cf. *Archives parlementaires*, 1ª série, 15 de junho de 1789.

nacional", que somente os deputados presentes possam aí expressar a vontade daqueles que eles supostamente representam – eis os requisitos aos quais a vontade política geral deve satisfazer. A fim de que possa ser assim, Sieyès elabora um projeto de Constituição cujos princípios, oriundos da competência normativa da razão, indicam "o que se deveria fazer"[119]: "Trata-se", escreve ele, "de saber o que se deve entender pela Constituição política de uma sociedade e de observar suas relações corretas com a própria nação."[120] E logo acrescenta: "É impossível criar-se um corpo para uma finalidade sem lhe dar uma organização, formas e leis próprias para cumprir as funções às quais se quis destiná-lo. É isso que chamamos de Constituição desse corpo. É evidente que ele não pode existir sem ela."[121] É não menos evidente que "qualquer governo", do ponto de vista orgânico como do ponto de vista jurídico de seu funcionamento, deve apoiar-se em sua Constituição. Nessas fórmulas costumou-se vislumbrar a idéia segundo a qual a soberania popular consiste essencialmente no poder constituinte do povo[122]. Mas Sieyès não se limita a enunciar essa idéia: para que o "edifício" fique sólido, diz ele, não basta que a vontade dos homens seja o seu princípio, nem mesmo que seu interesse ou sua felicidade sejam seu fim, nem sequer ainda que a realização do bem comum seja seu objetivo. Se é preciso que, por um lado, o dispositivo constitucional se apresente realmente como "o mandato de fazer" que a Nação confia a seus governantes, é preciso também que os procedimentos de ação fiquem rigorosamente especificados, que diversos órgãos sejam colocados cada um no seu escalão, que suas competências específicas não interfiram nem se sobreponham umas às outras, que seu emprego seja escrupulosamente controlado etc., o que só é possível, sob a Constituição, em conformidade com uma hierarquização das normas e das regras.

---

119. *Ibid.*, título do cap. V.
120. *Ibid.*, cap. V, p. 66.
121. *Ibid.*, p. 67.
122. Sieyès de fato escreveu que a vontade nacional "é a origem de toda a legalidade".

Esses requisitos conferem à Constituição uma supremacia formal que, aliás, tanto do ponto de vista teórico como do ponto de vista prático, os doutrinadores da Revolução e os Constituintes de 1791 admitiram e quiseram respeitar: a hierarquia das regras é mesmo, a seus olhos, uma muralha que protege a vida pública de flutuações desordenadas. No mínimo ela significa que, pelo próprio dispositivo da Constituição, o Poder não pode manifestar-se como simples potência; só pode agir sob a autoridade da lei como norma soberana, situando sua ação em seu lugar certo na organização global da vida do Estado. Nesse sentido, a Constituição é a regra formal que, ao mesmo tempo, exprime a potência soberana da Nação e, canalizando-a, gerencia o Poder do Estado. Desse modo, as leis constitucionais, diz explicitamente Sieyès, são "fundamentais"[123]; quanto às leis ordinárias, elas são consideradas no âmbito das leis orgânicas, por sua vez determinadas pelas instituições constitucionais: "são a obra do corpo legislativo formado e que se move segundo suas condições constitutivas"[124].

A Constituição prevista por Sieyès desenha portanto em seu dispositivo um ordenamento jurídico segundo o qual as competências dos órgãos do Estado bem como seu campo de atuação própria são determinados, delimitados e hierarquizados. Ao estruturar a capacidade normativa do Poder, a Constituição traça a arquitetônica jurídica geral da política. O esforço de Sieyès consiste em tentar com isso a síntese do *poder constituinte originário* que ele atribui ao gênio criador da nação e da capacidade jurídica dos *órgãos instituídos*, cujo funcionamento é regulado pelos procedimentos hierárquicos determinados pela Constituição. Dos dois elementos dessa síntese, o segundo não tardará a se afirmar como juridicamente o mais pertinente. De fato, em 20 de julho de 1789, diante da Comissão de Constituição da Assembléia, Sieyès devia explicar que o poder constituinte originário da nação deve apagar-se diante dos

---

123. *Ibid.*, p. 67.
124. *Ibid.*, p. 68.

poderes instituídos[125]; segundo o estatuto constitucional, cujas grandes linhas ele expõe, um "Júri constitucionário" (que não é nem o povo nem o poder legislativo) deve mesmo ser previsto como órgão de revisão encarregado, conforme um procedimento fixado minuciosamente, de revisar a Constituição quando necessário. Mesmo que "a Constituição seja o *iceberg* do edifício estatal, enquanto a potência pública estatal é sua parte imersa"[126], e, ademais, qualquer que tenha sido a evolução do pensamento de Sieyès entre 1789 e o ano III, ele soube mostrar com um vigor notável que, no Estado moderno, o Poder só exerce suas capacidades curvando-se à supremacia da norma constitucional.

O estatuto normativo do Estado moderno

O princípio de constitucionalidade estava destinado a seguir um longo caminho no direito político moderno. Sem percorrer uma rota a cujo final certamente não chegamos hoje, guardemos aqui simplesmente a forte repercussão que teve com Kant na filosofia. Na *Doutrina do direito*, Kant mostra que a Constituição, ao estabelecer a configuração jurídica do Poder no Estado, definiu seu estatuto normativo.

Já em 1781, a *Crítica da razão pura* focalizava a importância que o princípio constitucional assume no domínio jurídico-político[127]. Essa importância é tão intensa que, em 1784, em *Idéia de uma história universal de um ponto de vista cosmopolítico*, o filósofo já não vê apenas numa Constituição o princípio cardeal da sociedade civil no escalão estatal, mas o

---

125. Sieyès, "Exposition raisonnée des droits de l'homme et du citoyen", in *Archives parlementaires*, t. VIII.
126. O. Beaud, *op. cit.*, p. 209.
127. Kant, *Critique de la raison pure*, Pléiade, t. I, p. 1028; *AK*, III, p. 247: "Uma Constituição que tem por finalidade a maior liberdade humana segundo leis que permitiriam à liberdade de cada um subsistir em consonância com a dos demais (...), essa é pelo menos uma idéia necessária, que deve servir de fundamento não apenas aos primeiros planos que se esbocem de uma constituição política, mas ainda a todas as leis."

de "uma sociedade civil que administra o direito de maneira universal"¹²⁸. Esse problema, diz ele, é "o mais difícil" e "será resolvido por último pela espécie humana". Mas, para superar "a sociabilidade insociável" que reina no seio da espécie humana, não há outra via senão o estabelecimento de uma Constituição: assim como a Constituição civil continua sendo no Estado "a idéia necessária" da qual falava a *Crítica da razão pura* para assegurar a coexistência das liberdades, assim, também entre os Estados, a Idéia pura de uma "Constituição cosmopolítica"¹²⁹ é o princípio regulador segundo o qual será evitado o antagonismo entre as nações.

Em 1796, em *Doutrina do direito*, na hora que, até no campo prático, Kant domina perfeitamente o procedimento criticista, ele submete essa tese ao tribunal crítico da razão, o que lhe permite precisar o estatuto filosófico de uma Constituição. Está certamente tão longe de encontrar na Constituição da Inglaterra, a exemplo de Montesquieu bem como de seus contemporâneos Burke, Gentz ou Rehberg, o modelo do republicanismo, que faz votos para que o Poder não se reduza, no Estado moderno, à arbitrariedade da potência; aliás, pretender que a tarefa de uma Constituição é "limitar o poder pelo poder" não passa, a seu ver, de uma "quimera". Se é verdade que a Constituição expressa, no mais alto nível, a aptidão normativa exigida pela política moderna, estatal e internacional, nem por isso se deve julgá-la do ponto de vista da história política empírica. Para o filósofo do criticismo, o problema está em captar as condições de possibilidade e de validade dessa normatividade; ora, só se pode examinar essa questão "crítica" "do ponto de vista do direito", isto é, segundo exigências *a priori* que, só elas, são básicas. Portanto, não basta dizer que o "pacto de união civil" permite a coexistência dos homens sob "leis públicas de coerção"; é preciso que a Constituição civil (*Verfassung*) sob a qual

---

128. Kant, *Idée d'une histoire universelle d'un point de vue cosmopolitique*, Cinquième proposition, Pléiade, t. II, p. 193; *AK*, VIII, p. 22.
129. Cf. Kant, *Théorie et pratique*, 3ª seção, Pléiade, t. III, p. 297; *AK*, VIII, pp. 311-2.

se ordenam essas leis públicas atenda, para que estas sejam válidas, ao imperativo da razão pura prática que legisla *a priori*. Em outras palavras, no Estado, a Constituição é, segundo Kant, não a fonte ou a origem das leis estatutárias, mas a *regra* que indica como elas *devem ser* (*Sollen*)[130]. Ela aclara o *ideal* da legislação e do governo. Não pretendemos com isso que a Constituição seja, como na República platônica (que de resto Kant admirava), a figura arquetípica do Poder, mas muito mais que, por seu estatuto filosófico em que repercute a exigência transcendental da razão pura prática, ela é um princípio normativo e regulador pelo qual devem ser aquilatados todas as relações de direito público. É assim a pedra de toque da juridicidade e da legitimidade das leis públicas de coerção bem como da obediência que lhes devem os cidadãos e os povos.

Segundo os motivos e os considerandos da filosofia crítica, "a Constituição civil perfeita é", diz Kant, "a coisa em si mesma"[131]. No estatuto de universalidade da exigência racional pura que assim caracteriza a Constituição, Kelsen verá "a hipótese lógica transcendental"[132] da teoria pura do direito[133]. Dando continuidade ao pensamento crítico de Kant, ele mostra que todo o direito positivo da pirâmide jurídica, cujo topo é a Constituição civil, se prende a uma *Grundnorm* que não é "enunciada" mas sim "suposta" a título de requisito primordial e puro do *Sollen* jurídico expresso pelo Poder de Estado. Quer dizer que,

---

130. No plano internacional, a "Constituição cosmopolítica" também não designa um *corpus* de leis e de regulamentos, mas o conjunto das condições racionais transcendentais às quais a "federação" dos povos deverá obedecer para tender à paz no mundo.

131. Kant, *Doctrine du droit*, Apêndice, Conclusão, Pléiade, t. III, p. 649; *AK*, VI, 371.

132. Kelsen, *Théorie pure du droit*, trad. Ch. Eisenmann, Sirey, 1962, p. 266.

133. A teoria kelseniana não poderá, na nossa opinião, ser assimilada – ainda que isso tenha sido feito com muita freqüência –, de maneira muito superficial, ao "positivismo jurídico". Estudar as estruturas e buscar, como faz Kelsen, a fundação lógica pura de um sistema de direito positivo é um procedimento científico que não implica de forma alguma que se seja o porta-voz do positivismo.

para o neokantiano que Kelsen é, como para Kant, a Constituição do Estado só é compreendida se a reflexão for dirigida para aquilo que é sua fundação originária pura. Na perspectiva transcendental que o criticismo determina, compete somente à juridicidade estrutural da razão conferir à Constituição, e à hierarquia das normas jurídicas que se situam sob ela, sua razão de ser e seu fundamento, ou seja, assegurar sua possibilidade, sua base e sua legitimidade. O *a priori* originário e universal da Constituição e, portanto, do direito público ou político, enuncia-se como "um postulado da razão prática". É no *factum rationis* que reside a capacidade normativa que, da Constituição às leis ordinárias e às regulamentações, caracteriza o fenômeno do Poder.

Kant tirava de suas análises uma conclusão que não pode deixar de impressionar o teórico de direito do Estado moderno: este se insere "nos limites da razão simples". Assim se explica que "mesmo um povo de demônios", desde que tenha inteligência, saberá resolver, na modernidade jurídica, o problema da Constituição do Estado. Portanto, o horizonte político-jurídico não é, nas formas estatais da política moderna, um horizonte impregnado de moralidade. O reino civil da República não se confunde com o ideal moral do reino dos fins. Se ele não significa que o poder de Estado, ao arrancar o homem da precariedade de sua condição natural, se eleva para a idealidade perfeita dos fins éticos e do Bem soberano, ensina que, na arquitetônica da razão prática, a Idéia pura e *a priori* da Constituição serve de regra e de fio condutor (*Rechtsnur, norma*), isto é, de modelo crítico à teoria da organização da vida política do Estado moderno[134].

*

Levado pelos filosofemas que, ao longo de três séculos, caracterizaram o pensamento moderno – o humanismo, o individualismo, o igualitarismo, o racionalismo –, o direito político,

---

134. Kant, *Doctrine du droit*, § 45, p. 578; *AK*, VI, p. 313.

desde Maquiavel, edificou-se e organizou-se a partir dos três grandes princípios da *ordem pública*, da *autoridade centralizadora do Poder* e da *constitucionalidade* da ordem jurídica. Convém, portanto, examinar como a capacidade normativa do Poder, comandada pelas exigências da razão prática e inserida nos seus próprios limites, manifesta-se na realidade política do mundo moderno pelos princípios de independência e de onicompetência expressos pela idéia de soberania.

Capítulo II
A soberania, princípio de independência e de onicompetência do Estado moderno

O estudo do Poder no Estado moderno mostrou que, quando ele não existe, não há direito (no sentido jurídico do termo). Pela capacidade normativa, cujo princípio ele extrai da razão humana, o Poder político se mostra apto para refrear e controlar os ímpetos da força bruta; por essa aptidão, ele se caracteriza, sob a Constituição, como criador de direito, isto é, como potência reguladora. Ora, no Estado moderno, o conceito de *soberania* conota essa vocação fundamental do Poder. É importante, portanto, apreender sua natureza e compreender por que, condensando em si a "essência" do Estado, ela expressa e põe em ação, no direito político moderno, os princípios de independência e de onicompetência do Estado.

Embora, com todo rigor, o conceito de soberania seja, *stricto sensu*, um conceito do direito político "moderno", não se poderiam desconhecer as noções analógicas que, *lato sensu*, existiam na Cidade antiga e na política medieval. O próprio Jean Bodin, que em geral é apresentado como o primeiro teórico da soberania, não ignorava nem as noções de κύριον πολίτευμα ou de κυρία ἀρχη, que Aristóteles utilizava para designar o "poder dirigente", nem, sobretudo, a expressão de *summum imperium*, freqüente entre os romanos. Em sua grande erudição, sabia também que a elaboração do conceito de soberania é incompreensível se, por um lado, não se remonta à formulação que lhe davam os autores medievais e se, por outro, não se relaciona sua idéia com as polêmicas relativas à questão de saber se, no mundo cristão, era preciso atribuir primazia ao poder espiritual do Papa ou ao poder temporal do imperador.

Na história das idéias, os autores[1] estão de acordo em encontrar, no final do século XIII, nos termos *supremitas*, *majestas* e, sobretudo, *summa potestas*, a conotação superlativa que o termo *soberania* recolherá. Esse último termo teria aparecido no idioma francês no último quarto do século XIII, mas o adjetivo "soberano", derivado do latim medieval *superamus* (sendo em latim clássico *supremus*), que queria dizer "superior", existia no final do século XII. Seja como for, originariamente, a soberania é *superioritas*: não há potência acima dela. É esse o sentido que retêm os *Livros dos costumes e dos usos de Beauvoisis*: "Cada um dos barões é soberano em seu baronato", escreveu o Senhor de Beaumanoir, que coloca "os reis e os soberanos acima de todos"[2]. Em 1303, Guillaume de Plaisians, proclamando, numa frase audaciosa, que "o rei de França é imperador no seu reino", indicava com isso que a *majestas* ligada à "lei do rei" (ele utilizava com muita liberdade a expressão romana *lex regia*, designando com ela a potência pública do reino) estava a ponto de desmembrar a *Respublica christiana*. Por conseguinte, o rei, que a partir daí não ficaria submetido nem ao imperador nem ao papa, seria detentor de um *jus plenum*, denominado também *jus potestatis*. Por essa razão, deveria exercer o poder legislativo e as *regalia*, isto é, regulamentar a justiça, a moeda, os impostos e os monopólios.

Ocorre que, a partir dessas origens longínquas, a evolução do conceito de soberania ficou mais complexa, porque nela se entrechocam, já no final do século XIII, as influências discor-

---

1. Cf. Joseph Strayer, *Les origines médiévales de l'État moderne*, trad. citada, Payot, 1979, p. 21, que escreveu: "A soberania teve uma existência de fato bem antes do momento em que pôde ser descrita no plano teórico (respectivamente, 1300 e 1550)." Esse autor remete a Gaines Post, *Studies in Medieval Legal Thought*, Princeton, 1964, pp. 280-9, 301-9, 445-53 e 463-78. Cf. igualmente E. H. Kantorowicz, *The King's Two Bodies*, Princeton, 1957; trad. fr., *Les deux corps du roi*, Gallimard, 1989, cap. V, pp. 172-99.

2. Beaumanoir, *Livres des coustumes et des usages de Beauvoisis*, § XXXIV. Ele observa no § 1043 (cf. igualmente os §§ 1512-5) que "o rei é supremo soberano, que pode promulgar as leis (o *establissement*) que lhe pareçam favorecer o bem comum e que todos estão sujeitos à sua justiça".

dantes de legistas como Pierre du Bois, de teólogos como João de Paris e, no século XIV, as de glosadores como Bartolo e Baldo, uns sustentando que o reino da França era independente tanto do imperador como do papa, os outros declarando, com Baldo: *Rex est imperator in suo regno*. O preceito não tardou a se impor, o que constituiu um passo decisivo rumo à idéia de *suprema* ou *summa potestas*. Na verdade, a doutrina levou em consideração a onipotência reconhecida no monarca: "Assim quer o rei, assim quer a lei." Nem por isso ela foi muito clara e muito coerente. Ora os legistas, utilizando o preceito de Díon Crisóstomo, e sobretudo extraindo a lição do desenrolar dos acontecimentos, consideravam que o rei, acima das leis, já que ele as faz, está isento delas: *Princeps legibus solutus est*[3]; ora próximos dos comentários do direito romano feitos por Baldo[4], afirmavam que "o príncipe deve viver segundo as leis", porque da lei depende sua *auctoritas*. Assim é que, a idéia de soberania só se impôs em meio a hesitações doutrinárias: a soberania caracteriza, como sustentam Charles de Grassaille e Jean Ferrault[5], o rei que, como "um Deus feito homem", é dotado das "vinte prerrogativas da Coroa Sereníssima de França", ou então ela não passa, mais modestamente, de "uma monarquia temperada", como declara Claude de Seyssel?[6] Na abundância dos textos, fica patente a incerteza doutrinária.

É verdade que, no começo do século XVI, Maquiavel escreveu a Vettori que "no seu *De Principatibus*, ele aprofunda o mais que pode os problemas que apresenta um assunto assim: o que é a soberania, quantos tipos de soberania existem, como é adquirida, como é mantida, como é perdida"[7]. Não obstante,

---

3. Este preceito, que se encontra no *De Monarchia* de Dante, de 1311, terá grande repercussão nas obras de Bodin e de Hobbes.
4. Baldo, *Commentarii in Codicem*, 1358-1395; *Commentarii in Digestum*, 1357-1397.
5. Charles de Grassaille, *Regalium Franciae libri duo*, 1538; Jean Ferrault, *De juribus et privilegiis Regni Francorum*, 1520.
6. Claude de Seyssel, *La grant'monarchie de France*, 1519.
7. Maquiavel, carta a Vettori datada de 10 de dezembro de 1513, Pléiade, p. 1436. Esses problemas são de fato tratados em *Le Prince*, cap. XV, Pléiade, p. 335.

será preciso esperar mais de meio século para que Jean Bodin, primeiro no *Methodus* de 1566 e depois, sobretudo, dez anos mais tarde, nos *Seis livros da República*, conceba o projeto não só de consolidar a noção de soberania no âmago da experiência política do reino da França, mas também, de modo mais audacioso, de fixar sua conotação conceitual num âmbito jurídico. A partir de então, começava, na modernidade nascente, a história complexa de uma idéia que, atualmente, na hora da europeização, quiçá da mundialização do direito político, ainda permanece no centro de numerosos debates teóricos e práticos.

Depois de termos recordado a análise vigorosa que, no limiar do mundo moderno, Bodin fazia da soberania como "essência" da República, sublinharemos, com a comparação das teorizações filosóficas que dela fazem, respectivamente, Bodin e Hobbes, o caráter polêmico que, já em sua emergência, afeta seu conceito. Em seguida, recordaremos as grandes linhas do debate que, nos séculos XVIII e XIX, opôs os defensores da soberania do Príncipe e os da soberania do povo. A natureza conflituosa da idéia de soberania ressurge, aliás, no nosso final de século, como veremos na última parte desta obra: ela passa por uma verdadeira crise e sua sobrevivência, no cerne de uma política que se internacionaliza, é mais do que nunca problemática. Por enquanto, procedamos à análise genealógica do modelo filosófico da soberania.

1. O arquétipo naturalista da soberania sobre a *Nave-República*

Jean Bodin não estabeleceu corte entre suas idéias e sua participação política. Cumpria narrar aqui como, aos trinta anos, ele chegou a Paris, após as penosas decepções que sofrera em Toulouse – primeiro na Universidade, onde reinavam ásperas rivalidades entre os juristas, uns seguindo Jacques Cujas na sua análise filológico-histórica do direito, os outros, próximos de Connan e Jean Coras, defendendo uma visão sistemática do direito romano – e depois, na "Cidade rosa", onde o clima político-religioso era detestável. Teremos presente sobretudo que, já nessa época, Bodin tinha grandes projetos de teorização do direito[8] e que, ao mesmo tempo, se adaptava às práticas dos tribunais parisienses. Mas, na capital onde se amplia continuadamente a repercussão dos fenômenos sociais e políticos, ele era particularmente sensível à atmosfera de crise que, desde a morte de Henrique II (1559), se agravava dia a dia: de fato, como o lealismo monárquico então se confundia, na realidade, com a ortodoxia católica, a tensão religiosa com os huguenotes se tornava dramática. Os problemas políticos se envenenavam com as questões de fé religiosa. A rainha-mãe Catarina de Médicis seguira uns tempos os conselhos de conciliação e tolerância que lhe dava o chanceler Michel de l'Hospital; mas a luta entre católicos e protestantes levou a tragédias como o colóquio de Poissy e o massacre de Wassy. O Parlamento de Paris, em sua maioria favorável à repressão do protestantismo, mostrava abertamente o conluio entre política e religião. Nessa conjuntura, o reino da França, já em 1562, parecia um barco desgovernado, cujas estruturas demasiado frágeis eram ameaçadas pela força de uma tirania crescente que extraía sua inspiração das teses maquiavélicas e, ao mesmo tempo, pela vontade de resistência popular dos huguenotes que os monarcômacos procuravam justificar, ainda que, àquela altura, ainda não adotassem um tom muito virulento[9].

Diante dessa situação e apesar de uma psicologia complexa, Bodin escolheu seu lado: enfileirou-se – sem convicção profunda e talvez por um cálculo de interesses – na tendência ao lealismo monárquico. Logo alistou-se, ao lado do duque François d'Alençon, no clã dos "Políticos", ao qual permanecerá ligado de 1573 a 1583. Sinceramente perturbado pelas agitações que enfraqueciam cada vez mais o reino, achou que se tornava ur-

---

8. É isso que demonstra a *Juris universi distributio*, cujo manuscrito data de 1566. A obra, porém, só foi publicada em 1578. Cf. nossa apresentação desse texto, *Exposé du droit universel*, PUF, 1985.
9. Foi sobretudo depois do massacre da Noite de São Bartolomeu, em 1572, que os panfletos dos monarcômacos se tornaram violentos.

gente dar à monarquia francesa uma base doutrinária na qual conviria que ela se apoiasse a fim de recobrar sua autoridade perdida e de se consolidar. Ora, na época em que era ainda jovem professor na Faculdade de Toulouse, Bodin estudara as magistraturas num *De Imperio*, que foi queimado quando de sua morte, de acordo com seu desejo[10]. Mas, o eco desse texto está presente no *Methodus* e no *La République*. Aí se vê o conceito de soberania emergir pouco a pouco de um contexto jurídico-histórico, no qual são determinantes dois elementos: de um lado, a fragmentação da Europa em Estados nacionais, que desmembram a *Respublica christiana* e se opõem ao poder do imperador; do outro, em cada um desses novos Estados, a vontade de preeminência do poder dos príncipes sobre o poder dos "corpos intermediários" como o Senado e os Parlamentos. Ainda que o discurso de Bodin fique pesado com uma pletora de exemplos históricos e de referências livrescas ou bíblicas, seu desígnio é claro ao expor, na dedicatória do *La République* a Mons. Du Faur, a bela metáfora da *Nave-República*: "Enquanto a nave da nossa República tinha na popa o vento agradável, só se pensava em fruir um repouso firme e garantido, com todas as farsas, pantomimas e disfarces que podem ser imaginados pelos homens inebriados por todas as espécies de prazeres. Mas, desde que a tempestade impetuosa passou a atormentar a nave de nossa República com tal violência que o próprio capitão e os pilotos estão como que cansados e extenuados por um trabalho contínuo, é preciso que os passageiros lhes dêem uma ajuda, quer nas velas, quer nos cordames, quer na âncora e, àqueles a quem faltar a força, que dêem algum bom conselho."[11] Para aqueles que "têm o desejo e a vontade constante de ver o estado desse reino em seu primeiro esplendor, florescente ainda em armas e em leis", a realização do programa jurídico-político não

---

10. Sobre esse *De Imperio*, bem como sobre um *De juridictione* que data da mesma época, cf. T. Chauviré, *Jean Bodin, auteur de La République*, La Flèche, 1914, que recolhe suas informações em Ménage (Aegidius Menagius) numa *Vita Petri Aerodii*, sem lugar nem data, p. 143.

11. *Les Six Livres de la République* (ed. Du Puys, 1583; reed. Scientia Aalen, 1961), prefácio, p. aij.

pode esperar, pois a Nave-República corre o risco de naufragar na tempestade da história.

Como o pensamento dos fins comanda o pensamento dos meios, o "Político" Bodin, a fim de ajudar a endireitar o timão e a manter firme o leme, pretende possuir um conhecimento perfeito das estruturas da República, que, diz ele, "se reconhece na unidade da soberania"[12]. O talento do jurisconsulto se revela maravilhoso para analisar o conceito de soberania que, na República, assume prontamente um valor criteriológico.

A) A renovação do conceito em Methodus *e em* La République

Formado em direito romano, Bodin, a fim de estudar a soberania, se apóia expressamente na noção romana de *imperium*. Sabe que essas raízes estão muito distantes e talvez remontem à dominação etrusca sobre Roma. Mas, referindo-se ao texto do *Digesto*[13] e influenciado pelos múltiplos comentários que os glosadores adicionaram à passagem a que se refere, ele guarda acima de tudo a idéia do *merum imperium*[14]. Esse conceito designava o poder de comando unitário do *princeps* ou primeiro

---

12. *Methodus* (na trad. Pierre Mesnard: *Méthode pour la connaissance facile de l'histoire*, Corpus des philosophes français, PUF, 1951), VI, p. 352. A célebre definição da república como "o governo reto de várias famílias e daquilo que lhes é comum com a potência soberana", *La République*, I, I, p. 1, retoma o mesmo critério.

13. *Digesto*, II, I, 3: *Ulpianus libro secundo de officio quaestoris. Imperium aut merum aut mixtum est. Merum est imperium habere gladii potestatem animadvertandum facinorosos homines, quod etiam potestas appellatur. Mixtum est imperium cui etiam juridictio inest quod in danda bonorum possessione constitit. Juridictio est aeiam judicis denti licentia.*

14. Dando-se crédito a Charles Loyseau, em seu *Traité des offices*, I, VII, p. 28, a distinção original entre o *merum imperium* e o *mixtum imperium* se extinguiu com o fim da Roma antiga. Isso explicaria as dificuldades encontradas pelos legistas da Idade Média para utilizar a noção de *imperium*, cuja conotação, ao longo da história, se tornara bem pouco clara. Provavelmente foi para solucionar essas dificuldades que o texto do *Digesto* (II, I, 3) deu azo a tantos comentários nas edições glosadas do *Corpus juris civilis*.

personagem da República; ao longo de uma evolução complexa, esse poder acabara, a partir do século I, por se concentrar no *jus gladii* que pertencia ao *Caesar imperator*. Decerto Bodin, nesse resumo simplificador, escamoteia as transformações de que o *merum imperium* foi objeto na Roma da Realeza ao Império[15]. Mas fica sobretudo impressionado com a amplitude do *imperium infinitum* vinculado à mais alta autoridade e jurisdição militar e civil[16]. Além disso, Bodin conhece as abundantes glosas com as quais, na Escola de Bolonha, Bartolo e depois Baldo sobrecarregaram a idéia de *summum imperium* e como, na trilha dos glosadores, o uso da noção de *seigneurie*, na Itália e depois na França feudal, pouco a pouco se impôs. Por fim, Bodin historiador não ignora as pesadas controvérsias que, desde os legistas do século XIII[17], mais uma vez deformaram ou transformaram a noção de *imperium*, e é recorrendo às análises de canonistas como Imola ou Parnomita que ele extrai a conotação jurídica desse conceito, assimilando-o à *plenitudo potestatis*. De todos esses precedentes, Bodin, numa visão "sintetista", guarda um único tema: *o poder soberano de um rei o torna independente*, de modo que, no domínio temporal, a exemplo do que é o Soberano Pontífice no domínio espiritual, ele é *superior a todas as autoridades subordinadas*. Outrossim, quaisquer que sejam as sobrecargas semânticas, o conceito de *summum imperium*[18] conota, segundo Bodin, o *"status Reipublicae"*. O termo *status*, dificilmente traduzível, é transposto por Pierre Mesnard como "princípio" da República, da qual designa, sob o nome de *soberania*, "a alma", "a essência" ou "a forma".

---

15. Sobre essa evolução embaralhada e complexa, cf. Myron P. Gilmore, *Argument from Roman Law in Political Thought: 1200-1600*. Cambridge, 1941.

16. O *imperator* era de início um chefe militar. Somente ao cabo de transformações lentas e sucessivas ele se tornou detentor da autoridade administrativa e judiciária.

17. Uns, como Guillaume de Nogaret, Pierre Flotte, Pierre de Cuignières, estavam sobretudo preocupados em dar ao rei da França os direitos de um senhor dominante; os outros eram mais doutrinários e entendiam inspirar-se nos trabalhos da Escola de Bolonha.

18. Bodin faz expressamente menção a isso no *Methodus*, p. 359.

A soberania assim concebida constitui daí em diante, para Bodin, o ponto nodal de sua grande obra: nela se concentram o princípio de *independência* e o princípio de *onicompetência* do Estado moderno. As modificações que, de um texto para outro, matizam seu sentido, não modificam sua definição inicial e, muito pelo contrário, permitem seu aprofundamento. Embarquemos, pois, nessa *Nave-República* e sigamos a rota intelectual de Bodin a fim de captar, em seu lugar de excelência, a natureza jurídica do poder soberano.

No longo capítulo VI do *Methodus*, intitulado *De statu rerum publicarum*[19], Bodin, que se propõe estudar o *status* (desta vez, P. Mesnard traduziu por "constituição") das Repúblicas[20], apresenta sua primeira análise da soberania. Duas observações se fazem necessárias aqui. A primeira é temática: Bodin não se indaga sobre a soberania divina e espiritual, que pertence a uma ordem diversa daquela da República dos homens; analisa a soberania *política* característica da ordem jurídica temporal das Cidades. A segunda observação é terminológica: embora o termo *status* tenha sido traduzido em francês pela palavra "*constitution*" [constituição], não possui conotação "constitucionalista"; designa os elementos que, na "história universal dos Estados", intervêm como constantes para a instauração e o governo de uma sociedade política, qualquer que seja seu regime, monarquia, aristocracia ou democracia[21]; melhor seria traduzi-la pela expressão "estatuto institucional".

O estudo da soberania das repúblicas, observa Bodin, jamais foi conduzido a seu termo pelas doutrinas anteriores; é tamanha a insuficiência analítica delas que nenhuma conseguiu dar desse conceito uma definição clara e substancial. Assim, mesmo que concordemos que Aristóteles se interessava mais pela administração da República do que pela autoridade soberana, temos de admitir que em lugar nenhum diz em que consiste o *summum imperium*; chama-o de "poder supremo",

---

19. *Methodus*, texto latino, p. 167.
20. *Ibid.*, texto francês, pp. 349 ss.
21. *Ibid.*, p. 350.

reconhece que "a majestade e forma da República" residem em sua "autoridade civil soberana" ou em seu "comando soberano", porém não fornece nem análise nem definição desse conceito. Essa carência é tanto mais lamentável porque não diz muito em que consiste a "forma da República", cujo *status* é, precisamente, reconhecido à soberania[22]. Do mesmo modo, os jurisconsultos de Roma e a maioria dos escritores políticos medievais que acreditavam seguir a tradição romanista do *merum imperium* não esclareceram a noção de soberania. No dizer de Bodin, eles teriam mesmo sido levados a um paralogismo, por ele apresentado nos seguintes termos: "Eles pensavam que a autoridade soberana era definida pela criação dos magistrados e pelo poder de castigar e de recompensar; mas, como essas penas e esses favores provêm comumente da decisão e da autoridade dos magistrados, deduzir-se-ia daí que estes participam, junto com o príncipe, do exercício da soberania, o que é absurdo." Digamos com maior sobriedade e de maneira menos surpreendente que o erro de todos esses autores teria sido criar uma interferência entre magistratura, jurisdição e soberania e, por isso mesmo, considera Bodin, partilhar a potência soberana distribuindo-a entre diversos magistrados. Certos autores não teriam sequer visto, continua Bodin, que, ao atribuir, como fazem, toda a potência pública aos magistrados, o poder discricionário que lhes é concedido só pode conduzir a República à sua ruína. A conclusão de Bodin é peremptória: não aceita a vacuidade nem o erro dos autores antigos.

Por conseguinte, definindo a República como "o conjunto das famílias ou dos colégios submetidos a uma só e mesma autoridade", que não é nem paternal nem doméstica mas "pública"[23], ele enumera os *atributos essenciais* do poder soberano que lhe competem. Depois de comparar os argumentos de Aristóteles, de Políbio, de Dionísio de Halicarnasso e dos principais jurisconsultos, considera que esses atributos são cinco: nomear os mais altos magistrados, legislar, declarar a guerra e concluir a paz, julgar em última instância, ter direito de vida e

---

22. *Ibid.*, pp. 351 e 359.
23. *Ibid.*, pp. 351 e 357.

de morte nos casos em que a lei não se presta à clemência[24]. Os juristas, diz ele, são unânimes em reconhecer esses atributos (aos quais geralmente acrescentam o poder de criar impostos e de cunhar moeda) seja ao príncipe, numa monarquia, seja aos nobres, numa aristocracia, seja ao povo, numa democracia. Mas o erro estaria em acreditar, sublinha Bodin, que a questão da soberania depende do regime da República. O verdadeiro problema reside na natureza da relação que, em qualquer república e seja qual for seu regime, existe entre magistratura e soberania.

Resumindo esse problema, como o fizera Ulpiano, ao direito da espada (*jus gladii*), Bodin segue a tradição que, a seu ver, tem um valor exemplar. Partindo da dicotomia entre a autoridade "plena e redonda" e a autoridade delegada (*ordinata*), ele se pergunta se, quando o príncipe delegou uma parte de sua autoridade a um magistrado com a função de exercê-la, continua a ser seu proprietário[25]. Num desses resumos incisivos cujo segredo possui, constata que, de Papiniano a Accursio, os jurisconsultos são unânimes – sobre esse ponto, elogia Alciat – e a prática confirma a doutrina: "O direito pertence ao príncipe e seu exercício compete ao magistrado."[26] Entretanto, concede Bodin, essa posição deve ser aprimorada à luz dos dois princípios do direito universal – a lei e a eqüidade – pois é deles que depende a natureza da função do magistrado. Na realidade, dois casos se encontram: ou os magistrados têm simplesmente a função "mercenária" ou "servil", como diz Bartolo, de aplicar a lei – o que, segundo Bodin, abarcando aí ainda a história com um olhar tão simplificador que falseia a realidade histórica, teria sido a função do pretor em Roma[27] – e, nesse caso, eles

---

24. *Ibid.*, p. 359.
25. Bodin evoca a esse respeito a controvérsia entre Azon e Lotário. Nessa questão, o imperador deu razão a Lotário que havia reconhecido, contra Azon, a propriedade indivisível do direito de soberania e, em agradecimento, ofereceu-lhe um cavalo – ocasião que ensejou zombarias em função das quais a polêmica redobrou, pois *equus* não é *aequus*.
26. *Ibid.*, texto latino, p. 175; texto francês, p. 360.
27. Na verdade, em Roma, o pretor estava longe de ter uma função "servil", já que, pelo "edito do pretor", ele dizia exatamente o direito que aplicaria e como o aplicaria – o que demonstra a margem de independência de que dispunha.

claramente só têm um poder derivado e secundário, recebido, anteriormente, de um poder superior e que não podem, posteriormente, transmitir a um terceiro; ou os magistrados têm direito de decidir fora da lei desejada pelo poder soberano – como os cônsules romanos que tinham a *gladii potestas* – e são, então, na matéria, detentores de um poder plenamente discricionário em razão do estatuto de autonomia de sua magistratura. Ocorre que, sendo distintos esses dois tipos de relações possíveis entre magistratura e soberania, nunca o magistrado possui, sublinha Bodin, o *merum imperium* ou a *summa potestas*; em ambos os casos, o poder e a função que lhe cabem foram recebidos por certo tempo e deverão ser restituídos ao *princeps*, único soberano.

Em seguida, Bodin se pergunta sobre o estatuto dos decretos adotados por um Senado numa democracia. O problema é delicado, porque o direito implica, no direito romano que ele toma como referência, tal como no nosso direito moderno, uma hierarquia das normas na qual as determinações dos magistrados não podem derrogar a autoridade do Senado, a autoridade do Senado não pode derrogar a potência da plebe, e a potência da plebe não pode derrogar a majestade do povo, em quem reside a plenitude da autoridade soberana[28]. Seria então "loucura" ou "crime capital" sustentar que a potência soberana é delegada a magistrados ou, pior ainda, que é compartilhada (quer como na democracia romana entre o povo, o Senado e os cônsules, quer como pleiteia Thomas More para a monarquia inglesa, entre órgãos com funções distintas e específicas). Contra todos aqueles que defendem a idéia de uma Constituição mista, Bodin – que nesse ponto deplora as carências do Corpus romano[29], da doutrina medieval e do costume francês – afirma que, considerada juridicamente, a autoridade soberana, em qualquer forma que encarne, é, em todo Estado, constituída por prerrogativas próprias que não se delegam nem se partilham. Não fala

---

28. *Ibid.*, p. 362.
29. Nesse aspecto do problema ele se junta às críticas formuladas por François Hotman no seu *Antitribonien*.

explicitamente de "indivisibilidade" da soberania, mas afirma não encontrar na história e, mais especialmente, na história de Roma, modelo jurídico de uma soberania compartilhada[30]. Salienta com muito vigor que o poder de fazer as leis é, na hierarquia das normas jurídicas, o poder ao qual estão necessariamente subordinados todos os outros, administrativos ou judiciais: trata-se, como repete, de um poder de comando supremo; a potência soberana ordena e suas ordens são obrigatórias. Aparentemente, ao contrário das teses expostas por Claude de Seyssel em *A grande monarquia da França*, Bodin afirma que nenhum "freio" limita o poder soberano; aliás, o costume confirma, diz ele, a integralidade indefectível da soberania. No entanto, ele reconhece que os reis, por ocasião de sua sagração, se comprometem por um juramento solene a jamais violar nem as leis fundamentais nem a regra da eqüidade (*ex legibus imperii et aequo bono*)[31]. Apesar da aparente contradição da proposição que um espírito moderno não deixa de notar, não há incoerência alguma no pensamento de Bodin, como veremos seguindo a análise temática mais acurada feita em *A República*.

Façamos o balanço. No *Methodus*, Bodin parece reportar-se à tradição monárquica da França e distingue escrupulosamente a forma do governo da forma do Estado. Admite que a *forma do governo* – isto é, a maneira *política* pela qual a autoridade soberana é exercida – seja submetida a controle (pelos Estados gerais, pelos Estados provinciais ou pelas cortes de Justiça), e só possa portanto ser exercida no âmbito das leis. Em compensação, a *forma do Estado* – isto é, a essência da *Res pu-*

---

30. Na realidade é de um ponto de vista mais político do que jurídico que Políbio sublinha, na democracia romana, a influência do Senado que detém seu poder por delegação do povo (cf. *Methodus*, texto latino, p. 179). O mesmo ocorria em Esparta no tempo de Licurgo e na república de Veneza. A respeito desse ponto, Bodin foi criticado por Althusius, na *Politica methodice digesta* (1603), e por Pufendorf, no *De jure naturae et gentium* (1672), mencionando que "os Estados irregulares" não têm princípio unificador, mas mesmo assim são Estados que se mantêm graças à associação de seus componentes diferentes.
31. *Methodus*, p. 187.

blica, qualquer que seja o regime, na França ou fora dela – é definida, em seu estatuto *jurídico*, como potência soberana que, *em si*, é uma *summa potestas* designada pelos termos *superioritas*, *supremitas* ou *plenitudo potestatis*. A substância da República precisa sempre da *forma* (no sentido aristotélico do termo) que é a soberania.

É preciso admitir, não obstante, que a posição adotada por Bodin em 1566, e mesmo ainda em 1572, na única revisão do *Methodus*, não deixa de ter certa imprecisão. Talvez esta provenha apenas de uma prudência tática num país onde a crise é latente. Porém, ela vem também, sem dúvida, da dificuldade que Bodin sente em articular entre elas, como se preocupa em fazer, categorias políticas e categorias jurídicas. Em 1576, *Os seis livros da República* demonstrarão um maior domínio quanto a esse problema[32].

O texto dos *Seis livros da República*, cujo título clássico o insere na tradição que vai de Platão a Aristóteles e Cícero, é, apesar de seus longos meandros, mais sistemático e mais nítido do que o do *Methodus*. Deve ser lido em suas duas versões: a de 1576, em francês, e a de 1586, em latim. O pensamento de Bodin passou pela prova da história na França contemporânea, arrasada pelos sobressaltos das guerras religiosas e por suas repercussões políticas. Do ponto de vista conceitual e teórico, o pensamento se consolidou. A *definição* da república, enunciada no começo da obra: "República é um governo reto de várias famílias e daquilo que lhes é comum com potência soberana"[33], bem como a problemática logo formulada: "A soberania é o ponto principal e mais necessário de ser compreendido no tratado da República"[34], são os sinais de uma arquitetônica que, ao longo das mil páginas do volume, não falhará. O texto lati-

---

32. Não poderíamos ver em *La République*, como Julian Franklin, "uma virada brutal e dramática, determinada por novas preocupações políticas". *Jean Bodin et la naissance de la théorie absolutiste*, Cambridge, 1973, trad. fr., PUF, 1993, p. 67.
33. *Les Six Livres de la République*, I, I, p. 1.
34. *Ibid.*, I, VIII, p. 122.

no acrescentará um matiz sutil ao traduzir "governo reto" por *legitima gubernatio*. Esse matiz não é gratuito: especifica a dupla âncora, histórica e jurídica, da reflexão feita por Bodin. O teor do texto não pode ser compreendido independentemente do *contexto histórico* marcado, ao mesmo tempo, pela propensão tirânica do governo da França e pela vontade de resistência dos huguenotes. Por um lado, Bodin está aterrorizado pela evolução da política sob a regência de Catarina de Médicis. "A italiana", como era chamada, era próxima dos Guise e dos interesses católicos; seu governo, cada vez mais fraco, foi logo dominado – não se trata de um paradoxo – pela vontade de eliminar os opositores huguenotes, o que explica em grande parte o massacre da Noite de São Bartolomeu. Bodin, escandalizado com a intolerância e a brutalidade inteiramente maquiavélica de Catarina de Médicis, depois de Carlos IX, desaprova totalmente a perseguição dos heréticos[35]. Por outro lado, Bodin não ignora a evolução da literatura panfletária dos monarcômacos, cujos libelos se tornaram, após a Noite de São Bartolomeu, de uma violência extrema: expondo o problema do direito de resistência ao Poder, eles consideram que esse "direito" existe mesmo e que é lícita a resistência sempre que o Poder ultrapassa suas competências; chegam até a pregar o tiranicídio quando a autocracia do príncipe – então "tirano em exercício" mais ainda do que "tirano de origem" ou usurpador – conduz à servidão dos súditos[36]. O reino da França está portanto entregue ao sopro da tirania, que Bodin acha ser mais ou menos filha de Maquiavel, e aos ataques do pensamento protestatório dos monarcômacos, aliás huguenotes ou católicos. Esses ven-

---

35. Nos Estados Gerais de Blois, em que tem assento em 1576 na qualidade de representante do terceiro estado por Vermandois, ele se faz notar por sua diatribe contra as perseguições religiosas e por sua defesa da tolerância. O rei não gostou e recusou-lhe o cargo de referendário, que lhe havia mais ou menos prometido.

36. Bodin não abre polêmica com os monarcômacos. Ele até pouco fala deles, ainda que cite em *La République* (I, VIII, p. 137) *Le droit des magistrats*, de Théodore de Bèze, e *Franco-Gallia* de François Hotman. Contudo, é muito hostil a eles porque vê neles os coveiros do *Estado*.

tos contrários castigam mais do que nunca a *Nave-República*. O navio corre o risco de soçobrar sob as repetidas invectivas da opressão e da rebelião. Esse desfraldar de violência é um desafio à soberania do Estado[37]. Para evitar o naufrágio, importa garantir bem as estruturas jurídicas da *Nave-República*. Estas, na opinião de Bodin, que assim repudia os monarcômacos, não são determinadas *juris consensu*. Elas se prendem à forma da República, à sua soberania essencial: "Da mesma maneira que o navio não é mais que madeira sem forma de nave quando a quilha, que sustenta os costados, a proa, a popa e a ponte são retiradas, assim também a República sem potência soberana, que une todos os membros e partes desta, e todas as famílias e colegiados em um corpo, já não é República."[38] O objetivo de Bodin é se elevar à compreensão jurídica do conceito de soberania precisando a *natureza* e a *função* que são as suas: por sua natureza, ela reúne e engloba as "partes" ou "membros" de uma República; por sua função, é "o eixo em torno do qual gira o estado de uma república". Natureza e função da soberania revelam suas três características fundamentais: é potência de comando; é perpétua; é absoluta. Cada uma dessas características exige um exame.

B) Natureza e função da soberania

A soberania é em primeiro lugar *potência de comando*[39]. Mas esta, diferentemente da potência de comandar que um marido, um pai, um mestre ou um senhor possuem naturalmente, não é um comando privado. Seja por pertencer à autoridade direta do soberano que baixa a lei, seja por ele jazer, por dele-

---

37. Esse tema retorna como um *leitmotiv* ao longo de todos os *Six livres de la République*. Bodin repete, por exemplo no II, V, p. 301, que, por um lado, a "grande lei de Deus e da natureza", a mais fundamental entre todas as leis, é achincalhada pela opressão tirânica, e que, por outro, se o povo pode depor o rei, é porque esse rei não é "absolutamente soberano".
38. *La République*, I, II, p. 12.
39. *Ibid.*, I, II, p. 19.

gação, "na pessoa dos magistrados que se curvam perante a lei e comandam outros magistrados e particulares"[40], ele é essencialmente de ordem *pública*. Contudo, o mais importante é que, prerrogativa primordial na República, esse comando manifesta sua perfeita *superioritas*, portanto, a plenitude de potência[41]. Por isso o detentor dessa competência básica – príncipe, assembléia ou povo – é como o piloto em seu navio: abaixo de Deus, ele é o único senhor a bordo da *Nave-República*.

Passando da metáfora à definição, Bodin caracteriza então a soberania como "a potência absoluta e perpétua de uma República"[42]. O fato de a soberania ser *perpétua* ou *sempiterna* significa que não é limitada no tempo. Sua característica transtemporal permite dirimir a questão da delegação: os magistrados, regentes ou comissários, são "depositários e guardiães", por uns tempos, de um poder de comando numa determinada missão – "fazer a guerra, reprimir uma sedição, reformar o Estado ou nomear novos funcionários" (a lista dessas "missões" não é limitativa); seu poder não pode ser soberano, sendo necessariamente subordinado. Aliás, uma vez cumprida sua missão, eles "não passam de súditos"; assim aconteceu com o grande Arconte de Atenas ou com Cincinato em Roma; assim acontece na França com o tenente-general de um príncipe. A potência que seu cargo lhes confere, ainda que imensa, faz deles "comissários": sua missão é "precária". E, mesmo que um poder infinito fosse dado "por toda a vida" a algum magistrado, nem por isso este seria detentor da soberania[43]. Como Bracton, que,

---

40. *Ibid.*, I, II, p. 19.
41. Há nisso, de forma patente, uma transposição para o direito público da República da noção de *plenitudo potestatis* que, na Decretal *Per Venerabilem* de Inocêncio III, definia a autoridade suprema do soberano pontífice.
42. *La République*, I, VIII, p. 122. Na versão latina, a definição da soberania não comporta a perpetuidade. Porém, a análise de Bodin é conduzida da mesma maneira nas duas edições e, numa e na outra, ela começa pelo estudo da perpetuidade do poder soberano.
43. Não está certo pretender, como J. Franklin, que, "quando ele fala de perpetuidade do poder a propósito de um estado (*sic*: deveria ser grafado Estado) monárquico, Bodin quer dizer o cargo vitalício", *op. cit.*, p. 177. Bodin se coloca no terreno da lógica a fim de analisar a *essência* da soberania. Nessa

no século XIII, declarava numa frase célebre, *Nullum tempus currit contra regem*, Bodin acha que a soberania não tolera, pela própria razão de sua essência, nenhuma limitação cronológica. No navio República, ela não é da ordem do tempo; transcende-o.

Ao mesmo tempo, ela transcende a pessoa dos príncipes. Não poderia pertencer a sua pessoa física e ser o atributo de sua vontade subjetiva. Ela é característica da "pessoa pública" que o Estado é, pelo fato de ter vontade (objetiva) apenas por metonímia. A perpetuidade da soberania corresponde à perpetuidade da Coroa tal como a estabeleciam, na França, "as leis fundamentais do reino", cuja formulação, de data recente[44], refletia o tema medieval segundo o qual a dignidade real[45], sagrada, portanto imaterial, era imortal: *Majestas regia nunquam moritur*. Bodin, seguindo os *Consilia* de Baldo[46], transpõe dessa maneira a perpetuidade suprapessoal da Coroa para a *Res publica* em geral. É certo que os reis passam. Mas, como diz o velho brocardo: "O rei morreu, viva o rei!". Como a Coroa, a *Res publica* permanece. Há nisso a primeira formulação da continuidade da potência pública. Em sua essencialidade, a soberania exclui de fato toda prescrição e toda vacância do Poder; como se o tempo se diluísse num perpétuo presente, a soberania se cerca de um "halo de eternidade". Isso explica que, príncipe ou assembléia, o detentor da potência soberana não tenha, no Estado, que prestar contas a quem quer que seja, a não ser, fora da ordem do tempo, ao próprio Deus[47].

---

perspectiva, que não é a da história empírica, é contraditório, já que a perpetuidade está contida analiticamente na forma essencial do poder soberano, falar de soberania temporária, "por tempo determinado" ou "vitalícia".

44. Foi por volta de 1418-1419 que o legista Jean de Terrevermeille (*Terrirubius*) fixou nos seus *Tractatus*, impressos em Lyon em 1526 (foram reeditados por F. Hotman em Arras em 1586), um conjunto de regras consuetudinárias sem as quais a realeza não parecia válida nem viável.

45. Esta, bem entendido, é para ser considerada *in genere* e não *in individuo*.

46. Baldo, *Consilia*, III, 217, n. 3.

47. *La République*, I, VIII, p. 125.

Enfim, a soberania da República é *absoluta*. Para a elucidação dessa terceira característica fundamental do poder soberano, é particularmente útil a confrontação das versões latina e francesa do texto. Dizer que a soberania é absoluta não significa que é ilimitada, nem mesmo que é, como indicava a palavra antiga *superioritas*, superlativa, isto é, superior a todos os outros poderes; isso quer dizer que é incondicional. Bodin é perfeitamente claro: uma soberania condicional é uma contradição nos termos. Escreve: "A soberania dada a um príncipe sob encargos e condições não é soberania nem potência absoluta."[48] Utilizando o modelo da *plenitudo potestatis* pontifical, em que os canonistas viam uma *majestas* "plena e redonda", Bodin considera que a soberania monopoliza toda a autoridade na República. Ela a concentra e a exprime, de maneira eminente, em todos os campos, pela prerrogativa legislativa. "O ponto principal da majestade soberana e potência absoluta consiste principalmente em dar leis aos súditos em geral sem o consentimento deles."[49] "Dar leis a todos em geral e a cada um em particular"[50], essa é a primeira marca da soberania e a mais evidente. "Todos os outros direitos" são abrangidos por esse domínio primordial: como "desencadear a guerra ou fazer a paz; conhecer, em última instância, dos julgamentos de todos os magistrados; nomear ou destituir os mais altos funcionários; impor aos súditos encargos e subsídios ou isentá-los deles; outorgar graças e dispensas contra o rigor das leis; elevar ou abaixar a liga, o valor e o peso das moedas; fazer os súditos e homens devotados jurarem manter sua fidelidade sem exceção àquele a quem o juramento é devido."[51]

Com essa tese, Bodin se afasta do pensamento medieval – o de Bracton, por exemplo – que dava ênfase ao caráter de juiz e de justiceiro do soberano, geralmente representado tendo na mão a balança, seu atributo essencial; e retoma a idéia do sobe-

---

48. *Ibid.*, I, VIII, p. 128.
49. *Ibid.*, I, VIII, p. 142.
50. *Ibid.*, I, X, p. 222.
51. *Ibid.*, I, X, p. 223.

rano *solus conditor legis*, que os glosadores romanos encontravam nos *Institutos* de Justiniano. Contudo, utiliza a língua dos autores medievais, calcada no princípio de Ulpiano *Princeps legibus solutus est* e sublinha que, na República, o soberano, não mais do que o papa, "não pode atar suas mãos mesmo quando o quisesse"[52]. É verdade que, como ele é o único no navio-Estado que detém a prerrogativa legislativa, também é de sua competência exclusiva ab-rogar ou modificar as leis[53]. É por isso que cada edito ou ordenação, dependendo somente de "sua pura e franca vontade", traz a frase "Porque assim nos apraz" ["*Car tel est notre bon plaisir*"]. Nessas condições, é "impossível por natureza que o soberano dê leis ou ordene a si próprio". Na sua preeminência, o poder soberano absoluto está isento das leis por ele feitas[54]. O texto latino é explícito: a soberania é *summa in cives ac subditos legisbusque soluta potestas* (a soberania tem "supremacia sobre os cidadãos e os súditos e é desvinculada das leis"). Aí está o essencial: não apenas o soberano não é vassalo nem feudatário, pois, "se depende de outrem, já não é soberano" (o que implica que jamais é tributário dos outros Estados), não somente é livre em relação a seus subordinados e seus predecessores, como, *solutus legibus*, é livre em relação às leis, editos e ordenações por ele feitos. Portanto, na sua ordem própria, isto é, na *Nave-República*, a soberania significa a independência da autoridade de comando[55]. Não se entenda que ela seja sinônima da arbitrariedade do Poder, em que a vontade do soberano, apoiando-se na força, é considerada razão. Bodin não aceita que a pistola do bandido faça direi-

---

52. *Ibid.*, I, VIII, p. 132.
53. *Ibid.*, I, VIII, pp. 150-1.
54. *Ibid.*, I, VIII, p. 131: "É preciso que aqueles que são soberanos não fiquem de forma alguma submetidos aos comandos de outrem e que possam dar leis aos súditos ou anular as leis inúteis, para fazer outras, o que não pode fazer aquele que é submetido às leis ou àqueles que têm comando sobre ele."
55. Guy Coquille, no seu *Discours aux états de France*, 1589, escreverá: "O rei é monarca e não tem companhia em sua majestade real ... o que há de majestade representando sua potência e sua dignidade reside inseparavelmente em sua única pessoa" (*Oeuvres*, Bordeaux, 1703, t. II, p. 1).

to nem que o soberano proclame: *sit pro ratione voluntas*. A conotação jurídica da soberania se concentra na *capacidade de decisão* que ela contém analiticamente[56], isto é, segundo sua essência e sem referência a alguma cláusula constitucional. A soberania é, *por si*, o poder de assumir compromissos "segundo a exigência dos casos, dos tempos e das pessoas", e de assumi-los sem recorrer às disposições de uma Constituição, sem se louvar em opiniões ou injunções que seriam formuladas por instâncias inferiores ou pelo povo. A independência da potência soberana exclui consultas e dispensas. Por isso o Senado, ou qualquer outra assembléia, não tem participação alguma, segundo Bodin, nas decisões do poder soberano; aliás, se fosse assim, haveria um ilogismo flagrante, pois a soberania, compartilhada, se dissolveria em vez de se firmar.

Indo até o fim dessa lógica do direito de soberania definido como potência suprema e absoluta de comando na República, é preciso admitir que, caso se apresente uma situação excepcional ou um caso de extrema necessidade, só ela, com toda a "liberdade", tem competência para decidir. Dessa implicação lógica da soberania, C. Schmitt extrairá sua célebre definição: "É soberano aquele que decide até mesmo numa (*über*) situação excepcional"[57] – o que significa que a ordem jurídica estabelecida em virtude das prerrogativas inerentes por essência à potência soberana repousa não numa norma constitucional e sim numa competência decisória livre de qualquer obrigação jurídico-normativa; é isso o que já indica de modo muito exato na língua de Bodin o adjetivo "absoluta": *ab-soluta legibus*.

Do ponto de vista da teoria jurídica, fica patente que tal compreensão do conceito de soberania é diametralmente opos-

---

56. É sobre esse traço fundamental que, com toda razão, insiste Carl Schmitt, *Théologie politique*, 1922, trad. fr., Gallimard, 1988, p. 18: é notável que Bodin introduza "a decisão no cerne da noção de soberania".

57. *Ibid.*, p. 15. No texto alemão, a preposição "über" cria dificuldades, como assinala o tradutor francês: *Souverän ist, wer über den Ausnahmezustand entscheidet*. Porém, não poderíamos traduzir simplesmente, como ele faz, por "da situação excepcional". De fato, não é somente nas situações comuns, mas *mesmo nas* situações excepcionais que decide o soberano.

ta à constitucionalidade do "estado DO direito"[58], na medida em que este distribui as competências e instaura entre elas controles recíprocos. Segundo Bodin, o que caracteriza no Estado a soberania não é só sua capacidade de legislar para as situações cotidianas da vida pública, mas também sua competência de se exercer fora da normalidade. C. Schmitt está certo ao sublinhar que as situações que não são abrangidas pelas normas jurídicas existentes e que, por esse motivo, são ditas "excepcionais", não significam desordem ou caos. É preciso que entrem em categorias jurídicas e, como estas não existem, a função do poder soberano é criá-las. Assim, o direito de soberania, com seu caráter absoluto, está longe de designar o monopólio da dominação ou da coerção; muito mais do que isso, ele é a fonte básica da ordem jurídica, o que constitui no Estado o único motivo, necessário e suficiente, para se submeter à norma. Essa exegese, que define a soberania por sua capacidade decisória, é sedutora. Entretanto, quando C. Schmitt conclui: "Para criar o direito, não há necessidade alguma de estar em seu direito"[59], enuncia uma proposição que Bodin jamais endossaria. Na economia geral da obra de Bodin, é impossível colocar entre parênteses os "princípios universais da natureza", em que se apóiam a independência e a onicompetência do poder soberano. Do mesmo modo, sendo o esplêndido "teatro da natureza", segundo Bodin, o lugar por excelência no qual se situa a soberania das Repúblicas, seu conceito não transpõe realmente o limiar da modernidade jurídica: é esse naturalismo metafísico que será posto em questão pelo artificialismo de Hobbes, que elucida plenamente, já no século XVII, o caráter conflituoso de um conceito cujo significado o direito político moderno discute sem cessar.

Antes de pôr frente a frente as teorias de soberania de Hobbes e de Bodin, pesquisemos, na obra multidimensional de Bodin, as premissas metajurídicas de sua teorização jurídica da soberania.

---

58. Cf. *infra*, pp. 207 ss.
59. *Ibid.*, p. 24.

C) A fundação metajurídica do direito de soberania

Pesquisar o fundamento final do direito de soberania é tarefa delicada. Por isso descartaremos, numa etapa preliminar, certas interpretações que nos parecem tão falaciosas quanto sedutoras.

A obra de Julian Franklin, recentemente traduzida em francês, se indaga sobre o papel de Bodin em *Jean Bodin et la naissance de la théorie absolutiste*. O autor pretende mostrar que, com *Os seis livros da República*, "a via da autocracia é legalmente aberta"[60]. A tese é tão amplamente argumentada que inevitavelmente prende a atenção. Não obstante, apesar do caráter muito sério de uma problemática assim, parece-nos que o pensamento de Bodin é perigosamente deturpado. A "teoria absolutista" se apresenta na história das idéias como uma teoria política. Ora, pela própria razão de seu método de trabalho, Bodin não elabora a teoria de um regime político; desde suas primeiras obras – e nesse ponto manteve-se constante – analisa a política numa perspectiva *jurídica*, como faziam os autores medievais. Mesmo tendo uma preferência pela "monarquia real" – ele o diz e deve-se acreditar nisso – não advoga um regime político e sim busca as estruturas jurídicas necessárias para um governo reto (*legitima gubernatio*) da Nave-República. Diferentemente do que farão, meio século mais tarde, Cardin Le Bret[61] e Richelieu[62], ele não propõe em seu volumoso tratado uma pragmática política posta deliberadamente a serviço do absolutismo monárquico; é numa perspectiva de teoria do direito que submete o conceito de soberania ao bisturi da análise. Aliás, não se poderia, sem desvirtuar seu pensamento, encobrir a tese diretriz de sua construção teórica segundo a qual a soberania, definida como "absoluta" – isto é, livre das leis por ela estabelecidas –, é duplamente "limitada": ao mesmo tempo pelas *leges imperii* e pela "grande lei de Deus e da Natureza". Bodin é

---

60. Julian Franklin, *op. cit.*, p. 166.
61. Cardin Le Bret, *De la souveraineté du roi*, 1632.
62. Richelieu, *Testament politique*, redigido entre 1635 e 1640.

um pensador demasiado escrupuloso para que haja incoerência nessa tese. Muito pelo contrário, seu significado é profundo: os limites da soberania não são empíricos; revelam seu fundamento final. De fato, se o direito de soberania se insere bem na ordem temporal da República dos homens, sua dupla limitação revela que ele mergulha suas raízes em requisitos metajurídicos e transtemporais que não pertencem a este mundo.

Para compreender isso, abstenhamo-nos por um instante de pensar como "modernos": não nos perguntemos se há ou não há, segundo Bodin, limites constitucionais para a soberania. A questão é inútil, já que a soberania, sendo *soluta legibus*, é livre, *em sua própria ordem*, em relação às leis estabelecidas da República, que, aliás, ela pode ab-rogar. Contudo, é preciso, com Bodin, pensar como filósofo do direito e não ocultar os princípios metajurídicos da ordem jurídica da República: por sua natureza, a soberania está submetida a leis de *uma outra ordem*, diferente das leis da República; é-lhe impossível ab-rogá-las; ela não tem nenhuma liberdade em relação à potência delas. Na *Nave-República*, o soberano é realmente o único senhor a bordo, porém só o é "abaixo de Deus". Em conseqüência, a *summa potestas*, cujo depositário é o soberano, está submetida, sob as leis naturais queridas por Deus, às regras do direito natural[63], ao *jus gentium*, às *leges imperii* que, oriundas do direito consuetudinário[64], refletem a lei divina do mundo. "Os príncipes soberanos", escreve Bodin, "são estabelecidos por Deus como seus lugares-tenentes para comandar os outros homens."[65] Por conseguinte, aquele que recebe de Deus a potência soberana é também, de Deus, "a imagem na terra"[66]. Em conseqüência, não

---

63. Dentre as regras do direito natural, é preciso citar as que se referem à família e à propriedade.
64. As *leges imperii* são as "leis fundamentais do reino". Entre elas, as duas mais importantes se referem à devolução da Coroa e à inalienabilidade do domínio real. Elas têm uma importância capital: "Quando se derrubam as leis fundamentais de um reino, o rei e a realeza que estão edificados sobre elas caem imediatamente." *Brève remontrance á la noblesse de France sur le fait de la déclaration de Monsieur le duc d'Alençon*, 1576, p. 14.
65. *La République*, I, X, p. 211.
66. *Ibid.*, I, X, pp. 212 e 215.

lhe é possível, sem uma falha horrível e sem se tornar "culpado de lesa-majestade divina", infringir a lei de Deus e da natureza, que Bodin, como Cícero, reconhece transcendental, imutável, eterna e inelutável.

A idéia da origem divina da autoridade soberana, tão fundamental para Bodin, pode parecer banal no século XVI e poder-se-ia vê-la como posta a serviço da política monarquista. Ora, se Bodin evoca, muito especialmente na sua controvérsia subjacente com os monarcômacos, a teoria tradicional da Igreja católica romana resumida na frase do apóstolo São Paulo – *Non potestas nisi a Deo* – não é possível que ele a confunda com a teoria da monarquia de direito divino que lhe é posterior e será defendida, no século XVII, num contexto polêmico estranho a Bodin, pelos publicistas galicanos a fim de se oporem à tese do poder temporal do papa. Afastar esse anacronismo representa afastar, ao mesmo tempo, a pretensa vontade ideológica de Bodin em favor do absolutismo monárquico.

A reflexão de Bodin não se deixa iludir por esse contexto de controvérsia ideológica. Seu pensamento especulativo está em busca do *fundamento metajurídico* do direito de soberania. Para acompanhá-lo nessa busca, é preciso encontrar o solo em que ela se enraíza. Ora, como Bodin considera com realismo que toda República tem origens naturais[67] e que "força e violência" fizeram nascer, sob um chefe, as sociedades políticas[68], ele não vê na questão das fontes divinas da potência soberana um problema verdadeiramente problemático. Para ele, a referência a Deus é tão evidentemente um *postulado* que nem sequer procura provas da existência do "primeiro princípio". Este, de resto, não pode ser conhecido e suas vontades são impenetráveis. Noutras palavras, na sua teoria do direito de soberania, Bodin não procura demonstrar o valor de sua referência a Deus: *postula-a*. Um postulado não constitui um problema; é recusado ou aceito. Bodin, incondicionalmente, adota essa postulação; ela é a base fundamental de sua teoria.

---

67. *Ibid.*, IV, I, p. 503.
68. *Ibid.*, II, III, p. 281; IV, I, p. 511.

Por conseguinte, fica claro que o desígnio de Bodin é *filosófico*: para ele, trata-se de mostrar que, na sua compreensão última, a soberania participa, em toda República, da ordem das coisas desejadas por Deus; portanto, ela se insere numa "imagem total do mundo"[69]. Fazendo parte do ordenamento geral da Natureza universal, a soberania é a expressão, no mundo dos homens, de uma regra de composição da totalidade cósmica sobre a qual reina o Deus criador e organizador. Por conseguinte, enquanto forma jurídica da República, a soberania não é, segundo Bodin, a pedra angular do absolutismo monárquico[70]. Sua obra inteira tende a mostrar que o direito de soberania, em razão do lugar que ocupa no vasto *theatrum naturae*, é o índice das exigências metajurídicas, ao mesmo tempo éticas e ontológicas, de toda a ordem jurídica das repúblicas.

A soberania da República é sobretudo ligada, de maneira fundamental, a *requisitos de ordem moral*. De fato, o estudo do direito de soberania destacou sua força normativa: ela é o poder de comandar os cidadãos e de legislar para todos em todos os campos. Mas é preciso que seu governo seja "reto" ou que seja, como diz o texto latino, *legitima gubernatio*. Sobre esse ponto todos os textos são consoantes; mais ainda do que o *Methodus* e o *A República*, a *Apologia de René Herpin* (1576) e o *Colloquium Heptaplomeres* (1593) são explícitos. Expõem que as decisões do poder legislativo são leis verdadeiras com a condição expressa de respeitar as disposições da lei natural pela qual Deus espalha a justiça no universo[71]. Em conseqüência, quando, usando sua competência própria, a potência soberana ab-roga

---

69. Cf. Cesare Vasoli, Note sul *Theatrum naturae* di J. Bodin, *Rivista di storia della filosofia*, III, 1990, pp. 475-537.

70. Foi apenas por uma interpretação redutora e deturpada dos textos que "a doutrina constitucional oficial do Antigo Regime" e os doutrinadores ingleses do realismo puderam invocar o que J. Franklin chama de "o absolutismo de Bodin", *op. cit.*, p. 171.

71. Na *Apologie de René Herpin* (o texto se segue, na edição de Puys, aos *Six Livres de la République*), Bodin explica longamente como, por número e música, Deus espalhou sua lei em todo o cosmos. Cf. igualmente *Colloquium Heptaplomeres*, Droz, 1984, liv. II, p. 24.

ou corrige as leis, por mais que seja *soluta lege potestas*, está ligada, em sua retidão ou em sua legitimidade, à exigência de justiça que é imanente às leis divinas da natureza. Ela não a pode repudiar sem se desvirtuar a ponto de deixar de ser soberania. Por essa razão, quem a detém "está obrigado às justas convenções e promessas que fez"[72], tenham elas sido ou não acompanhadas de um juramento. Entendamos que a potência soberana está no caso vinculada não em virtude de um *vinculum juris*, mas em virtude de uma exigência moral de justiça. Do mesmo modo, o detentor da soberania tampouco pode derrogar os costumes de seu país, não porque impõem uma obrigação jurídica, mas porque neles se delineiam as leis naturais queridas por Deus para uma nação.

Por um lado, observações desse tipo são significativas no nível teórico em que se situa o pensamento de Bodin. Ele não se limita a responder às ameaças da tirania do príncipe ou da rebelião huguenote. Para além das manifestações conjunturais da história política, discerne as exigências que a vontade divina introduziu no "teatro da natureza universal"[73]. Ninguém, e sobretudo não o soberano, pode derrogar "sem crime"[74] esse requisito que, para todos os povos, tem um caráter "santo e inviolável"[75]. Tal como declara a Epístola dedicatória do *Universae naturae theatrum*, a vontade de Deus é, no todo do mundo, a norma sagrada de qualquer ação.

Por outro lado, Bodin sublinha vigorosamente que a obrigação moral que liga o soberano à exigência de justiça querida por Deus se traduz de maneira concreta e precisa no direito de soberania. Embora a soberania seja habilitada a "mudar e corrigir (as leis) segundo a ocorrência dos casos"[76], não pode exercer sua competência segundo seu capricho ou a seu bel-prazer,

---

72. *La République*, I, VIII, p. 133.
73. Aqui é preciso consultar o *Universae naturae theatrum*, Lyon, 1596, trad. fr., Lyon, 1597.
74. *La République*, III, VII, p. 483.
75. *Ibid.*, I, I, p. 32.
76. *Ibid.*, I, VIII, p. 142.

mas somente em conformidade com o que o justo requer: "é obrigada a fazer justiça por obrigação divina e natural"[77]. *Justitia est finis juris*. Uma exigência assim indica mormente a importância da *bona fides* e da *prudentia* no governo reto da República[78], que só é possível sob o signo do justo e do razoável. Ela acarreta em seguida sérias repercussões políticas; se obedecer à justiça que a lei natural quer define a *legitima gubernatio*, desobedecê-la é cair na tirania: "O rei", escreve Bodin, "se conforma às leis da Natureza e o tirano as pisoteia; um acata a piedade, a justiça e a fé, o outro não tem nem Deus, nem fé, nem lei".[79] Os descaminhos do poder provêm sempre do não-respeito desse imperativo moral de justiça que "tem o esplendor do sol"[80]. O soberano, tal como deve ser, permanece eternamente súdito de Deus[81]. "Se a justiça é o fim da lei e a lei obra do príncipe, o príncipe é a imagem de Deus; é preciso, pelo mesmo raciocínio, que a lei do príncipe seja feita pelo modelo da lei de Deus"[82], que é infinitamente justa e reta. Portanto, a ordem natural e divina é a norma moral da ordem política; ela é, para o soberano, "a estrela do pastor".

As exigências morais inerentes à soberania têm um duplo significado. No âmbito de uma teoria do direito, indicam que, para Bodin, não há autonomia do direito mas, segundo um termo que costuma empregar, um "entremeamento" entre o direito e a moral. O fato de a organização jurídica da República comportar, mais profundo do que seu aspecto técnico, um componente moral, é um traço que caracteriza a corrente jusnaturalista até Pufendorf. O direito público de soberania não pode escapar à teleologia teológico-natural que faz do justo a norma de tudo que é direito. O pensamento de Bodin está aqui com todo

---

77. *Ibid.*, III, VI, p. 471.
78. Elas podem, é claro, receber uma garantia institucional sob formas diversas, porém isso nada retira de seu caráter fundamentalmente moral.
79. *La République*, II, III, p. 289.
80. *Ibid.*, II, III, p. 280.
81. *Ibid.*, I, VIII, pp. 133 e 156.
82. *Ibid.*, I, VIII, p. 161.

seu apuro: o justo não é, segundo ele, como no mundo partido da filosofia platônica, o arquétipo inteligível que, em razão de sua pura exemplaridade, serve de modelo para a república que os homens edificam na penumbra da Caverna; essa perspectiva dualista orientaria a teoria do direito para um idealismo em que a ordem jurídica desapareceria no moralismo. Segundo Bodin, o justo é, contra todo o positivismo vindouro, a norma que torna os enunciados do direito válidos e obrigatórios, o que, na nossa linguagem moderna, significa sua impossível "neutralidade axiológica": na *Nave-República*, o direito de soberania só é reto em razão da justiça que lhe é imanente[83]; se falta essa justiça, desaparece o direito de soberania. O direito de soberania, tal como o concebe Bodin, não basta a si mesmo, uma vez que participa das exigências da "grande lei da natureza": só é descodificado num horizonte metafísico complexo cujas metamorfoses convém decifrar.

D) Soberania e harmonias naturais

Os três grandes textos jurídicos de Bodin – *Methodus, Juris universi Distributio, Os seis livros da República* – terminam com páginas breves relativas a uma categoria conceitual que é pouco corrente no direito público: a "justiça harmônica". O tom desse conceito parece, à primeira vista, há que admitir, enigmático. O enigma se torna menos denso quando nos dizemos que, no século XVI, a distinção entre as disciplinas, que nos é familiar hoje, ainda não existia: Bodin jurisconsulto era também historiador, humanista, cosmógrafo, musicólogo, metafísico etc. Não obstante, é necessário, para apreender o sentido final do direito de soberania, destrinçar o enredamento dos gêneros na escrita multiforme dos textos.

A soberania, repete incansavelmente Bodin, não pode ser dividida: se fosse partilhada, uma das partes subjugaria a outra

---

83. Uma justiça desse tipo evidentemente não se compreende como uma justeza (*Richtigkeit*) que implica uma racionalidade calculadora.

e o caráter misto da autoridade, aniquilando a independência da capacidade de decisão que constitui sua essência, a arruinaria. A unidade da soberania é o imperativo categórico da República. Mas, na obra de Bodin, essa idéia não serve de eixo para uma apologia da monarquia. O caráter indivisível, simples e uno da soberania é reportado à ordem imanente do mundo. Só encontra sua explicação na hierarquia universal que caracteriza a visão cósmica de Bodin. "Pois, assim como o grande Deus, por natureza muito sábio e muito justo, manda nos anjos, assim os anjos mandam nos homens, os homens nos animais, a alma no corpo, o céu na terra ..."[84] A unicidade do comando soberano manifesta na República a vontade unificadora e absoluta (isto é, não submetida às leis da natureza que ela edita) da "maravilhável" sabedoria divina. É importante, portanto, situar a soberania em seu exato lugar na escala da Natureza e, para fazê-lo, é preciso relacioná-la com a cadeia dos seres em toda a sua totalidade.

Bodin, ao enfraquecer os teologúmenos da tradição medieval à qual ele tantas vezes se referiu, exibe um naturalismo vigoroso. Se a República "tem apenas um corpo" e não pode, sem ser um "monstro", ter "várias cabeças"[85], é porque a unicidade e a unidade da soberania se inserem, como a distribuição dos astros em torno do Sol, como a organização do formigueiro em volta de sua rainha ou do rebanho atrás de seu pastor[86], num quadro cosmográfico encantado. Para compreender o sentido da soberania, é preciso desvendar o mistério ontológico da Natureza. Bodin fornece todos os elementos metodológicos dessa decifração ao sugerir três níveis de leitura – aritmológica, musicológica e metafísica – do direito de soberania.

Dar uma estrutura matemática ao conceito jurídico de soberania não é, no século XVI, muito original[87]. O que é muito

---

84. *La République*, prefácio, *a* iiij.
85. *Ibid.*, VI, IV, p. 966.
86. Cf. *Methodus*, p. 414.
87. Assiste-se no século XVI a um florescer de obras matemáticas – as de Charles de Bovelles, de Cathalan, de Forcadel, de La Tayssonière, de Pelletier du Mans etc. – que, graças ao surto do platonismo, conferem, sobretudo à aritmética, seu título de nobreza e lhe atribuem uma vocação prática.

mais é que, na concepção do mundo de Bodin, o número é onipresente: "Deus dispôs todas as coisas por números"[88]; o algarismo 6 governa as mulheres, o algarismo 7, os homens; os algarismos 7 e 9 presidem às revoluções. Bodin desenvolve uma filosofia do número[89], que concebe, contra os epicuristas, como antiacaso, e contra os estóicos, como o antidestino. É portanto em termos aritméticos que ele pensa a justiça, a qual, como sabemos, ele adota como critério de validade da soberania. Enquanto a justiça comutativa quer uma igualdade estrita tal como $a = b$, enquanto a justiça distributiva quer uma igualdade de relações, isto é, uma proporção do tipo $a/b = b/c$, a justiça harmônica, que é a alma da autoridade soberana, se exprime numa fórmula complexa e um pouco hermética, que remete à tradição pitagórica das *mediedades*[90]. O esoterismo aritmológico e mágico do pitagorismo não desagrada a Bodin, embora seja difícil dizer o que conhecia exatamente da numerologia de Pitágoras. Seja como for, ele projeta os poderes matemáticomísticos dos números, muito particularmente os da tétrade e da década, sobre as estruturas da República[91] de maneira que a harmonia devida ao número sela a unidade da Cidade sob a unicidade e a indivisibilidade da soberania.

Nessa transposição, Platão, herdeiro do pitagorismo, foi o inspirador de Bodin. Indicou-lhe como recorrer, mais além da aritmologia, à musicologia, a fim de compreender os segredos de um direito justo. De fato, a justiça harmônica que inspira a

---

88. *La République*, VI, VI, p. 1016.
89. Cf. *Apologie de René Herpin*, p. 14 e pp. 36 ss.
90. Sobre o problema das mediedades, cf. P. H. Michel, *De Pythagore à Euclide. Contribution à l'histoire des mathématiques pré-euclidiennes*, Paris, 1950; D. H. Fowler, *The Mathematics of Plato's Academy; a New Reconstruction*, Oxford, 1987.
91. Ele coloca em lugar de honra a tétrade, que é, diz ele, princípio de harmonia. De fato, a soma dos números da tétrade é a década: $1 + 2 + 3 + 4 = 10$. Ora, a década é perfeita, pois une aquilo que, na série dos números, é primeiro: ela é princípio de união e de organização ao mesmo tempo que princípio de explicação daquilo que é. A tétrade contém em seu recôndito, do ponto de vista do ser como do ponto de vista do conhecer, a lei da harmonia.

soberania legítima (*legitima gubernatio*) repete a estrutura da escala diatônica[92]. Quando Bodin evoca o canto das três Parcas – sentadas em torno de sua mãe Necessidade, Cloto canta o presente, Átropo o futuro e Láquesis o passado –, recorda-se do mito de Er[93], no qual Platão celebrava no cosmos uma harmonia musical que a linguagem matemática traduzia. A música do mundo, aliada à eufonia dos tempos, faz o concerto maravilhoso do universo. Mas Bodin se recorda também do *Timeu*, no qual Platão descrevia com um forte simbolismo geométrico-musical o ordenamento do sistema do mundo em que se conjugam o círculo do *mesmo*, o círculo do *outro* e o número perfeito do *tempo*: nessa aliança, que é expressa pelo "número nupcial"[94], ressoa o canto do mundo, à cuja escuta se põe Bodin[95]. Então, quando o soberano legisla, ele pratica a *métrica* superior, segundo a qual se determinam os acordes da escala[96]. Música e política são analógicas: "Assim como o intervalo de oitava contém todos os acordes em potencial, assim também num só e mesmo príncipe reside o poder supremo que, dele, se transmite a todos os magistrados."[97] Por sua potência legislativa, o soberano tem a incumbência de realizar a concordância das diferenças – concordância maravilhosa em que os extremos são unidos pelos intermediários que os juntam. Ele "equilibra" ou "acomoda" as forças antagônicas umas com as outras: príncipes e súditos, senhores e servidores, justos e maldosos, fortes e

---

92. *Methodus*, p. 422; *La République*, VI, VI, p. 1056; *Apologie de René Herpin*, pp. 31-2.
93. Platão, *La République*, liv. X, 616 c – 617 c.
94. Platão, *La République*, VIII, 546 b sa.
95. Bodin, *La République*, VI, VI, p. 1056; *Methodus*, pp. 370-1. Segundo Bodin, o número nupcial é 5040, decididamente não como os outros: ele é obtido multiplicando-se os primeiros números até 7, uns pelos outros; a seqüência dos dez primeiros algarismos (a década) constitui para ele, e só para ele, uma série ininterrupta de divisores exatos; fora da década, o primeiro divisor exato é 12; ora, o ano comporta 12 meses, a Cidade 12 tribos, cada tribo tem 120 membros (número divisível por 12) etc.
96. *Methodus*, p. 422.
97. *Ibid.*, p. 423.

fracos etc. Ele concilia em suas leis, segundo o princípio da harmonia, do que é plural, impuro ou discordante: a igualdade e a hierarquia, o príncipe e o povo, a nobreza e a plebe, o senhor e o servidor. "É a discordância que dá graça à harmonia."[98]

Nesse "enredamento" reside, segundo Bodin, o segredo ontológico da soberania. Em meio aos meandros histórico-bíblicos do verbo de Bodin, o conceito de soberania indica a solução que o direito público traz ao problema metafísico do Uno e do Múltiplo: assim como, na música, a harmonia procede da nota dominante, assim também Deus é a única fonte da ordem do mundo, assim também a soberania, "una e indivisível", é o princípio de união da República. O Uno engloba o Múltiplo e harmoniza suas variações. Não se podem estabelecer vários chefes em uma família, vários pilotos em um navio, várias rainhas em uma colmeia[99]. Diante desse pluralismo, toda a natureza protesta, a razão desaprova, a experiência dos séculos conclui pelo sentido oposto. A necessidade de um poder único é a transposição jurídica da sublimidade metafísica do Uno.

Como, por conseguinte, não compreender que a soberania repete na *Nave-República* o ordenamento geral do cosmos, que é o de um teatro divino? No orbe da grande Natureza, a submissão da soberania à eminência da lei divina nada tem de uma servidão; sob o algoritmo da unimultiplicidade, ela exprime a participação da Cidade na unidade orgânica do grande Todo do mundo[100]. Como observa E. Cassirer, o homem, no século XVI, "só toma a medida do seu próprio destino percorrendo em toda a sua amplidão a esfera do Todo"[101]. Assim se explica o caráter "sagrado e inviolável" da soberania: o segredo de sua essência e de sua potência só é descoberto pela contemplação do poder divino trabalhando no imenso anfiteatro da Natureza[102].

---

98. *La République*, VI, VI, p. 1060.

99. *Methodus*, p. 414.

100. É por isso que Bodin considera impensável a idéia de uma *Civitas maxima* ou de um império universal.

101. E. Cassirer, *Individu et cosmos dans la philosophie de la Renaissance* (1927), trad. fr., Ed. de Minuit, 1983, p. 113.

102. "Nós não viemos para outra finalidade a este teatro do mundo senão para entender, tanto quanto nos seja possível, a admirável bondade, sa-

No universo conceitual em que Bodin insere as estruturas jurídicas da *Nave-República*, a soberania é, como dirá Charles Loyseau condensando a escrita copiosa dos *Seis livros da República*, "a forma que dá o ser ao Estado". Caracterizada como "auge de potência", ela embasa a sociedade política de modo que, tal como a estrutura de um navio, confere-lhe estabilidade e segurança contra os ventos da história. Como as prerrogativas superlativas da potência soberana exprimem a perfeição de sua essência, elas podem pôr um freio tanto nos desvios da República quanto nas sedições que a ameacem: os tiranos e os rebeldes são de antemão abatidos. Eis por que "a palavra majestade é apropriada para aquele que maneja o timão da soberania"[103].

Mas, a própria feitura da obra de Bodin indica que, para além da preocupação de um "político" legalista cioso de dar à França enferma de seu tempo uma sólida base doutrinária jurídica, o objetivo para o qual se orienta a análise da soberania não é "constitucionalista". Homem do século XVI e muito menos moderno do que se costumou dizer ao celebrar a nitidez teórica de seu conceito de soberania, Bodin explica que as estruturas jurídicas do Estado só são compreendidas relacionadas com uma visão cosmológica, até mesmo cosmográfica[104]. Essa tese, na economia de conjunto de sua obra, nada tem de um epifenômeno ou de um floreio. Significa que sua reflexão sobre a noção de soberania é fundamentalmente metafísica. Das montanhas às repúblicas, do diamante entre as pedras ao soberano no navio político, repercutem as harmonias naturais que a lei do mundo desejada por Deus insufla em todas as áreas. O *direito político* não se desvincula de uma *metafísica naturalista* na qual cada ser ou forma de ser toma lugar na "escala da

---

bedoria e potência desse grande Operário de todas as coisas e para ficarmos enlevados com mais ardente afeto em celebrar seus louvores na contemplação desse Todo, obra incomparável d'Este" (*Théâtre universel de la nature* [1596], trad. fr., 1597, p. 3).

103. *La République*, I, X, p. 218.
104. *Apologie de René Herpin*, pp. 15 e 23.

natureza". O grande livro do mundo está cheio de correspondências e consonâncias, de modo que, em sua ordem, a potência soberana é para a República o que, na ordem cósmica, a Unidade é para a Totalidade: a saber, princípio, *princeps* ou *archè*. Portanto, o navio Estado está firme e voga reto, ainda que as vagas estejam agitadas, quando, como na "mãe Natureza", ordem, conveniência e harmonia tecem a trama dos atributos essenciais da soberania. A última página de *A República* é eloqüente. A polifonia dos "tocadores do mundo" é a norma universal; não só ela inclui o mal no bem e acomoda os vícios à virtude num sábio "enredamento"; mas também a justiça harmônica que, mais ainda do que a dimensão ética, é o segredo ontológico de uma República reta, une as dissonâncias num canto que faz ouvir a supremacia da Unidade.

Para Bodin que, sem dúvida, já pressente, sob os sinais prenunciadores do artificialismo racionalista, as vertigens do individualismo que dissolve e pulveriza em vez de juntar e unir, a soberania é, no direito político, um *hino à Natureza*. Na harmonia régia da República ela faz ressoar o divino canto do mundo.

A hora da modernidade jurídico-política soará quando, sob o signo da polêmica, o raciocínio e o artifício excluírem as bases naturalistas da soberania. Essa revolução filosófica, que é também a revolução intelectual de uma época, subverterá a teoria do direito político atribuindo à idéia de soberania a simplicidade e o rigor de suas bases racionais.

2. O modelo racionalista da soberania no Estado-Leviatã

A teoria jurídica da soberania modelada por Bodin, nítida e incisiva, fez escola rapidamente. Em 1610, Charles Loyseau, tendo-se atribuído a tarefa de "citar exatamente os direitos de soberania visto que os antigos filósofos quase não falaram dele porque, no tempo deles, as soberanias ainda não estavam bem estabelecidas"[105], escreve os célebres preceitos que a posteridade irá guardar: "O Estado e a soberania tomada *in concreto* são sinônimos" e "A soberania é a forma que dá o ser ao Estado". "Ela consiste, prossegue ele, em potência absoluta, isto é, perfeita e inteira em todos os pontos, que os canonistas chamam de *plenitudo potestatis*. E, por conseguinte, ela não tem grau de superioridade, pois o que tem um superior não pode ser supremo ou soberano; sem limitação de tempo, de outra forma não seria nem potência absoluta nem mesmo senhoria [...]. E, como a Coroa não pode existir se seu círculo não é inteiro, também a soberania não existe se lhe falta alguma coisa"[106]. Na clareza do conceito, o trabalho teórico realizado por Bodin e seus sucessores parece ter-lhe dado acentos definitivos, chamados a repercutir na doutrina[107]: "A soberania", escreve Cardin Le Bret, "não é mais divisível do que o ponto em geometria."[108]

Entretanto, bastam algumas décadas, em cujo decorrer se realizou o que se denominou "o milagre dos anos 1620" para que o surto da ciência mecanicista abale essa segurança doutrinária e revele a carga polêmica que, no Estado em busca de sua modernidade, a concepção da soberania continha.

A) Grotius e Hobbes, depreciadores do naturalismo jurídico

Em 1625, a idéia que Grotius tem da soberania faz despontar, a exemplo de toda a sua obra, uma incontestável hesitação filosófica. É verdade que, na longa análise – de resto, pouco sistemática – que apresenta dela, reconhece-a, tal como Bodin, como "a potência civil" que, nas suas palavras, Tucídides, Aris-

---

105. Charles Loyseau, *Traicté des Seigneuries*, 4ª ed., Paris, 1614, capítulo III, p. 25.
106. *Ibid.*, cap. II, pp. 14-5.
107. Essa mesma tonalidade de proposição é encontrada, por exemplo, em Jean Savaron, *De la souveraineté du roi*, 1615, em Cardin Le Bret, *De la souveraineté du roi*, 1632, e no *Testament politique* de Richelieu, do qual ele foi conselheiro.
108. Cardin Le Bret, *De la souveraineté du roi*, ed. de 1632, I, 1.

tóteles e Dionísio de Halicarnasso já haviam compreendido como "o poder moral de governar um Estado"[109]. Salienta o princípio de "perfeita independência"[110] próprio desse "poder superior"[111] do qual o Estado é "o súdito comum", ao passo que uma ou várias pessoas podem ser seus "súditos próprios"[112]. De maneira muito clássica, ele se indaga, apoiado em numerosos exemplos históricos, sobre as maneiras de possuir o direito de soberania e de perdê-lo. Entretanto, observa que a soberania pode ser considerada seja "um estabelecimento divino", seja "um estabelecimento humano"[113]. Seguramente ele não tem muita simpatia nem pelo "famoso Barclay" nem pelos monarcômacos que, nos seus polêmicos artigos políticos defenderam esta última tese. Mas, não escreveu que, "mesmo que não haja Deus algum"[114], o direito dos homens, sob as luzes da razão, seria aquilo que é? Isso, é claro, não passa de pura hipótese. O fato é que o princípio de independência da soberania se deixa subsumir, ainda que metodologicamente, pelas categorias da razão humana. Essa mudança de categoria indica não que o homem é a medida de todas as coisas, mas que não é filosoficamente necessário inserir a soberania numa doutrina teocrática que deduz seu conceito da vontade divina absoluta e impenetrável (logo, irracional). Tudo leva a crer que os posicionamentos religiosos de Grotius no campo dos arminianos opostos ao dogmatismo de Calvino, que defende a onipotência de Deus, não são alheios ao argumento[115]. Ocorre que, para ele, a idéia do

---

109. Grotius, *Droit de la guerre et de la paix*, I, III, VI, 1.
110. *Ibid.*, I, III, XVII, 1.
111. No *De jure praedae* de 1605, Grotius já observava que "A palavra Estado se aplica a um corpo capaz de bastar a si mesmo e que constitui um todo por si só".
112. Grotius, *Droit de la guerre et de la paix*, I, III, VII, 6.
113. *Ibid.*, I, IV, VII, 3.
114. *Ibid.*, Prolegômenos, § 11.
115. Não se poderia duvidar da sinceridade religiosa de Grotius. Depois de fugir da prisão, ele divulgou em Paris, em 1622, uma *Defensio fidei catholicae* (que lhe valeu uma condenação à morte pelos Estados Gerais da Holanda e mil dificuldades por parte do embaixador dos Países Baixos em Pa-

direito – e, portanto, a idéia do direito de soberania – não se pauta por uma razão que seria, como se pensou muito tempo, serva da lei divina. E. Cassirer ultrapassa amplamente a literalidade dos textos quando afirma que Grotius "vai realizar, no campo do direito, a mesma revolução que fez Galileu na física"[116]. De fato o procedimento de Grotius é ainda desprovido de segurança, de tão forte que é a influência da escolástica espanhola da Escola de Salamanca sobre o seu pensamento[117]; é o de um pensador entre dois mundos que, ainda fascinado pelas teorias teológico-naturalistas das quais Bodin – criticado em várias ocasiões[118] – lhe parece ser um representante, vislumbra, sem lhes dar ainda uma adesão plena, as potências de que está prenhe a racionalidade do pensar humano. Há mesmo no jurisconsulto o pressentimento de uma autarquia racional cujos projetos ele prevê que triunfarão, num futuro próximo, sobre os obstáculos epistemológicos e as dificuldades filosóficas aos quais conduzem, muito especialmente no campo jurídico, as idéias aceitas e os hábitos antigos. Mesmo que não consiga tomar uma resolução e jamais negue a transcendência de Deus, ele pede a um racionalismo humanista, contra a dogmática teológica e segundo um método que se parece muito com o de Descartes[119], que explique o universo jurídico-político.

Na mesma época, Richelieu, certamente mais preocupado com a prática do que com a teoria política ou jurídica, declara que "a razão deve ser a regra na condução de um Estado"[120].

---

ris). Posteriormente, em 1639, publicou o *De veritate religionis christianae* (parcialmente redigido havia muito tempo), em que expunha sua fé num Código universal da religião cristã. Nos Prolegômenos do *De jure belli ac pacis* ele escreveu também: "Não se poderia servir a Deus com amor demais" (§ XLVI).

116. E. Cassirer, *La philosophie des Lumières* (1932), trad. fr., Fayard, 1970, p. 246.

117. Sobre esse aspecto da obra de Grotius, cf. P. Haggenmacher, *op. cit.*

118. Grotius, cf. na tradução de Barbeyrac do *Droit de la guerre et de la paix*, as notas explícitas sob II, VII, 1 e II, XX, 33.

119. Grotius, *Droit de la guerre et de la paix*. Prolegômenos, § LVIII.

120. Richelieu, *Testament politique*, reedição Bibliothèque de philosophie politique et juridique, Caen, 1985, p. 247.

Sem procurar tornar filosófico um "testamento político" que não o é muito, reconheçamos pelo menos que, na ocasião em que Descartes conclui, segundo a bela frase de F. Alquié, "a descoberta metafísica do homem", há em tal concepção da política o sinal eloqüente da antropodicéia racionalista que não tardará em se tornar perfeitamente explícita.

A filosofia de Hobbes, na qual o homem carrega o peso e adquire o domínio do universo político e jurídico por ele construído, confirma essa renovação da consciência do tempo. Por mais que a ciência política exposta no *Leviatã* faça a "essência da República" residir, a exemplo do que dizia Bodin, numa *potestas* entendida como "suprema potência"[121], essa herança de palavras está longe de ser uma herança de idéias. Ela é, com meio século de intervalo, o índice do torneio filosófico desencadeado entre o racionalismo artificialista e o naturalismo metapolítico. De fato, mesmo quando a definição proposta por Bodin – a soberania é a "autoridade suprema em que reside o princípio da República"[122] – é, na forma, a que Hobbes repete – o poder soberano pertence ao Leviatã, esse Deus mortal em quem reside "a essência da república" –, na realidade o que ressoa é um acorde dissonante: a consonância das palavras e das fórmulas é minada pela dissonância das duas filosofias nas quais se insere seu conceito da soberania. O "auge de potência" que, no comando supremo, determina a majestade do gesto político, não é afetado, num caso e no outro, pelo mesmo significado. É verdade que, por sua vontade epistemológica de renovar as velhas imagens do orbe político louvando-se em exigências de cientificidade, Hobbes poderia parecer próximo de Bodin[123]. Só que Bodin e Hobbes não concebem a "ciência" da

---

121. Hobbes, *Léviathan*, cap. XVII, p. 178.
122. Bodin, *Methodus*, p. 359.
123. Bodin declarava: "É preciso formar a definição da soberania porque não há jurisconsulto nem filósofo político que a tenha definido: ao passo que esse é o ponto principal e o mais necessário de ser entendido no tratado da República" (*La République*, I, VIII, p. 122). Conhece-se o desígnio de Hobbes de fazer nascer a "ciência política" que, nas suas palavras, surge no *De Cive*.

mesma maneira e não lhe atribuem o mesmo andamento. Esse é o ponto inicial de divergências filosóficas, cujas repercussões, no mundo moderno, tumultuarão a teoria do direito político a ponto de evidenciar o caráter conflituoso de seus conceitos diretrizes.

Vimos que Bodin, ao teorizar a idéia de soberania, pensava-a com referência à ordem metafísica do cosmos. Hobbes, resolutamente antiaristotélico, renega os horizontes cosmológicos do mundo político e se recusa a situar o microcosmo estatal no macrocosmo querido por Deus e regido por Ele. Não pensa que não exista Deus criando e administrando a Natureza, porém, no seu racionalismo universal e no passo geométrico de uma ciência mecanicista causal, redutora e explicativa, considera que só há sociedade "civil ou política", ou seja, Estado soberano, construída pelo projeto racional dos homens. Assim se esfacelam ao mesmo tempo, explicitamente, as referências teológica e cosmológica do direito político. Isso não quer dizer que Hobbes opta pelo ceticismo ou que se compraz na dúvida, ainda que metódica. Ele pensa o homem como princípio: reconhece-lhe um poder calculista que, por sua capacidade de síntese, é construtor, portanto capaz desse empreendimento grandioso que é a edificação do Poder do Estado, em que, aliás, a racionalidade é por si só um programa de ação. Essa audácia racionalista exclui a busca de eventuais similitudes entre a majestade do Estado e o brilho do sol entre os astros[124], entre o soberano da República e a rainha de um enxame de abelhas tanto quanto entre a potência soberana do Leviatã e a potência doméstica natural que se exprime num "lar". Enquanto, segundo Bodin, o príncipe, tal como quer a "grande lei de Deus e da Natureza", manda naturalmente nos súditos como o pai manda nos filhos[125], para Hobbes não é concebível que o governo da casa, calcado na ordem da natureza, seja "o verdadeiro modelo do Governo da

---

124. Cf. Bodin, *Methodus*, p. 414.
125. Bodin, *La République*, I, l, pp. 11, 29, 32; cf. p. 34 : "É impossível que a República valha alguma coisa se as famílias, que são os pilares desta, tiverem maus alicerces."

República". A soberania do Estado-Leviatã é edificada, matematicamente – é certo que com base nas leis da natureza fundamentais, mas tais que são "preceitos" ou "teoremas da razão"[126] – pela soma de todos os direitos ou poderes cujo exercício os indivíduos, concluindo um contrato *inter pares*, confiaram ao *homo artificialis* encarregado de representá-los a todos e de agir em nome e lugar deles. A potência soberana resulta do cálculo teleológico de interesses pelo qual a razão, no universo de signos (*marks*) edificado por ela, opõe-se à anarquia e à beligerância do estado de natureza. O significado desse universo de signos se esclarece, na ciência política de Hobbes, pelo esforço e pela audácia que consistem em se desfazer das crenças e das idéias "fabulosas" às quais a tradição conferia autoridade. Afirmando a autocracia da razão, a nova lógica consuma a descoberta política do homem, do mesmo modo que a nova filosofia de Descartes acaba de consumar a "descoberta metafísica do homem". Seria incongruente relacionar o Poder soberano com o "modelo" da "lei de Deus e da natureza" ou ver nele "a imagem de Deus". É na soberania da razão que reside a chave da soberania do Estado: esta é um "estabelecimento humano" e se caracteriza como "a alma artificial" do "homem artificial" que é o ser de razão do Estado. Suas estruturas conceituais são perfeitamente inteligíveis pois que o próprio intelecto as produz.

Seria um erro concluir que a passagem do direito divino para o direito humano assim efetuada atesta a incredulidade ou irreligiosidade de Hobbes. Decerto existem, no século XVII, céticos, libertinos e ateus. Mas a filosofia de Hobbes não se inclina nem para o negativismo ontológico nem para a retirada de Deus; desloca, muito especialmente em matéria de direito político, o ponto de aplicação da reflexão. Erradicando as escórias que atrapalham a metafísica de uma outra época, ela pretende mostrar que a inteligibilidade dos conceitos-mestres do direito político só é atingida quando a razão disseca suas próprias operações. Afastar os horizontes teológicos, encobrir as harmonias

---

126. Hobbes, *Léviathan*, cap. XIV, p. 129.

cósmicas é uma espécie de catarse que destaca, no que se refere à razão, a clareza das produções dessa própria razão. A soberania, *artefactum* construído pela operação da razão, não comporta mistério algum. A revolução mecanicista da ciência hobbesiana dissocia a ciência e a mística, o saber e a crença: a razão, liberta, pode avançar, no mundo de suas próprias obras e graças a sua energia produtora, pelo caminho que leva à autonomia.

Entretanto, em meados do século XVII, a filosofia do direito político é palco de um áspero conflito doutrinário.

B) As perspectivas conflituosas do direito político moderno

No âmago do "grande século", a indagação filosófica sobre a soberania, embora unanimemente saudada como "a essência do Estado", leva a uma encruzilhada. Será o direito da República no mundo dos homens, como pensou Bodin, o reflexo da harmonia universal ou manifesta, como quer demonstrar Hobbes, as glórias da racionalidade construtora? Esse dualismo repete a antiga alternativa da *Physis* e do *Nomos*. No tom polêmico inevitavelmente assumido pela teorização filosófica da soberania, ressoa também o choque da problemática tradicional do direito político, vinculado à axiologia cujo dogmatismo metafísico embasa a idéia do "melhor regime", e da problematização moderna requerida por uma perspectiva científica ciosa de explicar aquilo que é por análise e síntese, e de alcançar, ao fazê-lo, uma "verdade especulativa"[127].

Bodin, por causa de seu apego à harmonia universal e à natureza das coisas, pressentia os perigos que o individualismo, cujos primeiros indícios percebia na ciência copernicana, faria pesar sobre a unidade do mundo. Entrevia as ameaças pelas quais o método resolutivo, que dissolve e pulveriza em lugar de juntar e unir, destruiria a harmonia unitária que, à imagem da Natureza, a república dos homens quer. Muito pelo contrário, Hobbes admirava Galileu e Mersenne por terem atacado

---

127. *Ibid.*, cap. XXXI, p. 392.

de frente os vestígios do aristotelismo que, na "escala da natureza", mantêm as "proporções harmônicas" entre os seres. Seu racionalismo não significa que "o silêncio eterno dos espaços infinitos" o amedronte, mas que decreta a morte das fábulas metafísicas: a política dos homens, feita pelos homens para os homens, não tem fundamento supra-humano. Segundo ele, a soberania do Estado moderno não oculta "a realeza natural de Deus" – "o Eterno reina, que a terra se rejubile" – mas a ciência do Estado, estranha às verdades religiosas reveladas que estão situadas fora do campo da racionalidade, tem por desígnio firmar a iniciativa e a responsabilidade dos homens na sociedade civil que lhes cabe edificar para se arrancar do caos mortífero de sua condição natural. Na política e na cultura em marcha, os homens dão as costas às potências das trevas. No mais alto nível do direito, a ordem e a tranqüilidade públicas são a obra que os homens constroem para si próprios. A emancipação deles começa com a segurança conquistadora de sua razão. A verdade do direito político não depende de uma hipotética essência ontológica, mas é obra da razão construtora dos homens.

De Bodin a Hobbes, a soberania deixou o orbe encantado da Natureza que, desde Aristóteles, oferecia o paradigma da ordem. Desde então, o livro da Modernidade podia abrir-se num clima de fascinação racional carregado de uma universal esperança de autonomia.

Contudo, quem quer que reflita sobre o significado que se prende às vitórias do artificialismo racional sobre o naturalismo providencial não pode deixar de situá-las no cerne de um conflito eterno. O século XVII fala da "querela dos Antigos e dos Modernos". A expressão, qualquer que tenha sido seu sucesso, mesmo em nossa época, é pouco feliz e pouco exata; existem, na verdade, poucos filósofos que, considerados "antigos", não têm, nesse tempo de mutação, alguma intuição moderna, ou que, declarados "modernos", não devam nada aos antigos. O que existe é, antes, um conflito eterno entre duas vertentes da filosofia, em que se manifesta a força inesgotável do esquema polêmico do pensamento: ou este se orienta para um horizonte de transcendência ou se compraz, utilizando outros instrumentos mentais, na imanência de seus próprios poderes. Nesse universo partido, a discussão não abre uma terceira via. O conflito é infindável, pois a rejeição de uma tendência remete à outra e vice-versa. Nessa perspectiva conflituosa, a oposição expressada pelas primeiras teorizações filosóficas da soberania propostas por Bodin e por Hobbes assume a figura de um revelador: ela é o símbolo da carga polêmica que mora nos conceitos do direito polêmico – ou que, pelo menos, morará neles enquanto a filosofia procurar conferir-lhes a certeza de algum dogmatismo. Parece, portanto, que a oposição doutrinária entre o naturalismo providencial de Bodin e o artificialismo racionalista de Hobbes é menos reveladora do choque entre o espírito dos "Antigos" (aliás, será que Bodin é um "antigo"?) e o espírito dos "Modernos" (será mesmo que Hobbes é de fato um "moderno"?) do que do duelo gigantesco do qual não há em absoluto certeza, mesmo hoje, apesar das "transformações da filosofia", de que ele possa ter findado. Portanto, não é nada surpreendente que a idéia de soberania tenha sido exposta, já em suas primeiras teorizações filosóficas, aos antagonismos profundos que deviam provocar uma crise endógena em seu conceito.

Na modernidade do direito político, essa crise, transportada, é verdade, para outro terreno, não tardará a rebentar. Grotius a havia pressentido quando, no seu volumoso tratado, perguntava "se a soberania pertence sempre aos povos"[128]. Contudo, mais reivindicante e mais militante, a filosofia do século XVIII, prosseguida pelos debates pós-revolucionários, iria debater longamente sobre o lugar da soberania: ela reside nos príncipes ou nos povos?

3. As controvérsias doutrinárias e a mudança do conceito da soberania

A carga polêmica contida pelos princípios fundamentais da soberania nas obras de Bodin e de Hobbes permanece pura-

---

128. Grotius, *Droit de la guerre et de la paix*, I, III, VIII.

mente teórica. O fato de Bodin ser um "político" que se põe inteiramente a serviço da monarquia francesa em nada altera a escolha metodológica de um pensamento que pretende elaborar uma "doutrina" da soberania. Quanto a Hobbes, ele próprio declara se indagar sobre o poder "no abstrato" e não "discutir em favor de nenhuma seita"[129]; se declara não ser indiferente às conseqüências práticas das idéias, confessa preferir a análise conceitual à militância que – como sabe por experiência – é perigosa e lhe causa medo. Por isso, o conflito que a idéia de soberania traz em si provém essencialmente, entre as teorias dos dois filósofos, das respectivas postulações às quais remete seu conceito.

Entretanto, ao mesmo tempo, outros autores inserem a idéia de soberania num contexto que, sem ser verdadeiramente militante, possui uma feição que diríamos já ser "ideológica". Com isso eles contribuem, enquanto começa a se operar um amadurecimento geral da consciência dos povos, para o desencadeamento de uma crise de outro tipo, mais política do que filosófica, mais profunda, que não cessará, décadas a fio, de minar o conceito. Seu procedimento não consiste em explicar o modelo de ordem – natural ou racional – expressa pela soberania no Estado e, para isso, reportar sua idéia a um horizonte metajurídico. Seu projeto é mais prático do que teórico; contudo, produz no movimento do pensamento jurídico-político efeitos perturbadores, de intensa repercussão filosófica. Sua indagação, que incide – aparentemente de maneira muito clássica com relação ao filósofo – sobre a *origem*, a *extensão* e os *titulares* da soberania, solapa mais ou menos a noção. Em todo o caso, a soberania se torna o objeto de ásperas controvérsias que transportam para o terreno escorregadio da prática a carga polêmica que, até então, a teoria alojava em sua idéia.

---

129. Hobbes, *Léviathan*, Epístola dedicatória, p. 5; *De Cive*, prefácio, xxxix e xl.

A) A questão da origem da soberania

A questão da *origem* da soberania mostra o quanto, já em sua emergência, o conceito moderno de Estado é atormentado. Se a soberania é, de maneira geral, reconhecida como a marca essencial da potência do Estado, um dos problemas que se apresentam aos legistas é dizer qual é sua fonte, a fim de medir os efeitos que dela decorrem. Para eles, essa questão é de fato fundamental, graças à qual a tradição teológico-político herdada da escolástica medieval se vê contestada. Mas, nesse ponto, as coisas são mais complicadas do que se tende a dizer hoje, utilizando fórmulas impressionantes que falseiam a verdade histórica das doutrinas do direito político.

Basta recordar aqui qual era a tese mestra do pensamento antemoderno do direito político. Ela se condensa nas palavras freqüentemente citadas do apóstolo São Paulo: *Nulla potestas nisi a Deo*[130]. A soberania – ainda que o nome ainda não existisse – era então pensada, no domínio temporal, à imagem da onipotência de Deus no domínio espiritual, como *plenitudo potestatis*; o "soberano" que a encarnava só podia ser *imago Dei*. Para além desse modo de representação analógica, delineava-se a teoria cristã do direito divino dos reis segundo a qual qualquer príncipe investido, na terra, do Poder de comando, só o recebe de Deus. Essa era a tese, vinda da patrística cristã e, em particular, de Santo Agostinho, defendida oficialmente pela Igreja católica romana[131]. Inúmeros teólogos, no século XVII, ainda aderem a ela. De F. Suárez a Bossuet, o mesmo tema retorna, exposto claramente por J. Fr. Homius[132] e por Pierre Nicole[133]. Se a designação dos príncipes depende de uma esco-

---

130. *Romanos*, XIII, 1.
131. Cf. o artigo de J.-F. Courtine, L'héritage scolastique dans la problématique théologico-politique de l'âge classique, in *L'État baroque*, Vrin, 1985, pp. 89 ss.
132. J. Fried. Hornius, *De Civitate* (1664), liv. II, cap. I; cf. igualmente Pufendorf, *De jure naturae et gentium*, liv. II, cap. III, § 3, que resume a doutrina tal como a expõe Hornius.
133. Pierre Nicole, *De l'éducation d'un prince*, Paris, 1670. "De la grandeur", primeira parte, XIII, XIV, pp. 185-6. "Ainda que a realeza e outras for-

lha humana, a autoridade soberana de que são detentores provém de Deus, assim como a autoridade pastoral dos bispos lhes é conferida por Jesus Cristo. Em todo caso, fica claro que a teoria do direito divino dos reis – tal como a encontramos exposta com todo seu vigor dogmático na Inglaterra pelo rei Jaime I e na França por Cardin Le Bret, aprovado por Richelieu[134] – insere o conceito da soberania num horizonte teológico-político. Em 1644, Sorbière declara ainda de maneira peremptória: "O rei deve prestar conta de seus atos somente a Deus."

Ora, a filosofia moderna, desde seus primeiros passos, tende a secularizar os conceitos teológicos, que ela transpõe para o terreno propriamente humano do direito político. O célebre preceito lançado por Grotius, segundo o qual o direito seria o que é "mesmo que Deus não existisse ou ficasse indiferente aos assuntos humanos", faz rebentar a crise das teorias teológico-políticas. Certamente, a proposição de Grotius – ousar *supor* que Deus pudesse não existir – era julgada escandalosa. O próprio Grotius o sabia e escreveu que "teria sido um crime horrível" concordar com "que não há Deus ou, se existe um, que ele não se interessa pelas coisas humanas"[135]. Entretanto, a audaciosa hipótese do jurisconsulto tinha por que perturbar e podia fazer nascer a dúvida sobre a origem divina da soberania. Aliás, como vimos, o Estado-Leviatã não era, na filosofia mecanicista de Hobbes, um "deus mortal" que, sob o Deus imortal, era edi-

---

mas de governo venham originariamente da escolha e do consentimento dos povos, a autoridade do rei, não obstante, não vem do povo mas somente de Deus [...] Como a escolha daqueles que elegem o bispo não é o que faz o bispo, e como é preciso que a autoridade pastoral de Jesus Cristo lhe seja transmitida por sua ordenação, assim é a transmissão que Deus lhes faz de sua realeza e de sua potência que os estabelece reis legítimos e lhes dá um direito verdadeiro sobre seus súditos. E é por isso que o apóstolo não chama os príncipes de ministros do povo, mas os chama de 'ministros de Deus', pois eles recebem sua potência somente de Deus."

134. Cardin Le Bret, *De la souveraineté du roi: de son domaine et de sa couronne*, 1632, sublinha a independência do rei em relação ao papa e ao imperador (I, 2 e 3) e também em relação ao povo (I, 9). "Os reis da França recebem seu cetro somente de Deus."

135. Grotius, *De jure belli ac pacis*, Prolegômenos, § XI.

ficado pelo ato do contrato que os homens concluíam entre si nos termos de um cálculo racional de interesses? Segundo o autor do *Leviatã*, a potência soberana encontrava assim sua origem, sem nada pedir a Deus, na operação computadora (*computatio*) da razão humana. Por mais que o trabalho de instituição do poder soberano obedeça à teleologia das leis fundamentais da natureza, Deus permitiu aos homens descobri-las como teoremas de razão *deles*, e a soberania mergulha suas raízes nas capacidades computadoras e construtoras dessa razão. Observa-se da mesma maneira que, segundo Rousseau, a soberania encontra sua origem e seus princípios fundamentais no ato do "contrato social", que é concluído pelas vontades particulares dos homens a fim de edificar a vontade geral. Não obstante, é temerário e exagerado deduzir disso que, no Estado moderno, a idéia que se tem da soberania, laicizada e compreendida como "um poder somente profano", se opõe a qualquer concepção teocrática ou eclesiástica do Poder[136]. O movimento das idéias é menos simplista e os autores, nessa época que é ainda de transição, sabem manejar os matizes com delicadeza. É verdade que, no seu conjunto, jurisconsultos e filósofos estão de acordo em não mais buscar a origem da soberania estatal no decreto impenetrável de um Deus transcendente, que presidiria a todos os destinos do mundo humano, até e inclusive em suas estruturas jurídico-políticas. Mas, ao privilegiar as potências construtoras da razão e da vontade humanas, ainda estão longe de "dessacralizar" o mundo e de afirmar a laicização radical do direito do Estado. É por isso que não se poderia falar sem infinitas precauções do "desencanto" que o direito político e o mundo ensejariam. É isso que aparece quando se escruta a extensão que é então atribuída à soberania no Estado moderno.

---

136. É o que sustenta de maneira muito simplificadora e esquemática G. Mairet, in La genèse de l'État laïc, de Marsile de Padoue à Louis XIV, *Histoire des idéologies* (sob a direção de F. Châtelet, Paris, 1976, t. II, p. 287): "A soberania supõe uma concepção inteiramente laicizada do poder e sua definição como poder somente profano."

B) A questão da extensão da soberania

A *extensão* da soberania surge com clareza cada vez maior à medida que se desenvolve o humanismo jurídico. O aspecto "mágico" ou "taumatúrgico", que, num universo imbuído dos mistérios divinos, La Boétie já deplorava, tende a ser apagado pelo trabalho do racional, cuja força liberadora, nesse aspecto, é incontestável. Contudo, é ir longe demais considerar o conceito da soberania do Estado como sendo laicizado a ponto de ser desespiritualizado. A inteligência do direito político não se alimenta, nos séculos XVII e XVIII, de uma luta contra a espiritualidade. Mesmo quando Voltaire e Diderot clamam que é preciso "lançar uma bomba na casa do Senhor" ou "esmagar o Infame", mesmo quando a religião natural tende a suplantar as religiões reveladas, não se pode deduzir disso que a evolução do pensamento se efetua, em matéria de direito público, por estrepitosas rupturas. C. Schmitt, ao se indagar precisamente sobre a soberania, tem razão em descobrir numa frase de Rousseau o significado do conteúdo e da extensão da soberania acarretada pela mudança de suas origens.

No artigo "Economia política", recorda C. Schmitt, Rousseau escreve que a soberania deve "imitar os decretos imutáveis da divindade". Compreendamos, com Schmitt, não, como se repete com tanta freqüência hoje, que o conceito de soberania já não se enraíza no terreno teológico da tradição cristã, mas que o conceito *teológico* da soberania, em seu conteúdo específico, se *politizou*. Boutmy, citado por C. Schmitt[137], declarava: "Rousseau aplica ao soberano a idéia que os filósofos fazem de Deus: ele pode aquilo que quer; mas não pode querer o mal."[138] A afirmação da soberania como essência do Estado moderno não implica portanto a des-teologização do mundo e do direito político. Muito pelo contrário, nas representações políticas dos séculos XVII e XVIII, o príncipe soberano, que

---

137. C. Schmitt, *Théologie politique* (1922), trad. fr. Gallimard, 1988, p. 55.

138. E. Boutmy, *Annales des sciences politiques*, 1902, p. 418.

"desenvolve todas as virtualidades do Estado por uma espécie de criação contínua [...] é o Deus cartesiano transposto para o mundo político"[139]. A prudência intelectual recomenda portanto que se cerque de bastantes matizes o esquema redutor segundo o qual o antropomorfismo jurídico-político da modernidade *se oporia* ao modelo teológico da soberania. O contexto de referência dos conceitos de direito político certamente já não é o da teologia. Mas, a inteligibilidade do conceito moderno da soberania que caracteriza, "neste mundo", o poder do Estado não implica ruptura com o pensamento teológico tradicional. De maneira muito mais sutil, convém observar que as capacidades ligadas à soberania estatal são pensadas por *analogia* com a *plenitudo potestatis* de Deus. O ímpeto humanista (ou antropologista) da modernidade não consiste em negar Deus, mas em pensar a potência soberana do Estado *transpondo* a idéia de onipotência divina para a esfera do direito público em via de racionalização.

Os historiadores mencionaram muitas vezes o caráter sagrado por muito tempo imputado à instituição monárquica. Diante de um povo que tinha necessidade de crença para conjurar seu grande medo, as sacralidades soberanas exprimiam a dignidade real: a sagração, o juramento, um verdadeiro culto cerimonial ... . Elas constituíam como que o código da potência hiperbólica que fazia o rei "imagem de Deus" ou igual ao Sol. A doutrina política repercutia amplamente essa concepção da sacralidade essencial da monarquia como delegação divina[140]. Mas, se o século XVII em nada afasta o credo monárquico que continua sendo de modo geral um estereótipo carregado

---

139. F. Atger, *Essai sur l'histoire des doctrines du contrat social*, 1906, p. 136.
140. Cf., a título de exemplos: Guy Coquille, *Institution au droit des Français*, 1608; Charles Loyseau, no seu *Traité des Seigneuries*, 1610, faz uma ardente defesa dos direitos do rei: "As leis de Deus, da natureza e dos homens" são, escreve ele, "as leis fundamentais do Estado" (II, 2); Jean Savaron pretende demonstrar em *De la souveraineté du roi*, 1620, que Sua Majestade não pode se submeter a quem quer que seja nem alienar seu domínio de modo vitalício.

de confiança, os pensadores políticos e os jurisconsultos já não atribuem poderes taumatúrgicos à dominação real; eles se apegam cada vez menos, à medida que se desenvolve a teoria contratualista, às virtudes místicas do sangue e da dinastia. Não obstante, o Soberano continua sendo situado no mais alto nível da cadeia dos seres e é reconhecido, segundo o código de pensamento analógico usado com freqüência, como todo-poderoso. O soberano Leviatã de Hobbes é, nesse aspecto, exemplar: define-se como "um deus mortal". A "vontade geral", segundo Rousseau, responde a esse mesmo paradigma metodológico – por onde se vê que o método tem valor fundamentalmente filosófico –, o que explica que, sempre virtuosa, ela não possa errar. E encontramos na maneira pela qual Sieyès pensa o Estado o eco profundo da politização ligada à perfeição da divina potência; ele declara de fato: "De qualquer maneira que queira uma nação, basta que ela queira. Todas as formas são boas e sua vontade é sempre a lei suprema." Se, portanto, é verdade que o soberano já não pertence ao orbe teológico, ele traz ainda, como que por hipotipose, todas as marcas da sacralização. "Soberano acima de todos", como já dizia Beaumanoir por volta dos anos 1280, ele continua sendo no Estado, ainda que não eleito pelo Deus imortal, o ordenador todo-poderoso.

O estatuto do soberano dos tempos modernos é portanto ambivalente. Por um lado, ele já não é expressamente, como nos séculos anteriores, o fideicomissário de Deus; firma-se como a autoridade central cujo poder é edificado racionalmente pela arte humana. Mas, por outro lado, sua dominação se faz à semelhança do reino de Deus[141]. Sem dúvida, no espaço infinito, a escrita divina está tão confusa que se pode pensar, como Pascal, que "o grande Pã morreu"[142]. O silêncio de Deus é mesmo tão impressionante que o mundo pode parecer desestabilizado. Mas a mediação racional não significa ainda nem o

---

141. Cf. as primeiras linhas do *Léviathan* de Hobbes: "A natureza, essa arte pela qual Deus produziu o mundo e o governa, é imitada pela arte do homem..." (Introdução, p. 5).

142. Pascal, *Pensées*, fragmento 343.

triunfo das certezas profanas nem a autonomia do homem. A sobrevivência da simbólica teológico-política é tão tenaz que o soberano é, no Estado, como o Deus de antanho no universo, O legislador: ele detém, sozinho, a capacidade de legislar. Vale dizer que a soberania do Estado, como a soberania de Deus, se caracteriza por sua *vontade* legisladora. "As leis", já escrevia Bodin, "só dependem da pura e franca vontade do Soberano."[143] Hobbes, mais preciso, considera não só que o poder soberano, cujo modelo é fornecido pela "república de instituição"[144], é capaz de substituir pela coerção da lei civil o temor recíproco engendrado pelo exercício do direito de natureza – a lei obriga, o direito permite – mas que, expressando a majestade da pessoa pública (seja ela homem ou assembléia, príncipe ou Estado), ela culmina – já observava Bodin – na idéia de que "não se podem atar as mãos, mesmo que o queira". A expressão de Cardin Le Bret – o rei é "a lei viva"[145] – conserva uma plenitude que força a veneração pois o direito de soberania por ele encarnado é potência de iniciativa, de decisão e de comando. Pelo novo equilíbrio de forças que a onipotência do Estado estabelece, a soberania não significa seu caráter monstruoso mas sim a capacidade quase sagrada de ser a fonte viva de todos os poderes: são seus "direitos e possibilidade" (*faculties*) que consagram, lógica ou matematicamente, o monopólio de sua onipotência. Esta continua a ser una e indivisível[146]; à semelhança da potência divina, ela é igualmente inviolável e inalienável.

---

143. J. Bodin, *Les Six Livres de la République*, I, VIII, p. 192.
144. Hobbes, *Léviathan*, cap. XVII.
145. Cardin Le Bret, *De la souveraineté du roi*, I, 8.
146. *Ibid.*, I, 9: A soberania "é tão divisível quanto o ponto em Geometria". Passando da imagem à análise, Hobbes se opõe à teoria dita das "partes da soberania" tal como expunha Grotius, *Droit de la guerre et de la paix*, I, III, § 17. 1). É claro que ele repudia totalmente a idéia da *mixed monarchy* louvada por Coke, bem como o esquema do parlamentarismo tal como estava estabelecido *de facto* na Inglaterra de sua época: nesses modelos políticos, a soberania, que neles é difusa e submetida a controle, encontra-se dividida, o que conduz mais cedo ou mais tarde, pensa Hobbes, à guerra civil. "É uma opinião sediciosa considerar que a potência soberana possa ser partilhada (*imperium summum dividi posse*) e eu não conheço nenhuma mais perniciosa

Por conseguinte, convém descartar o equívoco que consiste em afirmar, a exemplo de Jaime I[147] quando de sua ruidosa querela com o cardeal Belarmino, que o "direito divino" faz a monarquia. Tal gabarito de análise é inadequado: o contrato de que nasce a soberania é, muito pelo contrário, "uma contramina destinada a fazer explodir a teoria do direito divino dos reis"[148]. Segundo a expressão de Grotius, que não renega Hobbes, a soberania é de fato um *estabelecimento humano*, porém, qualquer que seja sua dimensão temporal e profana, cerca-se de sacralidade e a pessoa do rei conserva a auréola do sagrado[149].

Descartado esse equívoco, a extensão da soberania se revela em sua *funcionalidade*, por definição *operacional*: "Como a finalidade dessa instituição é a paz e a defesa de todos e como quem tem direito ao fim tem direito aos meios, cabe por direito a qualquer homem ou assembléia investido da soberania ser o juiz ao mesmo tempo dos *meios necessários para a paz e*

---

ao Estado", *De Cive*, XII, § 5; *Léviathan*, cap. XXIX, pp. 349-52.; cf. igualmente os quatro diálogos do *Behemoth or the Long Parliament* (redigido por Hobbes aos vinte e quatro anos de idade e publicado somente em 1889 por Tönnies).

147. O rei Jaime I é autor de diversos tratados políticos conhecidos por Hobbes: o *Basilicon Doron*; *Trew Law of Free Monarchies*, 1598; *Apologia pro juramento fidelitatis*, 1608.

148. A expressão é de Vaughan, *Studies in the History of Political Philosophy before and after Rousseau*, nova edição, Manchester, 1939, t. I, p. 145, que, dizendo isso, fala do contrato social tal como ele aparece em Locke. Mas ele poderia muito bem ter-se referido também ao *De Cive*, XV, § 5, no qual Hobbes mostra que, se Deus tem, por sua própria *natureza*, o direito de reinar, os homens só adquirem esse direito por um *pacto* concluído entre eles. Aí está o *sinal* de tudo que separa a perfeição divina do mundo decaído dos homens.

Evidentemente, não se deve confundir a tese absolutista da monarquia de direito divino, que é essencialmente política (cf. Suárez e Bossuet) com a teoria da origem divina do poder civil, da qual falamos antes e que é dirigida sobretudo contra as pretensões do papado de exercer um poder temporal.

149. Mesmo que a transcendência de Deus seja tal que, segundo as palavras de Malebranche, "do finito ao infinito, a distância é infinita", a pessoa do rei, daí por diante sem enigma para a razão que edificou o seu poder, continua sendo o *equivalente* terrestre do Deus que reina na ordem celeste. O advento do racionalismo jurídico-político está longe de ter eliminado o pensamento simbólico.

a defesa e daquilo que as atrapalha ou perturba, e de *fazer tudo o que julgue necessário*, seja por antecipação, para preservar a paz e a segurança evitando a discórdia no interior e a hostilidade no exterior, seja, quando se perderam a paz e a segurança, para recuperá-las."[150] Sendo a paz a finalidade da instituição civil, os meios que a soberania emprega são todos aqueles que é possível conceber para assegurar essa paz, para preservá-la quando está ameaçada e para recuperá-la quando foi perdida. Ela é a razão pela qual a atividade contém e elimina as forças multiformes da destruição. Portanto, seu exercício não tem limites; manifesta-se em *todos* os setores da existência humana porque nenhum deles, por natureza, está imune às dissensões. Assim se explica a onicompetência do poder soberano, "único legislador"[151]: ele define o justo, conhece e decide todos os litígios, fazendo-se assim senhor do poder judiciário[152]; mas também "decide a guerra e a paz com as outras nações e repúblicas", "escolhe todos os conselheiros, ministros, magistrados e funcionários", distribui punições, sinais de consideração e recompensas, cunha moeda, institui e rege a propriedade, administra os bens dos menores, exerce a preempção dos mercados, recolhe as contribuições, dispõe da força armada etc.[153]; é até "juiz das opiniões e das doutrinas que serão permitidas ou proscritas"[154]. Mais característico ainda é o fato de, no imenso campo em que legisla, a soberania poder ab-rogar suas próprias leis por outras leis e de qualquer outro procedimento ab-rogatório ser impossível. Como a funcionalidade e a extensão da soberania trazem assim a marca do racionalismo voluntarista que preside sua geração, é no ato de *estabelecer a lei* que se reconhece sua modernidade. Pode-se até dizer que o direito do Estado moderno se desenha como o conjunto de normas "estabelecidas", em todos os campos da vida civil, pela potência es-

---

150. Hobbes, *Léviathan*, cap. XVIII, p. 184. Os grifos são nossos.
151. *Ibid.*, cap. XXVI, p. 283; cap. XXX, p. 357.
152. Hobbes, *De corpore politico*, 2ª parte, I, 8.
153. Hobbes, *Léviathan*, cap. XVIII, pp. 187-8.
154. *Ibid.*, cap. XVIII, p. 184.

tatal. Contudo, se a extensão da soberania legislativa e judiciária não tem limites, não se segue que ela traga a marca da arbitrariedade: o exercício da soberania deve, em todos os campos, ter por fim o bem comum e a paz civil. Em compensação, é muito mais importante sublinhar que, sob pena de ver o Estado se esfacelar, ela é, em sua extensão, uma totalidade indissociável: retomando velhas expressões, Hobbes recorda que "a espada da justiça" e a "espada da guerra" "são apenas uma"[155]. No campo da soberania, ordem jurídica e ordem moral não se separam. A unidade da potência pública é indefectível. Sua indivisibilidade se confunde com o princípio de onipotência do Estado.

Assim, a extensão da soberania é pensada no Estado moderno como o *analogon* do espaço universal sobre o qual Deus faz reinar sua suprema potência: corresponde exatamente ao campo no qual se exerce a capacidade normativa do Poder. Contudo, é exagerado e temerário decifrar nessa analogia "um processo de secularização" do direito político[156]. C. Schmitt tem razão de dizer que nela "os vestígios da representação de Deus ainda continuam reconhecíveis"[157]. Por mais atentos que tenham sido aos "limites" atribuíveis à extensão da soberania, o "sábio Locke" e Burlamaqui[158] ficam fiéis a essa representação da potência do Estado como pólo dos valores humanos. Evidentemente, não há nisso nem visão de Deus nem imobilismo contemplativo. Mas, tampouco há dessacralização da soberania. Entre essas duas óticas, o pensamento ordenador e normativo do poder soberano se revela, por sua extensão, como a transposição para o mundo político do conceito teológico de *summa potestas*.

Essa concepção *analógica* da soberania explica em grande parte que se possa ter assistido, após a Revolução Francesa,

---

155. Hobbes, *De corpore politico*, 2ª parte, I, 8.
156. Cf. E. W. Böckenförde, *Recht, Staat, Freiheit*. "Die Entstehung des Staates als Vorgang der Säkularization", Frankfurt, Surkhamp, 1991, pp. 92 ss.
157. C. Schmitt, *op. cit.*, p. 55.
158. Locke, *Traité du gouvernement civil*, "De l'étendue du pouvoir législatif", § 135; Burlamaqui, *Principes du droit politique*, 1ª parte, cap. VII.

em autores como De Maistre, De Bonald ou Blanc de Saint-Bonnet, ao ressurgimento, mais ou menos completo, de teorias teocráticas. Entretanto, a acusação de passadismo e de romantismo que pesa sobre a revivescência do conceito teológico de soberania é o sinal eloqüente da suspeita que, principalmente desde que os filósofos do Iluminismo o consideraram uma marca de obscurantismo, cerca a partir de então essa representação. Além disso, a desconfiança se insinua de maneira muito mais tenaz quando se trata de determinar e de fixar quem são os titulares da soberania.

C) A questão dos titulares da soberania

À medida que se define o pensamento do direito público chamado a dar forma ao Estado moderno, a questão de saber qual é ou quais são os *titulares* da soberania se torna cada vez mais obsessiva: pertencerá aos monarcas? Pertencerá aos povos? Num momento em que os parcialismos ideológicos estão longe de estarem varridos pelo pensamento político moderno, é no plano jurídico que a partir de então se encontra colocado esse problema delicado. Na verdade, essa questão que, no século XVIII, divide a doutrina e a filosofia do direito público, estava latente havia mais de dois séculos. Mas, enquanto no século XVI o debate, apesar de sua extrema vivacidade, quase não incidia sobre o direito e não acarretava repercussões sobre a realidade política, no século XVIII, em razão, por um lado, dos abusos da monarquia absoluta e, por outro, do despertar do espírito crítico, é uma verdadeira crise que, na filosofia do direito político, divide a idéia de soberania.

As primícias dessa crise são remotas: aparecem, no século XVI, nos libelos protestatários dos monarcômacos huguenotes. Afirmou-se às vezes que Marsílio de Pádua, no *Defensor pacis*, publicado em 1324, já se fizera o advogado de um "republicanismo" democrático. Não apenas uma interpretação desse tipo, aplicada a um pensador medieval, é anacrônica, como está errada: Marsílio de Pádua se opunha acima de tudo aos teóricos da teocracia pontifícia e, se discernimos bem em sua obra os lineamentos de uma problemática da soberania, esta lhe parecia dever ser atribuída ao imperador. Ele estabelecia as coordenadas teóricas a partir das quais será concebida, na Cidade laicizada e que fazia parte da *plenitudo potestas* do papa, a idéia moderna da *soberania do rei*. No seu conjunto, a filosofia da Renascença, embora entre numerosos meandros, radicalizou essa maneira de pensar e, sem jamais sonhar com a "morte de Deus", visualizou a Cidade da *contingentia hominis*. A obra de Bodin, mesmo atendendo integralmente ao projeto militante e prático de consolidar as bases da monarquia francesa, corresponde, por sua magistral doutrina da soberania, a essa orientação teórica. Os sucessores de Bodin que, como Charles Loyseau[159], Cardin Le Bret[160] e Richelieu[161], sublinham o caráter "uno e indivisível" da soberania, atribuem sua potência "absoluta e perpétua" à pessoa, ainda sagrada, do rei. Do mesmo modo, a tradição regaliana está implantada na católica Espanha, onde Mariana[162] faz o elogio da soberania monárquica, sob a condição expressa de que esta não se confunda com um poder tirânico arbitrário. Não há dúvida de que a defesa, até mesmo a apologia, da "soberania do rei" tenha assim traçado a rota do absolutismo monárquico com o qual se glorificou o século XVII.

Mas, mesmo que a idéia da soberania absoluta dos reis encontrasse sólidas cauções teóricas ao mesmo tempo no pensamento jurídico de Grotius, no construtivismo racionalista da filosofia de Hobbes ou no providencialismo neo-agostiniano de Bossuet, sentiam-se tremendos abalos na doutrina desde meados do século XVI. Dos monarcômacos a Rousseau, a Sieyès e mesmo a Kant, esses abalos tiveram intensidades diversificadas e se alojaram em contextos diferentes uns dos outros. A crise que sacudia o conceito de soberania resultava de múltiplas influências: a cólera dos monarcômacos protestantes, que

---

159. Charles Loyseau, *Traité des seigneuries*, 1610.
160. Cardin Le Bret, *De la souveraineté du roi*, 1632.
161. O *Testamento político* de Richelieu foi redigido entre 1635 e 1640.
162. Mariana, *De rege et regis institutionis*, 1598-1599.

ressoou até em Althusius[163], as novas ousadias da análise jurídica apresentada por Suárez[164], a reserva dos meios jansenistas, a polêmica político-religiosa entre Bossuet e Jurieu[165] etc. são episódios que puderam influenciar a indagação filosófica cuja renovação incisiva Rousseau afirmará de maneira definitiva. Não podemos aqui relatar de modo exaustivo a história dos abalos ideológicos, políticos e filosóficos que levaram a *mudar o lugar da soberania dos príncipes para os povos*. Mas é importante assinalar que, no curso dos dois séculos durante os quais o absolutismo monárquico consolidou sua existência histórica[166], enquanto a doutrina elaborava as estruturas jurídicas dele, formulou-se e refinou-se, segundo diversas axiomáticas e, no entanto, de maneira convergente, não o questionamento da idéia de soberania – que continua a ser o ponto focal da reflexão sobre o direito político – mas o questionamento de sua atribuição monárquica.

Antes mesmo que Bodin analisasse seu conceito, a soberania dos reis e, sobretudo, os abusos de poder perpetrados em seu nome eram severamente condenados nos panfletos publicados com grande estardalhaço pelos monarcômacos protestantes. Já La Boétie, no seu *Discurso da servidão voluntária*, se levantava contra a tirania e pleiteava a liberdade, sustentando seu pleito com uma vigorosa intuição contratualista graças à qual reconhecia apenas ao povo a vocação para dar investidura a seu rei. Se, apoiado por todos, o rei-tirano é tudo e pode tudo, ele nada mais pode e nada mais é quando é abandonado por todos[167]. É o próprio povo, diz em substância La Boétie, que faz sua servidão ou sua liberdade, pois é ele, e somente ele,

---

163. Althusius, *Politica*, 1603.
164. Francisco Suárez, *De legibus*, 1612.
165. Jurieu, *Lettres pastorales*, 1689 (em particular as cartas XVI, XVII e XVIII).
166. Essa consolidação se operou com ainda maior facilidade porque, salvo o episódio da Fronda, os Parlamentos haviam afundado no imobilismo e os Estados Gerais jamais foram convocados entre 1614 e 1789.
167. Para a análise das intuições de La Boétie, remetemos a nossa apresentação do *Discours de la servitude volontaire*, Flammarion, 1983.

que faz ou desfaz o tirano. De resto, La Boétie é perfeitamente legalista; não combate a monarquia – coisa impensável no seu tempo – mas a tirania[168]; ele não vai contra a idéia da potência soberana a ponto de propor uma teoria da soberania do povo[169]. Não obstante, tem a intuição brilhante do papel que o povo, mediante seu consentimento, é chamado a desempenhar no Estado em marcha rumo à sua modernidade. Esse é o primeiro sinal da crise que, logo, sacudirá a idéia de soberania, na mesma época que – ironia ou profecia? – Bodin forja a teoria dela.

Aliás, Bodin mede a virulência e a audácia que os monarcômacos, sobretudo após a Noite de São Bartolomeu, destilam em seus libelos[170]. Só que, enquanto seu profundo desacordo com as

---

168. É possível que La Boétie tenha ficado exasperado com a mediocridade de certos tratados políticos da primeira metade do século XVI – por exemplo, os de Jean Ferrault, Charles De Grassaille, Claude Gousté, entre outros – cuja finalidade era louvar os privilégios dos reis. Isso é simples conjectura. Em compensação, é evidente que os excessos da monarquia – os de todos os tempos e de todos os países – se afiguraram a La Boétie como um atentado contra a essência da monarquia e, mais profundamente, contra a própria essência da política.

169. A idéia de "povo" é, aliás, em meados do século XVI, juridicamente muito imprecisa e de modo geral afetada – La Boétie não constitui exceção – por um coeficiente sociologicamente pejorativo: o povo é "o grande populacho".

170. A *Franco-Gallia* de François Hotman, publicada em 1573, fora logo traduzida em francês por Simon Goulart. Hotman retraçava, de maneira idealizada, as origens da monarquia da França e se inflamava ao defender a idéia da soberania do povo e a eleição dos reis. Do mesmo modo, o retumbante *Réveille-matin des Français et de leurs voisins, composé par Eusèbe Philadelphe Cosmopolite, en forme de dialogues*, publicado na Basiléia em 1574, depois em Edimburgo em 1574 e atribuído a um certo Nicolas Barnaud, bem como *La Résolution claire et facile tant de fois faite de la prise des armes par les inférieurs*, lançado na Basiléia em 1575 e atribuído problematicamente a Odet de La Noue, afirmavam a superioridade dos povos sobre os reis, contestando assim a soberania absoluta dos príncipes. Em Genebra, nesses mesmos anos, os textos de Théodore de Bèze tinham uma feição mais nítida e mais cuidada, porém o *Traité du droit des magistrats sur leurs sujets* e o *Traité de l'autorité du magistrat* apresentavam teses opostas, revelando assim o quanto as vicissitudes religiosas da época marcavam os mais ponderados dos autores. Em 1579, os *Vindiciae contra tyrannos*, lançados sob o pseudônimo de Julius Brutus, logo se cercaram de celebridade. Seus autores, Du Plessis-Mornay e

teses iconoclastas deles é onipresente em *Os seis livros da República*, ele não os cita, com exceção de F. Hotman[171]. Suas palavras, bastante flutuantes em sua violência, oferecem uma argumentação que não é muito coerente nem muito sólida. É preciso confessar, ainda por cima, que, na sua época, esses polêmicos artigos protestatórios não têm alcance teórico nem para a doutrina jurídica nem para a filosofia política. Os textos dos membros católicos da Liga como Jean Boucher ou Louis d'Orléans se aproximam de muitas teses monarcômacas, mas não têm mais influência do que elas. Ocorre que, de fato, o poder real, mesmo nas horas mais sombrias das guerras civis, tem seus defensores. Encontra-os nos adeptos da Contra-Reforma[172] e no próprio palco da História, onde os "Políticos"[173], por amor à tradição, pretendem servir à unidade do reino e à causa da monarquia. A idéia dinástica tem uma ressonância afetiva e, na França, instala-se o Estado centralizador e administrativo delineado por Bodin.

Não importa. Tudo se passa como se os monarcômacos tivessem marcado um ponto de mudança no curso das idéias. Assim, o jurista da Westfália Johannes Althusius (1557-1638) elabora, na sua *Politica methodice digesta* (1603), além da imagem freqüentemente citada de um Estado parecido com uma hierarquia piramidal de "corpo" em cujo topo se encontra o príncipe – *unus populus in uno corpore sub uno capite* –, uma con-

---

Hubert Languet, tumultuavam o horizonte jurídico-político da República. Por um lado, eles propunham uma teoria do contrato que devia ser selado, diziam eles, entre o rei e o povo; por outro, considerando, como Buchanan no *De jure regni apud Scotos* (1579), que o direito dos povos é mais profundo e mais verídico do que o direito dos príncipes, eles pregavam a resistência à tirania e chegavam, em nome do direito dos povos, até a defender o tiranicídio.

171. Bodin, *Les Six Livres de la République*, III, III, p. 402.

172. Mencionemos Mariana, *De rege et regis institutione*, 1598-1599, e R. Belarmino, *Tractatus de potestate summi pontifici in rebus temporalibus*, 1610.

173. Mencionemos, por exemplo, depois de Michel de L'Hospital, particularmente ligado à máxima *Princeps solutus legibus*, Du Haillan, *De l'estat et succès des affaires de France*, 1570; Belleforest, *Grandes annales* e *Histoire générale de France*, 1579; Pierre de Belloy, *Apologie catholique*, 1585; Guy Coquille, *Discours aux Estats de France* e *L'Institution au droit des Français*, 1608.

cepção da soberania ou *majestas* que pertence à comunidade orgânica (ou "simbiótica") – *consociatio symbiotica* – e não ao rei que é seu chefe. O rei está ligado por um contrato aos diversos organismos da sociedade política da qual ele é o delegado. Por conseguinte, não importa que o rei seja o *summus magistratus*, é "o povo [que] detém, sozinho, a majestade". Althusius enuncia assim claramente, ainda que no movimento dialético e abstrato de seu "sistema" político, o princípio da soberania popular. Entretanto, como os monarcômacos dos quais está tão próximo, Althusius passa, no mundo germânico, por um pensador sedicioso e subversivo, o que basta para indicar o quanto a idéia da soberania dos reis, mesmo embaciada por pesadas suspeitas, continuava tenaz no começo do século XVII.

O abalo mais forte veio, paradoxalmente, das idéias de um jesuíta neo-escolástico das Escolas de Salamanca e de Coimbra, Francisco Suárez (1548-1617). Como todo jesuíta, Suárez acreditava na origem divina da soberania, assim declarada "de direito natural". Mas, se, no seu *De legibus* (1612), ele acompanha a tradição tomista ao caracterizar o Estado como potência pública e lhe reconhecer como critério essencial ser *supremus in suo ordine* – isto é, absolutamente soberano "em sua ordem", portanto, neste mundo –, insiste particularmente, talvez seguindo Marsílio de Pádua, em dois pontos: em primeiro lugar, a soberania se insere por natureza no *corpus politicum*, isto é, no conjunto do povo que, ainda que por via consuetudinária, se limita a confiar o seu exercício ao monarca; em segundo lugar, essa soberania, suprema e absoluta, da qual o corpo público é o lugar por excelência, longe de fazer com que o príncipe seja *solutus legibus*, impõe-lhe obediência às leis do Estado: em conformidade com a finalidade da "coisa pública", que é o "bem comum", a soberania, apesar de ser absoluta, é por isso mesmo limitada.

Esses poucos exemplos[174] bastam para mostrar que, se o conceito de soberania é comumente assimilado à *majestas* vin-

---

174. Poder-se-ia acrescentar a esses exemplos, num registro menos austero mas muito eloqüente, o de Cyrano de Bergerac celebrando, com fulgu-

culada ao Poder do Estado, a questão de seu titular suscita divergências notáveis; e que, além disso, é em meio às vicissitudes polêmicas que fazem nascer ensaios doutrinários geralmente desprovidos de eficiência em seu tempo, que, não obstante, de maneira subterrânea, o direito político do Estado moderno abre seu caminho.

Na verdade, esse caminho é extremamente tortuoso, pois os episódios que marcam com mais nitidez a lenta gênese da crise que conduzirá à idéia moderna da soberania do povo pertencem mais à história e à religião do que ao direito ou à filosofia política. Isso decorre da própria natureza da noção de soberania a cujo respeito G. Jellinek observou, com justeza, que ela pertence às categorias históricas[175].

A história da Inglaterra fornece, a esse respeito, no século XVII, um exemplo impressionante. Já em 1628, Sir Edward Coke[176] se havia tornado, no país de Thomas More e de John Fortescue, o "oráculo da *common law*". Ele fora protagonista da *Bill of Rights* e, um dos primeiros, pregara a liberdade pela lei. Na mesma época, ampliava-se o movimento de protesto lançado por grupos com nomes sugestivos, mais ou menos associados às seitas religiosas dos quakers e dos muggletonianos. Apesar da diversidade de seus comportamentos, tinham um único desígnio: subverter a sociedade aristocrática inglesa e mostrar que as tendências absolutistas e, *a fortiori*, tirânicas da Coroa eram contrárias ao espírito da *Magna Carta*. A onda contestatária dos *Levellers* (Niveladores), dos *Diggers* (Cava-

---

rantes tons relativistas, "a cironalidade universal": *Histoire comique des États et Empires de la Lune et du Soleil*, 1656.

175. G. Jellinek, *Allgemeine Staatslehre*, 1900; trad. fr. sob o título *L'État moderne et son droit*, 1913: t. II, pp. 126 e 144. Cf. igualmente Carré de Malberg, *Contribution à la théorie générale de l'État*, 1920-1922, reedição do CNRS, 1962, t. I, pp. 75-6 (que, é verdade, fala principalmente da emergência da soberania quando dos combates travados pelos reis da França no exterior, contra o Sacro Império Romano Germânico e o Papado, e, no interior, contra os senhores feudais).

176. Cf. J. Beauté, *Un grand juriste anglais: Sir Edward Coke*, 1552-1634, PUF, 1975; Paulette Carrive, *La pensée politique anglaise de Hooker à Hume*, PUF, 1994, pp. 210-20.

dores), dos *Seekers* (Buscadores) ou dos *Ranters* (Divagadores) era poderosa e muitas vezes violenta. O puritanismo inglês tradicional não facilitava as coisas ao incentivar uma esperança milenarista, aliás muito confusa. Num país onde é difícil separar a religião e a política, repetia-se amplamente que a *vox populi* é *vox Dei* e alguns clamavam que a figura do rei era a do Anticristo. Cabeças pensantes, como Richard Overton[177] e John Lilburne[178] ou, menos célebres, William Walwyn e Thomas Goodwin, tentavam desajeitadamente ordenar o pensamento desses movimentos desordenados. Dentre os ensaios doutrinários que aparecem, os publicados por Gerrard Winstansley e Everard[179] eram representativos de um estado de espírito: o "retorno de um governo de verdade" implicava, em vez da referência tradicional à transcendência do direito divino que fundamenta a soberania dos monarcas, uma fé panteísta próxima das teses teístas que serão desenvolvidas pelas filosofias de Spinoza e, mais tarde, de Diderot. Nessas condições, "virar o mundo pelo avesso"[180] significava que havia chegado a hora de romper com a soberania absoluta dos monarcas e encontrar enfim no povo dos crentes e dos cidadãos, como já pedia Milton em 1644 no seu *Areopagetica*, as raízes da soberania. *O paraíso perdido*, publicado pelo velho poeta em 1667, nem por isso constitui, como às vezes se pretendeu, um apelo à subversão. Não obstante, Milton aprova o regicídio quando é necessário para a salvaguarda do povo.

A agitação sociopolítica e a efervescência das idéias no âmago do século XVII certamente explicam mais "as duas re-

---

177. Richard Overton, *A Remontrance of Many Thousands Citizens*, 1646.
178. O libelo de John Lilburne intitulado *London's Liberty in Chains*, 1646, tinha causado grande impacto.
179. Em 1649, esses dois autores publicam *A Watchword to the City of London and the Army*; em 1652, Winstansley dedica a Oliver Cromwell seu *Law of Freedom in a Platform* (cujo subtítulo eloqüente é *True Magistracy Restored*).
180. Cf. Christopher Hill, *Mettre le monde à l'envers* (1972), trad. fr., Payot, 1977. O título da obra, que repete a palavra de ordem das seitas dissidentes do século XVII na Inglaterra, é significativamente tomado emprestado dos *Atos dos Apóstolos*, XVII, 6.

voluções da Inglaterra" do que as transformações do conceito de soberania no direito político. Entretanto, é inegável sua influência sobre o pensamento de lorde Shaftesbury e de James Tyrrell. Quando Locke trata, no *Two Treatises of Government*, de responder ao *Patriarcha* de Filmer, pretende combater a teocracia anglicana e se recusa a fazer do monarca o titular da soberania absoluta. Afirma que a relação com Deus não cabe no direito civil, mesmo nas suas origens; em conseqüência, ele faz do Poder e da autoridade que o envolve o resultado do contrato pelo qual o povo[181], após haver consentido (*consent*) na vida civil, concede sua confiança (*trust*) à autoridade que o governa. Locke não gosta de usar o termo "soberania", mas diz explicitamente que a base da autoridade política é "o povo"[182]. A soberania do povo, que se expressa na regra majoritária (*majority rule*)[183], parece-lhe ser o antídoto exato do absolutismo monárquico – aquele que os Stuart macularam com tantos malefícios e crimes, aquele que, de Richelieu a Luís XIV, caracteriza "a doença francesa". A condenação da soberania "absoluta" que, por força das coisas, acarreta o risco permanente de se tornar "arbitrária" é categórica[184]; para Locke, ela tem, em primeiro lugar e fundamentalmente, o sentido político que será recolhido pela doutrina liberal; tem também um alcance jurídico imenso, pois Locke se dedica a elaborar, a partir dela, o esquema institucional, já quase "constitucional", segundo o qual o governo civil corresponderá à soberania do povo e à regra da maioria exigidas por um regime de liberdade.

---

181. No texto de Locke, a palavra *people* aparece pela primeira vez no § 89 do *Tratado do governo civil*: "And this (political or civil society) is done wherever any number of men, in the state of nature, enter in society to make one people, one body politic under one supreme government."
182. *Ibid.*, §§ 112 e 175.
183. *Ibid.*, § 98.
184. Certamente, do ponto de vista semântico, os adjetivos "absoluto" e "arbitrário" têm de ser distinguidos: *stricto sensu*, um poder arbitrário inspira-se apenas na arbitrariedade de seu detentor; como tal, ignora as leis. O poder absoluto, por sua vez, se exerce sobre tudo e sobre todos; nada resiste à sua potência. Não é menor o perigo político que provém, na realidade, da superposição e, logo, da confusão desses dois caracteres.

A história atormentada da Inglaterra do século XVII é portanto perpassada por uma imensa força de abalo da idéia de soberania, cujo ponto de fixação se mostra cada vez mais nitidamente ser não mais o príncipe e sim o povo. A luta que travaram do outro lado da Mancha os *whigs* e os *tories* é, no choque do liberalismo com o conservadorismo, uma de suas conseqüências mais manifestas. Mas esse episódio histórico tem para a doutrina do direito um significado histórico determinante: a soberania não pertence *de jure divino* a uma dinastia – ninguém tem o direito natural de exercer a autoridade soberana de um governo; não é apanágio dos príncipes. Contra a concepção, providencialista ou jusnaturalista, da patrimonialidade da soberania real, firma-se a partir daí a idéia de que a soberania reside no povo[185].

Não obstante, faltava então demonstrar que o povo é o seu titular e teorizar essa idéia mobilizadora que, tornando-se um dos elementos mais poderosos da filosofia moderna do direito político, participa das capacidades emancipadoras que lhe insuflam o individualismo e o racionalismo.

4. A soberania do povo

A teorização exemplar da soberania do povo será, na segunda metade do século XVIII, obra de Rousseau. Em todo caso, ela varre, de maneira definitiva, apesar de alguns ressurgimentos pontuais entre os condutores da Contra-Revolução, a noção de soberania dos príncipes. Entretanto, de Rousseau a Sieyès, a doutrina não deixa de conter matizes importantes que revelam a dificuldade que há em se obter um conceito perfeitamente claro e unitário da soberania popular.

---

185. É típico que, em meados do século XVII, Claude Joly, teórico da Fronda e antiabsolutista, possa ter escrito: "Os reis extraem originariamente sua potência dos povos", *Recueil des maximes véritables et importantes pour l'institution du roi*, 1652.

A) A soberania do "povo como corpo" segundo Rousseau

A idéia que Rousseau tem da soberania está evidentemente ligada à sua concepção do contrato social, isto é, ao "ato pelo qual um povo é um povo"[186]. O pacto social faz nascer a vontade geral própria desse "corpo moral e coletivo" que é o "eu comum" da República, chamado *Estado* quando é passivo, *Soberano* quando é ativo e *Potência* quando é comparado com seus semelhantes[187]. Para além da terminologia usada por Rousseau, o pensamento é extremamente preciso: "O corpo político ou o Soberano tira seu ser apenas da santidade do contrato."[188] A natureza da soberania só pode derivar do procedimento contratual segundo o qual a multidão, unanimemente, substitui as vontades particulares pela vontade geral: a essência da soberania se identifica então com a vontade geral. Os comentaristas de Rousseau insistiram muito nas características de unidade, de indivisibilidade e de perfeita retidão que procedem de sua essência – características de extrema importância no funcionamento da República, já que "a soberania é apenas o exercício da vontade geral"[189]. Observaram menos que a insistência e a precisão com que Rousseau analisa essas características permitem situar sua concepção da soberania em comparação com as teorias dos jurisconsultos que, de Grotius a Burlamaqui, eram então respeitados: ressaltando a importância, a seu ver fundamental, da inalienabilidade da soberania, Rousseau inverte, de maneira definitiva nesse ponto, a posição dominante dos jusnaturalistas dos séculos XVII e XVIII; ao mesmo tempo, atribui ao "povo" no Estado um estatuto filosófico totalmente inédito. Detenhamo-nos no entrelaçamento dessas duas temáticas, pelo qual se renova a forma conceitual do direito político.

Ao resumir para Émile as teses principais do *Contrato social*, Rousseau escreve: "Examinaremos se é possível que o

---

186. J.-J. Rousseau, *Le contrat social*, I, V, em Pléiade, t. III, p. 359.
187. *Ibid.*, I, VI, p. 362.
188. *Ibid.*, I, VII, p. 363.
189. *Ibid.*, II, I, p. 368.

povo se despoje de seu direito de soberania para com ele revestir um ou vários homens."[190] Desde Grotius, a questão é clássica. Todos os jurisconsultos da Escola do direito natural, Pufendorf, Barbeyrac, Burlamaqui, Jurieu etc. admitiam que, originariamente, a soberania pertence ao povo. Mas, nas perspectivas contratualistas da teoria jusnaturalista deles, "desde que um povo transferiu seu direito a um Soberano, não se poderia supor, sem contradição, que ele continua a ser seu senhor"[191]. Diante de tal afirmação, Rousseau se indigna: na política assim concebida, é sempre possível "despojar os povos de todos os seus direitos para com eles revestir os reis com toda a arte possível"[192]. No Estado do contrato, a soberania do povo como corpo coincide com a vontade de um "ser coletivo" que "só pode ser representado por si mesmo"[193]; ora, se o poder pode ser transmitido, a vontade, por sua vez, é intransmissível; em outras palavras, a soberania é inalienável ou incomunicável. O corpo público erigido pelo contrato é, originariamente e para sempre, seu titular. De fato, o direito de soberania é, como Barbeyrac observara judiciosamente nas notas que acrescentou à sua tradução de Grotius[194], não um *dominium*, mas um *imperium*: tal como a vida e a liberdade, ele não é um "bem" que o proprietário poderia comerciar. Contrariamente ao que pensaram Grotius e Pufendorf, a soberania não pode ser vendida nem sequer dada. Uma vez que a multidão se erigiu em povo, este não pode se despojar da soberania que nasceu com ele. "Há [...] no Estado uma força comum que o sustenta, uma vontade geral que dirige essa força, sendo a aplicação de uma à outra que constitui a soberania."[195] Por conseguinte, se o corpo político degenera e se dissolve, o povo se desfaz e, simultaneamente, a soberania desaparece: por

---

190. J.-J. Rousseau, *Émile*, liv. V, Pléiade, t. IV, pp. 836 ss.
191. J.-J. Burlamaqui, *Principes du droit politique*, VII, § 12.
192. Cf. J.-J. Rousseau, *Le contrat social*, II, II, a crítica de Grotius e de Barbeyrac, p. 370.
193. *Ibid.*, II, I, p. 368.
194. Trad. Barbeyrac de Grotius, *Droit de la guerre et de la paix*, liv. I, III, § 8, n. 1.
195. J.-J. Rousseau, *Manuscrit de Genève*, I, IV, pp. 294-5.

aí se vê que a soberania é o atributo essencial e indefectível do povo. Em conseqüência, Rousseau condena não apenas a "soberania do rei", por tanto tempo valorizada e defendida pelos legistas e pelos jurisconsultos, como também a teoria dita das "partes da soberania" que os pensadores políticos inclinados ao liberalismo opunham ao "hobbesianismo" e ao seu pretenso despotismo. De fato, para Rousseau, a soberania do povo, na sua unidade indivisível, "não pode ser representada" porque "a vontade não se representa"[196]. Supondo-se que o povo prometa obedecer a um rei, "ele se dissolve por esse ato, perde sua qualidade de povo; no instante em que há um senhor, já não há soberano e, por conseguinte, o corpo político é destruído"[197]. Se, aliás, esse povo se atribuísse representantes em vez de um senhor ou um monarca, já não seria livre e já não seria um povo[198]. Em conseqüência, como "qualquer lei que o povo em pessoa não tenha ratificado é nula, não é uma lei"[199], um Estado no qual o povo tivesse representantes não teria leis verdadeiras. Portanto, segundo Rousseau, a idéia "moderna" da representação, que implica, diz ele, a partilha da vontade geral, atenta necessariamente contra a plenitude indivisível da soberania do povo: ela é uma abdicação.

Ainda que a contradição denunciada por Rousseau entre os dois conceitos de representação e de soberania do povo esteja longe, para os defensores modernos da democracia, de ter a evidência lógica que ele lhe atribui, fica patente que a idéia tradicional da "soberania do rei" a partir daí ficou irremediavelmente superada. Ela parecia a Rousseau ser portadora dos germes dessa arbitrariedade e desse absolutismo monárquicos que secretam o despotismo e esmagam no homem o que há de mais precioso: a liberdade. A esse respeito, Rousseau, entre as múltiplas interpretações suscitadas por sua obra, pôde passar por pai fundador do direito político moderno. Esse é um dos para-

---

196. J.-J. Rousseau, *Le contrat social*, II, I, p. 368; III, XV, p. 429.
197. *Ibid.*, II, I, p. 369.
198. *Ibid.*, III, XV, p. 431.
199. *Ibid.*, II, VII, pp. 381 ss.; III, XV, p. 430.

doxos dissimulados em sua exposição, pois ele lhe adicionou uma pletora de exemplos extraídos da história antiga, sendo interminável o debate relativo à "modernidade" – na nossa opinião muito duvidosa – de Rousseau. Do mesmo modo, nós nos perguntaremos continuamente se o autor do *Contrato social* é ou não o cantor da democracia moderna: certamente, a soberania do povo chama a democracia. Mas, por um lado, o ideal padrão democrático que se delineia no Estado do contrato pensado por Rousseau é um governo tão perfeito que não convém aos homens: "Se houvesse um povo de deuses, ele se governaria democraticamente"; por outro lado, Rousseau não pleiteia em favor de regime algum, pois seu projeto é pôr em evidência, como indica o subtítulo do *Contrato social*, os princípios fundadores do direito político. É entre esses princípios fundadores que se insere a partir daí o conceito renovado da soberania: ela é o atributo essencial do "povo com corpo".

A idéia, que parece de perfeita transparência, estava destinada a fazer escola. Muito particularmente, Sieyès medirá o alcance inovador da mensagem que a reviravolta da teoria tradicional da soberania estatal continha na obra de Rousseau. Entretanto, Sieyès introduz na doutrina uma inflexão nova que deixa pressagiar o surgimento de debates até então não imaginados.

B) A "soberania nacional" segundo Sieyès

Segundo Sieyès, a "soberania do povo" se confunde com a "soberania nacional". Entretanto, o matiz entre as duas noções está muito longe de ser desprezível já que se, segundo Rousseau, a soberania do povo exclui qualquer idéia de representação, ao contrário, segundo Sieyès, é por meio de uma representação – distinta, é verdade, do mandato – que se traduz a unidade da soberania nacional[200]. É de fato uma espécie de democracia direta – que ele qualifica de "bruta" – que Sieyès decifra no

---

200. Sobre esse problema, consultar Giuseppe Duso, *La rappraesentaza: un problema du filosofia politica*, Milão, 1988.

sistema de Rousseau. Ora, cioso das liberdades individuais, ele considera – qualquer que tenha sido a evolução de seu pensamento entre o libelo de 1789 *Qu'est-ce que le tiers état?* e a *Constitution de l'an VIII* (13 de dezembro de 1799) – que estas estão longe de encontrar sua perfeita expressão na participação direta dos cidadãos na promulgação das leis. Juntando-se a Montesquieu a respeito desse ponto, escreve numa frase célebre: "O povo não pode ter outra voz senão a de seus representantes, ele só pode falar, só pode agir por meio deles."[201] É por isso que, refutando as noções de delegação de poder, de comissão, de procuração, de mandato que, extraídas do direito civil, haviam entrado no direito político do Antigo Regime, ele prega, para o direito político do Estado moderno que deseja, uma representação nacional tal que os eleitos sejam independentes dos eleitores e só recebam seus poderes da Constituição. É a nação inteira – confundida por Sieyès com o terceiro estado, pois, na França do amanhã, é preciso, ao passo que nunca foi nada, que seja "tudo" – que deve exprimir-se pela voz dos governantes: de fato, é ela que é soberana e, enquanto tal, é, no Estado, o poder constituinte; possui mesmo sobre os corpos constituídos, graças ao órgão que o júri é, um poder de controle.

Sejam quais forem as diferenças de apreciação que Sieyès e Rousseau fazem sobre a idéia de representação, estão de acordo sobre um ponto: a soberania pertence ao povo. Sieyès chega mesmo a escrever: "Só podemos ser livres com o povo e por ele."[202] Os homens da Revolução, na sua vontade de derrubar aquilo que se chamará *a posteriori* de "Antigo Regime", se pronunciarão, como Sieyès, com ímpetos de fervor patriótico e de amor à liberdade, pelo Estado-nação definido como "um corpo de associados vivendo sob uma lei comum e representado pela mesma legislatura"[203]. A *Constitution de 1791* dará a essa

---

201. E. Sieyès, Discours du 7 septembre 1789, in *Archives parlementaires*, 1ª série, t. VIII.
202. E. Sieyès, *Qu'est-ce que le tiers état?* (1789), reedição PUF, 1982, p. 54.
203. *Ibid.*, p. 31.

idéia sua versão oficial e pública: "A soberania é una, indivisível, inalienável e imprescritível. Ela pertence à Nação: nenhuma seção do povo, nem indivíduo algum, pode atribuir-se o exercício dela."[204]

A mutação conceitual da idéia de soberania está consumada a partir de então. Já não é o rei que, sem oposição, é reconhecido como o titular eminente da soberania; essa concepção assumiu uma feição obsoleta e é tão caduca que só poderia ter aplicação num regime "antigo", definitivamente ultrapassado pelo acontecimento revolucionário. De fato, só o corpo público – seja ele chamado de povo ou de nação – é declarado detentor da soberania e, mesmo através de seus representantes, ele não deve, e aliás não o poderia sem negar a si próprio, alienar-se.

A essa mutação conceitual da soberania corresponde uma revolução que, para além de sua dimensão histórica, atesta o amadurecimento da consciência política. Considerada filosoficamente, essa mutação, que corresponde ao ideal do Iluminismo, prova a força conquistadora do humanismo e das forças do racional por ele veiculadas: contra os mistérios do irracional alojados nas teorias teológico-políticas, o construtivismo racional edificou, na via seguida por Rousseau e Sieyès, uma soberania que, formando um todo com a vontade geral do corpo público, nada pede aos ideais da transcendência, não somente a de Deus, mas também a da Natureza. No direito político, as determinações divinas ou naturais da potência soberana já não têm sentido. Em conseqüência, as idéias de soberania patrimonial ou de fronteiras naturais do Estado são apagadas, a ponto de não serem mais do que curiosidades doutrinárias. E pode-se observar que, à sombra da Revolução Francesa, até em Kant e em Fichte, os conceitos de soberania e de cidadania formam um par cujos termos são indissociáveis: na "nação-contrato", uma é construída graças ao envolvimento da vontade livre que a outra exige.

Temos assim base para dizer que, na virada do século XVIII, a idéia de soberania ultrapassou sua etapa crítica. Mesmo que,

---

204. *Constituição de 1791*, título III, art. 1.

na obra filosófico-jurídica de Kant, a idéia de soberania não esteja absolutamente isenta de penumbra[205] – o que atesta a dificuldade da metamorfose por que passou – devemos ver nisso apenas uma incerteza residual. Uma das glórias do humanismo jurídico é definir a soberania pela competência exclusiva que os homens têm de fazer as leis a fim de proporcionar aos cidadãos a paz e a segurança pública. Ao construir a soberania, a razão manifestou sua força criadora de normatividade e de autonomia. Os homens não podem, segundo as palavras de Rousseau, "colocar a lei acima dos homens" só porque ela é obra deles. Do mesmo modo a liberdade – que, a partir de La Boétie, se tornou progressivamente o ponto focal da filosofia do direito político – tende a se firmar como autolegisladora. Para que isso fosse possível, a vontade geral, expressando a soberania do povo, tinha de tomar o lugar ocupado pela lei natural na filosofia tradicional. Desse deslocamento, Hegel, em 1821, extrairá o ensinamento nos seus *Princípios da filosofia do direito*: "O povo, enquanto Estado", escreverá ele, "é o Espírito na sua racionalidade substancial e na sua realidade imediata; logo, é a potência absoluta da terra."[206]

Nem por isso as metamorfoses da idéia de soberania estão concluídas. Embora o conceito moderno da soberania do povo traga o testemunho flagrante dos triunfos de que a razão humana é capaz no direito político, ele se insere, como observa Kant, "nos limites da simples razão". Não tardará portanto a se abrir um novo debate sobre o ponto de saber se a soberania, cujo caráter absoluto fora tantas vezes proclamado, não traz, ao contrário, as marcas da finitude humana e, por conseguinte, não deve ser constitucionalmente limitada.

---

205. Sobre esse problema, remetemos a nossa obra *La philosophie du droit de Kant*, Vrin, 1996.

206. Hegel, *Principes de la philosophie du droit*, § 331.

5. A limitação constitucional da soberania

Visto que a soberania era filosoficamente reconhecida como correspondente às representações imanentes do direito político construído pela razão humana, devia ser situada em seu campo próprio e não podia ultrapassar-lhe os limites. Tornava-se portanto o lugar e o ensejo de novos dilemas que, de fato, não tardarão – mesmo que nos atenhamos ao direito público interno[207] – a cindir seu conceito jurídico[208].

No direito político interno do Estado moderno, não são nem os sobressaltos do jusnaturalismo nem os ímpetos do romantismo que, provocando o despertar das teorias monarquistas ou legitimistas ligadas à "soberania personalizada", fizeram surgir novos problemas. O debate, logo depois da Revolução Francesa, instalou-se noutro terreno, para dirigir-se àquilo que se havia classicamente considerado as duas características fundamentais da potência soberana: sua extensão e sua unidade. Portanto, a crise de seu conceito se desenvolveu duplamente.

A) Ilimitação ou limitação da soberania?

O primeiro dilema surge quando, examinando a extensão da soberania indagou-se se a soberania era *ilimitada ou necessariamente limitada*. Levantando-se contra a monarquia do Antigo Regime, havia-se saudado na soberania legisladora do povo o paradigma de um Estado de liberdade. Ora, rapidamente percebeu-se que, no plano político, a soberania do povo, movida pelos ímpetos de sua potência ilimitada que coincidia com a vontade geral, corria o risco de ser tão perigosa para a ordem e a liberdade públicas quanto a soberania absoluta e ilimitada do monarca.

---

207. Veremos de fato, na terceira parte desta obra, que, no direito internacional público de nosso século, a idéia de soberania está no centro de uma nova crise, suscitada pela ampliação e pela globalização do direito político.

208. Sobre essa vasta questão, cf. Jacques Julliard, *La faute à Rousseau: essai sur les conséquences historiques de l'idée de souveraineté populaire*, Le Seuil, 1985.

Na sua época, Locke e Montesquieu haviam mostrado, cada um à sua maneira, que, quando a autoridade política está nas mãos de um só homem, assim detentor de um poder "absoluto e arbitrário", o regime absolutista decorrente disso fica exposto a todas as vertigens destruidoras do despotismo. Locke tinha oposto ao absolutismo do tirano em exercício o direito de resistência do povo[209]. Montesquieu, contra a monocracia de um príncipe, havia cinzelado o bosquejo de um regime constitucional caracterizado pela não-confusão dos poderes[210], isto é, por sua distinção orgânica e, no equilíbrio de suas respectivas potências, por sua complementaridade funcional. Locke e Montesquieu haviam de fato compreendido que, no mundo dos homens, sempre sob o risco de ser arrasado pelas paixões, qualquer potência "suprema" deve ser represada. Seu "constitucionalismo" era assim, acima de tudo, uma barreira contra o dogma do absolutismo monárquico.

O acontecimento revolucionário, ao consagrar a soberania popular ou nacional, modificou as perspectivas. Assim, Benjamin Constant, que considera o princípio da soberania do povo "um princípio universal da política"[211], acrescentou-lhe logo uma advertência: "É necessário, é urgente", escreve ele, "conceber sua natureza e determinar bem sua extensão"[212], pois, "caso se atribua a essa soberania uma latitude que não deve ter, a liberdade pode ser perdida apesar desse princípio ou por esse princípio."[213] Eis-nos longe de Rousseau, para quem a vontade geral, cadinho da soberania, é sempre reta e não pode errar[214]... Pode-se sem dúvida objetar que B. Constant não compreendeu as perspectivas normativistas nas quais Rousseau, já adotando um ponto de vista criticista, situava seu conceito da soberania do povo. Isso é verdade. Mas não é menos verdade que, com uma

---

209. Locke, *Traité du gouvernement civil*, §§ 199 ss.
210. Montesquieu, *L'esprit des lois*, liv. XI, cap. VI, pp. 396 ss.
211. B. Constant, *Principes de politique*, I, in Pléiade, p. 1069.
212. *Ibid.*, p. 1070.
213. *Ibid.*, p. 1070.
214. J.-J. Rousseau, *Le contrat social*, II, cap. III, p. 371.

insistência perturbadora, Constant decifra na idéia de soberania do povo defendida por Rousseau tons místicos que correm o risco, diz ele, de fazer nascer um erro gigantesco: não é possível, de fato, fazer da soberania do povo um absoluto político. Isso não apenas consistiria em lançar-se na "abstração metafísica" do racionalismo revolucionário já denunciado por Burke e Rehberg[215], como seria cometer, confiando num princípio verdadeiro, um erro de julgamento. Rousseau enganou-se, portanto, a ponto de propor "um manual de despotismo". Como "nenhuma autoridade sobre a terra é ilimitada"[216], é importante circunscrever a soberania do povo. Esse não é o motivo de uma guerra ideológica, mas o ponto crucial de uma questão jurídica. Segundo B. Constant, em quem se viu "o corifeu do liberalismo", a jurisdição da soberania, ainda que a soberania do povo como é reconhecida quase unanimemente daí em diante, deve deter-se onde começam a independência e a existência individuais. Para superar a antinomia entre a lei, expressão da vontade geral soberana, e a liberdade, exigência do indivíduo, Constant considera que cabe ao poder organizar o Poder a fim de proteger as liberdades: essa é a regra da "monarquia constitucional".

Alguns anos mais tarde, Édouard Laboulaye, na qualidade de jurista atento e meticuloso, especificará como operar a distribuição das competências e dos encargos no dispositivo jurídico de um Estado a fim de que o princípio da soberania do povo não se deteriore num dogma fatal para as liberdades. Se ele teme politicamente o Estado autoritário, centralizador e intervencionista, do qual o jacobinismo, apoiando-se na onipotência da soberania do povo, deu um exemplo com o governo do ano II, deplora sobretudo, filosoficamente, que a França se tenha abandonado às utopias, a "uma miscelânea de teorias e de sistemas"[217] que é a "praga das revoluções". É, diz ele, uma doutrina insensata de fato a da "escola revolucionária ou fran-

---

215. Cf. *infra*, pp. 371 e 376.
216. B. Constant, *Principes de politique*, p. 1075.
217. Édouard Laboulaye, *Considérations sur la Constitution*, 1848, in *Questions constitutionnelles*, Paris, 1872, reedição Caen, 1993, p. 11.

cesa"[218] que confere à Assembléia, supostamente representante do povo soberano, uma competência ilimitada: num otimismo jurídico acompanhado de pretensões moralizadoras, sua esperança salvadora da liberdade prepara na realidade o despotismo. Laboulaye aprova Hegel quando denuncia na Revolução Francesa o conluio da "visão moral do mundo" com o Terror. Como Constant e como Tocqueville, ele sublinha em que o dogma da soberania do povo acarreta a degradação da liberdade absoluta num despotismo da liberdade. Como o autor de *A democracia na América*, ele gosta de comparar a marcha das coisas políticas nos Estados Unidos e na França. Ora, se, do outro lado do Atlântico, a soberania do povo é o reflexo concreto do "espírito público", na França ela se confunde com a idéia abstrata e metafísica da autonomia da vontade. Por conseguinte, sua transparência e sua eficiência são ilusórias, pois seu conceito fervilha de paralogismos especulativos do humanismo abstrato. Em conseqüência, sob a pressão da opinião pública[219], ela prepara, ao mesmo tempo que a massificação de uma turba ávida da "igualação das condições", o "novo despotismo" que o Estado tutelar deverá assumir. A soberania do povo, diz Tocqueville, "não deve sair dos limites da justiça e da razão"[220]. Laboulaye está de pleno acordo com Tocqueville e, mais categórico até do que ele, pensa que o direito moderno é dividido pela antinomia entre o autoritarismo estatal e o individualismo liberal. Aproxima-se também de Tocqueville ao pensar que a Revolução Francesa dá seguimento ao Antigo Regime por causa do sofisma insensato que ela contém: a idéia da soberania do povo constitui na realidade, tanto quanto a idéia da soberania do rei, o obstáculo do centralismo estatal moderno. No mundo dos homens, a soberania, de maneira nenhuma, pode ser absoluta. "Não existe aqui na terra poder superior à justiça e à ra-

---

218. *Ibid.*, pp. iv-vi.
219. Lembremo-nos de que Roederer escrevera em 1797 uma *Théorie de l'opinion publique* e que esta se tornara um parâmetro da reflexão filosófica sobre o direito e a política.
220. Tocqueville, *De la démocratie en Amérique*, vol. II, cap. VII, p. 262.

zão [...]. A soberania do povo é puramente política e, por conseguinte, *limitada* por sua natureza e por seu objeto."[221] Laboulaye considera que não se poderia, ademais, pretender uma soberania popular que se exerça diretamente, como se dava outrora em Atenas: seu exercício implica um sistema representativo. Mas, nesse ponto, "o erro revolucionário" é pensar que o corpo de representantes pode, ele também, ser soberano. Isso é confundir a posse da soberania e seu exercício: "Puro sofisma para quem se dá ao trabalho de compreender que o povo não tem necessidade alguma de delegar sua soberania, mas que pode confiar a seus mandatários um poder limitado, um mandato claramente definido"; então, os deputados não são soberanos, "são encarregados de ordenar os maiores interesses do país"[222]. Laboulaye, como G. de Humbold no seu *Ensaio sobre os limites da ação do Estado*, pensa que o Estado deve encontrar o campo de suas ações especificamente políticas *entre* o racionalismo absoluto que rege tudo na uniformidade administrativa e o empirismo de um *laissez-faire*, no final das contas, preguiçoso. É por isso que a "República constitucional", cujas linhas programáticas ele traça em maio de 1871, logo depois da Comuna, no momento em que a jovem III República tem necessidade de sossego e serenidade, insiste na importância que a *limitação* da soberania do povo tem para a liberdade dos cidadãos: "A nação só é livre", escreve ele, "quando os deputados têm um freio."[223]

Assim, a paixão pela unidade, em que Locke diagnosticava a "doença francesa", mostra-se cada vez mais claramente como devendo ser combatida graças a um programa constitucional orgânico e pluralista que atenda – Montesquieu assim o ti-

---

221. E. Laboulaye, *De la souveraineté* (esse opúsculo, publicado no *Journal de Lyon* de maio de 1872, nºs 11 e 12, é retomado em *Questions constitutionnelles*, ed. citada, pp. 409-21; a passagem citada se encontra na p. 412. Ainda que se trate de um texto de circunstância (debates da Assembléia sobre o Conselho de Estado), ele ultrapassa a simples conjectura e eleva o debate ao nível de conceito.
222. *Ibid.*, p. 417.
223. E. Laboulaye, *La République constitutionnelle*, in *Questions constitutionnelles* (pp. 307-29), p. 318.

nha compreendido – à necessidade de um equilíbrio dos poderes. Essa questão de técnica jurídica própria do direito político é rica de um profundo significado filosófico. Os protagonistas do debate entre *soberania absoluta* e *soberania limitada* se aproximam, sem ter sempre consciência, do pensamento criticista de Kant. Insistindo na finitude do homem e na relatividade de suas construções necessariamente encerradas dentro dos limites intransponíveis de sua razão prática, Kant evidenciara o perigo que existe em se conferir um valor objetivo às Idéias da razão. De fato, elas só podem servir, explicava ele, como princípios reguladores para nosso entendimento construtor[224]. Há portanto limites, cujo sentido é ao mesmo tempo quantitativo e qualitativo, que nenhuma obra humana é capaz de transpor. O que, aliás, constitui a peculiaridade – e a grandeza – do homem é conhecer essa limitação. Do mesmo modo, na ocasião em que ficam abaladas as certezas dos dogmas racionalistas, a abordagem "crítica" da soberania republicana dá início, em política, ao declínio dos absolutos, que se faz sentir paralelamente em outras áreas do saber e da prática. Por conseguinte, insistir na necessária limitação da soberania legisladora é refutar o caráter "abstrato e metafísico" que o racionalismo dogmático, na sua aspiração universalista, lhe havia atribuído. É também, por via de conseqüência, mostrar que o Estado racional não resiste às razões nem sempre racionalizáveis que fazem o poder soberano do povo e exacerbam as suas vontades. É sobretudo indicar que a soberania do povo só pode corresponder, no direito político, a uma idéia reguladora e não a um princípio constitutivo.

B) Monismo ou pluralismo do poder soberano?

Um segundo dilema ronda os debates relativos à idéia de soberania: o da forma, unitária ou pluralista, que ela deve assumir no Estado. Sua concepção se revela nesse caso muito dividida, num contexto fortemente impregnado de ideologia, entre as teorias monista e pluralista do Poder.

---

224. Kant, *Critique de la raison pure*, Pléiade, t. I, p. 1247; *AK*, III, 427.

Se, como vimos ao retraçar as vicissitudes de seu conceito, a soberania no Estado é fundamentalmente uma *idéia política* cujo cadinho ideológico foi pouco a pouco modelado pelo racionalismo, muito depressa ficou evidente que ela tem necessidade, para se firmar, de se inserir numa *forma jurídica* que lhe define as estruturas e lhe confira efetividade. Ora, a jurisdicização da soberania suscita um problema de fundo que, também aí, tem notável ressonância filosófica. A fim de apreender sua tonalidade e significado, não se deve perder de vista que, em razão do esquema contratualista que a sustenta, a idéia de soberania do povo, na sua formulação clássica, se caracterizava por sua unidade e por sua indivisibilidade. Mas a elaboração e o ajuste dos âmbitos jurídicos necessários para engastar a idéia de soberania na realidade política tendem a indicar a rejeição do monismo político para que possa prevalecer a expressão pluralista da opinião pública. Assim está de volta, no âmago do debate jurídico-político moderno, o velho problema filosófico do Uno e do Múltiplo que sempre ressurge sob feições diversas. Não se trata, nessa ressurgência obstinada, do imobilismo do pensamento: no direito político moderno, o debate assume o perfil específico e altamente problemático da relação entre a democracia e o parlamentarismo.

Tocqueville, que considerava a concentração do Poder "uma máquina perigosa"[225], extraía desse julgamento o imperativo prático do direito político: para atenuar os perigos da monocracia, deve-se evitar "a concentração no poder legislativo de todos os outros poderes de governo"[226]. Portanto, importa em primeiro lugar, segundo ele, elaborar as estruturas jurídicas de um sistema não monocrático que constitua um obstáculo à "tirania da maioria", que traz o risco de engendrar "o dogma da soberania do povo". A organização constitucional dos poderes exige que a unidade da soberania vá de par com a especialização dos órgãos estatais e com a divisão e a distribuição de seu exercício: o bicamerismo para o poder legislativo, um presi-

---

225. Tocqueville, *Voyages en Sicile et aux États-Unis*, t. V, vol. l, p. 178.
226. Tocqueville, *De la démocratie en Amérique*, t. I, vol. l, p. 158.

dente (isto é, um executivo) acima dos partidos, a independência do poder dos juízes impedirão, sem mutilá-la, que a soberania se transforme numa força de opressão[227]. Além do fator de equilíbrio e de ponderação que deve residir na organização constitucional, a soberania do povo deve dar espaço, considera Tocqueville, à pluralidade dos partidos, à vida das comunas, às associações, às "organizações voluntárias".

A história do direito público, a partir de meados do século XIX, deu razão a Tocqueville. A teoria jurídica dominante impôs a idéia do que ele chamava de uma "república parlamentar": não apenas no sentido de que se trata de um regime caracterizado pela responsabilidade do governo perante o Parlamento e por um executivo bicéfalo, mas, além disso, como um regime constitucional em cuja lógica a mediação representativa, ligada ao pluralismo dos partidos e das opiniões, articula, no jogo político, a soberania e a cidadania. Quanto à doutrina positivista que se desenvolve paralelamente, ela faz da organização constitucional dos poderes da República parlamentar um de seus pontos fortes. Em conformidade com a idéia de *Selbsverpflichtung* ou de *Selbsbindung* apresentada por von Jhering e por G. Jellinek, R. Carré de Malberg sublinha vigorosamente que a soberania deve expressar-se num âmbito jurídico em que a autolimitação do Poder forma um díptico com o reconhecimento da autoridade constitucional[228]. Nesse aspecto formal e processual, a soberania legisladora se expressa segundo "a competência de sua competência". Como diz C. Schmitt, uma jurisdicização constitucional da soberania corresponde à "recusa da idéia de que a plenitude do poder do Estado tenha o direito de se reunir num só ponto"[229]. O esquema monista do racionalismo jurídico revela assim seu erro: a idéia moderna da soberania do povo – que o "Iluminismo político" concebeu em termos metafísicos –

---

227. *Ibid.*, t. I, vol. l, p. 103.
228. Raymond Carré de Malberg, *Contribution à la théorie générale de l'État* (1922), reedição CNRS, 1962, t. I, pp. 232 e 241.
229. C. Schmitt, *Parlementarisme et démocratie* (1923), trad. fr., Seuil, 1988, p. 46.

pressupõe que o Estado seja pensado como uma pessoa jurídica ou um sujeito de direito[230], concepção que se parece muito, observa C. Schmitt, com um "resíduo" do absolutismo principesco de outrora[231].

Ao contrário, o pluralismo político oferece uma dupla garantia. É claro que, de um lado, as leis ordinárias, subordinadas num regime pluralista, como aliás num regime monista, à lei constitucional, devem ser-lhe conformes (notemos, de passagem, que esse princípio de constitucionalidade, que significa a primazia da Constituição, é característico da concepção francesa tradicional e que encontrou uma garantia adicional na criação, em 1958, do Conselho Constitucional que, encarregado do controle de conformidade constitucional das leis, pode, dentro de certos limites, invalidar aquela dentre elas que, precisamente, não estivesse conforme com o dispositivo constitucional). Do outro lado e sobretudo, o Parlamento, ao exercer sua função legisladora, abre a democracia para o mundo real e para as condições empíricas efetivas dos países onde se desenvolvem a indústria e a técnica; é necessário, consideram os defensores do pluralismo, ter em conta, política e juridicamente, grupos econômicos, forças sociais, reivindicações sindicais.

Está claro que uma concepção pluralista desse tipo encontra sua força na sua inspiração polêmica, que não está isenta de considerações de ética política: desde o princípio, ela implica a recusa do monismo político e do formalismo jurídico que o acompanha; implica correlativamente a rejeição da filosofia dogmática que o embasa e que ela considera teórica, abstrata e

---

230. Na trilha das idéias de Rousseau, a *Genossenschaftstheorie* (teoria das "corporações" ou das "comunidades") de que Gierke foi o cabeça e a teoria da "personalidade jurídica" do Estado, sustentada na França por Saleilles e Hauriou no começo do século XX, destacaram a unidade jurídica do Estado em que, pela mediação de diferentes órgãos, se expressa a vontade organizada da comunidade. Na medida em que "parece ter uma única vontade", o Estado é portanto um sujeito capaz de querer e de agir: um sujeito de poderes e de direitos.

231. C. Schmitt, *La notion du politique*, trad. fr., Calmann-Lévy, 1972, p. 81.

desencarnada. Montesquieu pressentira o significado filosófico do pluralismo quando sublinhava a importância sociopolítica dos partidos[232]. A lucidez de Maurice Hauriou é, a esse respeito, muito reveladora quando ele considera que o advento do parlamentarismo marca a "era da discussão"[233] e invoca o princípio da responsabilidade. Mais perto de nós, os posicionamentos de Raymond Aron em favor dos "regimes constitucionais-pluralistas" veiculam a antítese ideal-típica de todos os regimes de forma monopolística, inevitavelmente repletos, sejam eles conduzidos por uma ideologia de esquerda ou de direita, das virtualidades deletérias do fenômeno totalitário[234].

A controvérsia na qual a tese do pluralismo jurídico se opõe às teorias monistas do Poder se desenvolveu, como era

---

232. Montesquieu, *L'esprit des lois*, liv. XIX, cap. XXVII.
233. M. Hauriou, *Précis de droit constitutionnel*, 1923, pp. 198 e 201.
234. É claro que, quando R. Aron, em *Démocratie et totalitarisme*, Gallimard, 1965, trata do problema dos regimes constitucionais-pluralistas, pensa muito especialmente no enfrentamento, na história política de meados do século XX, entre o bloco soviético e o bloco ocidental e, como Merleau-Ponty, vê no terror o efeito da própria ideologia. É na ideologia do Partido Comunista que ele vê, na URSS da época, o regime monopolístico por excelência. Ele sabe, como H. Arendt, que, na Alemanha hitlerista e na Rússia bolchevista, lidamos com o mesmo fenômeno totalitário, destruidor da liberdade. Qualquer que seja a forma assumida pelo "terror", o importante é fechar institucionalmente o caminho ao monopólio do partido, à estatização da vida econômica e à pressão ideológica (ao "terrorismo intelectual"). É por isso que R. Aron pleiteia um liberalismo cujo critério peremptório é *o pluralismo dos partidos, portanto, das idéias* (cf. p. 75). Nesse quadro, o respeito da legalidade é o único princípio filosoficamente constitutivo da liberdade. Por essa razão, é o princípio jurídico e constitucional de um regime pluralista liberal. Quando vai de par com o *senso do compromisso* – com a condição de que este não resulte no comprometimento – a política pode ser sábia e eficaz, como se adaptasse ao mundo atual a antiga *phronésis* e a *moderação* cara a Montesquieu. Como tal, o regime constitucional-pluralista é um regime *ideal-típico* que, em tudo oposto à tendência monopolística, centralizadora, unitária e redutora, portanto virtualmente totalitária, da política moderna, dá espaço às diferenças, à concorrência pacífica, a equilíbrios incessantemente revisáveis e no qual, por conseguinte, as liberdades não são postas em perigo pela autoridade estatal.
A respeito dessas questões, remetemos a *La politique historique de Raymond Aron, Cahiers de philosophie politique et juridique*, n.º XV, Caen, 1989.

inevitável, contra um pano de fundo ideológico. Mas ela fez pesar uma suspeita muito forte sobre a racionalidade jurídica do político, e a filosofia contemporânea que se indaga sobre o direito público ficou muito fortemente marcada por ela.

Para o pensamento contemporâneo, o debate sobre a maneira pela qual a idéia de soberania do povo pode (ou deve) se inserir nas formas jurídicas do político parece ser um episódio, entre outros, da antítese que opõe a retórica argumentativa em que se aloja a "ética da discussão" (*Diskursethik*) às formas de uma "racionalidade técnico-instrumental" que recorre, de maneira brutal, à "decisão". Esse debate, em suma relativo às implicações políticas da ética da discussão, teve seu desenvolvimento, a partir dos anos 1970, com os autores da Escola de Frankfurt como K. O. Apel e J. Habermas[235]; mesmo que tenha o mérito de chamar a atenção para as pressuposições que atrelam a política ao "espaço público" e à idéia de "comunicação"[236], ele tem atualmente a preferência de uma certa moda intelectual, incontestavelmente partidária. De qualquer modo, esse debate extravasa o âmbito de nossa exposição. Parece-nos não obstante sintomático que, para além do direito político próprio do período "moderno", a filosofia, aperfeiçoando o conceito da soberania estatal – cuja economia é impossível fazer, mesmo, como veremos na terceira parte deste estudo, no plano internacional em que a idéia de "federação" hoje se impõe na Europa, até em escala mundial –, seja levada a reconhecer os fermentos polêmicos de que ele é portador e a levar em conta, na prática, os potenciais de descentralização e de mutação que estes impõem à experiência política. A idéia segundo a qual Habermas se refere à normatividade que é imanente a todos os procedimen-

---

235. Pensamos aqui especialmente em K. O. Apel, *Diskurs und Verantwortung*, Frankfurt, 1988, e *Zur Anwendung der Diskursethik in Politik*, Frankfurt, 1992, bem como em J. Habermas, *Faktizität und Geltung, Beiträge zur Diskurstheorie des Rechts und des demokratischen Rechtsstaats*, Frankfurt, 1992; trad. fr. sob o título *Droit et Démocratie. Entre faits et normes*, Gallimard, 1997.

236. Cf. J. Habermas, *Morale et communication*, trad. fr., Le Cerf, 1986, p. 105.

tos práticos da comunicação e da discussão tende a "abrir as perspectivas dos participantes para o horizonte pragmático de nossos ideais políticos"[237].

Tudo se passa portanto como se, progressivamente, as crises sucessivas que sacudiram o conceito-piloto de soberania tivessem orientado a reflexão jurídico-política de tal maneira que ela se esforça, muito particularmente em nosso final de século, em compensar "a falta de sentido concreto" que o humanismo racionalista da época moderna lhe havia infligido. O erro aqui seria concluir pelo triunfo próximo de uma *Realpolitik*. Vê-se muito mais desenhar-se uma dialética entre uma racionalidade calculista e uma racionalidade "comunicacional", como se os procedimentos estratégicos do racionalismo moderno devessem ser mediatizados, para atender a um humanismo verdadeiramente humano, pelas regulações reclamadas, na "discussão", pelas razões da opinião pública. Tal como observa J. Habermas, o procedimento democrático de deliberação e de tomada de decisão parece dever assegurar daqui para a frente a "validade interna" do direito político no qual a doutrina até então privilegiara a "viabilidade externa", isto é, o poder organizador e sancionador. As crises da noção de soberania levaram a filosofia política a criar o modelo jurídico das democracias contemporâneas segundo um esquema deliberativo e processual que o racionalismo da época moderna não imaginara.

Se a soberania do Estado parecia, na aurora dos tempos modernos, ser "a racionalização da explicação mágica do Poder"[238], isto é, o fruto de uma conduta segura de si mesma e que inspirava segurança, a dinâmica da história política decidiu sua sorte de uma maneira menos serena. Na vida política dos Estados modernos, o movimento tende a superar a ordem. Historicamente, essa mutação emancipadora que suprime as modalidades totalitárias ou paternalistas do Poder é, de modo geral,

---

237. Jean-Marc Ferry, *Philosophie de la communication*, t. 2: *Justice politique et démocratie procédurale*, Le Cerf, 1994, p. 119.
238. Georges Burdeau, *L'État*, Seuil, 1970, p. 75.

apresentada como um progresso. Politicamente, é reivindicada pelas ideologias que se proclamam também elas progressistas. Consideradas filosoficamente, a emergência da soberania estatal e as transformações endógenas que ela ocasionou no movimento das idéias extraordinariamente denso que atravessou três séculos de história são, no mundo ocidental, sinais do amadurecimento da consciência política.

As primeiras teorias da soberania expressavam a necessidade de ordem unitária de que o poder político encarnado pela realeza tinha necessidade para se afirmar diante dos ataques conjugados do papado e dos senhores feudais; simbolizada pela Coroa real, a soberania tinha a perfeição do círculo. Para a autoridade suprema do Poder que se exerce sobre os súditos do rei, o Estado era uma instituição centralizadora na qual a legislação e a administração impunham, do alto, suas restrições. A célebre frase *Assim quer o rei, assim quer a lei* bastava para indicar sua natureza. Que o absolutismo estivesse baseado, como pensava Richelieu, num racionalismo construtor, ou, como pensou Bossuet, num voluntarismo marcado pelos desígnios de Deus, ele obedecia à preocupação constante de ordem e de unidade. O argumento de autoridade – às vezes, é verdade, temperado por um argumento de utilidade – era a chave da obediência dos súditos. Isso certamente não autoriza a falar sem precauções nem matizes do Estado e de seus "escravos", pois foi no cerne da monarquia "do antigo regime" que se preparou, no ritmo da evolução do pensamento, a metamorfose da idéia de soberania cuja consagração a política e o direito iriam inserir na História.

Preparada de longa data por contestações e revoltas, a idéia da soberania do povo formou, no século XVIII, um díptico com a idéia da soberania dos reis. O termo "povo", por uma transformação semântica que o fez recobrar certos acentos da romanidade, já não designa o "grande populacho" de que falava La Boétie, nem mesmo a "ralé" às vezes evocada por Montesquieu: o termo "povo" se reporta ao "corpo político" – Hobbes o compreendera antes de Rousseau –, isto é, o conjunto dos cidadãos, sendo cada um dos quais reconhecido como portador de dignidade política. É verdade que Sieyès e Kant, contra qualquer expectativa, aceitarão a distinção entre "cidadãos ativos" e "cidadãos passivos"; porém, no racionalismo do Iluminismo, cidadania e soberania vão indiscutivelmente de par. O atestado de maioridade obtido assim pela consciência política é acompanhado dos ímpetos de liberdade que percorrem todo o século XVIII. Mais profunda do que a necessidade de tolerância, do que a aspiração à felicidade ou do que as intenções filantrópicas, a preocupação com a liberdade é onipresente – ainda que assuma, de Locke a Montesquieu, a Rousseau e a Kant, inflexões diferentes. A idéia da soberania do povo tende então a modificar as perspectivas jurídico-políticas: o poder, daí em diante, vem "de baixo", se apóia no pluralismo da opinião, expressada por uma imprensa cada vez mais abundante; e, sobretudo, os programas de governo respondem não apenas aos requisitos de segurança e de liberdade do indivíduo, mas também às exigências dos "direitos do homem e do cidadão". Não é um sinal eloqüente Pufendorf ter publicado em 1673 o *Deveres do homem e do cidadão*, Malby ter lançado em 1758 o *Dos direitos e dos deveres do cidadão*, e, em 26 de agosto de 1789, a *Declaração dos direitos do homem e do cidadão* ter sido solenemente proclamada? Ainda que a filosofia do século XVIII saiba, após Montesquieu, distinguir a independência e a liberdade[239], é do indivíduo portador de direitos que ela faz o princípio e o fim do direito político. Em menos de dois séculos, o humanismo especificou-se num individualismo cujo vetor mais poderoso é a idéia de liberdade. Nesse clima intelectual, a razão clássica, substancial e teórica, caracterizada fundamentalmente por sua capacidade construtora, foi suplantada pela razão prática que seu poder crítico pôs a serviço da liberdade. Esta, desde então, deverá significar a autonomia dos cidadãos: cabe a eles dar a si mesmos o dispositivo legislativo que os regerá.

As transformações por que passou a noção de soberania ao longo dos conflitos e dos dilemas com que a confrontaram os três séculos da Modernidade são, por conseguinte, o índice de uma nova compreensão dos direitos políticos e, de modo mais amplo,

---

239. Montesquieu, *L'esprit des lois*, liv. XI, cap. III, p. 395.

daquilo que é humano. É claro que, desde Bodin, o Estado não é pensado como "uma República como idéia, sem efeito, tal como imaginaram Platão e Thomas More, chanceler da Inglaterra"[240]. Mas, se a soberania dá forma jurídica ao conjunto das realidades concretas da "coisa pública" e se a administração, ao invocar leis, chegou a impor sua ordem e suas estruturas em todos os campos do espaço público, a inversão que se operou da soberania do rei para a soberania do povo não é menos característica da nova consciência que pouco a pouco despertou no homem. No final do século XVIII, o homem do humanismo moderno já não se limita apenas, como o sujeito segundo Descartes, a dizer "Eu". Ele pretende ser, precisamente no campo do direito político, nos limites mesmos da razão, o produtor de suas próprias normas e de suas leis. Foi nesta condição que, no Estado, portanto sob a inevitável coerção do direito, o homem traçou os caminhos de sua liberdade: o caráter coercivo das Constituições e das leis, que em sua autonomia o homem dá a si mesmo, constitui um obstáculo a tudo que é um obstáculo à liberdade.

A filosofia do direito político a partir daí levou em conta a emancipação do Poder do Estado, cuja formulação humanista nada mais pede ao horizonte do cosmologismo antigo ou do teologismo medieval; também levou em conta as transformações do conceito de soberania, que conota a capacidade legisladora do povo ou de seus representantes. Esses temas se cercam até de banalidade e, muitas vezes, de M. Weber a E. Cassirer e a L. Strauss, foram mencionados. É ainda necessário especificar que, no espaço público em que, desde seu despertar nos movimentos do século XVI, o humanismo, que punha as capacidades construtoras e normativas do homem no centro de sua própria esfera de atividade jurídica, está longe de ter um perfil simples e homogêneo. Seguramente, não se pode pretender que o humanismo em que se inspira o direito político moderno se caracterize como uma marcha contínua rumo à realização da liberdade e ao respeito dos direitos da pessoa humana.

---

240. Bodin, *Les Six Livres de la République*, I, 1.

Mas como não admitir que o corte, com tanta freqüência aberto entre esse horizonte de esperança e as realidades da experiência política, tenha sido às vezes muito cruel e nisso tenha sido precisamente o aguilhão de seu próprio movimento? Contudo, não concluamos do fato para o direito: o procedimento é sofístico. Mas saibamos reconhecer que o humanismo jurídico-político é, debaixo da idealidade de seu horizonte, o lugar permanente de tensões e de conflitos que o dividem e, ao mesmo tempo, o forçam a se remodelar e a se transformar. Foi assim, como vimos, que evoluiu a idéia de soberania como forma e essência do Estado moderno. Foi também pelo jogo de sua dialética interna que, por exemplo, os conceitos de representação, de parlamentarismo, de cidadania, ou ainda que a idéia dos direitos do homem se modificaram. Como esses conceitos são, em seu próprio fundo, polêmicos, o processo metamórfico que trabalha o direito político até em sua natureza íntima continua e continuará sendo indefinidamente sua obra. Portanto, assim como o esquema filosófico do humanismo não pode ser fixado em formas definitivamente desenhadas, assim também o direito político moderno não pode decifrar-se em estruturas estabelecidas de uma vez por todas. Tal como o homem que chegou à consciência de si, o espaço do direito político, até nos conceitos-mestres que o sustentam, é o palco de forças conflituosas, até mesmo polemogêneas, cujo enfrentamento provoca mudanças endógenas contínuas. Certamente não se trata de decifrar nisso os ataques de uma revolução permanente que sempre faria tremer em suas bases o edifício jurídico das repúblicas. Mas o direito político moderno se situa sob o signo de um reformismo perpétuo, cujo traço mais característico é caber ao próprio direito modificar o direito. Nessa autoprodução das formas jurídicas da ordem política, o humanismo dos "modernos" encontra muito provavelmente seu nível mais alto de expressão e o Estado é então, segundo G. Burdeau, o topo de onde só se pode tornar a descer...

*

PRIMEIRA PARTE

Na segunda parte desta obra, seguiremos alguns dos caminhos ascendentes do reformismo inerente ao direito político do humanismo moderno, reservando para uma terceira parte a indagação sobre se o direito político da época contemporânea não está condenado a recorrer a princípios que o obrigam, com demasiada freqüência, a tornar a descer de seu topo. Por enquanto, importa delimitar as figuras do direito político moderno e buscar nelas a epifania dos princípios filosóficos de ordem, de autoridade, de constitucionalidade, mas também de liberdade, de autonomia, de responsabilidade, sobre os quais a razão humana, passo a passo, a elaborou reduzindo-lhe as tensões imanentes.

SEGUNDA PARTE
As duas figuras do direito político no Estado moderno

O direito político moderno tem a função de dirigir o Poder do Estado, exprimindo pelas leis a vontade geral que traduz a soberania do povo; simultaneamente, compete-lhe promover e garantir as liberdades dos cidadãos. Através dessa dupla tarefa, o direito político do Estado moderno realiza a síntese da ordem e da liberdade. Mas, assim como uma medalha tem cara e coroa, o direito político, em sua unidade sintética, possui duas figuras, conforme seja considerado em suas engrenagens institucionais ou através da condição dos cidadãos. De um primeiro ponto de vista, o direito político moderno que, em uma pirâmide de normas, exprime as máximas e as regras do governo, apresenta-se como aquilo a que, por transposição do vocábulo saxão *legal State*, chamaremos o *Estado DO direito*. Do segundo ponto de vista, o direito político moderno, pelas regras que instaura, torna possível, definindo-as e garantindo-as juridicamente, a coexistência das liberdades[1]; apresenta-se então como aquilo a que, conforme uma terminologia muitas vezes empregada nos dias de hoje e calcada, desta vez, na língua alemã (*Rechtsstaat*), chamaremos o *Estado DE direito*. É claro, o Estado DO direito e o Estado DE direito não são dois Estados: são as duas figuras sob as quais, na unidade fundamental e indivisível de seu Poder soberano, aparece o Estado moderno.

---

1. É necessário lembrarmos aqui o que Kant chama de "a lei universal do direito": "Age exteriormente de tal forma que o livre uso de teu arbítrio possa coexistir com a liberdade de cada um." *Doctrine du droit*, Introduction, § C, Pléiade, t. III, p. 479; *AK*, VI, 231.

Nessas duas figuras, diferentes mas evidentemente ligadas, o direito político não é simplesmente um caso de técnica jurídica. Nas estruturas institucionais que o sustentam e definem conjuntamente a ordem pública e a liberdade dos cidadãos, dissimulam-se princípios filosóficos por vezes claramente enunciados, porém o mais das vezes não formulados. É preciso decifrá-los. De fato, seu significado é ainda mais importante porque revela o duplo aspecto do humanismo, de que procede o direito político dos Estados modernos: de um lado, o *construtivismo* racional que permite a edificação do sistema do direito objetivo; do outro, o *liberalismo*, que insere as liberdades na própria ordem pública. Ora, para apreender esse significado, é importante, de um lado, escrutar, através das instituições e das regras do direito estatal, os poderes práticos da razão humana e seus limites e, do outro, aprofundar a questão sempre redundante e continuamente renovada das relações entre a autoridade dos corpos constituídos e a liberdade dos cidadãos. A ligação sintética entre a legalidade e a liberdade esclarecerá ao mesmo tempo, no seio do próprio universo jurídico, a delicada articulação entre *o direito* e *os direitos*, que, muito freqüentemente, vêm obscurecer as considerações extrajurídicas.

Estudemos uma a uma as duas figuras que oferece à vista o Estado moderno que se apresenta, de um lado, como o Estado DO direito, expressão jurídica racional dos princípios de legalidade e de legitimidade e, do outro, como o Estado DE direito, síntese dos princípios de ordem e de liberdade.

Capítulo I
O Estado DO direito, expressão dos princípios de legalidade e de legitimidade

Admite-se geralmente a idéia segundo a qual a política é uma "arte"; em todo caso, era nesse sentido que Maquiavel, no momento em que apenas despontava a aurora da modernidade, considerava o governo do príncipe no seu jovem Estado. Foi igualmente nesse sentido que, em meados do século XIX, o jurista Édouard Laboulaye considerava que "a política é uma arte feita de bom senso e de habilidade, não uma ciência à base de cálculo racional"[1]. Em tal concepção, a preocupação praxiológica comanda o pragmatismo do direito político; a utilidade e o êxito da ação dos governos prevalecem sobre a coerência e a estabilidade das instituições. É por isso que, segundo Maquiavel, no principado as situações-limite, que colocam o homem diante do medo ou da morte, fornecem ao príncipe a ocasião de provar seu talento de chefe e de governador pela hábil dosagem que faz da astúcia inteligente e da força impressionante. Para o secretário florentino, a arte política consiste em conciliar *Fortuna* e *Virtù*: pois *Fortuna*, como uma mulher, tem caprichos ou, como um rio, transbordamentos que, pela "perfídia unida ao talento", a *Virtù* do príncipe deve conter. Só com essa condição a perenidade do Estado ficará assegurada. Algumas décadas foram suficientes – pois já começava a aceleração da história – para que Bodin, mais inclinado do que Maquiavel a teorizar, não se contentasse com uma visão praxiológica da política. O

---

1. Édouard Laboulaye, *Questions constitutionnelles, Considérations sur la Constitution* (1848), Paris, Charpentier, 1872, reed. Caen, 1993, p. 37, nº 2.

Methodus e *A República* delinearam com traços seguros o perfil do "governo reto" da *Res publica*. Este, longe de exprimir a *libido dominandi* de um príncipe ou de um chefe, tem para o Estado uma função unificadora e estabilizadora. Nele as normas jurídicas constituem, segundo a expressão de G. del Vecchio, "a coluna vertebral do corpo social"[2]. Portanto, existe necessariamente no Estado, segundo Bodin, um fenômeno de institucionalização que é o corolário da idéia de governo. O tempo passou e Max Weber também poderia ressaltar que o Poder no Estado é a instância que detém o monopólio do recurso à violência legítima; e, para que seja assim, é preciso que esse monopólio, cuja coerência intrínseca é uma das primeiras exigências, seja organizado por meio de instituições governamentais.

Em um sentido, pode-se sustentar que a idéia de uma coerção político-institucional atravessou os séculos, pois já Platão e Aristóteles se interrogavam sobre as *politeiai*, que compreendiam como as estruturas arquitetônicas da *Polis*. Mas, em outro sentido, convém notar que, com Bodin, a temática institucional se inseriu de maneira forte e definitiva no pensamento do direito político. Não poderia ser de outro modo: o rei da antiga França confiava funções de administração e de jurisdição a "oficiais" e magistrados, cuja função era a expressão do poder monárquico. Desde então, os sistemas de Hobbes e de Locke, as reflexões de Montesquieu sobre a Constituição da Inglaterra, a análise que Rousseau dá do governo, o estudo kantiano das estruturas do direito político do Estado, a filosofia do direito de Hegel e depois, mais próximas de nós, as obras de H. Kelsen e de C. Schmitt, a meditação de L. Strauss sobre "a Cidade e o homem", os juízos de H. Arendt sobre o totalitarismo etc., são outros tantos exemplos de obras filosóficas que se detiveram, com maior ou menor insistência, na natureza, na distribuição e na função das instituições que formam necessariamente a arquitetônica do Estado. Que tal problema não possa ser eludido pela reflexão filosófica moderna indica, por si só, que a via política não pode prescindir das estruturas jurídicas que, com o

---

2. Georges del Vecchio, *Philosophie du droit*, 1953, p. 279.

fito de fenomenalizar sua essência, constituem seu indispensável arcabouço e distribuem suas funções. A estática e a dinâmica institucionais são parte integrante do direito político, de forma que, organizando a vida comum e pondo em movimento, fazem-na escapar das incertezas e das armadilhas de uma existência humana anárquica ou proteiforme.

É portanto importante mostrar – este é o momento dogmático ou antecrítico de uma teoria do Estado – que, por sua configuração institucional, o Estado moderno é o Estado DO direito. Para fazer isso, deveremos primeiro submeter a idéia de *governo* ao bisturi da análise. Se, de fato, pode parecer claro que o governo seja incumbido, no Estado, de definir e estabelecer a relação entre os governantes que mandam e os governados que obedecem, de forma que se possa compará-lo com um pastor que conduz seu rebanho[3], a relação na qual o conceito de governo se cristaliza está longe de ser assim simples. É inteiramente insuficiente dizer que ela determina a organização da comunidade estatal pelo Poder, mesmo que acrescentemos que este tem o monopólio da coerção legítima. Esta condição, seguramente necessária, é insuficiente, pois a organização da comunidade estatal é polimorfa: não só ela se encarna em múltiplas instituições que pertencem a um processo aberto, que um movimento incessante corrige, modifica ou enriquece, como também esse fenômeno de institucionalização corresponde a um princípio de organização que determina diversos tipos de governo ou regimes políticos.

É preciso apreender o significado e a importância do polimorfismo jurídico-político dos Estados, muitas vezes assinalado e descrito. Ora, no humanismo invocado pela época moderna, o grande problema a que deve responder o direito político é tornar o sistema das regras e das normas governamentais compatível com os direitos e as liberdades dos cidadãos. Montesquieu e Rousseau já se haviam debruçado sobre esse problema – que L. Strauss qualifica de "fundamental" já que, segundo ele, as ameaças da tirania se levantam contra a própria origem

---

3. J.-J. Rousseau, *Le contrat social*, I, 2, p. 353.

da vida política, na medida em que a arte política sempre apresenta o risco de contrariar a natureza. Eles prepararam os horizontes constitucionalistas da hierarquia das normas, indispensável para que, na unidade do Estado e do direito, o modo de produção da normatividade jurídica seja o critério de determinação da liberdade, em que o homem dos Tempos Modernos situa o móbil supremo da política. Veremos que, através do significado de que se revestem ao mesmo tempo o modo de governo de um povo e a construção normativa das instituições que ele se dá, encontra-se colocada e renovada a questão da legitimidade dos poderes estabelecidos.

1. Das máximas da "arte de governar" aos axiomas reguladores do governo

Ainda que as filosofias designem correntemente a política como "a arte de governar", a noção de governo, muitas vezes expressa de maneira metafórica, praticamente não ensejou um aclaramento conceitual[4]. Este, no entanto, é necessário, pois cumpre distinguir a forma de governar e as regras diretrizes do governo. As máximas da arte de governar são apenas um discurso ou um escrito de ação; as regras de governo pertencem a uma axiomática na qual a aparelhagem intelectual é o sinal de uma nova compreensão da condição humana.

Retracemos os caminhos tomados pela lenta elucidação conceitual da noção de governo.

A) Da metáfora ao conceito

A imagem do piloto em seu navio é sem dúvida alguma a melhor expressão metafórica da idéia de governo. Ela atraves-

---

4. Assinalemos no entanto a obra recente de M. Senellart, *Les arts de gouverner. Du régime médiéval au concept de gouvernement*, Saragoça, 1995. O estudo é mais histórico do que conceitual.

sou os séculos. Aristóteles, cuja obra política não se limita a uma análise conceitual abstrata, já a utilizava para ilustrar a vigilância do homem de Estado: sua "arte" devia consistir não somente em evitar, mediante uma vigília constante, tudo o que pusesse em risco a estabilidade da vida da comunidade, mas igualmente em dirigir a *Polis* para o bem comum. Como o piloto no seu navio, o homem político conserva na Cidade um equilíbrio que, ameaçado pelas tempestades da história, nunca é atingido de uma vez por todas. Diferentemente de Platão, Aristóteles pensava que o homem político extrai sua arte de governar menos da ciência (ἐπιστήμη) do que da prudência (φρόνησις). Quando aparecem os primeiros sinais dos Tempos Modernos, também Bodin evoca, já no prefácio dos *Seis livros da República*, o navio França, cujo leme, em meio aos golpes que lhe inflige tragicamente a história, é tão difícil manter reto[5]. Ele utiliza a bela metáfora da *Nave-República* para definir a soberania em que se concentra a essência ou a forma do político: "Da mesma forma que o navio não é mais do que madeira sem forma de nave, quando a quilha que sustenta os lados, a proa, a popa e o tombadilho são eliminados, assim também a república sem potência soberana, que una todos os membros e partes dela, bem como todas as famílias e colegiados em um corpo, já não é república."[6] Mas a imagem evoca também o governo da "república bem ordenada" que, mantendo reta a proa para o "justo

---

5. J. Bodin, *Les Six Livres de la République*, prefácio, aij: "Pois enquanto o navio da nossa República tinha na popa o vento agradável, só se pensava em fruir um repouso firme e garantido, com todas as farsas, pantomimas e disfarces que podem ser imaginados pelos homens alucinados por todas as espécies de prazer. Mas, desde que a tempestade impetuosa passou a atormentar o navio de nossa República com tal violência que o próprio capitão e os pilotos estão como que cansados e extenuados por um trabalho contínuo, é preciso que os passageiros lhes dêem uma ajuda, aos que estão nas velas, aos que estão nos cordames, aos que estão na âncora e, àqueles a quem faltar a força, que dêem algum bom conselho ou que apresentem seus votos e orações Àquele que pode comandar os ventos e amainar a tempestade, pois todos juntos correm o mesmo perigo."

6. *Ibid.*, I, II, p. 12.

harmônico", escapa aos desvios e às derivas. A arte do governo requer portanto, como a do piloto, uma atenção sem esmorecimento para as finalidades da política e uma vigilância constante para escapar das borrascas da história e das armadilhas que estão espalhadas em seu curso.

Também Descartes, apesar de pouco propenso a examinar as especificidades do direito político, às quais prefere a imensidão e a variedade do "grande livro do mundo", não deixa de salientar a virtude daquele que, para seu governo como para o governo dos outros, é "como um piloto no seu navio": sua atitude coincide com a razão bem conduzida – tamanha é aliás a força do método cartesiano – e "consiste mais em prática do que em teoria"[7]. Por isso, para os que governam não há pior "paixão da alma" do que a irresolução[8]: ela "faz empregar em deliberar o tempo que é necessário para agir". Certamente, a política – este campo da moral que, diz Descartes, está reservado aos Soberanos[9] – é, considera ele, inacessível à racionalização que a filosofia requer. Mas, como a arte do piloto no mar bravio, a arte do Soberano, sobretudo quando o país vacila – o que era o caso da França no tempo de Descartes, quando Richelieu lutava contra os complôs –, é pedir a cada um que fique em seu posto, que cumpra sua função e não se intrometa nas tarefas ou nas prerrogativas dos outros. Aqueles que governam o Estado, como aqueles que seguram o leme de um navio, são, com assiduidade e tenacidade, homens de ordem ciosos de equilíbrio e de unidade (ou, melhor, inimigos das formas anárquicas de uma pluralidade desordenada).

Quando D'Alembert, levando em consideração, no Discurso preliminar da *Encyclopédie*, o rico significado das imagens utilizadas pelo discurso político, trata do problema do governo, resume-lhe o essencial com um traço sintético: assim como, diz

---

7. Descartes, *Lettre à Mersenne de mars 1637*, Éd. Adam-Tannery, t. I, p. 349.
8. Descartes, *Traité des passions*, ed. citada, t. XI, p. 459.
9. Descartes, *Lettre à Chanut du 20 novembre 1647*, ed. citada, t. V, pp. 86-7.

ele em substância, o piloto navega para a luz do farol em meio aos escolhos, assim também aqueles que governam o Estado devem procurar a ordem pública e o bem comum, conjurando as facções e distanciando-se das pretensões dos intelectuais revoltosos ou revolucionários. No âmago da modernidade do século XVIII, a metáfora do piloto no seu navio simboliza, portanto, para o governo uma política do equilíbrio que é uma axiologia da ordem.

A simbologia é forte. A arte do governo não poderia fiar no acaso e recusa a improvisação; como a arte da navegação, ela precisa de pontos de referência[10] e mesmo que, no momento do racionalismo triunfante, não seja resultado da pura razão, exprime-se contudo por uma estratégia que implica cálculo e julgamento. A imagem da navegação tem assim o mérito de designar o princípio ordenador sem o qual a república ficaria desprovida de centro ou de alma. Longe de ser um resíduo do animismo antigo, ela significa ao contrário, com acentos muito "modernos", que, mesmo que se considere o homem um "animal político", não há política natural. Governar é uma arte; como toda arte, precisa de um projeto e de regras. De fato, abandonados a si próprios, os homens não sabem conduzir-se politicamente: seguindo a espontaneidade natural, ficam à deriva e se perdem; o desespero passa a ser o seu destino. O projeto da arte de governar é o de orientar e guiar sua ação. As instituições governamentais assumem essa função e, balizando a retidão do caminho político com leis e regras de direito, contribuem, como dirá Kant, para restabelecer a madeira nodosa e retorcida com que a Natureza fez o homem[11].

Evidentemente, a tarefa é imensa – mais difícil, obviamente, do que a do navegador; este, mesmo na mais forte das borrascas, se confronta com os elementos da natureza; já os governos lidam com os homens, em quem, por causa da coexis-

---

10. Cf. Platão, *Górgias*, 448 c; na *Metafísica*, Aristóteles opõe a arte e o acaso (*techné* e *tyché*), A, 1, 981 a 3-5.
11. Kant, *Idée d'une histoire universelle du point de vue cosmopolitique*, Sexta proposição. Pléiade, t. II, p. 195; *AK*, VIII, 23.

tência entre as paixões e a liberdade, moram oposições e paradoxos. Não é de surpreender que o governo dos homens e dos povos, mesmo quando está à procura de uma ordem unificadora, não possa encontrar sua definição numa visão ecumenista do mundo humano: o mundo dos homens muito raramente atinge a calma grandiosa que, nos mares, sucede a arrebentação das ondas. É por isso que o governo é uma arte que, devendo esforçar-se, como qualquer arte, por ajustar os meios com vistas a um fim, só o consegue segundo modalidades plurais e diversificadas: nenhuma "via direta" se oferece, única e majestosa, à arte de governar. Assim, os filósofos da Antigüidade, e ainda Bodin, viram na arte do governo a imitação, por formas institucionais diversas, da ordem cósmica ou divina. Os pensadores modernos vêem nele mais a expressão do desejo que o homem tem, usando de sua razão, de substituir Deus a fim de traçar no seu próprio mundo as vias jurídicas de sua ação política. Só que a disjunção que, no mundo moderno, se manifesta entre a ordem do direito político e a ordem natural, dá azo, no aparelho normativo que os homens edificam para seu próprio governo, a uma dimensão conflituosa que explica que, "produção por liberdade" como o é toda a arte[12], o governo é por excelência o lugar de tensões que fazem dele o cadinho de uma renovação interminável. Assim como o piloto em seu navio deve estar atento à menor variação dos ventos e das correntezas para manter o rumo, assim também os homens que governam homens devem saber que a rigidez e a imutabilidade de uma política são os caminhos para seu fracasso e, em conseqüência, que é indispensável, para governar, avaliar a pressão das circunstâncias. Nenhuma arte de governar pode pretender ser perfeita; tampouco governo algum possuirá uma forma definitiva. Em matéria de direito político, a idealidade e a intemporalidade não são deste mundo. No entanto, não há governo que não tenha uma finalidade e um ideal; tampouco há algum que não aspire a perdurar.

---

12. Kant, *Critique de la faculté de juger*, § 43. Pléiade, t. II, pp. 1078 ss.; *AK*, V, 298 ss.

B) Dificuldades da análise conceitual

A fim de medir a complexidade inerente à arte do governo e, com o mesmo movimento, apreender sua especificidade, é necessário alçar-se da metáfora ao conceito. Ora, é digno de nota que raramente se tenha feito a análise conceitual do governo[13]. O pensamento moderno oferece, no entanto, um material a partir do qual esse estudo pode ser realizado.

Se consultarmos a *Encyclopédie* de Diderot e D'Alembert, representativa, no conjunto, da cultura do século XVIII, constataremos que o cavaleiro de Jaucourt, encarregado de redigir o verbete "Governo"[14], define-o como "o modo como a soberania é exercida em cada Estado". No artigo que dedica a essa noção, indaga-se sobre suas origens e sobre suas formas, depois examina as causas de sua dissolução. "Não é impossível que", escreve, "considerando a natureza em si mesma, homens possam viver sem nenhum governo público." No entanto, o fato é raro. De maneira geral, os governos públicos "parecem ter sido formados por deliberação, consulta e acordo", a fim de fazer frente às "desordens que não teriam fim se [os homens] não dessem a autoridade e o poder a algum ou alguns deles para decidir todas as rixas". Portanto, como dissera Grotius, o governo é mesmo um "estabelecimento humano". Seja qual for sua forma, "o dever de quem for encarregado dele, de qualquer maneira que seja, é trabalhar para tornar os súditos felizes, proporcionando-lhes de um lado as comodidades da vida, a segurança e a tranqüilidade e, do outro, todos os meios que podem contribuir para suas virtudes. A lei soberana de todo bom governo é o bem público: *salus populi, suprema lex est*; também na divisão em que se está sobre as formas do governo, concorda-se

---

13. Assinalemos no entanto as páginas que Bodin dedica, em *Os seis livros da República* (1576), ao estudo das magistraturas (remetemos ao nosso estudo: "Le magistrat de la République selon Bodin", in *Jean Bodin: nature, histoire, droit et politique*, PUF, 1996, pp. 115-48). Cf. tb. Jean de Silhon, *Le ministre d'État avec le véritable usage de la politique moderne*, 1631 e 1643.

14. *Encyclopédie*, art. "Governo", cavaleiro de Jaucourt, t. XV.

com essa última verdade com voz unânime". Sendo a finalidade do governo assim afirmada sem muita originalidade, Jaucourt, como numerosos filósofos e juristas, investiga sobre a "melhor forma de governo" e sobre as "causas de sua dissolução".

A análise, há que convir, é curta e certamente menos esclarecedora do que a força sugestiva embutida na metáfora clássica do piloto em seu navio. É verdade que o verbete "Autoridade política", que devemos à pena de Diderot[15], examinara a fundação e os limites da autoridade dos governantes e contestara, para grande cólera aos jesuítas e franciscanos, a teoria tradicional que arraigava o poder de governar na vontade divina. Além disso, Diderot e seus colaboradores, nos outros artigos relativos à política e ao direito civil: *Cidade, Poder, Potência, Império, Representantes, Soberanos* etc., postulavam, sem análise nem demonstração, que o governo dos homens cabe a um "príncipe sábio". A asserção era tão peremptória que, a esse respeito, Jaucourt não tinha muita coisa a dizer. Certamente, Diderot era suficientemente realista para não sonhar com um rei-filósofo que insuflasse sua sabedoria em sua arte de conduzir os homens. Também não deixava de ter desconfiança a respeito dos déspotas esclarecidos de seu século que, no final das contas – a experiência o fará aprender à sua custa – são apesar de tudo déspotas. De qualquer forma, uma frase do verbete "Cidadão", de que ele mesmo é redator, é reveladora do seu estado de espírito: "Um governo em geral é como a vida animal: cada passo da vida é um passo para a morte." É por isso que ele esperava que o tempo das reformas, ao qual aspirava como muitos dos seus contemporâneos, e que, como eles, esperava que estivesse próximo[16], emendaria os governos tornando-os mais ciosos dos povos e de suas liberdades. Um governo "moderno" será aquele que, como tudo o que se pauta pela modernidade em marcha e pela razão razoável que a traz, se afastará da tradição, corrigirá ou rejeitará as regras antigas, tornadas pesadas por representações e hábitos ultrapassados. O governo deve trazer a marca

---

15. *Ibid.*, art. "Autoridade política", Diderot, t. 1.
16. Cf. Diderot, *Réfutation d'Helvétius*, 1774.

do progresso, quer dizer, da mudança e da inovação. Mas, nesse código retórico em que se refletem as aspirações do Iluminismo, Diderot jamais submeteu metodicamente o conceito do governo do Estado moderno ao bisturi da análise. De fato, essa reserva obstinada é reveladora da indecisão semântica que, em meados do século XVIII, cerca ainda o termo *governo*, mal distinto, até mesmo não dissociado, dos termos *Estado*, *Poder* e *Autoridade política*. O verbete do *Dicionário filosófico* de Voltaire intitulado "Estados, Governos"[17] é revelador dessa variação léxica. Voltaire, como de hábito, manipula maravilhosamente o aforismo e a ironia, mas não procura aprofundar a conceitualidade dos termos: "Até hoje ainda não conheci", escreve, "alguém que não tenha governado algum Estado. Não falo dos Senhores Ministros, que de fato governam, alguns por dois ou três anos, outros por seis meses, e outros ainda por seis semanas: falo de todos os outros homens que, no jantar ou em seu escritório, fazem alarde do seu sistema de governo, reformam os exércitos, a Igreja, a magistratura e as finanças." Se é verdade que, no dizer de seu biógrafo, Duvernet, "o governo era para [Voltaire] um assunto habitual de estudo e de meditação"[18] – ele poderia ter, como Diderot, exclamado: "Imponham-me o silêncio sobre a religião e o governo, e não terei mais nada que dizer" –, e mesmo que se imagine que o melhor governo seria o de Zadig coroado, em nenhuma época de sua carreira o malicioso pensador disse, nem no *Dicionário filosófico*, nem nos *Pensamentos sobre o governo*, nem no *Século de Luís XIV* ou prefaciando o *Anti-Maquiavel* do jovem Frederico II, o que é a arte de governar. A explicação é simples: na hora em que o pensamento político do Iluminismo pretende afirmar sua moderna criatividade rompendo com os valores antigos, ele dá ao termo "governo" uma extensão muito larga, em que dá a conotação do conjunto das instituições estatais caracterizadas por sua finalidade orientada para o *salus*

---

17. O *Dicionário filosófico* de Voltaire foi lançado em 1764. O verbete "Estados, Governos" fora redigido em cerca de 1757.

18. Duvernet, *La vie de Voltaire*, Genebra, 1786, p. 19.

populi. A bem dizer, essa acepção contém muito pouca novidade; adquire até uma ressonância muito tradicional, caso se queira notar que ela não se refere absolutamente ao *órgão executivo* constituído hoje, no direito político francês, pelo chefe de Estado, pelo primeiro-ministro e sua equipe ministerial. Certamente, como veremos mais adiante examinando as formas de governos e os requisitos aos quais obedecem[19], essa indistinção será varrida, à margem da corrente do Iluminismo, do ponto de vista jurídico por Montesquieu e, de maneira mais filosófica, por Rousseau; depois a Revolução Francesa consagrará o sentido novo e específico da idéia de "governo". A verdade é que a maioria dos pensadores do Iluminismo não sabe distinguir, na acepção do termo "governo", o todo e a parte.

Essa insuficiência jurídica e filosófica projetará por muito tempo uma sobra tenaz sobre a reflexão jurídico-política. Por exemplo, Kant que, em *Doutrina do direito*, se aplica, em 1796, ao estudo da *trias politica*, considera que esses "três poderes" dividem entre si, sob a Constituição civil e política (*bürgerliche Verfassung*), o governo do Estado (*Regierung*)[20]. Hegel, contrário à idéia de "governo de fato" avançada por Chateaubriand em 1814 em seu panfleto *De Bonaparte e dos Bourbons*, também insere a idéia de governo na de Constituição. Na teoria orgânica do Estado exposta em 1821 pelos *Princípios da filosofia do direito*[21], dá à noção de governo um sentido estrito que parece específico: sendo o "poder legislativo" incumbido de determinar e estabelecer o que é universal, o "poder governamental" subsume, diz Hegel, as esferas particulares e os casos singulares sob o universal[22]. Entretanto, a terminologia hegeliana ainda não é perfeitamente rigorosa: sob a pena do filósofo, o termo governo (*Regierung*) designa ou, numa acepção ampla, a organização geral do Estado[23], ou, com uma extensão estrita e técnica, dentre os três poderes do Estado, o "poder gover-

---

19. Cf. *infra*, pp. 234 ss.
20. Kant, *Doctrine du droit*, § 45, Pléiade, t. III, p. 578; *AK*, VI, 313.
21. Hegel, *Principes de la philosophie du droit*, § 271.
22. *Ibid.*, § 273.
23. Hegel, *Encyclopédie*, § 551.

namental"²⁴, ou seja, aquele exercido por um corpo de funcionários encarregados de "realizar a passagem do universal para o particular e para o singular"²⁵, portanto, de "executar as decisões do príncipe" e de fazer que se apliquem as leis em vigor.
Uma incerteza léxica envolve portanto em nebulosidade o termo "governo", mesmo por volta dos anos 1820. Contudo, Hegel, como os juristas do seu tempo, tende a designar por ele a forma executora do poder que a Constituição define. A resolução está tomada. Daí em diante, para o direito político, o importante será determinar quais são os atos específicos que o governo cumpre, enquanto órgão institucional, em suas relações com o Parlamento ou no plano das relações internacionais.

Sobre esse ponto, o filósofo, longe de acordar somente no crepúsculo, adiantara-se ao jurista, tentando preencher a lacuna lexicográfica por tanto tempo deixada aberta. Compreendendo que apenas com essa condição será possível inserir o conceito de governo num sistema jurídico e numa tipologia institucional e política, ele se pergunta, não sem ter de superar numerosas dificuldades, o que quer dizer governar.

C) O que quer dizer "governar": a contribuição de Rousseau

Governar uma comunidade política é, *no sentido mais amplo* – qualquer que seja o aparelho, homem ou instituições, no qual se encarna o governo – esforçar-se por lhe dar numa coerência de conjunto. Um governo mostra-se assim uma relação vertical de dominação ou de diretriz. Instaura na comunidade em que se exerce uma mediação entre, de um lado, uma naturalidade que, "flexível em todos os sentidos", corre sempre o risco de se revelar desordenada, e, do outro, a exigência normativa da ordem pública. Seu objetivo é obter, muito especialmente no espaço estatal, uma regulação das ações e das condutas. Para tanto, o governo geralmente assume, no mundo moderno,

---

24. Hegel, *Principes de la philosophie du droit*, §§ 287-9.
25. *Ibid.*, § 290, ad.

a forma jurídico-civil de uma obra institucional. Esta, mais ou menos complexa, é um sistema de normas e de regras cuja vocação é decisória e operacional. De fato, para que a institucionalização governamental atenda à exigência de ordem que a vida política exige, deve ser acompanhada por uma coerção legítima. Assim como o poder político não é simples dominação, assim também a autoridade do governo é irredutível a uma força de coerção: se advém um caso desse tipo – a história mostra diversos exemplos –, o desvio e a degenerescência políticas conduzem à morte do Estado.

Como governar não poderia consistir em reduzir as relações de poder ou de autoridade a relações de força, cada vez que um governo age ou ordena, suas decisões e suas ordens têm um valor prescritivo através do qual refrata uma idéia ou um modelo. Nenhum governo, nenhuma maneira de governar encontra lugar num campo neutro: não apenas governar implica um sistema de representações que é aquele de um país e de uma época, mas toda instância governamental é comandada por uma idéia diretriz segundo a qual ela se esforça por ajustar esquemas estruturais, que são meios para atingir o fim que ela se fixou. Portanto, pode-se dizer que governar consiste na vontade de firmar a preeminência de uma escolha e, em conseqüência, na implantação de um aparelho ideológico ou, pelo menos, de uma idéia diretriz que se torna o esquema estrutural das instituições. Governar sem idéias é algo impossível; aqueles que ousassem pretender o contrário não governariam. Nesse sentido, portanto, é verdade que as idéias são as máximas básicas do mundo político.

Mas vê-se logo despontar a dificuldade: é indispensável que, num governo, o aparelho ideológico no qual se cristalizam as intencionalidades do Poder possua ao mesmo tempo *competência*, sem o que a adaptação dos meios ao fim visado seria incerta, e *legitimidade*, sem o que os governados estariam prontos, na menor oportunidade, a recusar obedecer. Essa dupla exigência, que é a condição *sine qua non* da eficácia e da validade de todo governo, não escapou ao olhar penetrante de Rousseau. Passando da acepção lata do termo governo para uma *acepção estrita*, Rousseau foi o primeiro a fornecer uma análise técnica rigorosa das *máximas do governo do Estado*. O estudo difícil e sutil ao qual procede no Livro III do *Contrato social*[26] renova fundamentalmente a compreensão de uma noção que, reconhecida cardeal, era entretanto cercada de muita indecisão conceitual. Prosseguindo a metáfora antropológica do "corpo político" que é onipresente em *O contrato social*, Rousseau distingue nele a vontade que anima a potência legisladora da República e a força sem a qual a potência executora ficaria vã e inoperante. Ora, a potência legisladora ser a expressão da vontade geral (noutras palavras, que as leis sejam os atos do povo Soberano) é uma idéia que, essencial à política de Rousseau, é encontrada com exemplar constância nas quatro partes de sua obra[27]: várias vezes é lembrado que as leis se caracterizam por sua dupla generalidade (emanantes do povo indiviso, valem para todo o povo) e devem referir-se a objetos gerais (não podem pronunciar-se nem sobre um homem nem sobre um fato, de modo que a idéia de uma lei particular é, segundo Rousseau, uma contradição *in adjecto*). Em compensação, a questão relativa à potência executora se coloca, no Estado do contrato, como um problema que deve dar azo a um estudo específico: nesse caso, para Rousseau trata-se de examinar como se articulam a generalidade da lei estabelecida pelo Soberano e a particularidade de sua aplicação, que é função do governo. O exame desse problema de lógica jurídica – qual é, no Estado, a relação do geral com o particular – esclarece a concepção jurídica estrita que ele tem do governo e assume, na pena de Rousseau, um significado filosófico que mostra a tônica de todo o seu pensamento do direito político.

Portanto, foi definindo a relação que o *Governo* mantém com o *Soberano* que Rousseau especificou sua conotação jurídica rigorosa.

---

26. J.-J. Rousseau, *Le contrat social*, liv. III, cap. 1, ed. citada, pp. 395 ss. Rousseau, de saída, adverte seu leitor: "Advirto o leitor de que este capítulo deve ser lido calmamente, e que não conheço a arte de ser claro para quem não quer ficar atento."

27. *Ibid.*, liv. II, cap. VI, p. 378: a autoridade legislativa só pode residir no corpo da nação caracterizado pela vontade geral do povo; liv. III, cap. XV, p. 430 : "Toda lei não ratificada pelo povo em pessoa é nula, não é uma lei."

"O princípio da vida política", lembra ele, "está na autoridade soberana"[28] que, nascida do pacto social, se confunde com a vontade geral da "pessoa pública" que o Estado é. Esta tem vocação para legislar e sua generalidade formal acarreta sua perfeita retidão; as falhas do Soberano são impossíveis porque, em seu dever-ser, que é sua única maneira de ser, elas são inconcebíveis. A exigência de universalidade da razão que preside ao pacto social significa seu caráter absoluto e irrepreensível: a soberania do povo exprime a soberania da razão[29]; portanto, a vontade geral é "inalterável e pura"[30], não pode errar[31]. Só que, se o povo quer sempre seu bem, nem sempre o vê e não sabe consumá-lo: "insuficientemente informado", sempre corre o risco de ser vítima das tramas e das facções que dividem *de facto* a soberania indivisível *de jure*. Por isso cabe ao governo considerar bem, sob a generalidade formal e pura da lei, a particularidade concreta e complexa das condições. Estabelecer essa relação do geral com o particular pode parecer simples. Ora,

---

28. *Ibid.*, III, I, p. 424.
29. Isso significa que, para Rousseau, o contrato social não se define em termos jurídicos. Aliás, esse "contrato" é perfeitamente heterodoxo do ponto de vista jurídico: contratar consigo mesmo, como significa o "ato de associação" que Rousseau define (I, VII, p. 362), é um ato juridicamente nulo e sem efeito. O próprio Rousseau admite: esse ato não é, escreve, "Uma convenção do superior com o inferior, mas uma convenção do corpo com cada um de seus membros" (p. 374). Isso evidentemente causa problema: o "corpo" pode se comprometer quando, no instante do contrato, ele ainda não existe pois este justamente tem por função instituí-lo?

A menos que se admitam enormes e imperdoáveis erros jurídicos da parte de Rousseau, isso leva a pensar que o contrato social não se define em termos de técnica jurídica; é de outra natureza e, como indica o Manuscrito de Genebra, é "um ato puro de entendimento que raciocina" (I, II, p. 286). Não entendamos que ele engendra o paradigma do Estado ideal – esse essencialismo dogmático não cai bem em Rousseau – mas que esse "ato puro do entendimento que raciocina" define uma Idéia de valor regulador, ou seja, a norma ou o princípio formal do Estado: "O Soberano, só pelo fato de ser, é sempre o que deve ser" (I, VII, p. 363).

30. *Ibid.*, IV, I, p. 438.
31. *Ibid.*, II, III, p. 371.

aí está a ilusão: a tarefa do governo é tão difícil que se parece com o problema da quadratura do círculo em geometria[32].

A fim de destrinchar os dados desse problema, deve-se ficar atento à terminologia que Rousseau utiliza, não esquecer que o "corpo político" é denominado "Soberano" quando é ativo e "Estado" quando é passivo; que os membros do povo são "cidadãos" enquanto participam da autoridade soberana e são ativos, e "súditos" quando, submissos às leis do Estado, são passivos. Estando determinado esse léxico, a questão é saber como se dá a comunicação entre o Soberano e o Estado ou, em outras palavras, como se articulam no corpo público as condições de cidadão e de súdito. A resposta para essa pergunta está na categoria jurídica de *governo*. Mas seu próprio conceito é problemático, e Rousseau se aplica, num longo e difícil capítulo, a esclarecer sua complicada tessitura.

O governo, escreve ele, faz "de alguma forma na pessoa pública o que faz no homem a união entre a alma e o corpo". A definição, há que convir, é pouco jurídica. A um só tempo explícita e enigmática, ela contém "o abismo da filosofia" e "o abismo da política"; como espantar-se de que todos os legisladores aí se tenham perdido?[33] Reconheçamos ao menos o caráter problemático intrínseco do conceito de governo. De fato, este é, diz Rousseau, "um corpo intermediário estabelecido entre os súditos e o soberano para sua mútua correspondência". E acrescenta, num registro terminológico mais uma vez bastante desnorteador: esse corpo intermediário traz o nome de "Príncipe"; seus membros que, *stricto sensu*, são os governadores – aqueles mesmos que governam – chamam-se "Magistrados" ou "Reis". Não nos enganemos: utilizando um vocabulário aparentemente dos mais tradicionais, Rousseau lhe dá um signifi-

---

32. J.-J. Rousseau, *Lettres écrites de la montagne*, Carta VI, in Pléiade, t. III, p. 871; Carta a Mirabeau de 26 de julho de 1767; *Considérations sur le gouvernement de Pologne*, p. 995.

33. *Manuscrit de Genève*, I, IV, p. 296: "Como, na constituição do homem, a ação da alma sobre o corpo é o abismo da filosofia, da mesma forma a ação da vontade geral sobre a força pública é o abismo da política na constituição do Estado. Foi aí que todos os legisladores se perderam."

cado tão pouco usual que pode parecer insólito com referência à literatura jurídico-política do momento; mas ele assim o torna portador de uma enorme força doutrinária, pois desfaz de uma vez a confusão secular entre o Rei, o Príncipe e o Soberano. Para Rousseau, o Príncipe designa o corpo inteiro dos magistrados que são apenas os ministros do Soberano; e o rei, enquanto "governador", é um desses magistrados.

Colocados esses termos em sua nova compreensão conceitual, a natureza jurídica do governo se esclarece em dois momentos sucessivos. Inicialmente, nada impede imaginar que a relação entre o Soberano (o conjunto dos cidadãos ativos) e o Estado (o conjunto dos súditos passivos) possa ser uma relação de coincidência ou de identidade. Estaríamos então lidando com uma democracia direta tal que, com todo rigor, nela o governo seria então inútil. Ora, Rousseau está longe de crer na viabilidade dessa obra-prima imaginária da arte política: "Nunca existiu e nunca existirá verdadeira democracia."[34] É preciso portanto, num segundo momento, admitir que a república dos homens, para ser bem constituída, necessita de um governo que estabeleça uma mediação entre a generalidade dos atos legislativos do Soberano e a particularidade dos comportamentos dos súditos. Ora, o governo é a instância institucional que, munida das "forças intermediárias" entre generalidade e particularidade, subsume os negócios privados sob regra pública. Por isso é importantíssimo distinguir das *leis* todos os *decretos* de magistratura: estes aplicam aquelas a casos individuais ou a objetos particulares.

Avalia-se logo o sentido dessa mediação para a lógica jurídica: só se compreende a vontade do Soberano relacionada com as exigências universais da razão que está no princípio do Estado do contrato; quanto ao governo, pela ação particularizante de seus magistrados, ele confere uma efetividade às decisões legisladoras gerais do Soberano. A legislação e a administração (o governo dos ministros) correspondem, em toda República, a duas funções distintas das quais dois órgãos distintos devem ser encarregados.

---

34. *Le contrat social*, III, IV, p. 404.

Isso, aparentemente, fica claro. Entretanto, do ponto de vista especulativo, trata-se da "quadratura do círculo". Do que precede conclui-se de fato que, por um lado, nenhum governo pode ser adequado à vontade soberana e, por outro, que todo governo é necessariamente impuro. A conseqüência é óbvia: enquanto mediação entre o geral e o particular, um governo não pode ser julgado bom em si. Se o Soberano, na sua forma, é de uma retidão absoluta, o governo só pode ser considerado de um ponto de vista pragmático, o que relativiza seu valor; por isso pode no máximo ser julgado melhor ou pior do que outro. A passagem do normativo para o positivo é também aquela do absoluto para o relativo: é isso que, segundo Rousseau, torna tão problemática a articulação entre o Soberano e o Governo.

Essa articulação, tão delicada para a lógica jurídica, não é entretanto aporética se a encaramos na perspectiva da lógica política. Passando do problema da natureza das instâncias do Estado para o problema da função delas, Rousseau declara: "Não é bom que aquele que faz as leis as execute." Como Montesquieu, ele condena os perigos do despotismo ou da anarquia que nascem da confusão ou da concentração dos poderes[35], e é hostil ao acúmulo das funções[36] que, favorecendo a indistinção entre o privado e o público, dá azo a muitas formas de corrupção. Ademais, não pode admitir a teoria das "partes da soberania", inconciliável com a unidade indivisível do poder soberano; e ele não cuida de orientar-se para uma teoria constitucionalista segundo o modelo inglês. Rousseau raciocina matematicamente.

Explica que a relação do Soberano com o Estado é como a dos extremos numa "proporção contínua"[37] em que o Go-

---

35. *Ibid.*, III, I, p. 397.
36. *Ibid.*, III, IV e III, XV.
37. A expressão "proporção contínua" pode surpreender o leitor de hoje. No entanto, ela é corrente na linguagem matemática do século XVIII. Cf. sobre esse ponto o artigo "Proporção" da *Encyclopédie*, t. XIII. Podem-se, explica o autor, comparar duas relações, e, se essas relações forem iguais, obtém-se uma *proporção*: "Tendo cada relação dois termos, a proporção tem essencialmente quatro; o primeiro e o último são denominados extremos, o segundo e o terceiro, meios. A proporção apresentada sob essa forma é uma

verno é a média. O Soberano é no Governo aquilo que o Governo é no Estado:

$$\frac{\text{Soberano}}{\text{governo}} = \frac{\text{governo}}{\text{Estado}}$$

Por conseguinte, o problema central do direito político é um problema de equilíbrio matemático entre as potências legisladora e executora. Para que o equilíbrio seja bom, é preciso que o produto do termo médio por si só seja igual ao produto dos extremos, isto é, ao produto da potência do povo soberano pela potência dos súditos no Estado. "Não se pode alterar nenhum dos três termos sem romper no mesmo instante a proporção."[38] Esses "três termos" não são, como estabeleceu a tradição constitucionalista, o poder legislativo, o poder executivo e o poder judiciário; são o soberano, ou seja, os cidadãos; o Estado, ou seja, os súditos; o Governo, ou seja, um "corpo intermediário estabelecido entre os súditos e o Soberano para sua mútua correspondência, encarregado da execução das leis e da manutenção da liberdade, tanto civil quanto política"[39]: esse corpo inteiro, cujos membros se chamam "magistrados ou reis, ou seja, governadores", traz o nome de "Príncipe".

A lógica do direito político torna-se, assim, cristalina: se o Soberano quisesse governar, seria poderoso demais em comparação ao Governo; se o Governo quisesse legislar, seu poder abusivo o tornaria forte demais em comparação ao Soberano. Nos dois casos – Montesquieu já havia observado – se instalaria o despotismo, fomentador de abusos e de desordens no final dos quais se perfilaria a dissolução da República[40]; e se os

---

discreta. Se os dois meios são iguais, pode-se suprimir um ou o outro, e a proporção passa a só oferecer três termos. Mas então, o do meio é considerado duplo e pertencente às duas razões: à primeira como conseqüente, e à segunda como antecedente. Neste último caso, a proporção toma o nome de *contínua*, e é uma verdadeira progressão."

38. *Ibid.*, III, I, p. 397.
39. *Ibid.*, III, I, p. 396.
40. *Ibid.*, III, X, p. 421.

súditos, no Estado, já não obedecessem às leis, o Soberano e o Governo seriam tão fracos que reinaria a anarquia. A fim de evitar esses dois males, que dissolvem tanto o direito político quanto o Estado, a obediência dos súditos às leis deve ser compensada pela autoridade dos cidadãos sobre o Governo. É que, de fato, o povo, em qualquer Estado, constitui um parâmetro quantitativamente variável, de modo que a participação de cada cidadão no poder soberano se enfraquece à medida que aumenta a demografia: havendo 10.000 ou 100.000 cidadãos, a participação de cada um passa de 1/10.000 para 1/100.000; isso significa que, "quanto mais cresce o Estado, mais diminui a liberdade". Para atenuar esse enfraquecimento, cabe ao Governo, à medida que o povo é mais numeroso, portanto menos dócil, ser mais forte: "Quanto mais cresce o Estado, mais o Governo deve retrair-se."[41] Não devemos deduzir que os magistrados devam ser mais numerosos, pois o aumento de seu número seria, como para o povo, sinal de sua fraqueza[42], mas que a "relação dos magistrados no Governo deve ser inversa à relação dos súditos com o Soberano", de tal forma que "o número dos chefes [deve diminuir] em razão do aumento do povo". Portanto, é claro que não poderia haver "uma constituição de governo única e absoluta, mas que deve haver tantos governos diferentes na sua natureza quantos Estados diferentes em grandeza"[43].

Rousseau confessa que essa matemática governamental só deve ser compreendida de maneira simbólica, pois "a precisão geométrica não cabe nas quantidades morais"[44]. Apesar de suas dificuldades, ela é no entanto duplamente significativa. Por um lado, Rousseau, apesar de uma terminologia pouco habitual e absconsa, consegue explicar que, assim como é necessário, no corpo político, distinguir o Soberano (o corpo político quando é ativo) e o Estado (este mesmo corpo político quando é passi-

---

41. *Ibid.*, III, II, p. 402.
42. *Ibid.*, III, II, pp. 400 e 402.
43. *Ibid.*, III, I, p. 398.
44. *Ibid.*, III, I, p. 398.

vo)⁴⁵, assim também se impõe, no corpo dos magistrados, a necessária distinção entre o "Príncipe" ("o corpo inteiro dos magistrados") e o Governo ("a suprema administração")⁴⁶. A idéia, seguramente difícil, se esclarece no entanto quando Rousseau especifica que o Príncipe e o Estado são estruturalmente *corpos* ou *órgãos*; enquanto o Governo e o Soberano são *funções* ou *potências*. Por outro lado, a matemática governamental a que Rousseau recorre contribui para tornar compreensível a complementaridade entre o Governo e o Soberano: não basta dizer que o Soberano legisla em termos gerais e o Governo executa as decisões legislativas aplicando-as por decreto aos casos particulares; é preciso ver que "a arte do legislador é saber fixar o ponto em que a força e a vontade do Governo, sempre na proporção recíproca, se combinam na relação vantajosa para o Estado"⁴⁷. Nessas condições, se o Soberano só pode ser pensado na sua retidão formal, em compensação o Governo, no qual se concentra "a administração" da República, é julgado segundo sua força; não a partir de sua força absoluta, que é sempre igual à do Estado, mas a partir de sua força relativa, que depende de sua concentração e de sua atividade efetiva. Isso significa que o Governo permanece um poder subalterno ou de direito subordinado – que Weber denominará "um estado-maior administrativo" – que deve controlar a vontade geral soberana. Este estatuto funcional corresponde, aliás, à natureza do executivo e do legislativo, já que o primeiro é uma potência que age, e o segundo uma potência que quer⁴⁸.

O capítulo que Rousseau dedicou à elucidação conceitual da noção de governo tem, para o direito político, uma impor-

---

45. *Ibid.*, I, VI, p. 362.
46. *Ibid.*, III, II, p. 396.
47. *Ibid.*, III, II, p. 402.
48. Cf. *Lettres écrites de la montagne*, carta VII: "O poder legislativo consiste em duas coisas inseparáveis: fazer as leis e mantê-las; quer dizer, ter inspeção sobre o poder executivo. Não há portanto Estado no mundo onde o Soberano não tenha essa inspeção. Sem isso, toda ligação, toda subordinação, faltando entre esses dois poderes, o último não dependeria do outro; a execução não teria nenhuma relação necessária com as leis; a Lei seria apenas uma palavra, e essa palavra não significaria nada."

tância considerável. Atesta mesmo uma revolução intelectual ao mesmo tempo subversiva e fundadora. Enquanto as máximas da arte de governar só adquiriam sentido na trama da política concreta, em que, como dizia Cardin le Bret pensando na política de Richelieu, elas formavam "as colunas fortes" da monarquia[49], as regras do governo de que Rousseau faz a substância de seu estudo significam que o direito político é escrito em linguagem matemática. Isso quer dizer, é claro, que, sob pena de deliqüescência, a esfera jurídico-política deve ser animada pela razão. Disso, porém, Richelieu não teria discordado, pois declarava em suas máximas que a razão deve dominar as inclinações[50]. Mas Richelieu e Rousseau não falam a mesma linguagem; para Richelieu, o domínio racional justifica a ação até "no fato do Príncipe" e na "razão de Estado" –, as obras de Maquiavel estavam ao lado de seu breviário em sua mesa de trabalho; para Rousseau, a razão impõe ao direito político novos esquemas intelectuais e torna possível (se não indispensável) uma redefinição de suas categorias: como na matemática, ela constrói seus conceitos, o que lhe permite varrer as imagens mitificadoras e o discurso da mentira. Essa racionalidade subversiva abre portanto, para o direito político, um universo mental novo tal que o homem encontra em si mesmo o princípio do equilíbrio governamental. Avalia-se em conseqüência, de acordo com Rousseau, tudo o que separa as regras racionais críticas do governo das máximas dogmáticas da arte de governar.

Entretanto, a análise de Rousseau não o leva a celebrar no direito político os triunfos racionalistas. Apesar do rigor simbólico que deixa matemático o estatuto jurídico conferido ao Governo, este, diz Rousseau, "faz um esforço contínuo contra a soberania"[51]. Sua tendência, qualquer que seja o regime político, é degenerar[52]. Sempre há, portanto, inadequação entre a

---

49. Cardin Le Bret, *De la souveraineté du roi*, I, 4.
50. Richelieu, *Testament politique*, I, 6.
51. *Le contrat social*, III, X, p. 421.
52. *Ibid.*, III, 10 e III, 11 onde Rousseau mostra que a degenerescência de um Estado é sinal de velhice e, já, de morte; no livro III, 1, ele havia dito que as imperfeições de um governo são doenças.

retidão formal do Soberano e a fragilidade do Governo. O significado filosófico que repercute de tal confissão é, admitiremos facilmente, terrível e, apesar dos dois textos que Rousseau dedica respectivamente à Constituição da Córsega e ao Governo da Polônia, parece fasciná-lo. Sabemos que, a seu ver, o *único* regime correspondente à relação correta que se pode *imaginar* entre o Soberano e o Governo – regime no qual o Governo é a média proporcional entre o Soberano e o Estado – é a democracia direta. Ora, não só, nessa ficção matemática, a própria idéia de Governo se revela inútil, mas, *de facto*, esse regime é impossível: "Um governo tão perfeito não convém aos homens." Assim, Rousseau reconhece que a defasagem entre o que o homem pensa e o que constrói é irredutível: o direito e o fato são irremediavelmente irreconciliáveis, sendo impossível a passagem da norma à realidade. Portanto, se lhe parece indubitável que o Soberano é a norma de toda política, cujo dever-ser ela define, a função de "administração" atribuída ao Governo o mantém na empiria, longe da idealidade do conceito puro da República. É por isso que "todo corpo político começa a morrer já em seu nascimento"[53]. Em sua realidade, um Governo é e só pode ser uma obra de arte, colocado, enquanto tal, sob o signo da temporalidade. "Se Esparta e Roma pereceram, qual Estado pode esperar perdurar para sempre?" Os governos são precários, com maior ou menor robustez, isto é, com maior ou menor fragilidade, porque, dando à política as figuras concretas históricas da particularidade, saem da ordem normativa que é universal, atemporal e a-histórica. Entre as perspectivas normativas do político desenhadas pelo contrato social e o perfil positivo dos diversos governos, intercala-se, ineliminável, a finitude que prende o homem à temporalidade. Noutras palavras, os Governos nunca correspondem ao dever-ser do direito político. Nunca a existência dos Estados chegará à sua essência; a sociedade civil nunca será o que deveria ser.

Como é intransponível a cisão entre o que *deve ser* o Soberano e o que *são* os regimes políticos, convém insistir na noção

---

53. *Ibid.*, III, XI, p. 424.

de *intermediário*[54] com que Rousseau caracteriza o Governo. Recentemente, defendeu-se, utilizando o vocabulário de Kant, que o Governo "esquematiza" a vontade geral[55]. Rousseau exporia, sem dizê-lo dessa maneira, o significado transcendental do governo na medida em que, como a imaginação segundo Kant, ele seria um poder de síntese: segundo Kant, a ligação sintética se dá entre o diverso da sensibilidade e as unidades categoriais do entendimento; segundo Rousseau, a ligação sintética se daria entre a universidade formal da vontade geral soberana e as particularidades concretas da organização governamental. A interpretação tem ainda mais força porque, "no quadro de aço do universal", está bem firmada a Idéia da potência soberana da vontade geral como princípio regulador e máxima de reflexão da política. Entretanto, algo resiste a essa interpretação sedutora: Rousseau não pensa sinteticamente. A mediação que o Governo opera entre o Soberano e o Estado não provém de um método de pensamento funcionalmente unificador. É mais o indicador da distância que separa e separará sempre a norma do político da realidade política. A mediação é ligação; mas une sem unificar. A relação desesperançada entre Soberano e Governo é um ponto de fracasso[56] ou, pelo menos, sempre, de conflito. Um novo "mistério do Estado" parece assim residir na invencível bifurcação entre o Soberano e o Governo. Para Rousseau, essa divisão tem um sentido metafísico profundo: reflete a "infelicidade" insuperável que a impossível redenção do homem dos Tempos Modernos é. Na terra dos homens, nenhum governo, nenhum direito político jamais serão provedores de serenidade.

---

54. *Ibid.*, II, 9 em que o governo é apresentado de maneira figurada como "o meio exato" entre os gigantes e os anões.
55. A. Philonenko, *Jean-Jacques Rousseau et la pensée du malheur*, Vrin, 1984, t. III, p. 48.
56. Até o Legislador, esse "homem extraordinário", fracassa em sua empreitada de esclarecer o povo, de "persuadi-lo sem [o] convencer". Apesar de "providencial", ele é apenas um homem e é mortal, sua obra é marcada pela precariedade e, diante do povo que não o compreende e permanece rebelde a qualquer reforma, ele não tarda em sentir sua solidão.

A análise rigorosa que Rousseau faz do Governo modifica consideravelmente a figura em geral vaga que ele possuía até então da teoria jurídica ou política. É seguramente perturbadora por sua ressonância metafísica. Mas tem o mérito de mostrar claramente que os encargos públicos assumidos pelos governos não servem à simples gestão dos negócios da comunidade civil: há grande diferença entre gerir um patrimônio – quer dizer, administrar haveres ou bens que são coisas – e governar um Estado – ou seja, realizar um conjunto de atos que se dirigem a seres humanos cuja liberdade torna portadores de cultura e de valor. Ademais, o exame da relação entre Soberano e Governo mostrou que este age legitimamente, e que, em conseqüência, o ato de governar, longe de constituir um privilégio, é o exercício de uma prerrogativa que deve ser bem fundamentada. Nessas condições, o governo não é um efeito de dominação; muito pelo contrário, compete-lhe excluir a arbitrariedade de todos os seus atos, recusar a indecisão ou a paralisia diante do acontecimento imprevisto, reduzir, tanto quanto possível, a incerteza ou o medo. Sua própria missão o expõe à suspeita por parte dos governados. É atacado por um coeficiente de precariedade que o faz correr o risco de ser desaprovado ou derrubado: "Os governos mais bem instituídos trazem em si", escrevia Jaucourt, "o princípio de sua destruição."

Diante da inexorável fragilidade de que padece todo governo, compreende-se a importância conferida por Rousseau ao estabelecimento de seu estatuto no direito político do Estado moderno. Essa importância é tanto mais surpreendente e incentiva mais a reflexão do filósofo do direito porque, apesar da coesão que um governo, em conformidade com as decisões da potência legisladora, deve conferir à vida pública mediante sua função executora, ele não basta, por si só, para governar um Estado; no Estado moderno, ele é parte integrante de um conjunto de instituições cujas estrutura estatutária e articulações funcionais são determinadas de maneira precisa sem poder, no entanto, ter pretensões à imutabilidade; a rigidez das instituições seria aliás sua esclerose. Esse traço, essencial para o Estado moderno, caracteriza ainda o Estado DO direito da época contemporânea. Essa perenidade evidentemente não é desprovida de significado. Convém, portanto, esquadrinhar o sistema das instituições estatais. À luz dos princípios nos quais ele repousa, e no curso dos debates e das controvérsias que são o sinal da dificuldade intrínseca do direito político, o véu se levantará sobre o tormento profundo da consciência moderna que se indaga sobre ele.

2. Os cânones do sistema institucional no Estado DO direito

Por muito tempo os filósofos leram no *corpus* institucional do Estado as formas jurídicas que lhe determinavam o regime político. Assim, já na Antiguidade e depois nos séculos modernos, a descrição tipológica dos regimes ocupou na filosofia do direito político um lugar importante, cujos ensinamentos não é possível subestimar. Mas, como a questão dos regimes políticos é inseparável do sentido das estruturas jurídicas que as sustentam, a filosofia é remetida, como que à sua origem, à questão sempre recorrente da normatividade da ordem jurídica.

Depois de termos lembrado como o sistema institucional e o metabolismo do qual ele é o lugar foram por muito tempo considerados pela filosofia os parâmetros a partir dos quais se diferenciam os regimes políticos, vamos nos concentrar na hermenêutica da normatividade expressa pelas instituições estatais.

A) A tipologia dos regimes

Outrora, os filósofos antigos haviam compreendido que, em razão da problematicidade que reside em todo governo, este podia se encarnar em formas institucionais plurais. Platão e Aristóteles, atentos à realidade viva das Cidades, haviam elaborado uma classificação dos diversos tipos de governo cuja lógica simples por muito tempo foi respeitada. Ela repousava em dois parâmetros, um quantitativo: o *número* dos governantes – um, vários ou todos – definia a monarquia, a aristocracia e a democracia; o outro, qualitativo: a *saúde* da Cidade governada determinava os governos sob Constituições ou retas ou desvirtuadas. Contudo, mesmo que se conceda aos filósofos gregos, juntamente com Leo Strauss, a honra de ter operado uma classificação límpida dos diversos regimes, constata-se que os pensadores modernos quebraram e rejeitaram a lógica jurídico-política dos antigos. Do século XVI ao XIX, multiplicaram-se os ensaios de "desclassificação" e de "reclassificação" dos diferentes regimes[57]. Também essas tentativas nada têm de decisivo ou de definitivo; entretanto, são significativas e trazem à luz a importância das estruturas institucionais e de suas articulações no Estado.

A desclassificação das classificações tradicionais

Das classificações de Platão e de Aristóteles, só lembraremos aqui as grandes linhas, insistindo no significado que lhes conferiam os filósofos antigos, preocupados em encontrar o critério do "melhor regime".

Platão, depois de distinguir quatro tipos de governos defeituosos que correspondem a temperamentos sociais pervertidos[58] – a timocracia, regime "entusiasta das honras"; a oligarquia ou governo dos ricos; a democracia, em que governam os "homens de todas as espécies"; a tirania, em que reina "o homem mais belo" –, opõe-lhes sua República ideal na qual o filósofo é rei. Mostra, por outro lado[59], que uma lei de transformação, segundo a qual um excesso faz nascer o excesso oposto, preside à sucessão dos regimes: assim, a timocracia degenera em plutocracia ou em oligarquia; a democracia advém quando os pobres alcançam a vitória sobre os ricos; e a democracia transformada em demagogia gera a tirania. Nessa tipologia descriti-

---

57. Cf. Philippe Bénéton, *Les régimes politiques*, PUF, 1996.
58. Platão, *A República*, VIII, 544 *d* – 545 *a*.
59. Platão, cf. *Lettre VIII*, pp. 851-2.

va das formas de governo, em que se mesclam considerações políticas, sociológicas e psicológicas, o valor de um regime depende das qualidades dos homens que exercem o poder. Por isso, o alcance da classificação platônica culmina na crítica da "miscelânea" democrática[60], ideologicamente necessária ao elogio, que se impõe filosoficamente, da República ideal. A unidade da Calípolis, que é a morada do filósofo-rei[61], é feita do equilíbrio perfeito dos humores humanos e dos componentes institucionais: é uma sofocracia. Na verdade, Platão procura menos efetuar uma classificação dos regimes do que demonstrar que o verdadeiro político é necessariamente filósofo, pois todo falso político sempre é um sofista.

Aristóteles é mais sistemático do que Platão porque projeta menos tormento metafísico na sua "ciência política". Tendo definido a forma ideal de um modelo de Constituição[62] que permite, de acordo com a finalidade da política, realizar na Cidade o "bem comum", ele descreve e analisa os três tipos de "Constituições retas" que determinam a monarquia, a aristocracia e a república (ou *politie*), cada um desses regimes degenerando, pelo desvio de suas Constituições, em tirania, oligarquia e democracia. Esse esquema é acompanhado de múltiplas distinções e exceções, em cujo decorrer transparece a preocupação do Estagirita em encontrar a ou as formas de governo capazes de exprimir o justo. Ética e política, de fato, são ligadas, de modo que o valor de um regime depende menos do número daqueles que governam do que da virtude pela qual eles se conformam com a ordem natural das coisas. Portanto, um governo é bom se a autoridade que exerce respeita o direito natural; senão, enviscado na

---

60. Platão, *A República*, VIII, 557 c; *A política*, 292.

61. Em *A política* (275 c e 293 a), Platão explicou que o político, longe de ser um pastor divino, é o próprio filósofo, que se esforça em elucidar o mundo dos homens por sua inteligência e seu saber. Certamente, nem sempre consegue; Platão sabe por experiência, não esquecendo a infeliz tentativa com Denis da Sicília. Para ele, no entanto, o importante é sublinhar que filosofia e política têm a mesma essência (*A República*, VI, 499 b-c; *As leis*, IV, 709 d ss.; *Carta VII*, 328 a-b).

62. Aristóteles, *A política*, I, 1252 a.

arbitrariedade – a de um só ou da massa popular –, é mau porque é tirania ou anarquia.

A filosofia do direito político moderno muitas vezes utilizou a classificação trilógica dos regimes em monarquia, aristocracia e democracia. Mas isso não significa que tenha ficado fiel à tradição antiga que, no essencial, deu continuidade ao pensamento judaico-cristão. De um lado, a relação entre ética e política afrouxou a ponto de, após Maquiavel, ter prevalecido a idéia de uma política, se não sem ética, pelo menos independente dela. Do outro lado, enquanto a idéia de liberdade mudava de forma e de sentido, afastando-se do ideal do civismo à antiga, a tipologia dos regimes assumiu, principalmente no século XVIII, outra figura. Essa dupla mutação, que corresponde ao amadurecimento da consciência jurídico-política, tem um alcance filosófico considerável: mostra no que princípios novos esteiam o direito político moderno.

Maquiavel, a quem se deve sempre voltar para encontrar os primeiros frêmitos da modernidade no pensamento do direito político, mostrou, com "uma lucidez cínica"[63], o que há de ridículo e inútil na tipologia dos governos. Qualquer que seja o caminho tomado pelo governo dos homens, é sempre um ordenamento de meios que visam apenas, pela astúcia e às vezes pela violência, à eficácia. O realismo é consubstancial à política, que não tem outro objetivo, se necessário através do aparentar e da guerra, além do sucesso. A metáfora da navegação, aos olhos de Maquiavel, é destituída de pertinência: nenhuma teleologia ético-metafísica guia a política. O "novo príncipe", primeira figura da política moderna, certamente não é um tirano como acreditaram Bayle e Diderot[64], mas é inútil, considera Maquiavel, logo aprovado por Gabriel Naudé[65], dissecar seu governo em modos ou categorias que determinam um "regime". Por mais que Bodin se levantasse contra a iconoclastia maquiave-

---

63. Raymond Polin, *Éthique et politique*, Sirey, 1968, p. 124.
64. Pierre Bayle, *Dictionnaire historique et critique* (1697), art. "Maquiavel"; Diderot, *Encyclopédie*, verbete "Maquiavelismo".
65. Gabriel Naudé, *Considérations politiques sur les coups d'État* (1639).

liana e reabilitasse o tema de uma tipologia dos regimes políticos, procurava acima de tudo restaurar o prestígio da monarquia e não tinha muito interesse pelas outras formas de governo em si mesmas. Em compensação, em sua vontade de ordem e de racionalidade, o pensamento político, de Montesquieu a Kant, desmente Maquiavel, empenhando-se novamente na classificação tipológica dos regimes. Mas não se trata de polêmica doutrinária. No direito político moderno *in statu nascendi*, inserem-se, por vezes com dificuldade, preocupações e exigências novas que dão mostras do enfraquecimento dos princípios em que se fundamenta. O exemplo de Montesquieu é, a esse respeito, dos mais eloqüentes porque, subvertendo as tipologias da tradição, põe em primeiro plano, na necessária balança dos poderes, o princípio de moderação que o direito político de um bom governo deve respeitar.

Montesquieu e o princípio de moderação

Montesquieu não se limita a modificar a classificação dos regimes que a tradição havia estabelecido segundo critério quantitativo dos governantes. No novo esquema estrutural dos três regimes políticos que ele discerne entre os exemplos que a história fornece – "Há", escreve ele, "três espécies de governos: o republicano, o monárquico e o despótico"[66] –, ele superpõe a distinção bipartite entre os governos *moderados* e os governos *não moderados*. O magistrado de Bordeaux refletiu por muito tempo no problema dos governos para que haja nessa superposição dos esquemas inadvertência ou incoerência. Pelo contrário, Montesquieu, depois de precisar a "natureza" e o "princípio" de cada um dos três regimes que menciona, mostra, aperfeiçoando as leis do que deveria ser um Estado de liberdade, a exigência fundamental que, daí em diante, anima, como um imperativo, o pensamento do direito político. A complexidade de seu

---

66. Montesquieu, *L'esprit des lois*, livro II, cap. 1, p. 239. É claro que este esquema não repete o que é tradicionalmente fundado no critério do número: um (monarquia), vários (aristocracia), todos (democracia).

procedimento certamente se deve a seu sutil talento de escritor; mas é reveladora dos requisitos inovadores que ele pretende insuflar no direito político do futuro. Essa complexidade não é, portanto, a máscara de um pensamento desordenado e pouco seguro de si próprio: se Montesquieu confessa que, por muito tempo, "encontrava a verdade só para perdê-la", tudo o que procurava veio a ele assim que descobriu seus "princípios"[67]; mesmo quando não dá "todos os detalhes", "muitas verdades", diz ele, "só se farão sentir após se ver a cadeia que as une a outras"[68]. Essas "verdades" são importantes: colocam no cerne do direito político do futuro as exigências de uma liberdade política de que os homens, mais do que nunca, jamais aceitarão ser privados. Para atualizar essa exigência, não há outro meio a não ser instaurar um governo que obedeça ao princípio de moderação.

Constatando que, no grande livro do mundo, a experiência e a história desenharam os modelos republicano, monárquico e despótico, Montesquieu sacode duplamente a trilogia clássica dos regimes políticos. Por um lado, se a definição da monarquia não traz problema – "um só governo"[69], em compensação, o governo republicano é, diz Montesquieu, ou democrático ou aristocrático[70] e, sobretudo, o despotismo, longe de ser uma forma degenerativa da monarquia, constitui por si só uma categoria[71]. Ademais, essa tipologia revela seu sentido menos na exposição da "natureza" das formas assim tomadas pelo governo do que na descoberta de seus "princípios": a *natureza* deles é o que os faz ser assim – é a estrutura particular deles; o *princípio* deles é o que os faz agir – são as paixões humanas que os movem[72]. E não se poderia perder de vista que a força do princípio arrasta tudo. Montesquieu explica que, na República, a virtude cívica é um princípio tão forte que é a "alma" desse governo; na monarquia, a honra suplanta a virtude; quanto ao despo-

---

67. *Ibid.*, prefácio, p. 231.
68. *Ibid.*, p. 229.
69. *Ibid.*, II, IV, p. 247.
70. *Ibid.*, II, II, p. 239.
71. *Ibid.*, II, V, p. 249.
72. *Ibid.*, III, I, pp. 250-1.

tismo, tem o medo como mola. Ora, para além dos princípios que o bisturi de um analista sensível põe a nu nas expressões psicológicas e sociológicas da história política, o autor de *O espírito das leis* decifra um problema que hoje diríamos ser de "direito fundamental" e que, a seus olhos, é O problema de todo o direito público. Esse problema tem duas facetas, que Montesquieu considera com um olhar novo[73]. Por um lado, ele se refere, como é devido, às estruturas jurídicas do político, ou seja, à relação dos governos com as leis e as Constituições; é preciso que essa relação seja embasada pelo princípio de equilíbrio ou de *balança dos poderes*. Por outro, remete aos princípios fundadores dos governos, ou seja, indica o sentido de que cada um deles é portador: o filósofo avalia neles o valor do espírito de "moderação", o único que torna possível a liberdade política.

O estudo das estruturas jurídicas adotadas pelos diferentes modos de governo leva Montesquieu a sublinhar a importância, na Constituição, da *balança dos poderes*. Insiste na posição cardeal que as leis devem ocupar na natureza bem como no princípio de um governo sadio. A "força das leis", de fato, é essencial à República; se deixam de ser executadas, a República fica corrompida, e o Estado já está perdido[74]. Na monarquia, as leis – trate-se das leis "fundamentais" ou do "canal" que as leis seguem nos "poderes intermediários" – ocupam o lugar das virtudes cívicas[75]. Mas é sobretudo impressionante que o despotismo seja "um governo monstruoso" porque nele as leis são substituídas pela arbitrariedade e pelo capricho de um príncipe[76]. A relação das leis com o princípio dos governos dá-lhes dinamismo e explica sua ação em todos os campos, empregos públicos, educação, assuntos militares, economia, justiça, comércio etc. Portanto não é de espantar que a inobservância das leis

---

73. Não se deve concluir – já o demonstramos em outro livro: cf. *Montesquieu: la nature, les lois, la liberté* – que Montesquieu é um "Moderno" em oposição aos "Antigos". Como ele mesmo diz, indaga da política "do futuro", mas extrai da filosofia clássica a postulação metajurídica dessa política.
74. Montesquieu, *L'esprit des lois*, III, III, p. 252.
75. *Ibid.*, III, V, p. 255.
76. *Ibid.*, III, IX, p. 258.

engendre uma corrupção que gangrena o governo e que um governo sem lei, que nem sequer é um governo, seja, como o despotismo, anarquia e vazio político.

Contudo, as próprias leis devem manter uma relação estreita com a Constituição, pois ela é a matriz da ordem pública. Mesmo que Montesquieu não dê ao termo "Constituição" o significado formal de um texto escrito "estabelecendo" as normas colocadas no topo da hierarquia das regras jurídicas do Estado, ele sabe, como todos os jurisconsultos de seu século, que uma organização das competências é indispensável para a vida de um Estado. É nesse espírito que, admirador da "Constituição da Inglaterra", descreve, no capítulo mais célebre do *O espírito das leis*[77], o ordenamento dos poderes que cooperam para a ação de um governo. Sua finalidade é relatar como a Constituição inglesa (ou, pelo menos, o que acredita ver nela) torna possível a liberdade política mediante a distinção e a distribuição dos poderes.

Esse capítulo não elabora uma teoria, como se costuma repetir, da "separação dos poderes"[78], mas da "balança dos poderes". Essa concepção cabe numa frase: "Para que não se possa abusar do poder, é preciso que, pela disposição das coisas, o poder detenha o poder."[79] Dito de outra forma, é indispensável que "as três espécies de poder: a potência legisladora, a potência executora das coisas que dependem do direito das gentes e a potência executora daquelas que dependem do direito civil"[80] não fiquem concentradas nas mãos de um mesmo homem ou de um mesmo corpo; para evitar a confusão dos poderes que resultaria dessa concentração, os três poderes devem ser distribuídos a instâncias organicamente distintas e aptas, por sua cooperação, portanto por sua complementaridade, a exercer nas

---

77. *Ibid.*, XI, VI, pp. 396 ss.
78. Remetemos sobre esse ponto ao estudo que fizemos desse problema em *La philosophie du droit de Montesquieu*, Klincksieck, 2ª ed., 1979 e em *Montesquieu: la nature, les lois, la liberté*, PUF, 1994.
79. Montesquieu, *L'esprit des lois*, XI, IV, p. 395.
80. *Ibid.*, XI, VI, p. 396.

formas a autoridade do governo. As competências de um "poder" não poderiam invadir as competências de outro. Portanto, o importante não é que esses poderes sejam separados, mas que suas atribuições, determinando suas respectivas tarefas, obedeçam a uma divisão e uma distribuição correspondentes a um princípio de equilíbrio. E, em sua dinâmica, esses poderes devem funcionar "concertadamente"[81]. Tal "balança" das instâncias governamentais, estabelecida sob a Constituição e no respeito das formas legais, impede não apenas os desvios que ocasionariam as invasões de competência de um órgão institucional no outro, mas também os abusos ou descaminhos de poder: assim os mecanismos representativos, o bicamerismo, a ponderação das prerrogativas, o controle recíproco dos diversos órgãos, a fixação da ordem do dia das assembléias etc. constituem outros tantos procedimentos favoráveis ao equilíbrio de um governo. Mas, num governo, "É preciso que as coisas andem; um Estado estará perdido se tudo nele for inação"[82]. Portanto, se se passar da estática constitucional para a dinâmica política, fica claro que os requisitos de uma balança política, isenta tanto de carências funcionais quanto de excesso de poder, comandam, já no nível constitucional, os princípios de moderação do governo.

Alguns anos antes de Montesquieu, o abade de Saint-Pierre, em *Discurso sobre a polissinodia*, havia demonstrado que "a pluralidade dos conselhos é a forma de ministério mais vantajosa para um rei e para seu reino". Mas Saint-Simon relata que, pela exposição das vantagens do regime proposto, pelas respostas trazidas a possíveis objeções e, ainda mais, pela acusação implícita de imperícia dirigida a Luís XIV e ao Regente, a obra causara um "tremendo tumulto". O livro chistoso fora apreendido, o abade posto na prisão e excluído da Academia Francesa. Já Montesquieu não era "membro da Academia"; menos irreverente e mais hábil, ele transmuda a trilogia sistemática dos regimes "sob uma outra idéia" numa concepção binária do es-

---

81. *Ibid.*, XI, VI, p. 405.
82. *Ibid.*, XXII, XXII, p. 681.

quema de inteligibilidade da ordem política: pode-se estar às voltas seja com governos moderados[83] seja com governos não moderados[84]. No pensamento de Montesquieu, essa mudança de perspectiva corresponde à passagem da ordem positiva do direito constitucional para a ordem normativa dos juízos de valor sobre a política. A mutação do procedimento acarreta então uma transformação da linguagem: Montesquieu se exprime daí em diante em termos de dever-ser e de dever-fazer. Em torno da idéia de moderação, ele elabora o programa reformista requerido pela política de liberdade pela qual pretende fazer frente às ameaças de despotismo que sentiu subir, sob a Regência, no absolutismo da monarquia francesa. De maneira mais geral, o princípio de moderação se firma como o axioma do constitucionalismo liberal que deve fazer antítese com a teratologia do despotismo.

Se nos limitamos a pensar o valor dos regimes em termos de saúde ou de doença política, o dualismo dos governos moderados e dos governos não moderados parece ter a simplicidade da obviedade. Entretanto, não é assim, pois Montesquieu tem uma certeza: nenhum governo é, por natureza, moderado[85]. A moderação é "uma obra-prima de legislação"[86]; resulta de uma organização constitucional cuja importância é ainda mais crucial por ter em jogo a existência da liberdade política. Não voltemos aqui às formas do aparelho jurídico pelo qual o poder deve deter o poder; vimos que o dispositivo constitucional de um Estado que, à imagem da Inglaterra, seria o de um país onde reina a liberdade, requer procedimentos internos de balança obtidos pela combinação e pelo temperamento das potências ao mesmo tempo que pela distribuição das tarefas, pela regulação das competências e pela compensação das funções. Mas recorramos ao princípio filosófico fundamental que o próprio Montesquieu exprime em um resumo impressionante:

---

83. *Ibid.*, III, X, p. 259.
84. *Ibid.*, VIII, VIII, p. 356.
85. *Ibid.*, XI, IV, p. 395.
86. *Ibid.*, V, XIV, p. 297.

"Eu o digo, e parece-me que só fiz essa obra para provar isso: o espírito de moderação deve ser o do legislador: o bem político, como o bem moral, encontra-se sempre *entre dois limites*."[87] Apenas a recusa dos extremismos dissolventes representados pela lentidão democrática e pela rigidez despótica condiciona a técnica constitucional que torna possível uma política de liberdade. A questão, portanto, é saber como conjurar, no direito público, a fascinação dos extremos.

Tocamos nesse ponto na referência fundamental do direito político. O cuidado com que Montesquieu redigiu o primeiro livro de *O espírito das leis* é significativo da gravidade que confere a essa questão. Se é verdade, como inúmeras vezes se assinalou, que a moderação dos governos de liberdade atende aos determinismos das condições físicas de um Estado (suas dimensões, seu clima, sua topografia), se é verdade também que ela depende de fatores psicossociológicos e éticos, seria errôneo atribuir a Montesquieu, no exame desse problema, um pensamento causal e redutor; entre a moderação de um governo e os diferentes fatores que ela deve levar em consideração, ele estabelece não relações de causa e efeito, mas correlações e correspondências cujo sentido se decifra num horizonte axiológico. É assim que uma política de moderação deve concordar com a pluralidade dos partidos e das opiniões, espelho dos costumes e das maneiras diversificadas de uma nação[88] e reflexo das múltiplas facetas de seu "espírito geral"[89]; mas esse pluralismo é inconcebível se não é reportado à "natureza das coisas", ou seja, se não se volta a suas raízes metafísicas. Nem sequer basta, para julgar o valor dos governos moderados, repudiar toda política sem ética – Maquiavel lançou um desafio inadmissível à dignidade humana[90], mas é preciso compreender que a moderação é, na política, o único princípio que permite às

---

87. *Ibid.*, XXIX, I, p. 865; cf. *Pensées* n? 1795, in Pléiade t. I, p. 1429. O grifo é nosso.
88. *Ibid.*, XIX, XXVII, p. 575.
89. *Ibid.*, XIX, IV, p. 558.
90. *Ibid.*, XXI, XX, p. 641.

instituições atingir a regra de ordem que faz a legalidade universal. De fato, no mundo fundado na razão, os caprichos do acaso, a cegueira da fatalidade, a imprevisibilidade da contingência estão excluídos; da Natureza ao próprio Deus, passando pelos homens e pelos anjos, as leis, universalmente, "são as relações necessárias que derivam da natureza das coisas"[91]. Portanto, um governo moderado é aquele que reflete "a relação de conveniência", paradigma do justo, que "o grande Júpiter" estabeleceu objetivamente, antes de todas as convenções humanas, para todos e para sempre, entre as coisas[92]. Fiel à idéia das "leis civis em sua ordem natural", magnificamente exposta por Jean Domat, Montesquieu pensa que a moderação só corresponde à sua vocação liberadora se relacionada com a sociabilidade que, por sua vez, insere o homem, segundo justas relações de conveniência, na escala dos seres. Repele todas as tentações individualistas do seu século, pois elas contradizem a harmonia natural nas estruturas cosmológicas da qual deve inserir-se a comunidade política dos homens. Assim Montesquieu, com sua concepção da moderação, defende a idéia moderna de liberdade com os filosofemas do naturalismo antigo.

Em todo caso, o importante é que o princípio de moderação se tenha tornado, na dicotomia dos regimes, o fio condutor do liberalismo do qual as instituições são protetoras e colocam a liberdade dos cidadãos ao abrigo dos excessos ou dos desvios de poder daqueles que governam. Mas, em Montesquieu, a teoria do direito político nunca é independente de seus fundamentos filosóficos. Por isso, não causa menos impacto a tese que leva Montesquieu a pensar que a humanidade tomou, na sua história, não como repete seu século, o caminho do progresso, mas a estrada da decadência. Ao longo de todo o seu caminho, a história, explica ele, é a distorção da ordem natural das coi-

---

91. *Ibid.*, I, I, p. 232.
92. *Ibid.*, I, I, p. 233: "Antes que houvesse leis feitas, havia relações de justiça possíveis. Dizer que não há nada de justo nem de injusto além do que ordenam ou proíbem as leis positivas, é dizer que antes que se tivesse traçado um círculo, nem todos os raios eram iguais."

sas: foi assim que, apesar de sua grandeza, a civilização romana desmoronou. Em semelhante acontecimento há um sinal: cada vez que a realidade política foi abandonada aos caprichos de um único ou aos poderes de todos, esses extremismos arruinaram a harmonia natural da comunidade. Será sempre assim. Nunca a liberdade – contanto que se entenda bem essa palavra, que provocou tantas vertigens semânticas – encontrará lugar nos regimes que caminham contra a natureza.

Mesmo que, "por uma infelicidade ligada à condição humana, os grandes homens moderados sejam raros", a verdade é que o princípio de moderação é a regra áurea de uma política de liberdade; dessa regra, a natureza é a norma e o critério. É por isso que, se existem "três espécies de governos", eles correspondem a duas concepções da política: ou, num inferno político, o homem, rebaixado à categoria dos bichos, perde sua humanidade, o que é pior do que perder a vida; ou então é preciso, seguindo a ordem natural das coisas, elaborar a arquitetura constitucional de um governo que deixa aos cidadãos todas as suas possibilidades de liberdade.

Num tempo em que o racionalismo e o individualismo do Iluminismo preparavam suas glórias, a política jusnaturalista e o humanismo liberal de Montesquieu não foram compreendidos. Em torno de *O espírito das leis*, a crítica – dos jesuítas, dos jansenistas, do Vaticano, do clã dos "filósofos" – foi veemente. Mesmo em nosso século, L. Strauss acreditou que Montesquieu pregava um retorno às figuras políticas do mundo antigo. Ora, Montesquieu sabia que essa volta no tempo era impossível; e nunca pensou nisso. A força do seu pensamento do direito político está em outra parte. E sua mensagem é filosófica: a regra de um bom governo é, estando o homem recolocado na ordem dos seres, elaborar leis civis e políticas cuja função é restituir à comunidade humana as estruturas ontológicas e o horizonte axiológico que o Criador lhe havia destinado e cujo sentido a história esfumou. Num século entusiasta de antropologia e de racionalismo, era com certeza difícil ouvir tal lição. Entretanto, o estudo dos regimes feito por Montesquieu e sua defesa do princípio de moderação mostravam que o antropocentrismo idealista que tinha a aprovação de sua época conduzia a política a caminhos semeados de escolhos.

"Todo governo legítimo é republicano"

O prestígio de Rousseau deveria eclipsar as teses do constitucionalismo de Montesquieu. Diferentemente de *O espírito das leis*, *O contrato social* resgata, de certa forma, a tipologia ternária clássica dos regimes pois, metodicamente, Rousseau estuda os governos democrático, aristocrático e monárquico, aos quais acrescenta um outro tipo de governo que qualifica de "misto"[93]. Só que, nesse esquema quase tradicional, encontra-se uma reflexão original e difícil. Rousseau que, como já vimos, quis "fixar o sentido preciso da palavra governo"[94], examinou as relações entre a norma pura (ou essência) da República e sua expressão concreta no Estado do contrato. Nesse exame, raciocina sobre o que é "fundamental", e sua originalidade é perguntar-se se a racionalidade do Soberano, pura e universal em sua exigência normativa, pode unir-se à dimensão prática da política. Em termos mais perturbadores, digamos que Rousseau se pergunta se todo governo não está condenado, em razão da diferença irredutível dos planos e das ordens, à inadequação em relação à vontade geral que é seu fundamento último. Obviamente, tal problemática era estranha às tipologias até então propostas, tipologias que Rousseau considera de lógica obsoleta e de filosofia curta demais. Indagar-se, como indica o subtítulo do *Contrato social*, sobre os "princípios do direito político", é procurar o solo do qual todo governo, nem mais nem menos do que a soberania que ele prolonga, deve extrair as condições de sua legitimidade e de sua validade. Rousseau, sem saber, formula assim a questão que o criticismo kantiano colocará no cerne do problema político: *Quid juris?*. Dado que a soberania define o dever-ser que é a norma de toda política, seu conceito tem a envergadura de um princípio universal: ela é portanto a mes-

---

93. Rousseau, *Le contrat social*, liv. III, cap. VII, p. 413.
94. *Ibid*., liv. III, I, p. 395; cf. *supra*, pp. 219 ss.

ma[95] e os fundamentos do Estado não são diferentes segundo os diversos modos do seu governo[96]. Toda a sociedade civil tem raízes, de direito, numa democracia originária, já que a soberania, pelo ato do contrato, é a vontade do povo: "*Todo governo legítimo*", escreve Rousseau, "*é republicano*."[97]

De tal fórmula, o direito político devia extrair uma inspiração nova, mediante aliás uma falsificação grave da filosofia de Rousseau. De fato, pela potência mágica do verbo, a palavra "república" acabava de mudar de sentido: já não designava – ou, pelo menos, não somente – a *res publica* ou a *República* cuja essência Bodin definira e cujo estatuto institucional determinara, mas, por sua fundamentação contratual original como por suas estruturas governamentais, ela conotava, no próprio momento em que a palavra "povo" também assumia uma acepção nova designando o conjunto dos cidadãos, a *exigência democrática* desde então colocada no princípio da política e do direito público. Para que a república fosse verdadeiramente republicana, não era necessário que o povo fosse sua alma, que as instâncias governamentais fossem, de maneira mais ou menos direta, segundo um modo de sufrágio e dos procedimentos apropriados, a emanação da vontade popular? Não era preciso, mesmo que isso não estivesse em Rousseau e resultasse de uma interpretação que ele não pudera prever, que elas tomassem, pela representação nacional, as formas da democracia parlamentar a fim de trabalhar para o respeito da opinião, para a liberdade e a igualdade dos cidadãos? O pensamento político do século XVIII, prosseguindo seu ímpeto, assim entendia que, no Estado democrático ao qual ele começava a aspirar, o povo fosse plenamente soberano, que fizesse suas próprias leis e que a autonomia fosse saudada como o supremo grau de uma consciência política enfim chegada, segundo o ideal do Iluminismo, à maioridade. É claro que o discurso dos "direitos do homem e do cidadão" fornece à política republicana sua ponta de lança mais afiada, e, nos ímpetos e transtornos da Revolução Fran-

---

95. *Ibid.*, III, IV, p. 405.
96. Rousseau, *Lettres écrites de la montagne*, Carta VI, p. 811.
97. Rousseau, *Le contrat social*, II, II, p. 380.

cesa, não se tardou em assemelhar a república e o governo democrático. Contra o perfil daí em diante condenado da monarquia do Antigo Regime, essa assimilação – mesmo que não correspondesse ao ideal jurídico-político de Rousseau, que freqüentemente se invocava – simbolizava a santidade da lei e os valores liberais.

Mas, naquilo que se considera geralmente mutações jurídico-políticas importantes, dissimulam-se ao mesmo tempo uma curiosa ironia da história e, sobretudo, uma espantosa incompreensão das idéias de Rousseau. De um lado, Tocqueville devia mostrar que a Revolução Francesa, longe de ter criado uma ruptura política comandada pelo universalismo da igualdade e da liberdade que é o princípio das reivindicações democráticas da República nova, apenas prolongou o processo de centralização que, no Antigo Regime, a monarquia efetuava contra as diversas formas de feudalismo. Por outro lado e sobretudo, Rousseau era traído pelos mesmos que diziam, adulando-o, inspirar-se nele. A democracia originária é seguramente para ele o cadinho da república; mas, como tal, longe de determinar um regime político, nem sequer a carta jurídica de um tipo de governo, ela define a *norma* do político, numa linguagem que ainda não é a sua, a *Idéia* republicana. A democracia é, segundo Rousseau, o *modelo* político que forja a razão republicana. Portanto, se, em sua idealidade, esse modelo aclara – como na matemática – a definição causal genética da República e enche de luz a inteligibilidade de seu simbolismo, não pode coincidir com uma organização institucional concreta, mesmo que esta fosse declarada "revolucionária". Rousseau sempre repetiu: a democracia é um governo "perfeito demais" para convir a homens. Ela não pode instalar-se em povos irremediavelmente corrompidos, de tal forma que a sociedade política nunca poderá ser o que deveria ser[98]: os verdadeiros "fundamentos do direito político" serão traídos.

---

98. É por isso que Rousseau, com uma lucidez intelectual que se tem dificuldade em compreender, devia estimar que era tão inútil estabelecer uma classificação dos regimes políticos ou dos tipos de governo quanto fazer-se a pergunta por tanto tempo feita pelos filósofos, do "melhor governo", cf. *Lettres écrites de la montagne*, Carta VI, pp. 808-9.

Logo Kant, sem dúvida o leitor mais profundo de Rousseau, celebrará as virtudes do "republicanismo", sempre cuidando de distingui-lo bem da democracia[99]. Para evitar qualquer confusão, é preciso saber fazer a diferença, observa, entre as formas do soberano (*formae imperii*) e as formas de governo (*formae regiminis*): as primeiras – encarne-se a potência soberana em um monarca, em uma assembléia ou no povo – são apenas uma fenomenalização do Estado, cuja essencialidade reside sempre, na medida em que é a "coisa pública" (*gemeines Wesen* ou *Republik*), na vontade unida do corpo público; as segundas designam o "modo constitucional segundo o qual a vontade geral do povo decidiu que se exerceria seu poder"[100]. Ora, é precisamente no exercício do Poder que se podem discernir dois modos, e dois modos somente: o republicano e o despótico, pois a Constituição só pode repousar "em dois princípios políticos" que determinam o modo como o Estado faz uso da potência soberana. A alternativa é clara: ou o poder executivo é constitucionalmente distinto do poder legislativo e trata-se de republicanismo[101], ou o legislador executa as leis que ele próprio fez, e trata-se de despotismo[102]; no primeiro caso, torna-se possível resolver o conflito sempre ameaçador entre as pretensões privadas e os reclamos públicos; no segundo caso, o governo paralisa a coisa pública a ponto de ser, em si, "contraditório". Ora, essa contradição, que faz do despotismo o mais pesado dos dogmatismos, Kant a decifra na democracia: ela esmaga todas as forças críticas e, por mais que se diga que a autoridade é a do povo, ela entorpece a liberdade de pensar. Segundo Kant, que, manifestamente, compreendeu nesse ponto a difícil mensagem filosófica de Rousseau, se é verdade que "todo governo legítimo é republicano", é falso que o republica-

---

99. Kant, *Essai sur la paix perpétuelle*, 2ª seção, primeiro artigo definitivo, p. 343; *AK*, VIII, 352.
100. *Ibid*., p. 343; *AK*, VIII, 352.
101. *Ibid*.
102. Kant, *Doctrine du droit*, § 49, p. 582; *AK*, VI, 317: "Um governo que fosse ao mesmo tempo legislador deveria ser chamado despótico."

nismo se identifique com a democracia: de fato, ele é acima de tudo antidogmático e, por essa razão, designa o antídoto do despotismo, ainda que este último exprimisse a autocracia do povo.

Se, nas análises que tratam da espinhosa questão dos governos, Montesquieu, Rousseau e Kant avançam teses perturbadoras, a velha trilogia de antigamente, na época ainda conserva, no entanto, seu prestígio: encontramo-la assim sob as penas de Voltaire[103] e de Destutt de Tracy[104]. Mas é impressionante que, no século XIX, nem o estudo hegeliano do poder governamental, nem a pesquisa dos "princípios de política" efetuada por B. Constant, nem a explicação socioeconômica do político avançada por Marx e Pareto etc. façam referência a elas: a "desclassificação" dos regimes políticos[105] consuma a derrota dos esquemas tradicionais. A velha trilogia dos governos perdeu a atualidade. Na nova moda que o pensamento do direito político moderno vive, o choque entre as doutrinas liberais e as correntes socializantes, a escalada dos nacionalismos, os ímpetos republicanos trazidos pela vontade democrática e depois, mais próximos de nós, a afirmação do fenômeno totalitário (de direita ou de esquerda) e, hoje, a rejeição das ideologias, a onipotência da mídia, as perspectivas mundialistas da política ou o atual "declínio das paixões políticas" são outros tantos elementos complexos e por vezes cumulativos que empurram para a sombra as concepções clássicas.

Diante de tal constatação, o filósofo pode se perguntar se as explicações redutoras do direito político e, muito especialmente, seu relegamento à sociologia e à economia, não ocultam "as questões fundamentais", aquelas que, precisamente, remetem aos princípios fundamentais do direito público, às Idéias (isto é, ao Ideal regulador) que o animam, tornando possível e válida a normatividade das instituições.

---

103. Voltaire, *Dialogues entre A, B, C* (1768), VI diálogo, reed. Caen, 1985, pp. 44-8.
104. Destutt de Tracy, *Commentaire sur L'esprit des lois de Montesquieu* (1817), reed. Caen, 1992, cap. III, pp. 17-30.
105. Cf. Philippe Bénéton, *op. cit.*, pp. 43 ss.

B) Uma hermenêutica da normatividade institucional

A multiplicidade das determinações – históricas, culturais, científicas, técnicas, econômicas, diplomáticas etc. – que intervêm na política dos Estados modernos lhe dá freqüentemente a feição de um labirinto em que é difícil discernir uma racionalidade específica que, no entanto, ela invoca como seu axioma fundamental. Isso é ainda mais difícil porque, como os filósofos desde o século XVIII puseram a questão da *liberdade* no centro de sua reflexão, o direito político se apresenta como um lugar polêmico em que antinomias teóricas e conflitos práticos se atam e ressurgem sem trégua. O estatuto filosófico do direito político moderno parece, portanto, trazer a marca da ambigüidade e, quando o humanismo se transforma em terror e o sentido em falta de sentido, ou quando a liberdade, envergando a máscara da mentira e da corrupção, se torna "a liberdade do vazio", essa ambigüidade não deixa de ter uma certa maldição. Entretanto, não se poderiam confundir as vicissitudes da aventura política moderna, que são apenas a factualidade contingente da história, com o poder produtor de normas que forma a natureza intrínseca do direito político. Noutras palavras, o fato de o Estado ser empiricamente o local da história e dos tormentos gerados por seus sobressaltos não deve fazer esquecer a especificidade e a irredutibilidade da exigência de ordem e de normatividade que ele manifesta. Não só a política moderna é inseparável da arquitetura jurídica que a sustenta, mas, como o Estado moderno é o Estado "legal", ou melhor, o *Estado DO direito*, a política é uma ação normatizada, mediatizada em todas as suas expressões por um conjunto de instituições e de regras que se ordenam em um edifício normativo.

De Kant a Kelsen, o trabalho da reflexão crítica mostra que a problemática fundamental da filosofia política consistia em uma busca do fundamento mais profundo da autoridade do Poder. Conseqüentemente, convém examinar a lógica imanente do direito político a fim de apreender nela a identidade específica de sua capacidade normativa.

A inseparabilidade do Estado e do direito

Ninguém melhor do que Kelsen[106] soube mostrar em sua "teoria pura do direito" que o Estado moderno não se distingue da ordem jurídica que o organiza. Esse ponto é capital. Opondo-se a G. Jellinek[107], Kelsen considera que Estado e direito são inseparáveis[108], a ponto de um Estado de não-direito ser pura contradição nos termos: num estado (*status*) de não-direito, não pode haver nem Estado (*Civitas*) nem política (*politeia*)[109]. *O Estado é, portanto, sempre o Estado DO direito*, e, na figura estática de suas instituições bem como em sua dinâmica, ele se caracteriza por sua normatividade, que unicamente uma lógica transcendental desenvolvida em um procedimento crítico é capaz de explicar.

Foi dito com justeza que o desígnio de Kelsen não é invocar "a autoridade objetiva da ciência do direito para justificar as pretensões políticas"[110]. A hostilidade que sempre teve para com a ideologia – noção que, considera ele, "mascara, transfigura ou distorce a realidade"[111] – explica em grande parte seu

---

106. Poderíamos igualmente interrogar a esse respeito as obras, doravante clássicas, de Max Weber que insistem na importância da "dominação legal", ou de Raymond Carré de Malberg que teorizam "o Estado legal". Mais próximo de nós, citemos, no mesmo sentido, o constitucionalismo que Carl Friedrich expõe na *Encyclopaedia of the Social Sciences* (1968) e o legalismo (*the rule of Law*) defendido por M. Oakshott em *On History and other Essays*, pp. 119 ss.

107. A controvérsia gira principalmente em torno da obra de Jellinek *Allgemeine Staatslehre*, 3ª ed., 1914.

108. H. Kelsen, *Das Wesen des Staates*, trad. fr. in *La pensée politique de Kelsen, Cahiers de philosophie politique et juridique*, 1990, nº XVII, p. 20.

109. Essa idéia é, na obra toda, um *leitmotiv* poderoso. Cf., por exemplo, Über Staatsunrecht (1914) in *Ausgewählte Schriften von Hans Kelsen*, ed. por Merkl e Verdross, I, pp. 957-1057; *Das Wesen des Staates*, art. cit.; *Théorie pure du droit*, trad. Charles Eisenmann, Sirey, pp. 378 ss.

110. Prefácio de Jean Thevenaz (1934) à tradução da *Théorie pure du droit*, La Baconnière, p. 17.

111. *Théorie pure du droit*, trad. Thevenaz, 1ª edição, § 17. Sobre esse aspecto do pensamento de Kelsen, cf. Peter Römer, Die Reine Rechtslehre Hans Kelsen's als Ideologie und Ideologie Kritik, in *Politische Viertel jahresschrift*, 1971, 12, pp. 579-98.

projeto epistemológico de uma teoria "pura" do direito. A idéia, já presente em 1911 em *Hauptprobleme der Staatslehre*, permaneceu imutável no curso da obra. Trata-se, para o jurista de Viena, de examinar o direito positivo em si próprio a fim de elaborar uma ciência do direito objetivo, desvencilhada – depurada – de todas as considerações extracientíficas e extrajurídicas, ou seja, ideológicas e metafísicas. O móbil geral e fundamental do método é eliminar da ciência do direito todos os elementos que lhe são alheios. Considerado do ponto de vista filosófico, o estudo do direito positivo que Kelsen realiza não significa portanto, como se repete continuamente, que ele é "positivista": a teoria pura do direito elabora uma ciência *normativa* do direito, não porque estabelece ou constrói normas, mas porque estuda como as normas em vigor *hic et nunc* no direito positivo tornam possível a interpretação das condutas humanas. Ora, nesse estudo que tem por objeto o sentido e o valor de uma ordem jurídica, o traço mais original é que, como não há necessidade alguma de recorrer aos conceitos e às categorias extrajurídicas do direito natural, da moral, da história ou da metafísica, toda ordem jurídica é compreendida juridicamente, ou seja, de acordo e a partir da normatividade que lhe é inerente e lhe dá sua juridicidade.

Esse imperativo epistemológico foi mais ou menos bem compreendido pelos leitores de Kelsen que, por esse motivo, freqüentemente pensaram que a questão do direito político ocupava um lugar mínimo e praticamente desprezível na sua obra. Na verdade, isso era enganar-se sobre seu significado profundo. De um lado, Kelsen não é um jurista teórico puramente meditativo. Viveu até muito de perto os últimos sobressaltos do Império austro-húngaro e concedeu suas simpatias políticas ao Partido Social-Democrata. No final do ano de 1918, o chanceler Karl Renner confiou-lhe o encargo de preparar para a Áustria um projeto de Constituição que aliás, no essencial, foi adotado. Esse projeto comportava a criação de uma Corte Constitucional que, efetivamente, foi criada e em cujo seio ele foi nomeado "membro vitalício". Sua carreira nesse cargo foi agitada; quando surgiu a questão do divórcio entre os católicos, ele foi alvo de críticas muito fortes, que estranhamente lhe acarretaram a exclusão, com todos os outros membros vitalícios, entretanto por definição inamovíveis, da Corte Constitucional. Sua reflexão sobre o direito político, porém, não pára com esse episódio. Ao contrário, na Europa e depois nos Estados Unidos, teve múltiplas oportunidades de observar o funcionamento do Estado moderno e de escrutar os princípios nos quais repousam suas estruturas jurídicas. Após várias experiências acadêmicas vividas penosamente nas universidades de Colônia e de Praga, onde foi alvo dos estudantes pró-nazistas, e apesar de duas estadas mais tranqüilas no Instituto dos Altos Estudos Internacionais de Genebra, foi obrigado, como muitos judeus, a seguir o caminho do exílio. As universidades de Harvard e de Berkeley o acolheram calorosamente. Pôde então prosseguir sua reflexão sobre o direito público e sobre o direito internacional. Isso lhe permitiu não somente terminar sua "teoria pura do direito"[112] e distinguir suas grandes linhas mestras de maneira didática em 1945 em *General Theory of Law and State*[113], mas também, sob a influência da filosofia anglo-saxã, dar à sua concepção normativista do direito público a inflexão nova que se descobre em sua obra póstuma (1979) *Allgemeine Theorie der Normen*[114]. Por outro lado, se Kelsen não fala, ou fala muito pouco, das vicissitudes da carreira política, que contudo viveu dolorosamente desde antes da ascensão do nazismo[115], sempre deu uma atenção acentuada aos problemas jurídicos e filosóficos suscitados pelos conceitos-mestres do direito político moderno. Já em seus primeiros trabalhos[116], indagava-se sobre a noção de

---

112. A primeira edição dessa obra havia sido lançada em 1932, antes do seu exílio.
113. Essa obra acaba de ser traduzida em língua francesa: *Théorie générale du droit et de l'État*, LGDJ, 1997.
114. A tradução francesa dessa obra acaba de ser lançada, PUF, 1996.
115. Cf. a carta autobiográfica que dirigiu, de Viena, em 1927, ao professor romeno Gyula Moor (trad. fr. de Michel Troper, in *Droit et Société*, n.º VII, 1987, pp. 345-8).
116. *Die Staatslehre des Dante Alighieri*, 1905; *Hauptprobleme der Staatslehre*, 1811.

Estado a fim de elucidar um conceito que sabia dividido, no início do século XX, entre uma ressonância sociológica e uma acepção jurídica. É muito significativo que, qualquer que tenha sido a evolução do seu pensamento, os estudos que dedicou à soberania[117], à Constituição[118], ao parlamentarismo[119], à democracia[120], ao Estado[121] constituam pontos fortes de um imenso *corpus* dominado por *Reine Rechtslehre* (1934) e *Allgemeine Theorie der Normen* (1979). Em sua maioria, esses estudos foram realizados no contexto político perturbado vigente entre as duas guerras. Ademais, desencadearam ásperas polêmicas, das quais a mais ardente foi a travada entre C. Schmitt e H. Kelsen. A verdade é que, mesmo na última parte da obra, em que transparecem esquemas epistemológicos novos, o problema do Estado continua no centro das preocupações filosóficas do jurista austríaco. Longe de se limitar a uma teoria descritiva do Estado, ele abala uma tradição secular e define o Estado como uma entidade jurídica, ao ponto de, para ele, *Estado e ordem jurídica serem expressões sinônimas*: "Todo Estado é necessariamente um Estado do direito (*Rechtsstaat*), no sentido de que todo Estado é uma ordem jurídica."[122]

Ao longo de toda a sua obra, Kelsen permaneceu fiel a essa concepção monista legalista do Estado[123]. Sua argumentação reside em primeiro lugar em uma crítica dos pressupostos da teoria do Estado moderno tal como aparece desde Bodin. O

---

117. *Das Problem der Souveränität und die Theorie des Völkerrechts; Beitrag zu einer reinen Rechtslehre*, 1920.
118. *Die Verfassungsgesetze der Republik Deutschösterreich, mit einer historischen Uebersicht und kritischen Erläuterungen*, 5 vol., 1919-1922.
119. *Das Problem des Parlementarismus*, 1925.
120. *Wom Wesen und Wert der Demokratie*, 1929; *Demokratie und Sozialismus*, 1967.
121. *Allgemeine Staatslehre*, 1925; *General Theory of Law and State*, 1945.
122. H. Kelsen, *Théorie pure du droit*, pp. 418-9.
123. Cf. por exemplo, *Der soziologische und der juristische Staatsbegriff, kritische Untersuchung des Verhältnisses von Staat und Recht*, 1922; *Théorie pure du droit* (1934), trad. Ch. Eisenmann, Sirey, 1962, p. 193; *General Theory of Law and State*, Nova York, 1945, pp. 181 ss.

axioma básico dessa teoria, diz de fato Kelsen, é dualista: tende a fazer do Estado uma *comunidade*, regida pelo direito na medida em que é um sistema de normas. Ora, segundo Kelsen, tal formulação, por mais tradicional que seja, é indefensável na medida em que pressupõe que a realidade social da comunidade política é anterior ao aparelho jurídico que a estrutura. O dualismo assim adotado é desprovido de pertinência: uma pluralidade de indivíduos forma uma comunidade estatal se, e somente se, uma ordem normativa coerciva reja suas condutas; a comunidade que chamamos de Estado não se distingue portanto da ordem jurídica que a organiza. Na teoria dualista, superpõem-se mesmo dois erros, um lógico, o outro filosófico, particularmente detectáveis no procedimento adotado por Jellinek, segundo quem a teoria de Estado se insere ao mesmo tempo nas ciências sociais e nas ciências jurídicas. Ora, replica Kelsen, o Estado não é uma realidade social que é o substrato do direito; e o direito não é "como uma causa primeira não causada, que criaria o Estado a partir do vazio normativo": do estrito ponto de vista lógico, "não se pode conceber um Estado a um só tempo criado do direito e submetido ao direito"[124]. O erro filosófico decorre da tentação sociologista (ou psicossociologista) que, no dizer de Kelsen, embasa a gênese contratualista da vontade geral[125]. Essa tentação, concorda ele, é sedutora na medida em que considera o direito um produto da vontade dos povos. Mesmo assim é falaciosa, pois não é possível atribuir um fundamento à unidade da pluralidade dos indivíduos que se reúnem para formar um Estado[126]. Jellinek se engana quando acredita que existe um elemento psicológico comum a todos aqueles que, parlamentares ou ministros, têm a qualidade de órgãos do Estado: eles não decidem nem agem em virtude de uma qualidade psicológica ou social, mas somente porque receberam desta ou daquela norma jurídica a habilitação para decidir ou

---

124. Michel Troper, *Pour une théorie juridique de l'État*, PUF, 1994, p. 146.
125. H. Kelsen, *General Theory of Law and State*, p. 285.
126. *Ibid.*, p. 183. O texto inglês diz *one in the many*.

agir em nome do Estado e para ele. Aliás, nenhum fato – seja ele psíquico como a vontade individual, ou social como a vontade geral – pode produzir direito: *Jus ex facto non oritur*. Kelsen repete à exaustão: apenas o direito é criador de direito. Em páginas impressionantes, a *Teoria pura do direito* mostra que o direito não é fruto das volições humanas, mas que cabe às normas do sistema jurídico dar à vontade uma qualificação jurídica e um sentido normativo, que são os únicos que podem torná-la apta para produzir decisões de direito. Em conseqüência, nunca o Estado, na sua natureza própria, deve ser confundido com os elementos factuais que pertencem à sua substância. De maneira geral, todas as concepções psicossociologistas do Estado, por mais sedutoras que sejam, têm um caráter superficial que lhes onera pesadamente a validade. Assim, quando se considera que o Estado é um corpo social que tem por princípio a interação dos membros que o compõem, não se indica o critério decisivo da realidade estatal – a interação é onipresente na natureza inteira – e nada autoriza afirmar que a interação existente entre os indivíduos de um mesmo Estado é mais intensa do que a constatada entre indivíduos pertencentes a Estados diferentes[127]. A teoria da interação é uma ficção sociopolítica e erra ao ocultar o caráter jurídico do Estado. Da mesma forma, não se poderia admitir a tese sociológica segundo a qual a vontade coletiva e o interesse comum do grupo constituem os critérios da unidade estatal. Também as noções de sentimento coletivo ou de consciência coletiva não são determinantes da natureza

---

127. *Ibid.*, p. 183. Essa asserção, insiste Kelsen, é até desmentida pelos fatos: acontece que indivíduos que têm a mesma nacionalidade, a mesma raça ou a mesma religião, portanto, muito próximos uns dos outros, fiquem dispersos nos Estados em que a população carece de homogeneidade. O fato de pertencer a uma mesma comunidade religiosa ou lingüística, ou ainda a uma mesma classe, cria freqüentemente laços mais estreitos do que a cidadania. Além disso, os meios de comunicação de que dispõem os homens do século XX permitem aos povos dispersos no mundo partilharem os mesmos valores espirituais: "Se se pudesse medir com exatidão a intensidade das interações sociais, veríamos muito provavelmente que a humanidade está dividida em grupos que não coincidem nem um pouco com os Estados" (p. 184).

do Estado. Toda tendência a hipostasiar a vontade comum ou o interesse geral engloba uma intenção ideológica cuja fragilidade Kelsen assinala: se esse fosse o critério do Estado, nem sequer haveria necessidade de leis, já que a ordem jurídica coincidiria com a obediência voluntária de todos os súditos. – Kelsen recusa igualmente a concepção organicista do Estado, da qual elege von Gierke como o representante mais notório[128]. Essa concepção não dá uma explicação científica do fenômeno estatal, na medida em que a transposição dos esquemas biológicos que ela opera se encontra carregada de significado ético-político: o argumento que ela usa mais freqüentemente não é o de que o cidadão não se pertence e dá sua vida, se necessário for, pela pátria? – Enfim, se a teoria sociológica que define o Estado em termos de dominação é célebre, nem por isso deixa de ser errônea[129], pois inverte a ordem dos fatores que leva em consideração. Certamente, existe em todo Estado uma relação de mando com obediência que se exprime pela regulamentação jurídica das condutas que a lei define. Mas, quando essa relação é determinada por aquele que declara impor suas ordens "em nome do Estado", a questão é saber qual é o critério que permite distinguir essas ordens dadas "em nome do Estado" dos outros mandos. Não será necessário que procedam de uma ordem cuja validade é pressuposta? A visão sociologista implica subrepticiamente a idéia de uma ordem jurídica válida e, portanto, requer como fundamento, sem o confessar, a normatividade do direito. Seus defensores raciocinam ao contrário: longe de explicar a ordem normativa do direito, eles a pressupõem, pois ela precisa dele[130]. Portanto, isso significa que unicamente o conceito de uma ordem jurídica considerada como um sistema de normas válidas confere uma legitimidade às prescrições editadas "em nome do Estado"; só ele permite distin-

---

128. Cf. Von Gierke, *Das Wesen der Menschlichen Verbände*, 1902, pp. 34 ss.
129. Kelsen, *Der Soziologische und der Juristische Staatsbegriff* (2ª ed., 1927).
130. Kelsen, *General Theory of Law and State*, p. 186.

gui-las dos mandos que um bando de malfeitores enuncia[131]. Aliás, sustentar que a autoridade estatal encontra suas raízes na força é pura aberração[132]. A autoridade do Estado só encontra sua especificidade, portanto sua essência, na legitimidade de seu conceito: "A dominação que, sociologicamente, se caracteriza como dominação do Estado, se apresenta como *criação e execução de uma ordem de direito*, ou seja, como uma dominação que é interpretada como tal pelos que mandam e pelos que obedecem."[133] Portanto, mesmo quando a dominação estatal é vista pela sociologia como objeto, ela não se apresenta como um fato bruto, mas como um fato inseparável da interpretação que fazem dela aqueles que dão as ordens e aqueles que as recebem. Max Weber tem razão em dizer que só se compreende uma conduta social através de sua interpretação e por ela[134]. De maneira geral, o erro das análises sociológicas do Estado é não ter a especificidade dele, porque pressupõem sua dimensão jurídica sem se interrogar nem sobre sua natureza nem sobre suas implicações. Isso é particularmente flagrante na célebre definição do Estado por seus três elementos: o povo, o território e a potência pública[135]. O sofisma aqui é patente, pois esses elementos, longe de serem, no caso, fatos empíricos brutos, só são definíveis como elementos do Estado pelo próprio Estado e, portanto, pela ordem jurídica que o constitui.

---

131. *Ibid.*, pp. 191 ss.: cf. T. Guastini, I briganti e lo Stato. Un enigma nella dottrina pura del diritto, *Rivista Trimestrale di Diritto e Procedura civile*, 1984, nº 3, pp. 655-65.

132. Kelsen, *L'essence de l'État*, trad. citada, p. 24: "Os canhões, as metralhadoras, as bombas a gás, as fortalezas e as prisões, os patíbulos e as guilhotinas" não são no Estado "objetos indiferentes", mas não indicam absolutamente sua essencialidade.

133. Kelsen, *General Theory of Law and State*, p. 188. O grifo é nosso.

134. Cf. Max Weber, *Wirtschaft und Gesellschaft*, I. No curso de sua obra, Kelsen atribuirá uma importância cada vez maior à interpretação. É por isso que sua condenação da explicação causalista é inapelável: "A sociologia do direito não relaciona os fatos positivos que ela deve apreender com normas válidas, mas relaciona com outros fatos positivos, do ângulo das relações de causa com efeito." *Théorie pure du droit*, p. 142.

135. Kelsen, *General Theory of Law and State*, pp. 207 ss.

Assim, segundo Kelsen, o Estado é inconcebível fora do direito. A doutrina tradicional, na sua feitura dualística, é incapaz de explicar o que faz "a essência do Estado": não somente ela chega, através da sua teorização da soberania, a hipostasiar um Estado que transcende o direito e pode então ter seus "mistérios"[136], como oblitera completamente a especificidade do Estado, a saber que, fundador do direito, ele só pode fundar a si próprio no direito e se justificar por ele.

Depois dessa crítica sem concessões das teorias dualistas, a argumentação kelseniana pode assumir uma feição construtiva. O Estado se define como "uma ordem normativa" ou como um "sistema de normas" que determina "o que deve (*soll*) acontecer, mesmo que isso nem sempre aconteça"[137]. Ele "só pode ser pensado como uma autoridade que domina os homens na medida em que é uma ordem que coage os homens a um determinado comportamento e, portanto, um sistema de normas que regula o comportamento humano". Essa ordem normativa tem uma validade objetiva que define "a esfera da existência específica do Estado". A representação que tem uma norma como objeto (ou como conteúdo) é, quanto a ela, eficaz, ou seja, provoca um comportamento dos homens conforme à norma. Pode-se assim estabelecer que a ordem jurídica que define o Estado existe como uma ordem de coerção normativa a um só tempo *válida* e *eficaz*: "Seria absurdo admitir a validade de uma ordem estatal à qual o comportamento dos homens de modo algum se conformasse." O Estado é, conseqüentemente, "o ponto focal comum da imputação de todos os atos estatais identificáveis como especificamente normativos".

Da mesma forma, o Estado é, enquanto ordem jurídica, um *esquema de significado* ou, dito de outra forma, "um sistema *ideal* graças ao qual certos fatos reais são distinguidos como atos estatais na medida em que é constatada sua concordância

---

136. Kelsen pensa nesse ponto no Estado-Leviatã de Hobbes, cf. *Gott und Staat*, 1922-1923.
137. As citações que se seguem pertencem ao artigo já citado, *A essência do Estado*, que data de 1926, pp. 20, 21, 23, 25, 27.

com o conteúdo desse sistema". Essas indicações serão inúmeras vezes repetidas por Kelsen[138]: o Estado é – e não é nada mais além disso – "a ordem jurídica" das condutas humanas. O conceito unitário do Estado e do direito corresponde à "idéia" que orienta as ações do homem na comunidade civil. Doravante, a razão lógica pela qual toda concepção dualista que separa o Estado e o direito é indefensável fica perfeitamente clara: "Não pode haver mais de um conceito do mesmo objeto."

As conseqüências dessa especificação do Estado são incisivas. Por exemplo, o Estado moderno que se caracteriza como potência soberana só é concebível em termos de *normatividade*. Todo conflito que se levanta entre um indivíduo e o Estado implica referência à natureza normativa da potência estatal: supõe uma distorção entre a vontade ou a conduta efetiva de um indivíduo e o sistema das normas estatais, noutras palavras, o antagonismo entre o que é e o que deve ser (*the is and the ought*). Ademais, a organização do Estado como sociedade política é uma ordem cuja especificidade reside em seu caráter essencialmente coercivo[139], isso porque ele dispõe do uso da força da qual tem o monopólio, juridicamente estabelecido e que manifesta uma coerção legal. O poder do Estado "é o poder que o direito positivo organiza; é o poder do direito, ou seja, a eficácia do direito positivo"[140]. O monismo kelseniano não tolera nenhuma reserva: é "puro". Quando Hauriou considera esse monismo a fonte provável de todas as servidões[141], comete o erro de transportar para o terreno ideológico (do qual Kelsen sempre fugiu) um filosofema cujo alcance é epistemológico. O

---

138. Cf. *Über Grenzen zwischen juristischer und soziologischer Method*, WTS, I, pp. 3-36; *Théorie pure du droit*, trad. cit., pp. 378 ss.; *General Theory of Law and State*, pp. 188 ss.
139. Kelsen, *Théorie pure du droit*, pp. 46 ss.
140. Kelsen, *General Theory of Law and State*, p. 190. Vê-se muito bem nisso que o Estado não é um fenômeno de dominação pela força bruta: o poder do Estado só tem sentido exercido na forma jurídica por órgãos que a ordem jurídica designou e investiu de competências jurídicas.
141. Maurice Hauriou, *Aux sources du droit*, reed., Caen, 1986, pp. 77 e 80.

importante, na teoria kelseniana do Estado moderno, é que seja excluída de sua compreensão toda referência a elementos fenomenais. O Estado, em si, não é uma realidade empírica, mas puramente conceitual. Sobretudo, nenhum ato estatal pode ser explicado de maneira causalista: o problema filosófico do Estado é um problema de *imputação*[142]. A imputação é mesmo o critério decisivo do Estado do direito: ela significa que toda ação estatal é determinada de maneira específica pela ordem normativa do sistema jurídico; *stricto sensu*, é a *execução* da ordem jurídica.

Prosseguindo sua análise, Kelsen explica que o Estado, considerado, através dos seus diversos órgãos, sujeito de imputação, pode, por comodismo, ser designado como "pessoa jurídica" (*juristic person*). Entendamos então que, como entidade jurídica, ele é simbolicamente "a personificação de uma ordem de direito". Mas é bem mais pertinente e muito mais importante salientar que a vocação do Estado é preencher, graças às instâncias que chamamos de seus *órgãos*, certo número de *funções*, determinadas pela própria ordem jurídica. Cada um desses órgãos tem, enquanto agente jurídico, uma função própria que nenhum outro está habilitado a cumprir. Disso decorre que, na ordem jurídica estatal, a vontade não intervém sozinha para criar direito. Todas as normas do direito são criadas por atos de direito, que por sua vez só têm significado jurídico em virtude de normas de direito de um plano mais elevado. Somente o direito produz direito. Portanto não se poderia designar o Estado como "pessoa jurídica" a não ser de maneira fictícia ou simbólica na medida em que é "um centro de imputação". E, no caso, o significado da metáfora é mais importante do que a própria ficção: ela se traduz pela célebre imagem da pirâmide jurídica que explica, do ponto de vista da "estática jurídica", a *hierarquia das normas*: sob a Constituição, elas vão, de patamar em patamar, do *corpus* das leis aos regulamentos e às decisões individuais; do ponto de vista da "dinâmica jurídica", a hierar-

---

142. Kelsen, *Théorie pure du droit*, pp. 105 ss.; *General Theory of Law and State*, p. 191.

quia das normas reveste o aspecto de uma gênese jurídica, já que, segundo o esquema da *Stufenbautheorie* ou "formação do direito por graus", toda norma resulta da aplicação de uma norma superior e comanda a criação de normas inferiores. Vê-se em conseqüência que, no Estado DO direito, a função dos diversos órgãos, que vemos como criação ou como aplicação de normas jurídicas, significa que *o direito regula sua própria criação*[143].

A teoria do Estado responde assim à *quaestio juris*, cuja imensa fecundidade Kelsen avaliou na obra de Kant e no neokantismo da Escola de Marburgo. Seguindo assim a via do criticismo, ele mostra que a natureza do Estado, independentemente do regime político que se outorga, é ligada à validade de sua ordem jurídica[144]. O Estado só constituir um com a ordem normativa de coerção que seu sistema de regras positivas de direito constitui é tão fundamental que, precisa Kelsen, em caso de revolução vitoriosa ou de golpe de Estado bem-sucedido não se pode sequer dizer, como se faz habitualmente, que "grande parte das leis que foram editadas sob o império da antiga Constituição 'permanece em vigor': essa última expressão", escreve Kelsen, "não é justa"[145]. Então não há certamente criação de um direito novo, mas "recebimento por uma ordem jurídica de normas de uma outra ordem" e, no entanto, tudo se passa como se esse recebimento fosse "apesar de tudo criação de direito". Portanto, temos de sublinhar que o Estado é uma ordem de direito centralizado (ou relativamente centralizado)[146] e que conserva sua identidade enquanto essa ordem é mantida, ou seja, enquanto as modificações que intervêm no conteúdo das normas resultam de atos conformes à Constituição[147], o que mostra que "o governo efetivo, que estabelece normas gerais e nor-

---

143. Segundo Kelsen, isso é o que a doutrina tradicional jamais viu, petrificada numa postulação dualística que faz do Estado um indivíduo suprahumano (o Leviatã é o exemplo mais impressionante) cujas vontade e autoridade editariam as regras de direito.
144. *Théorie pure du droit*, p. 294.
145. *Ibid.*, p. 279.
146. *Ibid.*, pp. 325 e 379; *General Theory of Law and State*, p. 189.
147. *General Theory of Law and State*, pp. 219-20.

mas individuais eficazes, com base numa Constituição eficaz, representa o governo legítimo do Estado"[148].

É preciso avaliar a principal conseqüência da tese que, no normativismo de Kelsen, identifica o Estado e o direito[149]. Contrariamente à idéia, clássica desde Bodin e Hobbes, segundo a qual o Estado *é* criador do direito, Kelsen considera que o Estado *é* ele próprio o direito. Daí decorre a condenação que pronuncia da teoria da limitação do Estado. Não só essa teoria, tal como a formularam, na esteira de Montesquieu, Humboldt e Laboulaye, e até Carré de Malberg (falando mais precisamente da "autolimitação do Estado"), é deficiente em razão de sua referência ao dualismo do Estado e do direito, mas, quando reportada à lógica do monismo legalista de Kelsen, não tem sentido algum: o Estado não pode ser mais limitado pelo direito do que criado por ele, já que a ele se identifica. Quando esses autores falam da limitação do Estado pelo direito, são vítimas, no dizer de Kelsen, de uma confusão das categorias e de uma insuficiência de análise. O erro deles é não fazer diferença entre o Estado como entidade jurídica e os órgãos do Estado, cujo campo de competências específicas, evidentemente, deve ser determinado pelo direito. Ora, a idéia de Kelsen segundo a qual a limitação do Estado é inconcebível devia levantar contra sua teoria críticas virulentas.

Essas críticas são de duas ordens: umas dizem respeito ao edifício hierárquico das normas; as outras, mais profundas, contestam sua concepção do Estado do direito. As críticas do primeiro tipo[150] atacam, com uma espantosa incompreensão do

---

148. *Théorie pure du droit,* p. 280.
149. Mesmo que Kelsen, na *Théorie générale des normes,* abrande, provavelmente sob a influência do pensamento anglo-saxão, o logicismo das normas cujo campo, aliás, ele generaliza (a ponto de considerar a religião e o direito "duas ordens normativas similares"), ele não parece ter pensado em modificar sua teoria juridista do Estado, de que, de resto, ele fala pouco nessa última obra, cf. n. 38, in trad. fr. citada, p. 38.
150. Cf. por exemplo Deão Maury, Observations sur les idées du professeur Kelsen, *Revue critique de législation et de jurisprudence,* 1929, pp. 527 ss.; R. Capitant, *Introduction à l'étude de l'illicite. L'impératif catégorique,* pp. 162 ss.

procedimento criticista de Kelsen, a idéia da *Grundnorm* (ou *Urnorm*) que, na *Teoria pura do direito*, designa a "hipótese de validade" *suposta* por Kelsen como a "hipótese lógica transcendental", sem a qual não seria possível estabelecer o edifício das normas jurídicas.

Essas críticas, que a frase de Michel Villey poderia resumir, ao reprovar Kelsen por reconstruir a realidade jurídica "do ponto de vista do imaginário"[151], não se referem diretamente à concepção que Kelsen tem do Estado, identificando-o ao direito. Em compensação, a crítica radical de C. Schmitt pretende expressamente atacar, em uma retumbante controvérsia, a filosofia kelseniana do Estado[152].

Carl Schmitt, adversário de Kelsen

Em sua *Teoria da Constituição*[153], Schmitt se opõe a Kelsen com acentos que, *mutatis mutandis*, lembram a polêmica entre Hegel e Kant. Em todo caso, não deixam de mostrar uma des-

---

151. Michel Villey, *Leçons d'histoire de la philosophie du droit*, Sirey, p. 344.

152. Assinalemos igualmente, desse ponto de vista, mas com menor envergadura, a crítica de Henry Dupeyroux, *Archives de philosophie du droit*, 1938, pp. 1-97. O autor, colocando-se no terreno da técnica jurídica, estima que não é possível identificar o Estado com a pura dimensão normativa das regras de direito. Quando Kelsen invocou Kant e o neokantismo, diz em suma H. Dupeyroux, cometeu um erro filosófico, pois não viu que uma regra de direito só adquire sentido graças ao poder sintético e à atividade unificadora do pensamento, no momento em que se apropria dos fatos da experiência humana para os subsumir e os qualificar (exatamente como um conceito do entendimento só adquire significado, segundo Kant, sensibilizando-se graças aos esquemas da imaginação). Da mesma forma, por não ter detectado no kantismo cuja pré-formação ele reivindica aquilo a que a fenomenologia chama "a intencionalidade", Kelsen, no seu "puro" normativismo, perdeu a ambivalência essencial do direito e, em conseqüência, a do Estado em que o *Sollen* não pode ser indiferente ao *Sein*. Kelsen, diz H. Dupeyroux, condenou-se à contradição ao admitir que, no Estado, a validade das regras da pirâmide jurídica deve ser completada pela noção de eficácia (argumento que, rigorosamente, só é fiel ao pensamento de Kelsen, segundo o qual a eficiência das regras condiciona a própria validade delas).

153. C. Schmitt, *Verfassungslehre*, 1ª ed., 1928; trad. fr., PUF, 1993.

norteadora incompreensão do monismo normativista que Kelsen defendeu. Mercê de uma polêmica por vezes muito técnica[154], que enseja uma severidade que beira a má-fé, Schmitt acusa Kelsen de encerrar sua teoria do Estado na sistematicidade de uma especulação totalmente abstrata, ao passo que, aos seus olhos, o "poder constituinte" de um Estado – Sieyès, diz ele, teve razão de insistir nesse ponto[155] – emana da vontade desse sujeito *concreto* que é o povo-nação. Se a Constituição pode ser considerada como designando a essência da política, é unicamente, declara Schmitt, porque é uma *decisão* tomada pela nação relativamente às instituições de sua própria existência num dado momento de sua história. Apesar de, nesse ponto, ele enfraquecer sua tese passando de maneira sub-reptícia do modelo de "decisão" que lhe é oferecido pela sentença judiciária pronunciada por um juiz num tribunal para o esquema do que ele estima ser o decisionismo jurídico-político, Schmitt insiste no caráter *realista* que uma Constituição exige para ser viável: de fato, é unicamente na existência concreta da nação, estima ele, que ela funda sua legitimidade. Contra Kelsen, ele crê, portanto, poder deduzir que não há necessidade alguma de no Estado recorrer a uma norma – um "dever-ser" por definição desprovido da dimensão real do que é –, sendo uma norma, segundo ele, por sua própria natureza, "absolutamente sem condições de fundar o que quer que seja"[156].

Partindo dessa premissa antinormativista, Schmitt censura em Kelsen sua concepção monista legalista do Estado, pensado essencialmente como um sistema de normas. O erro do Estado

---

154. Dessa tecnicidade que Schmitt defende, citemos como exemplo apenas o estudo do termo polissêmico *Constituição* fornecido no início da obra. Kelsen, segundo Schmitt, não teria sabido, no seu normativismo, distinguir o sentido "absoluto" da Constituição – "o modo de existência concreto, dado de si com toda a unidade política existente" (trad. fr., p. 132) revelado pela *politeia* de Aristóteles e de Santo Tomás, pelas Constituições francesas de 1791 e de 1793, e seu sentido "relativo" revelado pelo realismo das "leis fundamentais".

155. C. Schmitt, *Théorie de la Constitution*, pp. 213-5.

156. *Ibid.*, p. 225.

que se confunde com o direito é impor, pela pirâmide de suas normas, uma espécie de "governo da lei", impermeável às influências histórico-sociais. Schmitt pretende que Kelsen encontrou seu modelo no liberalismo doutrinário abstrato da Restauração. Como Weber, de quem foi aluno, ele denuncia a mediocridade e a vacuidade do esquema assim adotado e critica os desvios administrativos e burocráticos, evidentemente formalistas, que nele são sempre possíveis. Tendo, quanto a ele, declarado encontrar seu próprio modelo no pensamento de Sieyès quando confere o poder constituinte à soberania nacional, e considerando que "é soberano aquele que decide mesmo em situações excepcionais"[157], ele salienta que em caso algum poderia haver imperialismo do direito e que o "pan-normativismo jurídico kelseniano" é uma passagem de limite que, em razão da autoprodução de suas normas, está politicamente em falso. Não apenas, lembra ele sem cessar, a Constituição não é mais do que a expressão da vontade política do poder constituinte de um povo-nação como sujeito concreto, mas é o cadinho de uma capacidade de decisões em todas as circunstâncias, sejam elas as mais difíceis e as mais imprevistas. O Estado não pode portanto reduzir-se, nem em seu aspecto organizacional nem em sua vocação funcional, a um corpo de regras e de leis construído apenas pela razão segundo uma lógica pura. Em 1927, em sua célebre conferência *Der Begriff des Politischen*, Schmitt declarava já em sua primeira frase: "O conceito de Estado pressupõe o conceito de política."[158] Era de certo modo censurar Kelsen por não ter visto que a política tem mais profundidade ontológica do que o Estado. O jurista de Viena teria esquecido totalmente que, se o Estado viesse a desaparecer, a política, por sua vez, se perpetuaria. Para Schmitt, como para Hobbes que, em muitos pontos, o inspirou, é a sociedade, mais do que o Estado, que é politicamente organizada; sem política, não haveria sociedade.

---

157. C. Schmitt, *Théologie politique*, 1922, trad. fr., Gallimard, 1988, p. 15.
158. C. Schmitt, *La notion de politique* (1927), trad. fr., Calmann-Lévy, 1972, p. 59.

Por conseguinte, nos antípodas do normativismo do Estado do direito segundo Kelsen[159], Schmitt, por preocupação com o realismo, opta por um institucionalismo em que ele insiste no organicismo social e na dimensão historicista do direito, postos em evidência por Hegel e Savigny. Fazendo, como diz, sua "bíblia constitucional" do pequeno livro que o jovem Hegel havia dedicado a *A Constituição da Alemanha*, ele considera que um Estado e sua Constituição, longe de exprimirem o dever-ser de uma exigência racional pura (cujo significado transcendental ele desconhece), são uma realidade viva e histórica, manifestação de uma "vontade" e reflexo do "espírito de um povo". Schmitt, censurando Kelsen por sua preocupação com a "pureza", o acusa uma vez mais de ter esvaziado sua teoria do Estado DO direito de qualquer elemento socioempírico.

Claro, a incompatibilidade intelectual é total entre Schmitt e Kelsen. Mas, na tese kelseniana, Schmitt crê poder discernir "a maneira moderna de ver a organização [do Estado]". Sua polêmica assume deste modo maior amplitude e acusa todos os juristas do *Estado moderno*. Eles só falam, num mundo doravante "desencantado" e esvaziado de qualquer sopro espiritual, em nome de uma racionalidade que se pretende tão "pura" que é vazia de qualquer substância. Seu voto é realizar no Estado uma "unidade babilônica", no que Schmitt vislumbra o desejo que o homem moderno tem de se fazer ele mesmo Deus.

Nesse ponto da controvérsia que Schmitt iniciou contra Kelsen, duas temáticas muito mais amplas se entrecruzam para finalmente se identificarem: a crítica da *política* dos tempos modernos e a crítica da *modernidade* nessa política. De fato, marcado pela sociologia weberiana, Schmitt não se contenta em criticar o rigorismo "puro" que Kelsen e seus adeptos herdaram dos neokantianos. Denuncia também a instituição parlamentar, na qual vê concentrar-se o espírito do racionalismo

---

159. Essa hostilidade sistemática provém em grande parte da incompreensão da obra de Kelsen e de seu alcance epistemológico: pois, segundo Kelsen, a pureza caracteriza – e é isso que Schmitt não vê – não o *direito*, mas a *teoria do direito*.

moderno. O parlamentarismo, que ele considera preso aos princípios formalistas da razão, não reflete a realidade do mundo social. A democracia, que pretendem "representativa", é cega; obcecada por sua preocupação com racionalidade e com a vontade de ter razão, atola-se na "discussão perpétua"; como tal, revela-se totalmente inepta para exprimir a essência "decisionista" da política que deve sempre estar presa ao real. No liberalismo que pretendem democrático, e do qual estimam geralmente que o parlamentarismo é a tradução institucional, está escondida a perversidade do Estado DO direito (*Rechtsstaat*) cujo racionalismo moderno, pretensamente "depurado" pelo Iluminismo, depois por Kant e por Kelsen, traz a responsabilidade. Há aí "a imagem metafísica que uma época tem do mundo". Ora, segundo Schmitt, essa época está terminada. A seu ver, o liberalismo e o parlamentarismo[160], a representação e a democracia, por seu formalismo e sua obsessão com a normatividade, carecem da natureza específica da política e do direito que a traz: a saber, sua capacidade de decidir até nas situações excepcionais. Que exemplo revela melhor as fraquezas da racionalidade triunfante dos "modernos" do que a República de Weimar? Que ela tenha sido incapaz de impedir a ascensão do nacional-socialismo é um fato que fala por si mesmo: ele revela, nas suas certezas jurídicas fundadas em razão, sua miopia fatal diante da realidade. Todos os racionalismos dos "modernos" se comportam assim. Parece ser essa a sua falha aos olhos de Schmitt, pois não é interrogando as engenhosas construções normativistas dos "modernos" que o direito público pode fazer frente às situações extremas que não deixam de surgir na imprevisibilidade do movimento da história.

A pesada acusação lançada por Schmitt contra o direito público moderno leva-o a uma conclusão radical. A partir de 1933, não hesita, obcecado como é pelo tema do decisionismo como antítese do normativismo, em declarar que toda política "autêntica" quer "um Estado qualitativamente total", ou seja, absolutamente autoritário. Conhece-se a simpatia que devotou

---

160. C. Schmitt, *Parlementarisme et démocratie*, 1923.

ao regime nazista de 1933 a 1936... Através desse envolvimento, lê-se a afirmação da "ubiqüidade potencial" e da "requisição existencial" da política diante do "inimigo" que, de alguma maneira, sempre se perfila como a figura-modelo do mundo político. O fato de a tensão dialética ser assim permanente entre a vida cotidiana e a política é suficiente para provar, segundo ele, que o critério do direito político não reside na pura racionalidade da normatividade jurídica, mas, ao contrário, na "distinção entre o amigo e o inimigo".

Indo ao fundo das coisas, fica claro – é o que ressalta dos dois textos aos quais, com meio século de intervalo, Schmitt deu o mesmo título: *Teologia política*[161] – que a secularização moderna da política tem como inevitável conseqüência que, em nossa terra doravante "desencantada", a legitimação teológica ou axiológica da ordem política se tornou impossível e, aliás, perfeitamente inútil. "A política é O destino": é preciso entender que ela é nosso destino de homens ligados a um solo profano...

A "filosofia" política de Carl Schmitt revela-se assim, na severidade de seus tons polêmicos, bem afastada das perspectivas críticas da epistemologia jurídica de Kelsen. Seu erro de apreciação e de juízo, mantido com inegável complacência, consiste em acreditar que Kelsen diluiu a forma do Estado numa *multiplicidade* de regras disparatadas, ao passo que o Estado DO direito, ao contrário, descrito e explicado pela "teoria pura" kelseniana, implica um ordenamento jurídico *unificador* chamado, porque é uma disposição sistemática de normas, de uma "ordem normativa"[162].

Contudo, precisamente sobre esse ponto, foi dirigida uma grave objeção à concepção kelseniana do Estado: não poderia ela, indagou-se, servir para justificar o regime nazista e, por extrapolação, qualquer regime "totalitário"?

---

161. Esses dois textos, datados respectivamente de 1922 e de 1969, foram traduzidos com seu título *Théologie politique*, Gallimard, 1988.
162. Kelsen, *Théorie pure du droit*, p. 257.

O ponto de vista de H. Hart: o espectro do totalitarismo

O argumento segundo o qual a teoria de Kelsen, identificando o Estado com o direito, corre o risco de abrir caminho para o totalitarismo foi especialmente formulado por H. Hart[163]. Essa crítica reveste um duplo aspecto: de um lado, apóia-se no corte aceito por Kelsen entre a moral e o direito; do outro, conta com a identidade entre o direito e o Estado. Não se pode negar a justeza do primeiro argumento, já que a "pureza" da teoria kelseniana implica a autonomização integral do direito, portanto sua independência dos ideais da moral e da idéia metajurídica do direito natural. No entanto, não se devem confundir os planos: a autonomia que o procedimento kelseniano requer não tem nem dimensão ontológica nem alcance axiológico; é a exigência epistemológica da *ciência* do direito. – O segundo argumento avançado por H. Hart consiste em dizer que o Estado moderno, por ser uma organização jurídica hierarquizada e centralizada, reclama necessariamente um positivismo formalista cujo caráter coercivo é discricionário. Conseqüentemente, a estrutura piramidal da ordem estatal-jurídica conduziria no plano prático a tomadas de decisão autoritárias e opressoras. Assim estaria teoricamente justificado, em virtude de sua própria forma, um Poder arbitrário, ilimitado e totalizante. Então seria fácil a passagem para o Estado totalitário, ou seja, para o imperialismo do direito estatal que – ó paradoxo! – Kelsen teria condenado moralmente e justificado juridicamente.

Essa crítica perturbadora é duplamente suspeita, e de modo tão grave que se revela privada de pertinência. De um lado, desconhece a natureza do "totalitarismo": não só este não pertence ao direito político moderno, mas aos desvios deste, e constitui, num clima teratológico, "a forma extrema da antipolítica"[164], mas também, quando acumula, mesmo pretendendo dar-lhes forma jurídica, decisões arbitrárias e atos de opressão, ele so-

---

163. Herbert Hart, Positivism and the Separation of Law and Morals, *Harvard Law Review*, 1958, pp. 593-629.
164. Dick Howard, La politisation de la politique, *Carrefour*, 1996, 18-1, p. 35.

çobra na violência, como aconteceu na Alemanha nazista ou na União Soviética; sob o domínio de uma ideologia totalizante, ele disfarça a força em direito, mas, sob esse disfarce, não hesita em agir à margem do direito; as pretensas justificações jurídicas que invoca são na realidade do não-direito. Assim, o recurso a uma polícia secreta não tem outro sentido senão o do monopólio da força; ou ainda o recurso a uma propaganda que doutrina as massas não tem outro sentido senão o do monopólio da manipulação, que é violência psicológica. Nessas condições, falar de "Estado totalitário" é, do ponto de vista de Kelsen, uma contradição nos termos que não podia deixar de denunciar, já que a ideologia desses regimes esmaga ou suplanta nelas todas as formas jurídicas e institucionais da autoridade jurídico-política. Do outro lado, na acusação lançada contra Kelsen de justificar, com sua teoria, os regimes totalitários, está uma leitura muito duvidosa de seus trabalhos. Quando Kelsen identifica o Estado e o direito, ele não se pergunta nem sobre o que deveriam ser as finalidades do Poder político nem sobre os meios que a prática política deveria utilizar para realizar esses fins: tais questões, ideológicas e praxiológicas, não se inserem em sua pesquisa; ele descreve e explica o que é o direito positivo do Estado, mas não justifica regime algum. Ademais, se é verdade que não permaneceu indiferente à política, como poderia ter pleiteado a favor da política totalitária cujos efeitos deletérios foi um dos primeiros a sofrer?

Descartada essa censura inaceitável, resta sublinhar, assim como faz Norberto Bobbio, a dimensão de sistematicidade e de formalismo que, caracterizando o Estado DO direito, provoca na filosofia jurídico-política "uma inversão de perspectiva"[165]: como nenhuma norma jurídica é auto-suficiente, a soberania não é a "substância ou a essência do Estado". Essa concepção metafísica do direito político é "uma máscara" atrás da qual por muito tempo se esconderam reivindicações de potência[166]. O

---

165. Norberto Bobbio, *Teoria dell'ordinamento giuridico*, Turim, 1960.
166. Kelsen, *Théorie pure du droit*, p. 383: "A potência do Estado não é uma força ou uma instância mística que estaria dissimulada atrás do Estado ou atrás de seu direito. Ela nada mais é do que a eficácia da ordem jurídica estatal."

Estado moderno – é assim que aparece para Kelsen por volta de 1930 – se caracteriza pela *juridicização da autoridade política*, portanto, pela unidade de ordem que a Constituição fixa para determinar não só as competências do Poder e de seus órgãos, mas também os elementos do Estado, tais como o povo e o território[167].

Mesmo que se admita que o Estado coincide com o direito – fórmula que nem sempre é aceita, mesmo por certos discípulos de Kelsen, pelo motivo de que, se o Estado é uma ordem jurídica, nem toda ordem jurídica (por exemplo, os costumes nas sociedades primitivas ou os tratados no direito internacional contemporâneo) é um Estado – uma questão não deixa de se apresentar a respeito da *legitimidade* da ordem jurídica estatal. De fato, nas estruturas lógico-jurídicas do Estado moderno, a competência dos órgãos chamados a criar e a aplicar o direito se determina e se define pelo ato específico da habilitação. Esse ato, que Kelsen considera o poder objetivo do Estado, confere a um indivíduo ou a um órgão institucional "o poder de criar normas jurídicas"[168] e, na medida em que esse poder, enquanto especificamente jurídico, se insere no aparelho hierárquico das normas, fornece-lhe uma base legal legítima sem a qual seria nulo. É preciso, portanto, indagar-se sobre o lugar dessa noção criteriológica da *legitimidade* na ordem normativa do direito político moderno.

3. A questão da legitimidade no direito político moderno

Em sua acepção mais larga, o conceito de legitimidade constitui uma proteção contra o capricho ou a anarquia, contra a arbitrariedade ou a insensatez. Ele responde à necessidade

---

167. Kelsen, *Allgemeine Staatslehre*, p. 143; cf. *General Theory of Law and State*. "Um Estado: um território, um povo, um poder", p. 255. Cf. C. Friedrich, *La démocratie constitutionnelle*, pp. 72-3, em que o autor, que pretende refutar a oposição de Schmitt a Kelsen, define a Constituição como uma "decisão sobre a organização do governo".

168. Kelsen, *Théorie pure du droit*, p. 76.

que os homens têm de segurança, confiança e coerência. Dado que a legitimidade traduz a recusa da fantasia e do imaginário na esfera da ação cotidiana, é um fator de seriedade e de credibilidade: assim, uma desculpa ou uma pretensão legítima é aceitável; um salário legítimo, sendo justificado, não é criticável; uma união ou uma filiação legítima recebe a chancela e a garantia do direito. A legitimidade traz em si a marca do justo. É, portanto, acompanhada de autoridade.

Assim, concebe-se facilmente que a exigência de legitimidade dos poderes estabelecidos se impõe particularmente no direito político. Pode-se mesmo dizer que está no cerne da reflexão moderna sobre o direito político[169]. Se, de fato, a ordem jurídico-política, com suas regras, estabelece a dominação dos órgãos governamentais, esta deve ser suscetível de justificação ou, como se diz geralmente, de "reconhecimento". Em outros termos, o poder do Estado precisa da adesão dos cidadãos. Assim, é a legitimidade que lhe dá sua plenitude e sua força. Max Weber mostrou que, sem legitimidade, o poder soberano do Estado fica paralisado e acaba por implodir; Guglielmo Ferrero ressaltou o fato de a legitimidade exorcizar o medo que atenaza governantes e governados. Hannah Arendt explicou que a legitimidade conjura, no Estado, a violência e a mentira... Esses efeitos não são muito duvidosos. Mas é preciso explicá-los, e isso só é possível se se apreende a pregnância filosófica de um conceito cuja limpidez, em suma, é mais ilusória do que real.

Certamente, a emergência da necessidade de legitimidade da autoridade política significa que, mesmo nos horizontes remotos do nascimento do direito político, o Poder não parece ser simples potência. Como assinalava Cícero, a potência (*potentia*) é da ordem do fato, ao passo que o Poder (*Potestas*) é da ordem do direito; ao passo que a potência se mede pela força, o Poder se manifesta pela autoridade que se diz civil ou política.

---

169. Assinalemos contudo que já Platão reconhecia (sem empregar a palavra legitimidade, que não tem equivalente em grego) que a autoridade política tem necessidade, para ser válida, de um fundamento sólido. *Les lois*, III, pp. 689 ss.

Sempre foi assim, e o Estado DO direito não é exceção. A autoridade política não pode nem deve ser absorvida nele, nem no fato da dominação, nem mesmo no fato do governo; deve corresponder ao *direito de governar*, o que quer dizer que deve ser lícita e bem fundamentada. A autoridade política tem necessidade de legitimidade para *ser* o que *deve ser*. Há portanto, necessariamente, no poder político algo que, para além dele mesmo, o fundamenta justificando-o.

Só que a questão de saber qual é o princípio de legitimação da autoridade política se revela delicada. No curso da história, longa e sobretudo muito fluente, da noção de legitimidade, foram cinzelados vários "modelos" que, longe de lhe trazer uma transparência conceitual, enredaram-lhe as dimensões e atrapalharam-lhe o sentido. Para chegar à clareza dos princípios que fazem a legitimidade do direito político moderno, não é inútil retraçar as grandes linhas das tentativas de compreensão que o conceito de legitimidade ocasionou.

A) Dos modelos antigos às primeiras modificações modernas

Limitar-nos-emos aqui à evocação dos "modelos" antigos da legitimidade. Se estão longe de apresentar somente um interesse menor para o historiador de idéias, eles só servem de pano de fundo na pesquisa dos princípios filosóficos do direito moderno, que é o objeto deste estudo. É impossível, contudo, desprezá-los, se se quiser avaliar a problematicidade que, no direito político moderno, está ligada à legitimação de suas diversas engrenagens e de sua ação.

Os gregos antigos não tinham uma palavra para exprimir a legitimidade da autoridade política. Mas, como ensinam o mito de Cronos e a lenda de Deucalião relatados por Platão, reconheciam o caráter sagrado do poder político. Isso implicava, para o pensamento político dos gregos antigos, um necessário recurso à idéia de um poder teocrático. Em Roma, a aliança entre o *jus* e o *fas* foi tão profunda que o *Caesar Imperator* era reputado divino, e era-lhe destinado um culto após sua morte. Seria contudo uma interpretação intempestiva procurar no mundo antigo a teorização teológica da legitimidade. Em compensação, à sombra da Igreja Católica Romana, desenvolveu-se, durante quinze séculos, uma doutrina teológico-política que, atribuindo explicitamente ao Poder um fundamento divino, só encontrava sua legitimidade num horizonte metafísico de transcendência. A teoria do direito divino dos reis, desenvolvendo a frase de São Paulo, *Nulla potestas nisi a Deo*, fundamentava e justificava o Poder, definindo-o como a prerrogativa que o "mandamento de Deus" confere. Certamente, a doutrina possui ênfases diversificadas mas, de Santo Agostinho a Bossuet, admite que a Providência governa tudo, inclusive os reinos da terra: apenas Deus concede aos que os homens escolheram como chefes o "direito" de governar. Mesmo que o termo "legitimidade" não seja pronunciado, essa concepção da autoridade política encontra seus fundamentos num contexto deliberadamente teológico e eclesial, ou mesmo neotestamentário: o poder régio é o poder legal de ligar e de desligar (*potestas ligandi et solvendi*) que encontra sua razão de ser na "virtude e no secreto desígnio da Providência divina"[170]. A clericalização da função do rei, saudado como *vicarius Dei* ou como *imago Dei*[171], era o indício sagrado de sua legitimidade: ela lhe conferia um *ministerium* de essência sacerdotal e sacramental[172] no qual ele era "fonte de justiça" por sua referência a um "valor-eternidade"[173]. Se ela o envolvia também nas enigmáticas brumas de que usaram e abusaram os reis taumaturgos[174], colocava a Coroa sob o signo da ideologia dinástica a fim de assegurar sua

---

170. Jonas d'Orléans, *Institutio regia* (século IX), cap. VII, citado por A. Lemaire, *Les lois fondamentales de la monarchie française*, Paris, 1907.

171. Dizia-se também do rei que era *Deus in terris* ou *Deus terrenus*.

172. E. Kantorowicz, *Les deux corps du roi*, trad. fr., Gallimard, 1989, p. 84; cf. também F. Blatt, Ministerium-Mysterium, *Archivum latinitatis medii aevi*, 1928, IV, p. 80.

173. E. Kantorowicz, *Les deux corps du roi*, trad. citada, p. 199.

174. E. Kantorowicz, Mysteries of the State and its Late Medieval Origins, *Harvard theological Review*, 1955, 48, p. 71.

perpetuidade: "O rei nunca morre" e seu "império" é eterno. A continuidade política – "O rei morreu. Viva o rei!" – era assim inserida na concepção escolástica da eternidade do mundo. A partir do século XII, uma leve modificação da doutrina se esboça de maneira complexa no *Policraticus* de João de Salisbury, onde aparecem intuições de laicismo acentuadas por diversas glosas do direito romano e, depois, pelas obras de Dante e de Marsílio de Pádua. Mas, já no século XVI, uma outra sensibilidade intelectual se manifestou em relação ao mundo político e, embora por muito tempo ainda na ambivalência, afastou-se dos antigos modelos de validade do Poder. Apesar de ser ainda muito cedo para que uma verdadeira teorização da legitimidade política encontre lugar nas obras do Renascimento, algumas delas deixam transparecer uma nítida desconfiança para com o paradigma teológico cuja erosão é amplamente empreendida. Esse é um sinal dos tempos: enquanto, para a tradição teológico-política que impregna a escolástica medieval, a única coisa que justificava o Poder como Poder não era deste mundo, começa-se a já não buscar no céu, nos mistérios insondáveis da Providência, o princípio que o torna legítimo. Como mostra La Boétie, acreditar na potência quase divina de Pirro, nas virtudes mágicas da flor-de-lis, do frasco do óleo santo e da auriflama[175] é a atitude de uma consciência mergulhada num estado de menoridade: isso significa sua incapacidade e sua irresponsabilidade. O julgamento é categórico: apenas uma consciência infrapolítica aceita os pretensos milagres em que se acreditou detectar os fundamentos teológicos do poder político. Sua recusa atesta o despertar da consciência política.

Assim, com uma poderosa intuição que começa a abalar as bases da doutrina da política e de suas regras, La Boétie explica que se, no reino, o tirano não fosse sustentado pela conivência calculista de uma horda de aduladores e pela passividade cúmplice de um povo apático, ele se encontraria "só": não acima

---

[175]. E. de La Boétie, *Discours de la servitude volontaire* (1548), Flammarion, 1983, pp. 159-60.

de todos, mas abandonado por todos. É totalmente inútil que aquele que governa apele à graça divina; esse apelo é somente uma astúcia dos príncipes com problemas de autoridade para chamar a atenção e dominar a imaginação das massas[176]. A autenticidade do poder daqueles que governam exige a investidura e o apoio daqueles que são governados; a legitimidade e a perenidade deles têm esse preço. Dizendo isso, La Boétie não lançava um engenho de guerra contra o "direito divino" dos reis. Queria apenas mostrar que, sem o consentimento do povo, mesmo um gigante político desmorona e que, em conseqüência, a legitimidade do poder soberano não se explica segundo a relação vertical da transcendência: trata-se de uma fábula e ela é mistificadora. A Cidade terrestre não deve refletir a Cidade celeste: não é tarefa de Deus, mas sim dos homens.

Assim fica esboçada uma outra problemática do Poder e, correlativamente, torna-se possível, na aurora dos tempos modernos, uma nova concepção da legitimidade.

Muito se discutiu sobre saber se Hobbes, cuja filosofia marca, para a modernidade, um ponto de não-retorno, levantava a questão da legitimidade do Poder no Estado[177]. Deixemos de lado as exegeses que, limitando-se a inserir a doutrina de Hobbes no contexto histórico da Inglaterra do seu tempo, afirmam que o filósofo pretendia elogiar a legitimidade da república de Cromwell[178]. A ambição de Hobbes era acima de tudo filosófica, e não se pode duvidar que sua obra atende à sua ambição. Mas os comentadores não chegam a um acordo para decifrar seu sentido. Uns, sublinhando a inspiração mecanicista do filósofo, dão à noção de força um papel de primeiro plano, o que tem como conseqüência lógica estimar legítima toda posse *de facto*[179] do Poder; como "toda regra de governo eficaz [é] *eo ipso*

---

176. *Ibid.*, p. 158.
177. Cf. Frank Lessay, *Souveraineté et légitimité chez Hobbes*, PUF, 1988, particularmente pp. 137 ss.
178. Essa é a tese sustentada por exemplo por Christopher Hill (*The World Turned Upside Down*, 1972; trad. fr., Payot, 1977).
179. Cf. Raymond Polin, *Politique et philosophie chez Thomas Hobbes*, PUF, 1953, Vrin, 1977, p. 151.

legítima", isso acarreta que uma república de usurpação (mesmo que se torne despótica) é nem mais nem menos legítima do que uma república de instituição[180]. Outros comentadores recusam, ao contrário, o axioma segundo o qual a força faz o direito (*might is right*); porque apenas um contrato "autoriza" o soberano a legislar, é na delegação do poder ou "autorização" que lhe concederam todos os cidadãos que reside a condição da legitimidade do Poder[181]. Certos leitores de Hobbes consideram que, no artificialismo hobbesiano, a questão da legitimidade – portanto, da conformidade com o direito – do Poder não pode se colocar em razão de seu caráter metafísico: é nula e inexistente, até mesmo "absurda e contraditória"[182]. As divergências entre as diversas posições adotadas são sinal da dificuldade que há, não tanto em comentar o discurso de Hobbes, quanto em definir o conceito de legitimidade. No mínimo fica claro, com Hobbes, que um poder "legítimo" se origina de um procedimento contratualista puramente racional. Não somente essa racionalização do Poder varre as fundações místico-teológicas que uma longa tradição lhe havia atribuído mas descarta as configurações indecisas nas quais ainda se embaraçavam os discursos de La Boétie e dos monarcômacos.

Na "investigação fundamental da filosofia política" que é "a busca de uma base legítima do Poder"[183], Rousseau e depois a Revolução Francesa não tardarão em confirmar, na teoria e na prática, que a autoridade política só encontra sua fundamentação e sua justificação nos poderes da razão. Mas Weber pode portanto dizer que, doravante, a idéia da "legitimidade racional" destronou as imagens da "legitimidade carismática" e da "legitimidade tradicional"[184]. Dentre as "três razões internas" que,

---

180. Leo Strauss, *The Political Philosophy of Hobbes*, p. 68.
181. Howard Warrender, *The Political Philosophy of Hobbes. His Theory of Obligation*, Oxford, 1957.
182. Clément Rosset, *L'anti-nature, éléments pour une philosophie*, PUF, 1973, p. 204.
183. A. Passerin d'Entrèves, *La notion de l'État*, p. 185.
184. Max Weber, *Économie et société*, trad. citada, p. 222.

no curso dos séculos, justificaram a dominação[185], os "modernos" escolheram: a justificação do Poder (e, correlativamente, da obrigação de obediência que ele impõe) já não está ligada, como no mundo grego ou romano, ao caráter prestigioso e sagrado ou às qualidades exemplares de uma pessoa; sua validade deixa de ser enxertada na santidade do "eterno ontem" que a continuidade dinástica, os usos e os costumes estabeleciam; no mundo moderno, o "portador do poder" é *racionalmente* legitimado pelas regras que definem as competências dos órgãos do Estado.

Desde então, é um traço do mundo moderno que, na política, a *legitimidade* se una à *legalidade*. Não é de espantar. Mas não basta dizer – o que é uma tese correntemente afirmada – que, sob a égide da razão, se tenha consumado, ao mesmo tempo que o "desencanto do mundo" e "o recuo do patos grandioso da ética cristã", a juridicização ou, mais precisamente, a legalização da ordem política. As coisas são mais complexas. De fato, qualquer que seja a diversidade dos "modelos" da legitimidade que se podem retirar da história, seu conceito parece sempre ser procedente da exigência de ordem que está no princípio do direito político: é preciso uma *regra* para conjurar a violência e a arbitrariedade. É por isso que a referência normológica (como indica aliás a etimologia: *legitimidade* vem de *lex*) é o axioma comum de todas as teorias da legitimidade. Ter-se-ia assim bons motivos para atribuir um critério puramente jurídico para a legitimidade. Entretanto, a dificuldade provém do fato de a palavra *lei* ser igualmente a raiz do termo *legalidade*. A questão, portanto, é saber qual é a relação existente entre a legitimidade e a legalidade. Pode-se propor a equação que identifica a legitimidade racional com a legalidade, ou devem-se procurá-las, ambas, em registros diferentes?

A questão é mais difícil do que parece, e convém, antes de respondê-la, precisar bem os seus termos.

---

185. Max Weber, *Le savant et le politique* (trad. da conferência *Politik als Beruf* (1919), ed. 10/18, 1963, p. 102).

B) A equação da legitimidade racional e da legalidade segundo Max Weber

As análises que Max Weber apresenta da legitimidade não são análises filosóficas especulativas; para além das combinações que a história forneceu dos diversos "modelos" da legitimidade, elas visam acima de tudo a "compreender" os significados que veiculam. Ora, assinala Weber, enquanto a legitimidade carismática firmou-se sobretudo em períodos de mutação política, ou mesmo de revolução e, portanto, não pode prorrogar-se por muito tempo, a legitimidade tradicional e a legitimidade racional trabalham, ao contrário, para a estabilidade dos regimes. Mas atingem-no por caminhos antagônicos, porque situam a ordem jurídico-política em dois registros diferentes de sentido e de valor: essa ordem se estabelece e se justifica ou recorrendo à duração e à experiência, ou fundamentando-se na regulação jurídica que uma razão teórica e construtiva elabora. Segundo a interpretação de Weber, o segundo esquema é o que prevalece na maior parte das sociedades políticas modernas, de modo que, diz ele, "a base mais usual da legitimidade é a crença na legalidade".

Não é muito contestável que, desde a nomofilia do século XVIII, um verdadeiro culto foi dedicado à lei, e que a legalidade – *dura lex sed lex* – pareça ser o princípio mais atuante do direito político: uma ordem jurídica não legítima assim como uma legitimidade não legal seriam, no Estado moderno, contraditórias em seus próprios termos e se configurariam monstros. Como a prevalência do direito no Estado se traduz – o que é ensinado muito claramente, segundo Weber, pelo liberalismo de B. Constant ou de E. Laboulaye – por um sistema constitucional no qual se inserem todas as leis, apenas a conformidade das regras e das ordens a esse dispositivo lhes confere validade. A legitimidade é a regularidade formal das decisões e das ações do Estado. O *Rechtsstaat* dos juristas alemães, o *Government under Law* dos anglo-saxões, o sistema constitucional instituído na França pela Terceira República vão nesse sentido (que ainda hoje é fortalecido pelo controle de constitucionalidade das leis). A legalidade seria assim, segundo a exigência lógica da racionalidade, o modelo moderno da legitimidade. Na doutrina, o "positivismo jurídico" proporcionaria sua expressão mais brilhante, na qual a legitimidade não só se confunde com o formalismo da regularidade jurídica mas decorre de uma postulação técnico-racional que se crê segura de sua "neutralidade axiológica". Que o princípio da legitimidade racional e a sistematicidade jurídica tenham chegado à coincidência explicaria que, no desenvolvimento do Estado moderno, o aspecto processual da política, a funcionarização do Poder, a especialização de suas tarefas, a inflação administrativa etc. – outros tantos fenômenos ligados, assinala Weber, ao desenvolvimento da economia capitalista – não tenham tardado a fazer de "Santo Burocratius" o auxiliar obrigatório da legitimidade. A conclusão é pouco serena: na impessoalidade de tal sistema, está aberta a via para a democracia de massa.

A teoria kelseniana, à primeira vista – numerosos são os comentadores que se detiveram nesse primeiro olhar –, parece confirmar a interpretação de Weber. Segundo Kelsen, o princípio de legitimidade se identifica com a noção de validade que toma sentido, sob a Constituição entendida como *basic norm*[186], na estrutura normativa do ordenamento jurídico[187]: expressão da normatividade jurídica – o que explica a obediência devida à autoridade do Estado –, a legitimidade é assimilável à regularidade requerida, *hic et nunc*, por um sistema de direito. Portanto, quando um transtorno, por exemplo uma revolução, provoca a modificação ou a substituição de uma Constituição por outra, a antiga legitimidade desaparece, instala-se uma nova legitimidade conforme à nova ordem jurídica[188]. "O princípio de que as normas de uma ordem jurídica valem enquanto sua validade não termine de uma forma que é determinada por essa ordem jurídica, ou que não dê lugar à validade de uma outra norma dessa ordem, é o princípio de legitimidade."[189] Isso quer

---

186. H. Kelsen, *General Theory of Law and State*, p. 110.
187. *Ibid.*, p. 117.
188. *Ibid.*, p. 118.
189. H. Kelsen, *Théorie pure du droit*, p. 278.

dizer claramente que "o governo efetivo, que estabelece normas gerais e normas individuais eficazes, com base numa Constituição eficaz, representa o governo legítimo do Estado"[190]. O governo legítimo é, portanto, aquele que promulga e aplica uma ordem de coerção normativa[191] e, nessas condições, o "princípio de legitimidade" fica necessariamente restrito ou limitado pelo "princípio de efetividade"[192]. A verdade é que, no âmbito geral da teoria pura do direito, o critério da legitimidade do Estado e de sua ação nunca reside em uma ideologia ou em valores de moral ou de justiça, mas na legalidade, ou seja, na conformidade à ordem jurídica "estabelecida" pela Constituição.

Seria, no entanto, dar prova de cegueira intelectual afirmar sem matizes a identidade, no Estado moderno, entre a legitimidade e a legalidade. Nem Weber nem Kelsen tiveram essa falta de probidade: Weber porque traçou um *ideal type* que, sem dúvida, corresponde, na reconstrução ideal que lhe dá, aos traços essenciais do Estado moderno, mas não pretende refletir a realidade complexa que, como sempre na política, as bifurcações e os conflitos fazem surgir nele; Kelsen porque, na perspectiva epistemológica da teoria pura do direito, é impossível não caminhar, segundo o procedimento crítico de uma lógica transcendental, até a hipótese da *Grundnorm* como condição de inteligibilidade do sistema jurídico que o Estado é. Portanto, reduzir o sentido das análises desses autores à equação da legitimidade e da legalidade representa, curiosamente, truncar essas análises. Cada uma dessas duas derivadas da lei (*lex*) não possuirá uma especificidade que torna a legitimidade irredutível à legalidade?

Para responder a essa pergunta, impõe-se um encaminhamento delicado do pensamento: não é suficiente, de fato, notar que a oposição à idéia da "legitimidade racional" do Poder político foi penetrante em autores que a filosofia do direito político não poderia considerar menores; é necessário também avaliar, na

---

190. *Ibid.*, p. 280.
191. *Ibid.*, p. 290.
192. *Ibid.*, p. 367.

própria "legitimidade racional", o que são, no direito público que estrutura a política, os poderes e limites da racionalidade.

C) *A irredutibilidade da legitimidade à legalidade segundo G. Ferrero*

De um primeiro ponto de vista, que é o da história das idéias políticas e jurídicas, não é possível menosprezar as teses que, já no século XVIII, traziam uma contradição à teoria racionalista que defende a idéia segundo a qual a legitimidade do poder do Estado se enraizava no contrato e na soberania do povo.

Assim, Montesquieu, sem expor em termos expressos o problema da legitimidade, retomava uma idéia de Bodin e considerava que "o espírito geral das nações", em seus componentes físicos e morais[193], é um elemento fundamental para a base jurídica de um Estado. A validade de um governo repousa no equilíbrio desses diversos fatores e, para estabelecer as leis civis e políticas, o legislador deve agir sempre em harmonia com eles e, mesmo, respeitar a eficiência causal deles.

Hume, com sua crítica do contrato social, cujo duplo erro axiomático e processual denuncia, situa deliberadamente seu pensamento do direito político à margem do racionalismo teórico e abstrato da filosofia do Iluminismo. Segundo ele, nenhum raciocínio é suscetível de conferir um fundamento ou uma garantia à autoridade dos governos. Portanto, a legitimidade do Poder não encontra sua base na postulação abstrata e dogmática de uma razão especulativa com pretensão teórica e científica; ela só pode enraizar-se nos costumes, nas tradições, nas opiniões e nos hábitos de vida dos povos. Mais precisamente, a legitimidade do Poder se fundamenta na sua longa posse: é como a infindável paciência do político. É assim que ela extrai

---

193. Segundo Montesquieu, o clima, a religião, as máximas gerais do governo, o exemplo das coisas passadas, os costumes e as maneiras etc. compõem, tanto quanto as leis, "o espírito geral" de uma nação: cf. *L'esprit des lois*, XIX, IV, p. 558; *Mes pensées*, nº 1542 e 854.

sua consistência da imensa reserva da experiência histórica e das crenças tradicionais. A legitimidade precisa da história concreta e viva dos povos. Contra o dogmatismo racionalizante que, vindo de Hobbes e elogiado pelo Iluminismo, não sabe levar em conta os valores burilados e veiculados pelo tempo da história, Hume traça o bosquejo de uma teoria da instituição que é o antídoto sutil da doutrina do contrato social[194].

De certa maneira, Hume, opondo-se, como que por antecipação, à doutrina de Rousseau e ao uso (mais ou menos fiel, mas esse é outro problema) que lhe deviam dar os homens da Revolução Francesa, preludiava as concepções da "legitimidade tradicionalista" que no século XIX os românticos, os partidários da Restauração (os "legitimistas") e os defensores do historicismo desenvolverão. É assim, por exemplo, que a reação alemã – a de Rehberg ou de Gentz – dá grande espaço à tradição como fundamento da legitimidade; na França, Chateaubriand e De Maistre estimam que a história e o costume são os únicos capazes de conferir validade ao direito político. Ao mesmo tempo, a Restauração e o Legitimismo se remetem ao conservantismo que encara as idéias e os símbolos da França ante-revolucionária. Um pouco mais tarde, Blanc de Saint-Bonnet se louvará, para defender sua idéia da legitimidade, no misticismo providencialista e num naturalismo colorido de romantismo que são, diz ele, "as leis áureas da política"[195]. O historicismo trará a marca da filosofia hegeliana da história e, em geral confusamente, utilizará os filosofemas das doutrinas anti-racionalistas da legitimidade; porque o direito político repousa em última instância em postulados não racionalizáveis, Meinecke verá nele a mais profunda compreensão das coisas humanas[196].

A resistência à idéia da "legitimidade racional" identificada, no Estado moderno, com a legalidade, devia encontrar sua consumação, no momento da Segunda Guerra Mundial, na obra

---

194. D. Hume, *Essais politiques*, Vrin, 1972; *Quatre discours politiques*, Caen, 1986.
195. A. Blanc de Saint-Bonnet, *La légitimité*, 1873, p. 193.
196. F. Meinecke, *Die Entstehung des Historismus*, Munique e Berlim, 1936.

de Guglielmo Ferrero, intitulada *Poder. Os gênios invisíveis da Cidade*[197]. Esse autor, historiador mais do que filósofo, sustenta que "o princípio de legitimidade" é uma das idéias mestras que foram enunciadas por Talleyrand por ocasião do Congresso de Viena em 1815. Ela traduz o fruto do "antigo estado de possessão"; é "a obra-prima da duração". O princípio de legitimidade que, segundo Ferrero, bem como segundo Hume, apela assim à história de um povo e à força da idéia dinástica, é a ponta de lança dos doutrinadores da restauração monárquica. Nele estão atuantes "os gênios invisíveis da Cidade"; estes temperam o medo que atenaza reciprocamente governantes e governados. Ferrero se opõe decididamente às teses constitucionalistas pregadas pela Revolução Francesa; mas, embora as denuncie como mistificadoras, recusa limitar o princípio de legitimidade ao contexto doutrinal do legitimismo.

De fato, nunca se vangloriando de politologia ou de filosofia, esse historiador interroga-se sobre as razões da instabilidade política que, estima ele, atingiu seu paroxismo logo após a Revolução Francesa e depois do Congresso de Viena. Sua argumentação é assaz fascinante. Se o Poder, diz ele em substância, encontrasse sua legitimidade em sua racionalidade substancial, não daria origem às tensões e aos conflitos perpétuos que o fazem vacilar. O otimismo racionalista do Iluminismo é desmentido pela história: a estabilidade política universal é, como a paz perpétua, uma ilusão metafísica. Contudo, o pensamento de Ferrero não cai no romantismo. Esquadrinhando os exemplos políticos que a história oferece, ele distingue quatro princípios – hereditário, eletivo, aristo-monárquico e democrático – que justificaram no decorrer dos tempos a subida e o exercício do Poder. Ora, nenhum deles, afirma ele, se impõe de maneira absoluta: "A legitimidade nunca é um estado natural, espontâneo, simples, imediato. É um estado ao mesmo tempo

---

197. Guglielmo Ferrero publicou uma trilogia histórico-política muito original: *Aventure. Bonaparte en Italie* (1796-1797), Plon, 1946; *Reconstruction. Talleyrand à Vienne* (1814-1815), Plon, 1940; *Pouvoir. Les génies invisibles de la Cité*, publicado em 1943.

artificial e acidental; o resultado de um longo esforço que pode fracassar. Nenhum governo nasce legítimo; alguns se tornam legítimos conseguindo ser aceitos."[198] Apesar de o tempo não ser suficiente, ele é necessário: "É preciso que um povo se *habitue* a seu princípio de legitimidade."[199] A "consagração dos séculos" e o vasto consenso do povo permitem realizar "o milagre da obediência". Mas essa realização necessita de uma condição *sine qua non*: pois, se é exato que a legitimidade é a antítese da usurpação e da impostura, ela não é ligada, por natureza, a um modo de governo. Ter acreditado nisso foi precisamente o erro dos "legitimistas": só há legitimidade para um governo se ele for "simples, claro e sobretudo coerente consigo mesmo, na teoria e na prática"[200]. A legitimidade estabelece assim uma relação sutil entre o Poder que manda e os homens que obedecem: variável seguramente conforme as épocas, ela é sempre "um exorcismo do medo". De fato, emergindo, firmando-se e estiolando-se até sua extinção, ela é um desses "gênios invisíveis da Cidade", que se levantam juntos contra a dissolução do direito político num conservantismo passadista e contra a aventura revolucionária que se embriaga com as esperanças futuristas.

Contudo, se G. Ferrero considera que cada período tem seu princípio de legitimidade e que o século XX, herdeiro da modernidade dos revolucionários franceses, se encanta com o princípio da legitimidade democrática, descobre nele uma inversão trágica. A máxima democrática foi cinicamente aplicada, diz ele, "às avessas" (dá o exemplo de Bonaparte como primeiro cônsul): o Poder, em vez de se fundamentar na soberania do povo, se autolegitimou ao inventar uma pretensa vontade popular. Em tais condições, um governo é somente um falsário. Assim como todo falsário, tem medo, cada vez mais medo; arroga-se novos poderes, de tal forma que, no interior, a revolução da qual nasceu gera a contra-revolução e a restauração, enquanto, no exterior, sua vontade de potência conduz à guerra.

---

198. G. Ferrero, *Pouvoir*, p. 124.
199. *Ibid.*, p. 129.
200. *Ibid.*, p. 55.

A obra de Ferrero pretende mostrar que a idéia de legitimidade é fundamentalmente um princípio político – e não jurídico – destinado a enganar tanto os absolutos teológicos dos "transcendentes" entusiasmados com a restauração quanto os impulsos libertários dos "finórios" ávidos de revolução. Nas últimas páginas do livro, o autor colore esse princípio político de otimismo moral, sendo provavelmente isso que mais fragiliza sua teoria, pois nada autoriza a crer que as modernas democracias de nosso século são leais e incorruptíveis.

É por isso que, para além da polêmica que opõe os partidários e os adversários da equação entre legitimidade e legalidade, assim como para além do panorama histórico-político soberbamente desenhado por Ferrero, é necessário adotar um outro ponto de vista – o da filosofia do direito político – para sondar o alcance teórico da idéia de legitimidade.

Desse *segundo ponto de vista, que é o da filosofia do direito político*, a idéia de legitimidade não se firma nem como puramente jurídica nem como histórico-política; numa perspectiva que demonstraremos ser sintética, ela se firma como o que faz a legitimidade dos princípios jurídicos do político.

O jurista italiano Norberto Bobbio assinala com pertinência que "a legitimidade e a legalidade têm, em relação à Teoria do Poder, a mesma função que a justiça e a validade em relação a uma teoria geral da norma jurídica". E acrescenta: "Como a justiça é a legitimação da regra, assim, ao contrário, a validade é sua legalidade; como a legitimação é a justiça do Poder, a legalidade é, ao contrário, sua validade."[201] Noutras palavras, assim como uma regra de direito pode ser válida sem ser justa, assim também o Poder pode, em um Estado, ser legal sem ser legítimo[202]. Essa idéia, à primeira vista, pode parecer clara e filosoficamente significativa daquilo que o humanismo jurídico moderno tem de profundo: se o homem renuncia a se questionar sobre o que é justo, renuncia com isso a ser homem. As-

---

201. N. Bobbio, Sur le principe de la légitimité, in *La légitimité*, PUF, 1967, p. 51.
202. N. Bobbio, *Teoria della norma giuridica*, Turim, 1958, pp. 35 ss.

sim se esconderia, no mais recôndito do problema da legitimidade, a espinhosa questão da justiça que, desde sempre, persegue a filosofia do direito e, singularmente, a filosofia do direito político. Mas sabe-se a dificuldade de um debate em que o pensamento oscila sem saída verdadeira entre o jusnaturalismo e o positivismo. Portanto, deve-se considerar com outro olhar a questão da legitimidade enquanto conformidade ao direito de uma política.

A história nos ensina *ora* que o princípio da legitimidade é invocado contra o direito estabelecido – foi o caso dos partidários de Luís XVIII que defendiam, contra o direito positivo da Revolução e do Império, o valor da tradição dinástica –, *ora* que o governo é declarado ilegítimo por ser ilegal – foi o caso do regime de Vichy na medida em que derivava da lei de 10 de julho de 1940, aplicada em violação da Constituição. Invocado ora em apoio da legitimidade, ora contra ela, o critério legalista não parece, portanto, decisivo para designar a legitimidade de um governo. "É perfeitamente judicioso e por vezes necessário falar de leis ou de decisões *injustas*"[203], constata Leo Strauss.

Mas essa constatação deve ser *interpretada*. Sua interpretação se efetua segundo vias divergentes.

Segundo Strauss, isso implica que "há um padrão do justo e do injusto [...] independente do direito positivo"[204], e esse padrão só pode ser, a seu ver, o horizonte metafísico do direito natural. Aqui, portanto, está o vasto debate entre jusnaturalismo e juspositivismo que ressurge e que, por não ser dirimido por demonstração, sempre recorreu a uma opção filosófica. Só que essa opção é muito delicada e ameaçada de esterilidade. Em outro estudo[205] mostramos o que tem de desesperador o conflito secular que fechou a filosofia do direito, inclusive a filosofia do direito político, no círculo dos dualismos condenando-a, ao sabor das controvérsias, ao choque sem escapatória das contradições que a segurança dogmática dos doutrinários provoca.

---

203. Leo Strauss, *Droit naturel et histoire*, Plon, p. 15.
204. *Ibid.*
205. *Les fondements de l'ordre juridique*, PUF, 1992.

Alguns autores, pretendendo sair do impasse, recentemente acreditaram possível, na esteira de Michel Foucault, extrair argumento da existência de leis injustas para condenar os "universais abstratos", que a legalidade constitucional manifestaria, e tomar a defesa do antijuridicismo requerido, segundo eles, pela política contemporânea. Eles declaram que o "direito" não existe, que é apenas uma palavra e que "aquilo a que se chama direito" não cobre nada além de "certas experiências" ou certas "práticas" vinculadas a categorias do pensamento que a história modela[206]. Ora, essa dissolução "arqueológica" do direito político no pluralismo e no relativismo historicistas, longe de renovar os esquemas tradicionais da filosofia do direito e de arrancar o debate do entrave que o fez oscilar, por séculos, entre jusnaturalismo e juspositivismo, é a máscara "pós-moderna" do dogmatismo; não somente esse tipo de pensamento priva as sociedades políticas de ideal, mas a rejeição das normas universais só pode conduzi-la ao niilismo. Ora, sem seguir Leo Strauss em todas as suas conclusões, parece-nos que o humanismo se orgulha, com razão, de o pensamento humano ser "capaz de transcender suas limitações históricas ou de atingir algo de trans-histórico"[207]. A interpretação historicista erra portanto em dividir a própria idéia da legitimidade do direito político no "tribunal da história", já que não se chega verdadeiramente a distinguir o direito do fato.

Uma outra interpretação pode ainda ser avançada sobre a existência de leis injustas: a saber, que a legitimidade, na medida em que é exclusiva das desordens da anarquia e da anomia, não se instala no âmbito positivo da ordem jurídica, cujos contornos ela ultrapassa. Noutros termos, a legalidade não é suficiente para assentar a legitimidade. Certamente, como explica Ch. Eisenmann[208], existe um critério jurídico da legitimidade

---

206. Essa é a tese defendida em particular por François Ewald em *L'État-Providence*, Grasset, 1986.

207. L. Strauss, *Droit naturel et histoire*, p. 39.

208. Charles Eisenmann, La légitimité juridique des gouvernements, in *La légitimité*, *op. cit.*, PUF, 1967, pp. 97 ss.

de um governo (sendo esse critério jurídico o que fundamenta o direito de governar), particularmente visível no âmbito de um dado Estado que situamos em relação a regimes anteriores ou que – trata-se do direito internacional – comparamos a outros Estados[209]. Atendo-se às perspectivas do direito interno, fica evidente que a legitimidade implica um "acordo com uma ordem normativa" e que a ilegitimidade significa "desacordo, não-conformidade, contrariedade com esse sistema de normas"[210]. Nessas condições, "É óbvio", escreve Ch. Eisenmann, que cada sistema de normas ou de valores determine, defina uma legitimidade ou uma ilegitimidade [...]. Há portanto, naturalmente, tantas legitimidades e ilegitimidades quantos são os sistemas de normas ou de valores."[211] Se, em conseqüência, a legitimidade encontra seu critério *jurídico* na legalidade – sua conformidade às leis –, ela precisa de um fundamento *axiológico* – que, enquanto tal, evidentemente não é jurídico. É por isso que se limitar a ver na conformidade às leis constitucionais, e mesmo às leis ordinárias, o padrão que dirime a legitimidade de um governo leva à concepção de um "legitimismo formalista, ou processual" que só se prende ao "nascimento imediatamente regular" ou não do direito de mando dos órgãos governantes. A dificuldade provém do fato de o filósofo do direito não poder concluir daí que é preciso fazer intervir ou uma "opção ideológica" ou um juízo moral como princípio de legitimação: tal confusão teria fortes possibilidades de simplesmente reativar a corrente jusnaturalista e de esbarrar nos equívocos que surgem no seu horizonte metajurídico – o que só faria baralhar as perspectivas. Como não existe critério jurídico da legitimidade, uma "cláusula de valor", como ressalta A. Passerin d'Entrèves, deve ser inserida em alguma parte no sistema: "a detenção do Poder não é, para o Estado, a última palavra"[212].

Nesse ponto que, uma vez afastados o impasse das controvérsias tradicionais e as miragens dissolventes do historicismo,

---

209. *Ibid.*, p. 108.
210. *Ibid.*, p. 123.
211. *Ibid.*, p. 123.
212. A. Passerin d'Entrèves, *La notion de l'État, op. cit.*, p. 185.

toca mais de perto ao problema do direito político moderno, encontramo-nos numa encruzilhada: uma primeira via é aberta pela definição polêmica do conceito de *política* dado por Carl Schmitt; uma segunda via se empenha, mais modestamente, em dar conta, com Jürgen Habermas, da *legitimação* do poder político. Sigamos sucessivamente essas duas vias.

D) Legitimidade e legitimação

Com evidente intenção polêmica, dirigida mais uma vez contra Kelsen, C. Schmitt sustenta em *Legalität und Legitimität* (1936), como na *Verfassungslehre*, que "a legitimidade de uma Constituição não implica que esta tenha sido instaurada em conformidade com as leis constitucionais em vigor anteriormente"[213]. Cabe ao sujeito do poder constituinte, diz ele, determinar o gênero e a forma de existência do Estado entendido como a unidade política de um povo. É, portanto, somente "por razões históricas" que se pode falar, num Estado, da legitimidade de uma Constituição. Para o jurista C. Schmitt, não é esse o axioma de uma filosofia do direito historicista. A seu ver, a história ensina que são possíveis dois tipos de legitimidade: ou a legitimidade dinástica, em conseqüência da qual a autoridade do rei é reconhecida; ou a legitimidade democrática, na qual, sendo reconhecida a *majestas populi*, a validade da Constituição repousa na vontade do povo. A legitimidade de uma Constituição provém, em conseqüência, do poder constituinte e da "vontade existencial" que o anima, mas não da conformidade com as regras constitucionais. Assim, por exemplo, a Constituição de Weimar repousa no poder constituinte do povo alemão; então, é inútil, e mesmo "totalmente impossível", julgar sua validade perguntando-se "se foi produzida no respeito das regras e formalidades legis-constitucionais anteriores"[214].

---

213. C. Schmitt, *Théorie de la Constitution*, trad. citada, p. 225. Sobre esse problema, cf. H. Hofmann, *Legitimität gegen Legalität, der Weg der politischen Philosophie Carl Schmitts*, Berlim, 1964.

214. *Ibid.*, p. 226.

Nesse questionamento só haveria "uma necessidade mal compreendida de normatividade": "Uma norma não pode legitimar-se em si."[215]

Todavia, prossegue Schmitt, o erro estaria em assimilar a relação entre legalidade e legitimidade à antinomia entre a norma e o fato. O conceito de legitimidade remete ao conceito de soberania que, por sua vez, remete ao conceito de política, os quais são incompreensíveis se não nos reportamos à capacidade que o Estado tem de "decidir" até nas condições de exceção[216], ou seja, de fazer lei quando a legislação em vigor não previu a situação que se apresenta, ou mesmo de fazer lei contra a legalidade vigente. Essa capacidade decisória se define como "legítima", pois atende à necessidade de perpetuar a existência da comunidade política diante da adversidade ou em face do inimigo. As situações excepcionais, enquanto de exceção, são portanto o verdadeiro revelador da legitimidade. Longe de ser a ocasião de "criminalizar" o inimigo, elas são, ao contrário, o que permite apreender as mais altas razões do direito, que mostram assim, de maneira exemplar, como irredutível à lei positiva. Em política, a legitimidade não é caso de "lei constitucional" ou, mais geralmente, de direito positivo. Assim como a análise da política implica a superação da política, assim também a compreensão da legitimidade do direito político não pode se incorporar num normativismo formalista e juridicista: essa incorporação a esvazia do seu sentido filosófico, o qual se situa para além da legalidade em suas formas, bem como em seus conteúdos. A legitimidade participa desse algo "fundamental", que Schmitt diz "específico", "irredutível", "inelutável" e que, no espaço político, é a hostilidade ou a inimizade[217] – aquilo que se poderia denominar o estatuto existencial de um Estado ou, mais cor-

---

215. *Ibid.*, p. 227.
216. C. Schmitt, *Théologie politique*, 1922, trad. fr., p. 15.
217. C. Schmitt, *La notion de politique*, 1932, trad. fr., Calmann-Lévy, 1972, pp. 97-8: "No dia ... em que até a simples eventualidade de uma discriminação amigo-inimigo tiver desaparecido, já não haverá [...] nem política nem Estado."

retamente, de um povo. Os povos são, de fato, os verdadeiros sujeitos da política e sua requisição existencial (o *salus populi*) está no próprio princípio da política, de sua autoridade e de sua sobrevivência.

Avalia-se assim não o alcance jurídico, mas a radicalidade filosófica da idéia de legitimidade: ela é o centro de gravidade da política. Longe das "abstrações normativas" da legalidade, ela significa o "grau de união" ou "de intensidade" da associação política. Assim, aparenta-se com o *destino* cuja expressão, no concreto da História em que "o espírito luta contra o espírito e a vida contra a vida"[218], é o político[219]. Essa idéia lança uma singular clareza no fenômeno que é a revolução, pois, se é verdade que uma revolução (ou um golpe de Estado) instala um governo fora dos procedimentos constitucionais, ela se revela sempre prenhe das potências de uma eventual restauração. Isso quer dizer que a legitimidade do Poder escapa, como o destino, a uma sistematização integral. Não é possível colocar seu conceito sob o signo da racionalidade puramente jurídica. Ela é, como a própria política, um conceito polêmico que conota uma situação exposta a inevitáveis sobressaltos e a discórdias trágicas.

Tomando consciência da carga polêmica que, no espaço político, inelutavelmente anima a noção de legitimidade, somos levados a deslocar o problema filosófico que ela levanta: em vez de procurar em vão o critério decisivo da legitimidade, não será mais pertinente questionar-se sobre o *processus* da *legitimação* do Poder nas sociedades políticas modernas? É o que faz Jürgen Habermas[220], remetendo ao problema de fato da aceitação de um modelo ou de um tipo político.

---

218. C. Schmitt, *L'ère des neutralisations et des dépolitisations*, tradução em seguida de *La notion de politique*, p. 153.
219. É nessa perspectiva filosófica, bem mais do que ideológica, que Schmitt fala de "o Estado total" e da "ubiqüidade potencial" do político que, por sua própria essencialidade, pode exigir que seus membros dêem a morte ou estejam eles mesmos prontos a morrer; cf. *Parlementarisme et démocratie*.
220. Jürgen Habermas, *Legitimationsproblem in Spätkapitalismus*, 1973; Traduzido em inglês sob o título *Legitimation Crisis*, Londres, 1973, e em francês sob o título *Raison et légitimité*, Payot, 1978.

O procedimento de J. Habermas tem seu ponto inicial na crise do mundo jurídico-político de nosso final de século. Implica o estudo – muitas vezes mais sociológico[221] do que filosófico – dos fatores e dos mecanismos que provocam o consentimento dos governados a um modo de governo. Embora dependente no essencial da crítica, de obediência marxista, das ideologias, ele lhe permite igualmente – é nisso que nos interessa aqui captar (assim como um fenômeno patológico muitas vezes esclarece a normalidade) o sentido e o alcance do processo de legitimação dos governos.

Tendo notado que, de um ponto de vista histórico, o conceito de legitimidade é invocado sobretudo quando surgem contestações provocadas pela instabilidade da situação política, J. Habermas constata que hoje se aprofunda a distância entre o crédito que a autoridade soberana do Estado reclama e as justificações que ela é capaz de trazer às suas exigências. O que Paul Ricoeur chama de "um afastamento de legitimação" (*a legitimation gap*)[222] levanta, segundo J. Habermas, "o problema da legitimação", essencialmente animado pela noção de *crise*.

A fim de compreender o problema da legitimação no direito político moderno, é preciso em primeiro lugar notar a extraordinária extensão tomada pelo conceito de "crise" nas sociedades democráticas ocidentais: ele se aplica à ordem política ou jurídica, mas também à ordem social, econômica ou cultural. Ao mesmo tempo, o fenômeno geral do nosso tempo é que, em todos esses campos, insinuou-se a dúvida, levando a pôr no banco dos réus ao mesmo tempo os procedimentos racionais de legitimação e a existência de valores universais, ou, pelo menos, bastante largamente partilhados para que, referindo-se a eles, possa estabelecer-se um consenso[223]. Ora, é na hora em

---

221. Cf. igualmente sobre esse aspecto sociológico T. Parsons, Authority, legitimation and political Action, in *Structure and Process in Modern Societies*, 1964; S. Castignone, Legittimita, Legitimazione, in *Sociologia del Diritto*, 1977.
222. Paul Ricoeur, *La raison pratique* in *Rationality to-day*, Ottawa, 1979, p. 242.
223. Jürgen Habermas, *Raison et légitimité*, pp. 150-6.

que a idéia de legitimidade atingiu sua mais larga conotação que, simultaneamente, entrou em crise.

J. Habermas explicita essa noção de "crise". Não se trata aí de um procedimento inédito para a filosofia política: desde Aristóteles, os fenômenos patológicos pareceram tão significativos quanto os fenômenos da normalidade. Sua originalidade, contudo, é sublinhar que "Quando concebemos um processo como uma crise, damos-lhe implicitamente um sentido normativo"[224]; da mesma forma, uma crise nasce em um sistema quando os imperativos estruturais internos deste são sacudidos a ponto de serem contraditos por imperativos inconciliáveis: isso evidentemente cria um problema de regulação[225]. Ora, no seio do direito político, tal crise que, em termos gerais, se manifesta pela contestação do Poder, assume duas feições. Pode ser no início uma perturbação grave, tão grave que introduz no sistema jurídico uma quebra lógica ou formal: trata-se então de uma *crise de racionalidade* nascida do choque entre imperativos de regulação inconciliáveis. Mas a crise pode também pôr em perigo de morte a identidade do sistema jurídico do Estado e pode conduzi-lo à explosão: então, a crise, não se situando, como no caso precedente, no plano lógico, é concreta e vivida e tende à "perda de legitimação" do sistema[226]. Essa explosão provém do fato de a opinião pública, abalada em suas próprias bases, já não dar sua adesão às regulações que formalizam o direito constitucional e as leis positivas. Há ao mesmo tempo erosão do sistema das regras estabelecidas e necessidade de regras novas. A crise não é nada menos do que uma *crise de identidade*: é um deslocamento da regulação, ligado à subversão das motivações atestada pela interrogação que se instala na opinião pública. Esta desconfia das prerrogativas da autoridade que lhe parecem opacas e cuja justificação, o mais das vezes, ela entende mal. Então, para sair do mal-estar, a opinião ou apela a um trabalho inventivo que pode tomar a forma de uma revolução ou

---

224. *Ibid.*, p. 12.
225. *Ibid.*, p. 42.
226. *Ibid.*, p. 68.

se abebera nas reservas da tradição para escapar das regras do momento, e esse conservadorismo conduz, por um movimento de reação, a uma restauração.

O significado que J. Habermas atribui à crise que gangrena o direito político moderno é grave. Numa primeira abordagem, a crise significa que um sistema jurídico-político é dependente de um sistema sociocultural. Sendo o problema examinado particularmente o do capitalismo avançado nas sociedades modernas, o autor deduz daí que uma crise de legitimidade, enquanto crise de identidade, reflete as estruturas e as relações de classes de uma sociedade. Numa segunda abordagem, cuja tonalidade é mais política, a crise significa que a opinião pública tende sempre a um "planejamento ideológico"[227]. Assim, em razão das motivações dissonantes, revolucionárias ou restauradoras, que rompem a ordem jurídico-política estabelecida, uma crise de legitimação indica a tendência não a superar ou a resolver as dificuldades de um regime, mas a *deslocar* a legitimidade de um aparelho de Estado para outro atendendo a outros motivos ideológicos. De qualquer forma, uma crise de legitimidade é sempre, como efeito de uma dicotomia das motivações, um bloqueio das instituições existentes, porque as estruturas normativas que representam já não atendem às necessidades e aos ideais da opinião. As sociedades modernas regidas hoje pelo capitalismo avançado viveriam uma crise de identidade desse tipo, devida ao fracasso da legitimação racional, incapaz de assumir o patrimônio acumulado pela cultura tradicional. Entendamos que, nas sociedades industrializadas, um consenso relativo aos valores éticos, aos ideais políticos e mesmo aos interesses sociais já não existe. No lugar do sistema dos valores tradicionais, instalou-se o jogo da concorrência, irracional, pluralista, individualista, até mesmo egoísta e sempre implacável. Sobretudo, a ideologia da eficácia, portanto o utilitarismo, engendra uma desintegração axiológica: o universalismo racionalista do Iluminismo e a herança moral do cristianismo perderam seu sentido.

---

227. *Ibid.*, p. 101.

Reconhecem-se nessa análise alguns dos temas avançados por Husserl na conferência proferida em 1935 no *Kulturbund* de Viena sobre *A crise da humanidade européia e da filosofia*. A crise da razão iniciou um processo de decomposição e de deliqüescência. Certos pensadores, na esteira de Nietzsche e de Heidegger, imputam essa crise de legitimação à "morte de Deus": quando o niilismo se espalha, nada mais tem importância. Outros denunciaram "o reino do homem" e predisseram sua morte... Em todo caso, a crise da legitimidade na qual patina a sociedade política do mundo moderno provém do fato de que a razão se autodestrói ao sacrificar sua universalidade: ela se fragmenta em uma pluralidade de idéias, de crenças, de interesses ou de valores que fendem e minam o edifício do direito público.

A análise da *crise* de legitimidade que obceca as instituições da modernidade decadente esclarece o fenômeno da *legitimação* no direito político no momento em que, não se valendo mais nem de uma fundação transcendente nem das forças da tradição, ele é confrontado com as dificuldades, até mesmo com o fracasso da racionalidade. Segundo J. Habermas, a legitimação é pura e simplesmente, num mundo secularizado obcecado pela preocupação democrática, a resposta que uma sociedade dá às necessidades e às exigências que sente necessárias à sua coesão. T. Parsons[228] vê nessa resposta "o processo de mediação-valorização" pelo qual se estabelece uma relação de confiança entre a ação social-política e o conjunto dos valores nos quais as massas sociais procuram pontos de referência, um sentido e uma eficácia. Se a confiança se instaura naqueles que encarnam esses valores, ela torna possível a obediência daqueles que eles governam. Isso é suficiente para indicar a precariedade e a vulnerabilidade do mundo jurídico-político em que as expectativas, cada vez mais numerosas, cada vez mais exigentes e por vezes contraditórias das populações incessantemente correm o risco de ser decepcionadas pelos desempenhos dos governos.

O fenômeno da legitimação não poderia se fechar no "círculo mágico" descrito por Weber. O consenso e a aceitação que

---

228. Cf. art. citado *supra*, n. 222.

o Estado obtém estão longe de pressupor somente a racionalidade da ordem jurídico-política. Pode-se falar, com segurança, como H. Kelsen e E. Diaz, de uma "legitimidade constitucional" que, identificando-se com a noção de validade do sistema, só adquire sentido em relação à estrutura normativa do ordenamento jurídico do Estado, considerado *hic et nunc*. Mas isso equivale a só considerar a legitimidade no seu aspecto formal e não substancial, ou seja, na sua dimensão puramente racional, que é alheia aos fins e aos valores do direito político. Ora, assim como ensinam as pesquisas de opinião – certamente numerosas demais, mas isso é outro problema –, inúmeros elementos irracionais intervêm no processo de legitimação (ou de deslegitimação) do Poder. A esse respeito, a distinção que J. Habermas faz entre "norma" e "princípio" – sendo o princípio a metanorma que permite produzir normas[229] – lança uma grande clareza no problema da legitimação. Que se considere a sucessão dos regimes engendrada por uma crise de legitimidade, abstraindo-se qualquer ideologia política: por exemplo, na Inglaterra, a chegada de Cromwell ou a de Guilherme de Orange, ou, na França, a reconquista do trono por Luís XVIII ou a instalação do general De Gaulle depois da guerra. À luz da distinção entre norma e princípio, fica claro que, para além das normas jurídicas formais, o direito político implica referência a princípios fundamentais de natureza axiológica e cultural, portanto, transjurídicas. Desde então, a insuficiência criteriológica do que Weber denomina de maneira ideal típica a "legitimidade racional" fica patente: "Um procedimento", escreve J. Habermas, "não pode por si só fornecer uma legitimação. Pelo contrário, o procedimento legalista é ele próprio submetido à coerção da legitimação."[230] Portanto, é que "a crença na legalidade se deduz da crença da legitimidade" e não o inverso[231]. Mesmo quando o direito político tende a se racionalizar, existem princípios de ação que são insuscetíveis de justificação racional. Considerada filosoficamente, a impossibilidade de não recor-

---

229. J. Habermas, *op. cit.*, p. 124.
230. *Ibid.*, p. 137.
231. *Ibid.*, p. 140.

rer a eles levanta a questão, verdadeiramente abissal, da possibilidade da razão prática. Sem entrar nessa problemática que ultrapassa nosso assunto, notemos contudo o que o sentido dessa questão tem de perturbador. De um lado, ela indica que a idéia de legitimidade não será esclarecida enquanto a reportarmos somente a uma racionalidade do tipo lógico-instrumental, cuja hipertrofia arruína as sociedades e as políticas atuais. Ater-se a essa perspectiva é esquecer que as atividades racionais são plurais e determinam estratégias, modos e normas de comunicação tanto quanto formas lógicas de coerência. Do outro, essa questão, por si só, deixa pressentir que a idéia de legitimidade, recolocada no âmbito da razão prática, remete à contingência das "escolhas iniciais" que seu funcionamento supõe. A razão é sempre "razão decidida" e, como tal, sempre parcial, já que toma partido. Portanto, a legitimidade política tanto quanto o direito que estrutura o Estado encontram suas raízes nas "normas fundamentais do discurso racional que supomos em cada decisão".

Em seu estatuto filosófico, o processo de legitimação do Poder nas sociedades políticas modernas revela a ambigüidade essencial da idéia de legitimidade: nem legalismo, nem empirismo, nem tradicionalismo, nem convencionalismo, nem decisionismo levam-no em consideração. A idéia de legitimidade, irredutível a um esquema unitário, traz a marca da ambivalência em razão da impureza originária da razão prática. Por isso, como a própria política, ela é por essência agônica, não porque leva a expor em termos de direito o problema da sucessão dos regimes ou porque desperta as rivalidades dos homens ou dos partidos, mas porque é o teatro daquilo a que Weber chama "a guerra dos deuses": a idéia de legitimidade é filha das "brigas do Olimpo".

Dessa forma, seria inconveniente, ao termo dessa análise, ver avançar-se o reinado da suspeita. A legitimidade não engloba o que J. Bouveresse denomina um "cinismo racional"; não é uma testemunha da falência da razão numa "condição pós-moderna" em que culminariam a dissensão e a deslegitimação. É incontestável que não traduz, como acreditara a filosofia do Iluminismo, o imperialismo da razão, e que a ideologia vem o mais das vezes preencher a distância entre as pretensões de um sistema jurídico-político e a adesão de que é objeto. Mas a complexidade da idéia de legitimidade assim como a indecisão de seus critérios não indicam um destino. Exprimem mais um estatuto, o próprio estatuto do direito político que, no moderno Estado DO direito, escapa, desde o início e sempre, à neutralidade axiológica.

*

Quando nos indagamos sobre o Estado DO direito através dos problemas levantados pela pluralidade das formas de governo e pela normatividade das instituições estatais, fica patente que o direito político é sempre relacionado com a interdependência entre a política e as idéias. Nele se decifram portanto sempre, com maior ou menor nitidez, mas bem presentes, sinais cujo significado remete ao paradigma de uma cultura. Assim, o erro estaria em compreender o Estado DO direito de maneira puramente abstrata e formal. Por mais indiscutível que seja a racionalidade do mundo moderno desde seu advento, o direito político nele não se deixa reduzir a um sistema de máximas lógicas de que, em suma, a racionalidade tecnocrática determinaria um Estado planejador. Os princípios do direito político moderno não escapam à finitude da razão humana e não são absolutamente alheios à experiência vivida das sociedades concretas. É por isso que o Estado DO direito, longe de responder a um formalista jurídico sistematizante, pouco a pouco se manifestou como a expressão de um humanismo pluralista. Este, longe de esmagar o direito político sob o manto de chumbo das estratégias racionais e das técnicas de controle, exige dos governantes, e mesmo dos governados, uma consciência de responsabilidade e a vigilância do senso crítico. Segue-se que, de um lado, a consistência prática do direito político, para o filósofo que se indaga sobre o mundo moderno, assume mais importância do que sua dimensão teórica e que, do outro, a preocupação com os valores que fazem a dignidade do homem tornou-se mais atuante e mais profunda do que a exigência de coerência lógica da arquitetônica jurídica.

O próprio Kelsen – que é erradamente considerado, sem mais matizes, um "positivista", pois elaborar uma "ciência do direito positivo" não implica aderir à postulação do positivismo[232] – reconheceu essas duas reclamações de princípio do direito político moderno, e há certa má-fé na crítica que lhe dirige seu adversário C. Schmitt. Kelsen, como Spengler ou Cassirer[233], também não insiste na decadência do direito político e, de modo mais geral, na deliqüescência cultural que afetam o mundo ocidental. Mas sabe que o racionalismo do qual o Iluminismo fizera o cadinho do direito político está em crise: as duas grandes guerras mundiais do século XX e a experiência histórica dos totalitarismos mostraram cruelmente que inúmeras determinações – econômicas, psicológicas, históricas, ideológicas: o dinheiro, o medo, a tradição, a propaganda – rebeldes a sua racionalização integral pesam na elaboração e na realização do direito político, não somente na escala estatal, mas também na escala internacional, cuja consideração se impõe cada vez mais. Contrariamente ao que escrevem numerosos comentadores, Kelsen não ignora de forma alguma o "conteúdo" das normas do direito. Em conseqüência, se o desdobramento dos princípios do direito político se efetua por meio da hierarquia das habilitações e dos pontos de imputação que define a forma da legalidade, ele não poderia limitar-se à ordem processual de edição das normas. O direito político não procede da abstração de um racionalismo construtivista. As reflexões que Kelsen dedicou à democracia[234] são, nesse ponto capital,

---

232. É equivocar-se totalmente sobre o sentido de uma frase de Kelsen freqüentemente citada (A teoria pura do direito é a teoria do positivismo jurídico, in La méthode et la notion fondamentale de la théorie pure du droit, *Revue de la métaphysique et de morale*, 1934, 41, p. 204) sustentar que Kelsen cumpre o projeto positivista. Rigorosamente, não existiu nenhum exemplo do positivismo jurídico formalista e cego que a ele é atribuído.

233. Spengler, *La décadence de l'Occident*, 1915; E. Cassirer, *Le mythe de l'État* (1946), trad. fr., Gallimard, 1993.

234. Em 1920, Kelsen publicou nos *Archiv für Sozialwissenschaft und Sozialpolitik* um primeiro texto dedicado à democracia. Remanejou-o profundamente entre 1920 e 1929 e fez nessa data, sob o título *Wom Wesen und Wert der Demokratie* (trad. fr. de Charles Einsenmann em 1932; reed. por Michel

particularmente elucidativas e fecundas. Pelo menos o conhecimento delas deveria contribuir para apagar a parcialidade das interpretações a que a incompreensão da "teoria pura do direito" freqüentemente ocasionou.

A originalidade do texto de Kelsen sobre "a natureza e o valor da democracia" está em adotar uma perspectiva criticista e em submeter a democracia ao tribunal da razão[235]. Tendo renovado a idéia kantiana da "insociável sociabilidade" e lembrado que existem no homem "dois instintos fundamentais" – a liberdade e a igualdade –, Kelsen procura compreender como se conciliam – pois, afinal, são antitéticos[236] – esses "dois postulados de nossa razão prática"[237]; é essa, segundo ele, a problemática profunda da política, à qual o direito político deve trazer uma solução.

A fim de encontrar essa solução, Kelsen procede em duas etapas, datadas respectivamente de 1929 e de 1955. Em 1929, as últimas páginas do texto definitivo sobre *A democracia* salientam a necessidade de adotar um "esquema crítico relativista" para apreender o sentido do direito político. Assim como Kant quisera evitar o escolho "místico-metafísico" em que esbarra o dogmatismo, assim também Kelsen repudia a concepção "metafísico-absolutista" do mundo pois, diz ele, ela é um convite ao despotismo e contradiz a finitude do homem. Sendo o ser humano um ser dos limites, o absoluto da verdade ou dos valores está fora de seu alcance[238]. Apenas uma "filosofia relativista"[239] contém a política e o direito que a estrutura

---

Troper, Economica, 1986) uma exposição definitiva de suas idéias (que, aliás, se repetirão nas suas obras e artigos posteriores).

235. Isso implica que ele não considera a democracia com sendo, no seio de uma tipologia dos regimes, o melhor dentre eles. Essa concepção axiológica da política, mesclada de metafísica, não pode evitar o erro do dogmatismo ideológico que substitui a verdade científica pela mentira militante.

236. A necessidade de *liberdade* se ergue em cada pessoa, "contra o tormento da heteronomia"; a necessidade de igualdade se exprime no "anti-heroísmo" pelo qual são rejeitadas as figuras do patrão ou do chefe e seu comando, absolutamente recusado.

237. H. Kelsen, *La démocratie*, trad. cit., p. 17.
238. *Ibid.*, p. 90.
239. *Ibid.*, p. 92.

impondo-lhes receber, com o pluralismo, a relação dialética entre maioria e minoria que o parlamentarismo exprime[240]. – Em 1955, no artigo intitulado "Foundations of Democratie"[241], Kelsen aprimora essa idéia na qual, entrementes, a *General Theory of Law and State* havia insistido[242]. Segundo o procedimento criticista que o normativismo kelseniano adota, transparece que a exigência de liberdade que confere à democracia parlamentar sua unidade normativa é "uma necessidade da razão", pura e *a priori*. A lógica da teoria política, como a da teoria do direito, só pode ser uma lógica transcendental. Nesse ponto, é importante não se enganar: nas perspectivas fundacionais que essa lógica pura desenha, o modo de produção da normatividade jurídica é o único critério de validade do direito político e, portanto, da política que ele rege. Segundo esse critério, só podem existir dois modelos de política[243]: a *autocracia*, que instala a heteronomia no Estado, já que são as normas que a autoridade política, chefe ou partido, produz nela e que são impostas pela coerção aos cidadãos, que são apenas súditos; e a *democracia*, que implica autonomia porque os criadores das normas (direta ou indiretamente, esse é apenas um problema de técnica institucional) também são seus destinatários. Por conseguinte, Kelsen leva ao apogeu a concepção kantiana da razão prática, na qual a Idéia de liberdade aparece no horizonte numenal como o axioma regulador e legitimador da democracia.

Assumindo assim a herança do criticismo kantiano, Kelsen suprime de sua concepção do direito político toda dimensão de empiricidade e toda referência metafísica. Mas – e isso é muito mais importante para a compreensão de sua teoria –, ele não a situa na trilha de uma racionalidade triunfante, construtiva e

---

240. *Ibid.*, pp. 21 ss.; p. 38: "O parlamentarismo é a única forma de realização da idéia democrática"; nele, a liberdade é uma liberdade-participação. Cf. tb. *Allgemeine Staatslehre*, p. 370.
241. H. Kelsen, "Foundations of Democratie", in *Ethics*, 1955, vol. 66, pp. 1-101.
242. H. Kelsen, *General Theory of Law and State*, p. 444.
243. Essa tese é constante em Kelsen: *Théorie pure du droit*, pp. 186 e 371; *Allgemeine Staatslehre*, p. 62; *General Theory of Law and State*, p. 283.

absoluta, porque sabe que a sistematização rígida que ela comanda é a recusa, antecipada, de toda conflitualidade. Sua concepção do direito político se situa nos "simples limites da razão" e atende à preocupação de pôr em evidência a norma sem a qual a política seria impensável. Só cabe, de fato, à capacidade *reguladora* (e não constitutiva) da razão pura prática ordenar o edifício jurídico necessário à política do Estado moderno. Somente a lei da razão, em sua função reguladora, faz penetrar a normatividade na diversidade das situações que o direito político é levado a reger.

O direito político não poderia corresponder, como pensava G. Jellinek, aprovado por C. Schmitt, a uma "força normativa do factual"[244]. Em sua unidade, ele só pode encontrar sua funcionalidade na vocação organizacional e arquitetônica que caracteriza sua fundação racional pura e transcendental. O erro estaria em esquecer que a Idéia da razão, à qual corresponde o direito político, não se objetiva: ela serve de guia e de compasso ao funcionamento das instituições e ao desenrolar da prática política. Princípio regulador, essa "Idéia" tem um sentido "metódico" e, como tal, é "evidentemente irrealizável". O Estado DO direito, como mostra a reflexão crítica de Kelsen sobre a democracia, possui um potencial normativo tal que é preciso que os homens ajam em política como se o que, talvez, nunca será, *devesse ser*.

Tal máxima não deixa de causar angústia. Mas, longe de poder trazer, como por vezes se afirmou, o terror niilista que, na história, obcecou os mais odiosos regimes totalitários, ela significa ao contrário que a exigência de liberdade pôs no fundamento do direito político a força organizacional e ordenadora da razão prática. Se o direito político não atendesse à vocação puramente arquitetônica da necessidade da razão, seria entravado por noções errôneas e, sem bússola, teria o perfil de um navio à deriva, ao sabor do desatino dos homens.

---

244. G. Jellinek, *Allgemeine Staatslehre*, pp. 341, 360 e 371; C. Schmitt, *Über drei Arten des rechtswissenschaftlichen Denkens*, Hanseatische Verlaganstalt, 1934.

Assim fica evidente que o ideal da liberdade, em que se exprime a aspiração mais profunda da razão pura prática, é, para o Estado DO direito, no rigor coercivo do aparelho jurídico, a esperança e a intenção última. *O Estado DO direito*, no qual se opera a síntese entre a ordem e a liberdade, é portanto também considerado com outro olhar, o que se chama na nossa época, sublinhando a inspiração liberal que lhe cabe veicular, o *Estado DE direito*.

Para apreender os princípios filosóficos que tornam possível a articulação entre o *Estado DO direito* e o *Estado DE direito*, convém agora indagar-se sobre a síntese entre a ordem e a liberdade que se opera no direito político moderno.

Capítulo II
O Estado DE direito, síntese dos princípios de ordem e de liberdade

As análises anteriores mostraram que o direito político é o sustentáculo dos atos de poder institutivos e organizacionais que dão à existência humana um caráter público. A coexistência dos homens, em todos os seus setores, é sujeita à legislação e à regulamentação dos corpos constituídos do aparelho dirigente que é o Estado. Hoje, o poder produtor das normas jurídicas adquire até, no direito público, uma envergadura européia e internacional. No espaço político-jurídico assim ampliado, o direito impõe a obrigatoriedade de seus preceitos e de suas regras, e a executoriedade deles, que lhes comanda a aplicação, não poderia se dar sem coerção.

Contudo, o surto da consciência política, já no século XVI e, sobretudo, desde o século XVIII, foi acompanhado por uma metamorfose espetacular: a luta pelo Poder, característica dos dois primeiros séculos da Modernidade, pouco a pouco deu lugar, por efeito do dinamismo do progresso, à luta contra o Poder, e as reivindicações de liberdade tornaram-se cada vez mais intensas. Certamente, como assinalava Montesquieu, nada é mais incerto do que o significado da palavra "liberdade"[1], cuja polissemia se cerca, ainda por cima, no idealismo moderno, de uma ilusão de transparência. Mas, à medida que os homens se aproximam mais de sua humanidade, e que a humanidade é refletida no seu próprio espelho, assiste-se a uma mudança do olhar jurídico para a esfera pública e, simultaneamente, para o modo como o indivíduo e as relações interindividuais se situam nela.

---

1. Montesquieu, *L'esprit des lois*, XI, II, p. 394.

As relações entre as autoridades dirigentes e os cidadãos se transformam à medida que se desenvolve a ética moderna da autonomia; dessa maneira, falar, no direito político moderno, das relações de dominantes com dominados torna-se uma expressão simplificadora a ponto de ser falaciosa. Tudo acontece como se o centro do direito político estivesse deslocado: certamente, a ordem jurídica interna do Estado continua a se identificar com a potência pública, mas, no mundo ocidental moderno, as exigências do individualismo se traduzem pelo crescimento tão intenso das exigências da condição civil e política dos cidadãos que a partir de então elas se impõem como o problema central do direito público.

Esse problema assume uma face dupla.

De um lado, a preocupação de ponderar ou de limitar o Poder constitui, para o humanismo jurídico da modernidade, um princípio inerente ao próprio direito político. Este princípio se firma de maneira tanto mais imperativa porque se sabe doravante que, para remediar os malefícios da vontade de potência, é preciso, a um só tempo, consolidar os âmbitos do Poder e lhe atribuir limites fixando as competências das instituições. "Para que não se possa abusar do Poder", dizia Montesquieu, "é preciso que, pela disposição das coisas, o poder refreie o Poder."[2] A máxima de Montesquieu é vista como a chave do constitucionalismo, cujo dispositivo foi burilado, de B. Constant a Tocqueville e Laboulaye, pela corrente liberal. Quaisquer que sejam os matizes, muitas vezes importantes, entre os autores, a doutrina deles repousa numa postulação comum que os liberais clássicos, e depois os neoliberais da segunda metade de nosso século, mais precisamente erguidos contra os totalitarismos, continuam a adotar: a saber, que é necessário proteger os direitos do indivíduo contra toda usurpação, real ou possível, do Poder. Contudo, já no início do século XIX, aparecera uma terminologia específica na Alemanha, onde a teoria do *Rechtsstaat* tinha grande repercussão. Na França, foi preciso esperar um século para que Carré de Malberg introduzisse a expressão "Estado de

---

2. *Ibid.*, XI, VI, p. 395.

direito"[3]; ainda assim esse autor não foi muito atendido em seu tempo, mesmo por juristas clássicos como Hauriou ou Barthélemy que, aliás, critica Duguit. Em compensação, em nossa época, é de bom-tom associar "a modernização democrática do Estado" à noção de *Estado de direito*. No mundo anglo-saxão, a expressão *Rule of Law* (que não traduz exatamente a palavra alemã *Rechtsstaat*) conheceu, da mesma forma, um evidente sucesso em todas as últimas décadas. Sejam quais forem as variações doutrinais ou léxicas, é possível – pelo menos se excluirmos de nosso campo de investigações os Estados que permanecem sob uma autoridade ditatorial – dizer que o conceito *Estado de direito*, trazido pela *exigência de liberdade do sujeito de direito*, fornece um eixo privilegiado para o direito político moderno, que concilia (ou reconcilia) assim os dois princípios fundamentais, aparentemente antitéticos, da ordem e da liberdade.

Mas, por outro lado, a evidência aparente do princípio de liberdade, que dizem constituir a ponta de lança do Estado DE direito, não é suficiente para a elaboração de uma teoria unívoca e forte. O idealismo do Iluminismo se traduziu, já no século XVIII, numa certa idéia do homem, por aspiração à felicidade e ao progresso. O pensamento burguês liberal da época revolucionária, movido por uma inspiração filosoficamente heterogênea, celebrou ao mesmo tempo os "prodígios da lei" promulgada pelo Poder e as virtudes dos "direitos-liberdades" oponíveis ao Poder. A *Declaração dos direitos do homem e do cidadão* não foi somente um exercício do pensamento: marcou na história do direito político o advento triunfal das liberdades e dos direitos individuais; daí em diante, a autonomia intelectual conquistada pela razão, a um só tempo constituinte e militante, se exprimia pela proclamação solene segundo a qual "os homens nascem e permanecem livres e iguais em direitos". A função do direito político era, portanto, não somente rejeitar, por seu próprio dispositivo, o imperialismo do político, mas assegurar,

---

3. R. Carré de Malberg, *Contribution à la théorie générale de l'État*, 1922; t. I, pp. 293 ss.

por suas instituições públicas, a proteção dos direitos e das liberdades de todos os cidadãos. Assim, à medida que crescia a repercussão da idéia dos "direitos do homem" e se multiplicavam, aliás mudando de natureza, as reivindicações da liberdade, definiu-se, não sem dificuldades, a vocação daquilo a que logo se deveria chamar o Estado DE direito.

Embora a problemática do Estado DE direito possa parecer clara, são soluções em geral confusas que lhe correspondem e que, muito particularmente, deixam perceber as dificuldades institucionais provocadas pela proteção das liberdades individuais no e pelo direito público[4]. De fato, se o Estado DE direito, em seu princípio e teoricamente, nada mais é que a figura que o Estado DO direito deve assumir a fim de proteger as liberdades individuais, ele tem, na sua realidade e praticamente, provocado por seu próprio desenvolvimento, um inchaço inflacionista dos direitos em que se decifra um desvio do direito. O fenômeno é tão grave que nos podemos perguntar se, do princípio do Estado de direito a seu desvio efetivo, não estamos assistindo à diluição do conceito de direito.

Após retraçar a genealogia da idéia de Estado DE direito e formulado sua problematização, examinaremos a maneira pela qual se efetua nele a organização institucional dos direitos e das liberdades, a fim de avaliar as dificuldades nas quais, sob a simbologia republicana, esbarra, na nebulosa democrática, a síntese da ordem e da liberdade.

---

4. Sobre o Estado de direito, cf. A. Albrecht, "*Rechtsstaat*", *Staatlexikon*, VI, ed. Görres-Gesellschaft, 6. Auflage, Friburgo, 1961; Norberto Bobbio, *Stato, Governo, Società. Per una teoria generale della politica*, Turim, 1985; Dominique Colas (sob a direção de) *L'État de droit*, PUF, 1987; Jacques Chevallier, *L'État de droit, Revue du droit public*, 1988, pp. 313-80; M. J. Redor, *De l'État légal à l'État de droit. L'évolution des conceptions de la doctrine publiciste française* (1879-1914), Economica, 1992; *L'État de droit* (sob a direção de Michel Troper), *Cahiers de philosophie politique et juridique*, n.º 24, Caen, 1993.

1. A idéia de Estado DE direito: de sua genealogia à sua problematização

Na medida em que a idéia de Estado DE direito exprime as reivindicações da liberdade que os indivíduos têm razão de opor às coerções do Poder, ficar-se-ia tentado a pensar que não é impróprio procurar suas raízes nos movimentos de resistência à autoridade política que se manifestaram nos séculos XVI e XVII[5]. Nas diatribes do poeta Milton, nos libelos dos Niveladores bem como nas filípicas dos monarcômacos, levantam-se de fato os primeiros gritos da liberdade contra o poder político. No entanto, nos primeiros albores da modernidade, só pode tratar-se de longínquas primícias. A noção de "direito de resistência" significa a oposição dos povos ao tirano: o título do mais célebre panfleto dos monarcômacos – os *Vindiciae contra tyrannos* – é, nesse sentido, eloqüente. E, mesmo quando Locke, na hora da *Glorious Revolution*, toma a defesa do direito de oposição[6], é contra os reis-tiranos e os usurpadores que se levanta: o tirano em exercício e o tirano de origem ignoram de fato, diz ele, o "campo legítimo" do Poder[7] e exigem do povo uma "obediência passiva"[8]. No entanto, se é verdade que Locke encontra na lei divina de natureza e na razão razoável (*reasonableness*) dos homens o fundamento do direito de resistência dos povos – e não dos indivíduos considerados *ut singuli* –, es-

---

5. Alguns autores procuram as origens do Estado de direito nas teses do jusnaturalismo, segundo as quais o direito do Estado é submetido a um direito superior ou, em sua figura "clássica", desejado por Deus e derivado da natureza das coisas ou, na sua versão "moderna", ligado essencialmente à natureza do homem. Outros procuram as origens do Estado de direito num sistema como o de Licurgo ou de Sólon, segundo o qual, em um procedimento que, por um anacronismo evidente, poder-se-ia qualificar de "positivista", é o próprio Estado que enuncia os preceitos jurídicos que todo governante, longe de ser *solutus legibus*, deve observar. Cf. N. Bobbio, *op. cit.*, pp. 86 ss.
6. Remetemos nesse ponto à nossa obra *John Locke et la raison raisonnable*, Vrin, 1986, pp. 160 ss.
7. Locke, *Traité du gouvernement civil*, § 199.
8. *Ibid.*, § 228: no antro do Polifemo o Ciclope, Ulisses e seus companheiros, em extrema passividade, esperam ser devorados.

tabelecendo nisso uma das bases doutrinais do liberalismo, não tem idéia alguma daquilo que será denominado Estado DE direito.

A) O aparecimento do conceito de Rechtsstaat

A filosofia política francesa do século XVIII e o pensamento dos homens da Revolução encaminharam em grande parte o direito político, pela vontade apaixonada que os animava de promover institucionalmente a liberdade dos cidadãos, para as estruturas jurídicas do Estado de direito. É banal lembrar que, embora em registros filosóficos muito diferentes, Montesquieu e Rousseau, mas também os pensadores do Iluminismo, unem-se em sua defesa da liberdade contra os abusos e os desvios de poder da autoridade política. Numa mistura surpreendente de universalismo racionalista e de individualismo, de "antigo" e de "moderno", de jusnaturalismo e de sinais "juspositivistas", de utilitarismo e de sentimentalismo, de intelectualismo e de voluntarismo etc., característica da paisagem intelectual da época revolucionária, preparou-se, em um longo trabalho marcado por hesitações e oposições, a *Declaração dos direitos do homem e do cidadão* de 26 de agosto de 1789[9]. Tantas influências se confundem nesse célebre texto que seu ecletismo, mesmo em meio às exegeses múltiplas que ocasionou, torna penoso um comentário que lhe esgote o sentido. Está claro, no entanto, que a idéia da liberdade, ontologicamente fundamentada e institucionalmente garantida, é seu conceito-mestre e chama como corolário "a resistência à opressão". Apesar disso, e mesmo que o espírito de liberdade seja a ponta de lança da *Declaração de 1789*, esta, em sua literalidade, não comporta a expressão "Estado de direito".

Foi na Alemanha que nasceu, com a palavra, o conceito de *Rechtsstaat* – ao qual correspondem hoje, em outras línguas,

---

9. Sobre essa longa gênese da *Declaração de 1789*, ver a substancial Introdução de Stéphane Rials, in *La Déclaration des droits de l'homme et du citoyen*, Hachette, 1988.

os termos *État de droit* [Estado de direito], *Law State*, *Stato del diritto*, *Estado de derecho* etc. Mesmo que se possa ter mostrado que diversos elementos que entram na compreensão desse conceito pertencem ao pensamento jurídico-político desde o século XVI, é preciso reportá-lo à cultura alemã do século XIX para captar rigorosamente seu sentido original. De fato, é para fazer oposição à noção de *Obrigkeitsstaat* que se traduz usualmente – de maneira muito aproximativa – por "Estado de polícia"[10], que a idéia do *Rechtsstaat*, que se traduz por "Estado de direito", foi avançada. De acordo com Heinz Monhaupt[11], a aliança entre duas palavras *Recht* e *Staat* teria aparecido em 1798 em Placidus – cujo verdadeiro nome era Johann Wilhelm Petersen – que a aplicava à doutrina do direito de Kant[12]. Na verdade, o autor da *Rechtslehre* (1796) em nenhum de seus escritos emprega a expressão *Rechtsstaat*[13]; mas o estatuto que, na sua filosofia normativo-crítica, Kant dá ao Estado[14] torna este inseparável das estruturas jurídicas que, pela institucionalização da *trias politica* (os três poderes), tornam possível a coexistência das liberdades[15]. Como a Idéia racional prática de liberdade é, segundo Kant, o princípio regulador do direito político, o Estado, em seu próprio conceito, implica a recusa da autoridade absoluta e arbitrária do Poder e, ao mesmo tempo, da vocação administrativa e gestionária que, como tal, ela não

---

10. Uma tradução mais satisfatória da palavra *Obrigkeitsstaat* poderia ser "Estado autoritário".

11. Heinz Monhaupt, L'État de droit en Allemagne, *L'État de droit*, in *Cahiers de philosophie politique et juridique*, art. citado, p. 76.

12. J. W. Peterson Placidus, *Literatur des Staatslehre. Ein Versuch*, 1. *Ableitung*, Estrasburgo, 1798, p. 73 e pp. 105 ss.

13. Em compensação, Kant emprega a expressão *Staatsrecht* (direito estatal) para opor, claro, ao direito natural (*Naturrecht* tanto quanto *natürliches Recht*) e para o distinguir do direito cosmopolítico (*Völkerstaatrecht* ou *Weltbürgerrecht*).

14. Remetemos ao nosso estudo *La philosophie du droit de Kant*, Vrin, 1996.

15. Lembremos que, para Kant, a coexistência das liberdades é o "princípio universal do direito", cf. *Doctrine du droit*, Introduction, § C, Pléiade, t. III, p. 479; *AK*, VI, 231.

deixaria de se outorgar. A coerção, que é o critério do direito e o caracteriza como ordem, cria no Estado um obstáculo a tudo que cria obstáculo à liberdade[16]. O destino infeliz da *Rechtslehre* de Kant que costumam apresentar, na época em que redige essa obra, como um velho cansado e intelectualmente desgastado, explica em grande parte que nem o tema do Estado de direito nem o termo *Rechtsstaat* se tenham firmado na imediata descendência do filósofo. A teoria do *Rechtsstaat* só encontrou sua forma científica no liberal Robert von Mohl, cuja obra *Die Polizei-Wissenschaft nach den Grundsätzen des Rechtsstaates* (A ciência policial segundo os princípios do Estado de direito), publicada em 1832 e 1834, teve certa fama. O autor, referindo-se principalmente a Milton, Hobbes, Locke e Kant, considera que "O Estado de direito dos tempos modernos [...] protege e encoraja o desenvolvimento de todas as forças naturais, desenvolvimento reconhecido pelo povo como objetivo de vida do indivíduo e do conjunto da sociedade[17]." Ainda que essa definição permaneça explicitamente tributária, sob a pena desse autor, das formas da "monarquia constitucional", ela prefigura em seu alcance a da "Estado-providência", que se carregará, nas décadas posteriores, de tantas esperanças. Contudo, embora a sorte do conceito de *Rechtsstaat* tenha desde então sido selada na Alemanha pelas obras de Friedrich Julius Stahl[18] e de Rudolph von Gneist[19], o significado de "o Estado de direito" permanecia impregnado de muita indecisão. Certamente, os autores concordavam em sustentar que o Estado de direito é uma garantia para a liberdade dos indivíduos. Mas, se fica relativamente claro que o Estado de direito era oposto ao Estado absolutista – sem-

---

16. Kant, *ibid.*, § D, p. 480; *AK*, VI, 231.
17. Robert von Mohl, *Encyclopädie der Staatswissenschaft*, 2ª ed., Friburgo e Tübingen, 1872, p. 106; citado por H. Monhaupt, de quem tiramos as referências bibliográficas que seguem, art. cit., p. 79.
18. F. J. Stahl, *Die Philosophie des Rechts*, t. II: *Rechts und Staatslehre auf der Grundlage christlicher Weltanschauung* (a obra teve cinco edições entre 1837 e 1878).
19. R. von Gneist, *Der Rechtsstaat und die Verwaltungsgerichte in Deutschland*, Berlim, 1872.

pre autoritário, seja ele policial ou administrativista – para salvaguardar a liberdade e os direitos do indivíduo tais como a propriedade e a segurança[20], a superposição, ou mesmo o embaralhamento, desordenado, de temas como a constitucionalidade, a autolimitação do Poder do Estado, a separação dos poderes, a independência do aparelho de justiça, a cidadania-participação, o princípio da legalidade, a conformidade da administração às leis, a proteção judiciária etc. contribuíam para confundir sua conotação, tanto formal quanto material. Nessas condições, às quais deviam juntar-se, até a Segunda Guerra Mundial, as vicissitudes da política alemã, admitir-se-á que Carl Schmitt tenha tido alguma boa razão para denunciar a aberração do Estado de direito, designando-o como "uma forma vazia" da arte política.

Contudo, quando Carré de Malberg, por volta dos anos 1920, vincula sua reflexão à noção de Estado de direito, tal como a expuseram os autores alemães, ela lhe parece – caso, ao menos, estima ele, se queira fazer um esforço de aclaramento categorial e conceitual – digna de interesse – mesmo que fosse necessário matizá-la, até mesmo recusá-la.

B) A teoria de Carré de Malberg

O aclaramento que Carré de Malberg empreende versa principalmente sobre dois pontos.

Primeiramente, ele precisa a oposição entre "Estado de direito" e "Estado de polícia". O Estado de polícia, explica ele, é "fundamentado na idéia de que o fim justifica os meios"[21]; em conseqüência, aparenta-se com as teorias da *Herrschaft* e da dominação que implicam. Assim, porque o poder do Estado

---

20. Nisso, ele corresponde à ideologia da *Declaração* francesa dos "direitos do homem e do cidadão": cf. art. 2: "A finalidade de toda associação política é a conservação dos direitos naturais e imprescritíveis do homem. Esses direitos são a liberdade, a propriedade, a segurança e a resistência à opressão."
21. R. Carré de Malberg, *Contribution à la théorie générale de l'État*, t. I, p. 488.

só se estabelece ao se impor, a autoridade administrativa, de maneira discricionária, nele pode decidir aplicar aos cidadãos medidas que julga necessárias ou úteis para realizar seus desígnios ou fazer frente às circunstâncias. Claro, um Estado assim tem o culto da força e serve às ideologias belicistas do nacionalismo. Ao contrário, o Estado de direito, que não se atribui como critério a capacidade de dominação, e sim uma soberania enraizada no contrato social, "é um Estado que, em suas relações com seus súditos e para a garantia do estatuto individual deles submete a si mesmo a um regime de direito, e isso na medida em que sujeita sua ação sobre eles por regras". Dentre essas regras, umas determinam os direitos reservados aos cidadãos; as outras fixam as vias e meios da ação estatal. Essas duas espécies de regras têm o efeito de "limitar a potência do Estado subordinando-o à ordem jurídica que elas consagram"[22]. De fato, a autoridade administrativa é obrigada a agir em relação aos administrados somente em virtude de habilitações legais, sempre *secundum legem* e nunca *contra legem*. Ademais, o Estado de direito assegura a seus administrados o poder jurídico de agir diante de uma autoridade jurisdicional, com o feito de obter a anulação, a reforma ou a não-aplicação de atos administrativos que teriam infringido a regra legal. Portanto, o regime do Estado de direito, sem jamais renegar as exigências da ordem pública que colocam sua potência acima da violência e da anarquia das relações de força, "é concebido no interesse dos cidadãos"; pelo equilíbrio e pela medida de suas competências, ele os premune e os defende, na ordem e na estabilidade, contra a arbitrariedade das autoridades estatais[23].

Em segundo lugar, Carré de Malberg precisa as diferenças que aparecem entre os dois perfis do Estado que são, conforme o ponto de vista de que sejam considerados, de um lado, o *Estado DE direito* tal como acaba de caracterizá-lo, e, do outro, aquilo que ele denomina o *Estado legal* tal como é determinado pelo artigo 3 da Constituição francesa de 25 de fevereiro de

---

22. *Ibid.*, p. 489.
23. *Ibid.*, p. 490.

1875 (e que corresponde ao que chamamos, no capítulo precedente, *o Estado DO direito*). Primeiro, enquanto o Estado legal se vincula à concepção política da organização fundamental dos poderes segundo a qual a autoridade administrativa é, em todos os casos, subordinada ao órgão legislativo, o Estado DE direito, de maneira mais estrita, tende a promover e a proteger os direitos e as liberdades (isto é, o estatuto jurídico) dos indivíduos. Em seguida, enquanto a hierarquia das funções sob a autoridade do legislador implica, no Estado legal ou Estado DO direito, um regime democrático, o Estado DE direito, que visa a proporcionar aos cidadãos certas garantias individuais, pode conciliar-se com todas as formas governamentais. Enfim, enquanto o Estado legal tende a assegurar a supremacia de uma legislação à qual a administração é subordinada, o regime do Estado de direito "é um sistema de limitação, não somente das autoridades administrativas [subordinadas ao mesmo tempo às leis e aos próprios regulamentos infralegislativos], mas também do corpo legislativo"[24]. É por isso, constata Carré de Malberg, que os juristas alemães e, particularmente, Jhering[25] de bom grado associaram as noções de *Rechtsstaat* (Estado DE direito) e de *Selbstverpflichtung*, *Selbstbindung*, ou *Selbstbeschränkung* (autolimitação do Estado), entendendo assim que o Estado só pode ficar atado ou limitado por sua própria vontade. O Estado, para realizar a ligação sintética entre a ordem pública e as liberdades individuais, subordina a si mesmo à sua própria organização jurídica[26].

Mas Carré de Malberg levanta-se contra a tese de Jhering. Dirige-lhe duas objeções[27]. Em primeiro lugar, diz ele, não é "da essência da regra de direito ligar ao mesmo tempo os sujeitos e o próprio Estado"; o Estado, de fato, pode infringir, por uma lei particular, a legislação geral em vigor. Em seguida, o

---

24. *Ibid.*, p. 492.
25. Von Jhering, *Der Zweck im Rechts*, Leipzig, 1877.
26. *Ibid.*, 3ª ed., t. I, p. 358: "O direito, na plena acepção do termo, é a força bilateralmente obrigatória que a lei tem para o indivíduo e para o Estado: é a auto-subordinação da potência estatal às leis que emanam dela própria."
27. R. Carré de Malberg, *op. cit.*, t. I, p. 232.

erro de Jhering, prossegue Carré de Malberg, é confundir a questão do interesse do Estado, que é político, com a questão da limitação do Estado, que é jurídica. Jellinek, em compensação, compreendeu bem, acrescenta ele, a diferença de natureza das duas questões quando escreve que "a potência estatal possui a faculdade exclusiva de se ligar ou de se limitar juridicamente a si mesma"[28]. Feitas essas importantes reservas, Carré de Malberg subscreve a teoria da *autolimitação* permanente do Estado – que, aliás, também é objeto de um exame matizado por parte dos maiores juristas franceses da primeira metade do século XX, como Duguit, Michoud ou Hauriou: cabe ao próprio Estado, dizem eles, regular as condições de exercício de sua própria potência. De fato, toda limitação extrínseca do Poder do Estado, vinda por exemplo de imperativos morais ou de considerações religiosas, proviria de uma ideologia que falsificaria o caráter jurídico do direito público, submetendo-o a regras reputadas superiores. Em compensação, o Estado, determinando de maneira constitucional as competências de sua própria competência, atribui a si próprio, juridicamente e segundo sua imanência própria, limites especificamente jurídicos. A automoderação do Estado, que é prevista e organizada pelo próprio direito estatal, em nada se aparenta com algum tipo de resistência ao Poder. Para Carré de Malberg, não há "direito" anterior ao Estado que venha controlar sua potência; apenas a autolimitação do Estado, jurídica de parte a parte, confere-lhe sua vocação de proteção aos cidadãos. Essa é a idéia fundamental que permite compreender que "os direitos" dos cidadãos, longe de proceder de exigências metafísicas ou morais, são definidos – ou seja, juridicamente criados – pelo "direito" do Estado, nos limites objetivos que ele atribui a si próprio.

Assim estaria realizada, em conformidade ao idealismo do Iluminismo encarnado pelas *Declarações* norte-americana e francesa de 1787 e 1789, a síntese da ordem pública e das liberdades individuais; simultaneamente, manifestar-se-ia, pela

---

28. G. Jellinek, *Gesetz und Verordnung*, trad. fr., *L'État moderne*, t. I, pp. 549 ss.; t. II, p. 136.

conciliação *do* direito (cuja positividade é a matriz da ordem) com os direitos (cujo reconhecimento é a glória do individualismo humanista), a aliança entre o cidadão e o indivíduo, isto é, o acordo das áreas do público e do privado. O Estado de direito não parece, portanto, ser um "regime" político, mas uma modalidade constitucional na qual se articulam a universalidade (ou, pelo menos, a generalidade) da regra jurídica e a singularidade da existência individual.

De certa maneira há, no esquema do Estado DE direito, o reflexo da dialética (hegeliana, se se quiser) pela qual, estando o ponto de vista abstrato do direito privado inserido no campo racional do direito público, a liberdade individual se constrói como uma sublimação objetiva das coerções da ordem estatal. É isso, aliás, que Hegel – a esse respeito mais adepto de um liberalismo emancipador do que do estatismo sufocante que em geral lhe atribuímos – mais admirava no *Código civil* francês, se bem que em 1804 não se tenha falado de "Estado de direito".

Contudo, é preciso confessar que se, exposto dessa forma, o significado do Estado DE direito pode parecer claro e se concentrar na ligação sintética entre a ordem e a liberdade, ele se revelou, do ponto de vista jurídico bem como do ponto de vista filosófico, não só difícil mas muito confuso. A expressão "Estado de direito", pela qual se traduz de maneira unívoca o termo de *Rechtsstaat*, está longe, mesmo quando a distinguimos – o que é raríssimo na doutrina – das expressões de "Estado legal" (ou de "Estado do direito"), de abranger uma noção clara e distinta. Daí nasceram os equívocos que ela suscita há algumas décadas.

C) Um conceito repleto de equivocidade

Antes de qualquer análise lexicográfica, afastemos o mal-entendido nascido de uma ortografia o mais das vezes deficiente. Se a palavra "estado" é escrita, na expressão "estado de direito", com letra minúscula, essa expressão só pode designar uma situação oposta ao "estado de natureza". Ora, corresponda o conceito de estado de natureza a uma hipótese metodológica ou a uma realidade empírica, reporta-se a essa condição existencial dos homens, que Locke dizia "defectiva" porque não possui nem leis positivas nem regras jurídicas para a governar, e porque nela não há nem juiz nem poder jurisdicional para dirimir eventuais contendas entre os homens. A condição natural dos homens é anômica, o que implica que se caracteriza pouco ou muito, como entre os bichos, pelo reinado da força bruta. Por oposição, a expressão "estado de direito" designa no caso o estado civil (*status civilis*) que se caracteriza pela existência de regras e de normas de direito cuja finalidade original e fundamental é represar o desfraldar da violência e canalizar a torrente da espontaneidade. – Quando, na expressão "Estado de direito", a palavra Estado está ortografada com um E maiúsculo, trata-se, por uma especificação do *status civilis*, da instituição estatal no sentido estrito do termo (*Civitas*, *Res publica*, Estado), em cujo seio um corpo de regras jurídicas tem uma função constitucional e organizadora. Essas regras que, evidentemente, não são naturais mas positivas, são hierarquicamente subordinadas umas às outras: leis constitucionais às leis ordinárias e à regulamentação infralegislativa cuja vocação é reger a aplicação da lei e definir os procedimentos de sua execução, elas formam um sistema de direito, um ordenamento piramidal que dá ao político sua estrutura jurídica. Nessa perspectiva, o direito comanda os diversos setores da vida pública. Noutras palavras, em tal Estado a condição e a atividade dos cidadãos são governadas por um conjunto de normas estabelecidas pelo legislador, ou seja, determinadas em sua existência e em seu teor pela potência soberana do Estado. Entendido assim, o Estado é o que chamamos de "o Estado DO direito", na medida em que implica uma estrutura jurídica essencial na qual se articulam a soberania que é legisladora e a cidadania que é submetida às leis do Estado. – Evidentemente, "o estado de direito" enquanto estado civil e "o Estado DO direito" não são estranhos um ao outro. Contudo, não se confundem. O conceito de estado civil permanece ainda vago na sua oposição ao estado de natureza: abrange simplesmente a idéia de que uma comunidade política precisa de uma organização intrínseca específica que a distingue da simples comunidade natural (a família, por exemplo). Está claro que a organização civil deve proceder de regras e de normas que não são linhas de força espontâneas; mas seu conceito não indica por si que devem ser o conteúdo e a natureza dessas normas reguladoras. Em compensação, o termo de Estado conota, de maneira técnica, isto é, institucional e mesmo constitucional, o conjunto de regras cuja função é organizar a comunidade política.

De Cícero a Hegel ou ao direito público de nosso tempo, tal conotação nunca foi contestada. Pode-se mesmo ser mais preciso, já que o acordo se faz sobre o seguinte ponto: as regras jurídicas do Estado não são preceitos morais que obrigam em consciência, *in foro interno*; são máximas reguladoras que impõem aos cidadãos, *in foro externo*, uma coerção legal adequada, em caso de falta, de uma escala de sanções. Segue-se que o Estado, na medida em que é juridicamente organizado, está sob o signo da legalidade: implica um Poder que sua autoridade soberana habilita a legislar e que, pela mediação do *corpus* das leis, se manifesta como uma instituição de comando e de domínio.

No entanto, como já vimos, a doutrina alemã, opondo o *Rechtsstaat* ao *Obrigkeitsstaat*, fez surgir uma terceira acepção, geralmente conhecida pela expressão "Estado DE direito". Sua tecnicidade jurídica se lastreia de significado e de vontade políticos. No Estado autoritário, a potência administrativa age não somente de maneira autoritária – a autoridade pertence à essência de todo Estado – mas de maneira discricionária, com uma total liberdade de apreciação e de decisão. Ao contrário, o Estado DE direito encontra sua inspiração na reivindicação política do liberalismo individualista: os "direitos-liberdades" do indivíduo nele são oponíveis às decisões do Estado. "Para que o Estado de direito fique realizado, é indispensável que os cidadãos estejam armados de uma ação em justiça, que lhes permita atacar os atos estatais viciosos que lesariam seu direito individual."[29] A idéia é incisiva: é preciso *proteger as li-*

---

29. R. Carré de Malberg, *op. cit.*, t. I, p. 492.

berdades individuais contra qualquer forma de arbitrariedade estatal e represar todo apelo à "razão de Estado". Em outros termos, o princípio básico do Estado de direito é a inalienabilidade dos direitos fundamentais reconhecidos ao homem.

Apreende-se assim a diferença entre o Estado DO direito e o Estado DE direito: se o Estado DO direito se caracteriza essencialmente por suas formas e suas estruturas jurídicas, é, no Estado DE direito, a participação ideológica que prevalece sobre a arquitetônica jurídica e liga a esperança da liberdade à sua realização.

Essas considerações são suficientes para indicar a sobrecarga semântica da expressão "Estado de direito", no entanto hoje "empregada em toda parte e por todos [...], desde os liberais, o que não poderia surpreender, até os antigos comunistas da Europa Oriental que, após ter pretendido conciliá-lo com o marxismo-leninismo, pretendem presentemente torná-lo um instrumento de passagem para a economia de mercado"[30]. Semelhante equivocidade cerca evidentemente de suspeita a adesão quase unânime à qual dá azo a idéia do Estado de direito. A fim de apurar os desvarios dessa situação, conservemos aqui somente a última acepção do Estado DE direito, na qual os homens do século XX, que a vinculam naturalmente à simbologia republicana e à idéia de democracia, hospedaram – não sem provocar, como veremos, ilusões e problemas – a imensa esperança de promover seus direitos e suas liberdades.

2. Da defesa das liberdades à embriaguez dos "direitos do homem"

O humanismo jurídico elogiado pela filosofia do Iluminismo não se traduziu somente pelos ímpetos da nomofilia consecutivos à Revolução Francesa; mas como o pensamento liberal depositou uma enorme esperança no sistema normativo que or-

---

30. Michel Troper, Le concept d'État de droit, in *Cahiers de philosophie politique et juridique*, n° 24, 1993, p. 25.

ganiza o espaço político do Estado, ele se atribuiu o programa, e também o combate, de realizar a promoção e a salvaguarda dos "direitos do homem".

Há evidentemente aí um sinal dos tempos: a filosofia do direito político clássico, de Platão a Bodin e mesmo a Hobbes, procurava numa "boa Constituição" o meio institucional de transpor, à *Res publica*, a problemática metafísica do Uno e do Múltiplo; para tanto, insuflava no "melhor governo" um princípio de ordem traduzido, como base do Estado, por sua soberania una e indivisível[31]. À medida que a filosofia política moderna adquiriu mais segurança, fez-se iconoclasta e pretendeu-se inovadora. Então, deslocou o móbil fundamental do direito político.

Como é uma máxima primordial que um governo tenha princípios e regras, ela logo estabeleceu o critério de validade de um regime na sua capacidade de defender o espírito de liberdade. Assim, na hora que o Iluminismo se acendia na Europa, a idéia de liberdade, mais ou menos estreitamente associada à idéia de progresso, adquiriu um lugar eminente no pensamento do direito político. Certamente, lembravam-se bem, como Montesquieu dissera, de que "não há palavra que tenha recebido mais significados diferentes e tenha atingido o espírito de tantas maneiras quanto a de liberdade"[32]. Mas também compreenderam que "a liberdade política não consiste em fazer o que se quer" e que não se confunde com a independência. Na época da Revolução da Inglaterra, Locke entrevira a necessidade

---

31. Será preciso lembrar que, para Bodin por exemplo, a "monarquia real" é o melhor regime porque reflete a ordem unitária da grande Natureza, e que a autoridade do monarca é análoga à "indiscutível primazia" que se manifesta em todos os campos da Criação: o diamante dentre as pedras preciosas, o Sol dentre os astros ou o carneiro à frente do rebanho? De maneira geral, a prevalência da Unidade ainda era reconhecida, nos albores da modernidade, como um penhor de harmonia, de estabilidade e de duração: assim Descartes, no seu racionalismo, preferia, para o governo de um Estado bem como para a arquitetura de uma cidade, a obra que apenas um concebe e constrói; Richelieu e Luís XIV querem que a monarquia encarne, sob sua autoridade soberana e legicentrista, a unicidade centralizadora do Poder.

32. Montesquieu, *L'esprit des lois*, XI, II, p. 394.

de construir mediante as leis a liberdade dos cidadãos, e abrira assim a via à corrente liberal do direito político, preocupado em pôr as instituições a serviço da liberdade-autonomia dos indivíduos. Por seu lado, Rousseau, mais ou menos bem compreendido, permitiu aos homens da Revolução Francesa inventar uma forma de liberdade civil cuja herança foi recebida pela teoria jacobina e, mais tarde, pelas doutrinas socializantes. Qualquer que tenha sido, no curso dos tempos, o antagonismo continuamente ressurgente dos liberalismos e dos socialismos, eles tiveram a pretensão de ser, uns e outros, defensores da liberdade; e se, nas críticas recíprocas que não pararam de se dirigir, fica evidente que não entendem a idéia de liberdade da mesma maneira, é sempre, contudo, contra a dominação do Poder que apresentam sua defesa.

A) A defesa liberal das liberdades individuais

Em sua defesa da liberdade, a razão liberal não organiza o direito para uma finalidade transcendental que o superaria: quaisquer que sejam as modificações múltiplas que descobrimos de Locke ou de Montesquieu a Adam Smith, de Tocqueville a F. Hayek ou aos "libertários" anglo-saxões de nossa época, a razão liberal se pauta pelo humanismo caro aos filósofos do século XVIII e, em seu nome, privilegia um individualismo no qual devem ser respeitados na imanência os "direitos e liberdades" de cada um. Para exemplificar, interroguemos Benjamin Constant, de quem se disse que era "o corifeu do liberalismo".

Logo após a Revolução Francesa, a exigência mestra do humanismo liberal tomou aos olhos de B. Constant a forma de uma evidência histórica: como o direito divino já não tem sentido, como o princípio de autoridade está caduco, chegou o tempo da liberdade dos homens. Isso, sem dúvida alguma, significa que a soberania do povo é doravante a máxima fundamental do direito político. Portanto, tem-se razão em dizer, gosta de repetir B. Constant, que Rousseau compreendera magnificamente o sentido dessa premissa. Mas, apesar de ter partido do princípio verdadeiro, que quer que a vontade geral seja legisladora, o autor do *Contrato social* desviou-se tanto do caminho por conta de sua "eterna metafísica" que sua doutrina constitui "o mais terrível auxiliar de todos os gêneros de despotismo".

De fato, explica Constant[33], a abstração metafísica prendeu Rousseau no irrealismo e explica a repugnância que sempre manifestou pela limitação da soberania. Em vez de destruir o que, no Poder, é opressor ou pode sê-lo, Rousseau só pensou em deslocar o centro de gravidade do Estado, transportando a autoridade do rei para o povo. Fazendo isso, não compreendeu que a jurisdição da soberania, mesmo quando se trata da soberania do povo, deve findar onde começam a existência e a independência individuais. Aos olhos de B. Constant, o campo da individualidade tem algo de sagrado e de inviolável. Em conseqüência, assim que o direito político atravessa no seu dispositivo a linha demarcatória entre o individual e o público, ou entre o privado e "o espírito objetivo", torna possíveis e prepara eventuais abusos de poder. O erro consistiria em acreditar, como fizeram tantos pensadores do século XVIII, que somente o tirano comete esse erro; um governo que, conduzido em nome da soberania do povo, tem a pretensão de dirigir as condutas privadas assim como os comportamentos públicos, incorre na mesma falta. B. Constant, como Montesquieu no seu tempo, conclui daí que a democracia não é a liberdade, e que nem sequer é garantia da liberdade dos indivíduos.

Para compreender isso, não basta constatar que o que se chama de "a liberdade dos modernos", tantas vezes elogiada pelos "imitadores das repúblicas da Antiguidade", é repleto de ilusão e de mistificação. É preciso tomar consciência do princípio filosófico segundo o qual "nenhuma autoridade sobre a terra é ilimitada": nem a dos reis, nem a do povo, nem a dos seus representantes; a própria autoridade da lei necessita ser limitada. Antes de Tocqueville, Constant insiste no que é a idéia-mestra da doutrina liberal: importa, claro, que o direito político conjure

---

33. Benjamin Constant, *Principes de politique* (1815); in Pléiade, pp. 1066 ss.

os riscos inerentes ao absolutismo monárquico, mas, sobretudo, ele deve, por suas disposições, impedir a inflação do poder do povo obcecado pela democracia. Enunciando a diferença essencial existente entre O direito como conjunto de normas organizadoras e reguladoras no Estado, e OS direitos que são liberdades individuais, B. Constant repete incansavelmente que, por sua natureza, o direito público do Estado é alheio aos direitos das pessoas privadas. Nada, portanto, justifica que a autoridade da lei, mesmo que emanada da "vontade geral" do povo, seja onipresente e ilimitada. A absorção da vida privada, até mesmo de um setor desta, pela via pública – como está inserido na lógica do *Contrato social* de Rousseau – provém de um desvio de competência que, ainda mais do que um erro jurídico, é o erro filosófico que consiste em ignorar os direitos originários essenciais à humanidade de todas as pessoas. Ademais, mesmo quando não se pudesse contestar que o homem, sendo cidadão tanto quanto indivíduo, tem o dever de consentir em "muitos sacrifícios" para a tranqüilidade pública, não se segue daí que, em todas as situações, ele deva obedecer estritamente apenas às leis positivas. Locke tem razão, nesse ponto, contra Rousseau. Não entendamos, no entanto, que a lei moral que fala à consciência de Antígona é, em cada um, uma "lei natural" superior ou anterior a todas as leis positivas. Segundo Constant, essa maneira de pensar tem, por seu moralismo metafísico, algo de simplista e de mistificador. Bem mais concretamente, é preciso que o filósofo do direito compreenda que o civismo acaba onde começam a irresponsabilidade e a cegueira do jurislador para com os princípios que governam a natureza humana: aqueles que têm competência para fazer as leis positivas ficam desonrados se não respeitarem, em todo indivíduo, a forma inicial da liberdade.

No seu liberalismo, Constant entende, portanto, que o direito político, nos seus princípios e no seu exercício, respeita o que se pode considerar a verdade ontológica do homem e se empenha em nunca achincalhar os direitos imprescritíveis da natureza humana (e, evidentemente, em restaurá-los quando foram atacados). A tarefa, admite o autor dos *Princípios de política*, é infinita. Mas, apesar de suscitada pela antinomia entre a liberdade privada e a lei civil, ela não se insere, segundo Constant, diferentemente do que pensa Hegel, num procedimento dialético destinado a superar sinteticamente a antítese entre o individual e o geral. A tarefa que o liberalismo deve cumprir é, segundo B. Constant, a mesma do direito constitucional[34], cujos princípios devem remeter à fundamentação ontológica, até mesmo axiológica, da liberdade na individualidade: "Por liberdade, entendo", repete continuamente, "o triunfo da individualidade."

Seguramente, cumpre reconhecer que, tanto nas análises como nos projetos dos "liberais", existem variantes tão profundas que o liberalismo filosófico e constitucional dos "fundadores" – Locke, Montesquieu, Jefferson, Constant, Laboulaye, Tocqueville – na verdade se fragmentou nas correntes do "ordoliberalismo" alemão, conservador no conjunto, assim como nos ímpetos do "libertarismo" norte-americano que, muito mais radical e levando o individualismo ao extremo, enfatiza, misturando temas muito diversos, os direitos e as liberdades individuais, o Estado mínimo, o indeterminismo histórico, a livre empresa etc., e se revela bem mais político e ideológico do que jurídico e filosófico. Em todo caso, é digno de nota que o florescimento dos liberalismos se apresente sempre como uma reação contra a vontade do estatismo centralizador e legiscentrista. Mesmo que, desde o século XIX, as idéias liberais se choquem com o surto pletórico das diversas correntes socializantes, bem decididas, em nome do "progresso", a fazer dos "direitos sociais", baseados em positivismo e em cientificismo, o contraponto dos "direitos individuais" (e, politicamente, do socialismo, a antítese do liberalismo), o tema segundo o qual o dispositivo institucional e legislador do Estado moderno deve assegurar a proteção e a promoção dos "direitos do homem" se

---

34. O jurista Édouard Laboulaye, herdeiro espiritual de Montesquieu e admirador da Constituição americana, não tardará em elaborar minuciosamente o programa jurídico do regime constitucional de liberdade ao qual B. Constant aplicou sua reflexão. Ele oporá categoricamente seus princípios aos "preconceitos" da Revolução Francesa, geradores, estima ele, da ilusão nefasta da onipotência do Estado.

firma de uma maneira que declaramos naturalmente indiscutível. Mas, então, vimos as defesas das liberdades individuais serem progressivamente substituídas pelo credo dos direitos do homem.

B) Os "direitos do homem" no Estado DE direito

Na ideologia normalizadora do século XVIII, a idéia dos "direitos do homem" foi cercada de tal prestígio que em geral se reconhece nela o berço do Estado de direito, no sentido via de regra utilizado hoje em dia, segundo o qual este tem o encargo de promover e de salvaguardar os "direitos e liberdades" dos cidadãos. Entretanto, ainda aí, uma tese aparentemente clara e simples envolve tremendas dificuldades filosóficas que a evolução das idéias políticas e do direito positivo só faz crescer.

A idéia dos "direitos do homem" não cabe no pensamento antigo, e não se encontra esboço algum de seu conceito nos *Institutos* ou no *Corpus juris civilis*. De acordo com Michel Villey, a expressão *jura hominum* teria aparecido pela primeira vez em 1537, na *Historia diplomatica rerum Bataviarum*[35]. A data desse texto indica por si só que o vocábulo e a idéia dos "direitos do homem" pertencem à aurora da modernidade e se inserem na evolução progressiva que acompanha a vida do direito e modifica seu conceito. Mas não indicam em nada um programa por realizar e, ainda menos, um combate por travar para fazer triunfar certa idéia do homem e dos "direitos subjetivos" que lhe seriam naturalmente inerentes. No entanto, no terreno em que Maquiavel pisa, e no qual logo avançará sistematicamente Hobbes, devia desenvolver-se a idéia e, como nota Hegel, colocar-se no século XVIII sob o signo do hedonismo para se tornar "o catecismo dos direitos do homem". É como tal que ela se impõe ao direito político na hora que a liberdade e a coexistência das liberdades constituem seu móbil essencial.

---

35. Michel Villey, *Le droit et les droits de l'homme*, PUF, 1983, p. 159, nota.

O sentido das Declarações dos direitos

Ninguém poderia contestar que a *Declaração dos direitos do homem e do cidadão* tenha marcado, em 1789, uma data séria da história do direito político. Apesar das críticas que seu conceito, de Burke ou de J. de Maistre, a Proudhon ou a Marx, foi objeto em nome do providencialismo, do historicismo ou do materialismo, apesar das controvérsias suscitadas, ainda no início do século XX (por exemplo, entre G. Jellinek e E. Boutmy)[36], pela célebre *Declaração* de 1789, a idéia dos direitos do homem firmou-se contudo como uma categoria inelimável do direito político moderno: não só o reconhecimento dos "direitos do homem e do cidadão", solenemente proclamado pelas Constituintes já em 26 de agosto de 1789, devia configurar-se um modelo perante o mundo, mas esses direitos foram objeto, sob a Convenção, em maio e junho de 1793, primeiro, do projeto de declaração dos Girondinos, e depois da "declaração do Ano I", cujo texto se deve aos Jacobinos. Certamente, esses textos declaratórios não possuíam por si sós valor constitucional. Mas já em 1791, a necessidade de conferir valor jurídico aos direitos assim declarados era tão intensamente sentida que disposições afirmando sua garantia deviam ser incorporadas à Constituição. Assim, a *Constituição* do Ano III (1795) fará da *Declaração dos direitos* o Preâmbulo de seu texto. Depois, no século XIX, a *Constituição* de 1848, reconhecendo "os direitos fundamentais do homem", alargará seu campo e dará ao Estado a missão de os proteger. As Constituições francesas de 1946 e de 1958 (esta rege ainda a França contemporânea) dispõem que a República garante o exercício individual ou coletivo dos direitos[37]. A *Declaração universal dos direitos do homem* de 1948

---

36. Cf. os textos dessa polêmica na *Revue française d'Histoire des idées politiques*, n.º 1, 1995, pp. 99-178.

37. O Preâmbulo da *Constituição de 27 de outubro de 1946* diz expressamente: "Logo após a vitória obtida pelos povos livres sobre os regimes que tentaram subjugar e degradar a pessoa humana, o povo francês proclama novamente que todo ser humano, sem distinção de raça, de religião ou de credo, possui direitos inalienáveis e sagrados. Ele reafirma solenemente os direitos e

insiste no alcance supra-estatal do princípio igualitário que inspira os textos oficiais da França, admitindo implicitamente que os Estados-membros da comunidade internacional se comportem como Estados de direito. A juridicização dos direitos é incontestável.

Contudo, se a letra dos textos atesta, até no universal, o progresso da consciência político-jurídica, este é acompanhado de interrogações filosóficas complexas. De um lado, fica patente que, para a moral universal, o não-respeito dos direitos do homem, na França ou no mundo, levanta um doloroso problema ético (mas não cabe à lógica de nossa proposta examiná-lo nestas páginas). Do outro, o estudo dos *princípios filosóficos* nos quais repousa o reconhecimento jurídico dos direitos do homem é uma questão que se insere muito precisamente em nossa indagação sobre os postulados do Estado de direito. Como veremos, ela não se dá sem problemas.

Apesar de certos autores a terem contestado[38], a idéia dos direitos do homem pertence ao horizonte específico da modernidade ocidental; mas essa posse não basta para a transparência do seu conceito. Se se pode admitir que, num sentido muito amplo, a preocupação com os direitos do homem e com aquilo a que tem direito enquanto homem está presente, já em 1215, na *Magna Carta* de João sem Terra, foram os Tempos Modernos que produziram os textos mais significativos: A *Declaração* francesa de 1789 foi precedida, na Inglaterra, pela *Petition of Rights* de

---

as liberdades do homem e do cidadão consagrados pela Declaração dos direitos de 1789 e os princípios fundamentais reconhecidos pelas leis da República."

O segundo parágrafo do Preâmbulo proclama, ademais, como particularmente necessários ao nosso tempo, certos princípios políticos, econômicos e sociais que enumera.

É nesse mesmo espírito que é redigido o Preâmbulo da *Constituição de 1958*, que remete explicitamente ao texto de 1946.

38. Um certo culturalismo pluralista sustenta que se trata de uma idéia "transcultural" que se encontra no Corão e na cultura africana tradicional: cf. John Donelly, *Universal human Rights in Theory and Practice*, Ithaca e Londres, 1989, pp. 49-65. Sobre essa questão, cf. Pierre Laberge, in *La politique et les droits, Cahiers de philosophie politique et juridique*, n.º XXI, Caen, 1992.

1628, pelo *Act* do *habeas corpus* de 1679 e pelo *Bill of Rights* de 1689, e depois, na América, pela *Declaração de Independência* de 1776. Não obstante as diferentes tonalidades, muitas vezes assinaladas, que esses textos oficiais deixam entender filosoficamente, eles têm um ponto comum que é bastante perturbador: até na *Declaração* francesa de 1789 que, no entanto, é o texto mais nítido e mais incisivo, transparece a origem complexa e multívoca da idéia dos direitos do homem, na qual se cristalizam temas cuja conjunção provoca uma inevitável indecisão conceitual.

O humanismo de que procede a idéia dos direitos do homem é, na realidade, um antropocentrismo totalmente ambivalente. Certamente, tende a mostrar que o homem, sob a influência do racionalismo dos séculos XVII e XVIII, como diz Kant, atingiu sua "maioridade". Mas, simultaneamente, não rompe com as teorias jusnaturalistas cujas tonalidades diferentes os redatores da *Declaração* francesa de 1789 não haviam percebido, mesmo quando falavam dos direitos "naturais" do homem[39]. Mesmo que o individualismo pareça ser um dos princípios mais fortes do texto declaratório de 1789, esse princípio permanece confuso dado o ecletismo que mistura nele o racionalismo de Descartes, o elementarismo mecanicista de Hobbes, o naturalismo ético de Locke, uma certa imagem da monadologia de Leibniz, o logicismo hipotético-dedutivo de Wolff, então muito na moda nos salões parisienses. Ainda por cima, esse individualismo, que muitos comentadores pretenderam ser a chave dos "direitos subjetivos"[40], não se caracteriza, como se poderia espe-

---

39. Por exemplo, não viam as diferenças filosóficas que separam o intelectualismo de Grotius do voluntarismo de Pufendorf; ignoravam autores como Cumberland e Burlamaqui. Durante longos debates preparatórios da *Declaração*, a concepção do "direito natural" e da "lei natural" por que se pautavam Mirabeau, Mounier, La Fayette e Sieyès permanecia muito vaga, e designava simplesmente "os sentimentos que a natureza gravou no coração de cada indivíduo".

40. Há aí, *stricto sensu*, um erro histórico: o termo "direito subjetivo", enquanto designador da capacidade de ação reconhecida ao súdito, só aparece no século XIX nas obras de Savigny e de Windscheid. A interpretação des-

rar em razão de suas fontes, por sua tonalidade ético-naturalista: na *Declaração* francesa, e mesmo, ainda que num grau menor, na *Declaração* norte-americana, ele vai depor com um legiscentrismo muito forte. Não se poderia desprezar, aliás, o fato de a *Declaração* de 1789 proclamar os *direitos do homem e do cidadão*. Os redatores do texto revolucionário têm uma concepção *civilista* dos direitos: são os que a Constituição e a lei devem incumbir-se de instituir e de proteger. Assim, é surpreendente que a idéia dos direitos do homem tal como se firma no final do século XVIII resulte do amálgama de componentes heterogêneos. Além disso, a ambição (ou a esperança) universalista que o racionalismo herdado do Iluminismo traz em si vem pateticamente aumentar sua imprecisão. Esse sincretismo sem dúvida alguma se explica pelo fervor com que os homens da Revolução queriam preparar o "nascer do sol" da França nova. Mas, nos ímpetos que acompanham a proclamação solene dos direitos do homem, condenava sua noção, desde seu reconhecimento, a profundas mudanças.

Essas transformações ocorreram, vertiginosas e problemáticas.

As mutações do conceito dos direitos do homem

Mesmo desenvolvendo as virtualidades semânticas contidas no ecletismo original do conceito deles, as transformações da idéia dos direitos do homem manifestam, no corpo das regras do direito político em que se insere doravante a idéia dos direitos do homem, a mudança de estado de espírito sobrevinda no decurso dos dois últimos séculos. São elas, sobretudo, que explicam a torrente de reivindicações dirigidas, na segunda metade do século XX, ao Estado de direito.

Quando as *Declarações* norte-americana e francesa selavam o reconhecimento dos direitos de que o homem é porta-

---

ses comentadores só é portanto aceitável se entendemos *lato sensu* a conotação da expressão "direito subjetivo" como se referindo aos direitos que todo indivíduo possui; mas então será muito vaga.

dor, o sentido histórico e os objetivos políticos eram, aqui e ali, muito diferentes. Os Estados Unidos, fundamentalmente liberais, acreditavam, como a Inglaterra de Locke e de Hume, nos direitos naturais e nos interesses individuais. A França também aspirava à liberdade, mas, ligada por sua história e por suas doutrinas políticas à idéia de lei, considerava, com Rousseau, que cabe ao Estado forçar o cidadão a ser livre. Também os homens de 1789 associavam à nobreza dos direitos naturais a eminente dignidade dos direitos cívicos. Mais preocupados com direito político e com legislação do que com ética, os redatores do texto de 26 de agosto de 1789, sem nunca negar as liberdades fundamentais inseridas na natureza humana, queriam sobretudo proclamar os direitos que a lei vincula ao sujeito de direito e que, como a integridade física da pessoa, a liberdade de expressão ou de circulação, a propriedade etc., são, para cada um na medida em que é igual a qualquer outro, inalienáveis e sagrados. Nem por isso pensavam em exprimir os ímpetos de uma ideologia igualitarista, fundada numa filosofia individualista e universalista. Os constituintes, que procuravam sobretudo os meios de fazer uma barreira contra os abusos da monarquia francesa, cujo absolutismo se tornará opressivo, queriam, na França vindoura que tinham consciência de preparar, salvaguardar os direitos dos cidadãos franceses. Como escreve Raymond Aron, a *Declaração* de 1789 não se separa "nem da revolta burguesa contra o Antigo Regime [...] nem da filosofia particular, e não universal, que a inspira"[41]. É importante portanto prestar atenção à literalidade do seu *título*, notar que o artigo 3 se refere à soberania *nacional*, que o artigo 6 define o direito político de cada *cidadão*, que o direito à segurança é uma liberdade *civil*, que o artigo 16 sublinha a obrigação do *poder constituinte* de garantir os direitos. Mesmo que o texto de 1789 não tenha, no momento de sua edição, valor constitucional – será diferente com as disposições que garantem os direitos incorporados na Constituição de 1791 –, ele reconhece acima de tudo os direitos que

---

41. Raymond Aron, Pensée sociologique et droits de l'homme, in *Études politiques*, Gallimard, 1972, p. 232.

cabem ao elemento civil do povo-nação. O respeito que os direitos impõem é inseparável da lealdade dos cidadãos e da obrigação cívica que é o testemunho de sua liberdade-responsabilidade. Os direitos do homem, que dizemos da "primeira geração", exprimem, sob o manto da lei civil, a liberdade inviolável implicada pela dignidade de todo cidadão. Longe de se inspirar somente em uma ideologia individualista projetada ou projetável no universal, eles correspondem principalmente a uma orientação civilista. Quando as virtualidades éticas da pessoa humana forem transpostas para o registro constitucional, a *Declaração* situará explicitamente os direitos num âmbito jurídico-político em que existem, mais do que indivíduos no sentido naturalista (ou jusnaturalista) do termo, *homens-cidadãos*, por definição integrados no corpo público e ligados ao Estado do qual dependem. Os direitos cujo reconhecimento é solenemente proclamado designam as liberdades que, em conformidade com a Constituição e com os próprios termos da lei, cada cidadão pode opor a todo abuso de poder, venha ele de outrem ou da autoridade política[42]. Somente nesse sentido pode-se chamá-los, com Jean Rivero, de "direitos-liberdades": a liberdade reconhecida pela *Declaração* de 1789 e pelos textos oficiais que se inspiram nela ou a integram no seu dispositivo não é a independência natural do indivíduo; é, para todo cidadão, como dizia Montesquieu, em uma frase mal compreendida no seu tempo, a possibilidade, juridicamente garantida, "de fazer tudo o que as leis permitem"[43].

No século XIX, a marcha da história fez aparecer nos textos jurídicos outro tipo de direitos: os chamados da "segunda geração", que têm uma conotação social e econômica. De um lado, no que se refere aos sujeitos de direito coletivos ou "pessoas morais", como as famílias, as comunas, as associações, os

---

42. Nesse sentido, Montesquieu escrevia: "Os legisladores estatuam mais sobre... o cidadão do que sobre o homem." *L'esprit des lois*, XXVII, I, p. 786.
43. *Ibid.*, liv. XI, cap. III, p. 395. Charles Péguy, citado por Raymond Polin numa recente obra, *L'ordre public*, PUF, 1996, p. 9, dizia no mesmo sentido: "A ordem, e somente a ordem, faz a liberdade. A desordem faz a servidão. Só é legítima a ordem da liberdade."

agrupamentos profissionais etc., manifestou-se uma tendência cada vez mais nítida direcionada à consagração não só legislativa mas constitucional da existência jurídica deles. Assim, a *Constituição de 1848*, insistindo, nos §§ I e II de seu Preâmbulo, no caráter democrático da República francesa, atribuiu-lhe "como base", no § IV desse mesmo Preâmbulo, o trabalho e a ordem pública que ela pôs no mesmo plano que a propriedade e a família. Fazendo-lhe eco um século depois, a *Constituição francesa de 1946* também dispôs em seu Preâmbulo que a República devia garantir o exercício individual ou coletivo dos direitos. De outro lado, os textos fizeram menção a esses direitos a que chamamos "direitos econômicos e sociais"[44], e que haviam sido julgados, desde meados do século XIX[45], particularmente importantes não só em matéria de trabalho mas também no que se refere à educação.

A ampliação do conceito dos direitos do homem em sua extensão modificou sua compreensão. Tal transformação correspondia seguramente aos progressos, que conhecera a ideologia socializante desde as revoluções européias de 1848 e a difusão das teses marxistas, e traduzia um estado de espírito hostil à "soberania do indivíduo". Mas correspondia também, tanto em sua expressão quantitativa como em sua forma qualitativa, ao desenvolvimento das formas sociais de existência – ao que o direito político do Estado não podia ficar indiferente. O legislador devia doravante admitir que, tendo os direitos do homem

---

44. O projeto de Constituição redigido depois de outubro de 1945 pela primeira Assembléia Constituinte do pós-guerra era aberto por uma "Declaração dos direitos do homem" que expunha, nos seus dois títulos, primeiramente as "liberdades", depois, os "direitos sociais e econômicos". Apesar de o projeto constitucional ter sido rejeitado em maio de 1946 por *referendum* (por causa da evidente ideologia social-comunista que o inspirava), a idéia dos direitos sociais devia se instalar duradouramente nos espíritos.

45. O pensamento socialista dos anos 1848 – quer se aparente ao marxismo ou ao catolicismo social – reclamava um "direito ao trabalho" e a Constituição de 1848 (art. 13), cuja inspiração socializante é nítida, faz menção à "liberdade do trabalho e da indústria", das "instituições de previdência ou de crédito", de medidas de "assistência" destinadas "às crianças abandonadas, aos doentes e aos idosos sem recursos".

assumido uma conotação social e econômica, cabia ao direito não só assegurar por suas disposições, como em 1789, a proteção das "liberdades fundamentais", de todo cidadão, mas permitir a decência do nível de vida dos trabalhadores e, correlativamente, referir-se às condições econômicas de sua existência.

Tal evolução provocou interpretações diversas. Certos autores de orientação marxista opuseram, não sem intenção ideológica e militante, as "liberdades reais" da segunda geração às "liberdades formais" da primeira geração, na qual denunciaram ruidosamente a "mistificação liberal": qual a utilidade, eles perguntaram, de proclamar a igualdade diante da lei e de reconhecer para todos os direitos fundamentais do indivíduo, se a pobreza de certos homens é tamanha que não têm os meios de alcançar sua realização? – Outros autores defenderam que a ideologia liberal de 1789 e a ideologia socializante de 1848 geraram dois tipos de direitos: os "direitos-liberdades" que definem a parte do homem que o Poder do Estado não deve reger, e os "direitos-créditos" que correspondem à dívida que o Estado deve saldar para com seus membros, individuais ou coletivos. Se esses créditos são denominados "direitos", é porque apelam, comentam eles, ao poder que tem um cidadão ou um grupo de obrigar o Estado a lhe fornecer prestações e serviços[46]. Em todo caso, esse é o princípio do Estado de direito que, num passado recente, não deixou de assimilar-se ao *Estado-providência*, valendo-se, numa curiosa mistura, das idéias de direito natural, de igualdade e de solidariedade social.

---

46. Nesse sentido, é sintomático que os textos constitucionais franceses de 1946 e de 1958 tenham consagrado a expressão *liberdades públicas* (esse plural não tem o mesmo sentido que o singular "a liberdade pública" que se encontra na Declaração dos direitos [art. 9], fazendo as vezes de Preâmbulo à *Constituição* de 24 de junho de 1793 e que encontramos na *Carta* de 4 de junho de 1814). "O que torna pública uma liberdade, qualquer que seja seu objeto, é a intervenção do Poder para reconhecê-la e organizá-la", Jean Rivero, *Libertés publiques*, PUF, t. I: *Les droits de l'homme*, p. 23. – Isso equivale a admitir que mesmo "os direitos-liberdades" são, enquanto entendidos juridicamente, "direitos-créditos" e que, assim, sua dicotomia – tornada, por um desvio de sentido que certamente Jean Rivero desaprovaria, um clichê sedutor sob a pena de certos autores contemporâneos – é extremamente frágil.

Nesse novo contexto, cabe sempre ao Estado DE direito ser uma defesa contra o imperialismo do poder político, mas o objetivo é acima de tudo permitir que, em nome da radicalização da liberdade, os direitos dos indivíduos e dos grupos sejam oponíveis à autoridade do Estado. Então, como declara M. Villey, "os direitos do homem passam a ter só amigos"[47]! Só que, no mesmo tempo que se louva, contra todo princípio de autoridade, na autonomia da razão política, pede-se ao Estado, a despeito da contradição, que preste aos cidadãos um número cada vez maior de serviços. A inflação dos "direitos do homem" no Estado de direito assim tornado Estado-providência provocou, em meio a dificuldades teóricas e práticas, inúmeras perdas de controle do governo. Ocorre hoje, por imprecisão da verdadeira natureza dos "direitos", que se deturpe o sentido do preceito enunciado no Preâmbulo da *Declaração universal dos direitos do homem* de 1948: "É essencial que os direitos do homem sejam protegidos por um regime de direito", e chega-se a considerar que o Estado legislador deve prover a tudo.

Como não ver que o intervencionismo do Estado-providência em todos os campos aniquila a autonomia das vontades, ou seja, a responsabilidade dos sujeitos de direito? Não será um sofisma reclamar tudo do Estado, quando se pretende promover o respeito à dignidade própria da pessoa humana? Ademais, a proliferação dos "direitos" provoca sua desvalorização, de sorte que, se tudo é direito, nada mais é direito. Assim como Hegel denunciava a vertigem do nada que ameaça a absolutização da liberdade, assim também é preciso denunciar o vazio criado pelo exagero dos direitos do homem. Esse pluralismo sem limites gera um desamparo trágico: desamparo jurídico já que o conceito de direito se dissolve no movimento descontrolado de infindáveis reivindicações[48]; desamparo ontológico pois

---

47. Michel Villey, *op. cit.*, p. 17.
48. Os direitos fundamentais do homem não podem se multiplicar indefinidamente, nem que fosse pelo fato de que a coexistência impõe a compatibilidade das liberdades de ação e a reciprocidade no exercício e no uso dos direitos. Mesmo num Estado de direito a organização dos direitos é, por natureza, restritiva dos direitos, J. Mourgeon, *Les droits de l'homme*, PUF, 1978, p. 68.

o fato de o ser humano declinar de sua responsabilidade pessoal em proveito de uma responsabilidade dita coletiva gera a irresponsabilidade: como o que é fundamental no homem já não é reconhecido como valendo a pena ser proibido ou protegido, é uma demissão; desamparo axiológico pois a permissividade total que está no horizonte da superprodução delirante dos direitos contém o germe de uma passagem aos extremos em que o descomedimento e o excesso acarretam pesos que se aparentam com uma torrente niilista. Avalia-se a gravidade do risco corrido: ou só há direito pela autoridade do Estado devedor e então a ameaça do totalitarismo, ainda que "flexível", surge inevitavelmente no horizonte; ou a liberdade fica exposta a uma distorção que, sob os ímpetos orquestrados pelos protestos dos grupos sociais, conduz da liberdade liberal à liberdade libertária. A ameaça é dupla: ou o *gulag* ou a anarquia.

As metamorfoses dos direitos do homem parecem, portanto, ser o espelho em que se reflete a problematicidade inerente ao Estado de direito.

C) *Do caráter problemático do Estado DE direito*

A problematicidade do Estado de direito, posta em evidência pelo episódio tumultuoso dos direitos do homem, suscita no filósofo dois temas de reflexão.

De um ponto de vista realista ou objetivista, ninguém poderia contestar que o Estado DE direito, defensor das liberdades contra a opressão ou a suspeição, aparenta-se com o liberalismo. Mas também não há dúvida que, por sua inspiração democrática e socializante, ele se aparenta com as teses progressistas. Seu conceito é, portanto, ambivalente e, em última análise, contraditório, o que explica que as políticas de esquerda assim como as políticas de direita o invoquem igualmente; o que explica também que o liberalismo denuncie nele a regulamentação jurídica e, em conseqüência, o excesso do Estado, enquanto os socialismos lhe censuram uma mistificação ligada ao seu formalismo: ele declara proteger as liberdades e os direitos, mas não o faz. Terrível dilema: onde está então a verdade do Estado DE direito? Seria um mito?

Do ponto de vista das idéias, o Estado DE direito ensina que os direitos do homem, em razão da necessária mediação do direito positivo, são diferentes de uma pura exigência ética. Mesmo que se tenha de admitir que, no plano mundial, sua realização padeça não somente das insuficiências de um poder jurisdicional porém, ainda mais, da pobreza dos meios de que dispõem as instituições internacionais para sancionar as falhas que, no entanto, constatam e condenam, o mérito do Estado DE direito poderia ser o de ter instituído, na maioria dos Estados ocidentais, uma garantia constitucional dos direitos e liberdades fundamentais. Nisso, é trazido um desmentido às proclamações tonitruantes que anunciam "a morte do homem". O homem e o humanismo são reconhecidos como tendo dignidade e valor suficientes para que sejam defendidos, até e inclusive no e pelo dispositivo do direito político. Nunca será demais repetir que cabe à positividade da lei e do direito objetivo conferir aos direitos do indivíduo sua dimensão jurídica e mediatizar assim a efetividade deles, ou seja, a produção dos efeitos jurídicos vinculados a eles. Em outros termos, os direitos que são definidos, determinados e fixados pela lei são, ao mesmo tempo, protegidos pela lei: os direitos privados estabelecidos pelo direito público estatal são garantidos pela lei pública. Isso significa portanto que, no Estado DE direito que assume de certa maneira a herança filosófica do século XVIII, o Poder é menos a fenomenalização de um conceito político (isto é, de um instrumento decisório absoluto e exclusivo) do que de um conceito jurídico (isto é, de uma competência organizacional, submetida por sua vez a suas próprias regras e às suas leis). A idéia do Estado DE direito corresponde dessa forma às exigências de uma normatividade formal de alcance geral, cuja vocação é articular juridicamente um ao outro, sem sacrificar nem um nem outro, os dois parâmetros da ordem pública e da liberdade das pessoas.

Se devemos ver nisso uma certeza, esta se acompanha contudo, convém reconhecer, de uma inquietude pesada proveniente da indecisão que cerca o conceito de homem nos "direitos do homem". Se está claro que, no direito político moderno, o homem não é nem o sujeito pensante definido por Descartes, nem o indivíduo insular caracterizado pelo amor a si descrito por Hobbes: por toda parte, de fato, reina a intersubjetividade, a existência entre e com os outros. Mas é precisamente nisso que está a dificuldade. O homem moderno está preso numa rede de relações que não basta caracterizar, com Kant, como sua "insociável sociabilidade". O entrelaçamento de comunicações que se estabelece no mundo moderno é tal que, de um lado, o individualismo liberal apresenta o risco de conduzir, no Estado DE direito, a uma crise de sociedade, pois esta é muito diferente de uma associação de indivíduos e, do outro, os socialismos progressistas, por sua vez, apresentam o risco de provocar uma crise do sujeito, pois este, preso nas armadilhas da comunicação, já não é exatamente ele mesmo. Seria, em conseqüência, necessário que o Estado DE direito conseguisse resolver essa dupla crise endêmica, e, se quer funcionar, teria de levar em conta ao mesmo tempo imperativos axiológicos do indivíduo e interesses ou estratégias pragmáticas dos grupos sociais. Mas, como os valores liberais e os reclamos sociais são, o mais das vezes, antagonistas, o arranjo se mostra penoso.

As dificuldades filosóficas com as quais se choca a teorização do Estado DE direito provêm, portanto, menos da extensão e da compreensão de seu conceito do que do uso que se dá a ele, embriagando-se com a idéia perversa do "direito aos direitos" cuja realização, como gostam de dizer, lhe competiria. Os desvios que ele provoca nascem assim da má compreensão do postulado no qual se fundamenta, a saber, que cada um é detentor de direitos sagrados e invioláveis. Em torno desse postulado, acumularam-se muitas confusões, aumentadas pela crença pretensamente metafísica na existência de inumeráveis "direitos naturais", e ainda por cima tornadas maiores pela dicotomia falaciosa, apesar de na moda, entre "direitos-liberdades" e "direitos-crenças". Resulta disso que, para o Estado DE direito, a realização do louvável e generoso projeto de superar a antinomia entre os valores liberais e os reclamos sociais é provavelmente uma aposta.

Aliás, a aposta fica maior ainda porque o aspecto propriamente jurídico dos direitos no Estado DE direito é, desde o início do século XX, ocultado pela dimensão política, inevitavelmente conflituosa, que lhe damos. Colocando no primeiro plano, na organização institucional do Estado, os meios de defesa da liberdade individual, o Estado DE direito corresponderia à simbologia republicana; mas essa idéia, resgatada pelas correntes de opinião de esquerda, se torna, na medida em que se pensa que a liberdade das pessoas está relacionada com a segurança dos bens, o ferro de lança de uma certa idéia da democracia.

3. Simbologia republicana e democracia

A simbologia republicana se estabeleceu e se aprimorou no final do século XIX e no início do século XX. Tem componentes diversos, mas só é compreendida se reportada às duas grandes orientações que se chocam na política e na história desde 1848: de um lado, a recusa liberal do absolutismo e, de outro, a recusa social-marxista do individualismo liberal. É nessa dupla recusa, exatamente quando esta é inseparável de um contrasenso na leitura das obras doutrinais ou filosóficas, que repousa o Estado DE direito, e compreende-se que seus defensores tenham gostado de se valer das fortes imagens da liberdade que acompanharam a idéia republicana. Mas, por um desvio ideológico que mostra o quanto é fácil, no campo político, substituir a força das demonstrações pelos argumentos de justificação, a idéia de República encontrou-se associada a uma esperança democrática. Nessa associação, em cujo seio o sentido dos conceitos se cerca de um espesso halo de imprecisão, a doutrina do Estado DE direito só podia perder sua clareza e sua alma.

A) O ideal republicano

Por um lado, a doutrina do Estado DE direito, na sua formulação alemã original, estava destinada, como já vimos, a opor-se à idéia do Estado autoritário, reputado policial e arbitrário, tal como se acreditara vê-lo desenhado – provavelmente por engano, mas esse é um outro problema – pelas filosofias de Fichte e de Hegel. Acreditara-se descobrir em Fichte, oposto às idéias liberais de Locke, uma inclinação maquiavélica. Isso era não o ler corretamente. Mas via-se nele o defensor do Estado policial. Assim também, Hegel, difícil e mal compreendido, muitas vezes passava pelo filósofo segundo o qual a realização universal do direito implicava uma monarquia que, por mais constitucional que fosse, não deixava de ser autocrática. Chegava-se mesmo a acreditar que, no Estado prussiano, Frederico II corporificava, no dizer de Hegel, o Príncipe de Maquiavel. Claro, estavam errados. Hegel não diz absolutamente isso. Mas o erro era tônico, e guardava-se a idéia mobilizadora segundo a qual, no universal concreto do Estado, todos os interesses privados deviam ser-lhe submetidos: o que acarretava o papel capital do funcionalismo. Apesar de cientificamente erradas, essas leituras constituíram potentes catalisadores para os doutrinários do *Rechtsstaat*, preocupados em se opor a tudo o que, de perto ou de longe, se aparenta com o despotismo ou com a tirania.

Por outro lado, a rejeição das teses marxistas explica, para além das teorias alemãs do *Rechtsstaat*, seus prolongamentos na doutrina francesa. O pensamento alemão compreendeu muito depressa que as teses marxistas se inseriam logicamente, apesar de seus autores negarem, "no projeto de instauração de uma dominação total do Estado sobre a sociedade". Depois, na França, no início do século XX, Jaurès decifrou em Marx, que se levantava contra a luta de classes, "a vontade ditatorial" do proletariado ou do Partido. Logo depois da Segunda Guerra Mundial, Merleau-Ponty mostrou como o humanismo que alimentava o pensamento de Marx tinha, com Lênin e, sobretudo, com Stálin, descambado no terror. Para todos esses autores, era preciso portanto romper com o marxismo, ou seja, recusar o comunismo, rejeitar seus desvios materialistas que inclinavam para a coisificação dos homens, suspender as terríveis conseqüências políticas: deportações, campos de trabalho, execuções, *gulag* etc. Mas, nessa recusa do comunismo marxizante, nem Jaurès, nem Blum, nem Merleau-Ponty renunciavam a ser homens de esquerda: diziam-se e eram *republicanos*. O socialismo de Jean

Jaurès, o democratismo de Léon Blum, o "novo-liberalismo" de Merleau-Ponty são, não obstante seus matizes, figuras do Estado DE direito. Em sua comum inspiração republicana, esses pensadores políticos consideraram, sem propor verdadeiramente uma teoria do direito político, que o Estado deve encarnar a soberania do povo, pautar-se pelo contrato social, pela representação nacional, pelo sufrágio universal, pelo laicismo; estimaram que, por sua função, o Estado, inspirando-se na *Declaração* dos direitos herdada da Revolução Francesa, deve recusar a existência dos privilégios, assegurar a liberdade individual, garantir a propriedade, prover à educação de todos. Assim, a ordem republicana, fundamentada em razão e penhor das liberdades, parece ser a pedra angular do Estado de direito. Em conformidade com a definição do ideal republicano que quer a indivisibilidade da nação, a igualdade de todos perante a lei, o respeito das liberdades essenciais, a confidencialidade da vida privada etc., o Estado DE direito pode se firmar como "a Cidade das consciências autônomas".

Entretanto, nesse contexto mais político do que jurídico, o componente democrático do Estado DE direito pouco a pouco prevaleceu sobre sua inspiração republicana. Mas, como a noção de democracia, pela superabundância de seu emprego, se atolou, no decurso dos tempos modernos, em espessas névoas conceituais, a aliança da simbologia republicana com o culto da democracia fez surgir numerosos equívocos cuja repercussão tem efeitos jurídicos.

B) As ambigüidades do entusiasmo democrático

Num primeiro momento, poder-se-ia pensar que a concepção da democracia, à qual se refere o Estado DE direito, tem um sentido claro e específico. Ela se louva fundamentalmente no sufrágio universal e, se objetassem que esse critério não é novo, cumpriria responder que ele adquiriu hoje uma amplitude cuja conotação é significativa: o voto das mulheres, o direito de voto aos 18 anos, a questão do voto dos imigrantes etc., apesar de dependentes de problemáticas heterogêneas, são dados que indicam a compreensão muito larga do conceito de cidadania, ao qual a idéia de sufrágio político remete hoje. Assim, não é por acaso que se avançou há pouco à expressão "nova cidadania". Embora a noção abrangida por esse vocábulo seja obscura, já não se deve procurar seu móbil no âmbito jurídico-político do Estado; de maneira muito vaga, invoca-se para ampará-la, primeiro, o poder das massas e da opinião pública; depois, a exigência igualitária em que se embasa uma referência à igualdade estrita, puramente aritmética, entre todos os indivíduos, venham de onde vierem. Fica evidente, em conseqüência, que o apelo ao sufrágio universal, o reconhecimento de uma nova cidadania que poderia tomar, no limite, o jeito da cidadania do mundo, uma igualdade comutativa que apaga as diferenças etc. supõem uma concepção vulgar e niveladora da justiça: cada um, independentemente do mérito ou dos valores, é, em todos os aspectos, reputado igual a todos os outros, de modo que a justiça nada tem de distributivo. Assim, sob o enigma de pseudoconceitos e com a deformação que pseudovalores instalam no direito político, encontra-se novamente questionado o Estado da burguesia liberal, que se alimentara do ideal republicano: suspeita-se que ele contém seqüelas "das classes e das diferenças" que constituíam nele uma hierarquia social e moral; é declarado conservador e, em razão das discriminações de que seria ao mesmo tempo o princípio e o lugar, é denunciado pelos defensores da nova democracia como quase feudal.

Nessa linha ideológica, afirma-se portanto que o Estado DE direito deve ser aquele que instaura uma democracia progressista na qual *todos* os direitos do homem, absolutamente, devem ser protegidos – o que acarreta o grande risco de fazer rebentar, pelo excesso das liberdades libertárias (ou seja, em razão da incompreensão da idéia de liberdade), uma crise da ordem pública. Da mesma ideologia procedem, ainda por cima, as práticas de descentralização administrativa, o laxismo da nova política penal que não deve nem reprimir nem punir, a democracia na empresa etc., e, no limite sem uma passagem, uma permissividade total que prepara o "retorno de Dioniso"[49]. Sob o rosto que assim a democracia assume, esconde-se uma dificuldade que o Estado DE direito terá sem dúvida muita dificuldade em superar: nesse programa democrático-progressista, a unanimidade não é possível e, mesmo que se invoque a soberania do povo como regra da legitimidade, mesmo que se apele à igualdade estrita como regra da justiça, é sempre, de fato, o governo da maioria, mesmo que fraca, que decide e age. Então, o Estado DE direito, em sua vontade exacerbada de total democracia, não estará condenado à contradição?

Como, enfim, não denunciar as confusões que embaralham as pretensões democráticas do Estado DE direito assim compreendido? Certamente, por esse ideal proclamado democrático, ele poderia levantar-se, dizem, contra todo Estado que fosse "policial", "absolutista" ou "totalitário". Mas esses três perfis não pertencem a uma categoria homogênea do direito político. De um lado, não é uma diferença de grau, mas de natureza a existente entre o Estado absolutista de Luís XIV e a Rússia totalitária de Stálin, ou, da mesma forma, entre a polícia de Richelieu e os delírios hegemônicos de Hitler; um Estado ditatorial, evidentemente absolutista, difere essencialmente desses regimes totalitários nos quais os homens, como mostraram H. Arendt e R. Aron, são condenados ao esmagamento. Se, por outro lado, é preciso reconhecer que o Estado de polícia e o Estado absolutista se caracterizam como autênticas formas do direito político, convém, em compensação, assinalar com ênfase que os regimes totalitários, sejam eles de direita ou de esquerda, são uma perversão do político que chega à desnaturação. Não se cria obstáculo da mesma maneira a um regime absolutista e à patologia totalitária. Enfim, se é exato que o Estado administrativo procede de um centralismo legislador, e que, como tal, é vigiado pela tecnocracia e pela burocracia, é preciso confessar que mesmo assim constrói e põe em andamento as diversas engrenagens que são necessárias ao funcionamento da máquina polí-

---

49. Cf. Raymond Polin, *La liberté de notre temps*, 1977; Jean Brun, *Le retour de Dionysos*, Desclée, 1969.

tica. Portanto, não se pode, sem matizes e pelo único motivo de que, democraticamente, ele promove e garante os direitos e liberdades, opor o Estado de direito ao Estado administrativo: este é um arranjo técnico das funções estatais, aquele implica uma idéia que, como acabamos de ver, não desaparece no esquema simplificador do governo do povo pelo povo. O Estado DE direito não pode prescindir das instituições e das engrenagens do Estado administrativo; não se pode, portanto, opô-lo a ele.

Em razão de seus múltiplos componentes e da inevitável mobilidade que os anima, o Estado DE direito se revela, portanto, no contexto da modernidade política, repleto de complexidade e de ambigüidade. A relação que mantém com a idéia democrática, tantas vezes mencionada hoje[50], é particularmente equívoca. Se se reconhece que o Estado DE direito repousa na exigência da liberdade política, é preciso admitir que todos os países que se pretendem democráticos nem sempre são respeitosos dos direitos e das liberdades; há, no mundo, regimes que, em nome dos princípios democráticos, fizeram o humanismo descambar no terror; e nada garante que a lei, que os filósofos do século XVIII pensavam ser um instrumento de liberdade, não será tirânica e opressora. Em outro registro, Tocqueville vira as ameaças de esmagamento que rondam na opinião pública preparando nas democracias esse "novo despotismo" que esfria e gela homens que começam a ficar todos semelhantes[51]; então, somem os direitos e as liberdades que deveriam ter feito a humanidade dos homens. Lembrar-nos-emos de que, segundo Rousseau, seria necessário um povo de deuses para se governar democraticamente?

Parece portanto que, remetendo à aliança da simbologia republicana e do ideal democrático, o conceito de Estado DE

---

50. Costuma-se considerar que "o primeiro desenvolvimento do Estado democrático e a instituição dos direitos do homem" são correlatos e até que os direitos do homem são "constitutivos da democracia", Claude Lefort, *L'invention démocratique*, pp. 63 e 29. A obra de Jürgen Habermas, *Faktizität und Geltung* pode passar por um tratado que, a propósito do Estado de direito, desenvolve uma concepção pragmática e processual da democracia.

51. Alexis de Tocqueville, *La démocratie en Amérique*, vol. I, 1ª parte, cap. XXI.

direito veio atender às aspirações dos homens de "esquerda", preocupados com sua reputação progressista. Mas, já que o Estado de direito implica a defesa dos valores de liberdade, de propriedade, de respeito ao indivíduo etc., supõe também um liberalismo de que se orgulha a tradição das políticas de "direita". No entanto, seria vão considerar que o Estado DE direito estabelece um acerto entre essas duas tendências políticas, pois a divisão esquerda-direita, ou progressismo-conservadorismo, não é muito pertinente na matéria: depende de uma ideologia que, certamente, pode presidir a uma tipologia dos regimes, mas que não pode ajudar a pôr em evidência os princípios fundamentais e reguladores do direito político.

A dificuldade mais temível em que tropeça o filósofo do direito quando se indaga sobre o Estado DE direito não reside na sua inspiração política, apesar de ela ser, como acabamos de ver, penosa de definir. Ela se deve à concepção do sujeito de direito e dos direitos e das liberdades que ele pretende proteger.

De fato, a idéia dos direitos inerentes à natureza humana remete à doutrina jusnaturalista que, ainda hoje, pode ser considerada como constituindo o necessário horizonte metajurídico do direito político. Mas, porque o sujeito de direito não poderia ser, no Estado DE direito, o "Eu" substancial da metafísica, seus direitos "naturais" necessitam, para adquirir alguma efetividade, de um corpo de regras positivas, as únicas aptas a realizá-las. Só há *direitos*, no sentido jurídico do termo, mediante o *direito*. Todavia, confiar na doutrina positivista significaria que, no Estado DE direito, o sujeito de direito é definido apenas pelas qualidades que o direito positivo lhe reconhece ou lhe atribui.

Assim enunciado, o dilema parece simples. Na realidade, é muito problemático. Qual deve ser o estatuto jurídico de sujeitos como o pródigo, o alienado mental, o imigrante? Que acontece com o embrião, o toxicômano, o doente em estado de coma terminal? Se considerarmos que a determinação jurídica deles é apenas questão de qualificação e não abrange nenhuma realidade ontológica, não será necessário admitir que é difícil, no caso, descartar sempre motivos éticos e juízos de valor e que, de qualquer forma, a autonomia da vontade, portanto, a responsabilidade e a capacidade de imputação são essenciais ao reconhecimento do sujeito de direito? Em conseqüência, os "direitos subjetivos" de que o Estado DE direito se faz garante e defensor – a liberdade de fazer ou não fazer, o direito à imagem, a capacidade de contratar obrigações, os direitos patrimoniais etc. – só têm sentido e consistência se mediatizados pelo conceito de "pessoa jurídica" na medida em que é inserido numa ordem jurídica que o determinou como tal.

No entanto, a juridicização do sujeito jamais poderá ser, no Estado DE direito, nem uma simples formalização lógica nem uma naturalização objetivista dele. Os direitos que lhe são reconhecidos só podem resultar da objetivação da liberdade que é vinculada, em todo indivíduo, à vontade prática da razão. Compreende-se assim que o sujeito de direito se defina, no plano do universal, como um fim e que, portador de valor, não possa ser tratado como um meio. Sua humanidade dá a medida da normatividade ideal sem a qual a própria idéia de seus direitos não teria sentido. Equivale a dizer que o homem como fim tem a liberdade como tarefa. Nessas condições, formalismo jurídico e humanismo vão de par na exata medida em que a exigência humanista que culmina na autonomia é inerente ao próprio conceito de direito.

Dir-se-á então que o tema do Estado DE direito é, em última análise, tributário, nas margens que delimitam seu conceito, da metafísica do homem que uma época se atribui. Isso não será um erro. A idéia de Estado DE direito reflete uma maneira que o homem tem de existir: marcada por um coeficiente que se pode qualificar, à maneira heideggeriana, de "historial", essa idéia corresponde, no direito político moderno, à "metafísica da subjetividade". Traz então a marca, profunda, da vontade de racionalização da condição humana. O esforço feito nesse sentido é tão intenso que os componentes dos sujeitos que vivem essa mutação existencial parecem "naturais". Esse fenômeno basta para explicar o movimento pelo qual se operam a inflação dos direitos e a exacerbação das liberdades.

Nisso residem o paradoxo do Estado DE direito e a dificuldade que há em aclarar filosoficamente seu conceito: ele repousa numa contradição, que tem todas as possibilidades de ser mortal. Enquanto, por seu dispositivo jurídico, ele reflete historialmente a metafísica da época moderna, nele tudo se passa como se os direitos e as liberdades que defende pertencessem à "natureza" do homem. O resultado desse estatuto contraditório é inelutável: o Estado DE direito, por seu próprio desenvolvimento, desumaniza o humanismo jurídico por que se pauta e que tem o projeto de promover.

*

Sob as duas figuras do Estado DO direito e do Estado DE direito, o direito político do Estado moderno parece condenado a uma terrível vertigem: se, de um lado, os princípios de legalidade e de legitimidade dão azo, sob o signo do republicanismo, às esperanças de liberdade que a ordem pública contém ao se opor às forças maléficas da anarquia e do não-direito, do outro, a síntese da ordem e da liberdade para a qual tende a racionalidade prática do direito político moderno se choca com um obstáculo maciço na inflação irracional dos direitos que se supõe que ela promove. Assim, o direito político moderno parece impregnado pela ambigüidade, tão freqüentemente assinalada desde Grotius, do termo "direito", dividido entre o direito objetivo e os direitos individuais. A querela entre o singular e o plural – O direito e Os direitos – é, na verdade, prenhe de significado.

O Estado DO direito, nascido da filosofia do Iluminismo, deu ao direito político um perfil firme e claro. De fato, desde o início do século XIX, os problemas constitucionais ocuparam um lugar de primeiro plano na doutrina jurídico-política dos países europeus e, mais largamente, do mundo ocidental[52]. Hoje,

---

52. Dentre uma bibliografia que é imensa, citemos algumas obras marcantes na doutrina do direito constitucional francês: Benjamin Constant, *Cours*

a forte corrente constitucionalista, até mesmo neoconstitucionalista que percorre a teoria do Estado, afirma a supremacia do texto constitucional reconhecido como fundamento de toda a ordem jurídica. Sob a Constituição, a catedral jurídica se organiza como sistema. Em seu significado filosófico, esse sistema é a expressão jurídica de uma racionalidade lógico-formal. Em sua eficiência prática, a ordem constitucional é portadora de normatividade, de tal forma que as regras de direito se configuram, no âmbito estatal, modelos de diretividade. O espaço público fica assim dominado pelo modelo estrutural da pirâmide jurídica à qual se dá menos um valor de representação do que uma finalidade heurística. A lei, na composição da ordem jurídica estatal, determina seu esquema de distribuição de modo que a autodeterminação do direito forma a unidade lógica do sistema organizacional do Estado: "A validade de uma norma não pode ter outro fundamento além da validade de uma outra norma."[53] A dimensão de racionalidade que dá à ordem jurídica do Estado moderno sua unipluralidade exclui a possibilidade de contradições, de conflitos entre normas e lacunas. Essa racionalidade, que significa que a superlegalidade constitucional é, no Estado moderno a chave de todas as leis e decisões de direito, faz a força imanente do sistema do direito polí-

---

de politique constitutionnelle, 1818-1819, Paris, Guillaumin, 1861; Berriat Saint-Prix, *Théorie du droit constitutionnel*, Paris, Videcoq, 1851-1853; Édouard Laboulaye, *Questions constitutionnelles*, Paris, Charpentier, 1873; reed., Caen, 1993; Léon Duguit, *Traité de droit constitutionnel*, Paris, Fontemoing, 1911; Raymond Carré de Malberg, *Contribution à la théorie générale de l'État*, 1920-1922; ed. do CNRS, 1962; Maurice Hauriou, *Précis de droit constitutionnel*, Sirey, 1923; 2.ª ed., 1929; Joseph Barthélemy, *Traité élémentaire de droit constitutionnel*, Dalloz, 1926; Georges Vedel, *Manuel élémentaire de droit constitutionnel*, Sirey, 1949; Michel Troper, *La séparation des pouvoirs et l'histoire constitutionnelle française*, LGDJ, 1973; Bernard Chantebout, *Droit constitutionnel et science politique*, Economica, 1979; René Capitant, *Écrits constitutionnels*, prefácio de Marcel Waline, CNRS, 1982; Philippe Ardant, *Droit constitutionnel et institutions politiques*, Les cours de droit, 1982-1983; Louis Favoreu, *Le constitutionnalisme aujourd'hui. Propos d'un néo-constitutionnaliste*, Economica, 1984.

53. Hans Kelsen, *Théorie pure du droit*, p. 256.

tico e, para além dele, de todos os setores do direito em geral. De fato, o formalismo sintático da criação do direito, lembrando o monismo da *Stufenbautheorie* da doutrina alemã e a lógica da "formação do direito por graus" defendida por Carré de Malberg, confere coerência e segurança não somente ao edifício do direito político mas à prática jurídico-política.

No Estado moderno, o constitucionalismo, de acordo com as idéias que os Constituintes[54] defendiam, é como que o motor do destino do seu povo. A Constituição, adquirindo valor, assim como dizia Sieyès, de "lei fundamental", contém "as razões seminais" do direito: é ao mesmo tempo a regra de inteligibilidade e a regra de validade do sistema jurídico que exprime os poderes teóricos e práticos da razão. Essa racionalidade, que implica o abandono de todo critério normativo exterior, significa sua autonomização[55] e sua coerência[56]; determina também as promessas de segurança da ordem pública[57].

Ora, contra as certezas da antropologia racionalista que embasam "o princípio de constitucionalidade" do direito político, levantaram-se dúvidas e críticas. Invocando, na condição humana, o primado da liberdade individual, a importância das necessidades éticas e a necessidade do pragmatismo sócio-his-

---

54. Cf. *Constituição de 1791*, título primeiro.
55. Cf. Kant, *Doutrina do direito*, § 15.
56. É por isso que todas as Constituições prevêem sanções penais no caso em que ou uma de suas disposições, ou, sobretudo, uma lei ou um regulamento, fosse violado; numerosas são também as Constituições que prevêem a anulação das decisões inconstitucionais; comportam até regras processuais e de competência para uma eventual revisão do texto fundador. Nesses dispositivos, as Constituições respondem portanto ao princípio lógico de não-contradição.
57. Como quiseram os homens da Revolução Francesa, a Constituição de um Estado moderno é um baluarte contra os riscos de arbitrariedade e de absolutismo, considerados logicamente como os sinais do desatino que acompanha, como sua sombra, a individualização do Poder. Nos termos do texto constitucional, o poder dos governantes existe apenas na razão da investidura que receberam, e só pode ser exercido no respeito às regras enunciadas pela Constituição: qualquer outro comportamento é irregularidade ou vício jurídico.

tórico, a doutrina do Estado DE direito reclamou, em nome dos fatos, contra o construtivismo racional, uma "superação da legalidade". Enquanto o Estado DE direito só devia ser um outro "ponto de vista" sobre o Estado DO direito, a racionalidade objetiva deste foi acusada pelos ímpetos subjetivistas daquele. Como a realidade contradiz os princípios, o Estado DE direito, aureolado das potências do irracional, tendeu a ocupar a frente do palco. Daí nasceu, na incompreensão, ou por motivos ideológicos que estão longe de ser inocentes, a crise do direito político moderno, que se costuma designar como a "crise do direito" ou a "crise da razão".

Muitas vezes se repete que o Estado DE direito, protetor dos direitos do homem, invoca a tradição individualista e liberal, ela própria arraigada num voluntarismo cuja base fundamental a filosofia do direito natural forneceria. Estando assim a legitimidade do Estado DE direito enraizada na soberania do indivíduo, os direitos sagrados e inalienáveis de todos os homens sempre poderiam ser opostos às decisões do Poder. O Estado DE direito, defensor das liberdades e dos direitos individuais, não seria então uma das duas figuras do direito do Estado, mas o *outro* do Estado DO direito, construtor da ordem pública e, como tal, formaria um díptico com ele. Simplificando muito as coisas, acreditou-se portanto poder opor o moralismo e o subjetivismo do Estado DE direito ao formalismo jurídico e ao objetivismo do Estado DO direito.

A partir dessa antinomia, era fácil tomar uma resolução: contra o Estado DO direito, representado como um legalismo opressor que destila um autoritarismo voluntarista, louvou-se a capacidade libertadora do Estado DE direito, depois efetuou-se a passagem do princípio filosófico para a experiência jurídico-política: o discurso dos direitos do homem induziu uma política na qual um liberalismo exacerbado, de liberal, tornou-se libertário. Ora, esse fenômeno com manifestações múltiplas[58] é um desvio do Estado DE direito. Assiste-se nele não somente à

---

58. As manifestações dessa transformação são numerosas: assim, assiste-se ao crescimento quantitativo da regulamentação destinada a proteger os

revolta dos fatos contra a regra ou à invasão do direito pelo fato, mas ao conflito da liberdade (ou do que se acredita como tal) contra a ordem.

Há nisso um gigantesco mal-entendido, que encerra um duplo erro. O primeiro erro é a perversão da ordem legal do Estado pelo princípio de subjetividade: o direito público é gangrenado pela consideração dos casos particulares e das situações singulares; o rigor do direito objetivo e a generalidade da lei são gravemente ocultados. A lógica empírica do pragmatismo jurídico-político vem rebater a lógica racional do aparelho legislativo. Nessa nebulosa, em que um estranho confusionismo embaralha as categorias e os conceitos, *os* direitos adquirem mais importância do que *o* direito. O antiformalismo jurídico e o militantismo antipolítico rondam no Estado DE direito, e uma crítica generalizada é dirigida contra o normativismo. Nesse processo, decifra-se o segundo erro cometido pela realização do Estado DE direito: em vez de efetuar a síntese entre a ordem e a liberdade, ele opõe a liberdade à ordem. Então, o irracionalismo que parece cada vez mais necessário para a efetivação concreta e para o pluralismo dos direitos e das liberdades só pode inserir a dissolução do direito na transformação das perspectivas jurídico-políticas. O efeito normativo do direito fica

---

direitos individuais ou categoriais; o Estado-providência deve prover a tudo; na desracionalização das regras, manifesta-se a influência crescente dos interesses particulares dos indivíduos ou dos grupos; a extensão do fenômeno jurisprudencial tem origem na contingência da vivência cotidiana. Sem se declarar hostil à razão racional do Estado legal, o próprio jurislador prefere as vias pragmáticas de uma "estratégia" que procura sempre evitar a impessoalidade e o rigor (confundido com o rigorismo); privilegia, sob a máscara do "razoável", e recorrendo à tática da "argumentação", o que parece "conveniente" ou "desejável". Por conseguinte, em nome dos direitos do homem, das liberdades individuais, do "direito à diferença" e até do "direito aos direitos", multiplicam-se as maneiras de agir a-jurídicas que resultam na inaplicação de uma regra, na anulação de uma decisão tomada com base num texto de alcance geral, nas negociações, nos compromissos, nos regulamentos transacionais, nos quais se perfilam, mais ou menos bem compreendidos, os temas da "comunicação", da "solidariedade" e do "humanitarismo" que pretendem ser, no final do século XX, as conquistas filosóficas do mundo político.

tão diluído que sua obrigatoriedade some diante das considerações de oportunidade. Certos autores pretendem que se manifeste dessa forma "o processo autodestruidor do Iluminismo"[59]. Não haverá nisso antes uma incompreensão da síntese entre a ordem e a liberdade?

Conciliar a ordem pública e a liberdade individual é, como mostrava Kant[60], tarefa do direito político moderno, que só revela seu sentido na sistematicidade de sua empreitada, ou seja, em conformidade com a arquitetônica da razão prática. Os fins que o direito moderno se propõe realizar não poderiam ser somente fins subjetivos; ou, pelo menos, estes devem ser suscetíveis de se inserir num âmbito objetivo, em que adquirem, *ipso facto*, um valor objetivo. A força e a grandeza do direito político moderno está em mostrar que o direito ultrapassa necessariamente o ponto de vista do particular – os interesses, os "direitos" e as "liberdades" dos egoísmos individuais – e que, na ordem objetiva das instituições que ele constrói, se projeta a aspiração da razão ao universal. Temos, portanto, base para dizer que, nas transformações que afetam hoje o direito político, assistimos ao esquecimento do imperativo racional que atesta a humanidade do homem. Em menos de dois séculos, o direito político – que, na aurora do pensamento moderno, encontrava seus princípios, segundo a fórmula de Hegel, na "vontade objetiva infinita" da lei (*Gesetz*)[61] – converteu-se num pluralismo que traz em si os miasmas de uma subjetividade anárquica. Portanto, atestando a fragilidade das instituições diante da pressão das opiniões individuais e das forças contingentes, a evolução do direito político traz à plena luz o risco que corre de já não ser adequado ao seu conceito. No mundo ocidental, os sistemas do direito político são pouco a pouco corroídos pelo cor-

---

59. J. Habermas, *Le discours philosophique de la modernité*, trad. fr., Gallimard, 19, p. 128.
60. Sobre esse problema fundamental, remetemos ao nosso livro *La philosophie du droit de Kant*, Vrin, 1996.
61. Hegel, *Principes de la philosophie du droit*, § 13.

te que se vai alargando entre os imperativos da racionalidade impessoal e unificadora que os edificou e as pressões da subjetividade que tendem à fragmentação pluralista do direito.

Se a distância cada vez maior que se constata em nosso tempo entre o Estado DO direito e o Estado DE direito traduz assim a incompreensão da relação entre *os direitos* e *o direito*, ela atesta igualmente a dificuldade inerente da mediação que quer conciliar o universal e o particular assim como a ordem e a liberdade. Sob formas diversas, com tonalidades e acentos múltiplos, o conflito entre o universal e o particular ressurge sempre: Hegel tinha razão em dizer que a liberdade individual "leva em sua fronte o ódio pela lei"...

Hoje, no direito político, triunfa o relativismo. A lei já não está, segundo o desejo de Rousseau, "acima dos homens". No horizonte, nas brumas de uma fragmentação pluralista que alguns pretendem "cultural", vemos adiantar-se e crescer, ameaçadora, a "crise" do direito político moderno. A questão será saber se essa crise pode ser superada.

TERCEIRA PARTE
A crise do direito político moderno e seus ensinamentos

No direito político moderno, a soberania do Estado, que designa os princípios de sua independência e de sua onicompetência, rege-lhe ao mesmo tempo as características e a evolução: os reclamos da ordem e da autoridade, substituídos pelos princípios de legalidade e de constitucionalidade, serviram pouco a pouco às exigências básicas da cidadania e da liberdade, que surgiram como suas seqüências necessárias. As *Constituições* da França que se sucederam a partir de 1791 fundaram e organizaram a potência do Estado, buscando efetuar um equilíbrio entre os poderes das instâncias que governam tanto os direitos como as liberdades dos cidadãos. Essa noção de equilíbrio, que exclui tanto os abusos de autoridade do absolutismo como os excessos de liberdade do anarquismo, constitui o eixo do Estado liberal moderno. No âmago da constitucionalidade do Poder, ela significa que o direito político, cuja função é organizar um aparelho eficiente de órgãos e de competências com finalidade legislativa, governamental, judiciária, financeira, policial, militar, diplomática etc., é portador do significado filosófico que o jurislador vincula à condição humana.

Ora, o pensamento moderno, ao se desenvolver, colocou a idéia de *liberdade* no centro de suas preocupações. Ainda que a palavra "liberdade" se cerque, como observava Montesquieu, das brumas de sua polissemia, ela assumira no direito político, no século XVIII, uma ressonância límpida. Locke mostrara que a liberdade só pode existir se a autoridade do Poder for contida, se for limitada pelo consentimento do povo e se o "direito natural" dos indivíduos à vida e à propriedade for salvaguardado e protegido. No mesmo espírito, Montesquieu havia cinzelado uma teoria do governo moderado, que considerava válida tanto para as repúblicas como para as monarquias. O Estado liberal pelo qual Sieyès clamava em 1789 se baseava em três parâmetros: a unidade indivisível da nação, o regime representativo e a autonomia dos indivíduos. O fato de a história da época revolucionária, na sucessão de sua inspiração política liberal, do Estado jacobino e das tentações cesaristas de Napoleão, ter abalado o esquema doutrinário do primeiro liberalismo político, nada tirou das exigências de liberdade dos indivíduos diante da autoridade do Poder. A partir de então, inerente ao direito político, a grande dificuldade estava em manter a autoridade do Estado soberano sem prejudicar as liberdades dos indivíduos que lhe cabe governar.

Vimos que, nessa dificuldade, o espírito se choca com a anfibologia contida pelo termo "direito", dividido, com o progresso da consciência moderna, entre a sistematicidade do racionalismo constitucionalista e as reivindicações ético-sociais de um individualismo que, cedendo às forças do irracional, desfigurou a idéia da liberdade. Esse fenômeno de divisão não podia deixar de produzir efeitos devastadores. De fato, como as certezas racionalistas que animavam o direito político quando o *Aufklärung* iluminava a modernidade ficaram abaladas pela descoberta de um *Lebenswelt* às vezes desordenado mas poderoso, os princípios filosóficos sobre os quais se edificara o Estado moderno foram alvo de acusações. A crítica, multidimensional e sem concessão, atacou os próprios fundamentos do direito político. Por caminhos diversos, até mesmo contrários, criticaram-no por se ter construído, segundo procedimentos racionalistas cheios de presunção, sobre bases metafísicas abstratas que o condenaram a se fechar num idealismo cujo caráter utópico devia inevitavelmente, diziam, gerar uma mistificação. O direito político moderno foi assim julgado em nome de ideologias muito diferentes entre si, mas que tinham um denominador comum: a denúncia, em nome do indivíduo, em nome da sociedade ou em nome da nação, do centralismo estatal que, desde Bodin, fizera a força de seu dispositivo.

Os ataques à doutrina, que misturava pretensões filosóficas com considerações políticas e argumentos jurídicos, foram violentos e repetidos durante todo o século XIX. Mas o historiador das idéias não tem dificuldade para relatar como se opõem entre si as diversas correntes ideológicas cujo objetivo era solapar os fundamentos do direito do Estado moderno. Se, logo após a Revolução Francesa, o pensamento contra-revolucionário buscou, de Burke a De Maistre e De Bonald, restaurar, contra o humanismo racionalista das Constituições, o direito político natural comandado pelo providencialismo e pelo tradicionalismo, foi contra essa "volta às fontes" que se ergueram, ainda que se opondo uns aos outros, tanto os liberalismos quanto os socialismos: aos olhos de seus porta-vozes, qualquer restauração de uma ordem antiga só podia ser uma regressão. Contudo, o desabrochar da ideologia do progresso, constantemente invocada na crítica do direito político moderno, não foi nem fecundo – pois trazia nele a herança do Iluminismo que, precisamente, ele levava à desgraça – nem coerente – já que invocava contraditoriamente ou o individualismo liberal ou o socialismo planejador. A *crítica* doutrinária se revelou de tal modo conflituosa que assumiu a feição de um torneio ideológico, no qual os princípios filosóficos do direito político do Estado moderno acabaram passando para o segundo plano.

Em compensação, a *crise* endêmica que, pouco a pouco, veio abalar e às vezes minar os princípios fundamentais do direito do Estado moderno suscitou, a partir do fim do século XIX, uma perturbadora indagação filosófica, cujos prolongamentos, em certo pensamento contemporâneo, são deletérios. A crise de que padece o direito político proviria nada menos que da ilusão metafísica com que, a partir do século XVII, se alimentou o humanismo do pensamento ocidental. A crítica do direito político do Estado moderno encontraria seus motivos numa crise dupla: a de seus princípios, denunciados como dogmáticos e inadequados, portanto mistificadores, e a de seus efeitos que, dizem, deixariam entrever as rachaduras de um edifício que não corresponde às necessidades da vida política. Por conseguinte, se o humanismo do direito político moderno não passa de ilusão metafísica, é porque os princípios sobre os quais se edificou envolvem uma imensa mentira sobre a Vida e o Ser: essa é a tese nietzschiana cuja repercussão, misturada com os ecos da filosofia de Heidegger, deixa pressagiar, depois da "morte de Deus", a "morte do homem". Se, além disso, como dizia Hegel, a história é o tribunal do mundo e se, em conseqüência, para julgar o direito é preciso relacionar seus princípios com a consciência do tempo, a crise do direito político moderno não passa de um desabamento axiológico que acarreta a "morte do Estado" e a "morte do direito". O anti-humanismo e o antiformalismo jurídico exprimem assim o caráter paroxístico de uma crise que, um dia, será fatal para a humanidade.

Os tons de desesperança visionária que pontuam a demolição do direito político moderno põem claramente em evidência as falhas de que, por sua aplicação, ele se revela como o lugar. Mas, mesmo que as insuficiências do direito estatal sejam reais no século XX que está terminando, isso não significa o desmoronamento do mundo e do homem. Sem dúvida, a racionalização exagerada do direito político pode às vezes passar por sua desvitalização. E o discurso filosófico de nossa época, mais prolixo do que nunca, nem sempre está errado ao denunciar o condicionamento do homem pela máquina burocrática que o devora, o desamparo dos sistemas institucionais e, correlativamente, o aumento da agressividade e do terrorismo, intelectual ou físico; o reino da violência, mesmo quando permanece aquém do fenômeno revolucionário, é certamente sinal de uma sociedade fragmentada, cujas engrenagens jurídicas já não são adequadas para resolver os problemas do momento; o espectro da opressão totalitária se desenha às vezes no final dos caminhos de um direito tecnocrático que proviria de uma "teoria dos jogos"... Nessas críticas, fica claro que os princípios em que repousa o edifício do direito político moderno já não têm muita pertinência e são ultrapassados pela marcha do tempo. Eles mostrariam, portanto, uma "cultura" ou uma "visão do mundo" (*Weltansschauung*) atingida pela obsolescência. Desse modo a crítica e a crise que abalam o direito político moderno conduziram a que se tome consciência de sua transformação necessária: não só o direito político se encontra, no Estado, confrontado com problemas gerados por uma nova concepção da "nação", mas também atualmente vai além das fronteiras estatais e, ampliando-se à escala da Europa e do mundo, é levado a aperfeiçoar, até mesmo a renovar, o esquema antigo do contrato social e do "federalismo". No plano interno bem como no plano internacional, surgem assim questões espinhosas que requerem um reajustamento dos conceitos e das categorias definidos pela doutrina moderna.

Essas transformações do direito político não são estranhas às transformações da filosofia. Estas seguramente fornecem ao pensamento do direito o ponto de apoio de uma postulação revista, mais bem adaptada, diante do olhar lúcido da crítica, ao mundo atual. Mas, ao mesmo tempo, como se agrava a crise que atingiria o direito moderno, muito especialmente quando ele se amplia às dimensões da internacionalidade, a crítica se torna por vezes tão radical que diversos autores propuseram fugir para fora dos âmbitos intelectuais da modernidade a fim de escapar de suas aporias trágicas. Assim é que a antimodernidade ou tomou os caminhos de uma antemodernidade, evidentemente problemática na sua volta às fontes, ou tentou abrir caminho para uma pós-modernidade, enigmática em razão de suas incertezas.

Enveredarmos pelos novos caminhos tomados pela filosofia contemporânea vai além dos objetivos que nos atribuímos. Não obstante, as soluções propostas permitem, seja em sua contribuição positiva, seja através das dificuldades encontradas, compreender melhor, nas implicações fundamentais do direito político moderno, o que constitui ao mesmo tempo seu valor e seus limites.

Num primeiro momento, relembraremos as *críticas* que abriram uma brecha no direito político moderno e suscitaram, com questionamento, por diversos motivos, do princípio de racionalidade, a *crise* que hoje o atinge. Num segundo momento, depois de constatar as transformações do direito político que, ao mesmo tempo, está ameaçado pelas pressões nacionalistas e, no entanto, se amplia à escala mundial, não sem provocar terríveis fissuras na soberania até então reconhecida como a essência do Estado, investigaremos os ensinamentos dessa crise que afeta o mundo ocidental moderno e o alcance das soluções antimodernas que foram propostas para superá-la.

Capítulo I
Da crítica à crise do direito político moderno: o princípio de racionalidade em questão

Foi na mesma ocasião que os princípios do direito político moderno se firmavam com mais força tanto entre os filósofos esclarecidos do século XVIII como na obra de legislação da época revolucionária que a crítica começou a admoestar. Entretanto, os movimentos contra-revolucionários dos emigrados e dos monarquistas, mais preocupados com ação do que com teoria, praticamente não invocavam uma crítica filosófica referente aos princípios fundamentais ou reguladores do direito político. Aliás, longe de procurar elaborar um corpo doutrinário unitário, a crítica contra-revolucionária assumiu o perfil de uma oposição fragmentada: ora exprimia uma "reação" essencialmente política que pretendia ser "restauradora" do Antigo Regime, ora acumulava proposições de reforma governamental. Em qualquer caso, só raramente oferecia tentativas ou mesmo retalhos de análise filosófica relativos aos fundamentos do direito político. Evidentemente, há interesse, para a história das idéias, de indagar, na França e fora dela, a respeito da ideologia contra-revolucionária, e de buscar em seu discurso os princípios implícitos nos quais ela se apóia para justificar sua oposição ou seu ideal de "restauração". Mas logo fica aparente que ela corresponde mais a uma vontade polêmica do que a uma preocupação de reflexão crítica.

A crítica do direito político assumirá outra feição com as objeções que Marx levantará contra os *Princípios da filosofia do direito* de Hegel. Entretanto, o conflito que, no caminho assim aberto, ergue, em meados do século XIX, as doutrinas socializantes contra o Estado e o direito burguês, edificados sobre os princípios do humanismo moderno, se enrola muitas vezes numa argumentação repetitiva com finalidade militante, na qual se dilui a crítica propriamente filosófica.

Sob o olhar agudo de Nietzsche se rasgará o véu das ilusões dogmáticas que, declara ele, fizeram a filosofia descambar na ideologia e abafaram a crítica sob a polêmica. Uma vez afastado esse véu deformador, Nietzsche, descendo aos labirintos subterrâneos do Estado moderno, descobrirá neles a "mentira metafísica" que vicia suas estruturas até em seus princípios fundamentais. A gangrena que consome a modernidade toda se encaminha para o abismo do nada.

O crescendo da crítica explica por si só, apesar das tonalidades diversificadas que se entrechocam nele, a crise em que o direito político moderno se afundou e ficou atolado no curso do século XX. Mas quando, aí também, o filósofo examina as aporias de um direito político que, a despeito de sua vontade de progresso e de seus esforços de adequação, os jurisladores não conseguem superar, é levado a interpretações plurais. De Husserl a Merleau-Ponty ou a Heidegger, de L. Strauss a H. Arendt ou a K. Popper, a crítica, sempre virulenta, tem muita dificuldade para encontrar um ponto de equilíbrio. É preciso apreender as razões desse "conflito das interpretações" quando elas têm um objetivo comum: desmontar peça por peça ("desconstruir") a arquitetônica jurídica do Estado moderno a fim de colocar como réu o humanismo, com o qual, no entanto, ele se enalteceu.

1. Os acentos polêmicos da ideologia contra-revolucionária

Se, quanto ao essencial, o pensamento contra-revolucionário é pós-revolucionário, não obstante é necessário sublinhar que, de um lado, não é apanágio de autores franceses e, do outro, os doutrinários da contra-revolução reencontram e reativam temas que, em seus aspectos mais críticos, haviam sido desenvolvidos por toda uma tradição filosófica clássica, anterior aos acontecimentos na França.

Não está entre os objetivos deste estudo traçar o amplo panorama do pensamento contra-revolucionário: esse trabalho de história das idéias foi realizado muitas vezes. Parece-nos mais oportuno destacar, nas diversas tendências que se expressam nesse pensamento hostil não só à Revolução Francesa, mas também à própria idéia de revolução, certo número de denominadores comuns que, em comportamentos intelectuais diversificados, explicam as reservas e as queixas formuladas com constância contra os princípios filosóficos do direito político moderno.

*A) A oposição ante-revolucionária
ao direito político moderno*

As reservas e as oposições formuladas contra a arquitetura jurídica do Estado moderno procedem de um estado de espírito que a noção de *conservadorismo* pode resumir, com a condição de não a sobrecarregar, em sua multivalência, com o sentido pejorativo que atualmente se lhe atribui com tanta facilidade.

Muito antes de os homens da Revolução elaborarem, para a França do futuro, um direito político que atendesse aos princípios do humanismo racionalista, leigo e liberal dos Tempos Modernos, o apego aos fundamentos teológicos do direito político e aos costumes jurídico-políticos consolidados pela história tinha defensores ardentes. Como não evocar aqui primeiro a discussão na qual se opuseram, a partir da primeira metade do século XVI, o conde de Boulainvilliers e o abade Dubos, e depois os argumentos anti-racionalistas desenvolvidos por Hume e Herder contra a modernidade jurídica?

A discussão entre Boulainvilliers e Dubos

Em 1708, o conde Henri de Boulainvilliers (1658-1722), em suas *Cartas sobre os antigos Parlamentos da França que se nomeiam Estados gerais*[1], se indagara – como historiador mais

---

1. A primeira versão dessas "cartas" data de 1708; uma primeira edição foi lançada em 1727, mas sua edição definitiva é póstuma e data de 1753.

do que como jurista ou filósofo – sobre a origem do Poder e sobre o princípio de sua legitimação[2]. Opondo-se acirradamente a Bossuet, acusava-o de ter, em sua *Política extraída da História sagrada*, utilizado os Textos sagrados para defender o aumento da autoridade dos reis e aprovar que se colocassem correntes nos homens a fim de entravar sua liberdade natural. Invocando a obra prodigiosa de Carlos Magno, Boulainvilliers buscava os princípios do direito político na vontade de afirmação dos Parlamentos, cuja função era, a seu ver, impedir, com o apoio da nobreza, as tentações absolutistas do Poder real. Pleiteando a reunião dos Estados gerais (que não tinham sido convocados pelo rei da França desde 1614) e sublinhando as virtudes dos Parlamentos, ele se fazia o defensor dos direitos de uma nobreza das armas que, firmemente arraigada na história já que descendente dos invasores francos, mergulhava suas raízes na sociedade e no direito germânicos.

Entretanto, em 1734, o abade Dubos, em *História crítica do estabelecimento da monarquia francesa na Gália*, replicava a Boulainvilliers, bem como, aliás, ao *Judicium Francorum* de La Roche-Flavin, publicado dois anos antes. Ele fazia de Clóvis, respeitador das instituições romanas implantadas na Gália, o pai fundador do direito da monarquia francesa. Explicava que a autoridade dos reis da França tinha como única matriz a autoridade dos Césares, de tal forma que nela sempre se viu se aliar, sustentava ele, a burguesia e o rei, muito decididos a lutar contra os "direitos" de uma aristocracia nobre que Dubos denunciava como privilégios usurpados.

Se a discussão entre os dois autores teve grande repercussão na sua época[3], foi porque representava o choque das tendências no espírito da época. De um lado, o movimento do Iluminismo se ampliava: Mably, Voltaire, os Enciclopedistas, os Fisiocratas e outros aderiam ao humanismo esclarecido pelas palavras de

---

2. Henri de Boulainvilliers iria igualmente publicar, em 1732, *Précis historique de la monarchie française* e, no mesmo ano, *Essai sur la noblesse*.
3. Montesquieu o menciona no *L'esprit des lois*, liv. XXX: criticando Boulainvilliers, nem por isso aceita a tese de Dubos e lamenta a parcialidade demonstrada pelos dois adversários.

ordem de uma razão legislativa que os "filósofos" pretendiam pôr a serviço da ordem pública e da liberdade dos cidadãos. Do outro, as idéias conservadoras que Fénelon expressara nas suas célebres *Aventuras de Telêmaco*, bem como o apego manifestado pelo duque de Saint-Simon à polissinodia, mantinham adeptos fervorosos de uma concepção do direito e da política que encontrava sua justificação, no passado, na história, mais do que, no futuro, num progresso que julgavam problemático.

Nem sempre sabendo, os turiferários de um direito político arraigado numa tradição que, segundo eles, era importante salvaguardar de tudo e contra tudo, aproximavam-se dos princípios filosóficos de que Hume e Herder, porta-voz de uma "reação" ante-revolucionária, faziam a base de sua reflexão políticojurídica.

O anti-racionalismo de Hume e de Herder

As observações um tanto dispersas que Hume dedica em sua obra ao direito e à política estão longe de fazer dele um teórico exemplar da filosofia do direito político[4]. Mas sua crítica, como que por antecipação, do tema contratualista tal como Rousseau desenvolveria em 1762, sua defesa do costume e da tradição, sua tese da legitimação do Poder por sua longa posse[5], seu "conservadorismo reformador"[6] prudente e moderado que nu-

---

4. Podemos contudo reportar-nos a várias obras de David Hume para apreender o sentido de sua concepção do direito político, não sem observar que ela conservou, ao longo de toda a vida de Hume, um interesse suficiente para que ele tratasse desse problema em numerosas ocasiões. Cf. *Tratado da natureza humana*, liv. III, 1740; *Ensaios políticos*, 1741-1742; *Discursos políticos*, 1752; *Investigação sobre os princípios da moral*, 1751; *História da Inglaterra*, 1754-1756; *Três ensaios morais e políticos* (em especial, *Do contrato original*), 1748; *Da origem do governo*, 1774 (publicado na última edição dos *Ensaios*, em 1777).

5. Cf. Simone Goyard-Fabre, Hume et la critique du contrat social. Esquisse d'une théorie de l'institution, *Revue de métaphysique et de morale*, 1988, 3, pp. 337-63.

6. Raymond Polin, Introdução a *Essais politiques de Hume*, Vrin, 1972, p. 21.

triu com lições da história, etc., são temas que dizem como, no seu empirismo, Hume cerca de ceticismo a racionalidade triunfante que, do outro lado da Mancha, se estende pelo continente. Recusa igualmente as tentativas de explicação das metamorfoses do Poder apresentadas por Bolingbroke em termos de psicologismo e propostas por Harrington em termos de economia; na contramão das idéias "progressistas" de seu tempo, considera que esses esquemas, não passando de reconstruções artificiais da realidade política e jurídica, elaboram normas que transfiguram – ou desfiguram – a experiência e a vida. Hume denuncia assim a postulação dogmática abstrata na qual se apóiam tanto a pretensão de cientificidade que inspira as teorias jurídicas "modernas" de Grotius e de Hobbes, como a vontade metafísica de Pufendorf e de Locke: de fato, quando esses autores "estabelecem" as estruturas constitucionais da sociedade civil com base em premissas individualistas, cometem o erro, diz Hume, ainda que como filosofias de inspirações divergentes, de reduzir a existência jurídico-política, segundo procedimentos especulativos, a simples "fórmulas" destituídas de substância.

O anti-racionalismo que Hume apóia graças à sua filosofia das paixões encontrará na Inglaterra um eco relativo nos projetos reformistas da "doutrina utilitária" exposta, algumas décadas mais tarde, por Jeremy Bentham em *Introdução aos princípios de moral e de legislação*[7]. Entretanto, Hume se aproxima sobretudo, em grande parte sem se dar conta, da "reação" alemã contra o *Aufklärung*. Este se expressava, costumava-se dizer, na *Popularphilosophie* e no *Sturm und Drang* que, defendendo ambos, com ímpetos inflamados, a crença, o sentimento e a paixão, inclinavam-se, em matéria política, para uma literatura do desmedido e do irracional, depreciadora da lei e apologista do nacionalismo. Assinalou-se menos que toda uma linhagem de juristas se opunha também de maneira muito vigorosa ao

---

7. As intenções inseridas por Bentham em *Introdução aos princípios de moral e de legislação* (obra publicada em 1789) estão transparentes em *Os sofismas políticos* (1795) que são uma denúncia, no estilo irônico, da filosofia dos "direitos do homem".

racionalismo ascendente[8]. Entre eles, Georg Achenwall, influenciado pela idéia de *prudentia civilis* professada no século precedente por H. Conring na Universidade de Göttingen, exprimia, sem o ardor dos literatos e poetas, a desaprovação com que cercava as teses do racionalismo jurídico cara aos Enciclopedistas franceses. Ele lhes contrapunha a idéia de um direito político dependente do conhecimento concreto dos Estados e de seus costumes[9]. Por temperamento, Hume não era próximo dos *Stürmer*. Além disso, em matéria política, era mais historiador do que jurista e provavelmente não conhecia Achenwall. Em compensação, sua coincidência com as idéias de Justus Möser e de Herder é impressionante[10].

Hume, falecido em 1776, não pôde conhecer as obras publicadas por Herder. Mas a consonância dos temas desenvolvidos pelos dois filósofos é representativa do movimento de idéias que se opõe então ao racionalismo do Iluminismo. O valor atribuído por um povo às crenças, à religião, à língua, às instituições, à tradição, aos costumes, à história etc., constitui, segundo eles, a originalidade criativa do espírito nacional. Dizendo isso, tomam uma ampla distância das teses do universalismo abstrato e teórico que o humanismo "esclarecido" desenvolve. Consideram que, num Estado, o bom legislador é apenas aquele que sabe respeitar a contribuição indelével da tradição. Por mais di-

---

8. Sobre esse aspecto da teoria jurídica alemã, ver Pascale Pasquino, *Politisches und historisches Interesse "Statistik" und historische Staatslehre bei G. Achenwall*, in *Aufklärung und Geschichte*, Göttingen, 1986, pp. 144-68.
9. Georg Achenwall, *Staatsklugheit*, Göttingen, 1761.
10. Justus Möser (1720-1794) era advogado; cuidava da administração de Osnabrück e, interessando-se pela história de sua cidade, publicou em 1780 uma *História de Osnabrück*. Johan Gottfried von Herder (1744-1803) publicou duas grandes obras: em 1774, *Uma outra filosofia da história* e, de 1784 a 1791, *Idéias para uma filosofia da história da humanidade*. Sobre Herder, cf. Max Rouché, *La philosophie de l'histoire de Herder*, Belles-Lettres, 1940; Introdução à tradução de *Auch eine Philosophie der Geschichte zur Bildung der Menscheit*, sob o título *Une autre philosophie de l'Histoire*, Aubier-Montaigne, s.d.; Roger Ayrault, *La genèse du romantisme allemand*, t. I, Aubier-Montaigne, 1961; Isaiah Berlin, *Vico and Herder. Two Studies in the History of Ideas*, Londres, 1976.

ferentes que tenham sido as "filosofias" de Hume e de Herder, esses autores, por seu estado de espírito, racham o monismo característico do racionalismo do Iluminismo. Como recusam o gosto pela abstração e a tendência a privilegiar as generalidades menosprezando o peso das individualidades, são sensíveis ao valor que assumem, na alma nacional, os preconceitos e o sentimento de religiosidade. Portanto, para eles, a inteligibilidade da política e do direito só é possível por referência a configurações mentais que nada pedem ao orgulho racionalista.

Portanto, parece que, já em meados do século XVIII, um pensamento das sombras, que julga falaciosas as clarezas de que se jactava muito particularmente o Iluminismo francês, considera que a autonomia da razão está longe de ser a norma da qual depende a validade do direito político. Um pouco mais tarde, a volta da tradição e a explosão das esperanças que, retrospectivamente, podemos qualificar de "pré-românticas", entrarão até nos debates das Assembléias revolucionárias. Esse fenômeno, longe de ser desprezível, demonstra a insatisfação dos espíritos diante das reivindicações de uma razão onipresente. De fato, as tensões e as ambigüidades da racionalidade que, não sem contradição, se mostra nos impulsos passionais e que, no desenrolar do acontecimento revolucionário, chegará às vezes a traduzir-se por seu contrário, fazem nascer a incerteza e a suspeita sobre os dogmas do Iluminismo. Essa suspeita segrega uma "reação" que, mesmo quando não fica inebriada com o "discurso da sombra"[11], dá provas dos ímpetos de uma consciência histórica movida pelo sentimento e pela empatia.

As reservas manifestadas de Hume a Herder para com um direito político que, nascido dos cálculos da razão, desencadeou o culto racionalista da lei, não tiveram dificuldade em se transformar numa oposição muito polêmica. Ao desmentido passional que os *Stürmer* dirigiram aos *Aufklärer*, se sobrepôs uma crítica sistemática dos princípios que a Revolução Francesa teria extraído da filosofia do Iluminismo.

---

11. A expressão é de Georges Gusdorf, *Naissance de la conscience romantique au siècle des Lumières*, Payot, 1976, p. 39.

B) A "reação" contra-revolucionária

Sustentar que o acontecimento revolucionário que marca, na França e na Europa, o fim do século XVIII é conseqüência do movimento do Iluminismo é, claramente, uma tese eminentemente simplificadora procedente de uma informação ao mesmo tempo insuficiente e inexata. Nenhum historiador e nenhum historiador das idéias aceitam hoje um julgamento assim. Entretanto, ainda que fosse aproximativa e tendenciosa, essa maneira de apreender a Revolução Francesa explica em muitos aspectos o amplo movimento de crítica que, das primeiras intuições do romantismo político à doutrina da Escola histórica do direito, combateu as pretensões da razão que militava para construir uma ordem de direito sobre as bases do intelectualismo artificialista e universalista cujo lugar por excelência é a corrente do Iluminismo. Àquilo que Rehberg logo considerará uma "política especulativa" apoiada num direito público formal animado pelo "espírito de geometria", se oporão, logo após a Revolução, os princípios de uma ordem jurídica ligada à tradição e à experiência histórica dos séculos. De Burke a Rehberg e de Gentz a Savigny, a "reação" contra-revolucionária, adotando vias filosóficas diferenciadas, instruiu com uma severidade taxativa o processo da racionalidade jurídica.

As Reflexões *de Burke*

Já em novembro de 1790, Edmund Burke (1729-1797) inaugurou, com suas *Reflections on the Revolution in France*[12], o amplo movimento de oposição ao novo direito político elaborado pelas Assembléias revolucionárias. Essa obra é um trabalho

---

12. Salvo menção expressa, referimo-nos à tradução francesa feita por Philippe Raynaud, *Réflexions sur la Révolution de France*, Hachette, Pluriel, 1989. A propósito de Burke, ver Leo Strauss, in *Droit naturel et histoire*, cap. VI, *b*, (1953), trad. fr., Plon, 1954; Hannah Arendt, *Essai sur la Révolution* (1963), trad. fr., Gallimard, 1967; Michel Ganzin, *La pensée politique d'Edmond Burke*, LGDJ, 1972; C. B. Macpherson, *Burke*, Oxford University Press, 1980; Marilyn Butler (ed.), *Burke, Paine, Godwin and the Revolution Controversy*, Cambridge University Press, 1984.

de circunstância, mas as críticas que contém têm origens longínquas, pois o próprio Burke diz ter tido muita desconfiança, desde a primeira viagem que fez à França em 1773, para com as idéias políticas, econômicas e religiosas que então eram ventiladas nos salões de Paris: o contrato social, o constitucionalismo, a generalidade da lei, a reforma das instituições, a fisiocracia, a laicidade, os direitos do homem etc. Deputado *whig* na Câmara dos Comuns, adotou as grandes causas do liberalismo político; defendeu, contra os abusos da Coroa, os direitos do Parlamento e lutou contra todas as formas de injustiça; argumentou em favor dos Insurgentes da América que se levantaram contra a Coroa da Inglaterra; denunciou os abusos perpetrados nas Índias pela colonização, ergueu-se contra as fraudes, lutou contra a corrupção eleitoral etc. Só que ele se pretendia, acima de tudo, realista: declarava em alto e bom som detestar a metafísica, as idéias gerais, as abstrações filosóficas e a razão raciocinante[13]. Com um bom senso repleto de empirismo, sempre considerou que as condições particulares tinham mais importância do que os grandes princípios teóricos e as especulações dos filósofos, que não hesita em qualificar de "sofistas tagarelas". Examinando os problemas da política inglesa, recusou-se constantemente a procurar a solução deles no formalismo jurídico racional e no dogmatismo leigo dos filósofos franceses. O direito político, declara ele, não poderia provir do pensamento abstrato e generalizador, que se baseia no axioma necessitarista e se perde num universalismo utópico. Como Montesquieu, pensa que as leis de que uma nação necessita devem corresponder ao espírito de seu povo, a seus costumes, à sua religião, à sua vida interior etc., em suma, à sua individualidade concreta. Como Thomas Paine[14], valoriza a ordem tradicional em que se reflete a natureza específica de um povo e denuncia o artifício

---

13. Num discurso de 1775, Burke já declarava: "Não quero entrar em discussões metafísicas, detesto-as." Em outro lugar, exclama: "Que pena, o que podem as especulações teóricas contra os fatos?". E, quando da *Declaração da Independência* dos Estados Unidos da América, escreveu que o problema dos direitos é, a seu ver, despido de interesse.

14. Cf. Thomas Paine, *The Common Sense*, 1776.

da ordem racional, que tem a frieza da impessoalidade; elogia o espírito de cavalaria[15] que a aridez da razão fez desaparecer. O legado recebido, a Constituição antiga de um povo, o costume, as crenças etc., são a substância de uma sabedoria prática cuja imagem calorosa a Inglaterra, diante do construtivismo e das especulações gélidas do espírito francês, apresenta a seus olhos.

Burke não se limita, contudo, à análise de um estado de espírito que constituiria a diferença entre a Inglaterra insular e a Europa continental. Não é jurista, mas sua experiência política no Parlamento e suas idéias de *whig* "avançado" revelaram, muito antes da Revolução da França, sua proximidade com as teses de Hume e de Herder. Sempre acreditou na força das tradições veiculadas pela história das nações; atribui importância primordial ao papel dos costumes e dos precedentes e, como confere muito valor à jurisprudência, considera que as regras do direito, tanto público quanto privado, só têm eficiência pelo realismo prudente que os liga à experiência de cada povo. Tudo o mais é sofisma.

Assim se explicam não só sua cólera contra o discurso do Dr. Price, elogiando, em novembro de 1789, a Revolução Francesa, mas também a severa crítica da Assembléia Constituinte francesa que ele lança na Câmara dos Comuns algumas semanas mais tarde e de que sairá, em 1790, a obra densa que causou sua celebridade tornando-se "o breviário da Contra-Revolução ocidental"[16]. Tendo proposto uma leitura conservadora da *Glorious Revolution* de 1688, considerada uma restauração da hereditariedade do rei e do pariato consagrado pelo direito antigo, levanta-se com uma virulência impertinente e repetitiva contra os princípios filosóficos da Revolução Francesa que ele assimila aos temas filosóficos do Iluminismo. O racionalismo deles, em todas as suas expressões – o individualismo, o progresso, a ordem, a igualdade, a laicidade etc. –, tem a "nudez de uma abstração metafísica". Em torno desse *leitmotiv*, ele dilui o discurso de um panfletário atacando os direitos do homem,

---

15. Edmond Burke, *Réflexions sur la Révolution de France*, p. 96.
16. J. Godechot, *La contre-Révolution*, PUF, 1961, p. 65.

"mina preparada sob a terra", cuja explosão, a curto prazo, fará ir pelos ares tudo o que a história conquistou pacientemente: as virtudes dos grandes exemplos, os usos, as cartas, as leis do Parlamento. Pretender que os homens têm "direito" à liberdade e à igualdade é a opinião dos "niveladores" que ignoram, ao mesmo tempo, a pluriformidade da liberdade e "os níveis e as diferenças" que a natureza e a história estabeleceram em qualquer sociedade. Ninguém pode amar nem sequer respeitar a simplicidade e a impessoalidade dessas instituições "geométricas" que tendem à democracia: a Constituição de um Estado não é "um problema de aritmética". Burke denuncia, por conseguinte, a desnaturalização daquilo que é natural pois, repete ele, a natureza não tem a universalidade abstrata de uma idéia geral: aquilo que é natural em um povo reside naquilo que a história e o legado dos séculos inseriram na particularidade concreta das situações que ele vive. Burke denuncia também a depreciação racionalista dos "preconceitos": eles, ao contrário, tiram o valor, sustenta ele, do "instinto" modelado pela história em cada povo[17]. Portanto, fazer tábula rasa do passado, como querem aqueles que, diz Burke, se consideram cartesianos, é "insultar a natureza". Da mesma forma, longe do programa jurídico-político que os filósofos elaboraram na França, Burke louva os méritos da *Common Law*, feita da prudência adquirida ao longo do tempo. Encontra a legitimidade dos príncipes do direito político na hereditariedade da Coroa e na continuidade da história. Em seu conservadorismo – que, contudo, nada tem de imobilismo – declara-se hostil ao voto popular, que julga ilusoriamente fundamentado na "idéia metafísica de vontade geral". Se aprova o regime representativo cujo modelo, acha ele, a Constituinte encontrou na Inglaterra, nem por isso deixa de fustigar-

---

17. Burke se aproxima exatamente de Herder: "O preconceito é bom, no seu tempo, porque deixa feliz. Traz os povos de volta ao seu centro, prende-os com mais solidez à sua base, torna-os mais florescentes segundo seu próprio caráter, mais ardorosos e, por conseguinte, também mais felizes em suas tendências e suas metas" (*Une autre philosophie de l'histoire*, trad. fr., Aubier-Montaigne, s.d., p. 185). Num tom idêntico, Maurice Barrès dirá que os preconceitos de um povo o "mantêm quente".

lhe os "princípios" que, simbologia fabricada no abstrato por um intelecto que pretende reconstruir a ordem social segundo esquemas universais, deixam de lado a contingência e a relatividade da experiência nacional.

Pode-se dizer que Burke inverte a doutrina de Rousseau que, segundo ele, inspirou inteiramente a Revolução Francesa: ao contrário da Revolução Inglesa de 1688, que preservou a Constituição do reino, a Revolução da França só teve o objetivo de tumultuá-la: foi esse o seu grande erro[18].

A crítica da Constituição francesa: Brandès, Rehberg e Gentz

Quando F. Gentz traduziu para o alemão o livro de Burke, Rehberg viu nele os tons proféticos da Contra-Revolução. A seu ver, os "direitos do homem" proclamados tão alto pelos homens da Revolução são, segundo a expressão perturbadora de Burke, "moral e politicamente falsos, mas verdadeiros metafisicamente" e, sobretudo, a obra jurídica da Constituinte e da Legislativa sofreu as conseqüências dessa filosofia desnaturada que omitiu nada menos do que os "limites da simples razão". Toda uma corrente do pensamento alemão é tragada por esses juízos[19]. Ela se aproxima, para além de Burke, das idéias

---

18. O livro de Burke, como era de esperar, dividiu os membros do Parlamento britânico e, coisa mais surpreendente, os próprios *whigs*; suscitou réplicas veementes de Thomas Paine (*The Rights of Man*), de Mary Wollstonecraft (*A Vindication of the Rights of Man*) e de Mac Intosh (*Vindiciae Gallicae*). Não obstante, ele teve na Inglaterra uma acolhida de modo geral favorável. A prevalência do mundo vivido e da tradição sobre o poder construtor da razão atrairá, mais perto de nós, a reflexão crítica de H. Arendt e de G. Gadamer.

19. Numerosas revistas publicaram resenhas da obra de Burke. Ainda que Georges Forster, bibliotecário do bispo de Mogúncia e correspondente de Kant, tenha-o julgado severamente, a maioria dos professores da Universidade de Hanover em Göttingen, leitores aplicados de Möser e de Herder e hostis ao despotismo esclarecido, foram favoráveis às idéias de Burke. Friedrich von Gentz traduziu a obra já em 1791; foi um grande êxito editorial. Nas suas pegadas, Görres, Brandès e Rehberg elaboraram uma verdadeira doutrina da Contra-Revolução.

de Herder e das intuições de Hume para declarar que, sob a influência do racionalismo do Iluminismo, o direito político se extraviou. A iniciativa jurídica revolucionária, tendo rompido a longa cadeia das tradições e da história, não podia ser, como pretendia, progressista e emancipadora. Muito pelo contrário, dava início ao declínio mortal da ordem social e do direito. Nem podia ser de outra forma, já que desprezava o terreno da história no qual se enraíza a validade das instituições[20].

August Wilhelm Rehberg (1757-1836) não adota nas suas *Untersuchungen über die Französische Revolution* (Pesquisas sobre a Revolução Francesa)[21] os tons polêmicos ou a ironia cortante de Burke; desenvolve, como jurista meticuloso, uma crítica sistemática da Constituição francesa de 1791[22], deplorando "os princípios metafísicos" que ela invoca. Aprova o colega e amigo Georg Brandès por ter criticado, em suas *Considerações políticas sobre a Revolução Francesa*, escritas já em 1791, antes da leitura do livro de Burke, a obra da Constituinte e da Legislativa. Brandès, como publicista, se indaga sobretudo a respeito da questão constitucional tal como ela se apresentava na França[23]. Em sua análise, separa-se de Burke e considera que, como as leis constitucionais da antiga França eram defeituosas, deviam inevitavelmente, mais dia menos dia, ser mudadas. Com efeito,

---

20. As palavras de Burke num *Discurso* na Câmara dos Comuns em 7 de maio de 1782, impressionaram muito, ao que parece, os espíritos: "A ciência da jurisprudência, que é o orgulho da inteligência humana [...] é a razão recolhida ao longo das eras; ela combina os princípios da justiça primitiva com a variedade infinita dos interesses humanos."

21. A obra (2 vols.) foi publicada em Hanover e em Osnabrück em 1793; o prefácio tem a data de 4 de setembro de 1792. Não existe tradução francesa. A respeito de Rehberg, cf. U. Vogel, *Konservative Kritik an der bürgerlichen Revolution. A. W. Rehberg*, Darmstadt-Neuwied, 1972.

22. Essa crítica, escrita em 1792, é anterior – o que merece ser assinalado – ao episódio do Terror.

23. Uma segunda obra de Brandès, *De certaines conséquences de la Révolution française dans ses rapports avec l'Allemagne*, publicada em 1792, é mais "política". Nela o juízo de Brandès é ferozmente hostil ao acontecimento revolucionário, à ideologia por ele veiculada e à propaganda, considerada perigosa para a Alemanha, que o acompanhava.

explica ele, o rei da França era outrora o único detentor do poder de legislar; por isso, o povo não devia deixar de considerar, ainda que por intermédio de seus deputados nos Estados Gerais, que estava condenado a uma submissão passiva, já que não lhe era concedida participação alguma nos assuntos políticos do país. Na França – diferentemente do que ocorria na Inglaterra – o fenômeno revolucionário era inevitável. Mas, prosseguia Brandès, a Revolução, ao dar uma nova Constituição à França, se enganara seriamente: não só, sem discernimento e por falta de cultura jurídica, "destruiu-se tudo antes de saber o que se colocaria no lugar", mas também os homens que formaram a Assembléia constituinte utilizaram confusamente os chavões extraídos de Rousseau, do exemplo norte-americano, do Iluminismo, da Fisiocracia etc. "Não se pode deixar de encarar essa Constituição como uma experiência metafísica que cai muito bem na especulação, mas da qual não se pode esperar muito que a tentativa, tal como é feita, adquira uma consistência duradoura na realidade."[24] Rehberg envereda pela mesma via e sua obra participa da "literatura de historicidade" que já foi exposta de Herder a Brandès. Mas, se exalta o valor da nação, da tradição e da língua, se elogia a capacidade de ação contida nos preconceitos porque se opõem à generalidade das idéias da razão, se sublinha o que a ordem espontânea, a produtividade e a mudança têm de politicamente fecundo, não se lança num patos anti-revolucionário alimentado por temas românticos com os quais se encantará a ideologia conservadora da antimodernidade.

Rehberg certamente não cala sua ressalva ao fervor igualitário que anima o pensamento dos direitos do homem; ele é, diz, repleto de hipocrisia em razão de seu universalismo abstrato e, por seu construtivismo, só pode gerar para os cidadãos a ilusão de sua emancipação: "Não é da razão – enquanto princípio de ordem e de inteligibilidade universais – mas da observação do mundo que se podem deduzir as leis de um Estado."[25]

---

24. Citado por Jacques Godechot, *La Contre-Révolution*, op. cit., p. 123.
25. Rehberg, *Recherches sur la révolution française*, I, p. 12 (citado por Pascale Pasquino in F. Châtelet, O. Duhamel, E. Pisier, *Dictionnaire des oeuvres politiques*, PUF, 2ª ed., 1989, p. 856.

Mas Rehberg é menos filósofo do que jurista: assim, é à doutrina de Achenwall que ele se reporta para assinalar o caráter praticamente quimérico e teoricamente errôneo da *Declaração dos direitos do homem e do cidadão* que, por suas "máximas gerais", só teria sentido, segundo ele, numa "república platônica" que não é deste mundo. Além disso e sobretudo, ele critica o mal-entendido que os revolucionários franceses inseriram no termo "Constituição": baseando-o nos conceitos de vontade geral e de soberania nacional[26], esvaziaram-no do valor substancial que "as leis fundamentais" haviam conferido ao príncipe monárquico enquanto Constituição não escrita arraigada na longa duração. Assim, Rehberg se aproxima de Burke, von Stein, G. de Humboldt e, embora num outro registro, de Bentham, para pensar que a infelicidade estava inserida na esteira da Constituição escrita: "A metafísica destruiu a monarquia francesa."[27]

Esse é o *leitmotiv* constantemente repetido pelos autores da Contra-Revolução que acusam especialmente Sieyès de permitir, com seu conceito do cidadão, com suas idéias da representação e da onipotência da Assembléia Nacional, com sua recusa das leis fundamentais e da prerrogativa real, etc., que fosse introduzida na Constituição a anfibologia fatal que a priva de qualquer referência substancial e prudente para mergulhá-la no prosaísmo e no formalismo do vazio. Essa ideologia conhece na Alemanha um crescendo nítido nas *Memórias* com as quais Gentz, em 1793, acompanha sua tradução das *Reflexões* de Burke

---

26. Poder-se-ia pensar que Rehberg visa particularmente ao *Discours sur la Constitution de la France* pronunciado por Saint Just na Convenção em 24 de abril de 1793, no qual, apesar de seu anti-rousseaunismo, o orador declarava que as idéias do povo como um corpo de inalienabilidade da vontade geral, de indivisibilidade da soberania etc., são os pilares do direito político da nova França. As datas obrigam a descartar essa interpretação polêmica. Em compensação, a Constituição de 1791 e o projeto de Constituição apresentado por Condorcet em nome da Comissão de Constituição já comportavam esses mesmos temas – aos quais Rehberg acrescentava a consagração do interesse comum, a crítica do individualismo, a defesa do voto universal e a máxima da subordinação dos ministros à representação nacional. O jurista que era Rehberg não o ignorava.

27. Rehberg, *op. cit.*, t. I, p. 5.

e, em 1794, sua tradução das *Considerações sobre a Revolução da França* de Mallet du Pan. A sucessão dos acontecimentos da França pode explicá-lo: a queda da realeza, a proclamação da república, os massacres de setembro, a influência de Robespierre quando da Convenção Jacobina, o Terror por fim. Entretanto, Gentz, no alvorecer do século XIX, se dedicará sobretudo, ao criticar o *Ensaio sobre a paz perpétua* de Kant[28], a aprimorar a idéia européia de equilíbrio que Metternich adotará. O problema do direito político, longe das controvérsias constitucionais suscitadas pela Revolução, ultrapassa assim as fronteiras do Estado. Ao mesmo tempo, o debate, até então político e jurídico, é levado ao terreno específico da filosofia do direito: contra a doutrina que adquirimos o hábito (contudo discutível) de designar como a do "jusnaturalismo moderno", que será invocado pelo novo direito político francês para justificar a religião da lei e o culto dos direitos do homem, ergue-se a Escola alemã do direito histórico que, de certa maneira, resgata para si diversos filosofemas do pensamento contra-revolucionário.

C) A escola do historicismo

A obra de Savigny

Apesar da importância de sua obra, Friedrich Karl von Savigny (1779-1861) é um autor bem pouco conhecido na França[29].

---

28. F. von Gentz, *De la paix perpétuelle* (1800), tradução e apresentação de M. Aoun, Thesaurus de philosophie du droit, Paris II, Duchemin, 1996.

29. Assinalemos entretanto as poucas páginas que lhe consagrou Eugène Lerminier, *Introduction à l'histoire du droit*, Paris, 1829 e o *Essai sur la vie et les oeuvres de M. de Savigny*, Paris, 1842. A segunda parte da recente obra de Alfred Dufour, *Droits de l'homme, droit naturel et histoire*, PUF, 1991, oferece um belíssimo estudo do pensamento de Savigny e, de modo mais amplo, da Escola histórica alemã. Cf. igualmente A. Dufour, Droit et langage dans l'École historique du droit, *Archives de philosophie du droit*, 1974, pp. 158 ss.; L'histoire du droit dans la pensée de Savigny, *Archives de philosophie du droit*, 1984, pp. 227 ss.; Jean-Marc Trigeaud, Du droit naturel dans la romanistique savignienne, *Scritti A. Gaurino*, Nápoles, 1984, p. 3565.

Seria muito evidentemente tendencioso e falso apresentá-lo como um adversário declarado do direito político edificado pelos revolucionários franceses. O projeto que ele concebeu aos vinte anos de idade não era de polêmica político-jurídica, ainda que a crítica ocupe nele um lugar não desprezível; seu projeto era, de maneira explícita, o de "reformar a ciência do direito". Esse projeto, concebido contra o espírito geral do *Aufklärung*, precisa-se em dois textos fundamentais: o panfleto que Savigny publica em 1814 sob o título *Vom Beruf unserer Zeit für Gesetzgebung und Rechtswissenschaft*[30] e o artigo programático *"Über den Zweck dieser Zeitschrift"* com que se abre o primeiro volume da *Zeitschrift für geschichtliche Rechtswissenschaft* de 1815[31].

O *Vom Beruf*... é essencialmente dirigido contra a crítica do direito consuetudinário e o elogio da codificação feitos em 1814 por A. F. J. Thibaut em *Über die Notwendigkeit eines allgemeinen bürgerlichen Rechts für Deutschland* (Sobre a necessidade de um direito civil geral para a Alemanha). Nesse texto, Thibaut se situava na corrente do jusnaturalismo de Christian Wolff e de Christian Thomasius; defendia a idéia de um direito natural que, tirando da razão sua universalidade e sua perenidade, constituía o pólo em torno do qual se podia construir, segundo um procedimento lógico-dedutivo, um sistema jurídico geral em que o material do direito seria reunido, a partir de princípios e de definições, nas categorias que o englobam de maneira exaustiva segundo um rigor absolutamente formal[32]. Clamava por uma "codificação" que conferiria à fenomenalidade heterogênea dos elementos pluralistas do direito a homogeneidade

---

30. A tradução francesa dessa obra, publicada em Heidelberg em 1814, foi prevista por A. Dufour, para o Thesaurus de philosophie du droit, sob o título *De la vocation de notre temps pour la législation et la science du droit*.
31. Esse "Journal pour la science historique du droit" foi fundado por Savigny, Eicchorn e Goeschen.
32. Filosoficamente, esse procedimento corresponde ao esboço da sistematização jurídica apresentado por Leibniz no seu *Codex juris gentium diplomaticus* (1693). J. B. Vico pleiteava, no mesmo sentido, em *De uno universi juris principio et fine una* (1720), um ordenamento sistemático e por categorias de todo o material jurídico.

de um "conjunto" e, segundo esquemas organizadores, permitiria a edificação de uma arquitetônica jurídica. A tese avançada por Thibaut não comportava novidade revolucionária; traduzia a vontade de racionalização do *corpus* jurídico, que já se havia manifestado há muito tempo na redação dos "consuetudinários" e que se podia, de qualquer modo, perceber em inúmeros autores do século XVIII. A *Teoria das leis civis* (1767) de Linguet, os *Princípios de moral, de política e de direito público publicados na história de nossa monarquia* (1777-1789) de J.-N. Moreau, a *Introdução aos princípios da moral e da legislação* (1789) de Bentham, os trabalhos de Cambacérès, de Portalis e de Fenet procedem desse espírito. Hegel menciona essa vocação epistemológica da codificação quando escreve, em 1821, nos *Princípios da filosofia do direito*: "É preciso que o direito seja conhecido por um ato do pensamento, é preciso que seja um sistema em si mesmo, e somente sob essa forma é que pode desempenhar um papel decisivo nas nações civilizadas."[33] Reunir uma profusão de leis num "sistema coerente" já é a "elevação ao universal" que é a aspiração mais profunda do racionalismo jurídico moderno. Hegel indica claramente aquilo que Thibaut se contentava em pressupor: a saber, que há nas perspectivas da codificação uma escolha filosófica pelo que ela procede do racionalismo humanista que, seguindo o movimento da modernidade, libertou o direito de qualquer referência metafísica para enfatizar sua autonomia.

A esse esquema que reflete as tendências "modernas" do direito, Savigny dirige críticas virulentas com base nas quais ele elabora a carta filosófica do que denomina a Escola "histórica" do direito[34]. Se os princípios racionais do direito político moderno apresentam globalmente o defeito de ser, diz ele, "a-históricos" (*ungeschichtliche*), esse defeito revela sua nocividade quando se põem em evidência suas diversas facetas.

Savigny, como Hume, Burke e Gentz, sublinha a historicidade do direito: longe de resultar de um poder legislativo ar-

---

33. Hegel, *Principes de la philosophie du droit*, § 211, adendo.
34. Savigny, *Über den Zweck* ..., pp. 2-3.

bitrário, que fica preso na inércia[35], o direito de uma época é, diz ele, necessariamente condicionado pelo direito da época precedente. De fato, a liberdade das decisões jurislativas não possui dimensão eternitária; assim como o espírito se insere na natureza, assim também a liberdade mergulha no tempo. Disso resulta que uma filosofia do direito que se fecha no rigor de uma metodologia puramente racional se condena, por sua conduta lógico-dedutiva, a uma estática jurídica que carece de tudo o que faz o valor do direito. Em conseqüência, distanciando-se do racionalismo empedernido de uma ciência jurídica que reduziria o direito a sistema, a Escola histórica de Savigny, de Puchta e de Beseler valoriza o "direito consuetudinário" (por mais "inadequada" que seja essa expressão)[36] como fazem muitos românticos alemães. O artifício de um "aparelho" legislativo e de um "código" desnatura o direito que é "primeiro gerado pelos costumes e pelas crenças populares, depois pela jurisprudência, portanto, em qualquer caso, por forças internas que agem em silêncio"[37] na totalidade viva do povo[38]. Quando, portanto, Savigny busca as fundações do direito no que chama de *das natürliche Recht*, pretende refutar a teoria jusnaturalista do *Aufklärung* que defende a equação do "direito natural" e do "direito racional" (*Vernunftrecht*) cujos elementos aprioristicos abstratos atestam a ignorância da "realidade existente"[39]: a naturalidade do direito não é a expressão da natureza racional do homem, mas exprime a vida da totalidade orgânica que uma nação é[40]. O olhar com que Savigny considera o "povo" não é estranho à filosofia da natureza de Schelling nem ao romantismo alemão: segundo ele, um povo, longe de resultar de um contrato social edificado no âmbito atomístico do individualismo, é um todo, complexo, indivisível, cujas partes são solidárias e

---

35. *Ibid.*, p. 6.
36. *Ibid.*, p. 14.
37. *Ibid.*, p. 14.
38. *Ibid.*, p. 17.
39. *Ibid.*, p. 18.
40. *Ibid.*, pp. 3-4; cf. igualmente *Vom Beruf...*, cap. II: "Entstehung des positiven Rechts", p. 8.

cujas vida e cultura desafiam as rupturas e as descontinuidades do mecanismo racional. Se é de fato preciso admitir que o direito comporta um aspecto "técnico" (pois é preciso um método rigoroso para promulgar leis), não se pode confundir esse elemento metodológico do trabalho legislativo com a fonte fundadora do direito político: esta reside no particularismo nacional cuja noção Savigny parece extrair de Montesquieu ou de Herder. O direito político deve ser a expressão da vida particular de um povo.

Dos grandes temas que regem o historicismo de Savigny, seria temerário concluir que o direito político tem por vocação veicular, atribuindo caráter absoluto ao valor do costume, um relativismo conservador ou, atribuindo caráter absoluto à especificidade dos povos, um relativismo diferencialista. Savigny não se preocupa com essas considerações, que podem ser retomadas pelo militantismo político. Refletindo sobre o exemplo privilegiado do direito romano, ele especifica que seu esforço consiste em descobrir "o princípio orgânico e vivo" do qual, para um povo, procede o direito, a fim de expor a grande ilusão das modernas filosofias jurídicas: o que elas postulam, a universalidade abstrata e sistemática do direito político (e, aliás, de qualquer direito, tanto privado como público), ocultou as identidades nacionais.

Sem dúvida, a crítica dirigida em 1821 por Hegel à Escola do direito histórico tende a provar que o aparelho jurídico (*Rechtspflege*) da sociedade civil moderna tende, pela legislação positiva, a realizar uma meta universal. Certamente Hegel tem razão de distinguir o conteúdo da lei, que é condicionado por circunstâncias históricas, e a forma da lei que, sendo aquela da universalidade[41], implica, para ser pensada, o senso do universal: "Negar a uma nação culta ou a seus juristas a capacidade de fazer um código seria uma das mais graves injúrias que se

---

41. Hegel, *L'Encyclopédie*, § 529 E, precisa que "a positividade das leis só diz respeito à sua forma [...] é evidente que o conteúdo dessas leis não tem necessariamente de ser racional; pode muito bem ser irracional, isto é, injusto".

poderia fazer a essa nação ou a seus juristas."⁴² Levantando-se contra a oposição de Savigny e de Hugo à codificação elogiada por Thibaud, Hegel se recusa, contudo, a atribuir ao direito um fundamento consuetudinário. A seu ver, o historicismo, por sua referência à tradição e ao costume, condena o direito ao relativismo e impede sua elevação a um universal pensado; ele o destina a uma *Common Law* que não sai do mundo medíocre do empirismo⁴³. Seu erro é confundir "a gênese exterior" e a "gênese conceitual" do aparelho jurídico: uma "justificação extraída das circunstâncias" não é uma "justificação verdadeira"; é por isso que ocorre que "a justificação histórica faça, sem saber, exatamente o contrário daquilo a que visa"⁴⁴. Por conseguinte, a crítica que Hegel formula contra a Escola histórica o leva a tomar a defesa do código, não à maneira dos *Aufklärer*, como edifício lógico-dedutivo do direito, mas como "existência empírica da lei". O significado de sua oposição a Savigny – que, à primeira vista, pode evidentemente surpreender depois da leitura de *A fenomenologia do espírito* – fica portanto claro: na economia geral de seu sistema, ela adquire sentido ao relacionar o direito político, entre o espírito subjetivo e o Espírito absoluto, com a *Weltgeschichte* ou "história universal"⁴⁵ que, "tribunal do mundo" (*Gerichte*), é a única realização da razão ao longo dos conflitos que pontuam o curso acidental dos acontecimentos⁴⁶.

---

42. Hegel, *Principes de la philosophie du droit*, § 211, Observação.
43. *Ibid.*, § 211, adendo.
44. *Ibid.*, § 3.
45. *Ibid.*, § 341.
46. O Estado moderno, considerado no direito político que o organiza e o rege, é portanto, em sua essência, segundo Hegel, expressão da razão. Mas o direito político racional, sem negar a historicidade, não se modela pelos conteúdos acidentais da história. Segundo Hegel, ele transcende a substância político-histórica que não passa, em suma, como diz Eric Weil, do "embasamento indispensável à realização do Espírito absoluto". La philosophie du droit et la philosophie de l'histoire hégélienne, *Hegel et la philosophie du droit*, PUF, 1979, p. 21.

As ressalvas de Chateaubriand

Apesar das reservas formuladas por Hegel, os temas com que a Escola histórica alimentava sua crítica do direito político concebido pela racionalidade moderna continuaram a receber uma grande audiência, o que era favorecido na Alemanha pelo clima romântico. Em sua obra, o próprio Savigny insistia cada vez mais no lugar ocupado, na "gênese invisível do direito positivo", pelo sentimento, evidentemente irracional, de uma "necessidade interna" que se abebera nas fontes divinas[47]; desenvolvia as noções de direito popular (*Volksrecht*) e de espírito do povo (*Volksgeist*). Como ele, os autores da Escola histórica – Hugo, Puchta, Grimm, Beseler – utilizavam, embora num pensamento matizado[48], esses conceitos repletos de irracionalidade que ajudam a valorização do passado nacional e subordinam o direito político ao desenvolvimento orgânico dos povos segundo o ritmo natural de sua história[49]. Também é de notar que

---

47. Savigny, *System des heutigen römischen Rechts*, Berlim, 1840, I, § 7, trad. fr., Paris, 1840, I, p. 15; citado por Alfred Dufour, *op. cit.*, p. 185.
48. Cf. Alfred Dufour, *op. cit.*, pp. 188-94.
49. Eugène Lerminier, professor do Collège de France, esboça nos anos 1830 um quadro tão atraente quanto conciso das idéias da Escola histórica: *Introduction générale à l'histoire du droit*, 1ª ed., 1829; 2ª ed., 1835, cap. XVII. Tendo recordado, ao invocar Justus Möser e Gustav Hugo (p. 265), que "o espírito histórico e nacional começara a resistir na Alemanha contra a filosofia francesa que queria ali improvisar uma legislação no código prussiano", ele se prende às teses de Savigny denunciando os códigos como "uma espécie de programa legal pelo qual o Estado abole tudo que não é ele" (p. 276); acima de tudo, ele sublinha a importância assumida nessas teses pela mediação da história e pelas sucessivas contribuições nos séculos em que "sentem-se a vida e o progresso" (p. 288).
Seguindo E. Lerminier, Édouard Laboulaye destacará, no seu *Essai sur la vie et l'oeuvre de Savigny* (1842), o alcance, "maior do que comumente se supõe na França", das idéias da Escola histórica. "A jurisprudência", escreve ele, "não é de forma alguma seu único objeto, mas elas estão destinadas a aparecer numa esfera mais ampla, quero falar da política, que verdadeiramente não passa de uma das faces mais elevadas da jurisprudência" (p. 48). O mérito de Savigny, prossegue Laboulaye, é ter compreendido que "as leis são uma parte da existência social" de um povo. A conclusão é luminosa: "Ao transportar para a política as doutrinas que Savigny aplicava às instituições civis, percebe-se que há uma grande analogia entre as idéias do sábio alemão e as que M. de Maistre escreveu no começo do século" (p. 51).

Chateaubriand, quando se levanta contra o racionalismo jurídico e o culto legislativista do direito político desejado pela Revolução Francesa, tenha muitas vezes se aproximado, embora sem intenção doutrinária, da temática crítica da Escola de Savigny. Não hesita, de fato, num movimento ao mesmo tempo irracionalista e teológico, em condenar o racionalismo moderno.

Quando o emigrado Chateaubriand redigia, entre 1794 e 1797, seu *Ensaio sobre as revoluções*, estava convencido de que o direito político da Revolução fora "produzido em parte por homens de letras". Não ocultava sua hostilidade para com as "palhaçadas voltairianas" que a filosofia do Iluminismo propagara e acusava *O contrato social* de ter "feito muito pouco bem e muito mal", criticando especialmente Rousseau por não ter sabido recorrer à história como a "um dos princípios do direito político". Quando, em 1826, trabalhando na edição de suas *Obras completas*, ele anota seu *Ensaio* com minúcia, considera, como anteriormente, que o progresso do Iluminismo arruinou a ordem moral, porém, indo muito mais longe, pensa que, em nome do povo e da liberdade, a Revolução gerou um direito político destinado a descambar na tirania. Foi isso que ocorreu: daí em diante "um rio de sangue" separa o velho mundo do novo[50]. Assim é acusado o filosofismo dos ideais que inspiram o novo direito político. Se este suplantou o direito do Antigo Regime, ao glorificar contra a natureza o individualismo e a "liberdade dos Modernos", ele matou o espírito republicano[51].

O filosofismo da Modernidade, avalia Chateaubriand, cometeu o erro de separar o direito da moral; então abriu perigosamente uma cisão entre o Estado e a sociedade. Essa cisão é irreparável pois, se os tempos após a Revolução se ergueram sobre as ruínas do passado, eles se abrem para um mundo pri-

---

50. Chateaubriand, *Mémoires d'Outre-Tombe*, Pléiade, t. I, p. 213.
51. São tons quase nietzschianos que já ressoam sob a pena de Chateaubriand: "O cinismo dos costumes traz de volta à sociedade, ao aniquilar o senso moral, uma espécie de bárbaros; esses bárbaros da civilização, apropriados para destruir como os godos, não têm a potência de fundar como eles; estes eram os filhos enormes de uma natureza virgem, aqueles são os abortos monstruosos de uma natureza depravada" (*ibid*., t. I, p. 225).

vado de futuro. A ideologia anti-revolucionária de Chateaubriand o orienta, por reação, para um romantismo político profundamente religioso, expresso, em 1816, por *A monarquia segundo a Carta*. Nesse texto, contudo, o tradicionalismo não se confunde com o historicismo de um Savigny. Na realidade, a história é tão cheia de contingência, de incoerências, de artimanhas e de mentiras, os particularismos nacionais são nela tão repletos de incompreensões e de intolerâncias, os costumes nela são tão carregados de contradições que, em razão da equivocidade assim veiculada, é impossível encontrar nela o solo em que se enraíza o direito político dos povos. Em sua particularidade, a tradição e a história, sem dúvida, conservam; mas também dissolvem. São portanto o palco da ambivalência: se podemos, graças a elas, reencontrar, por "reação" anti-revolucionária, os valores que o direito político de uma Restauração legitimista salvará, pode-se também cair com elas no tédio mortal que nasce da acumulação de singularidades em que espreita a falta de sentido. Contrário ao racionalismo voluntarista do direito político da Revolução, Chateaubriand não busca, portanto, as fontes do direito no movimento da história. Como Napoleão, pensa que "a história é uma fábula combinada", ainda que haja nela forças mentirosas cuja nocividade é preciso saber evitar.

Para fazer isso, o caminho é semeado de tantas emboscadas que o pensamento do direito político, em Chateaubriand – mas também em Fichte, Benjamin Constant ou Joseph de Maistre – não avança sem oscilações e incertezas, mesmo quando se faz, como em 1816, o teórico do regime parlamentar. Só que essas hesitações, como as sutilezas que se inserem nas controvérsias jurídico-políticas do pensamento contra-revolucionário, funcionam como um revelador: expõem o mal-estar filosófico que, depois da segurança altaneira do racionalismo dos "grandes séculos", invade o direito político e logo transformará a crítica numa crise multiforme.

2. A crise do direito político: da efervescência ao paroxismo

Na onda da controvérsia anti-revolucionária, as ressonâncias ideológico-políticas mais ou menos coloridas de romantismo em geral cobriram as tonalidades especificamente jurídicas da produção e do funcionamento das regras do direito do Estado moderno. Entretanto, panfletários, políticos ou juristas reconheceram todos, de um modo ou de outro, no direito político nascido com a Revolução Francesa, o ápice de um momento filosófico em que triunfa o racionalismo jurídico que foi obra da fração mais radicalista do Iluminismo. Ora, é esse orgulho racionalista, esquecido dos limites que a finitude humana impõe à "simples razão", que é objeto de todas as críticas.

Quaisquer que sejam as inflexões particulares assumidas por essas críticas segundo os diversos autores, têm um denominador comum: rebelam-se contra a alegoria quase metafísica do Estado DO direito cuja imagem mais simbólica é fornecida pelo Império napoleônico, oriundo da Revolução, e cuja teorização mais rigorosa é dada pela filosofia de Hegel. Está portanto aberto o processo contra os princípios filosóficos de independência, de ordem pública, de legalidade constitucional, de onicompetência etc., característicos do direito político do Estado moderno. Para além da tonalidade polêmica do romantismo político e da Escola histórica do direito que relembramos, não tardam a soar os tons militantistas a fim de travar combate contra "o direito do Estado burguês". Paralelamente, a lógica do Estado-nação, cujo bosquejo Sieyès havia traçado, é contrabalançada pelos ímpetos da "alma dos povos": em nome da idéia de nação e do sentimento de nacionalidade, os princípios do direito serão atacados pelos assaltos dos nacionalismos. As crises assim declaradas não serão muito construtivas, apesar das ambições de seus condutores. E logo Nietzsche, lançando "uma olhadela" sobre o Estado moderno, medirá a amplitude do desastre político-jurídico: com um olhar que descerá até as entranhas do "monstro mais frio de todos os monstros frios", ele mostrará o caráter paroxístico e inaudito da crise que mina o direito político da modernidade.

A) A demolição do direito do Estado burguês

A página da história filosófica na qual se instruiu o processo do direito político do Estado burguês é bem conhecida dos especialistas do pensamento marxista. Encontra sua expressão mais condensada na "reviravolta" da dialética hegeliana à qual Marx pretendeu consagrar seus esforços.

Marx, crítico de Hegel

As primeiras obras de Marx trazem a marca da filosofia do direito de Hegel[52] que passava então, mais errada do que acertadamente, por ser "a filosofia de Estado da realeza prussiana". Nos primeiros artigos sobre o direito político que publicou na *Rheinische Zeitung* (*A Gazeta Renana*), Marx não hesitava em se situar entre os jovens hegelianos de esquerda e, no *Doktorklub* que freqüentava, sustentava que o direito político encarna no Estado a razão e a liberdade. Entretanto, de um lado, fazia questão de marcar sua diferença em relação aos hegelianos chamados "de direita", cuja ortodoxia filosófica (para eles, o Estado, racional, encarna a idéia absoluta) caracterizaria como idealista e conservadora; do outro, pretendia distanciar-se do pensamento "abstrato" de Bruno Bauer e daquele que mais tarde será conhecido pelo nome de Max Stirner. A influência de Ludwig Feuerbach e de Arnold Ruge devia fazer o resto...

De fato, por volta dos anos 1840, quando desaprova de modo cada vez mais categórico o absolutismo prussiano, Marx sonha com uma "crítica do direito político hegeliano". Redigirá seu texto em 1842 ou 1843[53], sob a forma de um comentário da

---

52. Solange Mercier-Josa, *Retour sur le jeune Marx. Deux études sur le rapport de Marx à Hegel* (resposta ao livro de Guy Haarscher, *L'ontologie de Marx*, Bruxelas, 1980), Méridiens-Klincksieck, 1986.

53. O manuscrito *Kritik des Hegelschen Staatsrechts*, sem data, foi editado pela primeira vez em 1927: texto alemão, *Marx Engels Werke*, Berlim, 1961, t. I, trad. fr. in *Marx. Oeuvres philosophiques*, Édition Costes, trad. Molitor, Paris, 1948, vol. IV; Éditions Sociales, introdução e tradução A. Baraquin, 1975. Cf. o comentário de Michel Henry, De Hegel à Marx: essai sur la *Critique de la philosophie de l'État de Hegel* de Marx, in *Hommage à Jean Hyppolite*, PUF, 1971, pp. 81-144.

Terceira seção (O Estado, §§ 261-313) da Terceira parte (A moralidade objetiva) dos *Princípios da filosofia do direito* de Berlim de 1821, ao longo do qual ele contesta inteiramente, para além dos desvios políticos da monarquia constitucional, a concepção jurídica do Estado elaborada por Hegel.

O comentário, que se torna uma crítica profunda, visa explicitamente à derrubada do idealismo hegeliano. Contudo, uma vontade de descrédito mais do que uma vontade de ruptura estimula a reflexão que leva à demolição teórica do direito hegeliano. Já no comentário do § 261, é dado o tom: se o Estado é, como diz Hegel, o "objetivo imanente" da família e da sociedade civil, e se, como tal, "tem sua força na unidade entre seu objetivo final universal e o interesse particular dos indivíduos", é que ele se exprime como "homogeneidade do particular e do universal". O próprio Marx adota essa tese, da qual faz a premissa de sua crítica. Mas condena Hegel por ter simplesmente *afirmado* a identidade entre o particular e o universal, sem jamais estabelecer segundo qual processo a Idéia se realiza, isto é, como o Estado determina as esferas concretas da sociedade e da família. "Família e sociedade civil burguesa parecem ser o fundo sombrio da Natureza de onde se acende a luz do Estado."[54] O sentido da crítica é claro: Marx denuncia o caráter "ideal" do Estado hegeliano no qual "a lei da Idéia" permanece estranha às atividades concretas que se manifestam na família e na sociedade. A "objetivação" da Idéia de que fala Hegel não é a atividade real dos indivíduos. A mediação da objetivação é "uma mediação aparente"[55] que, em nada participando daquilo que ocorre realmente, mantém um "mistério" especulativo[56].

Reconheçamos sobretudo que o mérito de Marx foi ter apreendido o projeto filosófico pelo qual Hegel insere os "princípios" do direito político em seu sistema distinguindo a *sociedade civil* e o *Estado*. Mas, uma vez ressaltado esse mérito, a crítica de Marx se condensa numa oposição radical ao caráter

---

54. Marx, *op. cit.*, comentário do § 262, in Éditions Sociales, p. 38.
55. *Ibid.*, p. 39.
56. *Ibid.*, p. 41.

especulativo do direito político de Hegel, ainda que, fechando-se na circularidade do discurso hegeliano, ela esteja no mesmo plano que ele, portanto, ela mesma mais teórica do que prática. Em outras palavras, para denunciar os "princípios filosóficos" do direito político, ela própria permanece "filosófica" e não é um convite para "transformar o mundo". Por conseguinte, Marx, em sua crítica da filosofia do direito de Hegel, no final das contas só ataca o princípio de subsunção do particular sob o universal, ou, noutros termos, esse "capítulo da lógica"[57] segundo o qual Hegel pensou o organograma jurídico do Estado: "Toda [a sua] filosofia do direito é apenas um parêntese da lógica"[58] e só serve como "prato de entrada" para o estudo do direito político; descrever o poder legislativo como o pensamento do universal[59] e reconduzir o poder do príncipe (o poder executivo) à subsunção dos casos individuais sob esse universal[60] não corresponde à efetividade constitucional.

Chega-se, aliás, à mesma constatação de fracasso quando se indaga, prossegue Marx, sobre a soberania: Hegel a interpreta como "o idealismo do Estado", como sua "autodeterminação abstrata" que faz dele uma "individualidade". Ora, de um lado, o indivíduo-Estado corre o grande risco de se exprimir na célebre frase: "O Estado, sou eu"[61], que é o pórtico do regime monárquico em sua forma pura; e, do outro, quem quer que use essa linguagem se esquece de que o povo soberano, sustentáculo da democracia, é uma realidade concreta e viva que só age consoante sua imersão nas determinações particulares do meio[62]. Portanto, tudo no idealismo hegeliano funciona às avessas: "Hegel parte do Estado e faz do homem o Estado subjetivado"; ora, "a democracia parte do homem e faz do Estado o homem objetivado"[63].

---

57. *Ibid.*, comentário do § 269, p. 52.
58. *Ibid.*, p. 52.
59. *Ibid.*, comentário do § 298, p. 101.
60. *Ibid.*, comentário do § 275, pp. 55 ss.
61. *Ibid.*, comentário do § 279, p. 64.
62. "Se Hegel tivesse procedido a partir de sujeitos reais na medida em que são as bases do Estado, não se teria encontrado na obrigação de fazer com que, de maneira mística, o Estado se subjetivasse assim" (*ibid.*, p. 60).
63. *Ibid.*, p. 69.

A filosofia hegeliana do direito político está assim condenada, no dizer de Marx, a se atolar num "formalismo político" cuja imagem nesse "Estado imaginário ao lado do Estado real" é dada pela burocracia[64]. A subsunção do singular sob o universal esvazia o direito de todo conteúdo, de modo que o Estado, separado da sociedade civil concreta, se torna uma forma vazia. O mais grave é que o formalismo estatal se afunda no "enigma do misticismo"[65]. Não é o que ocorre quando, no direito constitucional hegeliano, os diferentes estados sociais (*Stände*) – os dos governantes, dos padres, dos médicos ou dos magistrados etc. – são considerados, *sem que se possa compreender por que*, a mediação que, entre povo e governo, ou entre sociedade civil e Estado, conduz à identidade filosófica entre o particular e o universal[66]. Hegel não deve ser censurado porque descreveu o Estado moderno tal como ele é; mas é impossível segui-lo quando enuncia o axioma segundo o qual o racional é real, pois assim apresenta a natureza do direito político como cega para a irracionalidade da realidade. Seu logicismo o condena ao sistema dialético das mediações, que permanece inteiramente estranho à vida concreta.

Na argumentação, diluída à vontade, que o "jovem Marx" alinha no seu comentário crítico, frase a frase, dos *Princípios da filosofia do direito* de Hegel, percebe-se facilmente o quanto, no seu combate filosófico, ele ainda é tributário, ainda que o negue, das categorias e do modo de pensar especificamente hegelianos. Entretanto, é impressionante o acúmulo de acusações a Hegel, não só de obscuridades e de "mau sincretismo" em seu discurso, como também de "argúcias metafísicas", de complacências teológicas, até mesmo panteísticas, de misticismo lógico etc. A argumentação equivale a condenar o filósofo por ter confundido o ontológico e o lógico, a esfera da essência e a esfera do conceito, o que o leva, tal como um "sofista", a situar o Estado na via do Absoluto: é isso que lhe permite devotar-lhe um culto.

---

64. *Ibid.*, comentário do § 297, pp. 90 e 92.
65. *Ibid.*, comentário do § 300, p. 109.
66. *Ibid.*, comentário do § 302, pp. 118-9.

Com quinze anos de recuo, Marx, julgando ele próprio sua "revisão crítica" do direito político hegeliano, escreverá: "Minhas pesquisas chegaram ao resultado de que as relações jurídicas – bem como as formas do Estado – não podem ser compreendidas nem por elas mesmas nem pela pretensa evolução geral do espírito humano, mas que, ao contrário, têm suas raízes nas condições de existência materiais cujo conjunto Hegel, a exemplo dos ingleses e dos franceses do século XVIII, abarca sob o nome de 'sociedade civil', e de que a anatomia da sociedade civil deve ser buscada, por sua vez, na economia política."[67] Nesse meio tempo, ele havia elaborado um esquema de trabalho que lhe parecia insuscetível de discussão: organizar o direito político segundo outro plano e com outros materiais, portanto, estourar em pedaços o aparelho filosófico inicial que constituía a axiomática do direito político hegeliano. Era isso que já deixava entender o ensaio de 1844 publicado nos *Anais franco-alemães* sob o título *Zur Kritik der hegelischen Rechtsphilosophie: Einleitung* que, apenas um ano depois do manuscrito inacabado de 1843, transportava o debate para outro terreno – o da práxis política – e se apresentava como um manifesto militante e revolucionário. Marx combate então a realidade política alemã, que ele acredita ser a consumação da filosofia hegeliana do direito. Fazendo ironia sobre a religião como o "ópio do povo", ele protesta contra a miséria filosófica que ela gera e que, somando-se à miséria material do povo, é deplorável. Muito decidido a assinar a sentença de morte do idealismo jurídico-político de Hegel e de seus seguidores, Marx exige então nada menos do que a negação da filosofia. A demolição dos princípios da filosofia do direito de Hegel está a partir de então consumada no pensamento de Marx: ele tende para o materialismo dialético que será anunciado para o mundo, em 1845 e 1846, em *Teses sobre Feuerbach* e *A ideologia alemã*.

Marx teria portanto estabelecido – segundo ele, definitivamente – que a filosofia especulativa do direito político hege-

---

67. Marx, *Contribution à la critique de l'économie politique*, 1859. Éditions Sociales, p. 4.

liano, que nada mais é do que a análise do Estado moderno, não soube escapar às miragens de uma modernidade que, confundida com a racionalidade, se edificou unicamente sobre princípios considerados verdades da razão. Portanto, ela ocasiona uma mistificação[68]: quando o direito do Estado moderno se diz fundamentado na soberania do povo, portanto, na co-soberania de todos os cidadãos, abstraindo-se a dependência social, a instrução ou a riqueza deles..., quando proclama a igualdade e a liberdade, "declarando" solenemente a eliminação das desigualdades de nascimento, de nível, de raça, de riqueza ou de religião..., não impede que os cidadãos mais instruídos ou mais ricos assumam no Estado os cargos mais importantes. Por conseguinte, existe no direito político moderno uma contradição flagrante entre a sociedade e o Estado, entre o homem e o cidadão. A contradição é ainda mais insolente porque o Estado moderno, proclamando-se leigo e ateu, é na realidade a "realização do Estado cristão". Tudo nele traz os estigmas da mentira da religião.

Como "homem revoltado", Marx quis dissipar a grande ilusão inserida, segundo ele, no direito político pretensamente emancipador do Estado moderno. Não basta, porém, dizer, como

---

68. Essa é a tese desenvolvida na *A questão judaica*, publicada nos *Annales franco-allemandes* de 1843, na mesma época em que Marx redigia sua crítica dos *Princípios da filosofia do direito de Hegel*. Opondo-se a Bruno Bauer que, indagando-se sobre a questão dos direitos do homem, considerava que, já que a liberdade política exige que o homem renuncie à religião (portanto, o judeu ao judaísmo), o Estado devia se laicizar, Marx objetava que o Estado pode muito bem se libertar da teologia e da religião sem que nem por isso o homem seja livre.

Com uma constância obstinada, Marx faz, num gesto que ele pretende espetacular, a crítica dos "direitos do homem", que interpreta como a simbologia histórica do direito político moderno, cujo erro, não pára de repetir, foi negar a liberdade humana mesmo quando a proclamava. Nos "direitos do homem", trate-se de liberdade, de propriedade, de igualdade ou de segurança, ele vê a consagração ideal e formal das aspirações da burguesia, presa no egoísmo e dedicando de algum modo um culto ao "querido eu". A ilusão é imensa; seus efeitos são deletérios, uma vez que estão baseados no "postulado cristão da soberania de cada homem" (Bernard Bourgeois, *Philosophie et droits de l'homme de Kant à Marx*, PUF, 1990, p. 103).

se repete freqüentemente, que Marx reorganizou a dialética hegeliana. Para abalar a ilusão que percebe no direito político moderno e evitar as miragens do idealismo jurídico, ele seguiu os caminhos praxiológicos do "novo materialismo" (o das *Teses sobre Feuerbach*) e mostrou que, como o homem é para o homem a "realidade suprema", a raiz do direito político tem de residir no movimento de transformação que leva o mundo humano. Para isso, é preciso ultrapassar a "crítica roedora dos camundongos", não afundar no niilismo à moda de Stirner e renunciar a qualquer filosofia especulativa... A "decadência do Estado" – é claro, do Estado racional burguês condenado a negar a si mesmo pelo individualismo, pela abstração dogmática, pelo idealismo e pela religiosidade – está no final do caminho[69]. O veredicto é inapelável.

Para arrancar os homens dos impasses do direito político moderno que é o lugar de sua alienação, segundo Marx não há outra saída além do estabelecimento de uma sociedade sem classes e da internacional comunista que unirá todos os proletários. A questão é saber se o programa comunista resolve a crise fatal denunciada no humanismo jurídico moderno. Por mais diversas que sejam as respostas a essa questão, todas elas mostram a fragilidade das teses marxistas. Evoquemos aqui alguns exemplos particularmente instrutivos.

As dúvidas que pesam sobre o programa comunista

O antagonismo entre Max Weber e Karl Marx constitui uma primeira resposta à indagação que acabamos de formular, já que, de modo explícito, *A ética protestante e o espírito do capitalismo*[70] formula a contestação das concepções marxistas. A racionalização do direito que Weber expõe ao insistir naquilo que a adaptação dos meios aos fins tem de necessário para

---

69. Ele se torna, de todo modo, a palavra de ordem a que obedecerão Engels em *Anti-Dühring* e Lênin em *O Estado e a revolução*, clamando que a abolição do Estado e do direito será obra da ação revolucionária do proletariado.
70. Cf. Max Weber, *Sur l'éthique protestante et l'esprit du capitalisme*, 1904-1905, trad. Plon, 1964.

um direito político que quer promover e salvaguardar as liberdades é mesmo, mais especificamente, uma réplica à demolição do Estado moderno empreendida por Marx. Ainda que a cultura moderna se tenha encaminhado inexoravelmente para a dissolução do sagrado, o mérito do "Poder racional" é se exercer, no Estado moderno, sobre a base das habilitações e das competências reconhecidas aos titulares da autoridade[71]. Em *Economia e sociedade*[72] Weber, ao estabelecer uma tipologia dos modos de dominação, não hesita em mostrar que a superioridade do Estado moderno reside na "dominação legal": nele o Poder procede, sob a Constituição, das regras legislativas e impõe a todos um conjunto de regras racionalmente codificadas[73].

Nas críticas que Hans Kelsen formula contra a "ideologia", Marx e os marxistas são particularmente visados[74] e basta uma frase para dar seu tom, que se repete, aliás, como um *leitmotiv*: suas teorias, diz Kelsen, "mascaram a realidade, seja transfigurando-a para defendê-la e assegurar sua preservação, seja desfigurando-a com vistas a atacá-la e substituí-la por outra".

Merleau-Ponty, é verdade que escrutando a política mais do que o direito[75], falou do fracasso das teorias marxistas e, muitas vezes em sua obra, voltou às razões desse fracasso. Depois dos processos de Moscou, dos campos de trabalho forçado, do sistema de campos de concentração de Stálin etc., as contra-

---

71. Ver Philippe Raynaud, *Max Weber et les dilemmes de la raison moderne*, PUF, 1987.
72. Max Weber, *Économie et société* (1922), primeiro livro, 1982.
73. Ver C. Colliot-Thélène, *Le désenchantement de l'État. De Hegel à Max Weber*, Éditions de Minuit, 1992, pp. 230 ss.
74. Hans Kelsen, *Sozialismus und Staat: eine Untersuchung der politischen Theorie des Marxismus*, 1923; *Théorie pure du droit*, 1934, trad. Thevenaz, 2ª ed., Neuchâtel, 1988, pp. 64-5; *The Communist Theorie of Law*, 1955; *Aufsätze sur Ideologiekritik*, 1964; *Demokratie und Sozialismus*, 1967. Cf. Stanley Paulson, in *La philosophie politique de Kelsen*, *Cahiers de philosophie politique et juridique*, Caen, 1990, nº XVII, pp. 93-5.
75. Maurice Merleau-Ponty, *Sens et non-sens*, Nagel, 1947; *Humanisme et Terreur*, Gallimard, 1947; *Les aventures de la dialectique*, Gallimard, 1955; *Signes*, Gallimard, 1960. Cf. Simone Goyard-Fabre, Merleau-Ponty et la politique, *Revue de métaphysique et de morale*, 1980, nº 2, pp. 240-62.

dições do comunismo pareceram a Merleau-Ponty ser flagrantes. Sem dúvida viveu dolorosamente o dilema entre comunismo e anticomunismo; mas, o que foi a seu ver um impasse político não redundou filosoficamente numa aporia. Na discussão dos *Tempos modernos*, ele se opôs a Sartre, reprovando-o por incorporar o comunismo a seu próprio universo filosófico e por desviar suas noções-chave de história, de proletariado, de Partido, de relações de classe etc., para um subjetivismo integral. Merleau-Ponty censura Sartre por sua "loucura do cogito"[76] e por sua falta de lucidez quando, falando do direito e da política, não sai do pensamento e "reduz a ação a juízos"[77], caindo assim no idealismo extremado. Seu erro é ignorar a intersubjetividade a ponto de o seu ultrabolchevismo não passar de uma diáspora individualista. Como, portanto, deixar de compreender que há, no marxismo e em seus prolongamentos comunistas, uma contradição profunda cujas ações anti-humanistas e aterrorizadoras, levadas a cabo em nome do Partido, são um atentado contra o homem?

A violência à qual recorrem os seguidores do marxismo é, diz Hannah Arendt[78], a "expressão de um mundo deslocado" no qual sopra o vento dos totalitarismos que traz consigo a "desolação". H. Arendt vê no comunismo soviético e nos regimes comunistas da Europa do Leste, nem mais nem menos do que no nazismo, uma lógica da demência que pulveriza as categorias e os critérios do direito político que autores modernos haviam elaborado.

Karl Popper denuncia duramente as contradições e os contra-sensos filosóficos evidenciados pela controvérsia entre marxismo e hegelianismo. Os dois livros que publica quase simultaneamente no final da Segunda Guerra Mundial – *Miséria*

---

76. Merleau-Ponty, *Les aventures de la dialectique*, p. 213.
77. *Ibid.*, p. 236.
78. Hannah Arendt, *Les origines du totalitarisme* (1951) e particularmente o terceiro volume *Le système totalitaire* (trad. fr., Seuil, 1972); *La condition humaine* (1958), trad. Calmann-Lévy, 1961; 2.ª ed. com um prefácio de Paul Ricoeur, 1983.

do historicismo e *A sociedade aberta e seus inimigos*[79] – não dissimulam sua hostilidade para com o materialismo histórico: a história jamais indicará o que é preciso fazer; as normas são totalmente irredutíveis aos fatos. Pensa que, ao contrário, os princípios filosóficos do direito político moderno tinham o mérito de proceder do horizonte de valor no qual se manifestam o racionalismo e o humanismo universalista, em que se pode reconhecer aquilo que faz o orgulho do homem. Só que, transportados para a história, esses grandes e belos princípios ficaram carcomidos. Suas opções normativas, tão nítidas ainda no pensamento de Hegel, não resistiram à prova da factualidade. O materialismo histórico de Marx, que nega os ideais e os valores, é, nem mais nem menos, uma heresia. Não obstante, Popper se pergunta se o racionalismo do século XVIII, que enalteceu o valor do Estado-nação e cinzelou, em conformidade com as exigências da razão, o estatuto constitucional do Estado moderno, não continha veleidades secretas de irracional que eram os germes de uma tentação totalitária: sendo as instituições, na realidade, "como que fortalezas", só são eficazes se têm guarnições fortes. Felizmente, isso é raro. Mas basta para mostrar como é difícil desviar-se do peso do real. A controvérsia entre Marx e Hegel contribuiria, portanto, para mostrar que as instituições são sempre ambivalentes e "podem perfeitamente cumprir funções exatamente contrárias àquelas que haviam sido previstas por seus fundadores"[80]. Assim a Revolução, cheia de esperanças, descambou no Terror. O que Merleau-Ponty denomina "as aventuras da dialética" está inserido na natureza do Estado moderno. Aliás, é o que também repete o destino do marxismo, até em suas formas revisionistas ou desviacionistas.

Como não compreender, depois da crítica que Marx fez de Hegel e depois do fracasso histórico do marxismo, que o direito

---

79. Karl Popper, *The Poverty of Historicism* (1944-1945), trad. fr., Plon, 1956; *The Open Society and its Enemies* (1945), trad. parcial, Le Seuil, 1979.
80. Jean Baudouin, *La philosophie politique de Karl Popper*, PUF, 1994, p. 198.

político é animado por tremendas tensões internas? Aliás, elas podem ser identificadas diariamente, de tal maneira que tudo se passa como se "a crise do direito" que atualmente ronda o Estado fosse o resultado, para além das controvérsias doutrinárias, das contradições dialéticas de seus princípios imanentes. Assim, na hora que não paramos de invocar a democracia, parece que os conceitos do direito político moderno – soberania, representação proporcional, escrutínio majoritário, direito de oposição etc. – são objeto de incessantes reexames: a idéia constitucional é submetida a revisões; fala-se mesmo de "neoconstitucionalismo"; o legiscentrismo é o tempo todo modificado por decretos de aplicação ou pelas diretrizes das circulares ministeriais, que, ainda por cima, nem sempre são compatíveis entre si; certos textos são quase inúteis: outros assumem a feição de projetos infinitamente examinados e remanejados pelas Câmaras; são inúmeras as derrogações; na onda das leis e das reformas de leis, a generalidade do texto legislativo se desfaz, enquanto se multiplicam, com a proliferação das regras, das normas de caráter interpretativo ou "leis de orientação" que diluem o efeito normativo e corroem a obrigatoriedade do direito. Ainda por cima, enquanto um pragmatismo ético-social desafia a lógica da legalidade, as tomadas de decisão oscilam do rigor racional à prudência recomendatória; a desracionalização é acompanhada da influência crescente das intenções políticas, dos interesses de certos grupos ou da pressão da opinião pública etc. Portanto há que constatar, na evolução do direito político, uma decadência e um recuo da lei, até mesmo, uma "crise do direito". Mais lancinante do que nunca, ressurge a questão "O que é o direito?"[81], mas procuramos em vão no direito político "um núcleo de certeza".

Sem dúvida, não se poderia racionalmente sustentar que, depois da morte de Deus e com a morte do homem, é o Estado moderno que, depois de Marx e seus sucessores, morre, dei-

---

81. É a pergunta que Kant fazia: *Quid jus?*, não sem ter observado, já em 1781, que "os jurisconsultos procuram ainda uma definição do direito"; cf. os n.os X e XI da revista *Droits*, 1989 e 1990.

xando no lugar do direito político moderno um campo social em que forças múltiplas se defrontam em relações incessantemente mutáveis[82]. Entretanto, na crise que sacode o direito político moderno a partir de meados do século XIX, há uma "força" com a qual ficou impossível deixar de contar: é a representada, primeiro na posteridade romana, depois no tabuleiro de xadrez jurídico-político da história, pelo despertar fulgurante do sentimento nacional.

B) Da descoberta da nação ao despertar das nacionalidades e aos nacionalismos

Os princípios fundamentais do direito político moderno, criticados em seu racionalismo pela corrente historicista do pensamento romântico e atacados por sua abstração formalista tanto pelas doutrinas liberais como pelas correntes socializantes do século XIX, deviam além disso sofrer o ataque das teorias ligadas à idéia de nação. Essas teorias são muito diversas e, embora nasçam de uma idéia que, à primeira vista, pode parecer clara e homogênea, adotaram com o passar do tempo tons diversificados que é importante distinguir.

O problema, em razão da história longa e densa da palavra "nação", é bastante complicado. Não seria o caso de retraçar aqui essa difícil genealogia. Não obstante, é útil reencontrar as raízes de um movimento de pensamento que contribuiu tanto para a formação do direito político moderno como para seu abalo e que, mesmo hoje, continua a fracioná-lo.

A nação no horizonte da história

Parece que o termo *nação* pertence ao vocabulário antigo do povo franco e que a célebre lei sálica, redigida em latim em sua primeira forma no final do reinado de Clóvis, em torno de

---

82. Essa é a tese de Pierre Bourdieu em *Le sens pratique*, Éditions de Minuit, 1980.

508-510, tenha então condensado seu espírito. Pelo menos é isso que ressalta de uma obra anônima, o *Grande tratado da lei sálica*, composta por volta de 1450, quando ia terminar a Guerra dos Cem Anos. O problema central que é tratado nesse livro é o da sucessão ao trono e da exclusão das mulheres na transmissão da Coroa. Mas é particularmente interessante observar[83] que, se esse tratado pode ser considerado a redação dos costumes do povo franco, é também o esboço de uma verdadeira Constituição monárquica que reflete a especificidade do reino da França. De fato, em 1358, o historiógrafo Philippe Lescot, contemporâneo de Carlos V, descobrira na biblioteca abacial de Saint-Denis um manuscrito carolíngio da lei sálica cujos sentido e alcance residiam, sustentava ele, na expressão *terra salica*. Esse documento constituía segundo ele – que traduzia *terra salica* por "terra do reino" – o indicador de um profundo apego à terra e ao legado dos ancestrais. Ainda que a expressão *terra salica* tenha um significado restrito, parecia-lhe corresponder à emergência de um "sentimento" nacional. Simbolizava o amor pela pátria[84] e, ainda que desprovida de conotação política, levantava as questões jurídicas da transmissão da Coroa ou da defesa do território que daí em diante seriam inseparáveis da política (na França como em toda a Europa ocidental).

Explica-se assim que, quando os legistas da antiga França procuraram afirmar, diante da autoridade do Sacro Império Romano Germânico, a independência do direito político do reino, tenham invocado, seguramente, os costumes que, do Beauvaisis à Normandia ou à Bretanha e a Paris, continuavam vivazes, mas que, sobretudo, tenham procurado libertar o *droict françois* da influência do direito romano. A idéia do *mos gallicus* assumiu, no século XVI, em particular na Escola de direito de Bourges, uma importância tão forte que grandes mestres, fiéis à inspiração de André Alciat, se puseram então de acordo – quais-

---

83. Cf. C. Beaune, *Naissance de la nation France*, Gallimard, 1985; R. Folz, Quelques éléments mythiques dans la formation du sentiment national français au Moyen Age, in *L'idée de nation*, Dijon, 1986, p. 86.

84. E. Kantorowicz, *Pro patria mori* (1951), PUF, 1984, pp. 105 ss.

quer que tenham sido em outras áreas suas divergências, até mesmo suas discussões – para criticar a compilação tribono-justiniana que é o *Corpus juris civilis*. Diante da enorme massa de glosas, eles dizem em substância que o espírito romano não corresponde ao espírito francês, portanto, não convém ao direito político do reino da França.

Sem dúvida, nessa época, os "mistérios do Estado" – a *religio juris* dos séculos XII e XIII – conservavam, em seu contexto teológico-político, uma opacidade impenetrável. Mas a nação estava "em via de calçar as botas do Príncipe"[85] e os juristas, depois de Baldo, já não relacionavam esses "mistérios", como faziam Placentin e Azon, com os *Institutos* de Justiniano. Charles de Grassaille, em *Regalium Franciae libri duo* (1538), que evoca a sagração do rei e o anel real que simboliza então o direito político francês, expunha a imagem de um casamento entre o rei e sua "*respublica*": *Rex dicitur maritus reipublicae*[86]. A metáfora foi retomada e acentuada por numerosos juristas do século XVI[87] que a despojaram dos tons místicos de que a cercava o direito canônico e do caráter institucionalista tirado do direito romano. Portanto, nos meandros de suas análises do "direito dos franceses", desenhou-se em filigrana uma idéia simples, ainda que estivesse oculta numa pletora de imagens e emblemas, mais ou menos difíceis de decifrar, que se invadiam mutuamente: no corpo do reino cuja cabeça é o príncipe, vive uma alma, comparável à Fênix[88], que é "a alma do povo".

---

85. F. W. Maitland, Moral Personality and Legal Personality, in *Selected Essays*, Cambridge, 1936, p. 230.

86. Charles de Grassaille, *Regalium Franciae libri duo*, ed. Paris, 1545, p. 217.

87. A. Lemaire, *Les lois fondamentales de la monarchie française*, Paris, 1907, observa que René Choppin (*De domanio Franciae*, 1572, in *Oeuvres*, Paris, 1635, II, p. 117) e Charles de Grassaille citavam no caso as próprias palavras do jurista italiano Lucas de Penna que, além da menção do "casamento moral e político contraído entre o Príncipe e sua *respublica*", define esta última como "um corpo cuja cabeça é o príncipe". Encontra-se a mesma terminologia em autores como Tiraqueau, Servius, Pierre Rebuffi, Jean de Montaigne e outros.

88. O mito da Fênix é em particular utilizado por Jean de Terrevermeille em *Tractatus de jure futuri successoris legitimi in regiis hereditatibus*.

A demonstração mais espetacular dessa idéia é dada pelo *L'Anti-Tribonian* de François Hotman, provavelmente escrito a pedido do chanceler Michel de l'Hospital, cuja ambição, apesar dos murmúrios que se faziam ouvir (ou por causa deles), era selar a unidade do reino da França: *une foy, une loy, un roy*. A tonalidade "galicana" do livro é tão evidente que se pode saudar nele "um empreendimento patriótico"[89]. No mínimo Hotman, de quem uma outra obra, *La Franco-Gallia*, fala claramente, já no título, do apego ao *mos gallicus*, cobre de sombra a *romana auctoritas*. Ele procura mostrar que o direito – e isso vale tanto para a Itália como para a França, para a Alemanha e para a Suíça[90] – é um direito territorial e consuetudinário: nele, não é a razão eterna ou a universal lei da Natureza que fala, oculta sob os comentários, anotações, apostilas e glosas[91] do *Corpus juris justiniani*. Como o direito é portador de uma alma, só pode ser entendido, segundo Hotman – que, seguindo a lição humanista de Lorenzo Valla e de Guillaume Budé, se encontra bem próximo de Jean Bodin –, relacionado com a história e com a "geografia natural", isto é, com o tempo e o espaço[92]. Hotman se compraz, portanto, em destronar o academicismo do *mos italicus* pela vitalidade do *mos gallicus juris*; este se exprimia ainda em diversos consuetudinários regionais mais do que no *corpus* unitário – "um costume, uma paz, uma medida" – com que sonhavam Hotman, Du Moulin e De Thou. O importante era que o direito conservasse o gosto da "França-Gália", ainda que, alguns anos após o *L'Anti-Tribonian*, o panfleto antiabsolutista que é *La Franco-Gallia* devia passar por ser a obra detestável de um "ímpio".

---

89. Henri Duranton, reedição em fac-símile do *Anti-Tribonian*, Saint-Étienne, 1980, introdução, p. IV.
90. F. Hotman, *Anti-Tribonian*, ed. citada, pp. 100 e 145.
91. *Ibid.*, p. 108.
92. É interessante assistir, na Alemanha, ao despertar da idéia de nação – cf. Gunther Gudian, Nation et nationalisme dans l'histoire du droit allemand, in *L'idée de nation, op. cit.*, pp. 23 ss. – tal como a relatam Herman Conring (1606-1681) em seu livro *De origine juris Germanici*, objeto de tanta meditação para Herder e Savigny e, um pouco mais tarde para Christian Thomasius (1655-1728).

Para Hotman, as origens do povo da França (como, para Maquiavel, as origens do povo da Itália) e a vida profunda da nação são a base sobre a qual se edifica o direito político do reino. Sem dúvida o *L'Anti-Tribonian* continua sendo, como indica seu título, uma obra de crítica e de polêmica: reprova o "crime de Triboniano", além de acusar Justiniano e seus glosadores. O tema "nacional" não é desenvolvido nem sequer tratado por ele próprio. Mas, falando do "direito francês", referindo-se em "língua francesa" aos usos das províncias francesas, Hotman mostra (e, às vezes, demonstra) melhor do que qualquer outro, até mesmo que Bodin em seu *Methodus*, que existe uma alma do povo para a qual, desde o rei Dagoberto ou os filhos de Clóvis, "a razão escrita" é uma estranha. "A meta deste discurso", escreve ele na Epístola dedicatória a M. de Thumery, "não é banir da França essas Pandectas, esse Código, esses Autênticos, tampouco os outros textos dos antigos, mas sim mostrar, a exemplo dos próprios romanos que curvaram a seu uso as leis das outras nações, até onde o estudo desses livros pode servir aos nossos franceses, que devem ter como pólo de sua navegação nesse grande e vasto mar, não uma vã curiosidade de aprender com um trabalho grande e demorado coisas infrutíferas, algumas parecidas com as maçãs de Sodoma, belas por fora, cheias de cinzas por dentro, mas a escolha daquilo que há de bom, de sólido e que se pode relacionar utilmente com o uso e com as leis do país deles."[93]

No entanto, a idéia de nação, que Hotman tornava o eixo da inteligibilidade do direito dos franceses, não devia ser verdadeiramente tematizada antes de longas décadas. Como sublinha o historiador norte-americano D. R. Kelley[94], para isso serão necessários "dois séculos e meio" e "uma revolução violenta"... Ainda assim, a temática nacional só surgirá num con-

---

93. F. Hotman, *L'Anti-Tribonian*, Epístola dedicatória, s.p.; cf. pp. 136 e 139.

94. D. R. Kelley, *A Revolutionary Ordeal*, 1973; cf. também *Foundations of Modern Historical Scholarship Language, Law and History in the French Renaissance*, 1970.

texto intelectual confuso em que se defrontarão concepções filosóficas opostas.

As duas lógicas da nação na época moderna

Quando o pensamento jurídico-político do século XVIII se decide e apela para a idéia de nação, está longe de ser unívoco. De um lado, a idéia de nação condensa, na mente dos filósofos do Iluminismo e da burguesia ascendente, todas as exigências do direito político moderno, de tal maneira que os deputados do terceiro estado, em 17 de junho de 1789, se proclamarão "Assembléia Nacional Constituinte". Do outro, a idéia de nação extrai seu vigor da carne da história e do sentimento de pertencer a uma comunidade, como se o coração, nela, falasse mais alto do que a razão. Por isso, vemos erguer-se, um diante do outro, o *Estado-nação* pensado e desejado pelos homens da Revolução Francesa e a *nação-Estado* na qual vibram as aspirações da alma de um povo. Contra a segurança racional dos princípios do Estado-nação, erguer-se-á o ardor belicoso do sentimento nacional, pronto, desde seu despertar, para solapar as bases do direito político mergulhado na fria abstração e na rígida coerção das instituições estatais.

A vontade geral e o Estado-nação: o exemplo de Sieyès. – Quando os Parlamentos do Antigo Regime adotam um tom crítico definindo-se como "os intérpretes da nação perante o rei"[95], fica claro que são os primeiros a conferir um sentido político, até jurídico, ao termo "nação" e que prenunciam o entusiasmo com que a burguesia acolherá essa mutação semântica. Desse modo, prepararam a primeira figura da idéia nacional. Ela se desenha, na filosofia do Iluminismo francês, como o resultado de uma racionalização do direito político. A *intelligentsia* esclarecida do século XVIII acredita na legitimidade do Estado racional, que exprime a vontade soberana do corpo político edificado

---

95. J.-Y. Guiomar, *L'idéologie nationale*, 1974, pp. 27 ss.

pelo contrato num procedimento matemático[96]. Esse esquema geral é o que Sieyès, herdeiro de Rousseau sem ser adepto de suas teorias, desenvolveu ao estabelecer a equação do Estado e da nação. Como tal, tem a paternidade do que J. Habermas denomina "o patriotismo constitucional".

A nação, diz Sieyès, "é um corpo de associados que vive sob uma lei comum e é representado pela mesma legislatura"[97], sendo em conformidade com essa definição que o terceiro estado – "nação completa" – se proclamou "Assembléia Nacional" por 491 votos a favor e 89 contra. Sem dúvida a nação tem, por suas raízes, um caráter originariamente natural. Mas sua evolução, em três etapas sucessivas segundo Sieyès, é irreversível: de início nascida do jogo das vontades *individuais* cuja associação é a fonte de todo o poder, ela se manifestou, num segundo momento, como a *unidade de uma comunidade*; mas, como esta era demasiado numerosa para agir como vontade comum, atribuiu-se um governo que exerce por procuração o poder da vontade geral[98]. Depois, num terceiro momento, a vontade da nação age por *representação*: os delegados não

---

96. É preciso recordar aqui que, segundo Hobbes, o contrato resulta de um cálculo teleológico de interesses efetuado pela razão e que, segundo Rousseau, a diferença entre a vontade geral gerada pelo contrato social e a vontade de todos se pensa em termos matemáticos, muito precisamente segundo os esquemas do cálculo integral: ela não é a simples "agregação" ou soma aritmética das vontades individuais, mas resulta de sua "integração" no corpo político (*Le contrat social*, liv. I, cap. V, p. 359). Essa idéia, sugerida por G. Gurvitch em seus cursos, foi retomada e desenvolvida por A. Philonenko. Cf. em particular *Théorie et Praxis*, pp. 14 ss., que recorda o contexto matemático no qual se desenvolveu o pensamento do contrato.

97. E. Sieyès, *Qu'est-ce que le tiers état?*, *op. cit.*, p. 31.

98. *Ibid.*, p. 66. "Observemos a esse respeito várias verdades: 1. A comunidade não se despoja do direito de querer. É sua propriedade inalienável. Ela só pode delegar seu exercício...; 2. O corpo de delegados pode nem sequer ter a plenitude desse exercício. A comunidade só pôde confiar-lhe, de seu poder total, aquela porção que é necessária para manter a boa ordem. Nada de supérfluo é dado, nesse ponto. 3. Portanto, não compete ao corpo de delegados alterar os limites do poder que lhe foi confiado. Concebe-se que essa faculdade seria contraditória consigo mesma."

agem em seu próprio nome, mas em nome da nação inteira[99]. Daí em diante, não se pode dar marcha a ré: a nação é a entidade política formada pelo povo. Não se caracteriza pela antiga hierarquia das três ordens; é o "corpo público" em que todos os membros são iguais[100]. Em conseqüência, só a nação tem o direito de fazer a Constituição na qual repousam todas as estruturas jurídicas da sociedade civil[101]. Assim, um governo só exerce o poder legítimo na medida em que é constitucional e expressa, pela mediação representativa, a vontade da nação inteira, "grande corpo de cidadãos"[102]. Sendo a nação o próprio povo, é o único princípio de legitimidade do Estado e, portanto, o único princípio de validade de seu direito: "De qualquer maneira que uma nação queira, basta que ela queira; todas as formas são boas e sua vontade é sempre a lei suprema."[103]

No seu militantismo democrático, Sieyès afirma que "os representantes do terceiro são os verdadeiros depositários da vontade nacional"[104]. Mas sua lógica jurídica é mais profunda do que a ideologia já republicana que ele torna o eixo do regime político da França do futuro: ela expõe com todo rigor, na perspectiva artificialista e construtivista do racionalismo contratual, o axioma de um Estado-nação[105]: o Estado-nação é o lugar da vontade geral nascido do contrato que, voluntariamente, os súditos assinaram. A *Declaração dos direitos do homem e do cidadão*, de 26 de agosto de 1789, consagrará essa concepção do Estado: "O princípio de toda soberania reside essen-

---

99. *Ibid.*, p. 66. A "vontade comum representativa" tem duas características indeléveis: 1. Ela "não é plena e ilimitada no corpo de representantes; não passa de uma porção da grande vontade comum nacional"; 2. Os delegados "não a exercerem como um direito próprio, é o direito alheio; a vontade comum está aí apenas em comissão".
100. É por isso que Sieyès invoca o "voto por cabeças" e não "por ordens", pp. 37 e 49.
101. *Ibid.*, p. 64.
102. *Ibid.*, p. 31.
103. *Ibid.*, p. 69.
104. *Ibid.*, p. 82.
105. *Ibid.*, p. 82: "O terceiro abarca tudo o que pertence à nação e tudo o que não é o terceiro não pode se considerar como sendo da nação."

cialmente na nação" (art. 3)[106]. Portanto, como a nação se identifica com o povo soberano, a nacionalidade coincide com a cidadania. Toda uma liturgia pode assim envolver o conceito do Estado-nação: as festas nacionais, a guarda nacional, a educação que Condorcet concebe como nacional, o Panteão nacional, o Louvre palácio nacional, logo o exército nacional que Carnot criará etc.[107], mostram que o único fundamento do Estado é a comunidade pública. Nem por isso a monarquia é condenada. Não obstante, o "rei dos franceses" só extrai seu poder da nação, pois apenas ela é soberana; ele é o seu representante (Robespierre chegará até a dizer que é "o funcionário e o delegado" dela)[108]. Para que assim seja, não há necessidade alguma de considerar o rei *imago Dei*; na terra dos homens, o direito político, baseado na realidade nacional, é edificado pela razão.

Sieyès tem, contudo, realismo suficiente para não invocar a "deusa razão"; a razão, diz ele, "não gosta do mistério"[109]. Em sua "busca da verdade"[110], a razão não é ávida de especulações belas ou audaciosas; procura a utilidade prática. Nessa perspectiva, a "saúde" do Estado exige que já não se formem "essas combinações morbíficas, capazes de viciar os princípios mais essenciais da vitalidade". Digamos, com outro vocabulário, que a razão prática para a qual se volta Sieyès para pensar a França do futuro tem a tarefa urgente de preservar "os direitos do homem em sociedade"[111] e de promover as liberdades dos cida-

---

106. Lê-se mesmo na *Constituição de 1791*, art. 2, título III: "A nação, a única de que emanam todos os poderes ..."

107. René Rémond, *La vie politique en France*, t. I, cap. IX, relata até que a Convenção incumbiu o pintor David de desenhar um traje nacional a fim de fazer esquecer as vestimentas tradicionais das províncias.

108. Sieyès, que compreendeu bem Rousseau, ainda que "muitas vezes se separe dele, não entende que a soberania seja possuída pelos indivíduos que compõem o corpo público ou o povo. Conhece a diferença entre "a vontade de todos" e "a vontade geral". A nação, acha ele, é um "todo" e se define juridicamente como uma "pessoa moral" cujos interesses não coincidem necessariamente com os interesses dos indivíduos considerados *ut singuli*.

109. Sieyès, *Qu'est-ce que le tiers état?*, *op. cit.*, p. 92.

110. *Ibid.*, p. 93 (essas são as últimas palavras do libelo).

111. Cf. o *Second projet* que Sieyès preparou para a "Déclaration des droits", *Archives parlementaires*, VIII, pp. 422-4.

dãos. O Estado-nação repousa num princípio de autonomia: quer um povo livre e responsável.

Às vésperas da Revolução, o Estado ao qual aspira a França é portanto, como se quer dizer, o Estado do povo ou o Estado da nação. Se, como constatava Mirabeau, a França ainda era *de facto* apenas "um aglomerado inconstituído de províncias desunidas", o objetivo visado por Sieyès em seu pensamento programático é fazer da idéia de nação o cadinho da unidade e da indivisibilidade do Estado. Assim compreendida, a nação não se confunde nem com o território limitado pelas fronteiras naturais nem com o caráter natural do povo considerado etnia: é verdadeiramente uma idéia da razão. Assim, não é pelo coração que nos apegamos a ela; é pela vontade cívica que subscreve aos princípios da república. Pela lógica imanente que sustenta seu conceito, o Estado-nação se pretende unitário e legiscentrista. Assim está autorizado, para reforçar sua coesão, a transferir para a nação os bens do clero, desse modo transformados em "bens nacionais", a formar pelo recrutamento obrigatório um "exército nacional", a fazer que seus soldados defendam "causas nacionais" etc., o que significa que, sob o signo da razão, o Estado-nação, em seu conceito e em suas incidências práticas, é pensado como um princípio normativo cuja realização, impregnada de um imenso otimismo jurídico, seria a promoção do povo e da liberdade.

Entretanto, a mecânica conceitual e ideológica do Estado-nação comportava em suas engrenagens um risco de contradição e de arrebatamento. A história do direito político é na realidade animada, como o próprio pensamento, pela "lei de duplo frenesi" que leva de um extremo ao outro, chocando-se sempre com os limites do impossível. O Estado-nação tinha em seus recônditos profundos a ambivalência de um misto em que a vida e a afetividade ladeiam a racionalidade. Por isso, o racionalismo construtor que inspira a concepção do Estado-nação devia, como que por uma lógica dialética, chocar-se com as forças ressurgentes do naturalismo. No horizonte da idéia de nação, o sentimento de *nacionalidade* era chamado a despertar e a crescer, geralmente num clima de hostilidade para com o direito político edificado pela Revolução Francesa. Insólito mas poderoso, animado por forças vivas destinadas a desabrochar num outro modelo do direito político, o sentimento de nacionalidade inspirou uma reação crítica obcecada pela vontade de provocar o enfraquecimento das formas racionalistas e idealistas do direito político no Estado do contrato.

O despertar "nacionalitário": Fichte e Hegel – Ainda que a história das idéias seja propícia ao jogo das antíteses, precisamos aqui escapar da armadilha das alternativas taxativas. Em sua segunda figura, a idéia nacional, no curso de seu desenvolvimento, opôs-se sem dúvida ao Estado-nação, isto é, à nação-contrato tal como se afirmou, de Rousseau à época da Revolução. Entretanto, ainda que ela tenha despertado graças à Contra-Revolução, ou tenha adquirido muita intensidade na crítica alemã do Iluminismo francês, essa segunda forma da idéia de nação, em sua lógica interna, não é a antítese da primeira. É verdade que seu conceito se alimenta de frêmitos de vida que são estranhos às certezas da razão. Mas o novo sentimento da nação não nasceu de um empirismo medíocre mergulhado na factibilidade: corresponde ao âmago da alma dos povos.

Entre os antigos, não existia o sentimento nacional. Em compensação, para além das primeiras intuições que se podem perceber na obra de Maquiavel, que conclama os príncipes da Itália a se livrarem dos bárbaros[112], ou de Bodin, que distingue, no grande círculo natural das repúblicas, os povos do Meio-Dia, do Meio e do Setentrião[113], ergue-se uma onda poderosa graças à qual, de Montesquieu a Fichte e a Hegel, desperta o sentimento da nacionalidade.

O bom legislador, observava Montesquieu[114], tem como primeira obrigação "estar atento para não mudar o espírito geral de uma nação", para seguir seu "gênio natural". Na época

---

112. Maquiavel, *O príncipe*, cap. XXVI: "Exortação a tomar a Itália e a livrá-la dos bárbaros."
113. Bodin, *Methodus*, V, pp. 313 ss.; *Les Six Livres de la République*, V, I, pp. 663 ss.
114. Montesquieu, *L'esprit des lois*, liv. XIV e XV.

das glórias racionalistas do Iluminismo, nem sempre se compreendeu o que queria dizer o autor de *O espírito das leis*: algumas pessoas acharam que ele se inclinava para um materialismo que reduziria o direito político ao conjunto das determinações naturais do solo, do clima, do caráter ou do sangue; outras, pelo motivo de que "o espírito geral de uma nação" envolve tanto elementos culturais (usos, língua, costumes, religião etc.) como elementos naturais, modificaram o pensamento de Montesquieu num sentido historicista; outras ainda denunciaram o escândalo, acusando-o de spinozismo... Entretanto, principalmente na filosofia alemã, Fichte e Hegel apreenderam o alcance da tese defendida por Montesquieu[115].

A obra de Fichte, nesse campo[116], não deixa de suscitar delicados problemas de interpretação. Mas renova vigorosamente a maneira de se pensar a nação.

---

115. Na França, estabeleceu-se também um certo acordo, nos anos que se seguiram à Revolução, para criticar a idéia do Estado-nação defendida por Sieyès e a exigência do Estado máximo formulada por muitos jacobinos. Por exemplo, em 1793, Joseph de Maistre advertiu seus companheiros dos perigos que, segundo ele, a França corria e denunciava "o dogma fatal e absurdo" da soberania do povo-nação. Como Rivarol, embora com mais moderação, queria revelar ao mundo os riscos mortais que envolvem "as verdades puramente especulativas", de que faz parte a idéia de Estado-nação. Chateaubriand considerava que, por sua racionalidade de raciocínio, *O contrato social* de Rousseau havia "feito muito pouco bem e muito mal". Mme. de Staël, próxima de B. Constant e dos irmãos Schlegel, exercita seu talento crítico contra Rousseau. Os emigrados, os ideólogos, os legitimistas e mesmo os republicanos constitucionalistas acusam os defensores do Estado-nação de pensar como metafísicos, isto é, como "sonhadores"! Nos fracassos previsíveis do direito político revolucionário, cresce o refrão: "A culpa é de Rousseau." Essa culpa reside no caráter abstrato do direito do Estado-nação, que ignora parâmetros concretos que lhe são necessários; ele se enraíza num solo, se exerce sobre um território, é obra das gerações passadas, é modelado pela língua, é trazido pelo amor à pátria, é tributário dos usos e costumes, traz a marca das tradições e da história, vive do apego e do amor dos homens. Portanto, a nação não é o Estado. Seu conceito, no âmbito de um vitalismo organicista, conota a especificidade, portanto, a individualidade irreprimível de um povo e a intimidade de sua alma. São temas que, algumas décadas mais tarde, serão retomados por Michelet, Mazzini e Renan.

116. Cf. principalmente *Considérations sur la Révolution française*, 1793; *Les dialogues patriotiques*, 1805; *Sur Machiavel écrivain et sur des passages de*

Em 1793, entusiasticamente, Fichte justificava, em *Considerações destinadas a retificar os juízos do público sobre a Revolução Francesa*, o espírito de liberdade que animara "o acontecimento sem igual", e aprovava sem reservas os princípios organizacionais condensados, a seu ver, pela *Declaração dos direitos do homem e do cidadão* e pela *Constituição de 1791*. Em 1796, em *O fundamento do direito natural*, ele explicita a base filosófica dessa justificação e propõe o esquema de um "ideal republicano"[117], cujas peças-chave seriam o sufrágio universal, o sistema de legislação e o controle do governo por um eforado oriundo do povo. Mas, a partir de 1805, Fichte adota um novo tom que o afasta das teses "revolucionárias". Encontra no pensamento de Maquiavel o substrato realista da missão educativa da qual pensa, como Herder[118], que está investida a nação alemã. Depois, os célebres *Discursos à nação alemã*, pronunciados em Berlim durante o inverno de 1807-1808, expõem o que é – ou melhor, o que deve ser, na hora que a Prússia está ocupada pelos exércitos de Napoleão – a "nação", da qual faz o objeto de um "patriotismo nacionalista" ardoroso.

Três temas, nos quais a paixão não está ausente, se destacam desses *Discursos* em que a nação, identificada com uma comunidade natural, se desenha como a expressão espontânea da vida de um povo: a língua, a história e a religião provariam a naturalidade da nação. A força original e viva da língua explicaria a "geração" da comunidade nacional e o vínculo estreito que a une num todo. A história, singularmente, a história medieval, teria contribuído amplamente para criar a alma da nação alemã. A religião aproximaria os corações ao chamá-los à humildade diante de Deus. Numa argumentação assim, tudo se opõe à audácia orgulhosa da razão, senhora do direito político no Estado moderno e fundadora do ideal republicano formula-

---

ses oeuvres, 1807 (a tradução desses textos se encontra em *Machiavel et autres écrits philosophiques et politiques de 1806-1807*, Payot, 1981); *Discours à la nation allemande*, 1807-1808.

117. Cf. Alain Renaut, *Le système du droit. Philosophie et droit dans la pensée de Fichte*, PUF, 1986.

118. Herder, *Lettres pour l'avancement de l'humanité*, 1795.

do nas obras anteriores. Levanta-se então a questão da "evolução" do pensamento do direito político em Fichte: depois da justificação do direito moderno, cujos princípios culminam na obra legisladora da Revolução Francesa, teria Fichte, afastando-se irremediavelmente do Iluminismo, realizado uma reviravolta filosófica completa para condená-lo e ceder às sereias do pensamento romântico?

O ponto é controvertido, tão difícil é determinar "a verdadeira importância dos *Discursos à nação alemã*"[119]. Contudo, se é difícil considerar que o jovem Fichte de 1793 aderia pura e simplesmente, para além dos valores defendidos pela Revolução Francesa, ao artificialismo contratualista e à discursividade lógica do direito político do *Aufklärung* (a obrigação moral era, para ele, mais profunda e mais verdadeira do que a coerção legal; opunha-se à onipotência do Estado louvada pelos jacobinos; refutava por antecipação a concepção "positivista" do direito invocado por um racionalismo desenvolvido até seus extremos), é ainda mais difícil sustentar que ele é, em 1807, o exaltador do romantismo político[120]. Seguramente, o desacordo do filósofo com as ambições jurídico-políticas dos *Aufklärer* está presente nos *Discursos* como estará na *Staatslehre* de 1813. Mas é uma atitude simplificadora e errônea crer que, porque "o povo e a pátria [...] ultrapassam amplamente o Estado"[121], a crítica do direito constitucional burguês é efetuada por Fichte "do ponto de vista do romantismo"[122]. De fato, se Fichte, na lógica da sua crítica, atribui um substrato lingüístico, histórico e religioso à comunidade nacional pensada como unidade orgânica e espiritual[123], se considera que ela é, em sua unidade e em sua autonomia, anterior ao Estado, ele não arraiga de modo algum o direito político no sentimento individual ou na espon-

---

119. R. Lauth, título do artigo publicado na *Revue théologique et philosophique*, Lausanne, 1991, III.
120. Blandine Barret-Kriegel, *L'État et les esclaves*, 1979, p. 159.
121. Fichte, *Huitième discours*, trad. fr., Imprimerie nationale, 1992, p. 220.
122. Alain Renaut, Introdução à tradução citada dos *Discours...*, p. 38.
123. Fichte, *Huitième discours...*, p. 215.

taneidade mais ou menos anárquica da vida do povo; tampouco nega o papel que cabe, sob a égide da razão prática, ao Estado e à legislação naquilo que mais lhe fala ao coração: "o amor do indivíduo pela sua nação"[124]. Portanto, não se deve exagerar a parte da polêmica antimoderna nos *Discursos à nação alemã*. O fato de, nesses discursos, a idéia de nação não ser aquela de Estado-nação defendida por Sieyès com base no contrato voluntário mais ou menos explicitamente dependente da máquina política do racionalismo especulativo[125], não basta para que a assimilemos ao "gênio nacional" celebrado pelos românticos, seja quando evocam a emergência de uma nação-Estado, seja quando desejam o desaparecimento das coerções da instituição estatal. Portanto, é temerário apresentar Fichte como o crítico incondicional, em nome do paradigma naturalista da nação, do construtivismo que caracteriza a modernidade jurídica. Isso equivale a dizer quão falso soa arregimentá-lo, ao lado dos irmãos Schlegel e de Novalis, na coorte daqueles que, alegando a superioridade e a vocação histórica da alma alemã, se tornam os advogados do imperialismo pangermanista. A interpretação que A. Renaut propõe em sua apresentação dos *Discursos* situando a idéia de nação, segundo Fichte, numa terceira via – aquela em que a nacionalidade é educabilidade[126] – abre perspectivas filosófico-políticas muito atuais. Talvez isso seja implantar a ambição de Fichte num profetismo em que não pensava, preocupado como estava com a corrupção e as deficiências da Alemanha de seu tempo[127]. Ocorre que, indo além dos problemas da hermenêutica textual que se apresentam ao historiador da filosofia sobre o ponto de saber se há continuidade ou ruptura no pensamento político de Fichte[128], a ênfase, na

---

124. *Ibid.*, p. 211.
125. *Ibid.*, p. 233.
126. Alain Renaut, Introdução citada, pp. 40 ss.
127. Fichte, *Le caractère de l'époque actuelle*, 1804-1805.
128. Xavier Léon, *Fichte et son temps*, A. Colin, 1927; Martial Gueroult, *Études sur Fichte*, Aubier, 1974: Alexis Philonenko, *L'oeuvre de Fichte*, Vrin, 1984, propõem uma leitura monista à qual se opõe Charles Andler, *Le pangermanisme philosophique* (1800-1914), 1917, e *Nietzsche. Sa vie et sa pensée*, t. I: *Les précurseurs*; Gallimard, 1958, liv. I, cap. 5, pp. 70-7.

filosofia dos *Discursos*, é dada problematicamente (e não mais dogmaticamente) à questão do fundamento do direito político. Isso basta para indicar que os âmbitos, e os esquemas do direito político moderno oficialmente consagrados pelas Constituições da França revolucionária podem ser abalados, talvez até partidos.

Foi isso que compreendeu perfeitamente Hegel, com demasiada freqüência apresentado unilateralmente como o filósofo do "Estado racional" na medida em que é a forma estatutária da política do seu tempo – o que é esquecer que a razão é, para Hegel, a negação da abstração própria do entendimento que promoveu a Revolução. De fato, Hegel sempre quis pensar a vida. É por isso que, hostil ao formalismo, ao dogmatismo do verdadeiro e do falso, às abstrações do entendimento que pintam tudo de cinza, ele denunciou, já em suas obras de juventude, a invasão da sociedade e do direito político pelas formas do pensamento mecanicista e elogiou as forças do *Volksgeist* que fazem com que a Constituição de um Estado seja *realmente* a obra de um povo.

O *Volksgeist* introduz no pensamento do direito político, se não uma dimensão nova[129], pelo menos um parâmetro com o qual fica claro que, daí em diante, o governo dos homens deve se importar. O ponto inicial de Hegel é sua vontade de volta ao concreto – vontade em cujo nome ele denuncia, como já fizeram os críticos da Revolução Francesa, o caráter especulativo e abstrato das teorias contratualistas, sua opção filosófica racionalista e individualista, ou o a-historicismo de seu "iluminismo". O Estado edificado segundo tais critérios é, como requer

---

129. Muito jovem, Hegel leu a *História universal* de Schröckh, que extraiu de *O espírito das leis* de Montesquieu a idéia do "espírito geral de uma nação". Além disso, Hegel disse admirar Montesquieu, em quem os temas da honra, dos níveis e das diferenças, da lei natural etc., prenderam sua atenção; sobretudo Montesquieu, disse ele, "baseou sua obra imortal na intuição da individualidade e do caráter dos povos". Seu mérito, prossegue Hegel, é não ter "deduzido pura e simplesmente as instituições e as leis singulares da pretensa razão", *Les manières de traiter scientifiquement du droit naturel*, 1802, trad. fr., Vrin, 1972, p. 97.

a lógica intrínseca da determinação analítica, um Estado sem substância[130]. O intelecto separador que concebeu o Estado do contrato impede a vida de se expressar nele, e esse Estado, desprovido de vida, não corresponde às exigências do espírito: fica sem alma. Ora, segundo Hegel, a verdade do mundo jurídico-político não reside num direito formal. Os textos de juventude do filósofo dizem mesmo que o Estado deve ser uma produção da vida, uma totalidade concreta que, integrando os diferentes momentos de seu desenvolvimento numa "grande tragédia ética"[131], mediatiza o conteúdo de sua própria história. Nessa visão organicista que é dominada pelo espírito do Todo[132], não se pode portanto deixar de lado no Estado aquilo que faz a alma coletiva e específica de um povo. Desse "gênio", único e indivisível, nenhum atomismo redutor jamais dará conta. Sua espiritualidade é irredutível. Nem fator *a priori* nem resultado da soma das individualidades, um povo é animado por um alento comum que, conforme a necessidade universal, veicula suas aspirações e seus valores. "O clima determinado de um povo e sua época na cultura do gênero universal pertencem", escreve Hegel, "à necessidade e, da cadeia – que se estende longamente – desta, somente um único elo escapa ao seu presente – este elo deve ser concebido, segundo o primeiro lado, a partir da geografia, segundo o outro, a partir da história."[133]

Na organização da individualidade ética, essa necessidade imanente manifesta o infinito presente no finito; o universal, no cerne do particular, requer uma verdadeira fé que um povo exprime com sua cultura[134]. Ora, os "modernos" – isto é,

---

130. Cf. Jean-François Kervégan, Le citoyen contre le bourgeois. Le jeune Hegel et la quête de "l'esprit du tout", in *Rousseau, die Revolution und der junge Hegel*, H. F. Fulda e R. P. Hortsmann (ed.), Klett-Cotta, 1991, pp. 279-301.
131. E. Cassirer, *Le mythe de l'État* (1946), trad. fr., Gallimard, 1993, p. 343.
132. Hegel, *Principes de la philosophie du droit*, § 352.
133. Hegel, *Des manières de traiter scientifiquement du droit naturel*, 1801, trad. citada, p. 95.
134. "Assim como a totalidade da vida está tanto na natureza do pólipo como na natureza do rouxinol e do leão, o espírito do mundo tem, em cada

para Hegel, os homens desde o advento do cristianismo até o *Aufklärung* – ocultaram essa espiritualidade ao mesmo tempo desprezando totalmente a dimensão histórica do direito político e cedendo, sob a ascendência de uma razão teórica inteiramente abstrata, a uma obsessão positivista. Transformaram um espírito em destino. Portanto, o homem se viu alienado e o direito político, dilacerado: no Estado moderno, a vida acabou morrendo[135].

A fim de conjurar "a dissolução e a separação da totalidade ética"[136], portanto, do "espírito do povo", a tarefa da filosofia e, singularmente, da filosofia do direito hegeliana, é reconciliar a abstração do conceito com a efetividade espiritual. Em outras palavras, o filósofo deve trabalhar para a união efetiva entre o universal e o particular reativando todas as forças do *Volksgeist*. Prosseguindo o desenvolvimento dos temas que o obcecavam em sua juventude durante os anos no seminário de Tübingen, Hegel explica longamente, em 1821, em *Princípios da filosofia do direito* – tese bem conhecida – que um Estado não se confunde com o formalismo jurídico de sua Constituição e de suas leis positivas. Ele envolve a realidade viva e espiritual de um povo, realidade tão profunda que, mergulhada no mais profundo da comunidade, é sua interioridade e faz o seu valor. Por esquecer que a objetividade da lei deve, para ter sentido e eficiência, ser vivificada pelo "costume ético em que se firma imediatamente a singularidade popular"[137], a Constituição da Alemanha já é o "monstro frio" que Nietzsche denunciará:

---

figura, seu sentimento de si mais surdo ou mais desenvolvido, porém absoluto, e, em cada povo, sob cada todo de conteúdos éticos e de leis, sua essência, e ele a frui de si mesmo" (*ibid.*, p. 96).

135. "Pois leis que subtraem à dominação soberana do todo determinações e partes singulares, [que] excluem destas a autoridade daquele e constituem as exceções do singular em relação ao universal, são em si algo de negativo e um sinal da morte inicial que, para a vida, se torna cada vez mais ameaçadora..." (*ibid.*, pp. 99-100).

136. *Ibid.*, p. 100.

137. Bernard Bourgeois, *Le droit naturel de Hegel. Commentaire*, Vrin, 1986, p. 600.

edificada pelo cálculo contratualista[138], estranha ao "gênio da nação", ela não dá conta do que é, em sua essência, um Estado. A Alemanha, martela Hegel, "já é um Estado" porque nela, sob o signo do individualismo atomístico, o direito público se dissolveu – se corrompeu, mesmo – no direito privado. Disso resulta que a Constituição da Alemanha, em seus princípios bem como no texto dos artigos que alinha e justapõe, tornou-se, por seu formalismo jurídico abstrato, a negação da constituição real orgânica do povo alemão. Nela, arreganha os dentes e ameaça "um sinal de morte inicial" e esse é, inexoravelmente, o destino do direito do Estado moderno.

Oposto ao individualismo gélido do Estado formal em que "a realidade do universal e do direito perdeu toda crença e toda verdade", o "gênio de um povo", a um só tempo imanente e transcendental, é o ímpeto de vida e de espiritualidade que faz a sua originalidade. Ele o distingue dos outros e, mobilizando as energias que extrai da terra natal e nutriz, da imagem dos ancestrais e das glórias do passado, da força das tradições e da comunidade de interesses, ele confere, sozinho, uma alma a um Estado. Alegando a comunidade popular e a unidade de sua destinação, ele eleva então o pensamento do direito político a seu momento substancial. "O espírito do povo" tornou-se o autor de sua Constituição e, idealmente, "pode-se conhecer o sistema inteiro no qual se organiza a totalidade absoluta."[139]

Acreditar que, para Hegel, deve-se substituir um Estado formal dos cálculos da razão por um Estado de tipo orgânico fundado na energia profunda da raça é um grande erro que, por parte de certos intérpretes, certamente não é inocente. A "dialética dos povos", recolocada, como devido, na economia geral do sistema hegeliano, significa que, para superar a cisão e a infelicidade do homem moderno, o direito político deve recon-

---

138. O contrato, segundo Hegel, em razão mesmo de sua natureza, só pode ter efeitos mecânicos e disciplinares, já que só diz respeito a pessoas privadas, em luta para fazer respeitar seus interesses.
139. Hegel, *Des manières de connaître scientifiquement le droit naturel*, p. 97.

ciliar o universalismo abstrato do Estado promovido por uma razão desencarnada com a particularidade viva e espiritual dos gênios nacionais. Só então é que "a ordem ética" conferirá substancialidade à ordem jurídico-política; a reconciliação entre a legalidade e a moralidade é "a vida ética real e existente" pois, nela, se efetua a unidade essencial do "querer subjetivo" e do "querer geral". O apelo à alma dos povos é necessário para que o racional e o real deixem de ser divididos.

Rumo à independência da nação

No primeiro quarto do século XIX, é extrema a desconfiança para com o direito político moderno. As áridas idéias de racionalidade, de ordem pública, de contrato social e mesmo de progresso são postas no banco dos réus e há um entusiasmo por tudo que é amor, calor e gênio. O Estado, em que reina a coerção legal que para os cidadãos implica submissão à lei, é mais ou menos fustigado. Tem-se necessidade de sonho e, também, de revolta. Aspira-se a substituir o "saber totalizador" exigido pelo direito político no Estado racional do contrato pela "forma fragmentada" de um direito que esposa a vida e o movimento. Na verdade, essa aspiração, que pode parecer clara até nos ímpetos sentimentalistas que desencadeia, é repleta de muitas ambigüidades e suscita, no movimento da história e para a filosofia do direito, uma hesitação bastante desconcertante. Como o estatuto conceitual e o alcance semântico da idéia de nação são afetados pela ambivalência, abre-se uma brecha na compreensão da "coisa pública" e não tarda a criar na realidade política uma ruptura de um novo tipo que apresenta o risco, por suas repercussões, de provocar o abalo do direito nos Estados.

Sem ser necessariamente polêmico e violento, o anti-racionalismo pós-revolucionário esteia a idéia nacional num naturalismo espontaneísta que, afirmando a primitividade da nação, reconhece-a anterior à associação que o Estado é, portanto, mais profunda do que o artificialismo constitucional e seu cortejo de leis. Alguns afirmam mesmo seu caráter radical. Essa naturalidade da nação não chega apenas a se expressar em poetas românticos como Novalis, mas também em ensaios críticos como os de J. Görres ou dos irmãos Schlegel. De todo modo, para uns e outros, ela se manifesta pelo direito do sangue (*jus sanguinis*) e pelo direito do solo (*jus soli*), tão profundamente arraigados num povo que, como se diz comumente, são objeto de um amor sagrado.

Sem dúvida, a idéia de nação, entendida como entidade natural, continua em geral fluida e indecisa. Por causa de suas referências múltiplas, seu conceito é privado de critérios decisivos a ponto de conter em si uma contradição. Como se vê em Guillaume de Humboldt e em Fichte, o gênio nacional parece só poder atingir sua plenitude politizando-se: é preciso *que a nação se torne um Estado*. O tema da nação-Estado, unitária e independente, não tarda portanto, apoiando-se no caráter natural e irredutível da *nacionalidade*, a alimentar aspirações secessionistas: a própria nação deve deixar a instituição em que se sente sufocada e erigir-se em um novo Estado autônomo. Essa ruptura, expressão de uma vida comunitária que se elevou à consciência de si mesma, é vivida e pensada como uma promoção e uma consagração. Portanto, contra o Estado-nação tal como o pensava a França revolucionária – que, mais do que nunca, é declarada enrolada no formalismo jurídico e na abstração metafísica do racionalismo – é enaltecida a nação-Estado porque é reconhecida como a expressão natural da vida.

Essa concepção "nacionalitária" consagra indubitavelmente a tomada de consciência da unidade concreta da comunidade nacional, unifica seus múltiplos componentes; separa-a dos outros povos, autonomiza-a e orienta-a para a independência de um direito político novo. De fato, opera-se facilmente a passagem da naturalidade nacional para a nacionalidade de tal forma que, em meados do século XIX, *o despertar das nacionalidades* constitui "a retórica da tribo". Com as revoluções de 1848 na Europa, a idéia das "nacionalidades" parece ser o designador da substância dos povos; enriquece politicamente a conotação de idéia de "nação" e, na alma coletiva, sempre pronta a se inflamar, esta chegou a corresponder ao "direito à independência" ou ao "princípio da autodeterminação". Para que uma nação, por sua nacionalidade, afirme verdadeiramente sua diferença de maneira concreta e tangível, deve defender-se contra qualquer forma de sujeição, rejeitar qualquer forma de dominação exterior e, sobretudo, recusar integrar-se num Estado plurinacional. A reivindicação das fronteiras naturais ou da unidade étnica – que, aliás, se mistura mais ou menos com fatores econômicos e demográficos – se torna um tema de congregação[140].

Ficar-se-ia tentado a pensar que, entre o *Estado-nação*, oriundo do artifício calculador que é o contrato social e tendo vocação para inventar a liberdade dos cidadãos, e a *nação-Estado* para a qual tendeu, ao longo de todo o século XIX, o sentimento coletivo de um povo cujo gênio se mostra naturalmente decidido, há uma antinomia que reflete pura e simplesmente aquela, mais ampla, entre o racionalismo e o romantismo. Essa tentação é simplista e perigosa. Se é verdade que as idéias de *nação* e de *nacionalidade* são, por sua naturalidade, um apelo ao coração e à sentimentalidade, não é menos verdade que são portadoras de uma carga malsã de irracionalidade, evidenciada pela exacerbação delas nas doutrinas *nacionalistas*.

C) A exacerbação nacionalista

A propensão da nação à sua autonomização estatal, assumindo o perfil de uma realização, gerou ambições expansionistas cujos germes venenosos foram recolhidos pela ideologia. A concepção da nação-Estado, ligada ao sentimento da nacionalidade natural de um povo, foi logo sucedida, de fato, num movimento de exacerbação, por uma ideologia nacionalista. Na verdade, embora a exaltação dos valores nacionais seja sempre uma comprovação do civismo e da lealdade, ela não obedece a um modelo doutrinário único e definitivo. Isso,

---

140. Pode-se pensar que no século XX a descolonização, que via de regra se declara de forma geral erguida contra a colonização-civilização que teria sido inspirada pelo pensamento racionalista do Iluminismo, é uma conseqüência dessa concepção separatista da nação que tende a se erigir em Estado.

aliás, não é muito concebível em razão do caráter fluente e polissêmico do termo nação. Mas, apesar de seu pluralismo, as ideologias nacionalistas se acompanham de um militantismo que constitui seu denominador comum. Este pode resumir-se à máxima: "Quem quer o fim quer os meios." A aplicação dessa máxima atesta a gravidade da crise que dilacera o Estado-nação.

O pangermanismo forneceu um exemplo filosoficamente significativo da crise em que redunda o desenvolvimento "nacionalista" da idéia de nação em sua oposição ao racionalismo.

O exemplo do pangermanismo

O pangermanismo é uma doutrina na qual, em nome da nação alemã, desenvolveram-se, com uma amplitude vertiginosa, ambições colonialistas, sonhos expansionistas e imperialistas, apetites de anexação, uma vontade de conquista e uma aspiração hegemônica que, cercados de elementos passionais, como o racismo e a xenofobia, em geral levados até o misticismo, romperam os âmbitos constitucionais do direito político moderno[141].

O pangermanismo pretendia fundamentar-se não apenas no sentimento da grandiosidade intelectual, militar e econômica da Alemanha, mas também na teoria da superioridade da raça branca e, muito especialmente, do povo alemão[142]. Nesse povo, como revela o livro de Gobineau *Ensaio sobre a desigualdade das raças*, desenvolveu-se, às vezes até o lugar-comum, uma ideologia irracional cujas motivações beiram uma mística malsã. O imperador Guilherme II se reportava – antes de Maurice Barrès – à "terra" e aos "mortos" sublinhando que a nação é fundamentalmente um fato da natureza; e, como não tinha outra meta além de fazer do II Reich a revivescência do Sacro Império Romano Germânico e a ressurreição dos Cavaleiros teutô-

---

141. E. Cassirer, *Le mythe de l'État*, Du culte des héros au culte de la race, pp. 306 ss.
142. Cf. Arthur de Gobineau, *Essai sur l'inégalité des races*, 1853-1855, in *Oeuvres complètes*, Pléiade, t. I, 1983: *L'histoire n'existe que chez les nations blanches*, liv. IV, cap. 1, p. 623.

nicos, ele professava uma concepção puramente racista do Estado alemão. A superioridade do povo alemão, resumida na expressão "raça totalitária", bastou para legitimar um programa de dominação política que reivindica, em nome da raça, o agrupamento de todos os povos de origem germânica (austríacos, holandeses, ingleses, etc.) sob a tutela da autoridade do Estado alemão. Como "a raça é tudo" e "o deus da raça é um deus ciumento", esse agrupamento se fará, se necessário, pela guerra, já que é preciso destruir todos os valores que não sejam aqueles da Grande Alemanha. Aliás, a guerra "é a seleção natural na qual os povos germânicos, perfeitos, triunfam sobre os povos de valor medíocre, imperfeitos e fracos". Para a Alemanha, saudada como "nação condutora", trata-se não só de exercer um comando ao qual a força da vida inserida na raça dá um caráter irresistível, mas também de acrescentar a conquista à dominação. Foi assim que o pangermanismo forjou o sonho de um império colonial que se estendia até Bizâncio e Bagdá. Sua *Realpolitik* devia, portanto, ser uma *Weltpolitik*.

Enaltecendo os traços específicos da alma alemã, sua força vital, sua capacidade de convencimento, sua extraordinária competência para a dialética entre a afirmação e a negação, seu senso de harmonia, sua necessidade de espaço vital etc., os teóricos do pangermanismo, como A. Gobineau e J. Chamberlain, pretendiam reportar-se somente aos traços eternos da alma alemã, tais como haviam sido observados, diziam eles, por Lutero, Fichte ou Hegel. Há muito que dizer quanto à exatidão dessas referências filosóficas[143]... Convém, porém, observar que a teoria pangermanista é o modelo das doutrinas nacionalistas tanto pelo conteúdo das idéias e dos *slogans* que defende quanto pelos procedimentos intelectuais aos quais recorre. Essas doutrinas não são uma filosofia mas sim uma ideologia. E essa ideologia é formada integralmente por um irracionalismo que,

---

143. Do mesmo modo, quando os defensores do pangermanismo hitlerista declararam encontrar em Nietzsche seu mestre, a usurpação filosófica era gritante; mesmo quando mencionavam a "transmutação dos valores", a "raça dos fortes" ou o combate patético rumo ao "super-humano", arrancavam todas essas expressões de seu contexto nietzschiano e lhe deturpavam o sentido.

incapaz de se pautar por um critério rigoroso, acumula e amalgama referências heterogêneas – o sangue, a forma do crânio, a cor dos olhos ou dos cabelos, a terra, a história, o uso ancestral, o costume, a inteligência, o senso artístico, as crenças, etc. – para "provar" que se baseia na natureza e na raça, o que implica uma crítica radical das concepções políticas e jurídicas do Estado moderno (seja ele o da burguesia revolucionária ou o da democracia igualitária em marcha no século XIX). Assim sendo, o radicalismo pangermanista, logo seguido pelas doutrinas nacionalistas de todos os feitios, não hesitarão em deturpar o sentido da maioria das idéias que Gobineau expusera no livro-panfleto – tão complexo quanto denso, é bem verdade – que ele dirigia principalmente contra a filosofia do Iluminismo inspiradora do Estado moderno, ao qual ela deu um caráter maldito.

Essa deturpação de sentido, que é ao mesmo tempo incompreensão de um texto[144] e exacerbação de um sentimento malsão, devia agravar-se de maneira aguda e dramática. Os nacionalismos se engolfaram rapidamente na via da agressividade e da violência, em que viam os meios para desafiar a universalidade da razão, a racionalidade dos critérios jurídicos e a espiritualidade dos valores. Jogando com "a magia do extremo", os nacionalismos não têm outra ambição, ainda que contraditória, além de dominar, em nome da singularidade e da suposta superioridade de uma "nação", o maior espaço possível, até mesmo a terra inteira.

A exacerbação nacionalista, levando a crise do direito político moderno a seu ponto mais agudo, é a matriz do fenômeno totalitário que, ainda num período recente, enlutou o mundo. Mesmo que se admita, com Hannah Arendt, que se impõe uma distinção entre totalitarismo e racismo, deve-se reconhecer que a exacerbação da idéia nacional e o culto da raça constituíram

---

144. "As idéias de Gobineau têm muito pouco em comum com sua lenda: sua hierarquia racial, especialmente, deveria ter, por boa lógica, condenado seu *Essai* às fogueiras do III Reich" (Léon Poliakov, *Le mythe aryen*, Calmann-Lévy, 1971, p. 240). Gobineau, em todo caso, teria condenado o eugenismo dos nazistas que se pretendiam seus discípulos.

em grande parte, no século XX, aventuras deletérias e trágicas. Ainda que o totalitarismo tenha sido "o crepúsculo dos deuses", é preciso que essa página da história, que foi o mais arrogante dos desafios para o direito político, seja definitivamente virada.

Na equivocidade de seu profetismo, Nietzsche havia prognosticado, para além do acme da crise do direito político do Estado moderno, o enigma do futuro: ou... ou...

3. O acme da crise: Nietzsche e sua descendência

Todos os ingredientes da crise que rachou o direito político moderno já logo depois da Revolução Francesa se condensam na dialética entre a *Physis* e o *Nomos*: desde os tempos antigos, a articulação entre o dado e o construído no direito político significa que ele não se pode basear nem na simples espontaneidade das potências vitais nem na pura racionalidade da lei. Mas cada um dos termos dessa interminável dialética trazia em si, como acabamos de lembrar, uma carga de exacerbação, portanto de exclusivismo. Como o homem, em sua finitude, só raramente chega à sabedoria que estabelece uma proporção certa entre a razão do direito e as coisas da vida, ele pontua sua história com dramas gerados pelo frenesi dos extremos. Assim se explicam as invectivas da Contra-Revolução e do romantismo político contra o direito moderno e as estruturas constitucionais da França revolucionária. Para além das tentativas de derrubada do Estado-nação em nome do princípio das nacionalidades, as críticas da modernidade jurídico-política atingiram seu paroxismo na filosofia de Nietzsche. O processo metafísico movido por Nietzsche contra o direito moderno deu ao nacional-socialismo, à custa de pesados contra-sensos, tons aterrorizadores. Uma certa descendência nietzscho-heideggeriana se dedica à "desconstrução" da modernidade, na qual o humanismo e o racionalismo formalista jurídico são demonizados. Esses empreendimentos de demolição, por seu acirramento e seus extremismos, revelam *a contrario* o significado que se prende aos princípios filosóficos contra os quais batalham.

A) A filosofia a "marteladas" de Nietzsche

Nietzsche, na violência de seu verbo cheio de "dinamite", fez-se o denegridor do Estado moderno, denunciando a farsa do Poder, a hipocrisia dos governantes e a estultice dos governados. No espelho das queixas acumuladas contra a doença moderna[145] e contra "o mais frio de todos os monstros frios"[146], o retrato do *Homo juridicus* desenhado pelo filósofo revelaria a debilidade do humanismo do qual se vangloriaram os "modernos": há "muita feiúra para se ver", clama Nietzsche, num Estado idolatrado por todos.

O monstro Estado, novo ídolo do "demasiado humano"

Os argumentos que Nietzsche desfecha em seus aforismos ou no poema de Zaratustra para descrever "a casa dos mortos", em que triunfa a irrisão do "humano, demasiado humano", são evidentemente perturbadores: ainda mais perturbadores porque se diz que "a sociedade de esgotados"[147], que é a humanidade moderna, se parece, em seu horrendo atavismo, com um tropel de asnos e de gansos[148] ou de carneiros balindo fanáticos pelas idéias vindas do século XVIII e da Inglaterra... Os homens modernos são seres sem nome, impessoais e insossos, que se apegam a tudo o que é superficial e ruidoso, à necessidade de segurança, ao gosto pelo utilitário que é de mau gosto e, na esteira dos padres cristãos que hipnotizam as almas a ponto de destruí-las, à boa consciência e às pequenas virtudes. A democratização é fascinante. A uniformidade se expande; o nivelamento se ope-

---

145. Contra ela, Nietzsche, a partir de 1873, redigiu com uma pena raivosa os *Unzeitgemässe Betrachtungen*, "Inatuais" e "Intempestivos", nos quais exala sua revolta contra a anticultura que se desenvolve na Alemanha e na Europa. A escuridão que o idealismo e o cristianismo estenderam sobre o Ocidente se vai ampliando; a inversão dos valores da vida, que a civilização ante-socrática outrora enchia de luz, é um "charlatanismo" que prenuncia uma agonia.
146. Nietzsche, *Assim falou Zaratustra*, Do novo ídolo.
147. Nietzsche, *A gaia ciência*, § 23.
148. *Ibid.*, § 350.

ra na mediocridade; a europeização é massificação. A sociedade está, portanto, doente de sua massa[149]. O espírito de lerdeza, meio anão, meio toupeira, horrível manquitola que tropeça nas pedras do caminho[150], é a essência do povo em que pululam, com a divinização do dinheiro, a vulgaridade e o absurdo. A existência das homeomerias do mundo social é, no deserto que cresce[151], uma sinistra comédia: em toda parte no Ocidente, a vontade de potência originária inverteu-se em impotência para a originalidade. Um véu negro se estende sobre o mundo[152]; o horizonte é aquele de um crepúsculo fúnebre.

No âmbito mórbido da decadência generalizada, o Estado se tornou, segundo Nietzsche, uma monstruosidade ridícula e perigosa. Minado pela negatividade do "moderno", ele se desagrega num grotesco alarido de impotentes. Todos os "ideais" do direito político moderno são o indício mais eloqüente do niilismo. A "morte de Deus"[153], que trazia para o homem a mais alta esperança, só provocou o reinado de homens debilitados e decaídos: na praça pública, só se escuta o zumbido das moscas venenosas[154]; bufões barulhentos se agitam e, dizendo-se liberais ou socialistas, adoram todos "o novo ídolo" que o Estado é. Liquidada toda a transcendência, chegou, num "estalar de esqueletos", o reinado do contra-senso e da existência absurda[155]. Mas o teologismo antropocentrista expresso pelo direito político moderno é produzido por um homem sem virilidade, que perdeu a capacidade de afirmação e de criação do homem original; "demasiado humano", ele é feminino, fraco, desnaturado e já indica "a morte dos povos".

No ídolo monstruoso que o Estado é, tudo é *mentira*; não apenas a mistificação liberal do direito burguês, mas uma "mentira extramoral", antípoda das forças criadoras originais, por-

---

149. Nietzsche, *Além do bem e do mal*, § 241.
150. Nietzsche, *Assim falou Zaratustra*, III, Da visão e do enigma.
151. *Ibid.*, IV, As filhas do deserto.
152. Nietzsche, *A gaia ciência*, § 23.
153. *Ibid.*, § 125.
154. Nietzsche, *Assim falou Zaratustra*, I, Das moscas na praça pública.
155. Nietzsche, *A gaia ciência*, § 372.

tanto, mentira metafísica sobre a vida. O monstro político, que inverteu a vontade afirmadora, celebra, com suas instituições, a negatividade do homem decaído. Mórbido e impuro, opõe-se ao "sentido da Terra". Quando se diz, por exemplo, que o direito político tem como fim a ordem e a justiça, isso significa que ele se serve da coerção, que brande a espada e refreia a dança dionisíaca da vida. As instâncias que dizem "governar" adormecem as paixões e condicionam um rebanho gregário mediante as promessas, a propaganda, a imagem do conforto, os dogmas igualitários, a doutrinação etc. É um "compromisso com a escravidão", e o homem, apequenado, não é mais que um aborto, um miserável pigmeu. Para adorar o ídolo democrático, o socialismo-rei recebe o legado do despotismo e recorre a um verdadeiro "terrorismo"[156]. A dialética estatal – legislar, administrar, julgar (outros dizem "os três poderes") – é comparável à razão socrática que tem a clareza gélida da teoria, ou à fé cristã que tem o peso do pecado. O direito do Estado moderno, em seus textos e em sua aplicação, entoa a marcha fúnebre que clama a todos os ventos, como dirá Heidegger, o significado histórico do Ocidente: o destino de morte instilado pelo humanismo.

O direito político é, sem dúvida, impregnado de boas intenções: assim, o Estado, para governar, quer "grandes homens", até mesmo "heróis"[157]; faz leis para "o bem comum"; no seu aparelho administrativo, promete tudo a todos e, sobretudo, aos "supérfluos" (*Überflüssigen*). Mas a arma é terrível: não só a prerrogativa do grande número significa demagogia, mas também favorece os instintos populares do ressentimento e do ódio; o nivelamento é rebaixamento e, como os dogmas judaico-cristãos, o direito público é instilado por "moedeiros falsos"[158]. Zaratustra estremece diante da "grande feiúra do grande fracasso, da grande infelicidade"[159]. Portanto, "não é onde termina o Estado que começa o homem"[160].

---

156. *Ibid.*, § 24.
157. Nietzsche, *Humano, demasiado humano*, § 469.
158. Nietzsche, *A genealogia da moral*, 1, § 16.
159. Nietzsche, *Assim falou Zaratustra*, IV, Do mais feio dos homens.
160. *Ibid.*, I, Do novo ídolo.

Em sua filosofia agônica, Nietzsche, com seu verbo explosivo, descreve os sinais do definhamento do homem que seu bisturi expõe no Estado moderno. O humano, demasiado humano, é o indício de um luto universal muito próximo. A cultura moribunda a que chamamos "civilização" começou a queda niilista. O filósofo é perseguido pelas "gritarias infernais das nações políticas"[161]; essa "pequena política"[162] lhe dá a oportunidade de declarar, com o *antiestatismo* clamado por Zaratustra – "Quebrem os vidros e saltem para fora!" – o *antiformalismo jurídico* que acompanha o *antiidealismo* e, nas profundezas de seu pensamento abissal, seu *anti-humanismo*.

Um processo metafísico

Iconoclasta e intempestivo em sua febre de demolição jurídico-política, Nietzsche põe no banco dos réus a Revolução Francesa, da qual tantos outros extraem seus ideais. Sabe bem que Burke, Rehberg, Chateaubriand e De Maistre levantaram um protesto contra-revolucionário. Mas o processo que ele instrui é um processo metafísico. Embora veja na Revolução Francesa o produto das "idéias inglesas"[163], julgadas fracas e medíocres[164], e "odeie Rousseau na Revolução"[165], sempre percebe, para além do liberalismo individualista de Locke e do formalismo jurídico do Estado do contrato, o perfil do homem debilitado. Locke e Rousseau, pregando a liberdade e a igualdade, instilaram "o veneno mais venenoso" que reduz a força organizadora, apaga a acuidade e a segurança, solapa a vitalidade. Sua doutrina, que parece pregada pela própria justiça, a qual, aliás, invoca com grande estardalhaço, é a morte da verdadeira justiça que, segundo Nietzsche, é um sentimento extramoral imanente à raça dos fortes. Ora, o ideal de justiça dos modernos, vingador e reati-

---

161. Nietzsche, *Além do bem e do mal*, § 241.
162. Nietzsche, *A gaia ciência*, § 371.
163. Nietzsche, *Além do bem e do mal*, § 252.
164. Nietzsche, *Vagares desatuais*, § 12: "Os ingleses são o povo do cântico perfeito".
165. *Ibid.*, *Crepúsculo dos ídolos*, § 48.

vo, é o dos fracos. O *vaudeville* plebeu da Revolução não apenas assume o legado do sentimentalismo inglês que nada compreende do orgulho da raça, mas exprime, no homem de Rousseau, o ressentimento do moralista que, em suma, é o próprio tipo do cristão decadente. Revolução e cristianismo são irmãos. Falam a mesma língua – bem comum, povo, vontade geral, justiça, liberdade, igualdade, fraternidade, etc.; estão impregnados da mesma "moralzinha", cheios da mesma fé democrática e filantrópica. O direito político da Revolução, legado do sacerdócio universal[166], mina surdamente a vontade de poder, erige em moral o nivelamento entre a montanha e o vale. Em seu "embandeiramento idealista"[167], o *amor intellectus populi* é uma doença mortal contra a qual nenhum remédio é eficaz. Assim, as utopias socialistas, em sua oposição ao direito burguês, são movidas pela mesma rabugice e pelo mesmo rancor; acentuam "o pesado júbilo das massas"[168]. A mutação à qual aspira a práxis socialista prepara o governo do rebanho pelo rebanho (*Herdenvertierung*): é o último bastião da moral judaico-cristã. Quanto ao anarquismo, ele não passa da paixão "reativa" de "retardatários não disciplinados"[169]. Proudhon ou Bakunin são iguais: fazem estourar as instituições com os refrões e a mentira do mito. O banditismo dos valores da vida é tal que os homens não são mais do que "a doença de pele da terra"[170]. E o próprio Napoleão[171], "o homem superior", que tentou conjurar os delírios mortais do humano, demasiado humano, falhou em seu lance[172]: tal como "um tigre que errou o salto", em sua anglofobia fez o jogo dos nacionalismos. Insólito em sua ambivalência, trazia em si o fracasso do super-humano.

É difícil dar ao anti-humanismo e ao antiestatismo tons mais violentos e mais incisivos. Os ideais, as Constituições e as leis do direito político moderno, expressão de uma metafísica

---

166. Nietzsche, *A vontade de poder*, § 765.
167. Nietzsche, *A gaia ciência*, § 359.
168. Nietzsche, *Aurora*, § 448.
169. *Ibid.*, § 184.
170. Nietzsche, *Assim falou Zaratustra*, II, Dos grandes acontecimentos.
171. Hegel erigia Napoleão em modelo da modernidade.
172. *Ibid.*, IV, Do homem superior.

adulterada, secam todas as fontes da vida. Relacionada com a ontologia nietzschiana que identifica o Ser e a Vida com a Vontade de poder, a arquitetônica do aparelho jurídico moderno, por seus princípios fundamentais, por suas estruturas racionais e pelas pretensões axiológicas de seu idealismo, é o *sinal do negativo*. A mistificação está no auge: no mundo de que Deus desertou, o direito político atesta a morte próxima do homem. O pensamento do declínio indica um destino inexorável.

B) O pensamento do declínio

Tendo a demolição do Estado moderno e de seu direito, no profetismo nietzschiano, anunciado um declínio fatal, os ecos dessa "novidade" não tardaram a se tornar, em diversos registros, uma espécie de lugar-comum. Não só o falecimento da "modernidade" ressoa nas obras de Octave Spengler (*O declínio do Ocidente*), de Alfred Rosenberg (*O mito do século XX*), mas, de Martin Heidegger a seus discípulos como Michel Foucault ou Gilles Deleuze, o anti-humanismo e o antimodernismo jurídico ocasionaram um descomedimento que cerca suas críticas de uma espessa suspeita.

Em todos esses autores, a condenação do Estado moderno, por mais multiforme que seja, tende sempre a mostrar, na esteira de Nietzsche, que, no direito, o recurso aos princípios racionais significa a degenerescência do homem às voltas com as forças "reativas" que são as da decadência. Uma postulação assim explica que um Alfred Rosenberg tenha acompanhado sua mística racionalista de projetos eugenistas e imperialistas que ressoarão no *Mein Kampf*[173]. Mais filosoficamente e com

---

173. O livro de Rosenberg, seguramente pouco filosófico, tornou-se o breviário do totalitarismo nazista e serviu a Hitler para justificar a teoria do espaço vital, a política das anexações territoriais às vésperas da Segunda Guerra Mundial, e, em nome da superioridade da raça ariana, única depositária das forças vitais, a eugenia, a xenofobia, as perseguições, a depuração, cujo exemplo aterrorizador é o holocausto judeu. A motivação racial e vitalista é acompanhada, como sugeria a insígnia militar das *Waffen SS*, de um fascínio pela morte.

menos distorções, o anti-humanismo nietzschiano encontra seu prolongamento nas críticas dirigidas por Heidegger ao positivismo jurídico que ele considera a única forma do direito do Estado moderno.

Os Holzwege *do Estado moderno segundo Heidegger*

Sem dúvida, é ao domínio técnico de que nasceu o cartesianismo que Heidegger imputa precipuamente a responsabilidade pela "decadência espiritual da Terra"[174], aproximando-se nisso da análise entristecida de Husserl em sua célebre conferência do *Kulturbund* de Viena. Mas, se Heidegger faz da *técnica* a própria essência da modernidade, é porque o homem, a seu ver, nada mais tem, no mundo moderno, de verdadeiramente humano: tornou-se o "funcionário da técnica"[175]; o Estado ficou técnico; a execução de seu direito tem algo de automático. Numa máquina assim, o homem não pode ser espírito, e a Natureza inteira, no frenesi do *Gestell*, é "chamada à razão"[176]. Portanto, como se espantar com que, num mundo em que o homem está assim desumanizado, a técnica dispare? É o espetáculo que ocasionam todas as formas de totalitarismo, tanto a oeste como a leste, pois elas são, como Nietzsche pressentira, uma busca de poder cada vez mais opressiva que envereda inevitavelmente para um processo de violência[177]. O percurso triunfal da técnica a partir de Descartes, no mecanicismo do século XVII, no pensamento do Iluminismo no século XVIII, nos capitães de indústria no século XIX, entre os "políticos" do século XX, é tributário dos princípios da metafísica ocidental moder-

---

174. Heidegger, *Introduction à la métaphysique* (1935), trad. fr., Gallimard, 1967, p. 49.
175. Heidegger, *Chemins qui ne mènent nulle part*, Gallimard, 1962, p. 240.
176. Heidegger, *Essais et conférences*, p. 68. Assinalemos, seguindo tantos outros exegetas de Heidegger, a dificuldade que existe para traduzir em francês o termo *Gestell*; mas é preciso sublinhar intensamente que designa o empreendimento da dominação técnica em escala planetária.
177. Heidegger, *Nietzsche*, trad. fr., Gallimard, 1971, t. I, p. 384.

na na qual o sujeito é ávido da produtividade econômica, caminho de sua autonomia[178]. O homem se torna o aprendiz de feiticeiro que entrega o planeta às forças maléficas da dominação técnica. Por isso o Estado, ainda que invocasse a democracia para justificar Poder e legislação, é obcecado pela "forma totalitária". Nessa obsessão, a realização da metafísica coincide com o niilismo europeu. O racionalismo, o individualismo liberal, o positivismo jurídico vão no mesmo sentido que o humanismo: cedem à sedução do *logos* que, "inimigo do pensamento", soçobra no "esquecimento do Ser".

Heidegger, dirão, não concentra sua meditação nos princípios filosóficos do direito político. Confere uma envergadura totalmente diversa à sua crítica da modernidade animada pela obsessão humanista. Contudo, o anátema lançado à política moderna[179], na medida em que é o sinal exemplar do declínio que, há três séculos, corrói a história ocidental, é rico em ensinamento sobre o significado do que ocorreu no direito político ao longo de seu desenvolvimento.

Ainda que o subjetivismo dos Tempos Modernos tenha sido muitas vezes incriminado desde Hegel, não é menor a originalidade de Heidegger ao relacionar a "dominação do sujeito" no direito político moderno com a história da metafísica: assim sendo, é, no aparelho jurídico-político dos Estados modernos, o processo da "razão centrada no sujeito" que ele instrui[180]. De um lado, o direito moderno, dominado pela subjetividade (isto é, pela metafísica em via de se realizar), atribuiu ao homem, dotado de razão teórica e prática, o papel de fundamento: é relegado

---

178. Jean-François Mattéi, *L'ordre du monde: Platon, Nietzsche, Heidegger*, PUF, 1989, p. 167; Mouchir Aoun, *La Polis heideggerienne*, Altenberge, 1996, pp. 161-219.

179. Não discutiremos aqui o "caso Heidegger" e o engajamento político do filósofo por ocasião do nacional-socialismo. Se abríssemos o debate (ver, para isso, o livro recente de V. Farias – *Heidegger et le nazisme*, trad. fr., Verdier, 1987 – e as reações por ele suscitadas), seríamos levados a constatar que o pensamento político de Heidegger é, em seus temas filosóficos, independente desse engajamento político.

180. Jürgen Habermas, *Le discours philosophique de la modernité. Douze conférences* (1985), trad. fr., Gallimard, 1988, p. 159.

assim à banalidade cotidiana, na qual a interpretação técnica do mundo[181] só podia suprimir qualquer autenticidade. Do outro, empurrando a autonomia do homem até seus limites extremos, a autoprodução das normas tornou-se uma auto-instituição jurídica. Nessas condições, abriu-se o caminho de um "positivismo jurídico" que, considerado "contrapartida da metafísica"[182], não deixou de se incumbir do "reino da Terra"[183]. Ao mesmo tempo, estabeleceu-se o *Führerprinzip* que, animado pela ilusão de um domínio que só podia querer a potência cada vez maior da potência[184], conduzia ao nacional-socialismo, protótipo do totalitarismo. O problema aqui não é dissertar sobre a cumplicidade política de Heidegger nas fileiras nazistas, e sim compreender que sua crítica do comunismo, bem como do americanismo, se baseia na mesma acusação de *dominação metafísica da técnica* – isto é, compreender como Heidegger decifra nos efeitos finais do panformalismo jurídico que se estende pelo mundo contemporâneo as conseqüências paroxísticas da técnica. O aspecto de utensílio do direito, que é acompanhado pela tecnicização generalizada e pela inflação burocrática, vai de par com o *"esquecimento do Ser"*: esquecimento daquilo que é, de suas razões de ser e, outrossim, daquilo que deve ser. Os esquemas técnicos da produtividade, da eficácia e do consumo, as coerções operacionais e processuais confundidas com fatores objetivos e com a dinâmica do progresso provocam uma homogeneização da vida social que rompe com os valores morais da ordem e da tradição. É um declínio espiritual que insere no direito político uma derrota niilista[185].

---

181. O tema da "razão instrumental" que administra nosso mundo, inclusive na sua forma jurídica, é abundantemente retomado – em outro contexto filosófico – por Horkheimer. Essa razão "enfeixante" que pode até engendrar, segundo Adorno, uma "dominação total", é freqüentemente mencionada também por E. Levinas, J. Derrida e M. Foucault.
182. Heidegger, *Questions IV*, trad. fr., Gallimard, 1986, p. 130.
183. Heidegger, *Chemins qui ne mènent nulle part*, trad. citada, p. 207.
184. *Ibid.*, "Querer é querer ser senhor", p. 192.
185. Heidegger, *Chemins qui ne mènent nulle part*. A palavra de Nietzsche: Deus está morto, p. 180: "O niilismo é o movimento dos povos da terra engolidos na esfera de potência dos Tempos Modernos."

*O antimodernismo da corrente inspirada
em Nietzsche e Heidegger*

Tendo-se varrido todas as referências e critérios da tradição ontológica, avalia-se a força que a filosofia seguidora de Nietzsche-Heidegger situa em seu antimodernismo e em seu anti-humanismo. Com "o esquecimento do Ser", o direito moderno adquiriu a feição de "uma feitiçaria"[186] que está além do otimismo e do pessimismo. Resulta, diz M. Foucault, numa aporia: se é verdade que "o preconceito antropológico" destinou o pensamento contemporâneo ao "sono antropológico", "já não se pode senão pensar no vazio do homem desaparecido"[187]. É "a era do vazio"[188]...

No mínimo, a corrente de pensamento que se inspira em Nietzsche e em Heidegger discerne no aparelho jurídico da política moderna os sintomas de uma crise que, diametralmente oposta às promessas de emancipação do humanismo racionalista, encontra sua origem nas tecnologias da dominação – crise tão profunda que o direito, onerado de pesados entraves, teria atingido seu ponto de esgotamento. Assim, os grandes conceitos do direito político dos Tempos Modernos – soberania e cidadania, contrato social, Constituição, legalidade, representação, parlamentarismo, magistraturas etc. – são esvaziados de sua substância. Totalmente esgotados, não passam de vacuidade. Então, o direito cai na logomaquia dos "direitos do homem" e da "democracia", sem se perguntar sobre seus princípios nem sobre seus limites. Portanto, não apenas o Estado constitucional edificado para responder aos ideais da burguesia do século XVIII é um fracasso, mas o direito político, insuscetível, em seu movimento de autofundação, de chegar à sua fixação conceitual, se extraviou – como toda a cultura moderna – no impasse margeado pelas pretensões da subjetividade. E como, atualmente, "o sujeito da velha Europa está morto", pesa uma maldição sobre as regras e as leis: por causa da dissolução dos princípios e

---

186. Heidegger, *Introduction à la métaphysique*, p. 46.
187. Michel Foucault, *Les mots et les choses*, Gallimard, 1966, p. 353.
188. Cf. G. Lipovetsky, *L'ère du vide*, Gallimard, 1983.

dos paradigmas delas, também por causa da inflação individualista e do laxismo permissivo que acompanha a desumanização do homem moderno, o pensamento discursivo dá um passo em falso fatal nelas. Sua validade é depreciada e sua desvalorização é tão flagrante que elas se cercam de um desprezo radical. O direito político moderno está como que no fim. Nada mais é senão "a estratégia da guerra em ação"[189] e, como tal, acarreta o triunfo do dominante sobre os dominados. Ele é, por conseguinte, "uma maneira de exercer a violência" num mundo em que as falhas, as descontinuidades, as redistribuições e os vazios encaminham para o reinado do negativo. O direito traz em si a negação do direito[190].

Daí em diante, as certezas do Iluminismo seriam abolidas e concluída a grande história da racionalização do direito político. Ela ensejaria o "pluralismo das estratégias de poder" que, contra o direito, reabilitariam a força. O sistema do direito ficaria debilitado e a única lei de nossas sociedades desumanizadas seria antijurídica, a ponto de culminar num perfeito a-formalismo jurídico: ela seria a de uma concorrência de todos os instantes, portanto, de uma guerra permanente, declarada ou latente.

Não se pode levar mais longe a constatação do fracasso da cultura moderna: ele atesta "a derrota do pensamento"[191].

*

A passagem da crítica do direito político moderno para a crise na qual ele se teria atualmente afundado leva ao que se pôde acertadamente denominar "o contradiscurso filosófico da modernidade"[192]. Sublinhamos o acordo perturbador estabele-

---

189. Michel Foucault, *La volonté de savoir*, Gallimard, pp. 113, 117 e 135.
190. François Ewald, *L'État-providence*, p. 30. É interessante assinalar que, noutro registro, o neoliberalismo hiperbólico de Fr. Hayek repudia igualmente o construtivismo racional para encontrar seu fundamento e sua justificação na "ordem espontânea".
191. A. Finkielkraut, *La défaite de la pensée*, Gallimard, 1987.
192. Jürgen Habermas, *op. cit.*, p. 329; Alain Renaut, *L'individu*, Hatier, 1995, p. 68.

cido na filosofia de nosso tempo para incriminar a aridez e denunciar os impasses do racionalismo que foi o cadinho do humanismo jurídico-político moderno. Portanto, não é de surpreender que assistamos à cisão do direito estatal. Não só seus princípios são novamente contestados mas o direito político, ao se ampliar para a dimensão da Europa e do mundo, adquire outro perfil. Vivemos atualmente a metamorfose do direito. A questão é saber se essa metamorfose é a conseqüência ou a saída da crise tão cruelmente denunciada. Convém, portanto, interpretá-la, extrair seus ensinamentos e interrogar-se sobre o alcance filosófico das perspectivas às quais ela conduz.

Capítulo II
A metamorfose do direito estatal e seu significado filosófico

O direito político moderno entrou em crise na hora que a transparência da razão por si só e a liberdade soberana dos Estados se cercavam de suspeição. O modelo teórico institutivo, no Estado, do direito político moderno foi de fato, como acabamos de ver, contestado logo após a Revolução Francesa, que transportara seu esquema para a prática jurídico-política. As brechas então abertas no humanismo jurídico traduziram e exibiram a dúvida que, daí em diante, devia minar cada vez mais profundamente as categorias da racionalidade do direito moderno: o idealismo foi acusado de utopia; a discursividade do direito foi confundida com a sistematicidade dos códigos; viu-se no contrato social uma armadilha metafísica; a vontade geral foi considerada um mito; tacharam-se de irrealismo e abstração as regras constitucionais; a coerção legal passa por opressão; incrimina-se de mistificação a generalidade da lei; a unidade do direito público pareceu ser a máscara vingadora de uma soberania bem decidida a ocultar, mediante procedimentos e artimanhas técnicas, o fenômeno da pluralidade do corpo social... O despertar das nacionalidades abalou, sob a onda do sentimento e, às vezes, na exasperação passional, os âmbitos racionais do Estado-nação. Além disso, na ressaca da onda nietzschiana repetiu-se muito que a feição metafísica do direito moderno condenou a subjetividade, que é sua peça-chave, a se enviscar no caráter utilitário de uma razão técnica e burocrática que significa nada menos do que a relegação das estruturas jurídico-políticas. Em uma palavra, estaria próxima a hora em que, no plano institucional, deve soar "a morte do Estado".

Ao mesmo tempo, porém, as ambições universalistas da razão se fizeram ouvir como o apelo de uma transcendência que, na ordem do direito político, devia ultrapassar o âmbito da potência estatal e abrir-se o mais amplamente possível à europeização, até à globalização das instituições e da regulamentação jurídicas. A normatividade do aparelho do direito era, portanto, chamada a cruzar as fronteiras e a instituir, em nome da simples coexistência dos Estados, uma rede de relações que teçem o regime comum de um direito internacional e mesmo de um direito supranacional. Abrindo-se assim ao universal, a normatividade jurídica provocou a metamorfose do esquema estatal do direito.

O direito político do Estado moderno viu-se confrontado, no plano interno bem como no internacional, com a remodelação, até mesmo com uma rejeição de seus conceitos diretrizes. Muito particularmente, as idéias de *contrato social* e de *soberania*, essenciais à concepção do direito político do Estado moderno, ocasionaram um reexame profundo. As incidências e as conseqüências dessas revisões, que são ao mesmo tempo conceituais e categoriais, evidentemente não deixam de ter *repercussão filosófica*. É por isso que atualmente se coloca a questão de saber por que novos caminhos a filosofia do direito político pode enveredar, uma vez que são revisados e às vezes refutados os princípios do direito que estruturaram o Estado ao longo dos séculos da Modernidade.

1. A renovação da idéia de contrato social

De maneira geral, a problemática do contrato social inseriu-se no registro do pensamento moderno como tributária do racionalismo e do individualismo: que ela corresponda, como na obra de Hobbes, à segurança da razão calculista, que constitua, como segundo Rousseau, a chave do edifício estatal, o único capaz de garantir para os cidadãos a liberdade e a justiça, ou ainda que esteja escrita, como em Kant, no horizonte da idealidade transcendental, a noção do contrato social envolve uma das exigências essenciais da modernidade jurídico-política. Já nos primeiros sinais de abalo da Modernidade, seu esquema constitutivo foi contestado e exposto a eventuais remanejamentos estruturais.

A) A crítica *da idéia de contrato social*

Hume e Burke não haviam escondido o mal-estar intelectual provocado em seu pensamento por essa categoria arquitetônica do Estado moderno que é a idéia do contrato social. Hegel, com um radicalismo intransigente, denunciou "o atomismo" das teses contratualistas, atomismo ainda mais falso, a seu ver, porquanto, transportando para o direito público esquemas próprios do direito privado, o procedimento contratualista despoja o Estado, afirma ele, de qualquer realidade substancial. Depois, o contrato social, acusado de participar da ideologia individualista e burguesa própria do episódio revolucionário na França, foi denunciado como o arquétipo de um pensamento jurídico mistificador e liberticida.

Essas críticas, bem conhecidas, têm uma dimensão filosófica que será revelada pela crise epistemológica por que passaram as ciências da cultura na primeira metade do século XX. A fenomenologia husserliana descobriu que a existência humana, longe de obedecer a axiomas individualistas, é um *Mitsein* e que a comunidade dos homens se impõe na imediatez como um fato irredutível. Portanto, não é a subjetividade mas a *intersubjetividade* que constitui a trama da existência comunitária, até e inclusive em sua forma jurídica e política. Na esteira da fenomenologia husserliana, também Merleau-Ponty denunciou, porque "a guerra se realizou"[1], o erro do solipsismo ao qual conduziu a inflação racionalista do pensamento moderno. Dessas críticas decorrem, para o direito moderno, duas conseqüências de grande alcance. De um lado, o problema essencial do direito

---

1. Merleau-Ponty, *Sens et non-sens*. "La guerre a eu lieu", Nagel, 1948, pp. 281 ss.

político não é, como pensaram os filósofos modernos, o da *instituição* da sociedade civil, mas sim o de sua *organização*. Do outro, como a racionalização do direito político, julgada excessiva, teve por efeito determiná-lo como um sistema fechado de conceitos, pareceu necessário e urgente flexibilizar essa axiomática, adaptando-a à realidade complexa e evolutiva da condição humana.

Se, portanto, a idéia de contrato social conserva algum sentido para o direito político, a necessidade de *remanejá-la*, consoante o novo olhar lançado sobre a existência humana, impôs-se com bastante rapidez. O relativismo cultural, do qual o século XX tomou consciência à medida que se revelava o "declínio dos absolutos", exigia de fato, no direito político, a superação dos cálculos puramente racionais e a rejeição das antinomias estabelecidas pela filosofia moderna do "mundo dividido" entre o eu e o outro, o sujeito e o objeto, a necessidade e a liberdade etc. Nessa nova perspectiva, que recusa o solipsismo idealista ao qual, segundo Rousseau, se refere muito especialmente o contrato social, estaria mais do que na hora de compreender, disseram, que a noção de contrato social, para ter ainda algum valor, deve levar em conta a ambivalência fundamental das experiências humanas em que se entrecruzam o lógico e o irracional, o explícito e o implícito, o sentido e os subentendidos. A "política da solidão"[2], cujos princípios Rousseau expôs e que deu ao direito político moderno seus eixos e seus conceitos mais firmes, já não teria cabimento no mundo atual[3]. Para que um contrato social seja pensável para o futuro, deve levar em conta a mutação existencial que ocorreu no século XX. Seu conceito não deve, portanto, desprezar, nas situações concretas que o direito político é incumbido de reger, as experiências, a contingência, a temporalidade nem a relatividade das múltiplas experiências humanas. Não sendo o homem nem um simples *ego*

---

2. Raymond Polin, *La politique de la solitude*, Sirey, 1971.

3. Muito pelo contrário, aliás, poder-se-ia dizer que a idolatria da objetividade implicada por um materialismo de tipo marxista-comunista tem também pouca pertinência.

nem um puro sujeito racional, o "novo contrato social" que encontrará lugar na coexistência humana deve ser uma nova escrita da prosa do mundo.

B) *O remanejamento do conceito de contrato social*

É mais difícil do que se poderia pensar escrever a prosa do mundo segundo um modelo novo, e poucos autores o tentaram. Contudo, encontramos um ensaio teórico de remanejamento do contrato social na obra de Albert Camus, a que fazem eco, num registro prático, as grandes linhas do projeto de "novo contrato social" propostas, no primeiro quarto de nosso século, por Edgar Faure. Nem esse ensaio nem esse projeto são "filosóficos". Tendem, não obstante, a mostrar que o direito político chegou, no mundo ocidental, se não a um ponto de ruptura, pelo menos a uma fase em que deve adaptar-se aos reclamos que já não são, no absoluto, os da "modernidade".

Em 1948, Albert Camus publicava uma crônica intitulada "O novo contrato social"[4]. Nesse texto, publicado logo após o segundo grande conflito mundial, ele não procurava elaborar o estatuto do Estado, tampouco se interrogava, como filósofo, sobre o fundamento do direito político; indagava-se qual "estilo de vida" permitiria, a partir de então, esquecer as agruras do tempo de guerra, pelo menos salvaguardar os valores de uma humanidade perigosamente ameaçada em sua existência e em seus valores.

Parecia então a Camus que, no mundo-de-vários em que tudo o que é aparentemente privado sempre tem uma dimensão pública, a comunicação entre os homens, feita de trocas, de retomadas, de oposições, de conciliações e de compromissos, deve ser mantida com zelo. Esse "diálogo" ou essa "dialética", aí está, dizia ele, "o novo contrato social". Em sua nova forma, o "contrato" participaria de um "cogito plural" que afirma, até

---

4. Essa crônica de Albert Camus está contida em *Actuelles, Écrits politiques*, Gallimard, 1950, pp. 138 ss.

na revolta e muitas vezes por ela[5], o ser do homem como sendo sempre e em todas as circunstâncias um ser-de-vários. A revolta, considerava Camus, é essa experiência privilegiada que abre o homem a outrem. Na reciprocidade que ela faz nascer, os homens já não são "estranhos" uns para os outros. Conquistam *juntos* uma "nova humanidade" em que se encontram promovidos e refletidos valores existenciais e éticos que, comunitários, são os pontos de amarração e os critérios de um "novo liberalismo". De fato, já não se poderia buscar a liberdade no arbítrio individual; ela é obra, dizia Camus, de um "socialismo liberal" que dá as costas às aporias do individualismo. Na falta de certeza, haveria pelo menos, nesse "novo contrato social", uma esperança: que o diálogo seja "mais forte do que as balas"[6].

Não é necessário que a mutação do tema contratualista se opere sob a bandeira de uma ideologia de partido. É por isso que uma comissão de estudos denominada "O novo contrato social" esforçou-se, por volta dos anos 1970, para reunir numa "encruzilhada de idéias"[7] homens de tendências políticas e filosóficas diversas, mas igualmente preocupados em elaborar um programa social prospectivo que permitisse às sociedades ocidentais se organizarem melhor e apresentarem soluções razoáveis para os problemas, já candentes nessa época, do emprego, da seguridade social, da poupança, da comunicação, das relações européias etc. Sem pretensão doutrinária, Edgar Faure procurou teorizar as pesquisas práticas realizadas por ocasião de vários colóquios. O novo contrato social, afirmava ele em essência, deve ser elaborado em torno dos temas conjuntos da *concertação* e do *diálogo* que, filosoficamente, correspondem

---

5. "Na prova que nos cabe, a revolta desempenha o mesmo papel que o cogito na ordem do pensamento... Eu me revolto, logo, sou" (Albert Camus, *L'homme révolté*, Gallimard, 1951, p. 36).

6. *Ibid.*, p. 146.

7. Citemos, nesse contexto, os colóquios de Malbuisson (1970) orientando as pesquisas no sentido da "futurologia"; de Antony (1971), em que a palavra de ordem era o estabelecimento de uma "sociedade de consciência"; de Épernay (1976), em que foram retomadas as teses que Edgar Faure expusera em seu livro *Pour un nouveau contrat social*, Seuil, 1973.

ao reconhecimento da intersubjetividade e da responsabilidade comum. O "consentimento em marcha" que isso pressupõe é seguramente trabalhoso em razão das disfunções que se instalaram entre a classe política e a sociedade em seu conjunto, bem como entre as instâncias governamentais e os mecanismos sociais. Não obstante, são claras as grandes linhas do programa de trabalho por fazer. A primeira tarefa seria "descristalizar" o universo moderno, suprimir nele o individualismo (até o egoísmo) e o sectarismo dos partidos[8]. Uma tarefa não menos importante consistiria no estabelecimento de relações constantes e estreitas com "a função técnica"[9] do Poder a fim de que, num "contrato de promoção", sejam levadas em conta as condições do trabalho, a tipologia social, as estruturas econômicas, a expansão técnica, a qualidade de vida etc. A finalidade desse "novo contrato social" seria, assim, a gestão da sociedade atual na complexidade de seus diversos setores. O importante seria, em todo o caso, que não correspondesse aos cálculos frios de uma razão desencarnada e puramente teórica e que, por meio de reformas estruturais, adaptações institucionais, um planejamento prudente, ele expressasse ao mesmo tempo, de maneira prática e concreta, a competência gestora e a vigilância prudente daqueles que são incumbidos do governo. Como tal, seria o sinal do "esforço de adaptação" incessante que os órgãos do Poder devem realizar tanto para respeitar os hábitos e os estados de espírito do corpo social como para enfrentar o imprevisto. Desse modo, se é verdade que "o contrato social de Rousseau é um tema permanente" do direito político[10], é não obstante importante que, a fim de conservar a capacidade de um conceito diretriz do direito político, ele se amolde aos contornos da história social desenhados pelo tempo. Isso só é possível aliando uma certa dose de empirismo às forças organizadoras da racionalidade; é preciso mesmo não hesitar em se aprofundar na "civilização dos ensaios" que, segundo as palavras de Jean Fourastié, carac-

---

8. *Ibid.*, pp. 8, 73 e 76.
9. *Ibid.*, p. 36.
10. *Colóquio de Épernay*, Masson, 1977, p. 37.

teriza a segunda metade do século XX. As "aproximações" e as "forças federativas" de que, daí em diante, o direito político necessita, não se alimentam do pensamento do absoluto, próprio dos idealismos. Para "gerir" a sociedade movente do final do século XX, seria vão ter as pretensões de uma metafísica eternitária; é preciso um pensamento "cronotônico" atento aos contornos instáveis e evolutivos da sociedade e de seu meio ambiente. O fechamento das doutrinas abstratas acabou, o que significa que o homem está sempre na encruzilhada e o direito político, que está o tempo todo tendo de ser corrigido ou transformado, retraça a dialética interminável que caracteriza a fenomenologia do mundo humano.

A intenção que preside a essa renovação estrutural e semântica da categoria de "contrato social" é certamente generosa. Tampouco deixa de ter lucidez. Tem sem dúvida o mérito de querer arrancar o direito político da afirmação de ipseidade do *cogito* e, ao mesmo tempo, do dogmatismo do racional que o inspiraram durante os séculos da modernidade. A "conversão do olhar" que permite descobrir que as relações do homem com o homem não são o resultado de construções de entendimento, mas nascem de uma lida imediata, profunda e longínqua que é, como dizia Merleau-Ponty, "mais velha do que a inteligência", é calorosa. Mesmo que a abertura das consciências seja ao mesmo tempo também sua luta recíproca, isso significa que chegou o tempo em que os olhares se cruzam; é preciso, portanto, que se defrontem as liberdades, que se estabeleçam trocas, que se inicie o diálogo, que, em suma, os homens se reconheçam mutuamente. O progresso do direito político residiria assim em dois pontos: de um lado, está mais que na hora de tomar consciência da inutilidade dos "pactos" de associação e de submissão que a filosofia de outrora colocava em seu princípio; do outro, é necessário que a afirmação da liberdade, longe de ser o postulado que a torna o predicado formal de um sujeito abstrato ou de uma "bela alma", passe pela mediação dos outros e se realize, no seio dos próprios movimentos da comunidade, na coexistência, na colaboração e nas trocas com outrem.

Entretanto, apesar das perspectivas sadias desenhadas pelo "novo contrato social" pensado por Camus ou por E. Faure, os problemas suscitados pelo direito político do mundo atual não encontraram, nessa via, suas soluções, provavelmente porque, no programa de trabalho do "novo contrato social", elas são vistas, afinal, apenas em termos gerais, muitas vezes imprecisos e vagos, enquanto é necessário muito precisamente construí-las ponto por ponto.

Isso é pelo menos o que ensina, de maneira exemplar parece, uma reflexão sobre o mal-estar que se prende à noção de soberania, na ocasião que, hoje mesmo, o campo do direito político se amplia para a dimensão européia e mesmo planetária.

2. A ampliação do direito político e o mal-estar da soberania estatal

O direito político, em sua acepção filológica estrita, regeu a *Polis*, cuja forma moderna é o *Estado*. Era nesse sentido que, por exemplo, Burlamaqui entendia, em 1747, os *Princípios do direito político* e Rousseau buscava em *O contrato social*, em 1762, os "princípios do direito político". Ora, o fenômeno mais impressionante de nosso tempo é que o direito público ou político está longe de ser limitado pelas fronteiras do Estado. Certamente, as longínquas conquistas de Alexandre, o Grande, ou de Júlio César poderiam significar que o fenômeno é bem antigo e que a vontade de hegemonia de um Estado – ou do príncipe que o governa – sempre levou a ampliar o campo político além dos limites do Estado. Mas, com o advento dos Tempos Modernos, o problema do "direito da guerra" expôs em termos jurídicos, e não mais somente políticos, a questão das relações interestatais. Já no século XVI, mas sobretudo com o século XVII, a "política exterior" teve necessidade de se apoiar em normas e regras de direito: em matéria de comércio, de colonização com objetivo demográfico ou econômico, de relações diplomáticas, de circulação marítima, de "equilíbrio", de alianças ou ligas entre as potências, de guerra e de paz, e mesmo de relações culturais, convinha evitar as armadilhas da contingência e da aventura. Os grandes tratados de Grotius constituem, a esse respeito, a obra de um pioneiro[11]. Embora o *Mare liberum* (1609) e o *De jure belli ac pacis* (1625) estejam longe de constituir toda a obra de Grotius, e essas duas obras não sejam, como se disse às vezes, os primeiros tratados de direito internacional, são portadores de uma mensagem que todos os internacionalistas modernos entenderam: a saber, a necessidade de interrogar a *razão* e a *história* para compreender que o consentimento universal e a tradição são fatores decisivos em todas as relações jurídicas entre os Estados. Ainda que, meio século mais tarde, Pufendorf tenha construído o *De jure naturae et gentium* (1672) sobre uma axiomática na qual o voluntarismo modificou nitidamente o racionalismo de Grotius, ele avaliou, na história e para o direito internacional, a problematicidade inerente às federações de Estados (*systemata rerum publicarum foederatarum*)[12], o que revela sua preocupação de aquilatar, para além do direito político ligado aos "interesses dos Estados", as promessas e os problemas do direito das gentes nas relações interestatais. Leibniz e Wolff, por sua vez, refletiram de modo mais filosófico sobre a ampliação do direito para além das fronteiras dos estados, numa *Civitas maxima* cujas dimensão e função cos-

---

11. Não se deve, entretanto, subestimar nem a importância nem a novidade dos trabalhos de Francisco de Vitoria (1486-1546), cujas *Reflectiones theologicae*, publicadas em Lyon em 1557, comportam duas lições interessantes: a segunda, *De potestate civili*, e a quarta, *De Indis et de jure belli*, que, tratando do direito das gentes, rompem com o exame escolástico da "guerra justa" – nem a força do pensamento de Suárez (1548-1617) que se separa dos romanos para distinguir o direito das gentes e o direito natural e para decifrar no "direito das gentes positivo" (*De legibus*, 1613, liv. II, os quatro últimos capítulos) um *jus inter gentes* e um *jus intra gentes*, o que lhe deu a ocasião de tratar, na esteira de Isidoro de Sevilha (*Etymologies*, V, cap. 6), as questões da ocupação, das fortificações, da guerra, do cativeiro, da servidão, das tréguas, da paz, da imunidade dos embaixadores etc. Cumpria igualmente mencionar aqui as obras, na Espanha, de Alberico Gentilis (1552-1608), na Inglaterra, de Richard Zouche (1590-1660) e, na Holanda, de Bynkershoek (1673-1743) que, acima de tudo juristas e não filósofos, tentam não obstante extrair da prática do direito das gentes alguns princípios teóricos gerais, principalmente em matéria de comércio e de beligerância.

12. Pufendorf, *De statu Imperii Germanici*, 1667, cap. VIII, § 4; *Dissertatio de foederibus Sueciam et Galliam*, 1689.

mopolíticas buscaram precisar. O século XVIII viu também se multiplicar, do abade de Saint-Pierre a Kant e a Gentz, os projetos de paz perpétua entre os Estados europeus, ao passo que, simultaneamente, compêndios e tratados de direito das gentes, de Émeric de Vattel a Jean-Jacques Moser e a Georges Friedrich de Martens, constituíam, por seus objetivos cosmopolíticos, outros tantos passos rumo ao direito internacional público.

A) A construção de um direito público internacional

A internacionalização do direito político foi uma das maiores preocupações do século XIX[13], mas, depois das Conferências e das Convenções da Haia de 1899 e de 1907, foi sobretudo logo após a Grande Guerra e depois da Segunda Guerra Mundial que os esforços da comunidade internacional foram impressionantes. A criação da Sociedade das Nações (SDN) em 1919 e da Organização das Nações Unidas (ONU) em 1945 inscreveram-se na história moderna como tentativas, às vezes eficazes, de organizar as relações entre os Estados de modo que as armas, enfim, viessem a se calar. Dir-se-á que esses sistemas de arbitragem para evitar os conflitos em geral se revelaram bastante vãos e que, ainda em nossos dias, as ideologias, os fanatismos religiosos, as paixões nacionalistas provocam o horror desumano das guerras e das violências terroristas. Essa é, efetivamente, uma constatação dolorosa. Entretanto, o direito político internacional se amplia e se firma cada vez mais, ao mesmo tempo para submeter a guerra ao direito, para refrear o desenvolvimento dos conflitos e para organizar entre os Estados, graças a instâncias especializadas, e em todos os campos, relações de cooperação. Assim, por exemplo, foram criadas múlti-

---

13. Cf. Fortuné Barthélemy de Felice, *Leçons du droit de la nature et des gens*, Paris, 1830. Para um quadro amplo da doutrina do direito público internacional no século XIX, remetemos a Antonio Truyol y Serra, *Théorie du droit international public*, Académie de droit international (1981, IV, t. 173), Dordrecht, Boston e Londres, pp. 191-203.

plas instituições como o Fundo Monetário Internacional (FMI), a Organização Mundial de Saúde (OMS), a Organização de Cooperação e de Desenvolvimento Econômicos (OCDE), a União Internacional das Comunicações (UIT), a Organização Meteorológica Mundial (OMM), a Organização das Nações Unidas para a Educação, a Ciência e a Cultura (UNESCO), etc., cujos nomes são por si sós sugestivos. As relações entre os Estados, até em áreas específicas tornadas muito técnicas, devem ser regidas por regras de direito precisas que tendem a estabelecer a mais ampla cooperação possível. Os amplos objetivos dessas organizações internacionais significam, por si sós, que as relações entre os Estados não são, necessariamente, relações de beligerância, que o direito público internacional não atende, como o *jus gentium* de outrora, a uma vontade de legitimação da "guerra justa" e que – isso é o mais importante – a segurança e o bem-estar dos povos dependem, em escala mundial, do entendimento político e diplomático que os Estados estabelecem com base em um direito público que o seu desenvolvimento deveria aumentar para a dimensão do universal.

Se é verdade que, a partir de Grotius, a ampliação do direito político, submetendo a guerra ao direito, até mesmo colocando-a fora da lei, tem a finalidade essencial de tender para a paz e para a segurança do mundo, não se poderia deduzir disso que ele se apresenta num horizonte de uma utopia pacifista ou de uma filantropia universal. Sem dúvida, a paz mundial implica a cessação dos conflitos armados, mas não tem nem um estatuto de negatividade que significa que os conflitos de todo tipo desapareceram a partir daí e que o potencial de beligerância de que é repleta a vida dos povos está suprimido definitivamente, nem o perfil medíocre de uma idade de ouro irênica marcada por uma sociabilidade e um amor universais. A paz entre os povos exige *a organização jurídica da coexistência dos Estados*, na qual, sempre, fermentam ou rebentam os conflitos: Kant, Hegel, Max Weber ou Raymond Aron sublinharam muitas vezes que, na ausência de um direito político internacional, os Estados ficam entre si como indivíduos no estado natural e, portanto, se guerreiam ou estão prontos para isso[14]. Portanto, são necessárias normas para organizar em outras bases as diversas relações entre os Estados. É importante, a fim de superar a conflitualidade natural deles, estabelecer as regras de seu comportamento em matéria comercial e monetária, instituir regulamentos que organizem a navegação marítima e aérea, fixem a quantidade e a natureza dos armamentos... Somente normas internacionais reconhecidas pelo maior número possível de Estados lhes permitirá escapar de uma derrocada anárquica... Tal como observava Raymond Aron, a alternativa amigo/inimigo que, segundo C. Schmitt, corresponde à essência do político, só tem sentido no "estado natural" e, longe de ter uma "permanência fatal", deve ser conjurada pelo direito internacional[15]. É por isso que a elaboração de um corpo de regras válidas em escala pluriestatal não deveria ser uma esperança vã. Ela requer, por parte dos diferentes Estados, discussões, conferências, negociações em cujo final acordos e tratados, concluídos com base em concessões recíprocas e às vezes acertos mais ou menos difíceis, deveriam tornar possível uma coexistência sem tragédias. Ninguém, seguramente, poderia esquecer que o direito político, em escala mundial, é o resultado de uma difícil batalha que, para além dos interesses específicos dos Estados, põe em jogo idéias e valores. Mas a elaboração de um direito que se abre ao universal corresponde à vontade de fazer dele o antídoto da desordem e da violência entre os Estados. Ele procura substituir a condição de simples concorrência vital, em que o pluralismo caótico das relações de dominação e das tendências belicistas instila a anarquia, por uma ordem e uma racionalização da sociedade mundial. *Mutatis mutandis*, pode-se dizer que, assim como o direito político do Estado procura manter nele a paz civil, assim também a ampliação mundial do direito político tende a suprimir entre os Estados os perigos de uma condição anômica na qual fermenta sempre a guerra. A ordem interna-

---

14. Cf. por exemplo Hegel, *Principes de la philosophie du droit*, § 333.
15. Raymond Aron, *Paix et guerre entre les nations*, Calmann-Lévy, 1962, p. 740.

cional, na medida em que seria "uma ordem gerada", atestaria a vitória do direito sobre a força.

Ora, a ampliação do direito requerida por essas perspectivas – e não pela vontade de hegemonia de um império – presidiu, já em tempos remotos, ao estabelecimento de uma modalidade específica da coexistência dos povos. Com um termo genérico, designa-se essa modalidade de existência como o "federalismo". Mas essa denominação não deixa de ter uma ambivalência profunda que dá origem a difíceis problemas.

B) Os modelos "federalistas"

De maneira geral, segundo o esquema organizacional do federalismo, o direito político não é o dos Estados independentes simplesmente justapostos ou concorrentes; procede de uma *união* dos Estados, cuja meta é instituir os meios para uma paz e para uma cooperação generalizada. Entretanto, o modelo "federalista" não é unitário: traduz-se ou por uma *confederação* de Estados ou pela instituição de um *Estado federal* cujas formas e cujo funcionamento correspondem a exigências iniciais diferentes.

As tentativas de aprimoramento do conceito de "federação": o exemplo de Kant

A idéia de "federar" Estados ou Cidades não é uma idéia nova da qual pudesse orgulhar-se a segunda metade de nosso século, na hora que se edifica a Europa política. Já as anfictionias da Grécia antiga correspondiam ao modelo de uma associação de cidades que, pelos acordos que concluíam em matérias religiosa, monetária, jurisdicional etc., podiam atingir uma existência comum harmoniosa[16]. Nos Tempos Modernos, os nu-

---

16. Já no século VII antes de nossa era, certas Cidades gregas, por instigação do rei Anfictião, se haviam agrupado em associações religiosas leigas, que, aliás, eram aproximadas menos por uma unidade de crença do que pelo

merosos projetos de paz elaborados por Émeric de Crucé, William Penn, pelo abade de Saint-Pierre, entre outros, insistiram nas virtudes pacificadoras de uma "federação" concebida simplesmente como um agrupamento dos povos. Montesquieu, em *O espírito das leis*, analisa o que chama de "a república federativa"[17], "sociedade de sociedades" cujos exemplos encontra na Grécia e no Império romano, mas também nas Províncias Unidas, na "república federativa da Alemanha", nas "Ligas suíças" da Confederação helvética etc. Salienta o rigor organizacional implicado pela "união federativa" para as diversas instâncias criadas e insiste particularmente na função jurisdicio-

---

desejo de participar, pela unidade dos cultos e das celebrações, de cerimônias comuns em que, em oferendas ao Deus, se realizavam ritos e sacrifícios.

No início, em especial na anfictionia Fíleo Délfica, cujo centro ficava no desfiladeiro das Termópilas, e que era dominada pelos povos da Tessália, eram leis morais e laços de amizade que caracterizavam essas alianças em que as finalidades políticas tinham pouco espaço. No século VI a.C., uma outra anfictionia reuniu em Delfos, em torno do santuário de Apolo, doze povos da Grécia continental, entre os quais os beócios, os jônios da Ática e da Eubéia. Depois, a anfictionia de Delos, dominada pelos atenienses, logo se tornou a mais influente e constituiu uma espécie de modelo.

Nessas uniões, a organização era rigorosamente regulamentada: cada anfictionia comportava um Conselho dos hierônimos, guardas do templo e do tesouro que administravam a fortuna dos santuários, dirigiam as construções, emitiam uma moeda comum, infligiam multas aos particulares ou às Cidades que tinham violado as regras anfictiônicas. Havia duas sessões anuais do Conselho e, a cada quatro anos, a festa pítica renovava o ato oficial de união dos povos (*Foedus*). É preciso sobretudo sublinhar que, além dos poderes administrativo e financeiro do Conselho, sua função jurisdicional se desenvolveu pouco a pouco. Em caso de infração das regras comuns (por exemplo, em caso de pirataria, de conflitos armados ou de contencioso político entre as Cidades unidas), era ao Conselho que cabia arbitrar os litígios; as sentenças pronunciadas deviam ser executadas por todos os filiados. Por ocasião da festa pítica, uma "trégua sagrada" era determinada; se qualquer um dos povos violasse essa trégua, a "guerra sagrada" lhe era declarada, o que podia arruiná-lo.

Após os anos gloriosos que fizeram da anfictionia de Delfos uma espécie de Sociedade das Nações, conflitos internos a dividiram. Em 353, Filipe da Macedônia a suprimiu. Mas Alexandre retomou a idéia anfictiônica e, nas Olimpíadas de 324, fez dela a ponta de lança do pan-helenismo.

17. Montesquieu, *L'esprit des lois*, liv. IX, caps. 1, 2 e 3.

nal que estas são chamadas a exercer tendo em vista um ideal comum de paz e tranqüilidade. Entretanto, é preciso esperar que Kant insira o tema "federalista" no âmbito de sua filosofia criticista para que comecem a se esclarecer os princípios jurídicos a partir dos quais podem elaborar-se as formas diversas de uma federação dos povos.

A cronologia das obras de Kant nas quais a questão "federativa" é tratada deixa perceber uma evolução sensível das idéias do filósofo sobre esse problema. Mas essa evolução é significativa da dificuldade inerente ao problema e, ainda que esteja longe de conseguir elucidar a idéia de direito internacional, mostra, até em suas fraquezas, a importância da tarefa por realizar.

Em 1784[18], Kant concebia a federação como uma *Völkerbund*, isto é, como uma "sociedade das nações" cuja "força unificada", estabelecida com base em um *foedus*, seria provedora da "segurança pública dos Estados". Depois, em 1793[19], ele a definiu como uma "Constituição cosmopolítica" (*weltbürgerliche Verfassung*), isto é, como a norma jurídica que, enquanto horizonte de ordem, de sentido e de valor, subsume a hipótese racional prática da filantropia universal e desempenha assim o papel de imperativo categórico da paz. Em 1795[20], pensa que somente uma "federação de Estados livres" (*Foederalismus freier Staaten*) – que nada tem de um "Estado federativo" (*Völkerstaat*) – é apta para tornar a paz "possível" ou legitimamente "pensável" entre os povos. Um Estado federativo, explica ele, seria apenas "uma república cosmopolítica sob um chefe", isto é, um super-Estado que imporia a todos os Estados por ele englobados normas jurídicas aniquilando pura e simplesmente a soberania deles; poderia até, a fim de reduzir os diferentes Estados à uniformidade, esforçar-se para apagar suas particularidades nacionais. Então, a autoridade desse super-Estado, sinônimo de

---

18. Kant, *Idée d'une histoire universelle du point de vue cosmopolitique*, 7ª proposta, Pléiade, t. III, p. 199; *AK*, VIII, 24.

19. Kant, *Théorie et pratique*, 3ª seção, Pléiade, t. III, p. 297; *AK*, VIII, 311.

20. Kant, *Essai sur la paix perpétuelle*, Pléiade, t. III, p. 345; *AK*, VIII, 354.

vontade de hegemonia, longe de suprimir as guerras, acarretaria um grande risco de engendrá-las e agravar sua dureza. Ao contrário, prossegue Kant, uma "federação de Estados livres" deve repousar em pactos e tratados que permitam aos Estados selar entre si alianças voluntárias, em cujos termos eles se comprometem mutuamente. Essa fórmula "federativa" designa o que chamaríamos, na linguagem jurídica atual, uma "confederação". Seja como for, em 1795 Kant, diferentemente das perspectivas que explorava em 1784, descarta por completo – e isso é importante – a idéia de um sistema jurídico abrangente e centralizador, pois é imperativo, considera ele, salvaguardar a liberdade e a soberania singular de cada um dos Estados-membros[21]. Em outras palavras, estima que uma "federação" – na forma confederal que ele lhe atribui com base em tratados de aliança multilaterais – só será provedora de paz se respeitar a independência soberana dos Estados, expressão, através da vontade geral, da liberdade e da cidadania de seus habitantes[22]. O estabelecimento de uma "federação de Estados livres" repousa assim numa exigência consensualista: cabe aos Estados soberanos e responsáveis – portanto, "livres" – decidir, apelando à autonomia que o republicanismo implica, sua entrada nessa vasta aliança; nela se colocarão sob normas jurídicas cuja imposição, longe de provir, como num super-Estado (Kant então só considera, de fato, essa outra possibilidade), do arbítrio de uma autoridade superior, decorrerá das disposições do tratado de aliança que tiverem celebrado. O que Kant denomina uma "federação de Estados livres", na qual vê "o suplemento do pacto social"[23], é a pedra angular do direito das gentes (*jus gentium*, *Völkerstaatsrecht*) que, emergindo de tratados multilaterais, torna a paz do

---

21. Kant, *Lose Blätter*, *AK*, XXIII, 167-9.
22. Kant, *Essai sur la paix perpétuelle*, primeiro suplemento, Pléiade, t. III, p. 361; *AK*, VIII, 367. Observemos neste ponto que, em nossa linguagem jurídica contemporânea, diríamos antes "confederação" do que "federação". Mas, na época de Kant, não estava estabelecida essa distinção terminológica que recobre diferenças jurídicas às quais voltaremos mais adiante.
23. *Ibid.*, 2.ª seção, 2.º artigo definitivo, Pléiade, t. III, p. 348; *AK*, VIII, 356.

mundo concebível e possível. Em *Ensaio sobre a paz perpétua*, de 1795, que marca na obra de Kant uma importante guinada no seu modo de pensar a idéia federalista, o filósofo afirma portanto, de maneira apodíctica, que no tribunal da razão a aliança pacífica dos Estados livres (*foedus pacificum*) não é um simples tratado de paz (*pactum pacis*)[24]: este põe fim a uma única guerra, de maneira pontual, aquela resulta do pacto ou *foedus* que, nos Estados signatários, gera um estado de espírito comunitário graças ao qual fica possível "terminar para sempre todas as guerras".

Entretanto, a confiança que, nessa data, Kant deposita nos homens para darem uma realidade objetiva ao conceito de *Foederalismus freier Staates* e formarem um Estado de nações (*civitas gentium*) é muito limitada: "As idéias que [os homens] fazem do direito público os impedem totalmente", escreve ele, "de realizar esse plano."[25] Não se pense que o otimismo jurídico de 1784 foi substituído pelo pessimismo, mas que, na sistematicidade da filosofia kantiana, o tema federalista reveste a idealidade de um princípio regulador necessário para a abertura planetária do direito político.

É por isso que, em 1796, a *Doutrina do direito* dá os últimos matizes à ampliação do direito político tal como o concebe Kant. A expressão comumente utilizada de *jus gentium*, que se traduz por *Völkerrecht* ou "direito dos povos" é, observa ele, pouco correta[26]: já que se trata do "direito dos Estados em suas relações recíprocas", dever-se-ia falar do *jus publicum civitatum*, isto é, do *Staatenrecht* ou "direito dos Estados". Seja qual for essa indeterminação terminológica que ele deplora, Kant

---

24. *Ibid.*, Pléiade, p. 348; *AK*, VIII, 356.
25. *Ibid.*, Pléiade, p. 349; *AK*, VIII, 357. "Se não se quer perder tudo, só se pode substituir a idéia positiva de uma república universal pelo *suplemento negativo* de uma aliança permanente, que impeça a guerra e se estenda insensivelmente para deter a torrente dessas paixões injustas e desumanas que sempre ameaçarão romper esse dique" (o grifo é nosso).
26. Kant, *Doctrine du droit*, § 53, Pléiade, t. III, p. 615; *AK*, VI, 343. Notemos a esse respeito a influência que muito provavelmente as obras de J.-J. Moser e de G. F. de Martens exerceram sobre Kant.

pensa que, em suas relações recíprocas, os Estados devem ser considerados "pessoas morais", isto é, entidades jurídicas capazes de concluir entre si alianças e pactos: esse direito de aliança recíproca é – perfeitamente denominado dessa vez – o "direito de confederação" (*Bundsgenossenschaft*) que permite (é preciso sublinhar) sua união puramente defensiva com a exclusão de qualquer coalizão ofensiva ou com objetivo expansionista[27]. Esse "direito de confederação" torna possível (isto é, pensável) uma ampliação planetária do contrato social (*pactum unionis civilis*) que tende, ainda que com comedimento e moderação – pois a "extensão demasiado grande" de uma confederação que fosse até terras longínquas faria surgir muitos problemas[28] – para "uma união universal dos Estados" (*in einem allgemeinen Staatenverein*)[29]. Como tal – é o que nem Pufendorf nem Achenwall compreenderam –, o direito de confederação é para Kant uma "simples Idéia da razão": corresponde ao imperativo racional que insta os povos a se arrancarem do estado de guerra ligado à sua coexistência natural, agônica e injusta. Dir-se-á, e o próprio Kant reconhece, que a *Idéia* "federativa", como qualquer Idéia racional prática, é, por seu estatuto transcendental e puro, "evidentemente irrealizável"[30]. Mas, os princípios que tendem à ampliação do direito político são, quanto a eles, diz Kant, realizáveis: se, portanto, concluir alianças não basta para instaurar para os homens uma condição irênica, um ato confederal é necessário para se aproximar de um entendimento entre os povos. É por isso que Kant pede que um "Congresso permanente dos Estados" (*permanenter Staatenkongress*)[31] traduza, na finitude do mundo humano, a exigência pura de um direito público internacional. Esse Congresso, a exemplo daqueles que se realizaram em Haia em 1709 e em Gertruydenberg em 1710, seria um Conselho confederal no qual

---

27. *Ibid.*, § 59, p. 623; *AK*, VI, 349.
28. *Ibid.*, § 61, p. 624; *AK*, VI, 350.
29. *Ibid.*
30. *Ibid.*
31. *Ibid.*, § 61, p. 625; *AK*, VI, 351.

deveriam ter assento os ministros dos Estados-membros; em caso de conflitos abertos entre certos Estados, ele assumiria uma função de arbitragem. A qualquer momento, Estados vizinhos teriam a liberdade de aderir a ele; a qualquer momento, também, esse Congresso poderia ser dissolvido. Essa instituição, modesta em sua criação bem como em sua vocação, não seria um fim em si mesma; por sua função prática seria, pura e simplesmente, com base em tratados e acordos entre os Estados, o meio para *regulamentar* o direito das gentes "tendo em vista a manutenção da paz".

A idéia "federalista" que Kant desenvolve sonhando com a ampliação cosmopolítica do direito político é interessante por um motivo duplo, filosófico e jurídico, ainda que, nessas duas perspectivas, ela se cerque afinal de certa negatividade.

Compreendido filosoficamente, o tema "federalista" só adquire sentido e relevância na obra de Kant se relacionado com o horizonte numênico. Longe de ter um caráter ético-filantrópico, ele designa, diz Kant, um "princípio jurídico"[32]. É preciso compreender que é o princípio de um estabelecimento jurídico. Por esse estatuto inicial, não pertence a este mundo: a Constituição cosmopolítica perfeita, eis "a própria coisa em si"[33]. A mediação "federalista", cujo conceito o filósofo se esforçou por aprimorar progressivamente, bem como por esculpir suas figuras, se insere na via do "soberano Bem político" e atesta a *possibilidade* de uma marcha da espécie humana, por "aproximação continuada", rumo à paz do mundo[34] – ainda que essa marcha deva ser para sempre infinda. A filosofia transcendental arranca assim o "direito das gentes" concebido pelos "tristes consoladores" que foram Grotius, Pufendorf e Vattel da "escuridão dos arquivos" quando ele lhes é confiado sob a forma de protocolo, bem como do bolor dos livros e dos velhos pergaminhos[35]. Em outras palavras, ela revela, no plano universal,

---

32. *Ibid.*, § 62, pp. 625-6; *AK*, VI, 352.
33. *Ibid.*, Apêndice, Conclusão, p. 649; *AK*, VI, 371.
34. *Ibid.*, Conclusão, Pléiade, t. III, p. 630; *AK*, VI, 355.
35. *Ibid.*, § 61, p. 625; *AK*, VI, 351.

o poder objetivamente prático – mas não empírico-pragmático – do Ideal racional. A "federação" dos povos exprime, em suas figuras cada vez mais aprimoradas[36], a aproximação do "Ideal de um vínculo jurídico entre os homens submetidos a leis públicas em geral"[37]. Por isso é um dever (*Aufgabe*) que se prende à esperança de uma Constituição cosmopolítica: numa "tarefa infinda", a ampliação do direito político à Terra inteira é um horizonte de esperança.

Ocorre que, considerada em sua dimensão propriamente jurídica, a idéia "federalista" segundo a qual Kant vê o direito político se ampliar num direito cosmopolítico conserva, nesse horizonte de esperança, muita imprecisão. Apesar de seus esforços, Kant não consegue, por falta de um aparelho léxico e conceitual adequado, distinguir as estruturas *confederais* e as estruturas *federais* da união jurídica dos Estados. Essa distinção é, contudo, capital. Mas, na ampliação do direito político, ela torna necessário um novo exame do conceito de soberania.

Confederação e federação

A idéia "federativa" desenvolvida por Kant conota, *lato sensu*, uma aliança interestatal que permita, mediante pactos e convenções, a aproximação dos Estados com vistas a um fim comum que, geralmente, é a paz com as conseqüências felizes que ela pode acarretar em matéria econômica, cultural ou humanitária. Esse esquema é designado por nossa língua jurídica contemporânea como *confederação*. Trata-se de uma *associação de Estados*, operada, como sublinharam tanto o abade de Saint-Pierre ou Montesquieu como Kant, com base em uma adesão voluntária e, aliás, revogável.

A confederação é, portanto, um edifício jurídico-político construído pela adição, mais ou menos ampla, de elementos

---

36. Recordemos as quatro fases da análise kantiana: *Völkerbund* (Sociedade das Nações); *Foederalismus freier Staaten* (Federação de Estados Livres); *Völkerstaatsrecht* (direito das gentes); *Weltbürgerrecht* (direito cosmopolítico).

37. Kant, *Doctrine du droit*, Conclusão, p. 629; *AK*, VI, 355.

partes extra partes, com cada Estado-membro, que conserva sua própria soberania. Correspondente, como mostra a análise kantiana, a uma concepção orgânica da comunidade humana, ela tende não apenas a arrancar os Estados, se essa é sua vontade, da individualidade insular que os expõe à rivalidade dos outros, mas também a favorecer entre eles relações recíprocas de cooperação e ajuda mútua. Longe das vias do individualismo estatal que, mais dia menos dia, serão as do enfrentamento, essa aliança dos Estados os faz, de maneira concertada, refletida e razoável, co-responsáveis por suas decisões e por seus compromissos – o que se pode ver atualmente, em certa medida, numa instituição como a ONU.

Enquanto tal, a forma jurídica da confederação exclui a imagem aterrorizadora de um Estado mundial que sua vontade de potência monopolista torna prenhe das ameaças da dominação imperialista do mundo. Depois de Montesquieu[38], Kant percebeu perfeitamente esse significado[39]. Sabemos igualmente, em nossos dias, que a forma confederal da união dos Estados permite excluir a divisão dualística do universo em dois "blocos" cujo antagonismo seria inevitavelmente feroz e implacável.

A ampliação do direito político em sua forma confederal comporta limites e carências que seus primeiros teóricos certamente não haviam avaliado quando as aparentavam, numa perspectiva metajurídica, com a unidade do gênero humano, em que viam um penhor de compreensão e, no mínimo, de comunicação entre os povos. Ora, a experiência e a história nos ensinaram que o direito internacional, mesmo repleto de boas intenções, é freqüentemente desprovido de eficácia: as resoluções da ONU, quaisquer que sejam sua lucidez e sua pertinência, em geral não têm caráter obrigatório e, por conseguinte, não são executórias; podemos, ademais, perguntar-nos para que servem as decisões dos juízes de um tribunal internacional se não é possível, por meio de procedimentos precisos com vocação instrumental,

---

38. Montesquieu, *Réflexions sur la monarchie universelle*, Pléiade, t. II, pp. 19 ss.
39. Kant, *Théorie et pratique*, 3.ª seção, p. 297; *AK*, VIII, 311.

transformar o dever-ser das sentenças num dever-fazer aplicado e obedecido. Não mais na ordem interestatal do que na ordem interna, o direito político não pode satisfazer-se com intenções ou idéias generosas de alcance simbólico; necessita de meios materiais para que suas decisões sejam executadas e produzam efeitos jurídicos. É preciso que, num mundo em que a obediência consentida é rara, haja medidas que venham sancionar a desobediência dos Estados ou dos indivíduos: por exemplo, não basta que a consciência universal reprove os crimes de guerra, as perseguições ou os atos de terrorismo; cumpre que o direito político possa atribuir-se os meios de punir os que, em qualquer país que seja, atentem contra a dignidade do homem e, mais ainda, os meios de controlar a aplicação das decisões tomadas.

Não obstante, apesar da escassez, até da carência de meios que, mesmo no nosso tempo, oneram com muita freqüência o direito político internacional, há que reconhecer que a lógica da idéia geral de confederação se aproxima da concepção filosófica da comunidade humana universal. Ela pode fazer os povos antes solidários entre si do que solitários; com base em acordos e tratados que selam entre si voluntária e livremente, eles são aliados e não rivais. Ampliando-se assim, o direito político é rico de promessas de uma solidariedade que deveria ser o caminho da segurança. A idéia de confederar um certo número de Estados a fim de torná-los menos vulneráveis não participa, portanto, do romantismo de uma idade de ouro ressuscitada ou de um solidarismo utópico. Contudo, ainda que correspondam a uma vontade poderosa e generosa, as confederações de Estados têm apenas uma eficácia limitada. Nem pode ser diferente, já que essas associações provêm de um interestatismo no qual cada Estado conserva, em todas as circunstâncias, sua soberania plena e inteira.

É diferente com a idéia de "federação" quando, em seu sentido jurídico, é entendida *stricto sensu*: nesse caso, ela se encarna numa outra figura do direito político caracterizada pela emergência de um Estado federal ou de uma organização parcialmente federal. Instituição *supra*nacional, esse novo modelo do direito político conduz ao reexame do destino da soberania, até então considerada, no cerne do direito político moderno, a essência do Estado. A metamorfose jurídica assim produzida é filosoficamente interessante.

Neste final do século XX, observamos a existência, ao lado das grandes organizações internacionais relacionadas com o modelo confederal, de agrupamentos de Estados que se pautam por outro esquema jurídico que sobrepõe aos Estados da União uma instância central específica. Essa figura federalista – por exemplo, a da Comunidade Européia – seguramente nasce, como uma confederação, de tratados e convenções. Mas, a União assim formada não é *inter*estatal, é *supra*-estatal. Por isso é preciso dizer que sua gênese e seu funcionamento correspondem a uma espécie de mutação jurídica: aquela se opera por um processo contratual, mas este resulta de atos normativos cujo autor é o órgão federal, no exercício das competências que lhe foram delegadas pelos Estados, e que são, por sua vez, atos unilaterais, que impõem aos Estados-membros vínculos jurídicos de subordinação.

Nessa concepção federalista, encontra-se certamente, e até de maneira expressa quando se fala de "comunidade" européia ou de instituições "comunitárias", o sentido de uma existência jurídico-política "comum" aos diferentes Estados que entraram na federação. Contudo, do ponto de vista jurídico o importante está em outro ponto: a instituição do modelo supra-estatal do direito político faz nascer não, como o modelo confederal, um agrupamento de Estados, mas sim um Estado federal ou, no mínimo, uma organização em parte federal. Ora, à emergência desse novo modelo do direito político e, muito especialmente, do "direito europeu" que lhe corresponde, certos autores – pelo motivo de que os Estados-membros devem necessariamente consentir na transferência, pelo menos parcial, das prerrogativas de sua soberania para a autoridade supra-estatal – associaram a idéia de "crise da soberania", ou seja, no fundo, a idéia de uma "crise do Estado". O problema é grave o suficiente para ser minuciosamente examinado.

Atualmente, não mais do que na época de Montesquieu ou de Kant, seria impossível criar um Estado mundial que, como super-Estado planetário, imporia de maneira coerciva as mesmas normas a todos os Estados: a unidade orgânica de uma legislação imposta pela soberania de um Estado mundial seria o triunfo da ideologia imperialista, e o monismo de um Estado planetário que abrangesse todos os povos da Terra ressuscitaria o espectro da "monarquia universal". Na melhor das hipóteses, estar-se-ia diante de uma utopia. De todo modo, a existência de um super-Estado que abrangesse todos os países do mundo significaria que já não há Estados no mundo.

O problema se apresenta portanto em outros termos. Para que uma federação de Estados possa firmar juridicamente sua autoridade e produzir efeitos de direito – nos campos econômico, cultural, policial, militar, judiciário, agrícola etc. –, é necessário que os Estados que são membros dela aceitem voluntariamente, pelo menos nos setores em pauta, limitar sua soberania e delegar uma parcela dela à instituição supranacional que criaram acima de si mesmos mediante sua adesão aos tratados fundadores da Federação. A ampliação européia, até mundial, do direito político é portanto incompatível com o exercício total e discricionário da soberania dos Estados. Exige uma partilha e uma repartição das competências jurídicas, continuando umas o apanágio específico dos Estados, as outras dependentes da autoridade federal. Assim, os tratados que, a partir do tratado de Roma, de 1957, instituíram por etapas a Comunidade Européia (CE), elaboraram e continuam a elaborar um "direito comunitário" que prima sobre as legislações e até sobre as Constituições nacionais – o que acarreta, por exemplo, em matéria agrícola ou na área monetária, uma limitação da soberania dos Estados, isto é, de suas iniciativas próprias nesses setores da vida pública. É essa limitação que certos autores interpretaram como uma "crise".

Seria mais justo, parece-nos, falar de "transferência" de soberania e não de crise. De fato, o que caracteriza o direito das federações não é a alteração do conceito de soberania, mas o *deslocamento* de seu lugar, de modo que cada Estado-membro deve se dobrar à disciplina comunitária. Assim, por exemplo, nas áreas da agricultura, dos transportes aéreos, da comunicação televisual etc., as regras e os mecanismos supranacionais se impõem aos diferentes Estados, mesmo quando estes consideram que estão em contradição com seus interesses nacionais. Essa noção de "disciplina" é essencial. Indica que, mais além da questão de técnica jurídica do deslocamento da soberania, apresenta-se, no plano de uma federação bem como no plano de um Estado, o problema filosófico do fundamento da obrigatoriedade vinculado às regras do direito.

Sem dúvida, não se pode ocultar que o direito político, na sua ampliação e na sua metamorfose estrutural, incorre num risco de comprometimento com uma administração poderosa cujas decisões emanam de um areópago de funcionários. Assim, o "mercado sem fronteiras" que as instituições européias querem fazer prevalecer ocasiona, em grande parte, uma "eurocracia" que impõe normas aos Estados, provocando uma erosão do princípio de independência deles. Todavia, seria pecar por precipitação concluir daí que a potência dos Estados europeus, na medida em que expressa "a racionalidade do querer [deles]"[40], está alterada, até abolida. É indubitável que a funcionarização tecnocrática das mais altas instâncias do direito internacional faz pairar sobre o mundo o grave risco de erodir os valores e de encobrir qualquer horizonte de sentido. Mas, no seio dessas próprias instâncias, o direito é – ou, pelo menos, deve ser – algo diferente de arranjo de meios instrumentais destinados à gestão do mundo. Ele provém de um "potencial normativo original" e não é possível, tanto na ordem jurídica internacional como na ordem jurídica interna, cortar as raízes da normatividade. O importante não é, portanto, indagar se a soberania dos Estados está em crise, mas sim compreender que a metamorfose do direito político não poderia afetar a capacidade normativa que ele traz em si.

---

40. Hegel, *Principes de la philosophie du droit*, § 254.

Ocorre que um mal-estar invade o mundo contemporâneo. Tudo se passa hoje como se as referências do direito político "moderno" tivessem sido erodidas nas últimas décadas marcadas por dois fenômenos contraditórios: a intensificação de um direito transterritorial que se globaliza e o crescimento dos movimentos pluralistas de inspiração diferencialista. Compatibilizar essas duas tendências parece, quando se reflete a esse respeito, tão difícil que, para além dos debates teóricos da doutrina jurídica, o problema se colocou em termos concretos: se os esforços realizados pelas instituições internacionais colidem, sem grande esperança de conciliação, com as reivindicações, às vezes mortíferas, de certos povos, não será porque as categorias do pensamento jurídico "moderno" estão, se não em crise, pelo menos padecendo de obsolescência? Assim sendo, não conviria romper com elas? Alguns filósofos do direito, conscientes das dificuldades que fragilizam o direito político em seus últimos desenvolvimentos supranacionais, levaram o debate para um terreno mais vasto. Como "a essência do moderno" lhes parecia cada vez mais impura, buscaram uma saída para as antinomias e os bloqueios que, multiplicando-se, dividem o mundo contemporâneo. Indagaram-se quais princípios filosóficos seriam amanhã suscetíveis de arrancar o direito político dos pântanos nos quais se atola.

3. A rejeição dos princípios do direito político moderno

Nietzsche, há um século, denunciava em seu profetismo veemente a debilidade do *Homo politicus* dos Tempos Modernos e a mentira metafísica que rondava os subterrâneos do Estado. A monstruosidade do direito político, por influência da doença niilista, significava para ele a desvalorização dos valores supremos. Zaratustra estremecia diante "da grande feiúra, do grande fracasso, da grande infelicidade"[41] e, reivindicando "o mínimo

---

41. Nietzsche, *Assim falou Zaratustra*, IV, O mais feio dos homens.

de Estado possível", exclamava: "Quebrem os vidros e saltem para fora!"[42]

Esse brado atravessou o século XX. Ainda que a filosofia esteja longe de enveredar sempre pelos caminhos hipotéticos que Zaratustra apontava, ela manifesta uma desconfiança tão profunda para com os princípios filosóficos do direito político moderno que procurou fugir daquilo que, neles relacionado com "modernidade", constitui, no dizer de certos pensadores, uma tara indelével. Assim se desenvolveu um pensamento *antimoderno* que, acirradamente hostil às contribuições do direito político dos três últimos séculos, ou se orientou para a *antemodernidade* ou forjou os temas daquilo a que se chama a *pós-modernidade*. Vejamos como, entre numerosos meandros e ao sabor de múltiplas variações, essas duas orientações antimodernas encontraram seus traços mais incisivos de um lado no pensamento de Leo Strauss e, do outro, nas teses de Jürgen Habermas. Sem retraçar as trajetórias desses dois filósofos, recordaremos aqui em nome de quais parâmetros ambos buscam a relegação dos princípios da modernidade jurídico-política.

A) O retorno aos horizontes antemodernos do direito: a tese de Leo Strauss

Leo Strauss (1899-1973)[43], em sua recusa da "modernidade", se opôs vigorosamente sobretudo à dissolução historicista do direito, que ele percebe no que outros consideram um "progresso".

Os erros do historicismo

Sem dúvida, Strauss não é o primeiro a formular uma crítica implacável contra as diversas figuras assumidas, desde Savigny, pelo historicismo. Mas, detendo-se, a exemplo de E.

---

42. *Ibid.*, I, Do novo ídolo.
43. Cf. La pensée de Leo Strauss, *Cahiers de philosophie politique et juridique*, Caen, 1993, nº XXIII.

Troelsch[44] e de F. Meinecke[45], no significado filosófico do historicismo ou, como Karl Popper[46], no alcance epistemológico das teses historicistas, Strauss ficou impressionado com o enredamento dos argumentos heterogêneos apresentados, pelos procedimentos invocados e, mais ainda, pelo mobilismo e pelo relativismo que nelas são vinculados ao direito e à política. Então, dando um mergulho filosófico nos "problemas fundamentais", ele mostra que o historicismo, que deriva do positivismo[47], ele próprio filho da exacerbação racionalista dos "modernos", destruiu o sentido do mundo e seu gosto.

Como Nietzsche, Strauss faz de sua crítica do racionalismo moderno uma das idéias capitais de sua meditação. Porém, diferentemente de Nietzsche, não lança anátemas e não maneja a ironia como uma arma. Constata que, desde que Maquiavel chegou às terras do mundo moderno, as "três ondas da modernidade"[48] – por mais problemáticas que sejam do ponto de vista da história da filosofia[49] – carregaram em seu bojo o predomínio racionalista com uma força sempre crescente. No historicismo, seja ele científico ou jurídico, o racionalismo teceu uma teia de relações e de leis sobre o mundo das coisas e dos

---

44. E. Troelsch, *Der Historismus und seine Probleme*, Tübingen, 1922.
45. Fr. Meinecke, *Die Entstehung des Historismus*, Munique, 1936.
46. Karl Popper, cf. os dois artigos publicados em *Economica*, XI, 1944 e XII, 1945, reunidos e traduzidos em francês sob o título *Misère de l'historicisme*, Plon, 1956; edição inglesa, Londres, Routledge & Kegan Paul, 1957.
47. Em *What is Political Philosophy?*, University of Chicago Press, 1959, Strauss explica que o positivismo – "o espírito de nosso tempo", p. 57 – se transforma em historicismo, pp. 25 e 56 ss.
48. Leo Strauss, The Three Waves of Modernity, in *Political Philosophy; Six Essays by Leo Strauss*, Indianápolis e Nova York, 1975; trad. fr. in *Cahiers philosophiques*, setembro de 1984, nº 20.
49. Se, de Maquiavel a Hobbes, o parentesco filosófico não constitui de fato um problema e se Nietzsche inaugura um movimento inédito do pensamento, em compensação, é mais delicado colocar Rousseau, Kant e Hegel num campo filosófico-jurídico homogêneo. Entretanto, ver a interpretação homogeneizante de Pierre Manent, *Naissances de la politique moderne, op. cit.*, p. 9, para quem os filósofos idealistas da segunda onda operam todos a "sacralização do direito", em oposição àqueles, realistas, da primeira onda, que sacralizaram os fatos.

homens, e a razão acabou por não "tolerar autoridade alguma ao seu lado ou acima dela"[50]. Não obstante, declara Strauss, que acusa muito especialmente Max Weber, considerado – não sem parcialidade – "o maior representante do positivismo nas ciências sociais"[51], as glórias racionalistas foram, na verdade, um fracasso, não apenas porque as ciências humanas não podem se gabar da "neutralidade axiológica"[52], mas porque nelas se desenha a sombra do niilismo. É assim que o positivismo jurídico e o historicismo, por sua rejeição de qualquer referência axiológica, redundam na morte do direito. Fechando o homem "no que Platão denominava a Caverna"[53], procuraram em vão "neste mundo" as normas objetivas que pretendiam pôr no lugar dos princípios transcendentais e eternos da filosofia clássica. Estando o processo histórico assim privado de significado, a história parece então "contada por um idiota". Essas teorias se tornaram absurdas e, inevitavelmente, encaminharam-se para "um fracasso estrondoso". Os esforços pelos quais o racionalismo vitorioso pretendia "instalar o homem em casa neste mundo" acabaram por exilá-lo dele[54]. A crise da racionalidade moderna conduz a uma paisagem de ruínas: o espetáculo é "deprimente". Leo Strauss, tal como Nietzsche e Heidegger, percebe a "lei da historialidade da história do Ocidente"[55] como uma queda estrepitosa: "o aniquilamento dos valores até então supremos". Nos movimentos da política e do direito modernos, Strauss reconhece, portanto, apenas um prenúncio da morte: a metafísica agoniza; a inflação racionalista sufoca as "questões fundamentais"; a antifilosofia dos "modernos" oculta a *philosophia perennis*.

Na crise do mundo moderno, Strauss, que prestou atenção na psicologia desmascaradora empregada por Nietzsche, dis-

---

50. Leo Strauss, *Études de philosophie politique platonicienne*, trad. fr., Berlim, 1992, p. 49.
51. Leo Strauss, *Droit naturel et histoire*, cap. II, Plon, p. 52.
52. *Ibid.*: como não pode haver conhecimento autêntico do dever-ser e dos valores (p. 57), não é possível prescindir de juízos de valor.
53. *Ibid.*, p. 26.
54. *Ibid.*, p. 32.
55. Heidegger, *Nietzsche*, trad. fr., Gallimard, 1971, t. II, pp. 224 e 226.

cerne uma outra tendência, igualmente maléfica. Desde Maquiavel e Hobbes, a antropologia afirmou incessantemente a primazia do instinto de conservação que move o homem não só na banalidade cotidiana mas até nas construções mais sutis do direito político a partir dos reclamos de um sujeito que se parece, como um irmão, com o *ego cogitans* de Descartes. Assim, o individualismo ganhou uma força exemplar na filosofia de Locke, na qual cada um é dito, por sua natureza, "senhor absoluto"[56]. Depois dele, a doutrina, baseada no direito natural inserido na natureza humana individual, construirá uma teoria dos "direitos do homem" entendidos como "direitos subjetivos". Segundo essa lógica da subjetividade, o caminho estava aberto para a "liberdade dos modernos", isto é, a curto prazo, para os delírios individualistas e a permissividade total.

Os malefícios do individualismo, considera Strauss, são ainda mais perversos do que os do racionalismo. De um lado, as teorias que defendem perante e contra tudo os direitos do indivíduo dissolvem o direito no fato e, varrendo a transcendência e o ideal, condenam-se a só tomar como padrão os fatos na determinidade de seu contexto temporal[57]. Do outro, o individualismo, insistindo no parâmetro de um "direito da natureza" inerente ao indivíduo, destrói desde o princípio a dimensão comunitária do mundo humano para desenvolver uma filosofia do interesse e da liberdade cujo epicentro é o "*eu*". Sob um céu vazio, a autonomia chega assim a se confundir com o egoísmo[58].

Strauss não pode aceitar o duplo fracasso que representam, no pensamento moderno, o racionalismo e o individualismo. Seu fracasso flagrante significa muito particularmente que, sob o efeito dissolvente deles, o direito político se destruiu, já que foi esvaziado de exigências axiológicas e só é aguilhoado pelo desejo de uma liberdade libertária. Assim sendo, a obra de Strauss é perpassada de ponta a ponta pela oposição entre modernidade e classicismo. Por isso existe apenas uma saída para

---

56. Leo Strauss, *Droit naturel et histoire*, pp. 245 ss.: Strauss se refere a Locke, *Traité du gouvernement civil*, § 6.
57. Leo Strauss, *What is Political Philosophy?*, p. 70.
58. Leo Strauss, *Pensées sur Machiavel*, trad. fr., Payot, 1982, pp. 245-6.

a crise de dissolução que nasceu, nos Tempos Modernos, da historicização dos princípios do direito político: como o progresso da consciência de si e a inflação da razão vão de par ao longo da história, é preciso, para sair do impasse, percorrer o caminho em direção inversa. Sendo o naturalismo jurídico dos antigos, aos olhos de Strauss, o único antídoto contra o humanismo dos modernos, o filósofo preconiza uma volta às fontes em que a natureza, em seu despertar, tinha, antes de qualquer história, a face da Eternidade. A *anti*modernidade reside na *ante*modernidade[59].

Na radicalidade dessa volta às fontes, dois textos permitem apreender o insubstituível valor de fundamento que Strauss atribui à filosofia grega. O primeiro é a "explicação" com que Strauss, em 1948, responde às objeções que Alexandre Kojève formulara contra sua interpretação do *Hierão* de Xenofonte[60]. O segundo é o estupendo capítulo que Strauss consagra a *A Guerra do Peloponeso*, de Tucídides[61].

As lições de Xenofonte e de Tucídides

O debate entre Strauss e Kojève é um debate "fundamental" no sentido forte do termo. A. Kojève, marcado pela filosofia de Hegel, tem uma visão globalizante da história, da política e do direito: ele pensa no "universal concreto" que o Estado é e nessa universalidade em que, segundo Hegel, se completará a figura do mundo. Strauss, hostil às concepções sistematizantes e factuais do mundo jurídico e político, tem de lhes opor uma reflexão normativista e paradigmática em busca de chaves e de princípios. Essa é a mensagem transmitida por seu estudo

---

59. Parece-nos que não é necessário recorrer, como fazem A. Renaut e L. Sosoe (*La philosophie du droit*, PUF, 19, p. 112), aos esquemas heideggerianos da "desconstrução" da filosofia do direito para apreender a lógica do procedimento filosófico de Strauss: como a modernidade jurídica criou um impasse, é antes que este comece que convém buscar os princípios de um direito autêntico e eficiente.

60. Leo Strauss, *On Tyranny: An Interpretation of Xenophon's Hiero*, 1948, reed. 1968; trad. fr., Gallimard, 1954 e 1983.

61. Leo Strauss, *La Cité et l'homme*, Chicago, 1977; trad. fr., Agora, cap. III.

das tiranias, as de ontem e as de hoje. É verdade que essas duas figuras da tirania não se parecem: as tiranias modernas, carregadas dos tons totalitários do nazismo e do stalinismo, têm uma única palavra de ordem: a *dominação*, a cujo serviço põem a ideologia, a ciência e a tecnologia. Os tiranos antigos, por sua vez, não eram ávidos de cesarismo e dessa potência que quer "a conquista da Natureza"[62]: para o tirano perfeito que é Hierão, tal como para o rei perfeito que é Ciro[63], o direito político faz parte não da carne da história mas do Ser essencial do mundo; só pode ser compreendido em relação a um ideal contemplativo. É isso que Platão diz admiravelmente em sua tese do filósofo-rei.

A dificuldade do texto de Xenofonte vem de que, quando Hierão, o tirano, discute com Simônides, o sábio, e, ó paradoxo, o tirano ataca a tirania, ao passo que o sábio faz seu elogio[64], o autor maneja sutilmente a ironia socrática e dissimula assim seu pensamento. É preciso decifrar seu sentido oculto.

Xenofonte pretende mostrar que não há direito político que não encarne uma norma. Portanto, não basta, comenta Strauss, dizer que a tirania é monstruosa e que nela a ausência de Constituição ou sua violação permanente é odiosa ou insensata; é preciso compreendê-la como "o contrário do melhor regime"[65]. Ora, segundo Strauss, o "melhor regime" ou a "melhor Constituição" – problema central do direito político, para ele como para Aristóteles – é aquele cuja norma é fornecida pela natureza ou pela essência do Ser. Unicamente o respeito da natureza das coisas legitima uma Constituição, portanto, um regime. Ao contrário, quando os princípios da Natureza são abalados ou pervertidos, a Constituição, portanto o regime, são corrompidos. De maneira geral, a vida é boa e os costumes são retos quando são "conformes com a Natureza", isto é, quando refletem a ordem e a hierarquia imanentes ao cosmos[66].

---

62. Leo Strauss, *De la tyrannie (Hiéron)*, trad. citada, p. 284.
63. Alusão à *Ciropedia* de Xenofonte.
64. "O *Hierão* representa a defesa clássica da tirania por um homem sábio", *Pensées sur Machiavel*, p. 314.
65. *De la tyrannie*, p. 309.
66. Assim se explica, diga-se de passagem, a preferência de Xenofonte e, de modo mais geral, dos gregos, pela aristocracia.

A existência da tirania cria portanto um problema de *fundo*, um problema *profundo* ou, nos próprios termos de Strauss, *fundamental*. Ela vai contra a Natureza cuja ordem fornece seu paradigma à normatividade jurídico-política. Ainda que o grande Todo cósmico conserve algum mistério[67], é somente nele e até nos "enigmas" do fundo do Ser que se enraízam as normas.

Ora, é a voz da natureza que os "modernos", em sua vontade de poder, já não sabem escutar: a supressão da referência cosmo-ontológica gerou a corrupção moderna. No caso, Strauss pensa em Maquiavel e em Hobbes que, fazendo o homem avançar para a frente do palco, arrancaram as normas de seu solo originário. Desenraizadas, as normas perderam então sua normatividade, isto é, sua autenticidade. A seqüência é fácil de adivinhar. Afogadas naquilo a que Kojève chama "o Estado universal e homogêneo", elas tomaram a *opinião* como critério. Isso lhes causou a morte, pois o acordo que se baseia na opinião jamais se pode tornar um acordo universal[68]. "Tudo o que se poderia esperar no sentido da universalidade é um poder absoluto exercido pelos insensatos que controlam cerca da metade do globo, sendo a outra metade governada por outros homens insensatos."[69] Nos antagonismos e nas contradições que a minam, a condição humana moderna, vangloriando-se do humanismo, está de fato sem princípios, sem objetivo e totalmente desnorteada.

Para Strauss, não é portanto perder-se em utopia retornar aos antigos. Não buscavam, como os modernos, *realizar* o ideal, pois sabiam que um ideal, por natureza, jamais se realiza, justamente porque conserva a altitude inacessível da idealidade[70]. Para eles o ideal era um farol pelo qual se guiava o direito político. Significava um modo de vida, "a busca da ordem eterna ou das causas eternas de todas as coisas"[71].

---

67. Leo Strauss, *What is Political Philosophy?*, p. 38.
68. *De la tyrannie*, p. 311.
69. *Ibid.*, p. 312.
70. A realização do melhor regime dependeria da sorte, *ibid.*, p. 340.
71. *Ibid.*, p. 343.

Tucídides, em *A Guerra do Peloponeso*, colocou os marcos dessa pesquisa arqueológica.

O capítulo que Leo Strauss consagra a Tucídides é um dos mais belos de sua obra[72]. *A Guerra do Peloponeso* é decerto uma obra de historiador e considerou-se mesmo Tucídides "um historiador científico" à maneira dos do século XIX. Mas, segundo Strauss, isso é um completo equívoco pois, assim como Platão descobria o universal na vida singular de Sócrates, assim também Tucídides "permite-nos ver o universal no, e pelo, acontecimento particular que relata"[73]. Por essa razão, já não é historiador e sim filósofo. Seu relato não é a narração feita por um historiógrafo que "transmite" o conhecimento dos fatos; é a expressão de normas e a busca da fundação delas. Quando fala do direito de Esparta ou da Constituição de Atenas, não relata, avalia, julga tomando sempre a Cidade como horizonte de seu pensamento. "Todo ser humano e toda sociedade são o que são somente em virtude daquilo que têm por mais elevado. A Cidade, se é sadia, alça seu olhar, não às leis, que ela pode desfazer do mesmo modo que as fez, mas às leis não escritas, à lei divina, aos deuses da Cidade. A Cidade deve alçar-se acima de si mesma."[74] Assim como entre as leis civis e as leis não escritas, é nítida a demarcação entre a história empírica e a radicalidade de seus fundamentos: de um lado, dizia Tucídides, existem "as causas confessas", de outro, "as causas ocultas"[75], e só aquelas são verdadeiras: indicam o direito enquanto que as outras só manifestam a força.

Isso requer portanto uma arqueologia: é exatamente isso que ensinam as páginas consagradas à batalha de Mantinéia e à expedição da Sicília. Elas são menos um relato do confronto

---

72. Leo Strauss, *La Cité et l'homme*, cap. III: "Sur la guerre des Péloponnésiens et des Athéniens de Thucydide", pp. 182 ss.

73. *Ibid.*, p. 183.

74. *Ibid.*, p. 196. Um pouco mais adiante lemos: "O problema mais importante é o do que ultrapassa a Cidade ou do que está mais alto que a Cidade", p. 197.

75. Tucídides, *A Guerra do Peloponeso*, caps. 24-28 para as "causas confessas", caps. 89-118 para as "causas ocultas".

entre Esparta e Atenas do que uma indagação da relação entre guerra e paz, movimento e repouso, barbárie e qualidade grega[76], a fim de mostrar que Atenas devia emergir "da barbárie, da fraqueza e da pobreza original"[77] para se tornar "a morada da sabedoria" e "escola da Grécia". Em sua singularidade, ela sempre procurou, "à luz do permanente e do sempiterno"[78], os "primeiros princípios" que são a ordem do divino e que ela projetou na ordem da Cidade. A grandeza de Atenas não foi, portanto, construir-se seguindo o curso da história. Foi compreender que o que é "primeiro por natureza" é o *fundamento de valor* do que é "primeiro para nós" e que, portanto, a ordem do divino funda a ordem da Cidade. Escrutando o exemplo de Atenas, Tucídides indicava de antemão, contra todos os artificialismos da razão moderna, que a Natureza, no seu despertar, tinha a feição da pura normatividade.

Eis por que, segundo Strauss, o filósofo do direito político do futuro deve olhar a aurora original que, aquém da racionalidade transportada pelas ondas sucessivas da modernidade, outrora se erguera em todo o seu esplendor. Strauss defende assim uma filosofia na contramão que deve voltar à Natureza, "entendendo-se o natural por oposição àquilo que é humano, demasiado humano"[79].

Uma filosofia na contramão:
a volta à normatividade natural

A modernidade, que repudiou toda teleologia metafísica, já não sabe olhar o mundo sob a claridade das estrelas: os homens modernos se acham senhores das coisas; consideram que são superiores aos antigos; afirmam que o passado está superado para sempre; pensam que a única verdade é a histórica. Como seu racionalismo sintetista se crê capaz de, ao mesmo tempo, vencer a contingência e o acaso e de dar ao ideal o per-

---

76. Leo Strauss, *La Cité et l'homme*, p. 290.
77. *Ibid.*, p. 291.
78. *Ibid.*, p. 297.
79. Leo Strauss, *What is Political Philosophy?*, p. 24.

fil do real, entregam-se ao cálculo utilitarista do maior lucro e constroem normas destinadas a regulamentar sua existência da maneira pela qual se fabricam ferramentas ou máquinas. Na soberba de sua antimetafísica, os homens modernos declaram e decidem; não se interrogam; não procuram. Strauss não contrapõe ceticismo a esse auge do dogmatismo; a dúvida erigida em doutrina é, também ela, um dogmatismo. Ele considera necessário que, aquém da rede das normas jurídico-políticas modernas que não passam de invenções humanas, portanto de representações[80], seja reabilitado o direito natural clássico que o racionalismo histórico, em todas as suas versões marcadas de positivismo e de humanismo, ocultou. Convém, portanto, recusar as pretensões da normatividade racional e devolver à normatividade natural a preeminência original que possuía na ordem imanente do cosmos. Essa volta às perspectivas da cosmologia antiga é a única via para recuperar, no direito político, a consciência dos "problemas fundamentais", sem o que tudo não passa de deriva.

O empreendimento de Leo Strauss não deixa de ter grandeza e sedução. A questão é saber se uma volta ao naturalismo cosmológico é uma solução pertinente para paliar os rebaixamentos do direito político moderno. O problema é difícil. A resposta não é simples e seu teor já está, em grande parte, no fato de fazer a pergunta. Examinemo-la do duplo ponto de vista da prática e da teoria, interrogando-nos, sob esses dois ângulos, de um lado sobre a efetividade, até sobre a eficácia, das normas jurídico-políticas, e do outro, sobre sua fundação.

Do ponto de vista da prática do direito político, é preciso confessar que a recusa da historialidade tem uma figura insólita que desafia as necessidades de nosso tempo. A suspeita recai imediatamente nessa volta às fontes naturais do direito da Cidade. A esse respeito, conhece-se a impressionante "crítica da filosofia" feita por Richard Rorty[81]: uma filosofia jurídico-política,

---

80. Leo Strauss, *La persécution et l'art d'écrire*, trad. fr., Press Pocket, 1989, pp. 304-5.
81. Richard Rorty, *Philosophy and the Mirror of Nature*, Princeton, 1979.

especulativa como é a de Strauss é incapaz de se adaptar ao real presente e de cumprir em relação a ele o menor papel eficiente. De fato, Strauss, ao olhar o mundo humano numa perspectiva a-histórica ou trans-histórica, pretende poder arrancar as normas do direito político da dinâmica da história. Ora, é quase impossível admitir que as regras jurídicas ou os cânones políticos do século XX sejam, quanto à sua origem, ao seu conteúdo e à sua finalidade, intercambiáveis com as normas da Cidade grega, da *Respublica christiana* ou do Estado napoleônico. As sociedades industriais avançadas de hoje têm necessidade de regras diferentes daquelas das sociedades feudais; as próprias regras éticas não podem permanecer alheias às exigências dos tempos. As normas mantêm necessariamente uma relação com os fatos e, na existência humana, os fatos são acontecimentos ao longo do tempo. Aliás, quando Strauss descreve a periodização por "ondas" da modernidade, ou quando contrapõe "o liberalismo dos modernos" ao "liberalismo dos antigos", refere-se, mais do que implicitamente, ao fluxo histórico que traz as idéias e conduz o mundo. Assim, a função normativa, que faz com que os homens não sejam animais como os outros, está destinada – salvo se for um jogo estéril do espírito – a se aplicar ao mundo da experiência, portanto, à evolução e às mutações que lhe cadenciam o ritmo. Se, por exemplo, as regras da representação não tinham nem sentido nem existência na Idade Média ou na França de Luís XIV, se as "liberdades públicas" ou a proteção do patrimônio marítimo não eram concebíveis pelo humanismo renascentista, se a ajuda humanitária assume, atualmente, uma figura "pública" etc., é porque a normatividade jurídica deve, de certa maneira, esposar a historicidade se quer ter uma oportunidade de tornar efetiva e eficaz a regulamentação que é seu objetivo. O direito político se adapta à conjuntura; segue, ainda que com atraso, a lógica da história. Os conteúdos normativos mudam. Sua forma e sua lógica evoluem: assim se explica o caráter "histórico" do *Código civil* ou da *Declaração universal dos direitos do homem*.

Portanto, visto em sua função prática, o direito político traz a marca do movimento e da historicidade. Suas categorias e suas regras são móveis. O enunciado delas, em matéria legislativa por exemplo, traduz a relação entre o pensamento e o movente. A substância das normas do direito não pode ser indiferente nem à memória nem ao esquecimento. O que chamamos hoje (de maneira pouco feliz) de "a ontologia do direito" leva em conta essa dimensão de mobilidade das regras jurídicas; a mudança é o acelerador da diversificação e da complexificação da ordem jurídico-política. Numa "sociedade aberta", as transformações históricas do direito político são incontestáveis: o que é uma boa coisa na medida em que o imobilismo é uma coisa ruim.

Não obstante, duas ressalvas se fazem necessárias aqui. Julgar o valor das normas do direito político exclusivamente por seu coeficiente de adaptação ao seu contexto histórico é uma atitude mais estratégica do que filosófica: por essa razão, é simplificadora e superficial em vez de ser problematizante. Além disso, criticar Strauss em nome da mobilidade factual das normas que se autoproduzem e da relatividade cronológica dos códigos e dos sistemas não pode atingi-lo: primeiro, porque ele sabia muito bem que, de fato, o tempo, mesmo na busca das regras, jamais susta seu vôo; depois, porque não é de um ponto de vista praxiológico, mas sim especulativo e metafísico, que ele considera a problemática das normas jurídico-políticas.

Do ponto de vista teórico que portanto é necessário não desprezar, voltar à idade de ouro do direito natural inserido num cosmos finalizado não é, para Strauss, o *leitmotiv* de uma defesa *dos* antigos, *contra* os modernos. É verdade que o naturalismo antigo se apresenta mesmo em seu pensamento como o *outro* do racionalismo moderno e a retidão da ordem natural é mesmo o antimodelo das astúcias construtivistas da razão. Mas Strauss não põe o direito político diante dessa alternativa demasiado fácil. Através do seu pensamento do normativo, é o próprio estatuto da filosofia que ele cinzela.

A seu ver, a filosofia política antiga problematizava aquilo que os dogmatismos modernos erigiram em sistemas sintéticos e discursivos. Há nisso duas maneiras de pensar. Mas elas não convidam à polêmica, atitude sem saída em que se oscila sempre de um pólo ao outro. Os racionalismos modernos seguem, como é normal, a ordem das razões; são claros e, de seu conhecimento seguro, extraem ensinamentos práticos. O naturalismo antigo seguia os caminhos sombreados da metafísica para a qual "o mundo é mais profundo do que o dia pensava"[82]. Ora, só é possível fundar o direito político deixando os caminhos dos cienticismos que, tendo postulado que a natureza é o inimigo que é preciso vencer[83], julgaram possível alcançar a dominação do mundo e do homem pelos cálculos e pelos artifícios da razão. Esses caminhos não levam a lugar algum. É preciso, por conseguinte, aquém de todas as construções racionais, encontrar o ponto de partida do pensamento[84], isto é, fazer o esforço arqueológico que desvendará as raízes engolidas pelas sedimentações da razão e do tempo. É, de fato, no mistério original das normas que reside o princípio da validade delas. Esse mistério é aquele mesmo contido pela "bela totalidade grega", reflexo da "grande Natureza" celebrada por Platão e Aristóteles. Strauss deplora que os cálculos e o decisionismo da razão moderna tenham obliterado esse mistério do fundo do Ser e ocultado sob a face da experiência a questão da essência. O mergulho nas técnicas, de que se orgulha a razão, impede de olhar o céu das Idéias.

Por certo foram levantadas objeções. Acusaram Strauss de ter compreendido mal Max Weber, de ter decaído num "dogmatismo supra-histórico"; reprovam-lhe a unidimensionalidade de sua filosofia. Essas críticas têm uma parte de verdade, mas não atingem a força de sua escolha filosófica. Seu mérito é, de fato, mostrar que as normas do direito político não são ferramentas com finalidade prática, mas sim exigências do pensamento, e que são inconcebíveis sem se recorrer às metarregras que se impõem aquém de todas as regras convencionais. Elas correspondem ao horizonte de pureza que as representações e os artifícios do pensamento moderno, sempre limitados e impuros, obscureceram. O direito natural dos clássicos oferece ao

---

82. Nietzsche, *Assim falou Zaratustra*, IV, O canto da embriaguez.
83. Leo Strauss, *La Cité et l'homme*, p. 59.
84. Leo Strauss, *What is Political Philosophy?*, p. 75.

direito político – Montesquieu o compreendera magnificamente[85] – o ideal de harmonia e de equilíbrio que assume feição de verdade cósmica e se torna, na Cidade, o padrão da normatividade: "Há um padrão do justo e do injusto que é independente do direito positivo e lhe é superior."[86] Se admitimos que "o pensamento humano é capaz de transcender suas limitações históricas ou atingir algo de trans-histórico", compreendemos ao mesmo tempo que o racionalismo moderno e seu séquito de doutrinas redutoras são "a consumação da crise do direito natural"[87].

Um direito não prescritivo, no qual as exigências ou as esperanças não descendem de uma concepção teleológica da Natureza, é, segundo Strauss, destituído de sentido e de valor; é então impostura e caricatura. Considerá-lo apenas em sua horizontalidade é um procedimento infrafilosófico. O homem não fica filósofo mergulhando na história, mas captando, na regulação imanente da natureza, sua força normativa do direito natural. A ordem cósmica oferece, para quem sabe ler no grande livro da natureza, o paradigma do direito político, portanto, do "melhor regime".

Leo Strauss é um "verdadeiro filósofo"[88], não porque, *anti*moderno, tivesse pura e simplesmente sonhado em voltar à ingenuidade *ante*moderna, mas porque, numa visão elitista, condenou os sincretismos e as logomaquias da esfera jurídico-política moderna, demasiado esquecida da idealidade normativa dos albores do mundo.

Ocorre que, para a maioria dos "modernos", voltar atrás para os horizontes *ante*modernos do jusnaturalismo clássico é não só uma impossibilidade – não se anda para trás na linha do tempo – mas também constituiria um erro imenso: a obrigação à lei natural seria um desafio tanto ao progresso da consciência política quanto à responsabilidade e à liberdade, portanto, à hu-

---

85. Montesquieu, *L'esprit des lois*, liv. I, cap. I.
86. Leo Strauss, *Droit naturel et histoire*, p. 14.
87. *Ibid.*, pp. 34 e 42.
88. Allan Bloom, Leo Strauss, un vrai philosophe, in *Commentaire*, 1978, I, pp. 91-105.

manidade do homem. É por isso que outros pensadores, a fim de escapar da crise do direito político moderno, preferiram traçar, referindo-se a outros parâmetros, o caminho daquilo a que chamam a *pós*-modernidade em vez de seguir a via do jusnaturalismo *ante*moderno, que pretendem repleta de irisão.

B) *As perspectivas* pós-modernas *do direito político: as proposições de J. Habermas*

Jürgen Habermas (nascido em 1929), depois de sondar "o discurso filosófico da modernidade"[89], procurou "uma outra via" para sair das armadilhas e das aporias às quais, a partir do século XVII, o direito político, tributário do racionalismo e da "filosofia do súdito", se condenou. Ele reconhece que, nos anos 1970-1980, "a crítica radical da razão praticamente virou moda"[90]: a partir de Kant, que já atribuíra a essa crítica "a forma de uma autolimitação estritamente discursiva da razão", e sobretudo depois de Nietzsche que deu o tom de uma "hostilidade metodológica para com a razão", tornou-se uma banalidade atacar o racionalismo dos modernos. Entretanto, graças a essas críticas, pôde-se avaliar de diversas maneiras "o que custa a razão". A "nota" é pesada e, caso se efetue – o que não foi feito de verdade – a passagem de uma "razão exclusiva (do tipo kantiano)" para um "conceito mais amplo, um conceito compreensivo da razão", fica ainda mais pesada.

O paradigma da comunicação

A crítica da razão constantemente repetida até nossos dias parece ligada, diz Habermas, a uma "ingenuidade histórica": seguindo o kantismo que quis "iluminar o Iluminismo por seus próprios limites"[91], ela errou o caminho. "Um paradigma só per-

---

89. Jürgen Habermas, *Le discours philosophique de la modernité. Douze conférences*, 1985; trad. fr., Gallimard, 1988.
90. *Ibid.*, p. 357
91. *Ibid.*, p. 358.

de sua força na medida em que outro o negue."[92] Ora, "querer revisar o Iluminismo por meio do Iluminismo" é um empreendimento de demarcação bastante vão, já que pratica o tempo todo a auto-referência ao sujeito. Ainda por cima, recorrer ao legado romântico para justificar a autodestruição da razão é igualmente vão pois isso conduz à "mitologia" de uma subjetividade centrada no corpo. De fato, a razão inserida no sujeito é "o produto de uma fissão e de uma usurpação, isto é, o produto de um processo social que viu, em seu desenrolar, um momento subalterno tomar o lugar do todo, sem contudo ter a energia suficiente para absorver a estrutura do todo"[93]. Outrossim, enquanto a crítica não se desviar *radicalmente* do logocentrismo e da filosofia da consciência que se instalaram no pensamento ocidental moderno, ela se perderá em caminhos que não levam a parte alguma: tem de tomar "uma nova direção". Essa "outra via para sair da filosofia do sujeito"[94] é a da "razão comunicacional". Isso se compreende por um raciocínio simples que Habermas formulava já em 1963[95]: se, no âmago de uma filosofia da consciência, o paradigma de uma razão centrada no sujeito é o do direito político moderno em via de se exaurir, então, "passando para o paradigma da intercompreensão, os sintomas de esgotamento devem efetivamente desaparecer"[96].

Já em 1963, Habermas explicava[97] que, a partir de Hobbes, até a partir de Maquiavel, a doutrina clássica do direito natural fora suplantada na filosofia pela obsessão do pensamento prático que, sob a égide do cartesianismo, logo fora confundida com uma *technè*. O direito político então se "cientifizou" e, obediente na sociedade moderna à lógica de uma rede de pressões e de recomendações prático-técnicas, assumiu a figura da

---

92. *Ibid.*, p. 366.
93. *Ibid.*, p. 373.
94. *Ibid.*, p. 348.
95. Jürgen Habermas, *Theorie und praxis. Sozial-philosophische Studien*, 1963 e 1971; trad. fr. da segunda edição, sob o título *Théorie et pratique*, Payot, 1975.
96. *Le discours philosophique de la modernité*, p. 351.
97. *Théorie et pratique*, cap. I.

"arte pragmática da técnica do Poder". O programa contido na teoria marxista seria a realização da modernidade pela prática. Habermas não esconde sua simpatia por um projeto assim; mas é preciso, considera, revisá-lo[98].

Para paliar os riscos de vacuidade de uma modernidade reduzida à dimensão tecnocrática das decisões e das ações, é necessário elaborar seu estatuto reflexivo. Habermas encontra então a chave de sua "teoria social crítica" na noção de "agir comunicacional" expressa, em 1981, por sua *Theorie des kommunikativen Handelns*[99] cuja idéia diretriz ele resume nos seguintes termos: "A razão comunicacional [...] é de saída misturada com o processo da vida social pelo fato de que os atos de intercompreensão desempenham o papel de um mecanismo que tem o objetivo de coordenar a ação. As ações comunicacionais formam um tecido que se alimenta dos recursos do mundo vivido e constitui, por isso mesmo, o *meio* a partir do qual se reproduzem as formas de vida concretas."[100] O sentido do "agir comunicacional" vai contudo, por sua função normativa específica, além do "pertencer comum e incontornável", ao destino da coletividade humana. Mas Habermas, que contesta a universalidade da razão e a unidade do sujeito em nome dos particularismos e da pluralidade das formas da vida social, opõe-se às implicações nomológicas do pensamento moderno pois elas são, diz ele, "monológicas". Não nega a importância da racionalidade nas produções sociojurídicas, mas considera que a razão não poderia se expressar unicamente, como se dá na filosofia moderna, no modo técnico-prático. No campo social e, notadamente, na esfera jurídico-política, o trabalho da razão é inseparável de uma *intersubjetividade* que, no essencial, é me-

---

98. Jürgen Habermas, *Zur Rekonstruction des historischen Materialismus*, 1976.
99. Jürgen Habermas, *Theorie des kommunikativen Handelns*, Frankfurt-sobre-o-Meno, 1981; trad. fr. *Théorie de l'agir communicationnel*, Fayard, 1987: cf. Jean-Marc Ferry, *Habermas. L'éthique de la communication*, PUF, 1987.
100. Jürgen Habermas, *Le discours philosophique de la modernité*, pp. 373-4.

diatizada pela linguagem e, mais precisamente, pela prática da *discussão*. Esta última, que é o lugar por excelência em que se entrecruzam o mundo vivido e a ação cotidiana da comunicação, desempenha o papel de mediação que o marxismo ocidental reservara para a práxis e o trabalho – no que ele não havia conseguido apartar-se verdadeiramente da moderna filosofia da consciência. O mérito da razão "comunicacional" é duplo: de um lado, ela recusa o solipsismo, pois a discussão não pode, evidentemente, fechar-se na subjetividade, mesmo praxiológica; do outro, não se pauta por exigências lógicas, pois estas permaneceriam puramente formais, portanto desencarnadas e sem substância. A intersubjetividade é necessariamente o campo no qual, sobre fundo de integração social, a razão "discursiva" e "comunicacional" apresenta, visando a outros e numa busca de consensualidade, uma conduta "processual" de argumentação e de justificação: "É o acordo obtido de maneira comunicacional, avaliado à luz do reconhecimento intersubjetivo das pretensões à validade, que torna possível a reticulação das interações sociais e dos contextos procedentes do mundo vivido."[101]

Em conseqüência, como essa razão qualificada de "processual" – em oposição à razão "moderna", reputada técnica ou "instrumental" – anima uma prática cotidiana ligada ao contexto e às estruturas do mundo vivido[102], ela refuta as construções especulativas e dogmáticas do Estado e de seu dispositivo institucional. A própria Constituição, longe de ser o momento fundador das regras do direito positivo, tem necessidade de ser fundada ou, pelo menos, requer uma "validação crítica" que, segundo Habermas, só pode e só deve provir da "discussão prática". Ao poder de decisão e à onicompetência que caracterizam o Estado soberano em suas estruturas modernas, Habermas opõe, portanto, as capacidades de argumentação que pertencem à comunidade social e condicionam a "intercompreensão".

---

101. *Ibid.*, p. 381. Por "reticulação" deve-se entender, parece, a constituição de uma rede.
102. Essa é igualmente a tese defendida por Charles Taylor, *Philosophical Papers*, Cambridge, 1985, vols. I e II.

Nem por isso devemos concluir que o direito político deve ser tributário integral dos acontecimentos e da resposta da comunidade à atualidade *hic et nunc*. Certamente compete-lhe regular os comportamentos políticos, aqui e agora, em contextos determinados e mesmo tendo em conta "conseqüências factuais" que ele é suscetível de provocar. Mas a validade de suas regras não reside na empiria; transcende os lugares e as épocas, pois no direito político se efetua, segundo a expressão de K. O. Apel, "o entrecruzamento das comunidades real e ideal de comunicação"[103]. Sem dúvida a coesão entre o real e o ideal é das mais difíceis na argumentação que a razão processual tem de desenvolver e, em conseqüência, a discussão é com mais freqüência "poluída" do que "depurada". Mas o importante é sublinhar a relação interna que a razão comunicacional estabelece entre a gênese e o valor do direito político, submetendo-o ao "entendimento intersubjetivo e ao reconhecimento recíproco"[104]. É por isso que se pode dizer de uma norma jurídica – e também ética – que só é aceita se aqueles a quem diz respeito "consentem" em reconhecê-la. Esse consentimento, obtido e manifestado pela discussão no espaço público, é o princípio da "ética do discurso" – princípio pelo qual o espaço público teria, segundo Habermas, um valor primordial insubstituível e comparável, *mutatis mutandis*, às condições transcendentais nas quais repousa a análise kantiana[105]. Reportando-se assim à "normatividade imanente dos processos de discussão prática a fim de abrir as perspectivas dos participantes sobre o horizonte pragmático de nossos ideais políticos"[106], Habermas (numa perspectiva, é verdade,

---

103. Jürgen Habermas, *Le discours philosophique de la modernité*, p. 382, cita K. O. Apel, *Transformation der Philosophie*, Frankfurt, 1973, t. II, pp. 358 ss.
104. É preciso evidentemente recordar aqui que Habermas viu na opinião pública, desde sua tese (*Strukturwandel der Öffentlichkeit*, 1962), uma dimensão constitutiva das sociedades.
105. Jürgen Habermas, *Morale et communication*, trad. fr., Éditions du Cerf, 1986, p. 105.
106. Jean-Marc Ferry, *Philosophie de la communication*, vol. 2, Éditions du Cerf, 1994, pp. 119-20.

mais ética do que propriamente jurídica) "remete mais a uma liberdade comunitária e positiva do que a uma liberdade individual e negativa". Nessa liberdade comunitária se aloja, diz ele, "um potencial de razão" que, confundido com os "recursos do mundo vivido sempre particular", substitui aquilo que, na moderna filosofia do sujeito, era o apanágio da consciência[107].

Os riscos de uma pós-modernidade consensual

Pode-se indagar se, nessa renovação do direito político pela racionalidade comunicacional e pelos procedimentos deliberativos, Habermas não opta, à sua maneira, pela "sociedade contra o Estado"[108]. A prática não consensual apresentará o risco, como temia Tocqueville, de dar muito peso, nos dispositivos jurídico-políticos, à opinião pública e, com muita freqüência, às manifestações de rua? Recusar "os caminhos da autoridade" política e a soberania do Poder pelo motivo de serem a expressão do dogmatismo e da dominação provém, é claro, de uma "razão crítica" que rejeita a tonalidade "metafísica" das fundações que a filosofia moderna atribuiu ao direito político. Entretanto, não se deverá recear que, no universo filosófico contemporâneo, cujo projeto é renegar nosso legado da modernidade, o direito político fique ameaçado pela desordem e pela anarquia? Recusar, junto com a universalidade unificadora da razão, as formas centralizadoras e as potências normativas do Estado, não será correr o risco de condenar a vida social a seguir os movimentos e os impulsos da multidão, portanto, a afundar mais dia menos dia no caos? No limite, subordinar o direito político ao consenso social equivale à ausência de governo e de aparelho jurídico para regular a vida social: é uma utopia suicida.

J. Habermas não pôde ignorar a força de tal objeção e, de antemão, quis dar-lhe resposta sublinhando que a complemen-

---

107. Jürgen Habermas, *Le discours philosophique de la modernité*, p. 385. "São as formas de vida concretas que substituem a consciência transcendental unificadora", p. 386.

108. Extraímos essa expressão do título da obra de Pierre Clastres (*La société contre l'État*, Éditions de Minuit, 1974) dando-lhe um outro significado – já que essa obra é um estudo antropo-sociológico das sociedades ameríndias.

taridade dos conceitos de atividade comunicacional e de mundo vivido torna possível a racionalização da condição dos homens, não sobre o horizonte moderno de um universalismo abstrato que privilegie, com a subjetividade, a lógica centrada no sujeito e na auto-reflexão, mas através dos elementos cada vez mais diferenciados da cultura e do espaço social. Nessa perspectiva "pós-moderna", "o espaço público político" não se reduz à "autonomia sistêmica" do Poder; é "domesticado", o que implica que se tome consciência da "diferença entre problemas de regulação e problemas de intercompreensão": "É preciso que os impulsos vindos do mundo vivido possam influir sobre a auto-regulação dos sistemas funcionais."[109] Noutras palavras, não se trata de negar no direito político os reclamos da normatividade, mas é preciso *deslocar* seu ponto de amarração. A questão toda está então em saber se o deslocamento das fontes da normatividade jurídica requerido, segundo Habermas, pelo esgotamento do paradigma do sujeito, não redunda, no universo comunicacional, em outras aporias. Para eclipsar a racionalidade e a subjetividade do humanismo que até então prevaleceu na edificação do direito político e do Poder do Estado, não será perigoso, numa sociedade obnubilada por preocupações dispersas e cambiantes, seguir o dédalo das correntes de opinião e das modas? Não será perigoso para o direito político curvar-se, ainda que de maneira consensual, antes às pressões das massas do que à soberania do povo e tentar responder (sem, aliás, nunca conseguir) antes aos desejos dos consumidores e dos usuários do que ao ideal da cidadania? No plano de internacionalidade, não será também uma aposta procurar uma consonância inalterável entre povos e culturas nas quais as diferenças superam a dimensão de universalidade?

Pode-se admitir que o modelo de subsunção do particular pelo universal peque, no direito político moderno, por um formalismo excessivo. Em contraste, pode-se pensar que as noções de intersubjetividade e de comunicação são não só calorosas

---

109. Jürgen Habermas, *Le discours philosophique de la modernité*, pp. 429-30.

como abrem o caminho, com a discussão, a uma síntese concreta da individualidade e da comunidade. Não obstante, permanece incerto que a razão comunicacional possa fundar solidamente uma concepção nova do direito político[110] – pelo menos enquanto não tiver aprimorado o estatuto da "racionalidade dialógica" como "outro" da "racionalidade instrumental", sempre monológica no mundo moderno. Ora, é nesse ponto, parece-nos, que culmina a dificuldade da visão pós-moderna do direito político. Não apenas, de fato, o pós-modernismo incorre assim no risco de se perder num pluralismo sem limites, como o aprimoramento do estatuto da razão dialógica e da palavra dialogal exigiria que fosse reestudado o problema fundamental da socialidade – do que Habermas teve consciência ao louvar, ó paradoxo, os méritos do modelo da Cidade grega[111]... Quer dizer que a *pós*-modernidade do direito político só revelaria seu sentido no espelho da *pré*-modernidade?

Não haveria, por conseguinte, muita precipitação no discurso que proclama o advento da pós-modernidade?

Em sua divergência, os exemplos de Leo Strauss e de Jürgen Habermas nos ensinam que é bem difícil "quebrar os vidros" do Estado moderno para saltar para fora dele como queria Nietzsche-Zaratustra. E se, ainda por cima, os amanhãs pós-modernos do direito político só se iluminam no horizonte longínquo do mundo pré-moderno, ao qual o retorno é, para os homens, a impossibilidade absoluta que já mencionava Rousseau[112], não estaremos diante de um enigma ou, com todos os perigos que isso representa, não estaremos diante de um salto para o desconhecido?

---

110. Essa é basicamente a pergunta que McIntyre formula em *After Virtue*, Londres, 1981, e em *Whose Justice? Which Rationality?*, University Notre-Dame Press, 1988.

111. Jürgen Habermas, *L'espace public*, trad. fr. de *Strukturwandel der Öffentlichkeit*, Payot, 1978, pp. 15-6.

112. "A natureza humana não retrocede e jamais remonta aos tempos de inocência e de igualdade uma vez que se tenha deles afastado" (*Rousseau, juge de Jean-Jacques*, terceiro diálogo, in Pléiade, t. I, p. 935.

*

Da *crítica* do direito político moderno, que já era latente antes da Revolução, à *crise* que o atinge neste fim do século XX, o questionamento do princípio de racionalidade sobre as capacidades construtivas do qual se erguera a arquitetura jurídica do Estado repetiu-se obstinadamente, como uma constante. O anti-racionalismo assim oposto aos esquemas constitutivos da ordem jurídica decerto enveredou por vias diversificadas e adotou tonalidades muito diferenciadas. Mas o fenômeno mais impressionante é que, no curso dos dois últimos séculos, ele se expressou de maneira cada vez mais virulenta e, sobretudo, cada vez mais radical. O fato de ter tido o objetivo de atribuir um lugar, no direito político, ao sentimento e à tradição veiculados pela historialidade dos povos, não é em si um elemento desprezível na história das idéias. Não obstante, o que importa principalmente é que a "reação" contra-revolucionária, no início mais ou menos tingida de romantismo, tenha aberto uma brecha no próprio âmago da racionalidade jurídico-política, fazendo-a desde logo mostrar-se incapaz de ser auto-suficiente. Por conseguinte, encetou-se um processo de crise, que a crítica marxista e os temas nacionalitários, engolfando-se na fratura, deviam acentuar e acelerar. Em meio às controvérsias doutrinárias, mas também no fluxo irracional das esperanças e das reivindicações, não se demorou em anunciar a debilitação do Estado construído pela racionalidade metafísica e abstrata dos modernos; e, logo, a morte próxima do direito político se delineou como o acontecimento tão inelutável quanto necessário. O processo metafísico do monstro estatal, denunciado como estranho ao mundo da vida e cheio da mentira extramoral que conduz ao esquecimento do Ser, entoava a marcha fúnebre do Ocidente. A crítica do racionalismo jurídico moderno encontrava assim seu paroxismo na constatação do niilismo europeu.

Entretanto, apesar do profetismo com que um verbo ameaçador anunciava a morte do direito e do Estado, até mesmo a morte do homem, nem o direito, nem o Estado, nem o homem morreram... Ao tempo mesmo que os princípios racionais do

Estado moderno eram postos no banco dos réus e condenados irremediavelmente, o direito político se ampliava, atravessando as fronteiras. O desenvolvimento do direito internacional foi uma das conquistas mais notórias do século XX e poder-se-ia pensar que, nesse fenômeno jurídico novo, os princípios filosóficos da razão construtiva encontraram a confirmação de sua veracidade. Não obstante, enquanto se definiam e se aprimoravam os modelos de um direito confederal pluriestatal e de um direito federal supraestatal, foi a essência mesma do Estado moderno – a soberania – que se viu abalada. Quaisquer que tenham sido e sejam atualmente os esforços realizados pelas instituições internacionais para assegurar aos homens a segurança e a paz, a superação do direito político do Estado moderno por um direito novo, que metamorfoseia algumas de suas estruturas, não ocorre sem criar, em torno do conceito fundamental da onicompetência do poder soberano, problemas muito delicados. As dificuldades reveladas por uma reflexão sobre os mecanismos supranacionais são bastante graves, em todo caso, para que o espectro das "crises" atormente o final de nosso século. Uma vez mais, instrui-se o processo dos princípios filosóficos fundadores da modernidade jurídico-política e o veredicto é definitivo: chegou a hora, dizem, de substituir o discurso filosófico da modernidade por um contradiscurso filosófico. Assim se desenvolveu uma certa filosofia contemporânea que se empenhou em traçar os esboços salvadores de uma pré-modernidade ou de uma pós-modernidade jurídico-política.

Movida com muita freqüência por uma vontade de originalidade mais iconoclasta do que construtiva, geralmente impregnada de militantismo e de demagogia, cedendo também às vezes às sereias das glórias da mídia, essa filosofia nova transpõe para as estruturas jurídicas do Estado moderno o mal-estar da civilização contemporânea manifestado por inúmeros movimentos sociais e políticos. Essa transposição, que arranca o direito político moderno de sua ordem própria e lhe ignora "o espírito" mais ainda do que a letra, resulta da confusão entre os conteúdos e os princípios do direito. O mal-entendido é profundo.

Muito evidentemente, não se poderia sustentar que as regras do direito político, em seu conteúdo e em seus objetivos, devem permanecer imutáveis: o legislador não poderia furtar-se à adaptação e ao progresso requeridos pela evolução das sociedades. Ao imobilismo é necessário contrapor um veto categórico, pois ele é sempre uma esclerose destrutiva. Mas os princípios sobre os quais se edifica a arquitetônica jurídica das sociedades são de outra ordem e, portanto, são irredutíveis às determinações empírico-pragmáticas. O mérito do pensamento moderno – cujo legado a antimodernidade do pensamento contemporâneo, queira ou não, recebeu – é de lhes ter atribuído o estatuto filosófico de exigências transcendentais, isto é, *a priori* e universalmente necessárias. Estas, longe de se curvarem sob a pressão dos pluralismos e da mobilidade sociopolítica, ao contrário a dominam impondo-se, como veremos, como o imperativo categórico do direito político.

CONCLUSÃO
O espírito do direito político moderno: as exigências transcendentais da razão jurídica

Na hora que está terminando o século XX, indagar-se sobre os princípios filosóficos do direito moderno aos quais se prenderam, durante três séculos, tantas certezas e esperanças, pode fazer nascer todas as suspeitas e suscitar todos os temores. Entretanto, a antimodernidade que se rebela contra as formas estatais da cultura jurídica moderna carece do *espírito do direito* e oculta a força inexpugnável dos princípios que a modernidade nos legou.

1. Os denegridores da modernidade costumam repetir que o direito político que rege tanto a vida interna dos Estados quanto as relações que eles mantêm entre si é, apesar de suas certezas, atormentado por sua fraqueza e que o momento idealmente objetivo que seu desenvolvimento racional lhe permitiu atingir é, na realidade, o espelho de uma derrota multidimensional. O direito político moderno ofereceria não só uma obra institucional inacabada mas essa obra seria insuscetível de conclusão, pois estaria sempre duplamente ameaçada: de um lado, permanecerá sempre onerada em sua dimensão empírico-pragmática pela violência que ronda entre os homens e que ela não consegue erradicar; do outro, a razão, que se alimenta de ilusões e de mentiras, instila, mesmo pretendendo conduzir à liberdade, múltiplas formas de alienação e, por conseguinte, está prenhe de suas contradições imanentes.

O humanismo liberal que era o orgulho do direito político construído pela razão dos "modernos" se teria portanto transformado no seu oposto. A postulação racionalista e a filosofia da consciência que constituíam os eixos de sustentação dos sistemas jurídico-políticos da Modernidade teriam sido conduzidas ao fracasso, de modo que, do imenso otimismo jurídico que aureolava a filosofia do Iluminismo e a obra dos homens da Revolução, sobraria apenas um gosto de cinzas. Os grandes princípios de ordem pública, de independência e de autonomização do Estado, de soberania estatal, de representação e de parlamentarismo, a arquitetura constitucional do Estado, o princípio de legalidade, a idéia de legitimidade, os reclamos de liberdade e igualdade implicados pelo reconhecimento dos direitos do homem e do cidadão, a exigência de "publicidade" inerente, como dizia Kant, ao republicanismo, etc., estariam num estado de degenerescência tão avançado que se encaminhariam inexoravelmente para o cemitério do direito político. No fim do caminho, num horizonte estreito e sombrio, a crise do direito, a debilitação do Estado, a falência da lei, a morte das instituições, até mesmo a morte do próprio homem, estarão muito próximas. Ao Estado moderno, que o aumento dos perigos teria levado, dizem, à beira do traspasse, contrapõe-se correntemente a imagem de uma sociedade não diretiva em busca de utilidade e de facilidade: lugar eleito das liberdades e das iniciativas, ela se abriria à intersubjetividade e, na discussão, à comunicação. Mais ou menos impregnados, numa fidelidade às vezes duvidosa, das teorias marxistas e da filosofia inspirada em Nietzsche e Heidegger, todos esses temas, no curso dos últimos anos, foram repisados em registros diversos a ponto de se transformarem num código retórico de lugares-comuns.

O inchaço pletórico da literatura antiformalista jurídica corresponde sem dúvida alguma à banalidade do mal e ao aspecto trágico da condição humana que, faz meio século, é, segundo a expressão de André Malraux, "a tentação do Ocidente". Tampouco é inteiramente errado que, no Estado secularizado do mundo moderno, a racionalização do direito tenha provocado, já no século XVIII, uma inflação legislativa, depois regulamentadora que, necessariamente coerciva – não há direito sem coerção –, pode ser compreendida como uma forma dogmática e pesada do Poder e suscitar, numa reação de rejeição, um credo libertário.

Mas, sem negar que a inquietação filosófica que engendrou a antimodernidade contemporânea corresponde às incertezas e às imperfeições dos conteúdos do direito político moderno, as críticas desesperançadas (e desesperadas) de que ele é objeto não atingem nem seus princípios nem, sobretudo, seu espírito. De fato, a ideologia com grande freqüência eclipsa nela a interrogação filosófica de tal maneira que, na espécie de liturgia sociopolítica que se apresenta, o *sentido* da regulação estrutural requerida pelo direito moderno, arrancado de sua ordem própria fica obliterado ou incompreendido. Convém, portanto, encontrar o *sentido* ou o *espírito* dos princípios que permitiram a instituição das ordens jurídico-políticas da modernidade e compreender por que, apesar das evoluções e das mutações de seus conteúdos, subsiste neles uma dignidade filosófica perene.

2. Não se trata de contrapor às críticas antimodernas do direito político uma defesa incondicional da modernidade jurídico-política. Não é permitida a cegueira do filósofo diante da necessidade das mudanças que a factualidade histórica exige. Além do mais, o filósofo sabe que a política e o direito são animados por um forte potencial polêmico. Não obstante, se se admite que uma das tarefas da filosofia é indagar-se sobre os princípios de inteligibilidade do direito político, é forçoso reconhecer que a contribuição do pensamento "moderno" é, a esse respeito, insubstituível porque, progressivamente, ele trouxe para a luz o *imperativo racional prático* sem o qual a ordem jurídica da vida pública seria impensável e impossível. É por isso que, em seus temas diretrizes mais significativos, o direito político moderno merece ser defendido contra qualquer rejeição, tanto antemoderna como pós-moderna.

Maquiavel, a quem é sempre preciso retornar para encontrar as plagas da Modernidade, cinzelou um modelo da condição humana sobre cujos eixos pôde elevar-se o edifício do direito político. A imagem do homem, separada do âmbito cosmológico em que até então estava inserida, depois liberta dos vínculos teológicos que a mantinham em subordinação, explica por si só a indispensável organização das Cidades. O alcance de tal postulação, que põe em evidência a autarquia do homem, extravasa amplamente a obra de Maquiavel: de Hobbes a Kant ou a Hegel, e até de Husserl a R. Aron ou a R. Nozick, ela abre a via do *humanismo jurídico* que é o denominador comum de todas as modernas doutrinas do direito. Significa que a ordem política dos Estados modernos, principados ou repúblicas, não poderia ser à imagem da ordem natural e que, mesmo que a vontade onipotente de Deus regesse o grande Todo cósmico, não é no horizonte teológico que se deve escrever doravante o direito político. Sendo toda transcendência da Natureza ou de Deus assim reputada inútil para a ordem jurídica das Cidades, esta só extrairá seu princípio ativo da própria condição dos homens. Portanto, a antropologia é a base sobre a qual – apesar das hesitações que ainda manifesta o pensamento de transição de Jean Bodin – se edifica e funciona o dispositivo moderno do direito político.

O pensamento sutil de Maquiavel indica um outro vetor que orientará a gênese do direito político moderno e deixará despontar seu espírito: como o homem é mau – ou, pelo menos, é preciso considerá-lo tal em sua complexidade psicológica –, ele tem, como dirá Kant, "necessidade de um senhor". A necessidade de uma ordem pública coerciva é, portanto, uma das primeiras exigências que se impõem ao direito político: sua função primordial é barrar o caminho, com a força normativa de seus mandamentos, à licença e à corrupção, à *hybris* belicosa e, igualmente, à indiferença e ao descaso que são os caminhos das agitações e da anarquia.

Sobre esse fundo antropológico, a prevalência das potências da razão não tardou a se afirmar. A regulação do mundo político só podia se efetuar segundo um modelo de comedimento e de equilíbrio elaborado sob o signo da *dominação racional*. Glorificar a ordem e louvar os méritos da racionalidade que não demoraram em mostrar-se os maiores valores dos dois "grandes séculos" da modernidade ocidental foi a preocupação dominante do direito político até a época da Revolução Francesa. Como as construções da doutrina jurídica faziam repercutir

CONCLUSÃO

no conjunto dos preceitos do direito o simbolismo do mito solar ao qual correspondia a teoria da soberania, una e indivisível, legisladora onipotente e absoluta (*soluta legibus*), a potência soberana do Estado moderno era chamada, por sua onicompetência, a transcender as circunstâncias e a operar uma espécie de racionalização do contingente. O vasto movimento de normatividade, que dispôs uma rede de regras e de leis sobre o mundo dos acontecimentos e da história, tendeu a fazer prevalecer a unidade e a homogeneidade do inteligível sobre a multiplicidade e a heterogeneidade do sensível. O legiscentrismo que era acompanhado pelo caráter obrigatório da ordem normativa tendeu não apenas à regulação da vida pública mas também, já no século XVIII, foi o sinal imponente de um imperativo absoluto: na vida pública, *o direito não se deduz da força*. Compreendeu-se não só que "a razão do mais forte" é diametralmente oposta aos reclamos do direito mas também que um uso desregrado da razão, recaindo na violência, era contraditório em si mesmo. Como devia mostrar Rousseau, a força sozinha, que nada tem de legítimo, não pode produzir direito algum. É um princípio filosófico eminente do direito político moderno pôr em evidência a fraqueza da força pois "o mais forte nunca é bastante forte para ser sempre o senhor se não transformar sua força em direito e a obediência em dever"[1].

No mundo moderno, o direito político, aquém das formas regulamentadoras e administrativas dos poderes instituídos, tem, em sua figura fundamental, uma vocação de princípio que é anteconstitucional: no espaço da vida pública, sua função é organizar a força.

No caso, o perigo seria, seguramente, hipostasiar as regras do direito político no Estado moderno. Por isso, é importante não esquecer que nele elas formam um díptico com a obrigação cívica.

A *conjunção do direito político com deveres cívicos* é essencial para a manutenção da comunidade social estatal. Longe

---

1. Rousseau, *Le contrat social*, Pléiade, t. III, p. 354.

de impor uma obediência passiva e cega aos mandamentos do Poder, ela significa que a ordem pública depende da vontade de coexistência dos seres responsáveis que são os cidadãos. Se, por essa razão, implica a lealdade de cada um no Estado do contrato, é não obstante a superação do individualismo egoísta. Como a virtude cívica – no sentido em que a entendia Montesquieu – faz com que cada um seja para si mesmo e para os outros o autor e o fiador do direito, firma-se como a condição de um Estado de liberdade. O princípio-chave do liberalismo moderno é que o amor das leis e o da liberdade vão de par. "A liberdade só realiza sua existência nos vínculos da obrigação e pela universalidade da lei."[2] O direito político moderno impõe a todos, pela coerção legal que cria obstáculo a tudo o que cria obstáculo à liberdade – isto é, que impede a anarquia –, a obrigação racional a que Kant chamava um "dever de direito".

Por conseguinte, o direito político moderno não é de parte a parte, como se repetiu muitas vezes, a expressão de um simples individualismo cuja substância residiria, num igualitarismo radical, nos "direitos naturais" de cada um. Se o individualismo constitui uma premissa inevitável dele, ele o atravessa, pois, pela obrigação que se prende às regras do dispositivo jurídico do Estado, ele reconhece, ao contrário, o caráter social fundamental do homem e, pela ordem que instaura, regula a coexistência das liberdades. Curvando o indivíduo às necessidades da comunidade política, a obrigação cívica nada tem de uma coerção imposta; procede de uma vontade reflexiva e racional de maneira que a ligação sintética entre o direito e a obrigação é aquela, essencial ao humanismo moderno, entre a ordem e a liberdade. Portanto, como a ordem pública, enquanto princípio de coexistência das liberdades, exige, ao mesmo tempo que a autonomia das vontades, sua autolimitação recíproca, a ligação sintética entre o direito e a obrigação é um desafio tanto para o anarquismo libertário quanto para a opressão totalitária que ameaçam pesar sobre a experiência de um mundo dilacerado.

---

2. Raymond Polin, *L'obligation politique*, PUF, 1971, p. 26.

Mas é importante compreender que esse desafio, longe de se originar numa doxocracia que inevitavelmente reflete a contingência da opinião pública, só encontra sentido e força nas exigências – e nos limites – da razão. O "republicanismo" que Kant concebia torna perfeitamente inteligível o que constitui a mais alta temática do direito político moderno.

No Estado do direito edificado pelo pensamento moderno, a *Constituição republicana* não tem apenas a fenomenalidade do texto fundamental e primeiro do aparelho jurídico e dos poderes públicos. Ela ser o resultado de um trabalho construtivo pelo qual as categorias, os conceitos e os procedimentos do direito político se precisam e se articulam não está em questão: é claro que o aparelho do direito político do Estado moderno edificou-se sobre bases racionais que faziam contrapeso à espontaneidade. Mas, além da realidade objetiva das cláusulas que ela enuncia *hic et nunc* de maneira diferenciada, ela é uma *Idéia* – ou um Ideal racional puro – que, como toda Idéia da razão, serve de princípio não constitutivo, mas regulador. A "República perfeita" na qual o direito político realizaria plenamente suas virtualidades de ordem e de liberdade não existe e jamais existirá: sua Idéia é transfenomenal. Mas ela nada tem de sonho ou de ilusão. Para todos os jurisladores, e qualquer que seja, na hierarquia das normas jurídicas, o nível das regras que eles elaboram, ela serve de referência e de guia: ilumina-os como a luz de um farol ilumina os marinheiros. O caminho que baliza sua clareza pura e numênica é o da "retidão" ideal da qual o direito político, para ser o que deve ser, não deve afastar-se. É isso que Rousseau queria dizer quando declarava que a vontade geral "não pode errar" – o que significa que, para ele, a "legalidade" é o princípio regulador da ordem jurídica. É isso mesmo que Kant, seguramente mais "moderno" do que Rousseau, repete ao fazer da Constituição perfeita "a coisa em si mesma"[3]. O que quer que se possa ter escrito seguindo a moda anti-racionalista contemporânea, nisso não há dogmatismo. A Idéia republicana tem a idealidade pura do princípio

---

3. Kant, *Doctrine du droit*, Apêndice, Pléiade, t. III, p. 649; *AK*, VI, 371.

de universalização que é, como diz K. O. Apel[4], a "fundação última" e transcendental da coexistência pacífica dos homens e dos povos. A elevação dessa Idéia explica, em todo caso, por que contendas e conflitos só poderiam encontrar solução legítima nas vias do direito: a violência e mesmo a guerra são condenadas expressamente do alto do "tribunal supremo do poder legislativo"[5]. E não é a menor ironia do republicanismo fundar, a mil léguas do individualismo abstrato pelo qual tão freqüentemente se culpou o direito político moderno, a possibilidade, na intersubjetividade, da intercompreensão e da comunicação entre os homens. Assim como Otfried Höffe sublinhou com muita pertinência em diversas ocasiões, a comunicação, longe de constituir o contraparadigma do individualismo, geralmente considerado a pedra angular das modernas teorias do direito, está incluída na exigência de "publicidade" do direito "público" e, de maneira ainda mais forte, no princípio kantiano de universalização que é sua viga mestra.

3. O espírito do direito político moderno deve portanto ser buscado na relação entre o *antropológico* e o *transcendental*. Encontra sua expressão no imperativo que requer categoricamente, tanto na escala do Estado como no plano do universal, a compatibilidade das liberdades.

Assim compreendido, o direito político, até em sua amplitude internacional, é "a estrutura fundamental e a forma universal da coexistência humana"[6]. É nesse sentido que, no tribunal da crítica, convém entender não a "subjetividade" que estaria no princípio do direito moderno – aí está o erro: os direitos do homem que se dizem fundamentais não são fundadores –, mas sim sua objetividade ou, mais exatamente, sua *validade objetiva*: o direito político moderno é a obra positiva para a qual

---

4. K. O. Apel, *Penser avec Habermas contre Habermas* (1989), trad. fr., L'Éclat, 1990.
5. Kant, *Essai sur la paix perpétuelle*, Pléiade, t. III, pp. 347-8; *AK*, VIII, 356.
6. O. Höffe, *Les principes du droit*, Le Cerf, p. 34.

a razão crítica, nos limites que reconhece a si própria, ultrapassa as determinações da natureza das coisas e da natureza do homem e se esforça por responder, numa tarefa infinda, às exigências ideais que traz em si.

O problema filosófico do direito político moderno é assim o de sua fundamentabilidade universal transcendental. Como o universalismo dos princípios do direito se opõe ao relativismo histórico-cultural, só se pode julgar a validade de suas regras à luz da idealidade pura desses princípios. Disso resulta que a evolução legislativa e jurisprudencial que é necessária para se adaptar aos costumes não deve ser obra dos "vitoriosos do momento", que está sempre exposta a um desvio empírico-pragmático – o que significa que a história não poderia ser, com o risco de provocar um incontrolável processo contínuo, a instância dominante do direito político. Portanto, quando a reflexão crítica se empenha em compreender o estatuto filosófico dos "princípios" sobre os quais o direito político edifica a ordem pública do espaço público, encontra neles – apesar da evolução e às vezes das revoluções de que suas categorias e seus conceitos são o objeto ou o lugar – esse algo que, para o homem, é insuperável: a exigência de uma regulação cuja chave é a autonomia. Essa é a condição *sine qua non* da justiça – que, desde os primórdios do tempo, o direito procura instaurar – e da liberdade – que a Modernidade reconheceu como a mais alta exigência do homem. Mesmo que justiça e liberdade sigam, no mundo moderno, caminhos sinuosos, a dupla esperança contida no que Rousseau considerava "os prodígios da lei" encontra suas raízes, mais além da rede das regras do aparelho jurídico, nos princípios racionais práticos, puros e *a priori*, que obrigam incondicionalmente os homens em sua humanidade.

Apesar da dúvida radical que hoje conduz os "pós-modernos" aos ataques da "desconstrução" anti-humanista e antiformalista jurídica desfechados pelos céticos ou pragmáticos contra o direito político a pretexto de ultrapassar os paradigmas da Modernidade, uma reflexão filosófica sobre os *fundamentos* ensina que o humanismo jurídico dos modernos sempre vai além da fenomenalidade das fronteiras do espaço e do tempo em virtude das aspirações ideais que ele expõe no horizonte da crítica transcendental. Não se deveria deduzir disso que os princípios filosóficos do direito político provêm de um fixismo essencialista, evidentemente estranho ao programa autofundacional da razão prática numa filosofia transcendental. Mas é preciso concluir daí que a reflexão sobre os princípios filosóficos do direito político tem necessidade de recorrer à energia total e ao mais profundo do pensamento. A razão não é, como se gosta tanto de dizer em nosso tempo, a inimiga do pensamento. Kant – que se sabe pouco inclinado a usar metáforas – dizia contudo, numa imagem forte: "Uma doutrina do direito simplesmente empírica (como a cabeça de pau na fábula de Fedro) é uma cabeça que talvez seja bela, só que é pena que não tenha cérebro."[7] Toda legislação positiva repousa em princípios imutáveis e categóricos cuja autoridade suprema tem a elevação e a universalidade das exigências práticas expressas pelo imperativo categórico da razão. Se, portanto, a evolução dos conceitos do direito político é indispensável ao longo dos desenvolvimentos da história e da cultura, a idealidade pura na qual se enraízam os princípios da modernidade jurídica – autonomia do direito, ordem pública, soberania, autoridade, legalidade, legitimidade, equilíbrio e moderação dos poderes, igualdade e liberdade – constitui, no plano do universal, o núcleo inabalável de sua validade normativa.

---

7. Kant, *Doctrine du droit*, p. 478; *AK*, VI, 230.

Referências bibliográficas

Esta bibliografia não tem a pretensão de ser exaustiva. Sua finalidade é fornecer ao leitor pontos de referência e um guia de leitura. É por isso que, no que diz respeito às obras escritas originalmente noutro idioma, só indicamos aqui, por preocupação com a utilidade, e cada vez que isso seja possível, as traduções feitas em língua francesa.

1. Fontes doutrinárias

Apel, K. O., L'éthique de la discussion: sa portée, ses limites, in *Encyclopédie philosophique universelle* (ed. A. Jacob), t. I, PUF, 1989, pp. 154-65; *Penser avec Habermas contre Habermas* (1989), trad. fr., Paris, L'Éclat, 1990.
Bauer, B., *La question des nationalités et la social-démocratie*, 1907.
Bentham, J., *Fragment sur le gouvernement* (1776), trad. fr., LGDJ, 1996. *An Introduction to the Principles of Morals and Legislation*, Londres, 1780.
Bodin, J., *Les Six Livres de la République*, 1576.
Bonald, L. de, *Théorie du pouvoir politique*, 1796; *Législation positive considérée dans les derniers temps par les seules lumiéres de la raison*, 1802; reed. Paris, 1988.
Boulainvilliers, H. de, *Histoire de l'Ancien gouvernement de la France*, 1753 (póstumo).
Burke, E., *Réflexions sur la Révolution de France* (1790), tradução e apresentação de Ph. Raynaud, Hachette, 1989.
Burlamaqui, J.-J., *Principes du droit politique* (1751), reed. PU Caen, 1984.
Castel de Saint-Pierre (abade), *Projet pour rendre la paix perpétuelle en Europe*, 1713.

Chateaubriand, R. de, *Essai sur les Révolutions* (1797), Gallimard, 1978; *Réflexions politiques* (1814), in *Oeuvres complètes*, Paris, 1826-1831; *La Monarchie selon la Charte*, 1816.
Constant, B., *Principes de politique applicables à tous les gouvernements* (1806 e 1815), Droz, 1980; *De la liberté des anciens comparée à celle des modernes* (1819), Hachette, 1980.
Déclaration des droits de l'homme et du citoyen, apresentação e texto de S. Rials, Hachette, 1988.
Dubos (abade J.-B.), *Histoire critique de l'établissement de la monarchie française dans les Gaules*, Paris, Nyon, 1742.
Ferrero, G., *Pouvoir. Les génies invisibles de la Cité*, Plon, 1944.
Fichte, J. G., *Contributions destinées à rectifier l'opinion du public sur la Révolution française* (1793), Payot, 1974; *Fondement du droit naturel* (1796), PUF, 1984; *Machiavel et autres écrits philosophiques de 1806-1807*, Payot, 1981; *Discours à la nation allemande* (1807-1808), trad. Costes, Paris, 1923; Paris, Imprimerie nationale, 1992.
Foucault, M., *Les mots et les choses*, Gallimard, 1966; *L'archéologie du savoir*, Gallimard, 1969; *Surveiller et punir*, Gallimard, 1975; *La volonté de savoir*, Gallimard, 1976.
Freud, S., *Malaise dans la civilisation* (1929), trad. fr., PUF, 1971.
Gentz, Fr., *De la paix perpétuelle* (1800), Duchemin, 1996.
Gobineau, A. de, *Essai sur l'inégalité des races humaines*, 1853-1855, in *Oeuvres complètes*, Gallimard, 1983.
Grotius, H., *De la liberté des mers* (1609), reed. PU Caen, 1980; *Droit de la guerre et de la paix* (1625), trad. Barbeyrac, reimpr., PU Caen, 1984; trad. Pradier-Fodéré, Thesaurus de philosophie du droit, Duchemin, 1997; *Traité du Pouvoir du magistrat politique sur les choses sacrées* (1614), reed. PU Caen, 1991.
Habermas, J., *L'espace public* (1962), Payot, 1978; *Raison et légitimité* (1973), Payot, 1978; *Morale et communication* (1983), Cerf, 1986; *Théorie de l'agir communicationnel* (1981), Le Seuil, 1987; *Le discours philosophique de la modernité* (1985), Gallimard, 1988; *De l'éthique de la discussion*, Cerf, 1992.
Hauriou, M., *Aux sources du droit: le pouvoir, l'ordre et la liberté*, reimpr., PU Caen, 1986.
Hegel, *La Constitution de l'Allemagne* (1800-1802), Flammarion, 1974; *Des manières de traiter scientifiquement du droit naturel* (1802), Vrin, 1972; *Système de la vie éthique* (1802), Payot, 1976; *Phénoménologie de l'esprit* (1806), Aubier, 1944; *Encyclopédie des sciences philosophiques* (1817-1830), Vrin, 1967; *Principes de la philosophie du droit* (1821), Vrin, 1975.

Heidegger, M., *Kant et le problème de la métaphysique* (1929), Gallimard, 1953; *Questions II*, Gallimard, 1957; *Essais et conférences* (1954), Gallimard, 1958; *Chemins qui ne mènent nulle part* (1935-1946), Gallimard, 1962; *Lettre sur l'humanisme* (1949), Aubier, 1964; *Introduction à la métaphysique* (1953), Gallimard, 1967; *Questions IV*, Gallimard, 1976; *Nietzsche*, Gallimard, 1971; *Réponses et questions sur l'histoire et le politique* (1976), Mercure de France, 1977.

Herder, J. G. von, *Une autre philosophie de l'histoire* (1774), Aubier, s.d.

Hobbes, Th., *De Cive* (1642), trad. Flammarion, 1982; *Léviathan* (1651), trad. Sirey, 1971.

Hugo, G., *Lehrbuch des Naturrechts als einer Philosophie des positiven Rechts, besonders des Privat-rechts*, 1789.

Humboldt, W. von, *Essai pour définir les limites de l'action de l'État* (1792), trad. fr., Paris, 1867; trad. ing., Cambridge University Press, 1969.

Hume, D., *Du contrat originel* (1748), trad. fr. in *Essais politiques*, Vrin, 1972; *De l'origine du gouvernement*, in *Quatre discours politiques*, PU Caen, 1986.

Husserl, Ed., *La crise de l'humanité européenne et la philosophie* (1935), trad. fr. de P. Ricoeur in *Revue de métaphysique et de morale*, 1950, n.º 3; *La crise des sciences européennes et la phénoménologie transcendantale* (1935-1936), Gallimard, 1976.

Jefferson, Th., *La Déclaration d'Indépendance* (1776), in *The papers of Jefferson*, Princeton University Press, 1950-1982.

Kant, E., in Pléiade, *Idée d'une histoire universelle du point de vue cosmopolitique*, 1784; *Théorie et pratique*, 1793; *Essai sur la paix perpétuelle*, 1795; *Doctrine du droit*, 1796.

Kelsen, H., *Problem der Souveränität*, 1920; *Das Problem des Parlementarismus*, 1925; *Théorie pure du droit* (1934), trad. Sirey, 1962; *La démocratie, sa nature, sa valeur* (1932), trad. Economica, 1988; *La théorie des normes* (1979, póstumo), trad. PUF, 1995.

La Boétie, E. de, *Discours de la servitude volontaire* (1548), Flammarion, 1983.

Laboulaye, Ed., *L'État et ses limites* (1863), reed. PU Caen, 1992; *Questions constitutionnelles* (1872), reed. PU Caen, 1993.

Leibniz, G. W. (sob o pseudônimo de Caesarinus Fürstenerius), *Du droit de souveraineté et d'ambassade des Électeurs et Princes d'Empire* (1677), in Édition de l'Académie de Berlin, 1963; *Observa-*

tions sur le Projet de paix perpétuelle *de l'abbé de Saint-Pierre* (1715), reed. Caen, 1993; *Correspondance avec l'abbé de Saint-Pierre*, Duchemin, 1995.

Linguet, S. N. H., *Théorie des lois civiles* ou *Principes fondamentaux de la société* (1767), Fayard, 1984.

Locke, J., *Second traité du gouvernement civil* (1690), Flammarion, 1984 e 1992.

Loyseau, Ch., *Traité des Seigneuries*, 1608; *Traité des offices*, 1609; *Traité des ordres et simples dignités*, 1610.

Lukács, G., *La destruction de la raison* (1954), L'Arche, 1958-1959.

Mably, G. Bonnot (abade de), *Entretiens de Phocion sur la politique et la morale* (1763), reed. Caen, 1986; *Le droit public de l'Europe fondé sur les traités jusqu'en l'année 1740*, 1746; *De la législation ou principes des lois*, 1776; *Des droits et des devoirs du citoyen*, 1789.

Machiavel, N., *Le Prince*, 1513; *Discours sur la première décade de Tite-Live*, 1513-1519.

Maistre, J. de, *Études sur la souveraineté*, 1796; *Sur l'état de nature* in *Études maistriennes*, n? 2, 1976; *Considérations sur la France* (1797), Vrin, 1936; Slatkine, 1980.

Merleau-Ponty, M., *Sens et non-sens*, Nagel, 1948; *Humanisme et terreur*, Gallimard, 1947; *Les aventures de la dialectique*, Gallimard, 1955; *Signes*, Gallimard, 1960.

Mirabeau, H. G. Requeti (conde de), *Essai sur le despotisme* (1772), reed. PU Caen, 1992.

Montesquieu, Ch. L. de Secondat (barão de), *L'esprit des lois*, 1748.

More, Th., *L'Utopie* (1516), Mame, 1978; Flammarion, 1987.

Nietzsche, Fr., *Ainsi parlait Zarathoustra*, 1883-1885; *Par-delà le bien et le mal*, 1886; *Généalogie de la morale*, 1887; *Le Crépuscule des idoles*, 1888.

Nozick, R., *Anarchie, État, Utopie* (1974), trad. PUF, 1988.

Paine, Th., *The common Sense*, 1776; *Droits de l'homme* (1791-1792), Belin, 1987.

Popper, K., *Misère de l'historicisme* (1944-1945), Plon, 1956; *La société ouverte et ses ennemis* (1945), Le Seuil, 1979.

Portalis, J.-E.-M., *Discours, rapports et travaux sur le Code civil*, Paris, 1844.

Pufendorf, S., *Du droit de la nature et des gens* (1672), trad. Barbeyrac (1706), reed. PU Caen, 1987; *Devoirs de l'homme et du citoyen* (1673), trad. Barbeyrac (1707), reed. PU Caen, 1984.

Rawls, J., *Théorie de la justice* (1971), trad. Le Seuil, 1987.

Rehberg, W., *Untersuschungen über die französische Revolution*, 1793.
Renouvier, Ch., *Manuel républicain de l'homme et du citoyen*, 1848.
Richelieu (A. Duplessis, cardeal de), *Testament politique* (1632-1638), reed. PU Caen, 1985.
Rosenberg, A., *Le mythe du XXe siècle* (em alemão), 1930.
Rousseau, J.-J., *Le contrat social*, 1762.
Savigny, Fr. von, *Vom Beruf unser Zeit für Gesetzgebung und Rechtswissenschaft*, 1814.
Schmitt, C., *Légalité et légitimité*, LGDJ, 1936; *La notion de politique* (1932), Calmann-Lévy, 1972; *Théologie politique*, 1922 e 1969, Gallimard, 1988; *Théorie de la Constitution* (1928), PUF, 1993.
Sieyès, E., *Qu'est-ce que le tiers état?* (1789), PUF, 1982.
Sorel, G., *Réflexions sur la violence*, 1908.
Spengler, O., *Le déclin de l'Occident* (1918-1919), trad. fr., Gallimard, 1948.
Strauss, L., *Droit naturel et histoire* (1953), Plon, 1954; *De la tyrannie* (1948), Gallimard, 1954; *Pensées sur Machiavel* (1958), Payot, 1982; *Political Philosophy: Six Essays by Leo Strauss*, Nova York, 1975; *Les trois vagues de la modernité*, in *Cahiers philosophiques*, 1984; *La Cité et l'homme* (1977), Agora, 1987; *Qu'est-ce que la philosophie politique?* (1959), PUF, 1992; *La renaissance du rationalisme politique classique*, Gallimard, 1993.
Tocqueville, A. de, *La démocratie en Amérique* (1835-1840), Garnier-Flammarion, 1981; Vrin, 1990; *L'Ancien Régime et la Révolution* (1856), Gallimard, 1952.
Vattel, E. de, *Le droit des gens*, 1758.
Weber, M., *L'éthique protestante et l'esprit du capitalisme* (1920), trad. do t. I, Plon, 1964; *Le savant et le politique* (1921), trad. Plon, 1959; *Économie et société* (1922), trad. do primeiro livro, Plon, 1971, 1982.
Wolff, Ch., *Jus naturae*, 1740; *Jus gentium* (1749), ed. M. Thomann, Olms, 1972; *Principes du droit de la nature et des gens*, adaptação Formey (1740-1748), reed. PU Caen, 1988.

2. Estudos

Adorno, T., *Minima moralia*, 1980; *Modèles critiques*, trad. fr., Paris, Payot, 1984.
Apel, K. O., *Transformation der Philosophie* (1973), trad. parcial, *L'éthique à l'âge de la science*, Lille, 1987.

Arendt, H., *La crise de la culture*, Gallimard, 1972; *Le système totalitaire*, Seuil, 1972; *Du mensonge à la violence*, Calmann-Lévy, 1972; *Vies politiques*, Gallimard, 1974; *La vie de l'esprit*, t. I: *La pensée*, PUF, 1981; t. II: *Le vouloir*, PUF, 1983; *La condition de l'homme moderne*, Calmann-Lévy, 1983; *Essai sur la révolution*, Gallimard, 1987; *La nature du totalitarisme*, Payot, 1990; *Qu'est-ce que la politique?*, Seuil, 1995.

Aron, R., *L'opium des intellectuels*, Calmann-Lévy, 1955; *Paix et guerre entre les nations*, Calmann-Lévy, 1962; *Démocratie et totalitarisme*, Gallimard, 1965; *Études politiques*, Gallimard, 1972; *Histoire et dialectique de la violence*, Gallimard, 1973; *Penser la guerre. Clausewitz*, I: *L'âge européen*; II: *L'âge planétaire*. Gallimard, 1976; *Machiavel et les tyrannies modernes*, Éditions de Fallois, 1993.

Ayrault, R., *La genèse du romantisme allemand*, 1961.

Baechler, J., *Qu'est-ce que l'idéologie?*, Gallimard, 1976.

Barret-Kriegel, B., *L'État et les esclaves*, Payot, 1979; *Les chemins de l'État*, Calmann-Lévy, 1979.

Bastid, P., Sieyès et le gouvernement parlementaire, *Revue de droit public*, 1939, pp. 401 ss.

Bastit, M., *Naissance de la loi moderne*, PUF, 1990.

Baudrillart, J., art. "Modernité" in *Encyclopaedia universalis*, vol. XI, 1968.

Beaud, O., Le souverain, in Pouvoirs, 1993, n.º 67, pp. 33-46; La souveraineté dans *Contribution à la théorie générale de l'État de Carré de Malberg*, in *Revue de droit public*, 1994, pp. 1251 ss.; *La puissance de l'État*, PUF, 1994.

Bénéton, Ph., *Introduction à la politique moderne*, Hachette, 1987; *Les régimes politiques*, PUF, 1996.

Berlin, I., *Éloge de la liberté*, Calmann-Lévy, 1988.

Birnbaum, P., La fin de l'État, *Revue française de science politique*, 1985, pp. 981 ss.

Bloch, E., *Le principe espérance*, Gallimard, 1976.

Boudon, R., *L'idéologie*, Fayard, 1986.

Bouretz, P. (dir.), *La force du droit*, Édition Esprit, 1991; *Les promesses du monde: la philosophie de Max Weber*, Gallimard, 1996.

Bourgeois, B., *Philosophie des droits de l'homme de Kant à Marx*, PUF, 1990.

Bourgeois, B. e D'Hondt, J. (dir.), *La philosophie et la Révolution française*, Vrin, 1993.

Bouveresse, J., *Rationalité et cynisme*, Éditions de Minuit, 1984.

Bruaire, Cl., *La raison politique*, Fayard, 1974.
Brunel, P., *L'État et le Souverain*, PUF, 1978.
Burdeau, G., *L'État*, Le Seuil, 1970; *Le libéralisme*, Le Seuil, 1979.
Burg, P., *Kant und die Französische Revolution*, Berlim, 1974.
Camus, A., *Le mythe de Sisyphe*, Gallimard, 1942; *L'homme révolté*, Gallimard, 1951.
Cassirer, E., *La philosophie des Lumières*, Fayard, 1970; *Le mythe de l'État*, Gallimard, 1993.
Chartier, E. (Alain), *Propos de politique*, 1934.
Clavreul, C., Sieyès et la genèse de la représentation moderne, *Droits*, 1987, nº VI, pp. 45-56.
Cohen-Tanugi, L., *Le droit sans l'État*, PUF, 1985.
Colliot-Thelène, C., *Le désenchantement de l'État de Hegel à Weber*, Éditions de Minuit, 1992.
Cornette, J., *Histoire de la France. Absolutisme et Lumières* (1652-1783), Hachette, 1993.
David, M., *La souveraineté du peuple*, PUF, 1996.
D'Hondt, J., *De Hegel à Marx*, PUF, 1972.
Dufour, A., *Droits de l'homme, droit naturel et histoire*, PUF, 1991.
Duhamel, A., *La politique imaginaire*, Flammarion, 1995.
Dumont, L., *Homo aequalis*, Gallimard, 1977; *Essais sur l'individualisme*, Le Seuil, 1983.
Duverger, M. (dir.), *Dictatures et légitimité*, PUF, 1982.
Dworkin, R., *Prendre les droits au sérieux* (1977), PUF, 1995; *Law's Empire*, Harvard, 1995.
Eisenmann, Ch., La Cité de J.-J. Rousseau, in *Études sur "le Contrat social"*, Belles Lettres, 1964.
Ellul, J., *Le fondement théologique du droit*, Paris, 1945.
Enegren, A., *La pensée politique de Hannah Arendt*, PUF, 1982.
Etchegoyen, A., *La démocratie malade du mensonge*, Éditions François Bourin, Paris, 1993.
Ewald, F., *L'État-providence*, Grasset, 1986.
Ferguson, A., *Essai sur l'histoire de la société civile*, PUF, 1992.
Ferry, J.-M., *Habermas. L'éthique de la communication*, PUF, 1987.
Feyerabend, P. K., *Adieu la raison*, Le Seuil, 1989.
Finley, M., *Démocratie antique et démocratie moderne*, Payot, 1976.
Freund, J., *L'essence du politique*, Sirey, 1965; *Qu'est-ce que la politique?*, Le Seuil, 1965; *La décadence*, Sirey, 1984.
Friedrich, C., *La démocratie constitutionnelle*, PUF, 1958.
Furet, F., *Penser la Révolution française*, Gallimard, 1989.

Furet, F. e Ozouf, M., *Le siècle de l'avénement républicain*, Gallimard, 1993.
Galbraith, J. K., *Le nouvel État industriel*, Paris, 1968.
Gardies, J.-L., *L'erreur de Hume*, Paris, 1987.
Gauchet, M., *Le désenchantement du monde*, Gallimard, 1985; *La révolution des droits de l'homme*, Gallimard, 1989; *La révolution des pouvoirs*, Gallimard, 1995.
Goyard-Fabre, S., *Philosophie politique, XVIe-XXe siècle: Humanisme et modernité*, PUF, 1987; *Qu'est-ce que la politique?*, Vrin, 1992; *Les fondements de l'ordre juridique*, PUF, 1992; *La philosophie du droit de Kant*, Vrin, 1996.
Haarscher, G., *Laïcité et droits de l'homme; deux siècles de conquêtes*, Bruxelas, 1989; *La laïcité*, PUF, 1996.
Häberle, P., *Das Grundgesetz zwischen Verfassungsrecht und Verfassungspolitik*, Nomos Verlagsgesellschaft, 1996.
Hare, R. M., *Freedom and Reason*, 2.ª ed., Oxford, 1965.
Hart, H. L. A., *Le concept de droit*, Bruxelas, 1976.
Hayek, F. von, *Droit, législation et liberté*, PUF, 1977.
Henry, M., *Marx*, Gallimard, 1976.
Höffe, O., *L'État et la justice*, Vrin, 1988; *La justice politique*, PUF, 1991; *Les principes du droit*, Le Cerf, 1993.
Holmes, St., *Benjamin Constant et la genèse du libéralisme moderne*, PUF, 1994.
Horkheimer, M., *Théorie traditionnelle et théorie critique* (1937), Gallimard, 1974; *L'État autoritaire*, in *Théorie critique. Essais* (1942), Payot, 1978; *Éclipse de la raison*, Payot, 1974.
Horkheimer, M. e Adorno, T., *La dialectique de la raison* (1947), Payot, 1974.
Jacobi, F. H., *David Hume et la croyance. Idéalisme et réalisme* (trad. sob o título *Le réalisme de Jacobi*), Aix-en-Provence, 1982.
Jellinek, G., *L'État moderne et son droit* (1900), trad. t. I, Fontemoing, 1904; t. II, Giard et Brière, 1913.
Jouvenel, B. de, *Vers les États-Unis d'Europe*, Valois, 1930; *Du Pouvoir*, Bourquin, Genebra, 1947; *De la souveraineté*, Paris, Médicis, 1955; *Les origines de l'État moderne*, Fayard, 1976.
Kervegan, J.-F., *Hegel. C. Schmitt. Le politique entre spéculation et positivité*, PUF, 1992.
Kojève, A., *Esquisse d'une phénoménologie du droit*, Gallimard, 1981.
Kroner, R., *Von Kant bis Hegel*, Tübingen, 1921-1924.
Krynen, J., *L'empire du roi. Idées et croyances politiques en France, XIIIe-XVe siècle*, Gallimard, 1993.

Labica, G., *Dictionnaire critique du marxisme*, PUF, 1982.
Lapierre, J. W., *Le pouvoir politique*, PUF, 1953.
Lefort, Cl., *L'invention démocratique*, Fayard, 1981; *Essai sur le politique: XIXe-XXe siècle*, Le Seuil, 1986.
Lenoble, J. e Ost, F., *Droit, mythe et raison*, Bruxelas, 1980.
Lerminier, E., *Philosophie du droit*, 1832.
Leroy-Beaulieu, P., *L'État moderne et ses fonctions*, 1889; reed. 1911.
Lévi-Strauss, Cl., *Race et histoire*, Gallimard, 1952.
Lipovetsky, G., *L'ère du vide*, Gallimard, 1983; *L'empire de l'éphémère*, Gallimard, 1987.
Löwith, K., *De Hegel à Nietzsche* (1941), Gallimard, 1969.
Lyotard, J.-F., *La condition post-moderne*, Éditions de Minuit, 1979.
Mac Intyre, A., *After Virtue*, 1981; *Quelle justice? Quelle rationalité?* (1988), PUF, 1993.
Manent, P., *Naissances de la politique moderne: Machiavel, Hobbes, Rousseau*, Payot, 1977; *Tocqueville et la nature de la démocratie*, Julliard, 1982; *Histoire intellectuelle du libéralisme*, Calmann-Lévy, 1987; *La Cité de l'homme*, Fayard, 1994.
Maritain, J., *Anti-moderne*, Paris, 1922; *L'homme et l'État*, PUF, 1953; *Humanisme intégral*, 1968.
Mendès-France, G., *Gouverner, c'est choisir*, Julliard, 1953.
Mugnet-Pollet, L., *La philosophie politique de Spinoza*, Vrin, 1976.
Nicolet, Cl., *L'idée républicaine en France*, Gallimard, 1976.
Nozick, R., *Anarchie, État, Utopie* (1974), PUF, 1988.
Passerin, D'Entrèves A., *La notion de l'État* (1967), Sirey, 1969.
Philonenko, A., *Théorie et praxis chez Kant et Fichte*, Vrin, 1968; *Rousseau et la pensée du malheur*, Vrin, 1984; *L'archipel de la conscience européenne*, Grasset, 1990.
Polin, R., *Éthique et politique*, Sirey, 1968; *La politique de la solitude*, Vrin, 1971; *La liberté de notre temps*, Vrin, 1977; *L'ordre public*, PUF, 1996.
Popper, K., *Misère de l'historicisme*, 1957; *La société ouverte et ses ennemis*, Le Seuil, 1979; *La leçon de ce siècle*, 1993.
Poulat, E., *Liberté, laïcité. La guerre des deux France et le principe de la modernité*, Le Cerf, 1987.
Rawls, J., *Théorie de la justice* (1971), Le Seuil, 1987; *Political liberalism*, Columbia University Press, 1993; *Justice et démocratie*, Le Seuil, 1993.
Raynaud, Ph., *Max Weber et les dilemmes de la raison moderne*, PUF, 1987; Prefácio a *Réflexions sur la Révolution française* de Burke, Hachette, 1989.

Renaut, A., *Le système du droit. Philosophie et droit dans la pensée de Fichte*, PUF, 1986; *L'ère de l'individu*, Gallimard, 1989; *L'individu*, Hatier, 1995.

Renaut, A. e Ferry, L., *La pensée 68*, Gallimard, 1985; *68-86: itinéraires de l'individu*, Gallimard, 1987.

Rials, S., *Textes constitutionnels français*, PUF, 1982; *Le légitimisme*, PUF, 1983; *Destin du fédéralisme*, Institut La Boétie, 1986; La puissance étatique et le droit dans l'ordre international. Éléments d'une critique de la notion usuelle de "souveraineté externe", in *Archives de philosophie du droit*, t. 32, Sirey, 1987; (dir.), *Le droit des modernes*, LGDJ, 1994.

Ripert, G., *Les forces créatrices du droit*, LGDJ, 1955.

Robinet, A., *Leibniz: le meilleur des mondes par la balance de l'Europe*, PUF, 1994.

Rosanvallon, P., *La crise de l'État-providence*, Le Seuil, 1981.

Sabourin, P., *Les nationalismes européens*, PUF, 1996.

Sandel, M., *Liberalism and the Limites of Justice*, Cambridge University Press, 1982.

Schnapper, D., *La communauté des citoyens*, Gallimard, 1994.

Senellart, M., *Les arts de gouverner. Du* regimen *médiéval au concept de gouvernement*, Le Seuil, 1995.

Schwarz-Liebermann, H. A., *Fondements et principes d'un ordre juridique naissant*, Mouton, 1971.

Tenzer, N., *La société dépolitisée. Essai sur les fondements de la politique*, PUF, 1990; *La République*, PUF, 1993; *La philosophie politique*, PUF, 1994.

Tönnies, F., *Communauté et société*, Retz, 1977.

Troper, M., *Pour une théorie juridique de l'État*, PUF, 1994.

Truyol y Serra, A., *Histoire du droit international public*, Economica, 1995.

Vecchio, G. del, *Les principes généraux du droit*, LGDJ, 1925; *Philosophie du droit*, Dalloz, 1953.

Villey, M., *Leçons d'histoire de la philosophie du droit*, Dalloz, 1962; *Seize essais de philosophie du droit*, Dalloz, 1969; *La formation de la pensée juridique moderne*, Montchrétien, 4.ª ed., 1975; *Philosophie du droit*, Dalloz, 1975; *Le droit et les droits de l'homme*, PUF, 1983.

Weil, E., *Hegel et l'État*, 4.ª ed., Vrin, 1974; *Essais et conférences*, Plon, 1976; *Philosophie politique*, 4.ª ed., Vrin, 1984.

3. Trabalhos coletivos

Archives de philosophie du droit, Sirey:
    1976: T. 21: *Genèse et déclin de l'État*;
    1987: T. 32: *Le droit international*.
Cahiers de philosophie politique et juridique, PU Caen:
    1989: N.º XVI: *La Révolution française entre Lumières et romantisme*.
Le Débat:
    La philosophie qui vient, novembro-dezembro de 1992, n.º 72.
Dictionnaire de philosophie politique (S. Rials e Ph. Raymaud), PUF, 1996.
Dictionnaire des oeuvres politiques (F. Châtelet, E. Pisier, O. Duhamel), 2.ª ed., PUF, 1989.
Nation et république: les éléments d'un débat, Colóquio de 6 e 7 de abril de 1994, PU d'Aix-en-Provence, 1995.
Droits:
    1986: N.º 4: *Crises dans le droit*;
    1988: N.º 8: *La Déclaration de 1789*;
    1989 e 1990: Nos 10 e 11: *Définir le droit*;
    1991: N.º 14: *L'Europe et le droit*;
    1992: Nos 15 e 16: *L'État*.
Droit, Nature, Histoire. Michel Villey, PU Aix-en-Provence, 1985.
La Révolution Française dans la pensée européenne, Lausanne, L'Âge d'homme, 1989.
L'État baroque, Vrin, 1985.
L'État classique, Vrin, 1996.
Le Pouvoir (Miscelânea oferecida a Georges Burdeau), LGDJ, 1977.
L'ordre public (R. Polin, dir.), PUF, 1995.
Philosophie (Institut catholique de Paris), Beauchesne:
    1978: N.º 3: *Le Pouvoir*;
    1984: N.º 9: *Le droit*.
Revue française d'histoire des idées politiques, nos 1 a 4, 1995 e 1996.

Bibliografia em língua portuguesa e espanhola

Estabelecida por Denis Rosenfield, professor da Universidade de Porto Alegre

1. Clássicos do pensamento político

Agostinho (Santo), *O livre-arbítrio*, 2.ª ed., Braga, Faculdade de filosofia, 1990.
Arendt, H., *A condição humana*, 2.ª ed., Rio de Janeiro, Forense Universitária, 1983. *Entre passado e o futuro*, 4.ª ed., São Paulo, Perspectiva, 1997.
Berlin, I., *Vico e Herder*, Brasília, Ed. Universidade de Brasília, 1982.
Bobbio, N., *Thomas Hobbes*, Rio de Janeiro, Campus, 1991.
Erasmo, D., *Elogio da loucura*, São Paulo, Martins Fontes, Brasil Cultura, 1972, 1979.
Hegel, G. W. F., *Filosofia real*, México, Fondo de Cultura Económica, 1984.
Hobbes, T., *De Cive*, Petrópolis, Vozes, 1993. *Do Cidadão*, São Paulo, Martins Fontes, 1992. Leviatã: ou matéria, forma e poder de uma sociedade eclesiástica e civil, São Paulo, 1981. *A natureza humana*, Lisboa, Imprensa Nacional, 1983.
Locke, J., *Segundo tratado sobre o governo civil e outros escritos*, Petrópolis, Vozes, 1994.
Merleau-Ponty, M., *Signos*, São Paulo, Martins Fontes, 1991.
Montesquieu, Ch. de, *O espírito das leis*, São Paulo, Martins Fontes, 1979; Brasília, Ed. Universidade de Brasília, 1982.
Ockham, G., *Brevilóquio sobre o principado tirânico*, Petrópolis, Vozes, 1988.
Pádua, Marsilio de, *Defensor menor*, Petrópolis, Vozes, 1991.
Rousseau, J.-J., *Discurso sobre a origem e os fundamentos da desigualdade entre os homens*, precedido de *Discurso sobre as ciências e as artes*, São Paulo, Martins Fontes, 1993.
Touchard, J., *História das idéias políticas*, Lisboa, Europa-América, 1959.
Weil, E., *Filosofia política*, São Paulo, Loyola, 1990.

2. Seleção de obras de filosofia política

Bignotta, Newton, "Da legitimidade do uso da força em John Salisbury", in *Filosofia política*, Nova Série, vol. 2, Porto Alegre, L&PM, 1998.

Boer, Nicolas, *Teoria política*, Brasília, Ed. Universidade de Brasília, 1979.

Correia, Alexandre, *Ensaios políticos e filosóficos*, São Paulo, EDUSP, 1984.

Coutinho, Carlos Nelson, *Gramsci*, Porto Alegre, L&PM, 1990.

Crusius, Carlos Augusto, *Estado de natureza em Hobbes*, Porto Alegre, n.º 2, 1-7, mar. 1996.

De Boni, Luis Alberto, "Propriedade e Poder: aspectos do pensamento político da Escola franciscana", *Semana de filosofia da Universidade de Brasília*, 10, 1982, Brasília, São Paulo, Loyola, 1983, pp. 144-59. *Idade Média: ética e política*, 2.ª ed., Porto Alegre, Edipucrs, 1996.

Freitas, José Vicente de, *Teoria da organização nos clássicos e uma incursão na filosofia política contemporânea*, Rio Grande, FURG, 1991.

Gerhard, Volker et al., *Kant e a instituição da paz*, Porto Alegre, ed. da UFRGS, Goethe Institüt/ICBA, 1997.

Gianotti, José Arthur, *Formas da sociabilidade capitalista*, Estudos CEBRAP, Rio de Janeiro, Vozes, 1979. *Trabalho e reflexão – Ensaios para uma dialética da sociabilidade*, São Paulo, Brasiliense, 1983.

Gimbernat, José A., *Ernst Bloch – Utopia y Esperanza (Claves para una interpretacion filosofica)*, Madri, Ediciones Cátedra, 1983.

Guimarães, Alexandre Queiroz, "Algumas notas sobre a filosofia política de Hobbes", *Educação e filosofia*, Uberlândia, vol. 9, n. 17, jan/jun 1995, pp. 113-37.

Habermas, Jürgen, *Passado como futuro*, Rio de Janeiro, Tempo Brasileiro, 1993.

Krischke, Paulo J., "A cultura política pública em John Rawls: contribuições e desafio à democratização", in *Filosofia política*, Nova Série, vol. 2, Porto Alegre, L&PM, 1998. "Cultura política e escola racional na América Latina: Interfaces nos Estudos da Democratização", BIB, *Boletim Informativo Bibliográfico em Ciências Sociais*, Rio de Janeiro, ANPOCS, n.º 43, 103-26, 1997.

Kronbauer, Siomara Goulart; Silva, Almiro Regis do Couto, *O princípio da separação das funções do Estado*, Porto Alegre, UFRGS, 1993.

Jordão, Francisco Vieira, *Espinosa: história, salvação e comunidade*, Lisboa, Fundação Calouste Gulbenkian, 1990.

Lefort, Claude, *As formas da História: ensaios de antropologia política*, 2ª ed., São Paulo, Brasiliense, 1990.

Lima, Carlos Roberto Cirne, "A dialética do senhor e do escravo e a idéia da Revolução", *Ética e trabalho: cinco estudos*, Caxias do Sul: de Zorki, 1989, pp. 11-30.

Loparic, Zeljko, *Heidegger réu: um ensaio sobre a periculosidade da filosofia*, São Paulo, Papirus, 1990.

Macintyre, Alasdair, *Justiça de quem? Qual racionalidade?*, São Paulo, Loyola, 1991.

Merquior, José Guilherme, *A natureza do processo*, Rio de Janeiro, Nova Fronteira, 1992.

Müller, Marcos Lutz, "A gênese conceitual do estado ético", in *Filosofia política*, Nova Série, vol. 2, Porto Alegre, L&PM, 1998.

Nascimento, Carlos Arthur Ribeiro do, "Considerações sobre os primeiros usos da palavra *status* para designar o Estado em sentido político", *Dialética e liberdade: Fesrschrift em homenagem a Carlos Roberto Cirne Lima*, Porto Alegre, Petrópolis, Ed. da UFRGS, Vozes, 1993, pp. 47-57.

Nozick, Robert, *Anarquia, Estado e utopia*, Rio de Janeiro, Jorge Zahar, 1991.

Paz, Octavio, "America latina y la democracia", in *Vuelta*, n.º 67, México, junho de 1982.

Peixoto, Nelson Brissac, *A sedução da barbárie. O marxismo na modernidade*, São Paulo, Brasiliense, 1982.

Popper, Karl, *A miséria do historicismo*, São Paulo, Cultrix, Ed. da USP, 1980. *Sociedade aberta, Universo aberto*, Lisboa, Dom Quixote, 1987. *A sociedade aberta e seus inimigos*, 3ª ed., São Paulo, Belo Horizonte, 1987.

Quinton, Anthony, *Política sem essência: Karl Popper*, Brasília, Ed. da UNB, 1960.

Ribeiro, Renato Janine, *A marca do Leviatã*, São Paulo, Ática, 1978.

Rohden, Valerio *et al.*, *Racionalidade e ação: antecedentes e evolução atual da filosofia prática alemã*, Porto Alegre, Ed. da UFRGS, 1992.

Rosenfield, Denis L., *Política e liberdade em Hegel*, São Paulo, Brasiliense, 1983. *Lições de filosofia política: o estatal, o público e o privado*, Porto Alegre, L&PM, 1996.

Sader, Emir, *Estado e política em Marx: para uma crítica da filosofia política*, São Paulo, Cortez, 1993.

Santos, Hermilio, *Hegel e a filosofia do direito*, Belo Horizonte, UFMG, 1991.

Schmitt, Carl, *O conceito do político*, Petrópolis, Vozes, 1992.

Soarez, Luiz Eduardo, *A invenção do sujeito universal: Hobbes e a política como experiência dramática do sentido*, Rio de Janeiro, D. N., 1991. "As bases da desobediência legítima segundo Hobbes, Locke, Hume, Rousseau, John Stuart Mill e Burke", *Série Estudos*, n.º 69, jan. 1989, pp. 1-99. Linhagem cultural de São Martinho de Dume, Lisboa, D. N., 1963.

Souza, José Antonio de C. R. de, "Guilherme de Ockham e sua época", *Leopoldianum*, vol. 9, n.º 26, dez. 1982, pp. 5-36.

Torres, João Carlos Brum, *Figuras do Estado moderno: elementos para um estudo histórico-conceitual das formas fundamentais de representação política no Ocidente*, São Paulo, USP, 1984. *Figuras do Estado moderno*, São Paulo, Brasiliense, 1989.

Tosdolsky, Roman, *Genesis y estructura de "El Capital" de Marx*, México, Siglo XXI, 1978.

Weber, Thadeu, *Hegel: Liberdade, Estado e História*, Porto Alegre, UFRGS, 1992.

Welfort, Francisco C., *Os clássicos da política*, São Paulo, Ática, 1989.

Índice onomástico

Accursio, 125.
Achenwall, G., 100, 369, 378, 457.
Adorno, Th., 34 n., 434 n., 505, 508.
Agostinho (Santo), 8, 56, 71, 160, 276.
Albrecht, A., 310 n.
Alciat, A., 23 n., 125, 401.
Alembert (d'), 212, 215.
Alferi, P., 5 n.
Alquié, F., 153.
Althusius, J., 127 n.,172, 174-5.
Andler, Ch., 414 n.
Aoun, M., 433 n.
Apel, K. O., 197, 484, 498, 501, 505.
Ardant, Ph., 350 n.
Arendt, H., 73 n., 196 n., 208, 274, 345, 364, 371 n., 375 n., 397, 424, 505-6.
Aristóteles, 7, 9, 15, 30, 55-6, 60, 64, 71, 76, 79, 83, 85, 102-3, 115, 123-4, 128, 150-1, 157, 208, 211, 234-5, 266 n., 471, 478.
Aron, R., 196, 333, 345, 450-1, 494, 506.
Arquillière, J., 5 n.
Atger, F., 164 n.
Atias, Ch., 48 n.
Austin, J., 87 n.
Ayrault, R., 369 n., 506.

Bacon, F., 74, 85-6.
Baechler, J., 506.
Bakunin, 430.
Baldo, F., 117, 122, 132, 402 n.
Barbeyrac, J., 34, 94, 97 n., 101, 152 n., 181.
Barclay, W., 151.
Barnaud, N., 173 n.
Barrès, M., 374 n., 422.
Barret-Kriegel, B., 413 n.. 506.
Barthélémy, J., 309, 350 n.
Bartolo, 117, 122, 125.
Bastid, P., 102 n., 506.
Bastit, M., 6 n., 506.
Battista, A. M., 20 n.
Baudouin, J., 398 n.
Baudrillart, H., 21 n., 506.
Baudry, L., 5 n.
Bauer, B., 389, 394 n.
Bauer, O., 501.
Bayle, P., 15 n., 236.
Bayley, C., 5 n.
Beaud, O., 9 n., 21 n., 23 n., 107, 110 n., 506.
Beaumanoir (Senhor de), 116, 165.

Beaune, C.. 401 n.
Beauté, J., 176 n.
Belarmino (cardeal), 167, 174 n.
Belleforest, J. de, 174 n.
Belloy, P. de, 174 n.
Bénéton, Ph., 234 n., 250 n., 506.
Benoist, Ch., 14 n.
Bentham, J., 99, 368, 378, 381, 501.
Bergson, H., 80.
Berlin, I., 369 n., 506.
Bernhardt, J., 77 n.
Beseler, G., 382, 385.
Bèze, Th. de, 129 n., 173 n.
Birnbaum, P., 506.
Blackstone, G., 99.
Blanc de Saint-Bonnet, 170, 285.
Bloch, E., 506.
Bloom, A., 479 n.
Blum, L., 342-3.
Bobbio, N., 272, 288, 310 n., 311 n.
Böckenförde, E. W., 169 n.
Bodin, J., 1, 9, 13, 21-6, 31, 43, 49, 71, 74, 76, 115, 117 n., 118-59, 166, 171-4, 201, 208, 211, 214, 215 n., 236, 247, 255, 264, 284, 323, 358, 403-4, 410, 494, 501.
Bolingbroke, H., 368.
Bonald, L. de, 170, 359, 501.
Borelli, G., 28 n.
Bossuet, J.-B., 34, 160, 167 n., 171-2, 199, 276, 366.
Boucher, J., 174.
Boudon, R., 506.
Boulainvilliers, H. de, 365-6, 501.
Bourdieu, P., 400 n.
Bouretz, P., 506.
Bourgeois, B., 34-5 n., 394 n., 417 n., 506.

Boutmy, R., 163, 329.
Bouveresse, J., 300, 506.
Bovelles, Ch. de, 144 n.
Bracton, H. de, 131, 133.
Brandès, G., 375-7.
Bruaire, C., 507.
Brun, J., 345 n.
Brunel, P., 507.
Bruno, G., 83 n.
Brutus, Julius, 173 n.
Buchanan, G., 174 n.
Budé, G., 403.
Burdeau, G., 44-5 n., 93 n., 198 n., 202, 507.
Burg, P., 507.
Burke, Ed., 111, 189, 329, 359, 371-6, 378, 381, 429, 441, 501, 509.
Burlamaqui, J.-J., 100, 169, 180-1, 331 n., 447, 501.
Butler, M., 371 n.

Caio, 58 n., 89 n.
Calvino, J., 151.
Cambacérès, J.-J. de, 381.
Camus, A., 443-4, 446, 507.
Capitant, R., 264 n., 350 n.
Carbonnier, J., 3 n.
Cardin, Le Bret, 137, 150, 161, 166, 171, 229.
Carlos Magno, 8, 366.
Carlos II, 30.
Carlos V, 21, 401.
Carlos VI, 12.
Carlos VII, 12.
Carnot, L., 408.
Carré de Malberg, R., 75, 105, 106 n., 176 n., 194, 252 n., 264, 308, 309 n., 315-8, 321 n., 350 n., 351.
Carrive, P., 176 n.

Cassirer, E., 37 n., 69-70, 147, 152, 201, 302, 416 n., 422 n., 507.
Castel, Ch. I. (abade de Saint-Pierre), 241, 449, 453, 459, 501, 504.
Castignone, S., 295 n.
Chamberlain, J., 423.
Chantebout, B., 350 n.
Chartier, E. (Alain), 76, 507.
Chasseneuz, B. de, 20 n.
Chateaubriand, A. de, 218, 285, 385-7, 411 n., 429, 502.
Châtelet, F., 162 n., 377 n., 511.
Chauviré, R., 22 n., 120 n.
Chevallier, J., 310 n.
Cícero, 57-9, 64, 90, 97 n., 128, 139, 274, 321.
Clastres, P., 485 n.
Clausewitz, C. von, 71, 506.
Clavreul, C., 507.
Clóvis, 366, 400, 404.
Coke, Ed., 166 n., 176.
Colas, D., 310 n.
Colliot-Thélène, C., 396 n., 507.
Colombo, Ch., 14, 30, 59.
Condorcet, A.-N. de, 378 n., 408.
Connan, F., 118.
Conring, H., 369, 403 n.
Constant, B., 81, 94, 105 n., 188-90, 250, 281, 308, 324-7, 349 n., 411 n., 502, 508.
Copérnico, N., 156.
Coquille, G., 134 n., 164 n., 174 n.
Coras, J. de, 118.
Cornette, J., 62 n., 507.
Courtine, J.-F., 160 n.
Cromwell, O., 70, 177 n., 278, 299
Cropsey, J., 61 n.

Crucé, É. de, 453
Cujas, J., 23 n., 118.
Cumberland, R., 34, 88, 331 n.
Cumming, R., 73 n.
Cyrano de Bergerac, 175 n.

Dagoberto, 404.
Dante Alighieri, 254 n., 277.
David, M., 9 n., 507.
De Gaulle, Ch., 299.
Deleuze, G., 42, 431.
Descartes, R., 27, 32, 72, 82, 84, 153, 155, 201, 212, 323 n., 331, 340, 432, 469.
Destutt de Tracy, A. L. C., 29 n., 71 n., 250.
De Thou, J. A., 403.
Derrida, J., 434 n.
Diaz, E., 299.
Diderot, D., 16 n., 92 n., 95-6 n., 97-8, 163, 177, 215-7, 236.
Dilthey, W., 44 n.
Díon Crisóstomo, 177.
Dionísio de Halicarnasso, 124, 151.
Domat, J., 97 n., 244.
D'Hondt, J., 35 n., 507.
Donelly, J., 330 n.
Dubos, abade J.-B., 365-6, 502.
Dubouchet, P., 35 n.
Dufour, A., 379 n., 380 n., 385 n., 507.
Duguit, L., 309, 318, 350 n.
Du Haillan, B., 174 n.
Duhamel, A., 507.
Dumont, L., 507.
Du Moulin, Ch., 21 n., 23 n., 403.
Duns Scot, 5.
Dupeyroux, H., 265 n.
Du Plessis-Mornay, Ph., 173 n.
Duranton, H., 403 n.

Duso, G., 183.
Duverger, M., 44 n., 507.
Duvernet, 217.
Dworkin, R., 49, 507.

Eisenmann, Ch., 112 n., 290-1, 302 n., 507.
Elkan, A., 17 n.
Ellul, J., 44 n., 507.
Enegren, A., 507.
Engels, Fr., 395 n.
Erasmo, D., 20.
Etchegoyen, A., 507.
Euclides, 77 n.
Everard, R., 177.
Ewald, F., 290 n., 436 n., 507.

Farias, V., 433 n.
Faure, Ed., 443-4, 446.
Favoreu, L., 350 n.
Felice, F. B., 449 n.
Fénelon, F. (de Salignac de La Mothe), 34, 367.
Fenet, 381.
Ferguson, A., 507.
Fermat, P. de, 78 n.
Ferrault, J., 20 n., 117, 173 n.
Ferrero, G., 274, 284, 286-8, 502.
Ferry, J.-M., 198 n., 482 n., 484 n., 507.
Feuerbach, L., 389, 393, 395.
Feyerabend, P. K., 507.
Fichte, J.-G., 14 n., 17, 24, 37, 69, 79, 185, 342, 387, 410-4, 420, 423, 502, 509.
Filangieri, G., 99.
Filipe, o Belo, 12.
Filmer, R., 178.
Finkielkraut, A., 436 n.
Finley, M., 507.
Fleischmann, E., 34 n., 38 n.

Folz, R., 401 n.
Forster, G., 375 n.
Fortescue, J., 176.
Foucault, M., 42, 290, 431, 434 n., 435, 436 n., 502.
Fourastié, J., 445.
Fowler, D. H., 145 n.
Francisco I, 21, 70.
Franklin, J. H., 22 n., 128 n., 131 n., 137, 140 n.
Frederico II da Prússia, 217, 342.
Frederico Guilherme IV, 38.
Freud, S., 502.
Freund, J., 507.
Friedrich, C., 252 n., 273 n., 507.
Furet, F., 507-9.

Gadamer, H. G., 375 n.
Galilei, G., 30, 78 n., 152, 156.
Galbraith, J. K., 508.
Ganzin, M., 371 n.
Gardies, J.-L., 508.
Gassendi, P., 78 n.
Gauchet, M., 508.
Gaudemet, J., 11 n.
Gauthier, D. P., 28 n.
Gelásio, 8.
Gentili, A., 15, 448 n.
Gentillet, I., 20, 70 n.
Gentz, Fr., 111, 285, 371, 375, 378-9, 381, 338, 502.
Gierke, O. von, 9 n., 78, 195 n., 258.
Gilmore, M. P., 122 n.
Gilson, E., 5 n.
Glaziou, Y., 96 n.
Gneist, R. von, 314.
Gobineau, A. de, 422-4, 502.
Godechot, J., 373 n., 377 n.
Godwin, W., 371.
Goodwin, Th., 177.

Görres, J. von, 375 n., 420.
Goulart, S., 173 n.
Gousté, Cl., 173 n.
Grassaille, Ch. de, 20 n., 117, 173 n., 402.
Gregório VII, 8.
Gregório Magno, 8, 10.
Grimm, F. M., 383.
Grotius, H., 7, 26-7, 72, 74, 76, 87, 97 n., 100-1, 150-3, 158, 161, 166 n., 167, 171, 180-1, 215, 331 n., 349, 368, 447-8, 450, 458, 502.
Guastini, R., 259 n.
Gueroult, M., 414 n.
Guilherme II, 422.
Guillherme de Orange, 299
Guiomar, J.-Y., 405 n.
Guizot, F., 92 n.
Gurvitch, G., 406 n.
Gusdorf, G., 370 n.

Haarscher, G., 389 n., 508.
Häberle, P., 508.
Habermas, J., 49, 52, 197-8, 292, 294-9, 346 n., 354 n., 406, 433 n., 436 n., 466, 480-7, 502.
Haggenmacher, P., 26-7 n., 87 n., 101, 152 n.
Hamon, L., 44 n.
Hare, R. M., 508.
Harrington, J., 368.
Hart, H., 271, 508.
Hauriou, M., 105, 195 n., 196, 261, 309, 318, 350 n., 502.
Harvey, W., 78 n.
Hayek, Fr. von, 324, 436 n., 508.
Hegel, 17, 24, 34-40, 52 n., 76, 186, 190, 208, 218-9, 265, 268, 318, 321, 327-8, 337, 342, 354-5, 360, 363, 381, 383-5, 388-93, 398, 410-1, 415-8, 423, 430 n., 433, 441, 450, 451 n., 465 n., 467 n., 470, 494, 502, 507-10.
Heidegger, M., 40 n., 42, 298, 360, 364, 428, 430-5, 468, 492, 503.
Helvetius, Cl. A., 97, 216 n.
Henrique II, 21 n., 119.
Henrique IV, 4.
Henrique IV da Alemanha, 8.
Henry, M., 389 n., 508.
Herder, J. G. von, 365, 367, 369-70, 373, 374-5 n., 376-7, 383, 403 n., 412, 503.
Hill, Ch., 177 n., 278 n.
Hitler, A., 345, 431 n.
Hobbes, Th., 1, 7, 13, 27-37, 59, 62, 71-101, 107, 117 n., 118, 136, 153-9, 161, 165-9, 171, 199, 208, 264, 267, 278-9, 285, 314, 323, 328, 331, 340, 368, 440, 467 n., 469, 472, 481, 494, 503, 509.
Höffe, O., 498, 508.
Hofmann, H., 292 n.
Holbach, P. H. (barão d'), 92 n.
Holmes, S., 508.
Hooker, R., 176 n.
Horkheimer, M., 434 n., 508.
Homius, J. Fr., 160.
Hotman, F., 126 n., 129 n., 132 n., 173 n., 174, 403-4.
Howard, D., 271 n.
Hugo, G., 384-5, 503.
Humboldt, G. de, 191, 264, 378, 420, 503.
Hume, D., 176 n., 284-6, 333, 365, 367-70, 373, 376, 381, 441, 503, 508.

Husserl, Ed., 298, 364, 432, 494, 503.

Imola, 122.
Inocêncio III, 8, 131 n.

Jacobi, F. H., 508.
Jaime I, 161, 167.
Jaucourt (cavaleiro de), 215-6, 232.
Jaurès, J., 342-3.
Joana d'Arc, 13.
João de Paris, 117.
João de Salisbury, 277.
João sem Terra, 12, 103, 330.
Jefferson, Th., 327, 503.
Jellinek, G., 176, 194, 252, 258, 305, 318, 329, 508.
Jhering, R. von, 11 n., 195, 317-8.
Joly, Cl., 179 n.
Jonas d'Orléans, 276 n.
Jouvenel, B. de, 53, 56 n., 508.
Julliard, J., 187 n.
Jurieu, P., 172, 181.
Justiniano, 134, 404.

Kant, É., 52, 76, 79-80, 88, 94, 98, 100, 110-3, 171, 185-6, 199-200, 205 n., 213, 214 n., 218, 231, 249, 251, 263, 265, 269, 303, 313-4, 331, 340, 351 n., 354, 375 n., 379, 399 n., 440, 449-50, 452, 454-60, 463, 467 n., 480, 492, 494, 496-7, 498 n., 500, 503, 507-10.
Kantorowicz, E., 9 n., 116 n., 276 n., 401 n.
Kelley, D. R., 404.
Kelsen, H., 57, 75, 106, 112-3, 208, 251-73, 282-3, 292, 299, 302-5, 350 n., 396, 503.
Kervégan, J. F., 35 n., 508.

Klossovski, P., 40 n.
Kojève, A., 470, 472, 508.
Kroner, R., 508.

Laberge, P., 330 n.
Labica, G., 509.
La Boétie, E. de, 20, 163, 172-3, 186, 199, 277-8, 503.
Laboulaye, Éd., 105 n., 189-91, 207, 264, 281, 308, 327, 350 n., 385 n., 503.
Lagarde, G. de, 6 n., 10 n.
Languet, H., 174 n.
Lapierre, J. W., 509.
Largeault, J., 6 n.
La Roche-Flavin, 366.
Lauth, R., 413 n.
La Taysonnière, 144 n.
Lavau, G., 44 n.
Lefort, Cl., 14 n., 346 n., 509.
Leibniz, G. W., 101, 331, 380 n., 448, 503, 510.
Lemaire, A., 276 n., 402 n.
Lênin, V. I. Oulianov, 342, 395 n.
Lenoble, J., 509.
Lenoble, R., 78 n.
Leão X., 414 n.
Lerminier E., 379 n., 385 n., 509.
Leroy-Beaulieu, P., 509.
Lescot, Ph., 401.
Lessay, F., 278 n.
Levinas, E., 434 n.
Linguet, S. N. H., 97 n., 99, 504.
Lipovetsky, G., 81 n., 435 n., 509.
L'Hospital, M. de, 119, 174 n., 403.
Lilburne, J., 177.
Locke, J., 34, 79, 88, 99, 104, 167 n., 169, 178, 188, 191, 200, 208, 311, 314, 320, 323-4, 326-7, 331, 333, 342, 357, 368, 429, 469, 504.

ÍNDICE ONOMÁSTICO 523

Löwith, K., 34 n., 509.
Loyseau, Ch., 121 n., 148-9, 150 n., 164 n., 171, 504.
Louis d'Orléans, 174.
Luís da Baviera, 6.
Luís XI, 12.
Luís XII, 21 n.
Luís XIV, 34 n., 162 n., 178, 217, 241, 323 n., 345, 476.
Luís XVIII, 289, 299.
Lukács, G., 504.
Lutaud, O., 104 n.
Lutero, M., 70, 423.
Lyotard, J.-F., 42, 509.

Malby (G. Bonnot, abade de), 99, 200, 366, 504.
Maquiavel, N., 13-20, 22, 24-6, 30-1, 39, 49, 57, 59-75, 77, 85-6, 95, 114, 117 n., 129, 207, 217, 229, 236-7, 243, 328, 342, 404, 410, 412, 467, 469, 472, 481, 493-4, 504, 509.
Mac Intosch, 375 n.
Mac Intyre, A., 487 n., 509.
Macpherson, C. B., 371 n.
Mairet, G., 162 n.
Maistre, J. de, 170, 285, 329, 359, 385 n., 387, 411 n., 429, 504.
Maitland, F. W., 402 n.
Malebranche, N. de, 167 n.
Malherbe, M., 28 n.
Mallet du Pan, J., 379.
Malraux, A., 492.
Manent, P., 13-4 n., 467 n., 509.
Manzoni, A., 71.
Marcel, E., 12
Mariana, J. de, 171, 174 n.
Maritain, J., 509.
Marsílio de Pádua, 5-6, 8-10, 16, 71, 162 n., 170, 175, 277.

Martens, G. Fr. de, 449, 456 n.
Marx, K., 250, 329, 363, 389-96, 398-9, 506, 508.
Mattéi, J.-F., 40 n., 433 n.
Maury (Deão), 264 n.
Mazzini, G., 411 n.
Mendès-France, P., 509.
Meinecke, Fr., 285, 467.
Mercier-Josa, S., 389 n.
Merle, M., 45 n.
Merleau-Ponty, M., 15 n., 69 n., 71, 76, 196 n., 342-3, 364, 396-8, 441, 446, 504.
Mersenne, M., 78 n., 156.
Mesnard, P., 121 n., 122-3.
Metternich, Cl. W., 379.
Michel, P. H., 145 n.
Michelet, J., 411 n.
Michoud, L., 318.
Milton, J., 104, 177, 311, 314.
Mirabeau (conde de), 99, 223 n., 331 n., 409, 504.
Mohl, R. von, 314.
Monhaupt, H., 313, 314 n.
Montaigne, J. de, 402.
Montaigne, M. de, 16.
Montesquieu (barão de), 82, 92, 97 n., 100, 104-5, 111, 184, 188, 191, 196, 199-200, 208-9, 218, 225-6, 237-46, 250, 264, 284, 307-8, 312, 323-5, 327, 334, 357, 366, 372, 383, 410-1, 415 n., 453, 459-60, 463, 479, 496, 504.
More, Th., 20, 70, 126, 176, 201, 504.
Moreau, J.-N., 381.
Moreau-Reibel, J., 22 n.
Moser, J.-J., 449, 456 n.
Möser, J., 369, 375 n., 385 n.
Mounier, J.-J., 331 n.

Mounin, G., 14 n., 16 n.
Mourgeon, J., 377 n.
Mugnet-Pollet, L., 509.
Mussolini, B., 70.

Napoleão I, 37, 70, 358, 387, 430.
Naudé, G., 236.
Nicole, P., 160.
Nicolet, Cl., 509.
Nietzsche, Fr., 40-2, 298, 364, 388, 414 n., 417, 423 n., 425-32, 434 n., 435, 465, 467-8, 478 n., 480, 487, 492, 504, 509.
Novalis, Fr., 414, 419.
Nozick R., 494, 504, 509.

Oakeshott, M., 252 n.
Occam, G. de, 5-7, 10-1, 79.
Odet de la Noue, 173 n.
Ost, F., 509.
Overton, R., 177.

Paine, W., 372, 375, 504.
Panaccio, Cl., 5 n.
Parnomita, 122.
Papiniano, 58 n., 125.
Pareto V., 250.
Parsons, T., 295 n., 298.
Pascal, B., 165.
Pasquino, P., 369 n., 377 n.
Passerin d'Entrèves, A., 6 n., 16 n., 18, 63 n., 278 n., 291, 509.
Paulo (São), 139, 160, 276.
Paulson, S., 87 n., 396 n.
Péguy, Ch., 334.
Pelletier du Mans, 144 n.
Penn, W., 453.
Péricles, 102.
Philonenko, A., 40 n., 231 n., 406 n., 414 n., 509.

Pierre du Bois, 117.
Pitkin, H., 92 n.
Placidus (J. W. Petersen), 313.
Plaisians, Guillaume de, 116.
Platão, 15, 60, 71, 102, 128, 145-6, 201, 208, 211, 213 n., 234-5, 274 n., 275, 322, 468, 473, 478.
Pocock, J. G. A., 14 n., 15.
Poliakov, L., 424 n.
Polin, R., 28 n., 236 n., 278 n., 334 n., 345 n., 367 n., 442 n., 496 n., 509, 511.
Políbio, 18, 124.
Popper, K., 44 n., 364, 397-8, 467, 504, 509.
Portalis, J. E. M., 99, 381, 504.
Poulat, D., 509.
Prélot, M., 44 n., 53.
Price, Dr., 372.
Proudhon, P.-J., 329, 430.
Proust, J., 96 n.
Puchta, G. F., 382, 385.
Pufendorf, S., 34, 79, 88, 94 n., 101, 127 n., 142, 181, 200, 331 n., 368, 448, 457-8, 504.
Pitágoras, 145.

Quaritsch, H., 9 n., 22 n.
Quillet, J., 6 n., 8 n.

Rawls, J., 504, 509.
Raynaud, Ph., 371 n., 396 n., 504, 509, 511.
Reboul, O., 40 n.
Rebuffi, P., 402 n.
Redor, M.-J., 310 n.
Rehberg, A. W., 111, 189, 285, 371, 375-8, 429, 505.
Rémond, R., 408 n.
Renan, E., 411 n.

Renaut, A., 78 n., 412-3 n., 414, 436 n., 470 n., 510.
Renner, K., 253.
Renouvier, Ch., 505.
Rials, S., 312 n., 502, 510-1.
Ricardo II, 12.
Richelieu (cardeal de), 73, 137, 152, 161, 171, 178, 199, 212, 229, 323 n., 505.
Ricoeur, P., 295, 397 n., 503.
Riley, P., 79 n.
Ripert, G., 510.
Ritter, J., 34 n.
Rivarol, A. de, 411 n.
Rivero, J., 334, 336 n.
Roberval, G. de, 78 n.
Robespierre, M., 379, 408.
Robinet, A., 510.
Roederer, P. L., 190 n.
Römer, P., 252 n.
Rosanvallon, P., 510.
Rorty, R., 475.
Rosenberg, A., 431, 505.
Rosenfield, D., 34 n.
Rosset, Cl., 279 n.
Rouché, M., 369 n.
Rousseau, J.-J., 1, 15, 41, 70, 76, 79-80, 92, 94, 97 n., 100-2, 107, 162-3, 165, 171-2, 179-86, 188-9, 195 n., 199-200, 208-9, 218, 220-32, 246-50, 285, 312, 324-6, 333, 346, 355, 367, 375, 377, 386, 406, 408 n., 410, 411 n., 429-30, 440, 442, 445, 448, 467 n., 487, 495, 497, 499, 505-6, 509.
Ruge, M., 389.

Sabourin, P., 510.
Saint-Just, L. de, 378 n.
Saint-Léger, J., 26 n.

Saint-Simon (duque de), 241, 367.
Saleilles, R., 195 N.
Sandel, M., 510.
Sartre, J.-P., 397.
Savaron, J., 164 n.
Savigny, K. von, 268, 331 n., 378-87, 403 n., 466, 505.
Schelling, F. G. J., 382.
Schlegel, G. e F., 411 n., 414, 420.
Schmitt, C., 49, 75, 106, 135-6, 163, 169, 194-5, 208, 255, 265-70, 273 n., 292-3, 294 n., 302, 305, 315, 324, 451, 505.
Schnapper, D., 510.
Schütz, A., 56 n.
Schwarz-Liebermann, H. A., 510.
Senellart, M., 210 n., 510.
Sérvio, 402 n.
Seyssel (Claude de), 21 n., 70 n., 117, 127.
Shaftesbury A. (Lorde), 178.
Sieyès, E., 52, 78 n., 80, 92, 93 n., 105, 107-10, 165, 171, 179, 183-5, 200, 266, 331 n., 351, 358, 378, 405-9, 411 n., 414, 505-7.
Silhon, J. de, 215 n.
Smith, A.,
Sorbière, S., 161.
Sorel, G., 505.
Sorgi, G., 28 n.
Spengler, O., 302, 431, 505.
Spinoza, B., 15, 27, 91 n., 101, 177, 509.
Staël, G. de, 411 n.
Stahl, J., 314.
Stálin, J., 342, 345, 396.
Stanguennec, A., 34 n.
Strauss, L., 14, 16 n., 19, 28 n., 30 n., 31, 40 n., 44, 59 n., 60, 61 n., 69 n., 70, 71 n., 73, 84,

88 n., 201, 208-9, 234, 245, 279 n., 289-90, 364, 371 n., 466-79, 487, 505.
Strayer, J. R., 5 n., 11 n., 67 n., 116 n.
Stein von, 378.
Stirner, M., 389, 395.
Suárez, F., 160, 167 n., 172, 175, 448 n.
Summer Maine, H., 87 n.

Talleyrand, Ch. M. de, 286.
Taylor, Ch., 483 n.
Tenzer, N., 510.
Terrevermeille, J. de, 132 n., 402 n.
Thibaut, A. F. J., 380-1, 384.
Thomasius, Ch., 380, 403 n.
Tiraqueau, A., 402 n.
Tito Lívio, 67, 69.
Tocqueville, A. de, 190, 193-4, 248, 308, 324-5, 327, 346, 505, 509.
Tomás (Santo), 5, 7, 10, 16, 71, 266 n.
Tönnies, F., 28 n., 167 n., 510.
Trigeaud, J.-M., 379 n.
Troëlsch, E., 467.
Troper, M., 254 n., 256 n., 302-3 n., 310 n., 322 n., 350 n., 510.
Truyol y Serra, A., 449 n., 510.
Tucídides, A. de, 29, 150, 470, 473-4.

Tyrrell, J., 178.

Ulpiano, 125, 134.

Valla, L., 403.
Vasoli, C., 140 n.
Vattel, E. de, 97 n., 449, 458, 505.
Vaughan, C. E., 167 n.
Vecchio, G. del, 208, 510.
Vedel, G., 350 n.
Vico, J.-B., 99, 380 n.
Villey, M., 5 n., 58-9 n., 265, 328, 337, 510-1.
Vitoria, F. de, 448 n.
Voltaire, 98, 163, 217, 250, 366.

Walwyn, W., 177.
Warrender, H., 279 n.
Weber, M., 46, 76, 201, 208, 228, 252 n., 259, 267, 274, 279, 280 n., 281-3, 298-300, 395-6, 450, 468, 478, 505-6, 509.
Weil E., 34 n., 86 n., 384 n., 510.
Wilms B., 28 n.
Winstansley G., 177.
Wolff, Ch., 27, 97 n., 331, 380, 448, 505.
Wollenstonecraft, M., 375 n.
Wycliff, J., 10.

Xenofonte, 102, 470-1.

Zarka, Y. Ch., 22 n., 28 n.